CW00342419

Herbert J. Joka (Hrsg.)

Führungskräfte-Handbuch

Springer

Berlin
Heidelberg
New York
Barcelona
Hongkong
London
Mailand
Paris
Tokio

Herbert J. Joka (Hrsg.)

Führungskräfte-Handbuch

Persönlichkeit · Karriere · Management · Recht

 Springer

Dipl.-Ing. Herbert J. Joka
Postf. 10 08 03
52008 Aachen

e-mail: Herbert_Joka@newsaktuell.de
http://www.manager-handbook.com
http://www.senior-management.com

ISBN 3-540-67337-7 Springer-Verlag Berlin Heidelberg New York

Die Deutsche Bibliothek – CIP-Einheitsaufnahme

Führungskräfte-Handbuch : Persönlickeit, Karriere, Management, Recht / Hrsg.: Herbert J. Joka. - Berlin ; Heidelberg ; New York ; Barcelona ; Hongkong ; London ; Mailand ; Paris ; Tokio : Springer, 2002
ISBN 3-540-67337-7

Springer-Verlag Berlin Heidelberg New York
ein Unternehmen der BertelsmannSpringer Science+Business Media GmbH

http://www.springer.de

© Springer-Verlag Berlin Heidelberg 2002
Printed in Germany

Einbandgestaltung: Erich Kirchner, Heidelberg
Satz: Gerd Ramakers, Typographie, Aachen

Gedruckt auf säurefreiem Papier   SPIN: 10756718   134/3020 CU   – 5 4 3 2 1 0 –

Geleitwort

Mit dem „Führungskräftehandbuch" ist vom Herausgeber, von den mitwirkenden Autoren und vom Verlag ein Buch realisiert worden, das auf dem deutschen Buchmarkt von seiner Art her für Führungskräfte neu ist.

Die veröffentlichten Themen, ihre Zusammenstellung und natürlich auch die individuellen Sichtweisen, geben jedem, der sich mit Führung befasst – gleich ob am Anfang, auf dem Höhepunkt oder zu Ende der beruflichen Entwicklung – eine Vielzahl nutzbringender Informationen und Anregungen.

Der besondere Reiz des Buches liegt darin, dass es in überschaubar gehaltenen Beiträgen einlädt, sich mit den einzelnen Themen zu befassen, so dass man es auch bei der typischerweise knapp bemessenen freien Zeit einer Führungskraft lesen und für sich nutzen kann. Die gewählten Hauptkapitel „Persönlichkeit", „Karriere", „Führung", „Ausland", „Recht und Gesellschaft", „Verbände" und „Service" schlagen einen gelungenen Bogen über alle Themenstellungen.

Die Beiträge, deren Autoren selbst für Spitzenleistungen als Manager und Fachleute in ihren Fachgebieten stehen, sind voneinander unabhängig verfasst worden. Diese inhaltliche Unabhängigkeit – innerhalb eines sehr wohl definierten thematischen Rahmens – ist eine ausgezeichnete Plattform dafür, sich ein persönliches, aktuelles Bild über die Fragen des Managements zu verschaffen und Anstöße für die unternehmensinterne Diskussion zu erhalten.

Der klare Blick auch auf die Arbeit im internationalen Kontext – durch Autoren unterschiedlicher Herkunft und von Praxisbeispielen ausgehend – eröffnet aufschlussreiche Einblicke in andere Denkweisen und hilft, einen direkten Zugang zu internationalen Themen zu erlangen.

Dem Herausgeber, der sicherlich einen Berg von Arbeit zu bewältigen hatte, ist ein publizistischer „Glücksgriff" gelungen!

Es freut mich sehr, in den persönlichen Gesprächen mit dem Herausgeber die verschiedensten Themen mit erörtert und entwickelt zu haben!

Hans-Peter Basel

Vorsitzender des Gesamtsprecherausschusses der Leitenden Angestellten der Siemens AG, Erlangen, und stellvertretender Vorsitzender des Verbandes Angestellter Führungskräfte e. V.

Dankes- und Vorwort

Das Führungskräftehandbuch kann als ein Kompass betrachtet werden, der den Leser zu verschiedensten Themenkomplexen des Managements führt – national und international.

Was zunächst als ein „Büchlein in kleinerem Format" für Führungskräfte gedacht war, hat nun den Umfang und die Dimension eines Handbuches erreicht. Unverhofft hatte das Konzept eine breite und sehr positive Resonanz mit sehr viel Zuspruch erhalten, so dass eine Vielzahl von Anregungen dazu führten, dass dieses „Netz-Werk" für Führungskräfte sehr schnell seinen eigenen Charakter weiterentwickeln konnte und ein eigenes Profil auf dem Buchmarkt erreichte. Auf eine Übersetzung der englischen Beiträge wurde verzichtet, um den Charakter nicht zu variieren – zudem ist Englisch die Sprache des Managements.

Für die wertvollen und sehr bereichernden Diskussionen, Anmerkungen, Empfehlungen, Hilfestellungen und Reflexionen, möchte ich mich insbesondere bei den Herren Hans-Peter Basel, Dr. Klaus Doppler, Dr. Claudio Guidi, Dr. Horst-Udo Niedenhoff und Prof. Dr. Jaques Pateau bedanken, die mit ihrer Sachkompetenz und Erfahrung dabei halfen, dem Buch sein Profil zu verleihen.

Herrn Dr. Klaus Doppler gilt mein großer Dank dafür, bei ihm und mit seinen Ausbildungs-Partnern Prof. Dr. Enno Berndt, Prof. Dr. Eckhard Minx und Prof. Dr. Rudi Wimmer die ausgezeichnete, führungsbezogen sehr weitreichende wie persönlich nachhaltig prägende Ausbildung „Zukunft des Managements – Management der Zukunft" erhalten zu haben. Eine „Expedition", die nicht allein eine interkontinentale Reise zum Erleben des interkulturellen Managements war, sondern auch der Aufbruch zur eigenen dauerhaften Herausforderung, an sich selbst „zu arbeiten"…

Während der Entstehung dieses Buches habe ich in meinem Freund Claudio Guidi einen idealen Sparringspartner gewonnen. Denn er hat durch seine Herkunft, Mentalität und internationale Erfahrung eine Vielzahl von Impulsen gegeben, die nachhaltig zur „internationaler Würze" beigetragen haben.

Matthias Guidi, ein aussichtsreicher und urteilssicherer Student, stand nicht nur bei der redaktionellen Aufbereitung helfend zur Seite, sondern er sparte auch nicht mit frischen und unvoreingenommenen Kommentaren.

An dieser Stelle möchte ich Frau Eva Hestermann-Beyerle vom Springer-Verlag für die uneingeschränkte Unterstützung danken, die sie mir von Anfang an entgegengebracht hat. Gleiches gilt für Herrn Dr. Werner A. Müller.

Meiner Frau Susanna und meiner Tochter Andrea möchte ich dafür danken die Geduld aufgebracht zu haben, einen gehörigen Teil „ihrer" Zeit für das Buch „abgezwackt" zu haben. Denn summa summarum kann man sagen „eine Seite – eine Stunde!"

Aachen, im November 2001   *Herbert J. Joka*

Inhaltsverzeichnis

I. Rund um die Persönlichkeit

1 Persönlichkeit und Zielfindung

Bernd Carow

Große Persönlichkeiten reden von großen Zielen, selbst dann, wenn wir sie bereits als angekommen, besonders exponiert, reich, mächtig oder unabhängig betrachten. Diese Menschen sprechen mit Genugtuung über erreichte Ziele oder mit großem Engagement über die Ziele, die sie noch erreichen wollen: sportliche, wirtschaftliche, politische, religiöse und menschliche.

1.1 Ziele dienen der Entfaltung

Die Behauptung, Leben sei zielorientiert, zeigt sich als plausibel. Daran ändert auch die Forderung nichts, doch mehr im Jetzt und Heute zu leben, als sich in nahezu neurotischer Weise um die Zukunft zu sorgen. Die Aufmerksamkeit der Tiere in der Gegenwart kann als reine Zukunftsorientierung beschrieben werden, denn diese Verhaltensweise ist darauf gerichtet, Nahrung und Feinde schnell zu erkennen und sich entsprechend zu verhalten. Überlebensstrategien der Tiere sind keine Erinnerungsorgien an die heile Welt von gestern, sondern zielgerechte Maßnahmen innerhalb eines entfaltungsorientierten Lebenskonzeptes.

Auch die Ziele des Menschen dienen in ihrem Grundsatz seiner Entfaltung; die kleinen wie die großen Ziele und die innerhalb von Organisationen ebenso wie die außerhalb der Betriebe. Verhaltensbiologisch kann man durchaus schlüssig argumentieren, dass wir als entfaltete Lebewesen auf unserem Lebensweg die Stufen der wohlbekannten Maslow-Pyramide durchlaufen haben.

Beginnend mit dem biologischen Ziel, zunächst körperlich zu wachsen, dann mit dem kulturell entwickelten Ziel, soziale Anerkennung zu erringen, zielen wir letztlich auf die volle Ausschöpfung unseres geistig-seelischen Potentials auf der obersten Stufe der Selbstrealisierung.

Mit zunehmender Entfaltung nimmt unsere Handlungsfähigkeit und damit unsere Handlungsfreiheit zu. Wir entfernen uns von einem einfachen Reiz-Reaktions-Organismus und erschaffen uns qua geistiger Analyse- und Synthesefähigkeit zu zielorientierten Wesen mit komplexer Zielstruktur. Dabei ist es unerheblich, ob wir in erster Linie eigenen Zielen folgen oder fremden. Welchen Entfaltungsgrad und welchen Freiheitsgrad wir erreichen, hängt vielmehr von der Zielqualität ab, die stets unsere Fähigkeiten berücksichtigen muss. Fremdziele mit hoher Qualität und geringem Manipulationsgehalt zu verfolgen, kann uns in der Entfaltung weiter bringen, als die stolze Verfolgung eigener Ziele mit geringer Qualität. Das ist der Grund dafür, dass sich viele Menschen einer Führung durch andere anvertrauen und sich in deren Dienst stellen.

Nicht alle Menschen schöpfen ihr Entfaltungspotential aus. Kurzfristig wiederkehrende Lusterlebnisse können nämlich als Ziel einer langfristigen Vision vorgezogen werden. Hier können wir selbst entscheiden. Biologisch ist der Vorzug des einfachen Lustgewinns durchaus verständlich, gesellschaftspolitisch ist das im globalen Wettbewerb heute durchaus ein Engpass. Denn, je weiter wir industriell und kommunikativ entwickelt sind, um so weiter sind wir von archaischen Zielsetzungen entfernt. Diese Entfernung von unserem „biologischen Auftrag" hat oft kritische Konsequenzen, wenn uns nämlich das Ziel- oder Erwartungsniveau oder eine unflexible Zielstarrheit psychisch und physisch überfordern.

Allgemein kann gesagt werden: „Welche Ziele wir verfolgen, wird am Ende bestimmen und formen, welche Art des Selbst wir im Laufe der Zeit entwickeln"[2].

Menschen sind zielorientierte Wesen und Unternehmen sind zielorientierte Einrichtungen. Wollen wir erfolgreich sein, können wir nicht wahllos und undiszipliniert mit Zielen umgehen. Die sehr unterschiedlichen Gruppeninteressen in einer Organisation lassen manchmal die Hauptziele einer Organisation nicht erkennen, und oft werden die erwarteten Ertragsziele auch nicht wegen Marktereignissen verfehlt, sondern weil das gemeinsame Ziel zwar proklamiert, aber nicht von allen anerkannt, akzeptiert und verfolgt wurde. Damit ist die Entfaltung des Unternehmens gehemmt. Deshalb lohnt sich die Mühe, individuelle und attraktive Ziele- und Maßnahmenbeschreibungen für jeden Mitarbeiter zu erstellen und zu begleiten!

Motivation, erhöhte Eigenverantwortung und Leistungssteigerungen sind der Zielorientierung untergeordnet. Sie können den Zielen hervorragend dienen, aber sie sind nicht die Ziele selbst. Im Streben nach mehr Motivation, mehr Einsatz und mehr Leistung, wird das leicht vergessen.

Es sind die Ziele der obersten Führungskraft, die darüber bestimmen, wohin eine Organisation geführt wird und wie weit sie entfaltet werden kann. Dies gilt für Einzelpersonen ebenso wie für Organisationen. Deshalb sind Selbstführung und Unternehmensführung über die Ziele der Führungskräfte untrennbar miteinander verbunden.

Organisationen können nur deshalb zielorientiert sein, weil die Menschen darin zielorientiert sind. Hohe Zielqualität und umfassende Verständigung über die Hauptziele, sind zentrale Voraussetzungen für den Unternehmenserfolg. Ebenso bestimmt im privaten Bereich die Qualität der Hauptziele und die Verständigung mit Partnern und Freunden über den Grad der Zielerreichung.

1.2 Wertzeit und Zielwert

Die Qualität der Zeiterlebnisse hängt von der Achtung und der daraus folgenden Aufmerksamkeit, die wir einem Zeitabschnitt widmen, ab. Zeitabschnitte, denen wir Konzentration und Hingabe entgegenbringen, haben für uns einen besonderen Wert. Meist verlieren wir nämlich in diesen Phasen unsere Grübeleien und Ängste und sind deswegen in der Lage, weit über die üblichen Gedankengrenzen und unseren alltäglichen Handlungsrahmen hinauszugehen. Diese Zeit können wir als „Wertzeit" oder „Qualitätszeit" bezeichnen. In dieser Zeit werden immer auch unsere eigenen Wertvorstellungen berücksichtigt.

Wichtige Ziele müssen nämlich mit persönlichen Wertvorstellungen in Einklang stehen. Insofern hängen Zielwert und Wertzeit unlösbar zusammen. Ein Mitarbeiter hat mir einmal in einem Zielvereinbarungsgespräch dies mit Nachdruck gesagt:

„Wenn wir auf dem Weg zum Ziel unsere eigenen Werte nicht wiederfinden, kommt uns selbst ein erreichtes Ziel nicht wertvoll vor und motiviert uns nicht für den Tag danach".[10]

Wenn ein Ziel für einen Menschen keinen Wert hat, dann verbringt er dafür auch keine schöpferische Zeit, weil die Zeit, die er dafür aufbringt, für ihn ohne Sinngehalt bleibt. Verfällt ein Zielwert, dann gibt es für dieses Ziel auch keine Wertzeit mehr. War das Ziel ein bedeutsames, das einen großen Teil unserer Energie und Tagesmühe beansprucht hat, dann vermindert sich die Wertzeit dramatisch und damit die Glückszeit, die Zeit des selbstvergessenen Schaffens, das die Psychologen „Flow" nennen.[3] Gefühle des Leerlaufs, der Unzufriedenheit und der Ohnmacht können sich als Folge einstellen. Das ist der Grund, warum gute Leute Unternehmen verlassen, die in Zielverwirrung geraten sind oder neue Ziele verfolgen, die den Werten der Mitarbeiter nicht mehr entsprechen.

Was nicht Wertzeit ist, kann leicht als Leerzeit empfunden werden. Und hier treffen sich die Interessen des Einzelnen mit den Interessen der Organisation, in der er arbeitet. Denn Leerzeiten sind unproduktiv und Wertzeiten sind konstruktiv.

Man könnte auch sagen, dass Menschen, die „leer" sind und „nicht motiviert", zu lange in Leerzeiten investiert haben. Lange Leerzeiten sind der Beginn von Krisenzeiten. Aus diesem Grunde wird ein zielloser Mensch mit der Zeit kraftlos und verliert seine Attraktivität sich selbst und anderen gegenüber. Ohne Wertzeit entfalten wir uns nicht mehr. Hier liegt der Kern von Demotivation, inneren Kündigungen und Verlust unserer Lebensfreude.

Dagegen liegt im hohen Zielwert immer auch Wertzeit, die wir auf dem Weg zum Ziel verbringen. Sie ist die Zeit der Entfaltung, der Gewinnung von Fähigkeiten und Fertigkeiten, sowie von neuen Einsichten. Daher ist der Weg zum Ziel ebenso wichtig wie das Ankommen selbst.

1.3 Die Quellen unserer Ziele

Unsere Ziele und die ihnen zugeteilte Wertigkeit stammen nicht immer nur aus unseren eigenen, heutigen Überlegungen, sondern auch aus aufgedrängten, zum Teil dogmatischen und oft unbewussten Regeln der Vergangenheit. Unsere Ziele sind nämlich eng verbunden mit den Entscheidungen, die wir früh im Leben getroffen haben, sei es aus Angst, Ablehnung oder Zuneigung.

Folgen wir einmal mutig individualpsychologischen Kategorien, so gehen unsere Verhaltensziele in vier große Richtungen:

- Ziele der Überlegenheit und Dominanz,
- Ziele der Kontrolle und Absicherung,
- Ziele der Harmonie, des Gefallens und Wohlverhaltens,
- Ziele der Bequemlichkeit und Meidens größerer Verantwortung.

Da wir früh im Leben bereits die Weichen für Verhaltensrichtungen gestellt haben, ist nicht jedem zu jeder Zeit bewusst, welche Ziele er verfolgt. Daher lohnt es sich, die irrelevanten von den wichtigen Zielen in systematischer Weise zu trennen und sie sich bewusst zu machen. Diese Übung hat weit größere Konsequenzen für das betriebliche und partnerschaftliche Funktionieren als wir gemeinhin annehmen. Sie ist im Grunde eine conditio sine qua non für persönliche und unternehmerische Zielklarheit.

Es liegt auf der Hand, dass Führungskräfte, die im Kern das Ziel der Kontrolle und Absicherung verfolgen ein anderes Klima schaffen und andere Entscheidungen treffen, als Führungskräfte, die im Kern auf eine Position der Überlegenheit zielen.

Es wäre vordergründig und unredlich zu behaupten, dass Führungskräfte nicht aus allen der genannten Kategorien kommen, denn die Praxis zeigt anderes. Es ist ja nicht zu übersehen, dass ein Teil der Führungskräfte durch Gefallen und Wohlverhalten erst zu Führungskräften wurde. Wer kennt nicht hochrangige Wirtschaftsvertreter, die offensichtlich einfach nicht die Entscheidungen treffen, die schon lange überfällig sind und das Unternehmen vor dem Schlingern bewahren könnten? Die Deutsche Bahn AG mit ihren dramatischen Finanz- und Kompetenzlöchern ist gewiss kein Opfer von mutigen Entscheidern.

Welche Kategorisierung man immer wählen mag – und in der Psychologie gibt es davon viele – so kommen wir nicht umhin festzustellen, dass die rational begründeten Ziele mit diesen höchst persönlichen Grundzielen im Zusammenhang stehen.

Wir entwickeln Ziele aus unseren Überzeugungen und Wünschen. Dabei sind wir nicht frei von den kulturellen Einflüssen, die uns umgeben und ob wir eher in einer Haben-Gesellschaft leben oder in einer Sein-Gesellschaft. Nicht jeder Wunsch ist ein Ziel, aber Wünsche können zu Zielen werden, sobald wir uns entscheiden, unsere Fähigkeiten und Kräfte systematisch und konsequent auf einen Wunsch hin auszurichten und einzusetzen. Das, was wir uns intensiv wünschen oder aus Überzeugung ganz und gar nicht wünschen, liefert den Antrieb für eine planmäßige Verfolgung eines Ziels. Insofern sind wir zunächst alle potentielle Selbstmotivatoren von eigenen Gnaden. Erst vielfältige Manipulationsversuche lenken uns von eigenen Zielen ab und führen uns zu fremden Zielvorstellungen, deren Verheißungen eintreten können oder aber auch nicht.

1.4 Irrwege in der Zielsetzung

Aus der Erfahrung und der Coaching-Praxis ist bekannt, dass Führungskräfte nicht davor geschützt sind, ein brauchbares Verhaltensspektrum unter Stress zu verengen und es immer mehr dem dominierenden Lebensziel unterzuordnen. Auch Führungskräfte laufen dann Gefahr, Offenheit, Flexibilität und Einfühlungsvermögen für Menschen und Situationen zu verlieren. Wird beispielsweise versucht, das Unternehmen, die Partnerschaft, sich selbst und seine Krankheiten geradezu verzweifelt unter Kontrolle zu bringen, steigert dies das persönliche Leid, ohne dass damit betriebliche Erfolge wachsen und für eine Kompensation sorgen könnten.

Da engmaschige Kontrolle eine Illusion ist, lebt eine Führungskraft, die sich so führt, selbst in einer Illusion. Dies zeigt die Gefahr, engstirnig und unflexibel zu werden, wenn wir freiwillig oder durch Umstände gezwungen, uns nur einem Ziel hundertprozentig verschreiben.

Wenn uns Selbstführungsprinzipien in die Engstirnigkeit treiben und nicht schnell aufgelöst und normalisiert werden können, ist eine konstruktive Führungsleistung nicht mehr möglich. Situatives Führungsverhalten, das alle Elemente der Führung einschließt, ist dann nicht mehr zu finden. Werden derart starre Zielsetzungen identifiziert, ist es höchste Zeit für Veränderungen. Denn das „innere Theater" der Führungskraft bestimmt im Laufe der Zeit auch das Theater im Unternehmen[6]. Das gilt in erster Linie für die Leute an der Spitze, aber auch für jene in der 2. und gar 3. Führungsebene. Das Phänomen ist um so problematischer, je größer die Führungsspanne ist. So wie ein Fokus auf entfaltungsfördernde Ziele hilfreich ist, ist ein starker Fokus auf persönliches Sicherungs- und Kontrollverhalten eher kontraproduktiv, da er weder zur eigenen, noch zur Entfaltung anderer beiträgt.

Unsere Lebensziele können folglich durch eine entfaltungshemmende Logik gestützt werden. Auf Dauer schaffen wir damit eine emotionale Realität, die wir oft als die einzig mögliche ansehen. Im Extremfall können wir uns damit Ziele setzen, die mit physischem Wohlbefinden und Überleben nicht in Einklang stehen. Diese Einsicht ist zentral, denn sie beleuchtet die grundsätzliche Fähigkeit des menschlichen Geistes, sich gegen das entfaltungswillige Leben zu stellen oder es zumindest auf extreme Weise herauszufordern.

1.5 Ohne definierte Ziele begrenzen wir uns selbst

In 30-jähriger Führungstätigkeit habe ich über 500 sorgfältig strukturierte Mitarbeitergespräche geführt. Mir ist dabei klargeworden, dass diejenigen, die ihre Ziele deutlich in sich trugen und behaupten konnten, dass es ihre eigenen waren auch in turbulenten Zeiten beruflich und privat Erfolge aufweisen konnten. Je zielsicherer die Mitarbeiter waren, desto größer war ihr strategischer und ökonomischer Beitrag zum Erfolg des Unternehmens. Ihnen gelang mehr als denen, die sich ihrer Ziele unsicher waren.

Sie schienen mit ihren Zielen gefühlsmäßig in brauchbarer Harmonie zu leben und sie waren auch tolerant mit sich und anderen, wenn es nicht gleich in die von ihnen vorgesehene Richtung weiterging.

Als ich diese Beobachtung als Geschäftsführer in Skandinavien immer wieder machte, wurde mir klar, was Goethe meinte, als er sagte:

„Sobald der Geist auf ein Ziel gerichtet ist, kommt ihm vieles entgegen."

Csikszentmihalyi[2] begründet den Vorteil von Zielklarheit wie folgt:

„Steckt man sich keine Ziele, die der eigenen Existenz einen Sinn verleihen, und setzt man seinen Geist nicht ganz ein, dann erreichen die angenehmen Gefühle nur ein Bruchteil unseres Potentials. Wie lange und wie intensiv wir an unseren Zielen festhalten, hängt von unserer Motivation ab.... Ziele, Absichten, Motivationen ... zentrieren die psychische Energie, legen Prioritäten fest und schaffen so Ordnung im Bewusstsein. Fehlt diese Struktur, werden unsere Denkvorgänge willkürlich, und in vielen Fällen wird sich auch unser Gefühlsleben rasch abschwächen."

Ziele, Absichten, Denkvorgänge und Gefühle, sind untrennbar miteinander verbunden und sie beeinflussen sich gegenseitig. Ordnung im Zielbereich schafft damit auch Ordnung im Gefühls- und Gedankenbereich, denn Zielbilder, die wir uns machen, lösen in uns Gefühle aus. Daher ist eine gewisse Zielsicherheit ein unverzichtbares Element erfolgreicher Tätigkeit und daher ist es die Aufgabe von Führungskräften, für Ziele zu sorgen und die entsprechenden Maßnahmen zu deren Verfolgung zu fördern und sie zu ermöglichen.[8]

Ohne Ziele kommt man zwangsläufig auch mit der Einteilung seiner Zeit in Nöte. Da alles Dringliche und Unwichtige ebenso gut bearbeitet werden kann, wie das Wichtige, hat man nie Zeit genug.

Ziele fordern uns auf, unsere Zeiteinteilung um die Hauptaufgaben herum zu ordnen und das Unwesentliche wegzulassen. Daher wird in ernsthaften Büchern über Zeitmanagement sehr ausführlich über Ziele gesprochen.

1.6 Zielsicherheit ist unser wahres Kapital

Es gibt zwei zentrale Fähigkeiten, die von der Börse belohnt werden: Zielsicherheit und Anpassungsfähigkeit. Kapital fließt dahin, wo die verkündeten Ertragsziele wirklich erreicht werden. Vertrauen fließt dahin, wo vereinbarte Ziele erreicht werden.

Wieder erkennen wir Gemeinsamkeiten zwischen der Einzelperson und dem Unternehmen. Und das ist auch richtig, denn die Einzelperson ist der Grundpfeiler einer Organisation. Wenn der Einzelne nichts lernt, lernt auch die Organisation nichts. Der Traum von der „lernenden Organisation" kann ohne den Traum vom lernenden Individuum gar nicht geträumt werden!

Zielsicherheit und Anpassungsfähigkeit sind komplementär. Da sich Ziele manchmal bewegen, bedarf es der Anpassung in Richtung und Energie, um sie zu erreichen.

Daher ist Zielsicherheit, in deren Folge Motivation und Begeisterung erwachen, unser wirkliches Kapital. Zielsicherheit setzt nämlich Kräfte frei – auch Kräfte der Anpassung. Das gilt für das Individuum ebenso wie für die Organisation.

Die Zielsicherheit einer Organisation ist von der Zielsicherheit ihrer Mitarbeiter nicht zu trennen. Das ergibt sich daraus, dass Führungskräfte, die die Kräfte ihrer Mitarbeiter nicht auf Firmenziele konzentrieren können, ihre eigenen Ziele auch nicht erreichen. Daher es ist von entscheidender Bedeutung, dass die persönliche Fähigkeit, zielsicher zu denken und zu arbeiten, im Unternehmen entwickelt wird. Sie ist damit die Voraussetzung für Effizienz und Leistung. In dieser Zielkompetenz steckt der gestalterische und sichere Umgang mit Zielen, der Zielfindung und der Zielkommunikation.

Die Schering AG ist ein Beispiel für eindeutige Zieldefinition, Zielsicherheit und entsprechende Zielkommunikation. In einem Zeitraum von etwa fünf Jahren ist aus einem Mehrspartenunternehmen ein reiner Pharmakonzern entstanden. Über mehrere Jahre wurde dieses Ziel immer und immer wieder mit großer Sicherheit an alle Stakeholders kommuniziert, die – getragen von dieser Sicherheit – den strategischen Konzentrationsprozess unterstützt haben.

1.7 Zielfindung und Zielkommunikation

Für Unternehmen wie Einzelpersonen sind die Prozesselemente für die Zielfindung und das Erreichen des Ziels grundsätzlich gleich. Es sind die vier zentralen Fragen, die wir uns als Person und als Unternehmen stellen:

1. Wo kommen wir her?
2. Wo stehen wir heute?
3. Wo wollen wir hin?
4. Auf welche Weise kommen wir am besten an?

Addendum 1
Um Ziele für die Zukunft zu formulieren und damit Forderungen an sich und das Umfeld zu stellen, ist es nicht unerheblich, zu wissen und zu akzeptieren, wo wir herkommen.

Für unsere Identität, unsere Kompetenz und unser Zugehörigkeitsgefühl sind die Wege der Vergangenheit bedeutsam. Denn dort liegen unsere Erfolge und Niederlagen, dort sehen wir unsere Stärken und Schwächen bereits dokumentiert. Dort liegen Ziele, die wir bereits erreicht oder verfehlt haben. Menschen, die das Gefühl haben, den Grund unter ihren Füßen zu verlieren, ziehen einen nicht unbeträchtlichen Nutzen aus der Betrachtung vergangener Bilder und der konstruktiven Bearbeitung vergangener Geschichten.

Auch Unternehmen, die vor einer Neuorientierung und einer neuen Zieldefinition stehen, brauchen die Reflexion ihrer Tradition. Es ist kein Zufall, dass der zerschlagene Hoechst-Konzern – einst die größte Apotheke der Welt – sich nach einer spektakulären Fusion unter dem Namen Aventis langsam wieder in die Spitzengruppe der Pharmaunternehmen arbeitet, nachdem es auf diesem Sektor jahrelang nur bergab ging. Um wieder zu den großen Apotheken zu gehören, verkauft Aventis alle anderen Geschäftsbereiche und Beteiligungen und konzentriert sich ausschließlich auf dieses Ziel, das eine in der Vergangenheit prestigebringende Tradition wiederbeleben soll.

Addendum 2
Ebenso entscheidend für die Zielgestaltung ist die Beschreibung der heutigen Plattform. Wenn eine Person sich verändern, verbessern oder neu positionieren will, macht sie das gleiche wie ein Unternehmen, nämlich eine Art

SWOT-Analyse, in der die Stärken, Schwächen, die Chancen und Bedrohungen analysiert und aufgelistet werden.

Daraus ist bereits zu erkennen, ob die Energie zum Aufbruch zu neuen Zielen ausreichend ist oder nicht. In meinem Coaching für Führungskräfte ist die SWOT-Analyse eine äußerst hilfreiche Voraussetzung für jede Art erfolgreicher Zieldefinition. Wer nämlich nicht überzeugt davon ist, dass die eigenen Kräfte und Ressourcen ausreichen, um neue Ziele anzustreben und Hindernisse auf dem Weg zu überwinden, verliert von Anfang an jede Umsetzungsenergie. Wir kennen diesen Mechanismus auch von Unternehmen, die von der Führung her ein Ziel verkünden, von dem die Mitarbeiter aber nicht überzeugt sind, dass es erreicht werden kann. Vor solchen Organisationen liegen schwierige Zeiten. Wo man innerhalb vernünftiger Zeiten ankommen kann, hängt schon auch davon ab, wo man gerade ist und in welchem Zustand man sich befindet.

Addendum 3

Nichts macht den Entfaltungsgedanken so deutlich, als das Ziel. Was streben wir an?

Entfaltung eben. Unternehmen zielen auf Wachstum im Markt, gerne sehen sie sich schneller wachsen als das Marktsegment in dem sie tätig sind, finanzielle Entfaltung, gerne sehen sie den Ertrag schneller wachsen als den Umsatz, langfristige Sicherheit, Attraktivität für Kunden, Mitarbeiter und Aktionäre, das heißt Anerkennung und Image. Mitarbeiter entfalten sich leichter mit der Entfaltung des Unternehmens. Und Unternehmen entfalten sich leichter mit der persönlichen Entfaltung der Mitarbeiter. Das ultimative Ziel heißt Entfaltung zu größerer Handlungsfreiheit. Entfaltung geschieht dort, wo es Raum für unsere Stärken gibt.

Addendum 4

Der Führungsprozess einer Unternehmens-AG entspricht dem Selbstführungsprozess einer Ich-AG.

Daher sind Menschen, die sich selbst gut führen können, für sich selbst und auch für ein Unternehmen so wertvoll. Denn Einzelpersonen wie Unternehmen benötigen die gleichen Strukturelemente, um Ziele zu erreichen.

- Zielklarheit und Zielkontakt,
- Verständigung,
- Energie,
- Methodik,
- Logistik,
- Stakeholders.

Wenn Sie eine Schnellbewertung Ihrer persönlichen Situation oder von Unternehmen durchführen wollen, ist diese Struktur hilfreich. Dabei sind Zielklarheit und Zielkontakt samt Verständigung entscheidend. Was hier nicht geleistet wird, kann durch alle anderen Faktoren nicht ersetzt werden. Dagegen lassen sich psychische und finanzielle Energien aufbauen, wenn ein klares Ziel und die Verständigung darüber mit allen Mitstreitern vorhanden ist. Dieses Prinzip lernen Firmen verstehen, die Projekte über Banken finanzieren oder gar um zusätzliche Kreditlinien bitten müssen. Methodiken und Instrumente lassen sich einkaufen, Logistik lässt sich organisieren, Stakeholders lassen sich finden, wenn nur die Ziele klar und überzeugend sind und sich die entscheidenden Führungskräfte – am besten samt Belegschaft – darauf verständigt haben.

1.8 Zielvorgabe und Selbstwertgefühl

Ein gesundes Selbstwertgefühl ist eine Voraussetzung für mutiges Denken und Handeln, daher auch für mutige Zielsetzungen im Privaten wie im Beruf. Es wird entwickelt in einer kontinuierlichen Annäherung der Fähigkeiten an steigende Erwartungen oder an steigende Zielvorgaben.

Gelingt es uns auf Dauer nicht, unsere eigenen Erwartungen und Zielvorgaben oder die Erwartungen und Zielvorgaben derer zu erfüllen, von denen wir uns abhängig glauben, sinkt unser Selbstwertgefühl und damit unsere Leistungskraft. Ermutigung auf dem Weg zu Zielen besteht also darin, die Ziele den Fähigkeiten der Mitarbeiter so anzupassen, dass das Ziel durchaus eine Herausforderung ist, aber durch sinnvolle Anstrengung erreicht werden kann. Das berücksichtigen wir heute in den Zielvereinbarungen. Es ist einer der Hauptgründe, warum wir besser Ziele vereinbaren, als sie vorzugeben.

Umgekehrt sind wir gut beraten, das Zielniveau zu senken, wenn die Fähigkeiten nicht ausreichen. Erst dann haben wir die Voraussetzung geschaffen, die Fähigkeiten von Mitarbeitern ausschöpfen zu können und gleichzeitig persönliche Erfolgserlebnisse zu schaffen.

1.9 Das Verfolgen fremder Ziele

Erich Fromm beschreibt die authentische Zielsetzung als eine der schwierigsten Aufgaben des Menschen. „... es ist eine Aufgabe, der wir krampfhaft dadurch aus dem Wege zu gehen suchen, dass wir fertig angebotene Ziele akzeptieren, als ob es unsere eigenen wären".[5]

Es kann sich durchaus lohnen, Ziele anderer zu verfolgen und daraus einen Gewinn zu ziehen. Das kann durch bewusste Zieladoption geschehen.

Oft ist der Nutzen ein sozialer, nämlich die Erkenntnis, gebraucht zu werden. Wenn soviel Kongruenz herrscht, können fremde Ziele ein Leben lang unterstützt werden und nach einer Weile lässt sich das fremde vom eigenen Ziel gar nicht mehr unterscheiden. Das Glück aus dem sozialen Nutzen kann mit den Worten George Bernard Shaw's beschrieben werden : „Die wahre Freude am Leben ist, für ein Ziel gebraucht zu werden, das man selbst als wichtig erkannt hat."

Ziele anderer zu verfolgen, hat aber meistens eine kritische Kehrseite. Wie bitter die Verfehlung von persönlichen Zielen erlebt werden kann, zeigen uns Begegnungen mit Menschen – auch mit Führungskräften – die aufgrund widriger Umstände ein wichtiges Lebensziel nicht erreichen konnten oder geglaubt haben, es nicht versuchen zu können oder versuchen zu dürfen.

Oft haben sich diese Menschen entschieden, fremde Ziele über die eigenen zu stellen und diese zu verfolgen mit der Hoffnung auf einen anderen, aber nicht näher definierten Sekundärgewinn. Hier liegt der Kern unseres Motivationsproblems in den Firmen. Sekundärgewinne haben nämlich keine wirklich motivierende Kraft. Deswegen müssen wir uns ständig neue Gewinne dieser Art einfallen lassen, ohne die wirklichen Ursachen mangelhafter Leistungsbereitschaft beseitigen zu können.

Die Verfolgung fremdbestimmter Ziele ermüdet uns ungleich mehr als das Streben nach eigenen. Für fremde Ziele entwickeln wir in aller Regel nicht die gleichen qualitativ hochwertigen Vorhersagefähigkeiten und Antriebskräfte. Eine Enttäuschung über den Sekundärgewinn lässt die verdrängten Ziele wieder aufleben und oft ist der Lebenszyklus dann so weit fortgeschritten, dass weder die Kräfte noch die Zeit ausreichen, das eigene Ziel doch noch in Angriff zu nehmen.

Wenn wir Ziele in Organisationen mitgetragen haben, diese aber plötzlich geändert werden, sind wir in einer ähnlichen Situation der Enttäuschung. Viele derer, die Firmenfusionen mitgemacht haben, sind – wenigstens streckenweise – von Zielverlust zu Orientierungsverlust gewandert.

Wenn andere ihre Ziele aufgeben oder ändern, so sind wir immer in einer unangenehmen Lage, wenn wir unsere eigenen Zielvorstellungen vernachlässigt haben. Es lohnt sich daher, immer wieder zu überprüfen, ob die eigenen Ziele hinreichend berücksichtigt werden. Gerade in der Zeit von Firmenübernahmen und Fusionen ist nicht hinreichend sicher vorhersagbar, ob die Ziele, die wir heute mit tragen, morgen noch Bestand haben werden. Dies gilt insbesondere für kulturüberschreitende Projekte und Zusammenschlüsse.

1.10 Zielgestaltung vor neuen Lebensphasen

Viele Mitarbeiter stehen im Zuge der Anpassungsprozesse von Unternehmen im globalen Wettbewerb früher als erwartet vor neuen Aufgaben, vor neuen Standorten und auch vor dem Ausscheiden aus dem aktiven Berufsleben. Liebgewonnene Gewohnheiten müssen umgestellt werden, neue soziale Verbindungen geknüpft und neue Aufgaben übernommen werden. Führungskräfte unterliegen wie alle anderen Menschen einem Lebenszyklus, der nicht in jeder Phase alles und jedes beliebig gestattet. Es lohnt sich daher, ein Bewusstsein für die Phase im Lebenszyklus zu entwickeln, in der man selbst gerade lebt, um einer übermäßigen Zielmanipulation von außen zu entgehen.

Am Beispiel der früh ausscheidenden Mitarbeiter kann am besten gezeigt werden, wie ein Zielmangel wirkt. Denn: ohne Ziele vergehen wir leichter, als ohne Geld.

Wenn auch in vielen Fällen durch Abfindung aufgebaute finanzielle Polster relativ schnell schmelzen, so bildet aber der Mangel an sozialer Neuanbindung das größere Problem. Psychisch gesehen ist dies die größere Belastung, die meist einige Monate nach dem Abschied zunehmend empfunden wird und auch Familienangehörige in psychische Stresslagen bringt.

Mit einer neuen Rolle im Leben ist es sinnvoll, eine neue Zielbestimmung vorzunehmen. Neue und klar definierte Ziele erleichtern nicht nur den Abschied, sondern sie setzen Kräfte frei, die einem selbst in der Kontaktaufnahme und dem neuen Umfeld zu Gute kommen. Denn ohne Ziele und entsprechend akzeptierte Aufgaben zerfallen viele unserer gedanklichen Strukturen, viele unserer berechenbaren Handlungen.

Es geht bei jeder massiven Veränderung um fünf zentrale Anliegen und um die Übernahme der Verantwortung für sich selbst:

- authentische Ziele aufzudecken und zu bestimmen,
- die Stärken einer Person zu ihren Zielen in Beziehung zu setzen,
- Ziele auf Lebensqualität zu überprüfen,
- die persönlichen Energiequellen zu beleuchten und bewusst zu nutzen,
- das wichtigste Ziel klar zu kommunizieren, um Umfeldkräfte zu gewinnen.

Dieser Bearbeitungs- und Einsichtsprozess , der stets am Anfang eines neuen Lebensabschnittes stehen sollte, schafft in seiner Konsequenz Klarheit in den gedanklichen Strukturen und zeigt die Kraftquellen auf, um diese Strukturen zu festigen und weiterentwickeln zu können.

1.11 Ziele und Energiebilanz

Energieverluste im Alltag sind auf dem Weg zu Zielen eine physische und psychische Realität. Energie wird in vielen Unternehmen unnütz vergeudet und wenig Energie systematisch aufgebaut.[1] Energieverluste steigen mit den Anforderungen in komplexen Systemen. Aber auch diejenigen, die nur „kleine" Ziele verfolgen, erleben Energieverluste und Stress. Es gilt also, sich in seinem ganz persönlichen, idealen Leistungszustand zu halten. Die Kunst besteht darin, unsere Gefühle Tag für Tag konstruktiv steuern und moderieren zu können.

Sich in seinem idealen Leistungszustand zu befinden, ist wichtiger als Talent und Können. Talente und Fähigkeiten versagen, wenn sie von Gefühlen der Unlust, der Unfähigkeit, der Minderwertigkeit, der Enttäuschung und des Verlassenseins überschwemmt werden.[7]

Damit entscheidet unser Gefühlszustand über unsere Leistungskraft, über unsere Gesundheit, unsere Lebensfreude und Attraktivität.

Es gibt für jeden von uns Energiequellen in seinem Umfeld. Diese zu kennen, sinnvoll zu nutzen und sie diszipliniert zu pflegen, ist eine Grundbedingung dafür, unsere Dynamik, Anpassungsfähigkeit, Widerstandskraft und Aufmerksamkeit zu erhalten und weiter zu entwickeln. Dabei ist entscheidend, sich in erster Linie auf die eigenen Stärken und die Stärken des Umfeldes zu konzentrieren. Wir schwächen uns selbst, wenn wir das Augenmerk auf die Schwächen anderer richten.

Es wäre naiv, Schwächen nicht zu kennen, aber es wäre lähmend, sich mehr mit ihnen zu befassen als mit den Stärken.

1.12 Stress

Viele Führungskräfte glauben, dass bei starker Beanspruchung die von außen wirksamen Stressfaktoren allgemein reduziert werden müssen. Das aber ist nur selten eine praktikable Lösung.

Erstens schafft die reale Welt stets neue stresserzeugende Ereignisse und je größer unser Verantwortungsbereich wird, um so mehr Stress entsteht in der Regel.

Zweitens schwächen sich zentrale Fähigkeiten einer Führungskraft ab, wenn das Stressniveau generell sinkt. Wir verlieren Anpassungsfähigkeit, physische und emotionale Stärke, Aufmerksamkeit und Widerstandskraft.[7]

Die Lösung liegt für die meisten Lebenssituationen nicht in der Abwehr und der Reduktion dessen, was von außen kommt, sondern in der Stärkung unserer eigenen Kräfte und in der Fähigkeit, das tägliche Pensum gut zu sortieren, ein hohes Energieniveau zu halten und bei Bedarf zusätzliche Energien freisetzen zu können.

Wer in mentaler und emotionaler Hinsicht wachsen will, braucht nach einer Ruhephase größere Herausforderungen und Anstrengungen als vorher, ähnlich einem Muskel, der aufgebaut werden soll.

Ohne zeitweise – die Betonung liegt auf zeitweise – Überlastung gibt es keine Muskel- und Kraftzunahme. Dies gilt ebenso für den Aufbau mentaler und emotionaler Kräfte, die immer auch „Führungskräfte" sind. Es geht darum, handlungsfähig zu bleiben und Gefühle der Hilflosigkeit und der Aussichtslosigkeit zu vermeiden. Diese Gefühle sind die eigentliche Ursache unseres Stressempfindens .

1.13 Zieladäquate Gedankenstrukturen

Größere Ziele benötigen eine klare und immer wieder neu sortierte Gedankenstruktur.

Oft stehen wir nur vor großen Hürden, weil wir Arbeitsprozesse, Beziehungen und Veränderungen ausschließlich im Licht unserer heutigen Gedankenstrukturen betrachten. Die Gewohnheit, in Alternativen zu denken, ist eben nicht nur für Bergsteiger und Weltumsegler von großem Vorteil. Hindernisse zu umgehen, kann zielgerechter sein, als sie mit Gewalt überwinden oder gar zerstören zu wollen.

Es ist essentiell für die Lösung von hartnäckigen Engpässen, von sich wiederholenden Zielkonflikten und von den damit einhergehenden persönlichen oder betrieblichen Hürden, dass die persönliche Logik verstanden wird, mit der in der Regel solche Konflikte und Handlungsschwierigkeiten betrachtet werden.

In solchen Fällen ist es unverzichtbar, die über längere Zeit gewachsenen Gedankenstrukturen, deren Festigkeitsgrad und Kommandonatur zu begreifen. Erst dann wird volle Handlungsfähigkeit in einer Sache möglich.

Verwickelte Gedankenstrukturen haben eine Art Federzugcharakter. Wenn sie „ent-wickelt" sind, zeigen sie die Tendenz, wieder in die alte Konfiguration zurück zu schnurren, sobald man sie loslässt. Neue Gedanken wollen sorgsam geführt werden.

Daher brauchen sie, um sich zu festigen, für eine gewisse Weile Unterstützung und wiederkehrende Einsicht durch Ermutigung. Ermutigung ist etwas anderes als Lob und „Anfeuern". Ermutigung ist der schnelle Weg, Denk- und Handlungsprodukte in den Köpfen der Mitarbeiter zu erneuern und innere Motivation zu schaffen.[1,4]

Ermutigung klopft nicht gönnerhaft auf die Schulter, sondern schafft reale Wachstumsmöglichkeiten – im übrigen auch vom Mitarbeiter in Richtung

Vorgesetzter – und veranlasst uns dadurch, schrittweise daran zu glauben, dass wir in der Tat neue Fähigkeiten, Erkenntnisse und Einsichten entwickelt haben und auf diese mit Vertrauen bauen können. Unser Selbstwertgefühl hängt unmittelbar mit dieser Fähigkeitsentwicklung zusammen.

1.14 Selbstführungsprinzipien

Das gedankliche Konzept und das innere Selbstbild, mit denen jeder einzelne den beruflichen und privaten Anforderungen begegnet und Ziele definiert, beruht auf ganz persönlichen, lange angewandten, aber nicht immer hilfreichen Erfahrungen und Selbstführungsprinzipien.

Ändern sich die Anforderungen in erheblichem Ausmaß qualitativ oder quantitativ, passen die einigermaßen rund laufenden „Zahnräder" unserer Denk- und Haltungsmuster nicht mehr zu der neuen Zahnradkonfiguration, die uns die Welt entgegenhält und die heutzutage oft über Nacht ein reibungsloses Ineinandergreifen verlangt.

Wir sind öfter als früher aufgefordert, unsere eigene Zahnradmaschinerie neu zu ordnen, zu ölen und schnell gangbar zu machen. Das ist technisch und intellektuell leicht getan, wären da nicht die stabilen Selbstführungsprinzipien, die die alte Maschine relativ reibungslos bewegt haben, aber für die aktuelle Situation meistens kein wirksames Arbeits- und Lösungsprogramm anbieten.

Mit diesem Zahnradbild wird deutlich, dass wir unsere Selbstführungsprinzipien und damit auch unser Selbstbild an eine sich wandelnde Welt anpassen müssen. Hin und wieder kommen wir also um die Antwort nicht herum, wie die zukünftigen Selbstführungsleitlinien aussehen sollen. Oft bleibt unser Selbstbild weit hinter den Möglichkeiten zurück, besonders wenn wir es mit Unternehmensleitlinien, modernen Kommunikationsprinzipien und wirksamen Management-Regeln abgleichen.

Allein der bewusste Umgang mit den eigenen Selbstführungsprinzipien zeigt bereits Lösungen auf.

1.15 Führungsleitlinien unterstützen Ziele

Eine erfolgreiche Führungskraft braucht Führungsleitlinien für sich und die Mannschaft, um transparente und nachvollziehbare Führung leben zu können.

Jedes größere Unternehmen hat mehr oder minder klare und akzeptable Führungsleitlinien. Es lohnt sich aber, zu prüfen, ob die eigenen Selbstführungsprinzipien mit den Unternehmensleitlinien harmonieren. Dabei ist

gleichgültig, ob wir als Geschäftsführer oder Vorstand die Unternehmensleitlinien selbst entwickelt haben. Sie können dennoch unbeabsichtigt von
den persönlichen Prinzipien abweichen. Besonders schwierig werden Visionen, in denen allzu hohe und unrealistische Ziele verpackt sind. Visionen
sind nur so gut wie sie von der Organisation getragen werden können.[9]

Hier wird deutlich, dass wir als Führungskräfte unsere Selbstführungsprinzipien aufmerksam bearbeiten und kennen müssen, um in einer Organisation erfolgreiche Arbeit leisten zu können. Ja, es ist eine conditio sine qua
non, um erfolgreich zu bleiben und gleichzeitig gesund und konstruktiv zu
leben.

Wenn die Übereinstimmung nicht vollständig ist, bedeutet das keineswegs, dass eine gravierende Unverträglichkeit herrschen muss. Es geht
darum, zu erkennen, ob die eigenen und die unternehmensspezifischen Leitlinien akzeptable Ziele unterstützen. Wenn das der Fall ist, werden wir
schneller konstruktiv, effizient und leichter konsens- und teamfähig.

Führungsleitlinien brauchen Kommunikationsansätze, die heutige Dia-
loggrenzen überwinden. Nur mutige Einbindung des Umfeldes in eigene
Aktivitäten sichert den eigenen Informationsstand und beugt der Gefahr vor,
dass Kompetenzschwächen im Unternehmen entstehen, die – selbst wenn
man ausreichend Geld und Zeit investieren wollte – im rasanten Wettbewerb
gar nicht schnell zu beheben sind.

1.16 Coaching zur Zielklarheit

Hyperflexible Organisationsformen bringen es mit sich, dass Führungskräfte
aller Altersgruppen mit ständig wachsender Komplexität umgehen müssen,
in der hohe Anforderungen und auch Konflikte schlummern, weil die Anpassungen an neue Strukturen und Zielsetzungen psychisch schwer zu leisten
sind. Die „akzeptable" Selbstführung in ruhigerem Fahrwasser gerät bei
hohen Wellen in Schwanken.

Unabhängig von der fachlichen und organisatorischen Qualifikation, können Ziel-, Rollen- und Beziehungskonflikte die Energie einer Person vermindern und die persönlichen Wahlchancen und Reaktionsmöglichkeiten im
beruflichen Alltag immer wieder erneut verengen und verschleiern.

Die Zusammenhänge und Wechselwirkungen im persönlichen Zielebün-
del zu verstehen, ist von großem Nutzen für eine erfolgreiche Selbstführung
in turbulenten Zeiten, Zeiten der Veränderung und der persönlichen Neuorientierung.

Und solide Selbstführung ist unerlässlich für die erfolgreiche Führung
anderer.

Peter Drucker behauptet sogar: „Nur wenige Führungskräfte sehen ein, dass sie letztlich nur eine Person führen müssen, nämlich sich selbst."

Damit ist gesagt, welche Fähigkeiten zu erwerben sind: fachliche, aber mehr noch psychosoziale. Individual-Coaching ist heute die schnellste Form der Weiterbildung, wenn es um leichtere Führung und Selbstführung auf dem Weg zu eigenen oder vorgegebenen Zielen geht. Daher ist es das primäre Ziel des Individual-Coaching, individuellen Kompetenzaufbau in der täglichen Berufsausübung zu meistern, aber gleichzeitig auch einen lösungsorientierten Qualitätsdialog über die persönlichen Berufserlebnisse und Belastungen führen zu können. Denn die Harmonisierung der beruflichen Leistung mit den persönlichen Werten und Zielvorstellungen ist für stabilen Erfolg unerlässlich.

Das Ziel eines Coaching-Prozesses ist Hilfe zur Selbsthilfe beim Aufbau der Freiheit zum situationsgerechten, konstruktiven Handeln. Daher gilt es auch, Stresslagen und Konfliktsituationen so durchschauen und beurteilen zu können, dass immer wieder rational – und mit gleicher Bedeutung – emotional solide und persönlich akzeptable Entscheidungen möglich sind.

Individual-Coaching erfolgt, um mit externer Hilfe Zielklarheit zu gewinnen und dadurch schneller zu eigenen Entscheidungen zu kommen, die problem- und konfliktlösend sind, zukunftsorientiert, aber gleichzeitig für leichteres mentales und emotionales „Gepäck" sorgen. Je schneller dies erfolgreich geschieht, um so hilfreicher und effizienter ist das Coaching. Ohne klare Zielsetzungen ist auch ein Individual-Coaching nur ein Stochern im Dschungel der Management- und Führungstheorien.

Literatur

1 Carow, B. (1996): Common sense – das Maß aller Dinge? In „Management Audit – Anforderungen im Zeitalter der schlanken Führung", Verlag für angewandte Psychologie, Göttingen.

2 Csikszentmihalyi, M. (1999): Lebe gut. Klett-Cotta.

3 Csikszentmihalyi, M. (1996): Flow – das Geheimnis des Glücks. Klett-Cotta.

4 Dreikurs, R. (1990): Selbstbewusst – Die Psychologie eines Lebensgefühls. Horizonte.

5 Fromm, E. (2000): Authentisch leben. Herder Spektrum.

6 Kets de Vries, M. (1996): Leben und Sterben im Business. Econ.

7 Loehr, J. E. (1994): Indre styrke – ydre ro. Schultz, Albertslund, Danmark.

8 Malik, F. (2000): Führen, Leisten, Leben. DVA.

9 Nanus, B. (1994): Visionäre Führung. Campus.

10 Wesselmann, A. (1997): pers. Informationen, Berlin.

2 Medientraining oder die Kunst zu wirken

Armin Halle

Zwei Episoden vorweg: Ein General, Brigadekommandeur, wird bei einem militärischen Planspiel mit einer höchst brisanten Lage konfrontiert. Der Gegner greift in breiter Front mit überlegenen Kräften die zur Verteidigung eingerichtete Brigade an. Der General handelt überlegt und rasch. Er zieht seine Truppe zurück, lässt den Gegner ins Leere laufen und greift ihn in der Flanke an, – und erntet für sein souveränes Führungshandeln höchstes Lob vom kommandierenden General.

Nach Ende des Planspiels meldet der Presseoffizier: „Herr General, um 16 Uhr ist Pressekonferenz, nehmen Sie teil?" Der General sagt mit bangem Herzen zu; aber lieber wäre ihm noch ein Angriff auf dem Gefechtsfeld.

Zweite Episode: Es gab mal einen deutschen Außenminister, von dem es wegen seiner vielen Reisen hieß, er könne gleichzeitig an zwei Orten sein. Er selbst hat dies nicht ungern gehört. Journalisten haben an Hans-Dietrich Genscher eine andere Fähigkeit geschätzt. Baten sie ihn vor der Kamera um eine Analyse der Maastrichter Vereinbarungen vor dem Hintergrund der Römischen Verträge von 1957 unter Berücksichtigung der Europapolitik Karls des Großen, so fragte er vorsorglich zurück:" „40 oder 55 Sekunden?" Sein nachfolgendes Statement war sendefähig.

Selbst in einem langen Journalistenleben sind solcherart Erlebnisse eher selten. Aber sie zeigen, dass Führungskräfte auf Herausforderungen höchst unterschiedlich reagieren, vor allem, wenn es um die „public performance", den Auftritt in der Öffentlichkeit, geht. Aber wir sind auf dem Wege der Besserung. Führungskräfte aus Politik und Wirtschaft, aus dem Kulturleben oder aus der Welt des Sports sind zunehmend besser in der Lage, sich selbst und ihre Sache öffentlich darzustellen.

Das ist auch nötig. Wer sich nicht zeigt, wird nicht gesehen. Unternehmerische Erfolge, auch der eigene, müssen sichtbar gemacht, also anderen mitgeteilt werden. So schafft man die Grundlage für weitere Erfolge. Kommunikation in diesem Zusammenhang ist mithin kein Selbstzweck, sondern ein wichtiger Teil von Führungskunst. Information als ein Element der Kommunikation darf dabei nicht verengt und missverstanden werden als Unterrichtung von oben. Information schafft eine unverzichtbare Grundlage für jedes

Zusammenwirken von Menschen. Übrigens unabhängig von deren Person, Einkommen oder Steuerklasse.

Glücklicherweise sind Menschen verschieden, auch solche in Führungspositionen. Keiner kann aus seiner Haut: Der eine ist der geborene Kommunikator, schlicht ein Naturtalent. Der andere tut sich schwer damit, sich selbst souverän in Szene zu setzen. Dabei genügt oft eine kurze, aber solide Vorbereitung, um auch zurückhaltende Naturen für den öffentlichen Auftritt fit zu machen.

Es geht dabei gewiss in erster Linie um die Fähigkeit, vor Mikrofon und Kamera oder in einem Zeitungsinterview kurze, prägnante und verständliche Antworten zu geben. Eine gute Vorbereitung zielt jedoch auf mehr: Sicherheit beim Auftritt in der Öffentlichkeit, die nonverbale „Körpersprache", die Kunst, seine Botschaft glaubwürdig den unterschiedlichen Zielgruppen zu vermitteln. Vor allem aber geht es darum, die durchaus positive Aufgeregtheit in den Griff zu bekommen und die (meist unbegründeten) Ängste abzubauen. Erfolgreiches Auftreten wächst aus Sympathie, Glaubwürdigkeit und Vertrauen.

Dazu bedarf es einer auf Erfahrung gegründeten Unterweisung und praktischer Übungen in Statement, Interview und Diskussion. Nützliche Tipps für Planung, Anlage und Vortrag einer Rede erleichtern den erfolgreichen Auftritt vor Publikum. Der Einblick in journalistische Arbeitsbedingungen soll dazu beitragen, im Medienvertreter nicht den böswilligen Skandaljäger zu sehen, sondern den zwar kritischen aber fairen Partner für Kommunikation.

Eines sollte man sich klar machen: Jeder treibt und beherrscht die Kunst der Kommunikation. Sie wird uns von Kind an tagtäglich in unterschiedlichen Situationen abverlangt. Am Frühstückstisch, im Büro, am Telefon, im Gespräch mit dem Arzt, im Konferenzraum und manchmal abends an der Bar. So gesehen sind wir alle mit einer gehörigen Portion Erfahrung ausgestattet. Und was an Sicherheit fehlt, lässt sich erarbeiten. Der nachfolgende Schnellkurs kann ein praktisches Medientraining nicht vollständig ersetzen; er kann aber dazu beitragen, den nächsten öffentlichen Auftritt souveräner zu meistern.

2.1 Zielgruppe – Botschaft – Strategie

Bevor das Licht auf der Bühne angeht, bevor die Kameras laufen, oder bevor man den Konferenzraum betritt, sollte man sich über drei wichtige Elemente des öffentlichen Auftritts klar werden und Antworten auf die Fragen finden:

Zielgruppe

Wer ist mein Gegenüber, wie ist sein Bildungshintergrund, inwieweit ist er mit meinem Thema vertraut und mit welcher Erwartung tritt er mir gegenüber?

Botschaft

Was will ich meiner Zielgruppe oder meinem Gegenüber mitteilen, was soll er als gesichertes Wissen von mir annehmen, begreifen und umsetzen? Hier muss es mir gelingen, meine Botschaft kurz, verständlich und überzeugend zu formulieren.

Strategie

Welche Vorgehensweise wähle ich, damit meine Botschaft nachdrücklich bei meiner Zielgruppe ankommt? Zur Unterrichtung der allgemeinen Öffentlichkeit wird ein Unternehmen eine Pressekonferenz erwägen. Um einen Mitarbeiter zu weiteren Erfolgen zu ermutigen, zieht man ein Einzelgespräch vor oder lässt ihn vor dem gesamten Team über seine Erfahrungen berichten.

A propos Erfolg

Gerade der kleine Erfolg, die kleine persönliche Leistung verdient Anerkennung. Denn der große Unternehmenserfolg ist immer das Werk der vielen. Wie sagte es ein weise gewordener Personalchef am Ende eines Seminars: In Deutschland ist das Ausbleiben von Tadel schon ein Lob. Dabei lernen hierzulande die Pädagogen schon im ersten Semester, dass ein Kind, das gelobt wird, leichter bessere Leistungen bringt.

2.2 Achtung: Auftritt

Kleider machen Leute. Im Frack Tennis zu spielen fällt ebenso aus dem Rahmen wie ein Mensch, der zur Silberhochzeit der Schwiegereltern in Shorts erscheint. Weder schlampig noch overdressed sollte man öffentlich auftreten. Kleidung hat immer Signalwirkung. Zu einer Fernsehdiskussion im Studio sollte man hellere Kleidung vorziehen. Das Angebot, ein fernsehgerechtes leichtes Make-up aufzulegen, hat gute Gründe. Das eigene Gesicht sollte ebenso wenig blass wirken wie die Argumente.

Also

Neben der Vorbereitung im Blick auf Zielgruppe, Botschaft und Strategie sind auch die eher formalen Dinge sorgfältig zu planen.

Für den Dialog in Interview oder Diskussion gelten drei Regeln:
– Leute, denen ich etwas mitzuteilen habe, schaue ich an. Augenkontakt ist eben auch Kontakt.
– Wenn ich um Aufmerksamkeit für meine Worte bitte, höre ich selbst anderen gespannt zu. Körperhaltung beweist eben auch Haltung.
– Wenn ich von anderen klare und offene Worte erwarte, spreche ich zu anderen auch klar, verständlich und überzeugend (also selbst überzeugt).

Das gleiche gilt für den Einzelvortrag am Rednerpult. Man tut gut daran, sich vor Beginn der Veranstaltung mit der Bühne, dem Saal und dem Pult vertraut zu machen. Es klingt nebensächlich, ist aber für den gelungenen Vortrag äußerst wichtig: Steht das Mikrofon auf der richtigen Höhe und ist die Ablage für das Manuskript mit einer Leiste versehen, damit das Manuskript sicher und ausreichend beleuchtet aufliegt? Es sind schon Redner nur deshalb gescheitert, weil sie wegen herabfallender Manuskriptseiten während des Vortrags mehrmals hinter dem Pult „abtauchen" mussten.

Sind diese Dinge geklärt, geht man an die Dramaturgie.

Ans Pult begibt man sich gemessenen Schrittes und richtet den Blick schon auf das Publikum. Es mag anfangs quälend lang erscheinen, aber man sollte sich mit dem Redebeginn einige Augenblicke Zeit lassen. Der Blick geht über das Publikum. Man schaut in die Runde, nickt einigen Bekannten freundlich zu. Tausend Zuhörer müssen das Gefühl haben, dass der Vortragende sie persönlich angeschaut, also Notiz von ihnen genommen hat. Das Manuskript (statt DIN A4 Blättern sollte man Kärtchen von halber Größe wählen) zieht man aus der Außentasche und legt es beiläufig auf das Pult. Erst dann folgt die Begrüßung.

Besonders wirkungsvoll ist die (wohl vorbereitete) „freie" Passage zu Beginn. Man verlässt das schützende Podium und stellt sich daneben, vorausgesetzt, man ist mit einem Ansteckmikrofon verkabelt. Mit wenigen Sätzen richtet man einige persönliche Passagen an den Veranstalter oder an einige im Saal anwesende Freunde oder Förderer. Danach begibt man sich an das Pult zurück und beginnt mit dem Vortrag.

Ob man ein Vollmanuskript vorträgt oder seine Rede anhand von Stichwortkärtchen frei formuliert, bleibt jedem selbst überlassen. Die Erfahrung lehrt, dass die (beinahe) freie Rede besser ankommt, als ein Lesestück. Um rasch eine gewisse Routine zu entwickeln, empfiehlt sich der anfängliche Gebrauch eines Ringbuches, auf dem jeweils rechts der Volltext der Rede und auf der linken Seite die wichtigsten Stichworte vermerkt sind. Seite für Seite hat man so die Wahl, den vollen Text zu lesen oder nach einiger Übung anhand der Stichworte frei zu sprechen.

Man muss nicht in Konkurrenz treten zu den großen Bühnenkünstlern. Aber artikuliert und damit verstehbar sollte man schon sprechen. Vor allem aber langsam mit Pausen zum Nachdenken für die anderen – und für sich selbst!

Und einen Satz wie „… sind wir in der Problemstellung der medialen Kognition mittlerweile bei einer Totalignoranz der Medienrezipienten angelangt…" sollte man sich verkneifen. In diesem Fall würde der Satz genügen: Viele Leute schalten beim Fernsehen ab.

2.3 Sprechen, überzeugen, motivieren

Um eine Botschaft in eine wünschenswert kurze und klare Form zu bringen, empfiehlt sich die sogenannte „Fünf-Satz-Methode". In fünf Sätzen oder Satzgruppen folgt man dem Schema: Einstieg – Meinung – Begründung – Bewertung – Appell.

Eine überzeugende Variante bietet der folgende Ablauf:
1. Einstieg: Worum geht es, warum müssen wir entscheiden und handeln?
2. Kontra-Argumente: Was spricht dagegen, welche Schwierigkeiten sind zu überwinden?
3. Pro-Argumente: Was spricht für die angestrebte Lösung?
4. Meinung: Wie ist die Lage? (Analyse, Wertung, Zusammenfassung)
5. Appell: So wird's gemacht. An die Arbeit und viel Spaß dabei!

Der Sprechverlauf führt logischerweise vom ersten zum letzten (Ziel-)Satz. Bei der Planung sollte aber zuerst der Schlussgedanke, die motivierende Pointe entwickelt und formuliert werden, um daraus die davor liegenden Argumente zu entwickeln. Diese Vorgehensweise führt – konsequent geübt und angewandt – zu erstaunlichen Ergebnissen. Sie zwingt zu klaren und logischen Gedankenschritten und damit zu erfolgreicher Vermittlung der eigenen Botschaft.

Allem öffentlichen Reden sollte ein Brainstorming, also eine Sammlung möglichst vieler Aspekte in einer kleinen kreativen Gruppe vorangehen. So schwer es mancher Führungskraft auch fällt, dies einzusehen: Auch anderen Leuten fällt etwas Vernünftiges ein. Es gab Bundeskanzler, die ihre engsten Mitarbeiter zu kreativen Beiträgen ermuntert und diese übernommen haben. Nicht selten führte dies zu einer großen Rede.

2.4 Achtung: Journalisten!

„Hund beißt Mann!" – ist keine Meldung. „Mann beißt Hund!" – ist eine. Dieser alte Spruch gilt in seinem übertragenen Sinn auch heute: Das Normale, Alltägliche ist keiner öffentlichen Erwähnung wert. Aber das Ungewöhnliche, das von der Norm Abweichende, das Sensationelle wird aufgespürt, dargestellt und ans Licht gebracht. Eine durchaus bedenkliche und schädliche Entwicklung wird von vielen Journalisten selbst beklagt: Waren es früher nahezu ausschließlich Boulevardzeitungen oder Blätter der Regenbogenpresse, die sich in reißerischer Aufmachung über Personen und Sachverhalte hermachten, so scheuen heute selbst „seriöse" Zeitungen und Fernsehmagazine nicht vor mancher fragwürdiger Skandalberichterstattung zurück. Die Frage, wer schuld ist an dieser Entwicklung, findet keine Antwort. Sind es die Journalisten und ihre Medien, die so berichten oder sind es die Käufer und Leser oder die Fernsehzuschauer, die solcherart Kost gerne konsumieren?

Es darf in diesem Zusammenhang nicht übersehen werden, dass es die Medien waren, die Affären und Skandale aufgedeckt und dadurch beigetragen haben, Missstände zu beseitigen. Die Medien sind zwar nicht vierte Gewalt neben den drei klassischen Staatsgewalten. Wohl aber versehen sie ein Wächter-Amt und tragen – gestützt auf das Recht der freien Meinungsäußerung – zur Aufrechterhaltung demokratischer Spielregeln bei.

Zwischen Politikern und Journalisten besteht eine Art Symbiose. Die einen gestalten (hoffentlich) Politik, die anderen vermitteln sie – oft mit Originaltönen – der allgemeinen Öffentlichkeit. Dieses Zusammenwirken zwischen Politik und Medien wird bestimmt von Kooperation und Konfrontation. Mit anderen Worten: Journalisten dürfen nicht nur, sie müssen oftmals unbequeme Fragen stellen. Dabei können sich weder Politiker noch Führungskräfte aus der Wirtschaft diesem freien Spiel der Kräfte entziehen.

Journalisten, die häufig (wenngleich leider nicht immer) ein gehöriges Maß an Sachverstand und Insiderwissen mitbringen, lassen sich von Titeln, Ämtern und Gehältern nicht beeindrucken. Zugleich stehen sie selbst unter ständigem Druck ihrer Redaktionsleiter, Herausgeber und Verleger. Auch der Kampf der Medien um Auflagenhöhe und Einschaltquoten erklärt den zunehmenden Aufklärungsjournalismus und die manchmal abstoßende Jagd nach der Sensation.

Dennoch überwiegt, vor allem auf dem Feld des Wirtschaftsjournalismus, die faire und sachgerechte Berichterstattung. Führungskräfte der Wirtschaft kommen in den Medien erheblich besser weg, als Politiker, Sportler oder Größen des Unterhaltungsgeschäfts. Das entbindet Führungskräfte und ihre Unternehmen nicht von der Aufgabe, im eigenen Interesse Kontakt zu den Medien zu suchen und zu pflegen. In größeren Unternehmen wird diese

Arbeit in der Regel von der Unternehmenskommunikation wahrgenommen; es zahlt sich – besonders im Fall einer Krise – aber aus, wenn die Chefs ein waches Auge auf die Pressearbeit gerichtet haben. Manches Missverständnis und ein daraus resultierendes schlechtes Presseecho kann dadurch vermieden werden, dass der Unternehmer einen kurzen Draht zum Chefredakteur nutzen kann.

2.5 Regeln für eine „gute Presse"

Viel ist gewonnen, wenn einige Regeln im Umgang mit Journalisten und Redaktionen beachtet werden:
– Kein Artikel ist nur schädlich, denn er kann „repariert" werden. Viel bedenklicher ist, wenn das eigene Unternehmen gar nicht erwähnt wird.
– Schritte gegen eine vermeintlich negative oder ungenaue Berichterstattung sollten sorgfältig überlegt werden. Oft sind ein Telefonat mit dem Redakteur oder ein Leserbrief hilfreicher als ein Vorgehen nach Presserecht.
– Gute Pressearbeit beginnt, bevor sie (im Krisenfall) notwendig wird. Ein Unternehmen, das regelmäßig mit Informationen aufwartet, wird weniger Ärger mit unangenehmen Spekulationen haben.
– Auch Journalisten brauchen Hilfen. Im Vorgespräch zu einem Interview kann man dem Interviewer ein Thema anbieten. Auch nachfolgende Tipps für Kürzungen werden häufig gern akzeptiert.
– Es gibt kein Recht auf Einsichtnahme in den Text vor der Veröffentlichung, es sei denn, dies ist verabredet. Aber auch hier kann ein Angebot zur nachträglichen Hilfe nützlich sein.
– Seinem Ärger über einen in Teilen unrichtigen Artikel darf man – in angemessener Weise – zum Ausdruck bringen. Einen Journalisten nach einer einzigen Panne von weiteren Informationen auszuschließen, ist falsch. Im Wiederholungsfalle kann es geboten sein.
– Man darf und sollte (in seltenen Fällen) ein Gespräch oder Interview ablehnen, wenn erkennbar und auf Erfahrung gestützt deutlich wird, dass nicht Information vermittelt sondern Ideologie-bestimmter „Gesinnungsjournalismus" betrieben werden soll.
– Die eigene Meinung ist gefragt, man soll sie mit Nachdruck vertreten. Aber es ist das Recht eines Journalisten, diese Meinung mit gegenteiligen Ansichten zu konfrontieren.
– So schmückend ein Interview in der Financial Times erscheint, – wichtiger (und für über zwei Drittel der Bundesbürger wirksamer) ist ein Beitrag in der Lokal- oder Regionalzeitung, den nicht zuletzt die eigenen Mitarbeiter lesen.

– Es gibt Informationen zur Veröffentlichung und solche, die (für eine Weile) vertraulich zu halten sind. Journalisten kennen die Regel aus der Satzung der Berliner Bundespressekonferenz. (Verzeichnis anfordern!) Was „unter drei" gesagt wird, ist strikt vertraulich. Journalisten halten sich daran, aus eigenem Interesse an einer weiteren Zusammenarbeit.

Bei aller Notwendigkeit, sich selbst und seine Sache ernsthaft und wahrhaftig darzustellen, ist eine Portion Leichtigkeit legitim. Humor erleichtert Führung. Pressesprecher wissen, dass eine kleine Anekdote aus dem Leben des Unternehmens gern als „Schmonzette" in die Wochenendausgabe genommen wird. Gelegentlich helfen Bilder und Vergleiche, einen komplizierten Sachverhalt verständlich zu machen. Man scheue sich nicht, dieses dramaturgische Mittel für die eigene Botschaft einzusetzen. Schließlich hat dieser Beitrag auch so angefangen!

3 The Case for Corporate Elegance or The Luxury of Leadership

Umberto Angeloni

History, according to the British essayist, Thomas Carlyle, is just the biography of great people. It is, of course, the ideal that those who become prominent in society be judged by their thoughts, words and actions, rather than by their appearance. However, these people are expected to perform within the framework of society, where the old rules are being replaced by a less idealistic and certainly more superficial approach.

Such people should be aware that physical appearance can directly influence the attainment of corporate goals, and that the old maxim of never having a second chance to make a first impression is more relevant and meaningful than ever before. In this new world of changing cultures, perhaps many people would feel more comfortable with leaders who look as though they respect and represent the older, better-understood values.

The man who rejects even a modicum of sartorial consciousness to the point of appearing untidy may suffer the consequences of not being taken seriously. A discernable anonymity of style is hardly the optimum; then again, too much fastidiousness can also draw suspicion.

In my work and travels, I come into frequent contact with CEOs, global chairmen, and other top executives who are the most powerful leaders in today's corporate world. They have opinions that can shape the course of everything from stock-market prices to government policy. Indeed, these are men who make everyday decisions that influence nations, whose ideas can chart courses for the world at large and influence the way we lead our lives. But however diverse their influence may be, these leaders share a common sensibility. They understand the importance of appearance and demand only the best. For these men, the well-fitted, hand-tailored suit is a vital professional tool.

The "Right Suit" should be worn with ease. Ideally, it should be put on and then forgotten. If it is playing its role, it should impart the priceless confidence of knowing that one is properly dressed, and that at least one part of a busy life has been taken care of and need no longer be a concern. Although corporate leaders do have more significant matters to think about, some understand the power and language of clothes and do their best to harness this force the way many military leaders have done throughout history.

The "Power Suit" should project an impression of authority, elegance, and wealth, something only an individually made garment, cut by a master tailor with a keen eye for detail, will ensure. The style of the suit must be made for the wearer, rather than inflicted upon him by a well-known designer; often something as apparently insignificant as the length of a vent or the breadth of a lapel can make an immense difference to a man,s appearance. Extended, heavily padded shoulders will look ridiculous on men without at least a certain amount of shoulder-width of their own; and too often men are sold suits where "loose" and "oversized" are supposed to be commensurate with comfort, which is not the case at all.

Another aspect of modern life of which my customers make me aware is that whatever country they are in, they search for a style of clothing that is truly international. To my mind, a truly "International Suit" must meet certain criteria. To begin with, it must be of no more than medium weight. Although temperatures vary across the globe, most office or business environments these days are temperature controlled. As a result, there is no longer a need for those heavyweight suits popular in the 30s, when heating systems worked poorly at best and air-conditioning had not been invented. Today, no matter what time of the year, remaining cool and crisp in a suit is easily accomplished with cloth that weighs 300 grams or less.

Finally, the suit must be classic in style, fabric and color, not unlike the "little black dress" which takes women so far. Fashionably speaking, men have their own version in what I call the "definitive blue suit."

Today, black can be viewed as almost funereal, brown is too casual, and gray does not reproduce well in print or on television, if the corporate occasion arises; therefore blue, with its patrician connotations, is always an elegant choice. Wherever my business takes me, from San Francisco to Singapore, from Brisbane to Bahrain, a dark blue suit is appropriate for almost every occasion.

Far from being dull, a really well-cut navy blue suit is highly versatile. Wear it with a blue or finely striped shirt, a foulard tie and black or dark-brown oxford shoes, and it is ideal for business or board meetings.

Change to a crisp white shirt, a discreetly patterned, woven silk tie, white pocket handkerchief and lighter-weight black calf shoes, and it is formal enough for any dinner engagement short of full black-tie occasions. Alternatively, a yellow, pink or checked shirt, brightly colored knit tie, pocket handkerchief and tobacco-brown suede shoes will make a blue suit perfectly acceptable for the polo match, the races or any other more relaxed social occasion.

Although the suit is the focus of my attention here, it is only part of the story. The choice of shirts, ties and shoes, even watches and cuff links, matter almost as much. On the subject of shirts, men might learn from self-inspection that, while moderate shapes of shirt collars suit most of them, one particular style will be visually more successful than others. They should make this one the foundation of their shirt collection. As for the question of pattern, striped shirts can be worn successfully with pin- or chalk-striped suits, a useful rule of thumb being that, for balance, the suit stripes should be more widely spaced than those on the shirt.

Similarly, an all-over small-checked shirt compliments even quite large-plaid or checked suits and sport jackets. Shirts that make a particularly strong color or pattern statement are best teamed with solid blazers, tan cashmere or camel,s hair jackets, and herringbone or other plain tweed sport jackets. When in doubt, a white or pale-blue poplin shirt will go easily with any business suit.

Regarding ties, I have noticed a return to simple, elegant designs such as solid satins and grenadines, small polka dots and geometrics, classic paisleys, regimental stripes, and woven checks-all patterns I endorse completely. Classic styles such as these need not be dull, particularly with today,s computer-aided techniques, which can create thousands of handsome variations.

Whatever tie a man picks to wear, it should be tied with an eye for balance and sense of style. For instance, wider cutaway collars really call for a knot with more substance than the classic four-in-hand, such as "Prince Albert" or even a "half-Windsor." Proper shoes, worn correctly, are literally and figurati-

vely the very foundation of male style, and as such they should be solidly constructed and uncomplicated in both design and decoration. The most versatile shoe an executive can own is the classic oxford, a low, lace-up style first popularized by students at its namesake university at the turn of this century. Today, with ist highly polished, plain or perforated cap toe and laces across the instep, the oxford rightfully may be considered the chameleon of men,s dress shoes. In black it is as well suited to a blazer as it is to a dinner jacket.

What guidelines does a busy executive have when the clothes he wore exclusively for weekend socials, travel or even church are starting to become an important part of his business wardrobe as well? When dressing for casual Fridays, there is never a substitute for good taste, and anything trendy should be avoided. But beyond that, the following pointers may be of help. To begin, a navy blue blazer is definitely the top choice as an alternative to the suit. This dark blue jacket perfectly bridges the gap between work and weekend wear. In its more traditional double-breasted and ventless form, with the addition of gray pleated trousers and a sober choice of tie, it can still look elegant and proper. The next most appropriate alternative to the suit is a well-tailored sport coat, cut from plain-weave worsted cloth. A pair of charcoal gray trousers teams well with virtually any sport coat, but with one caveat I cannot stress enough:

Whenever a man seeks to formalize his casual look, the same attention to quality that goes into the jacket must be given to the trousers as well. Too often a beautifully cut blazer or sport coat is marred unmercifully by the addition of poorly tailored sport slacks with a jeans construction.

At the other end of the spectrum of formality, a corporate leader should own at least two dinner suits: one formal, another for parties; plus an off-white tuxedo for events on hot summer evenings. The true, classic interpretation of a dinner suit is a black single-breasted jacket, with silk grosgrain peak lapels and matching waistcoat, worn with a crisp white shirt and a self-tied bow tie. It is a look that cannot be surpassed and which represents the most direct descendant of the tailcoat. However, a man of substance who really enjoys his clothes might own a veritable "library" of dinner suits of sub-tle differences and weights of cloth with which to project his individuality even on truly formal occasions. And individuality, even within the strict parameters of formal dressing, is what a gentleman should strive to achieve.

Proper dress and correct form are notorious for their unavoidable pitfalls and potential disasters, but by employing a little intelligence and common sense about dressing appropriately, success is easy to achieve. The key is to keep in mind that simplicity often works best for men in corporate leadership positions. Investing an appropriate amount of time in selecting a proper wardrobe will serve as invaluable preparation for the moment one makes that all-important first professional impression.

4 Geist und Genuss – Anmerkungen zum (re)kreativen Alltag

Joachim Nagel

Nehmen wir an, es ist kurz nach zehn Uhr abends – das haben Sie soeben auf dem Display Ihres Notebooks abgelesen, fern der Heimat am Schreibtisch Ihres Hotelzimmers. Oder vielleicht stand Ihnen der Sinn doch schon nach inneren Notizen und veritablen Büchern: Die Arbeit ruht, nach einem anstrengend-erfolgreichen Tag. Sie selbst ruhen noch nicht, wollen im Nachhall des obligatorischen Telefonanrufs nach Hause eigentlich die Gedanken in jenen Gefilden verweilen lassen, dazwischen schieben sich jedoch unablässig Reminiszenzen an Fachvorträge, die Sie heute gehört oder geschäftliche Unterredungen, die Sie geführt haben, und morgige Verpflichtungen gehen Ihnen bereits durch den Kopf. Kurz: Ihr Tagespensum ist absolviert, abzuschalten vermögen Sie aber kaum. Das Abendessen im Hotelrestaurant hat relativ hastig den physischen Akku wieder aufgeladen, ohne Sie recht zu erfrischen, und das nüchtern Komfortable des Business-Doppelzimmer ist wenig geeignet, Sie in entspannte Stimmung zu versetzen. Nicht anders als gestern oder übermorgen in einem anderen Hotel einer anderen Stadt. Sagen wir: Im Prinzip können Sie mit sich und der Situation zufrieden sein, doch ist das eher eine Überzeugung als ein Wohlgefühl.

Szenenwechsel. Wenden Sie den Blick aus dem Fenster Ihres in praktischer Autobahnauffahrtsnähe gelegenen Domizils in Richtung Stadt, hebt sich möglicherweise neben einem Kirchturm und den Baumwipfeln eines Parks die Silhouette einer anderen Unterkunft aus dem Dunkel. Dort sitzt, an der offenen Balkontür seines anheimelnd möblierten Zimmers, gleichfalls ein Mensch über den letzten Tagesnotizen, lässt den Füllfederhalter auf dem Papier spielen, den Duft frisch gemähten Rasens in der Nase und die Brombeernoten eines samtigen Cabernet Sauvignon auf der Zunge. Den führt er sicherheitshalber stets bei sich, für den Fall, dass der Weinkeller des Hotels auch qualitativ eher im unteren Bereich angesiedelt ist. Nun, diesmal erfüllte selbst die Hotelgastronomie gehobene Ansprüche, und die Opulenz der Käseplatte zum guten Schluss des abendlichen Menüs legte einen kleinen Verdauungsspaziergang nahe, bei dem der angenehmst Beköstigte seinen anstrengend-erfolgreichen Tag (siehe oben) noch einmal Revue passieren ließ und nebenher wieder einmal eine alte französische Weisheit bestätigt fand: „Ein Dessert ohne Käse gleicht einer einäugigen Schönen."

Niedergeschrieben hat diesen Aphorismus kein Geringerer als Jean Anthèlme Brillat-Savarin, in seiner 1826 erschienenen *Physiologie des Geschmacks oder Betrachtungen über das höhere Tafelvergnügen*. Es ist das Werk eines Juristen und Autodidakten, der Physiologie oder Kochkunst niemals professionell betrieb. Eben aus diesem Grunde geriet ihm wohl sein Buch, aus einem kulinarischen Ansatz heraus, eher zu einer allgemeinen Psychologie des Genusses: „Die Feinschmeckerei untersucht Menschen und Dinge [...] und macht ein klug geordnetes Mahl zu einem Gleichnis der Welt, in dem alle ihre Teile wohlvertreten figurieren." Brillat-Savarins Gastrosophie, die auch nach fast zweihundert Jahren nicht an Reiz und Gültigkeit verloren hat, mag uns hier als Ausgangspunkt einer kleinen Betrachtung des Genusses als individuelles und soziales Phänomen dienen, wobei uns nicht zuletzt sein therapeutischer Effekt auf gestresste Zeitgenossen beschäftigt. Selbstverständlich ohne jeden didaktischen Impetus, und es erwarten Sie keine konkreten Rezepte. Einzig das Motto: „Sag mir, was du isst, und ich will dir sagen, wer du bist."

4.1 Lass mich das Hauswesen recht ordentlich und zierlich finden

So schrieb Goethe, einer der großen Gourmets unter den Dichtern, an seine Lebensgefährtin Christiane, als er 1792 vom Feldzug in Frankreich nach Weimar heimkehrte. Wenn immer Sie selbst aus dem Felde auswärtiger beruflicher Schlachten zurück nach Hause kommen, werden Sie jenen Wunsch nachempfinden können und sich gewiß darauf freuen, nach diversen Essen mit Geschäftspartnern oder solipsistischen Mahlzeiten endlich wieder an der eigenen Tafel Platz zu nehmen – im Familienkreis oder in trauter Zweisamkeit mit der Dame Ihres Herzens. Was Penelope Ihnen, mit homerischer Heiterkeit, dann Schmackhaftes serviert, wird Ihnen um so besser munden, wenn nicht nur ihre Kochkunst „ordentlich" ist, sondern das Hauswesen „zierlich", was im Sprachgebrauch der Goethezeit soviel hieß wie „geschmückt". Ist die Dame des Hauses selbst beruflich eingespannt und kommt vielleicht einen Flieger später woandersher, wird die Sache etwas schwieriger, aber nicht unmöglich. Dann glänzt eben das Hausmädchen als Kaltmamsell mit den Kanapees. Oder besser: Sie bereiten sich das Vergnügen, diese selbst mit vereinten Kräften zu bereiten. Hauptsache, man lässt sich Zeit, und die Atmosphäre ist behaglich.

Ich hatte vor Jahren eine Kollegin, die größten Wert darauf legte, jeden Abend mit ihrem Ehegatten bei Kerzenlicht zu speisen. Das ist sicherlich übertrieben, und außerdem nimmt die stete Wiederholung auch einem

Candlelight-Dinner mit der Zeit den Reiz. Andererseits steht fest: Erst ein mit Sorgfalt und Geschmack gedeckter Tisch verleiht einem guten Essen den angemessenen Rahmen. Das gilt für festliche Diners wie für einfachere Mahlzeiten im kleinen Kreis, und weniger ist oft mehr: Die Dekoration muss das Ganze abrunden, darf es jedoch nicht dominieren; ich habe es oft genug erlebt, in Restaurants und bei privaten Einladungen, dass die Gedecke sich unter einer Phalanx meterhoher Kandelaber und üppig bestückter Vasen duckten, und ebenso verschwanden die Tischgefährten gegenüber, was ein Gespräch nahezu unmöglich machte. Das Entscheidende bleibt, auch optisch, das Essen, und darein sollte man seinen Ehrgeiz setzen; was keineswegs heißt, dass es immer fünf Gänge sein müssen, wie bei dem bereits erwähnten Geheimen Rat am Weimarer Frauenplan.

In dieser Hinsicht muss uns Goethe also kein Vorbild, als Präzedenzfall der Wechselbeziehung intensiver geistiger und sinnlicher Existenz dagegen allemal interessant sein. Aufgewachsen in einem wohlhabenden Elternhaus, wo eine lukullisch hochbegabte Mutter das Küchenszepter führte, blieb dem Dichter und Staatsminister das leibliche Wohl stets Voraussetzung für poetische Kreativität und die Erfüllung dienstlicher Aufgaben. Weilte er, was oft wochenlang der Fall war, in seinem Jenaer Arbeitsexil, vermisste er schmerzlich den reich gedeckten häuslichen Tisch und ließ sich von daheim mit Leckerbissen versorgen: So basierte die literarische Produktion nicht nur auf den Flügeln des Pegasus, sondern ebenso auf denen gebratener Rebhühner, die er gerne zum zweiten Frühstück verspeiste, accompagniert von einem halben Fläschchen Madeira.

4.2 Ein Mann von Geist versteht die Kunst zu speisen

Dass wir unter Goethes geflügelten und beflügelnden Lieblingsspeisen ferner mit Trüffeln gefüllten Truthahn und Gänseleberpasteten finden, erweckt den Eindruck kulinarischen Snobismus, was indes nicht zutrifft. Der verwöhnte Dichterfürst wusste zwar Luxusspeisen zu schätzen, hielt sich jedoch bei Tisch im Prinzip an die Devise: einfach, aber delikat – wie zum Beispiel warmer Krautsalat mit Speck oder eine Schlachtplatte. Anders gesagt: Es durfte, musste aber nicht immer Kaviar sein – eine Bescheidenheit, die jeder wahre Feinschmecker als Geheimnis eines erfüllten Genießerlebens kennt; wer keine guten Bratkartoffeln mehr zu schätzen weiß, an dem sind auch die vornehmsten gebratenen Täubchen verloren, wie exquisit zubereitet sie ihm auch in den Mund flattern.

Ein fatales Missverständnis spukt unvermindert in manchen Köpfen, als Echo längst verebbter Edelfresswellen: Soll etwas schmecken, muss es vom Feinsten und Teuersten sein. Legen wir der guten Küche lieber eine andere

Maxime zugrunde: Grundstoffe von bester Qualität, sorgsam zubereitet und angerichtet. Und der Verzehr? Da galt den alten Chinesen die Regel: „Beeile dich bei der Arbeit, aber nie beim Essen." In dieser Tradition steht seit einigen Jahren eine „Internationale Bewegung zur Wahrung des Rechts auf Genuss", die sich den Slogan „Slowfood" auf ihre Fahnen geschrieben hat und mittlerweile in 35 Ländern vertreten ist. Der Name signalisiert ein bewusstes Kontrastprogramm zur grassierenden Fastfood-(Un)Kultur, die den Essensgenuss auf eine mehr oder minder hektische und profane Nahrungsaufnahme reduziert. In der abgemilderten Form des Convenience Food (vorgefertigte Tiefkühlgerichte etc.) ist solche Untugend leider auch in anspruchsvolleren Haushalten gang und gäbe. Die Slowfood-Anhänger wollen keineswegs das Rad der Zeit zurückdrehen, sondern eine vernünftige Langsamkeit im Umgang mit Speisen wiedererobern. Das heißt im Wesentlichen: Man greift zu anständig produzierter Qualitätsware anstatt zu industriell hergestellten Massenprodukten und wirkt den Nivellierungstendenzen der sogenannten internationalen Küche durch Besinnung auf gewachsene regionale Traditionen entgegen. Nicht ganz zufällig stammt der Initiator der Bewegung, der Journalist Carlo Petrini, aus Italien; und wer von Ihnen öfters jenseits des Brenner weilt, hat vielleicht festgestellt, dass man in den Schlemmerhochburgen der Toskana inzwischen wieder echt toskanisch kocht – *alla nonna!*

Das hat alles nichts mit verklemmtem Bio-Fetischismus zu tun, es ist einfach eine Frage der Mentalität. Wie vernünftig und lustvoll man sich ernährt, ist integraler Teil des Selbstverständnisses, ein verlässlicher Gradmesser sinnlicher Intelligenz und somit Indiz der gesamten Persönlichkeitsstruktur. Das haben außer Goethe, der es liebte, „am lustigen Ort" zu tafeln, eine Menge anderer Geistesgrößen vorgelebt: Politiker wie Bismarck, Schriftsteller wie Heine, Balzac oder Proust, Maler wie Rubens, Renoir und Liebermann. Und selbst wer den Barbier von Sevilla noch niemals im Opernhaus erlebte, hat sich gewiss schon einmal im Restaurant „Tournedos Rossini" schmecken lassen … und vermutlich dabei feststellen können, dass die Musik eines genüsslich verzehrten kleinen Gerichtes auf der Zunge auf ihre Art weit gesünder ist als ein mit psychischen Dissonanzen diätgrimmig absolvierter Rohkostteller.

Prominente Feinschmecker ließen sich hier in erklecklicher Zahl in den Zeugenstand rufen, belassen wir es jedoch bei einem weiteren Aperçu von Brillat-Savarin (nach dem übrigens heute noch eine Frischkäsespezialität benannt ist): „Die Tiere fressen, der Mensch isst, der Mann von Geist versteht die Kunst zu speisen." Das Beziehungsgeflecht von Lebenswerk und kulinarischer Kultur ist natürlich nicht auf den Aspekt des Wohllebens beschränkt. Entscheidend ist die fruchtbare Symbiose des Mentalen und Physischen, etwa derart, dass man sich beim Sinnlichen vom Analytischen erholt oder neue kreative Anregungen gewinnt. Als Schriftsteller gehöre ich selbst zu einem Personenkreis mit vorwiegend abstrakter Betätigung und verschaffe mir daher gerne einen Ausgleich zum Beispiel bei der eigenhändigen Zubereitung des Abendessens – wobei ich es genieße, mit konkreten Dingen umzugehen, haptisch, optisch und olfaktorisch. Oft reicht eine marginale Mitwirkung, wie die Komposition der Salatsauce, das Waschen und Schneiden der Kräuter, deren Duft sich unter dem Wiegemesser entfaltet, das Prüfen von Geschmack und Konsistenz, die Entscheidung, doch noch einen Tropfen Trüffelöl hinzuzufügen …

Nun ist Kochen nicht jedermanns Sache, aber über die Grundbedingung der Qualitätssicherung beim Essen hinaus können Sie doch einen weiteren Schritt tun, sich nämlich mit ein wenig Eroberungslust für Kulinarisches interessieren. Das kann das Herumstöbern in fremden Küchenkulturen sein, genauso aber der Entschluss, sich ab und an die Zeit zu nehmen zu einer Aktion, zu der Sie sich sonst vielleicht nur als Urlauber in der Provence hinreißen lassen: ein ausgiebiger Bummel über den Markt, wo Sie die Nahrungsmittel in aller Vielfalt und in ursprünglichem Zustand erleben, nicht nur in Form des fertigen Gerichtes auf dem Teller. Ein Einkauf lässt sich natürlich auch vornehmer abwickeln; wenn einer meiner Verwandten geschäftlich in New York zu tun hatte, ließ er sich als Souvenir vor dem Rückflug meist einige Maine-Hummer anliefern – sozusagen von seinem Lieblingsspitzenrestaurant direkt aufs Rollfeld. Das ist jedoch nur ein halbes Vergnügen, wenn auch persönlicher als vergleichbare Meerestiersendungen an den Frauenplan, wo Goethes häufig ein Avis wie das folgende von einem Bremer Bekannten erhielten: „300 Austern, mit günstigem Wind aus England gekommen […], hierbey vier Hummer, die vor einer Stunde noch lebendig waren."

Verweilen wir noch einen Augenblick vor diesem anmutigen goethezeitlichen Hummerscherenschnitt. So sehr den Hausherrn die Aussicht auf derlei Delikatessen entzücken konnte, so „verdrießlich" wurde der Bacchusjünger, ging ihm einmal sein bevorzugter Tropfen aus. Sein Konsum des edlen Rebensaftes war ebenso stattlich wie die Rechnungen seiner Weinhändler soviel verraten die Quellen, belegen indes auch seine Kennerschaft. Und wenn es Ihnen um ein systematisches kulinarisches Alternativprogramm für den zahlen- und termintraktierten Kopf zu tun ist, bietet sich hier ein attraktives Betätigungsfeld, bei dem Sie obendrein keinen dicken Kopf zu fürchten haben, denn selbstverständlich ist von guten Weinen die Rede! Zwar steckt nicht in jedem Menschen ein ausgefuchster Gourmet und erst recht kein Weinexperte; doch es geht auch nicht um önologische Schärfentiefe oder den Siegeslorbeer bei Blindverkostungen, sondern darum, dass Sie regelmäßig Ihren Geschmack ausbilden und verfeinern, halbwegs sicher durch Terroirs und Rebsorten navigieren und schließlich mit dem häuslichen Weinkeller auch anspruchsvollen Gästen einen sicheren Hafen und zugleich die Aussicht auf eine anregende Konversation über das Dionysische bieten, nicht anders als seinerzeit der weinenthusiastische Dichter in Weimar.

Mit den Gästen, die sich in froher Runde um Ihre „offene Tafel" scharen, wären wir endlich vom individuellen beim gesellig-kommunikativen Aspekt des Genusses angelangt. Wer sich übrigens in allgemeinerem Sinne wieder einmal mit der engen Verflechtung des Persönlichen und Sozialen befassen möchte, dem sei das Werk eines Zeitgenossen Goethes zur Lektüre empfohlen: das berühmte Buch des Freiherrn von Knigge „Über den Umgang mit Menschen" (1788) durchaus keine Benimmfibel, vielmehr ein noch heute sehr lesenswerter, kluger philosophischer Essay zur Gesellschaftslehre, dessen letztes Kapitel dem „Umgang mit sich selbst" gewidmet ist.

4.3 Wer seine Freunde empfängt und nicht persönlich für das Mahl sorgt, verdient keine Freunde

So streng wie der oben zitierte Brillat-Savarin muss man es mit seinen Pflichten als Gastgeber vielleicht nicht halten, aber selbst wenn die Geladenen eher Bekannte sind als Freunde, sollten sie doch das Gefühl haben, als solche behandelt zu werden. Auch darin war wiederum das „zierliche Hauswesen" Goethes vorbildlich. In seiner Eigenschaft als Staatsminister hatte er häufig Diners offiziellen Charakters auszurichten, und die teils hochkarätigen Gäste empfanden nicht nur die Bewirtung als „ungemein splendid", sondern wussten ebenso die zwanglose Atmosphäre zu schätzen, wie 1827 der Dramatiker Carl von Holtei:

„Von ihm eigenhändig unterzeichnete Einladungskarten riefen im Durchschnitt wöchentlich einmal […] zu Goethes Mittagstisch, wo acht bis zehn Personen versammelt wurden […] um bei einem wohlbereiteten, schlichten Mahle und sehr gutem Weine ein paar Stunden frei und heiter zu verleben. Er war ein sehr angenehmer, aufmerksamer Wirt; behielt sogar im Gedächtnis, was dieser und jener vorzüglich zu essen liebte und [ließ dann] jene beliebte Schüssel noch einmal an den passenden Platz tragen."

Das ist ein wahres Idealbild kulinarischer und geselliger Kultur, und das Zwanglos-Heitere war damals obendrein ein positives Gegenbild zum Korsett höfischer Etikette – nicht anders übrigens als in den um diese Zeit entstehenden Berliner und Wiener Salons, höchst fruchtbaren Begegnungsstätten des gebildeten Bürgertums mit dem aufgeklärten Adel. Gewiss ein epochentypisches Phänomen, denn Standesunterschiede fallen heutzutage weit weniger ins Gewicht. Trotzdem macht nach wie vor die Kombination gemeinsamer Tafelfreuden und Konversationskunst den Charme solcher Zusammenkünfte aus. Bei Goethes Domizil am Frauenplan fällt noch ein Weiteres ins Auge: dass sich hier jemand stilvoll präsentiert, anstatt mit großer Geste zu repräsentieren, das heißt seinen Besuchern Achtung erweist und darauf verzichtet, sie mit der Zurschaustellung von Macht und Reichtum in die Reserve zu treiben. Die letztgenannte Haltung ist ja keineswegs mit den Salons der Gründerzeit untergangen; ich begegne in reichen Haushalten immer wieder einer ins Monströse mutierenden Melange aus Makartschem Pomp mit neobarocken Versatzstücken aus der Werkstatt von Versace, worin eher die Eitelkeit als die Geschmackssicherheit der Eigentümer zutage tritt. Leute, die so bemüht sind, sich in Szene zu setzen, sind auch selten wirkliche Genießer, bleiben sie doch allzu sehr dem Oberflächlichen verhaftet. Stil ist nichts Äußerliches, sondern in ihm muss sich innere Überzeugung manifestieren. Wie eng dies mit dem Genusspotenzial zusammenhängt, lässt sich an Zeitgenossen beobachten, die rastlos auf allen möglichen „Events" herumgeistern, jedoch selten rechte Ereignisse verbuchen können, da es ihnen eben an Erlebnisfähigkeit mangelt.

Aber zurück zu Tisch: Auch illustre Gäste sind mit einem wohlkomponierten Drei-Gang-Menü besser bedient als mit einem gargantuesken Gelage (die hebe man sich für den engeren Freundeskreis auf). Ein wenig Fantasie wird andererseits nicht schaden – so kann man ein Menü oder einen Abend unter ein Motto stellen, zum Beispiel ein Diner à la Belle Epoque, oder mit den Leibspeisen berühmter Persönlichkeiten ausrichten; entsprechende Rezeptbücher sind leicht aufzutreiben. Wollen Sie aus besonderem Anlass organisatorisch und finanziell mehr Aufwand betreiben, bietet sich live gespielte Tafelmusik an, gegebenfalls ein komplettes künstlerisches Rahmenprogramm. Kulinarische Abende à la Mozart, Goethe und dergleichen sind seit einigen Jahren ein Renner in der Gastronomie und lassen sich mit geringfügigen Einschränkungen auch zu Hause inszenieren.

Wer in solchen Dingen wenig erfahren ist, gibt sich keine Blöße, wenn er kompetente Hilfe in Anspruch nimmt. Im Übrigen gilt: Nicht Kellen von Kaviar, sondern vor allem Einfühlungsvermögen und eine Prise Erfindungsgabe vermitteln Ihren Gästen, dass Sie sich folgende Maxime Brillat-Savarins souverän zu eigen gemacht haben: „Jemanden zu Gast laden, heißt für sein Glück sorgen, solange er unter unserem Dache weilt."

4.4 Genuss und Entspannung unterwegs

Wer sich in den eigenen vier Wänden als Genussmensch eingerichtet hat, wird unterwegs zuweilen Mühe haben, seine Ansprüche erfüllt zu sehen. Auf der Suche nach den richtigen Adressen für Unterkunft und Verpflegung helfen indes erstens einschlägige Publikationen (unter anderem diejenigen originärer Reifen- und Batteriehersteller), zudem private Tipps, wachsende Erfahrung und nicht zuletzt individueller Instinkt. Manches Etablissement, das ambientebesessen und mit opulenter Karte lockt, pflegt seine Klientel doch nur vornehm abzuspeisen, andere wirken auf den ersten Blick unwirtlich, und dann erweist sich der Wirt überraschend als Meister seines Fachs.

Unlängst war ich zum Beispiel mit einer Freundin (übrigens selbst Chefin eines ausgezeichneten Restaurants) zum Mittagessen verabredet in einem „Fresstempel", der frisch seine Pforten geöffnet hatte im Hafengebiet einer rheinischen Großstadt, und wir fanden uns unversehens in einer Grauzone: vom Wetter her ohnehin, und das Lokal residierte in einem auf das graue Wasser hinausgebauten grauen Kasten, eingerichtet farblos minimalistisch und zunächst also von absolut profaner Anmutung. Nachdem die Lektüre der Speisekarte und ein lächelnd serviertes, perfektes Amuse-bouche das erste Frösteln verscheucht hatten, kam der Wein (übrigens immer ein gutes Zeichen, wenn man Hochkarätiges auch glasweise ordern kann!). Ein Weißer aus der Neuen Welt hatte uns neugierig gemacht und enttäuschte uns nicht: Mit Aromen von Myrte und Zitrusfrüchten explodierte er förmlich am Gaumen und evozierte inmitten dieses Regentages das Sinnlich-Sonnige seiner Heimat, ließ im weichen Abgang einen Hauch der salzigen Meeresbrise spüren, die die Rebstöcke dort freundlich umfing – und uns beide seelenerwärmt des Meeresfisches in zartgelber Safransauce harren, der den nächsten Gang vorstellte. Ein kleines Lehrstück über die Macht nicht nur des Dionysischen in prosaischer Umgebung. Mittlerweile war übrigens ein Tisch in der Nähe belegt worden von einem Nadelstreifen-Duo, das schnellstens zwischen Geschäftsgesprächen und Handyklingeln seine Speisenwahl traf, und nun ging es auch hier um den Wein. Nach kurzem, unruhigen Blättern landete der rechte Zeigefinger des Wortführers auf dem teuersten Rotwein. Eine Stunde später hatten die beiden das Restaurant verlassen, so viel Zeit hätte dieser Tropfen allermindest benötigt, um nach dem Öffnen der Flasche auch nur halbwegs seine Qualität zu entfalten. Die Flasche aber war leer; ich kann mir nicht vorstellen, dass diese „Kenner" viel von dem teuren Spaß hatten (bis auf einen Kick vermeintlichen Prestiges). Wer die Puppen tanzen lassen will, muss schon an den richtigen Fäden ziehen, sonst wird er schnell zur Marionette seiner Eitelkeiten.

Sorgfältig wie die Orte, an denen Sie sich auf Geschäftsreisen zum Speisen niederlassen, sollten auch diejenigen gewählt werden, an denen Sie wohnen. Ein Häuflein von Sternen stört hier nie, ist aber auch keine Garantie. Ich erinnere mich, dass mein Vater, der als leitender technischer Angestellter viel auf Kongressen unterwegs war oder anderweitig auswärts Vorträge hielt, bevorzugt Quartier in (explizit so genannten) „Waldhotels" nahm – und dafür mitunter längere Wege in Kauf. Das sicherte ihm zwischendurch das notwendige Maß an Distanz und Erholung. Es ist durchaus sinnfällig, dass heute ein Großteil der führenden Wellness-Hotels in Häusern jener Kategorie untergebracht ist: ruhig, komfortabel und entspannend. Allerdings ist Vorsicht angebracht, denn vieles, was unter dem Schlagwort Wellness auftritt, verdient den Namen nicht und beschränkt sich auf einen mittelmäßigen Whirlpool mit angeschlossener Sauna. Der Trend zu aufwändigen Wellness-Bereichen in den Hotels nimmt indes zu, gottlob auch die Tendenz, mehr Suiten anzubieten als bisher. Das bedeutet nämlich, dass man die Unterkünfte wieder mit vernünftigen Badezimmern samt Wanne versieht, anstatt sich auf klaustrophobische Duschbäder zu beschränken. So hat der Gast die Möglichkeit, auch außerhalb der offiziellen Einrichtungen in angemessener Weise etwas für sein physisches Wohlbehagen zu tun – und ebenso für sein psychisches, denn mit der Zeit, die man sich für ein ausgiebiges Bad nimmt, stellt sich auch die innere Muße ein. Nicht zufällig spielte in alten Hochkulturen das Bad eine zentrale Rolle als Ort der Hygiene und Rekreation, und aktuelle Trends zu Dampfbädern oder Thalassotherapie sind eigentlich eine Rückbesinnung auf jahrhundertealte Praxis. Man muss den Kult um die kalten und warmen Wasser ja nicht so weit treiben, dass man das Notebook mit in die Badewanne nimmt, wie in Otto Premingers berühmtem Film *Laura* der Topjournalist seine Schreibmaschine.

4.5 Nachbemerkung: Kreativität, Genuss und Genuss

Während Ihr Badewasser abläuft, stehen Sie also in den Morgenmantel geschmiegt an der offenen Balkontüre und lassen den Blick in den abendlichen Park schweifen, vielleicht ein Glas guten Proseccos in der Hand (es muss nicht immer Champagner sein). Bei solch warmer Witterung dürfte sich wohl Vogelgezwitscher in das sanfte Gluckern von nebenan mischen, und – fast vergessen! – möglicherweise auch Musik aus Ihrem CD-Player; oder den Lautsprechern des Notebooks, das ist unerheblich. Welch intensive mentale Entspannung das Hören von Musik bewirken kann, ist hinlänglich bekannt, darüber müssen wir hier nicht räsonnieren. Unter Umständen haben Sie ja ein Übriges getan und sich Konzertkarten besorgt. Ich mache das gerne, wenn ich unterwegs bin, oder nehme mir wenigstens Zeit für einen Ausstellungsbesuch – häufig auch nach geschlagener Besprechungsschlacht, dann geht es eben zwei Flieger später Richtung Heimat oder zur nächsten Station. Irgendwie lohnt es immer, zwischendurch interessanten Dingen zu begegnen, die mit dem eigenen Beruf nichts oder nur am Rande zu tun haben. Solche Exkursionen erfrischen und beflügeln dann ihrerseits wieder die Kreativität auf dem angestammten Betätigungsfeld: Dies mag so vielseitig sein, wie es will, es birgt stets die Gefahr einer gewissen Eindimensionalität.

Und diese sei das Stichwort für eine kleine Schlussbemerkung, als Prophylaxe gegen ein Missverständnis, das möglicherweise unwillkürlich zwischen den Zeilen steht. Manche Leserin mag den Eindruck haben, dies sei alles einseitig aus männlicher Perspektive an Geschlechtsgenossen adressiert. Ich habe hingegen bewusst darauf verzichtet, spezifisch Weibliches ins Spiel zu bringen, da meines Erachtens die Genusspsychologie als Ausgleichselement beruflicher Anforderungen keine solche Unterscheidung notwendig macht. Vielleicht mit der Einschränkung, dass Frauen oft eine souveränere Genussintelligenz ausstrahlen und sich insofern mancher Appell an die Genussvernunft erübrigt. Damit die Damen der Schöpfung indes nicht ganz ohne besonderen Rat bleiben, gebe ich abschließend noch einmal Brillat-Savarin das Wort: „Die Herrin des Hauses soll sich stets versichern, dass der Kaffee, der Herr und die Weine erstklassig sind." Weshalb der große Gourmet ausgerechnet diese drei Dinge nennt und in ebendieser Reihenfolge, darüber können Sie nun entspannt sinnieren, bei einem Glas erstklassigen Weines.

5 Sport und Ernährung für Manager

Josef und Lisa Stepprath

Der berufliche Tagesablauf in heutiger Zeit bringt es mit sich, dass das persönliche frei verfügbare Zeitpensum zum Luxusgut wird. Die sportliche Betätigung kommt trotz aller Einsicht meist zu kurz. Nicht selten sind es Erlebnisse im persönlichen Umfeld, die einen dann plötzlich zum Umdenken und zu der Einsicht bringen, sich doch Zeit für den Sport zu nehmen, ja sie vielleicht zu stehlen. Dann, wenn vielleicht der 50-jährige Kollege seine erste Herzattacke hatte, oder der 55-Jährige vorzeitig aus dem Dienst schied…

Generell ist zu sagen, wer mit 40 keinen regelmäßigen Sport treibt, der sollte sich in jedem Falle gründlich von seinem Arzt sportärztlich untersuchen lassen, um in der Folge – moderat – an der Entwicklung seiner persönlichen Fitness zu arbeiten! Man kann nicht oft genug darauf hinweisen, dass der „Kaltstart", die plötzliche sportlich anspruchsvolle Betätigung, eher schadet denn nutzt!

Es wird ausdrücklich darauf hingewiesen, dass – wie in allen Lebensbereichen – auch die Sportwissenschaft ständigen Entwicklungen und Veränderungen unterworfen ist. So haben die Autoren größte Sorgfalt bei der Auswahl von Übungen und Trainigshinweisen verwandt. Trotzdem können weder Verlag noch Autoren irgendeine Haftung übernehmen.

5.1 Physische und psychische Gesundheit durch moderate sportliche Betätigung

Rockefeller, einer der reichsten und erfolgreichsten Unternehmer der Welt sagte, an einer schweren Krankheit leidend, er gäbe sein gesamtes Vermögen, wenn er seine Gesundheit wiedererlangen könne. Bei Umfragen nach den Zukunftswünschen der Menschen wird die Gesundheit immer an vorderster Stelle genannt. Und es stimmt: Nichts verändert unser Leben nachhaltiger als der Verlust unserer Homöostase, der Verlust unseres psychisch-physiologischen Gleichgewichtes. Um diesen Zustand des gesunden Gleichgewichts in unserem Körper und Geist bis ins hohe Alter beizubehalten, ist erstaunlich wenig nötig!

Um unseren Organismus für die alltäglichen Stressbelastungen während der Arbeitszeit und auch für die Zukunft gesund und leistungsfähig zu erhalten, ist es notwendig, einen ausgewogenen Wechsel von Anspannung und Entspannung herzustellen. Der neue Begriff der Wellness meint in perfekter Form, was man darunter versteht. Moderate sportliche Belastung ermöglicht unserem Körper immer wieder, alle lebenserhaltenden Systeme und Stoffwechselvorgänge in die oben beschriebene Homöostase zu bringen, beziehungsweise in ihr zu halten.

Schon 30 Minuten zügiges Gehen in einem Park, sogenanntes „Walking", baut in hervorragender Weise Stressfaktoren ab und reguliert so unser vegetatives Nervensystem.

Sportwissenschaftliche Untersuchungen in den letzten Jahren beweisen, dass der „Muskelkater", der lange Jahre als Qualitätsmerkmal für ein effektives Training galt, heute eindeutig als eine Überlastung der trainierten Muskulatur zu deuten ist. Besonders Prof. Dr. Liessen hat mit seinen Forschungen an der Universität Paderborn die schädigende Wirkung zu hoher sportlicher Belastungen nachgewiesen und die positiven Ergebnisse einer moderaten Sportbetätigung wissenschaftlich belegt.

Die zentrale Frage lautet aber: „Wie werde ich mit den Alltagsbelastungen eines 14-Stunden-Tages fertig und wie kann ich meine Gesundheit bis ins hohe Alter sichern?"

Wie diese Zielsetzung mit geringem zeitlichem Aufwand zu erreichen ist, wird im Folgenden beschrieben.

5.1.1 Welche körperliche Belastung ist optimal?

Grundsätzlich reagiert unser Körper auf einen Belastungsreiz mit Anpassung, das heißt, er wird leistungsfähiger.

Unterschwelliger Trainingsreiz

Belastet man den Organismus mit einem unterschwelligen Reiz, ermüdet man zwar und verbraucht etwas Energie, aber es finden z.B. im cardiovaskulären System oder in der Muskulatur keine Anpassungserscheinungen im Sinne einer Leistungssteigerung statt. Dies ist z.B. der Fall, wenn der Puls während der Belastung unter 100 Pulsschlägen pro Minute bleibt. Muskulär liegt die gleiche Symptomatik vor, wenn man einen Muskel, der z.B. im Alltag an 5 Kilogramm (Aktentasche) gewöhnt ist, auch im Training mit nur 5 Kilogramm belastet.

5.1.2 Optimaler Belastungsreiz

Wo liegt nun diese optimale Trainingsbelastung und welche Anpassungserscheinungen sind zu erwarten? Die optimale Trainingsbelastung ist individuell verschieden und auch vom Alter und Trainingszustand abhängig. Allgemein kann man sagen, dass der Puls 120 bis 140 Pulsschläge pro Minute erreichen und über einen Zeitraum von 15 – 20 Minuten gehalten werden sollte, will man das Herz-Kreislauf-System nachhaltig verbessern. Die folgenden Anpassungserscheinungen führen zu einer deutlichen Leistungsverbesserung:

– Das Herzminutenvolumen steigt, d. h. das Herz kann bei jedem Schlag deutlich mehr Blut auspumpen und schlägt daher bei gleicher Arbeitsleistung in Ruhe und unter Belastung weniger oft. Das Herz eines gut Trainierten schlägt in Ruhe pro Minute 50 – 60 mal, das Herz eines Untrainierten braucht im gleichen Zeitraum für die gleiche Arbeitsleistung 80 – 90 Pulsschläge. Hochgerechnet auf ein Lebensalter von 75 Jahren schlägt das Herz des Trainierten ca. eine Milliarden mal weniger als das Herz eines Untrainierten.

– Das Lungenvolumen wird größer, d. h. bei jedem Atemzug kann mehr Sauerstoff eingeatmet und mehr Kohlendioxid ausgeschieden werden. Außerdem beeinflusst das Lungenvolumen die gesamte Körperhaltung.

– Die Menge der frischen roten Blutkörperchen, die im Knochenmark entsteht, wird größer. Je frischer die roten Blutkörperchen sind, um so mehr Sauerstoff können sie transportieren.

– Die Menge der Kapillaren wird größer und gerade die versorgen den gesamten Organismus mit Sauerstoff und Nährstoffen.

– In den Gelenken wird die Produktion von Synovialflüssigkeit angeregt, der Volksmund spricht von „Gelenkschmiere", und damit beugt man einer Arthrose oder anderen degenerativen Gelenkerkrankungen vor.

– Wenn man den Kreislauf mit 120 bis 140 Pulsschlägen pro Minute belastet, bildet sich das „positive Cholesterin" (HDL), das Arterien elastisch und durchlässig macht und somit die schlechten Cholesterine in Schach hält.

– Die Knochenstabilität wird positiv beeinflusst, da die Menge der aufbauenden Strukturen günstig angeregt wird und damit Festigkeit und Elastizität der Knochen bis ins hohe Alter erhalten bleiben.

– Alle Stoffwechselprozesse zur Regeneration und Entschlackung werden beschleunigt.

5.1.3 Überschwelliger Trainingsreiz

Eine zu hohe Belastung, also ein überschwelliger Reiz, wie wir ihn leider oft im Leistungssport finden, hat mit Gesundheit nichts zu tun, belastet alle Systeme, führt zum Verschleiß und damit zu einer vorzeitigen Alterung und Funktionseinschränkung. Auch im Freizeitbereich verhalten sich viele Menschen wenig gesundheitsbewusst.

Regelmäßig beobachtet man Jogger, die nach der Winterpause bei ersten milden Temperaturen mit hochrotem Kopf durch den Wald hecheln. Mit großer Wahrscheinlichkeit liegen die Pulsfrequenzen über 160 Pulsschläge pro Minute, also in Bereichen, in denen wir das Cardio-Vaskuläre-System überlasten. Im Bereich der Sehnen, Gelenke und Bänder, die durch den Bewegungsmangel in der dunklen Jahreszeit wenig elastisch sind, kommt es zu minimalen Verletzungen, den sog. Mikrotraumen, die Arthrose begünstigen.

Unser subjektives Empfinden ist leider nicht in der Lage, uns unsere Grenzen zu signalisieren. Eine Untersuchung bei Leistungssportlern, Mittel- und Langstrecklern zeigte, dass sie ihre Pulsfrequenzen während des Training nur nach ihrem subjektiven Empfinden viel zu tief angaben. Moderates Walking dagegen würde den gesamten Organismus optimal trainieren und das Wohlbefinden und die Gesundheit fördern.

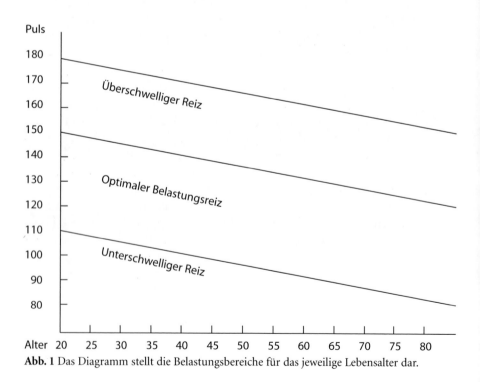

Abb. 1 Das Diagramm stellt die Belastungsbereiche für das jeweilige Lebensalter dar.

5.2 Sport und Psyche

Moderate sportliche Betätigung gehört zu den wirksamen natürlichen Stimmungsverbesserern, dies belegen zahlreiche wissenschaftliche Studien. Nach körperlicher Betätigung erleben viele Menschen diesen belebenden psychologischen Effekt, denn angestaute Spannungen und schlechte Laune werden abgebaut und neue Energien freigesetzt. Schon eine 15-minütige aerobe Belastung verbessert die mentale und psychische Leistungsfähigkeit. Dies berichten Berufstätige mit einer sitzenden Tätigkeit nach einem strammen Spaziergang im Park.

Die Leistungsfähigkeit des Menschen unterliegt über den Tag verteilt unterschiedlichen Schwankungen. Gerade mittags befinden wir uns in einem Leistungstief, welches oft noch durch eine schwer zu verdauende Mahlzeit verstärkt wird, da viel Blut im Magen-Darmtrakt für die Verdauungsarbeit gebraucht wird. Eine leichtverdauliche Mahlzeit und ein belebendes Walking an frischer Luft bewirken genau das Gegenteil.

Dies gilt besonders in den Herbst-und Wintermonaten, wo Stimmungsschwankungen und Depressionen vielen Menschen zu schaffen machen und damit unsere Leistungsfähigkeit negativ beeinflussen. Die Amerikaner nennen dies SAD (Seasonal Affective Disorder).

5.3 Sport und Stressabbau

Wenn man etwas über die Funktionsweise des menschlichen Körpers wissen will, muss man in die Evolutionsgeschichte der menschlichen Entstehung schauen. Die Natur hat sinnvolle Mechanismen entwickelt, um ein Überleben der Menschheit zu garantieren. Dazu gehören auch oder besonders die Stressfaktoren. Kam ein Mensch vor z. B. 200.000 Jahren in Gefahr, schüttete der Körper Stresshormone aus, um alle Rezeptoren in Bereitschaft zu setzen. Ein Adrenalinausstoß bewirkt im Körper ein Ansteigen des Blutdruckes und des Pulsschlages, der Muskeltonus nimmt zu, die gesamte Körperspannung steigt, um möglichst schnell viel Energie bereitzustellen. All dies war nötig, um vor einer drohenden Gefahr wegzulaufen, oder um anzugreifen. Genetisch gesehen haben die Menschen überlebt, deren Alarmpotential am besten funktioniert hat, also unsere Vorfahren. Bei der dann folgenden körperlichen Aktion wurden die bereitgestellten Energien verbraucht und wieder abgebaut. Der Organismus befand sich am Ende der erfolgreichen Aktion wieder in der Homöostase.

Wie sieht es nun in der heutigen Zeit aus? Wir geraten aus irgendeinem Grund in Stress, und dies ist gerade heute oft durch enormen Termindruck der Fall. Der Körper reagiert in der gleichen Weise, wie oben beschrieben.

Kann nun bereitgestellte Energie nicht unmittelbar in körperliche Aktivität umgesetzt werden, was meistens der Fall ist, weil wir zum Beispiel im Stau stehen, kommt es zu schädigenden Prozessen im Organismus.

Dies geschieht um so mehr, je häufiger eine Stress-Situation vorkommt, ohne dass eine entspannende Phase erfolgt. Auf eine nicht abgebaute Restspannung erfolgt am nächsten Tag ein neuer Adrenalinstoß. Im Laufe der Zeit kumuliert diese Anspannung und schädigt wichtige Versorgungssysteme im Körper, wie z. B. die Koronararterien.

Da dieser Prozess schleichend abläuft, nehmen wir ihn selten bewusst wahr und gewöhnen uns an den immer größer werdenden Spannungszustand in unserem Körper. Das muss nicht sein!

Durch wohl dosierte sportliche Betätigung können wir nicht nur diese Anspannungen abbauen, sondern auch den gesamten Organismus abhärten und auf weitere Belastungen vorbereiten.

5.4 Falsches Leistungsdenken schadet!

Wie wichtig die individuell angepasste, sportliche Betätigung ist, zeigte sich bei einer Untersuchung an erfolgreichen Managern, die dreimal wöchentlich Tennis spielten, ihre Stressfaktoren aber nicht abbauten, sondern noch erhöhten. Man untersuchte den Stresszustand nach ihrer beruflichen Tätigkeit und nach dem angeblich ausgleichenden Tennisspiel.

Ergebnis: Nach dem Tennisspiel waren die Stressfaktoren wesentlich größer als nach der Arbeitsbelastung.

Erklärung: Mit dem gleichen Engagement, mit dem sie ihrer beruflichen Tätigkeit nachgingen, spielten sie auch Tennis, also kein Stressabbau, sondern weitere Stressbelastungen für den Organismus. Subjektiv fühlten sich die Probanden sogar sehr gut.

Erst als man ein moderates Walking dreimal wöchentlich über 30 Minuten durchführte, konnten die Stressfaktoren deutlich gesenkt und eine größere Stressresistenz erreicht werden. Dadurch wurde das Risiko z. B. für Herz-Kreislauf-Erkrankungen signifikant gesenkt.

5.5 Moderate Trainingsprogramme auf Reisen und zu Hause

Es gibt immer wieder kurzfristige Möglichkeiten, sich sportlich zu betätigen. Um auf solche Situationen spontan reagieren zu können, sollte man generell eine kleine Sporttasche im Auto oder im Büro bereitstellen. Inhalt: Sportschuhe, Sportsocken, Jogginghose, T-Shirt, Handtuch, Seife und Kamm,

Pulsuhr. Zur schnellen Regeneration einen Müsliriegel, eine Dose isotonisches Getränk und natürlich Obst.

Grundsätzlich sollte jedes Sportprogramm, und sei es auch noch so kurz, aus drei Teilbereichen bestehen:

1. Herz-Kreislauf-Training
2. Muskeltraining
3. Stretching

5.5.1 Herz-Kreislauf-Training (Aufwärmen, Stressabbau, Fettverbrennung)

Ein kurzes Aufwärmtraining soll den Organismus auf kommende Belastungen vorbereiten und vor Verletzungen schützen. Was geschieht beim Aufwärmtraining?

– Die Kerntemperatur erhöht sich von ca. 34° auf bis zu 40°.
– Der Blutdurchfluss und der Energieumsatz steigen.
– Alle Rezeptoren werden auf Belastung eingestellt.
– Die Herzfrequenz steigt auf den Belastungswert.
– Die Nervenleitgeschwindigkeit nimmt zu.
– Der Stoffwechsel in Sehnen, Gelenken und Bändern wird erhöht.

Gehen auf der Stelle

Die einfachste Form, den Organismus schonend auf ein Kurztrainingsprogramm vorzubereiten, ist Walking auf der Stelle. Ein vernünftiger Sportschuh dämpft Belastungen ab, auch wenn kein Sportschwingboden zur Verfügung steht. Sie öffnen ein Fenster, stellen beschwingende Musik ein und los geht es. Wenn Sie ein Pulsmessgerät besitzen, sollten Sie es anlegen, um den optimalen Trainingsbereich zwischen 120 und 140 Pulsschlägen pro Minute kontrollieren zu können. Sollte der Puls zu niedrig bleiben, heben Sie die Beine höher an und setzen die Arme zum Schattenboxen mit ein.

Walking im Park oder auf der Hoteltreppe

Effektiver ist natürlich ein strammer Marsch an frischer Luft. Das Hotelpersonal informiert Sie gerne über den nächstgelegenen Park.

Gibt es diesen nicht, kann auch eine Hoteltreppe gute Dienste leisten. Oft ist diese in einem abgeschlossenen Bereich untergebracht, so dass Sie erstaunte Blicke anderer Hotelgäste vermeiden. Da leider die meisten Menschen immer noch einen Lift bevorzugen, ist man hier ungestört. Steigen Sie bewusst Stufe für Stufe hoch, wechseln Sie auf jeder Etage den ersten Fuß, mit dem Sie die Stufen betreten. Achten Sie auf Ihren Puls. Wenn Sie nicht über einen Pulsmesser verfügen, bleiben Sie nach fünf Minuten auf einem Absatz stehen und messen an Ihrer Halsschlagader für 10 Sekunden den Pulsschlag, multiplizieren den Wert mit sechs und erhalten so den Pulsschlag pro Minute. Beginnen Sie den Abstieg langsam, da die Muskulatur jetzt nicht so stark angespannt ist und die Gelenke stärker belastet werden (siehe Kapitel 5.7 Fettverbrennung).

Ergometertraining im Ral-Gütesiegel-Studio

Zuerst ein kurzer Satz zum Ral-Gütesiegel. Grundsätzlich kann jeder ein Fitnesstudio eröffnen. Es bedarf keinerlei Qualifikation. Hieraus erklärt sich auch größtenteils das negative Image der Fitnessbranche. 1993 gründeten namhafte Experten der Sportwissenschaften und Sportmedizin und Mitglieder des Deutschen Verbandes für Gesundheitssport und Sporttherapie e.V. (DVGS) die Gütegemeinschaft Gesundheitssportzentrum. Es wurden Qualitätskriterien erstellt, die die inhaltlichen, personellen, räumlichen und gerätebezogenen Standards für ein gefahrloses gesundheitsorientiertes Training definieren. Von derzeit ca. 6100 Studios in Deutschland konnten bisher 105 Fitnessanlagen den strengen Qualitätsnormen genügen.

In diesen Sportzentren finden Sie qualifizierte Sportlehrerinnen und Sportlehrer, die Ihren Gesundheitszustand überprüfen und Ihnen ein auf Ihre individuellen Bedürfnisse abgestimmtes Trainingsprogramm zusammenstellen.

Aquawalking

Bei degenerativen Gelenkerkrankungen oder Problemen mit der Wirbelsäule ist das Aquajogging die idealste und schonendste Art des Aufwärmens. Viele Hotels verfügen über einen Swimmingpool, der zu dieser Form des sanften Trainings einlädt.

5.5.2 Muskeltraining

Bewegungshinweise zum Muskeltraining:
- keine Pressatmung, während der Belastung ausatmen,
- ruhige, gleichmäßige Bewegungsgeschwindigkeit, keine Schwungbewegung,
- Becken immer fixieren, Rücken gerade halten,
- während der Übung Muskelspannung halten,
- stellen Sie sich vor, Sie stehen auf einer Waage, während der Übung darf der „Zeiger" sich nicht bewegen,
- pro Übung 2 – 3 Sätze, je Satz 8 – 15 Wiederholungen,
- zwischen den Sätzen 30 – 40 Sekunden Pause mit leichten Lockerungsübungen.

Arm-Brustmuskulatur

Knieliegestütz:

Intensität
leicht

Auf einer weichen Unterlage verteilen Sie das Körpergewicht gleichmäßig auf Hände und Knie. Hände etwas mehr als schulterbreit, Finger zeigen nach vorne. Beugen Sie die Arme im Ellbogen und senken den Oberkörper langsam bis kurz über den Boden. Halten Sie während der Übung den Rücken gerade. Atmen Sie während des Absenkens ein, während des Hochdrückens entspannt aus.

Liegestütz-Variation:

Liegestütz
an der Schreibtischkante.

Liegestütz

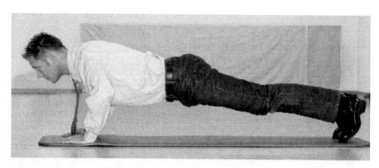

**Intensität
mittel-
schwer**

Verteilen Sie das Körpergewicht gleichmäßig auf Hände und Füße. Weiter wie bei Knieliegestütz. Zur Vermeidung eines Hohlkreuzes spannen Sie während der Übung Bauch- und Gesäßmuskulatur an.

Variation: Liegestütz mit Beinerhöhung – Intensität schwer

Legen Sie die Füße auf einen Stuhl oder Sessel. Weiter wie bei Knieliegestütz (Ohne Abbildung).

Bizepskräftigung, statisch

Intensität schwer

Legen Sie beide Handinnenflächen unter die Schreibtischplatte. Achten Sie auf einen rechten Winkel zwischen Ober- und Unterarmen und richten den Oberkörper gerade auf. Halten Sie den Widerstand über 10 Atemzüge konstant.

Bizepskräftigung, dynamisch

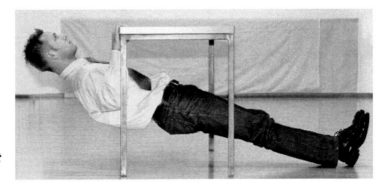

Intensität
schwer

Legen Sie sich unter einen Schreibtisch und fassen schulterbreit die Tischkante. Ziehen Sie die Brust mit gestrecktem Körper zur Kante hoch. Langsam wieder absenken. Beim Hochziehen ausatmen.

Kräftigung Arm-/Schultermuskulatur

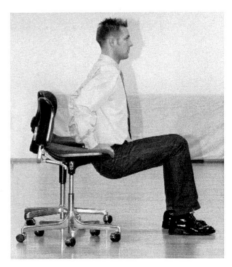

Intensität leicht bis schwer

Stellen Sie zwei stabile Stühle etwas mehr als schulterbreit nebeneinander. Stützen Sie beide Hände auf die Innenseite der Sitzfläche. Die Beine stehen gebeugt vor den Stühlen. Beugen Sie mit geradem Oberkörper langsam die Arme und senken das Gesäß langsam ab. Atmen Sie bei der anschließenden Streckung der Arme bewusst aus. Je weiter die Füße nach vorne gesetzt werden, um so schwerer wird die Übung.

Trizepskräftigung

Stellen Sie sich mit geradem Rücken und leicht gebeugten Beinen hinter den „Chefsessel". Legen Sie beide Handflächen auf die Oberkante der Rückenlehne. Oberarme bleiben am Oberkörper. Drücken Sie aus dem Ellbogengelenk mit den Handflächen Richtung Boden. Vermeiden Sie Pressatmung.

Rückenmuskulatur (HWS, BWS, LWS)

Rückenmuskulatur Rückenlage

Intensität mittel-schwer

Legen Sie sich auf den Rücken und stellen die Beine rechtwinklig an. Heben Sie das Becken langsam, bis Oberschenkel und Becken auf einer Höhe sind. Ungeübte unterstützen das Gesäß mit den Händen. Heben und senken Sie das Becken kontrolliert und langsam. Unterstützen Sie die Bewegung durch bewusste Atmung. Je weiter die Beine ausgestreckt werden, um so größer die Belastung. Intensität nur langsam steigern.

Rückenmuskulatur Bauchlage

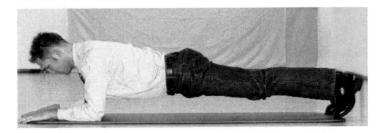

Ausgangsposition Bauchlage, heben Sie den Körper gestreckt auf Unterarme und Fußspitzen, Körpergewicht gleichmäßig verteilen, 10 mal entspannt atmen.

Rückenmuskulatur Stand (BWS)

Intensität mittelschwer

Lehnen Sie sich mit dem Rücken an eine glatte Wand oder Tür. Stellen Sie die Füße ca. 30 cm nach vorne. Drücken Sie den Körper mit den Ellbogen von der Wand ab und lassen Sie sich wieder langsam zurücksinken. Halten Sie während der Übung Körperspannung. Atmen Sie in der Vorwärtsbewegung aus.

Bauchmuskulatur

Bauchmuskulatur, gerade

Intensität
mittelschwer

Rückenlage auf einem Handtuch, stellen Sie beide Beine an, fassen Sie rechts und links vom Kopf einen Handtuchzipfel, heben Sie Kopf und Schulter langsam an, kurz verharren und kontrolliert absenken, Spannung im Bauchmuskel halten, in der Aufwärtsbewegung zu den Knien ausatmen. Drücken Sie während der Übung den unteren Rücken fest zum Boden.

Variation – Intensität schwer
Ausgangsposition wie oben, ohne Handtuch, legen Sie die Fingerspitzen an die Ohren. (Ohne Abbildung)

Bauchmuskulatur, schräg

Intensität
mittelschwer
bis schwer

Ausgangsposition wie oben, drehen Sie den rechten Ellbogen zur linken Seite, 5 – 10 mal, wechseln Sie dann zur anderen Körperseite. Ungeübte mit Handtuchunterstützung, Trainierte ohne Handtuch. Nur Kopf und Schulterblätter verlassen den Boden.

Bauchmuskulatur, unterer Anteil

Intensität schwer

Rückenlage, Beine angewinkelt, Unterschenkel gekreuzt. Hände mit fast gestreckten Armen unter einem Schrank, Gesäß Richtung Decke heben, Becken langsam von unten aufrollen, beim Aufrollen ausatmen, Hohlkreuz vermeiden.

Wichtig: zwischen den Bauchmuskelsätzen zur Entspannung Beine angestellt, Füße und Knie zusammen, Arme und Schultern entspannt auf dem Boden, lassen Sie langsam die Knie nach rechts, den Kopf nach links sinken. Entspannen Sie beim Ausatmen bewusst den Unterleib, den Rücken und das Gesäß. Nach 10 mal Ausatmen wechseln Sie zur anderen Körperseite.

Bein- und Gesäßmuskulatur

Oberschenkelstraffung im Sitz

Intensität leicht

Setzen Sie sich auf eine Stuhlkante, fixieren Sie den Oberkörper mit den Händen an der Sitzfläche. Heben Sie ein Bein im Kniegelenk bis zur Waagerechten und bewegen das Bein in einer kleinen Bewegung auf und ab. In der Aufwärtsbewegung ausatmen. Achten Sie auf eine aufgerichtete Sitzposition. Wechseln Sie dann zum anderen Bein.

Beinmuskelkräftigung, statisch

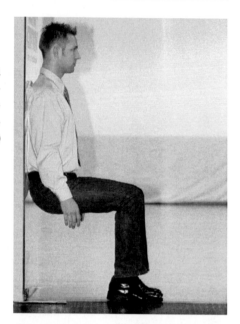

Lehnen Sie sich mit dem Rücken an eine Wand. Senken Sie den Oberkörper ab, bis Ober- und Unterschenkel einen rechten Winkel bilden. Halten Sie diese Position 30 Sek. Atmen Sie bewusst aus.

Intensität mittelschwer

Beinmuskel-/ Gesäßkräftigung, dynamisch

Ausgangsposition: aufrechter Stand, Fußspitzen leicht ausgedreht, Becken aufgerichtet. Senken Sie den Oberkörper langsam ab, als wollten Sie sich auf einen Stuhl setzen bis die Oberschenkel waagerecht zum Boden sind, wieder Beine fast strecken, erneut langsam absenken. In der Aufwärtsbewegung ausatmen, Körperspannung halten. Schieben Sie das Gesäß nach hinten, die Knie dürfen nicht über die Fußspitze hinausragen.

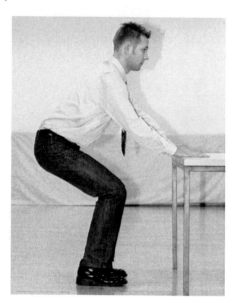

Intensität mittelschwer

Variation
Verändern Sie die Fußposition von eng nach weit. (Ohne Abbildung)

Beinmuskel-/Gesäßkräftigung einseitig

Intensität mittelschwer

Ausgangsposition: Schrittstellung, rechter Winkel zwischen Ober- und Unterschenkel. Oberkörper gerade aufgerichtet, Arme seitlich am Körper. Federn Sie in einer kleinen, langsamen Bewegung 15 – 20 mal. Wechseln Sie dann die Seite. Das vordere Knie darf sich niemals über die Fußpitze schieben!

5.5.3 Stretching

Warum ist Stretching so besonders wichtig?
– Muskelverkürzungen werden verbessert,
– Dysbalancen werden ausgeglichen,
– Muskeltonus wird gesenkt,
– verspannte Muskeln lockern sich,
– Körperstatik wird verbessert,
– eingeklemmte Nerven werden frei,
– die Regeneration wird beschleunigt.

Dehnung Oberschenkelrückseite

Legen Sie sich auf den Rücken, stellen ein Bein an, das andere Bein strecken Sie mit Hilfe eines Seilchens oder Handtuchs zur Decke. Sanfte Dehnbewegung mit durchgedrücktem Knie und angezogener Fußspitze zum Oberkörper. Atmen Sie 10 – 15 mal entspannt aus. Dann Beinwechsel. Je Seite 2 – 3 mal.

Dehnung Gesäßmuskulatur

Ausgangsposition: Rückenlage, stellen Sie beide Füße gegen die Wand, Ober- und Unterschenkel bilden einen rechten Winkel.

Heben Sie die Hüfte langsam an und legen den linken Fuß auf das rechte Knie.

Senken Sie den Rücken langsam Wirbel für Wirbel zum Boden, bis ein leichtes Ziehen in der Gesäßmuskulatur die Dehnung anzeigt. Entspannen Sie

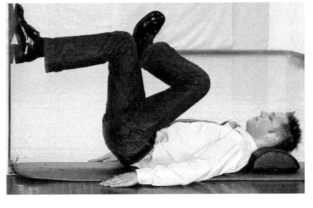

in der Endposition mit 10 – 15 Atemzügen. Dann Wechsel zur anderen Seite. Spüren Sie nach einiger Zeit keinen Dehnreiz mehr, rutschen Sie in der Ausgangsposition mit dem Gesäß etwas näher an die Wand. Entlasten Sie die Halswirbelsäule durch eine Unterlage.

Dehnung Brustmuskulatur

Ausgangsposition: Legen Sie den rechten Unterarm so gegen einen Türrahmen, dass der Oberarm sich waagerecht zum Boden befindet. Richten Sie den Oberkörper und Kopf auf, linke Schulter leicht zurück, gehen Sie mit dem rechten Bein einen kleinen Schritt vorwärts. Dehnen Sie mit einer kleinen, sanften Bewegung die Brustmuskulatur 10 – 15 mal. Dann Wechsel auf die andere Seite.

Dehnung Oberschenkel und Hüftbeuger

Ausgangsposition: Setzen Sie sich seitwärts auf einen Stuhlrand. Fassen Sie den Fußrist des äußeren Beines und ziehen die Ferse zum Gesäß. Richten Sie den Oberkörper auf, Schulter der Dehnseite leicht zurück. Sie spüren den Dehnreiz im Oberschenkel. Nach 20 – 30 Sekunden Wechsel zur anderen Seite.

Bewegungshinweise zum Dehnen:

Bevorzugen Sie ein sanft dynamisches Dehnen. Der Muskel sollte so gedehnt werden, dass man eine deutliche Gewebeverlängerung spürt, ohne dass ein starker Schmerzreiz ausgelöst wird. Bleiben Sie in jeder Dehnposition 20 – 30 Sekunden, oder atmen Sie 20 mal entspannt aus, dehnen Sie jeden Muskel 2 – 3 mal.

Gleichzeitig benutzt man das Stretching zum Ende der sportlichen Belastung, um den Spannungszustand im gesamten Organismus wieder abzusenken und zu entspannen (Cool down).

5.6. Regeneration in der Badewanne oder Sauna

Regelmäßige Saunabesucher erkranken zu 50 % weniger und wenn, benötigen sie die Hälfte der Genesungszeit.

Fast jedes Hotel verfügt in der heutigen Zeit über eine Sauna, die zur physischen und psychischen Regeneration genutzt werden kann.

Wie reagiert nun der Organismus auf den Wärmereiz?

Sofort nach Betreten der Schwitzkabine zeigt sich die Wirkung auf der Haut. Die Körpertemperatur steigt an, die Blutgefäße in der Haut erweitern sich und das Schwitzen beginnt. Trotz dieser körperlichen Wärmeabwehr erhöht sich die Hauttemperatur bis sie nach ca. 10 Minuten Saunaaufenthalt auf 40° bis 42 °C gestiegen ist. Dieser Anstieg ist gewünscht, denn ein verbesserter Stoffwechsel und eine Stimulation des Immunsystems, wie beim natürlichen Fieber, ist die Folge.

Nach Untersuchungen der Immunologie-Forschung wird dadurch die Aktivität bestimmter Abwehrzellen gefördert, die im Organismus für die Reduzierung von Krankheitserregern sorgen. Zusätzlich wird die durch das Training belastete Muskulatur entspannt, durch die weitgestellten Kapillaren fließt sauerstoff- und nährstoffreiches Blut, Schlackenstoffe des Trainings werden optimal entsorgt und so der Regenerationsprozess beschleunigt. Verspannte Muskulatur wird durch intensive Wärme gelockert und entspannt, besonders im Bereich der Hals- und Lendenwirbelsäule.

In der Abkühlphase des Saunabades verengen sich die weitgestellten Blutgefäße durch Kaltwasseranwendung. Dieses Gefäßtraining bewirkt eine positive Abhärtung des Körpers und schützt ihn zusätzlich mit größeren Abwehrkräften. Die vorteilhaften Wirkungen der Sauna lassen sich mit 80° bis 90° C an der Raumdecke der Schwitzkabine erreichen.

Steht keine Sauna zur Verfügung, kann ein entspannendes Wannenbad gute Dienste leisten. Ein Badezusatz mit ätherischem Öl entspannt Körper und Geist. Ein zusammengerolltes Handtuch unterstützt den Nacken und ermöglicht so eine tiefere Entspannung.

Nach der Sauna bzw. dem Wannenbad ist es unerlässlich, den Flüssigkeitsverlust auszugleichen. Hier sind besonders hochwertige Getränke gefragt: gutes Mineralwasser oder Apfelsaftschorle. 1,5 - 2,0 Liter sind nötig, um das Flüssigkeitsdefizit von Sport und Sauna auszugleichen.

Moderate sportliche Betätigung, entspannender Saunabesuch und hochwertige Flüssigkeitszufuhr wirken wie ein Jungbrunnen und sind Intensivkurzurlaub für Körper und Geist, besonders in den dunklen Jahreszeiten. Gönnen Sie sich 2 bis 3 mal pro Woche einen zweistündigen Kurzurlaub.

5.7 Fettverbrennung im „Vorbeigehen"

Wenn Sie den Fahrstuhl vermeiden und die Treppe benutzen, verbrennen Sie pro Minute ca. 7 Kcal. Wenn wir unterstellen, dass Sie pro Tag 8 Minuten treppensteigen, verbrauchen Sie pro Monat schon 1120 Kalorien zusätzlich, im Jahr also ca. 13400 Kalorien. Sie verbrennen so ca. 3,5 Pfund Fett im Jahr. Wenn man bedenkt, wie lange man oft an einer Lifttür wartet, kommt neben der gesteigerten Fitness und Gewichtsreduktion noch eine Zeitersparnis hinzu. Versuchen Sie es einfach, der Erfolg wird Sie bestätigen.

5.8 Kleine Schritte, große Wirkung

Viele Menschen beschließen, aus unterschiedlichen Motiven, ihren bisherigen Lebenswandel zu verändern.

Sie wollen ihren Tages-, Wochen-, Jahres- und Lebensablauf neu gestalten. Mehr Sport treiben, weniger arbeiten, mehr schlafen, sich gesünder ernähren, mit dem Rauchen aufhören, weniger Alkohol trinken und mehr Zeit mit der Familie oder den Freunden verbringen.

Warum das zu einem bestimmten Zeitpunkt geschieht, ist unterschiedlich.

Die guten Vorsätze zum Jahreswechsel, gesundheitliche Probleme, Beziehungskrisen oder das niederschmetternde Ergebnis einer ärztlichen Untersuchung oder einfach nur die Feststellung, dass andere, vielleicht sogar ältere Kolleginnen und Kollegen vitaler sind. Grundsätzlich kann man solche guten Vorsätze begrüßen, leider wird aber oft ein entscheidender Fehler gemacht. Viele unserer liebgewordenen kleinen oder großen „Laster" sind wichtige Rituale in unserem Lebensablauf geworden. Etwas Leckeres zu essen, ein gutes Glas Wein zu trinken, verbessert unsere Lebensqualität, hilft uns zu entspannen. Wenn wir nun aus einem der oben genannten Gründe der Meinung sind, es muss sich etwas ändern, sollte man sich realistische Ziele setzten. Eine

Liste, die alle änderungswürdigen Verhaltensweisen enthält, hilft zu überprüfen, welche ohne großen Aufwand zu ändern sind.

Ein Beispiel: dreimal pro Woche 30 Minuten Walking. Planen Sie in Ihrem Terminkalender feste Zeiten ein (2 mal in der Woche, 1 mal am Wochenende) und sagen Sie Ihrer Sekretärin, dass dieser Termin nicht anders genutzt werden darf. Die gepackte Sporttasche haben Sie immer dabei, am Wochenende kann man Familienmitglieder oder Freunde miteinbeziehen. Bedenken Sie bitte, dass man auch Zeit einplanen sollte, um sich nach der sportlichen Betätigung wieder frisch zu machen. Setzen Sie sich einen festen Zeitpunkt, wann Sie mit der ersten Trainingseinheit beginnen. Führen Sie zur Erfolgskontrolle ein Trainingstagebuch. Tragen Sie Datum, Ort, Dauer und Strecke ein.

Sie werden sehr schnell den selbstverstärkenden Mechanismus erkennen, wenn Sie nach einiger Zeit zurückblättern und Ihre Erfolgsbilanz konstatieren. Walkingstrecken, die man nach und nach in 30 Minuten zurücklegen kann, werden automatisch ohne Leistungsdruck länger. Veränderungen auf Grund von verbesserter Konstitution motivieren Sie weiterzumachen. Wenn Ihr erster guter Vorsatz im Wochenplan fest etabliert ist, sollte man eine weitere Verhaltensänderung angehen. Oft kann man feststellen, dass z. B. das Essverhalten sich von alleine verändert. Man hat nicht mehr soviel Hunger und trinkt mehr gute Flüssigkeiten. Übrigens, es gibt kein schlechtes Wetter, sondern nur falsche Kleidung. Die immunstimulierende Wirkung des Aufenthaltes an frischer Luft ist wissenschaftlich nachgewiesen.

Ändert man zu viele Gewohnheiten auf einmal, führt das zu Frustration und spätestens nach wenigen Wochen sind alle guten Vorsätze vergessen.

Erzählen Sie allen Freunden und Bekannten von Ihrer neuen Aktivität und Ihren Erfolgen. Das kann im Motivationstief helfen, sich zu überwinden.

> *„Es gibt nichts Gutes, außer man tut es"*
> Erich Kästner (Schriftsteller 1899 – 1974)

5.9 Wissenschaftliche Studien belegen die lebensverlängernde Wirkung moderater Bewegung

Eine seit 22 Jahren andauernde Langzeitstudie am Central Hospital of Akerhus in Nordbyhagen (Norwegen) ergab 1998, dass körperlich aktive Männer eine um erstaunliche 50 Prozent geringere Sterblichkeitsrate aufwiesen, als ihre inaktiven Geschlechtsgenossen.

Eindrucksvoll wurde in Atlanta/USA bewiesen, dass regelmäßige, moderate Bewegung den zu hohen Blutdruck, besonders im ersten Stadium, senken kann.

Eine Berliner Studie belegt, dass gerade für ältere Menschen ein dosiertes Krafttraining nicht nur die Muskelkraft verbessert, sondern auch die im Alter nachlassende Knochenfestigkeit enorm steigern kann.

Wir werden dank des medizinischen Fortschritts immer älter. Die Frage ist, in welchem Zustand erleben wir den dritten Lebensabschnitt?

Alle wissenschaftlichen Studien belegen eindrucksvoll, dass nicht nur die Lebenserwartung bei sportlicher Betätigung steigt, sondern besonders die Lebensqualität, die entscheidend durch die geistige und körperliche Leistungsfähigkeit beeinflusst wird, auf einem wesentlich höheren Niveau erhalten bleibt, als das heute in der Regel der Fall ist. In Sportzentren, die das Ral-Gütesiegel haben, werden Sie von gut ausgebildeten Sportlehrern mit individuellen Trainingsplänen zu schonendem Sporttreiben angeleitet (siehe Punkt 5.1.3).

5.10 Die „Wunderpille"

Die gesundheitliche Bedeutung von geeignetem Training und Sport stellt heute eine wissenschaftlich bewiesene Tatsache dar. Die Angriffspunkte des körperlichen Trainings sind hömodynamische, metabolische, hormonelle und psychisch wirksame Faktoren, deren Bedeutung im einzelnen von Person zu Person in Abhängigkeit vom individuellen Befund unterschiedlich groß sein kann.

Gäbe es eine Pille, welche folgende Eigenschaften in sich vereinigen würde: Senkung des myokardialen Sauerstoffbedarfs, Vergrößerung des myokardialen Sauerstoffangebots, Hemmung der Arterioskleroseentwicklung, Verbesserung der Fließeigenschaften des Blutes, verbunden mit einem antithrombotischen Effekt, Entgegenwirken der Adipositasentwicklung, Begünstigung einer optimalen Entwicklung von Körper und Geist in der Jugend, Verringerung von körperlichen und geistigen altersbedingten Leistungseinbußen – mit welch großartiger Dramaturgie würde wohl ein solches Medikament weltweit gefeiert werden?

Dabei ist dieses Medikament vorhanden: es heißt geeignetes, individuell angepasstes, körperliches Training vom Kindes- bis zum Greisenalter. (Hollmann/Hettinger, Sportmedizin Grundlagen für Arbeit, Training und Präventivmedizin, 4. Auflage, S. 568.)

Anm. d. Verfassers:

Hömodynamik	=	Faktoren, die auf den Blutfluss einwirken, Druck, Volumen, Viskosität, Strömungswiderstand, Gefäßaufbau und Gefäßelastizität.
Metabolismus	=	Stoffwechsel
Myokard	=	Herz
Arteriosklerose	=	Arterienverkalkung
Thrombose	=	Blutgerinnselbildung
Adipositas	=	Fettsucht

5.11 Grundlagen der Ernährung

Neben moderater sportlicher Betätigung, ist das richtige Essverhalten die zweite Säule zu einem langen, leistungsvollen und vor allem gesunden Leben.

Die vielfältigen und vor allem unterschiedlichen Ernährungshinweise in qualitativ höchst zweifelhaften Veröffentlichungen verunsichern den Konsumenten.

Wollen wir eine gesicherte Information über eine gesunde Art und Organisation der Nahrungsaufnahme erhalten, hilft wieder der Blick in die Vergangenheit, sprich in die Evolutionsgeschichte des Menschen.

Es gibt Tiere, die sich fast ausschließlich von Fleisch ernähren und dabei höchste Leistungen vollbringen. Tiger oder Löwen haben ein Enzym, die Uricase, das ihnen ermöglicht, alle für sie lebensnotwendigen Nährstoffe aus dem Fleisch herauszulösen. Der Mensch hat dieses Enzym nicht!

Die Kuh hat ein Enzym, die Zellulase, das ihr ermöglicht, aus wertloser Zellulose, dem Gras, hochwertige, nährstoffreiche Milch zu erzeugen. Der Mensch kann dies nicht!

Wovon und wie sollte sich nun der Mensch ernähren?

Gehen wir 100.000 bis 200.000 Jahre zurück. Die Menschen waren Nomaden und ernährten sich als Sammler und Jäger. Ich verändere bewusst die sonst gebräuchliche Reihenfolge. In erster Linie ernährten sich unsere Vorfahren zu 65 Prozent von Obst, Gemüse, Wurzeln, Nüssen und Hülsenfrüchten. Der Anteil an magerem Wild, Wildgeflügel, Eiern, Fisch und Krustentieren machte bei der Steinzeiternährung nur 35 Prozent aus und hatte damit einen um 1,5 bis 5 Mal höheren Gehalt an Vitaminen und Mineralstoffen als in der heutigen sogenannten modernen Ernährung üblich. Die Urzeitmenschen streiften durch die Gegend und konsumierten das Essbare sofort, da Haltbarkeitsmethoden im Wesentlichen unbekannt waren. Fleisch gab es nur in geringen Mengen, da effektive Jagdtechniken unbekannt waren.

Konsequenz für den menschlichen Organismus: sich genau auf diese Ernährungsgewohnheiten einstellen. D. h. mehrere kleine Mahlzeiten über den Tag verteilt, mit viel Obst, Gemüse und wenig Fleisch. Eine weitere Eigenart unseres Körpers verweist auch auf Überlebensstrategien unserer Vorfahren. Die Fähigkeit des Körpers, überschüssiges Nahrungsangebot in Fett umzuwandeln und im Körper zu speichern, besonders dann, wenn ihn äußere Signale auf eine kommende Notzeit hinweisen. Die Menschen, die über diese Fähigkeit in besonders ausgeprägtem Maße verfügten, haben überlebt und ihre Fetteinlagerungsfähigkeit an ihre Nachkommen weitergegeben, ich spreche von unseren direkten Vorfahren. Die Menschen, die diese Fähigkeit nicht oder nur eingeschränkt besaßen, haben die Notzeiten, besonders in harten Wintern, nicht überlebt.

Bekamen die Menschen in grauer Vorzeit nur einmal täglich oder seltener eine Mahlzeit, bedeutete dies für den Organismus, dass sich eine Zeit mit geringer Nahrungsaufnahme ankündigt. Den sinnvollen Überlebensstrategien gemäß, reduzierte der Körper den Stoffwechsel und wertete das geringe Nahrungsangebot optimal aus. Dieser Regelmechanismus wurde und wird auch heute noch über bestimmte Enzyme gesteuert.

In der Frühlings- und Sommerzeit wurde das Nahrungsangebot wieder reichlicher, Fetteinlagerungen waren sogar hinderlich, also steigerte der Körper wieder den Stoffwechsel und ein anderes Enzym verringerte die Einlagerung. Unser Organismus hat nicht registriert, dass wir in einer Zeit mit einem Nahrungsüberangebot leben und funktioniert immer noch nach den gleichen Gesetzmäßigkeiten, wie der Organismus unserer Vorfahren.

Viele Menschen essen einmal pro Tag eine größere Mahlzeit, hungern oft über 8 – 10 Stunden, also Mangelzeit. Die Konsequenz: verstärkte Einlagerung und verringerter Stoffwechsel. Gleiche Folgen zeigen sich bei den verschiedenen Diäten, die in dem sogenannten JO-JO-Effekt enden. Erschwerend kommt hinzu, dass beim Diäten der Gewichtsverlust zu ca. 30 % aus Muskulatur besteht, wir werden also immer schlaffer und Bewegung fällt immer schwerer. Da Muskulatur permanent Energie, d. h. Kalorien verbraucht, sinkt der Grundumsatz im Körper immer mehr. Schafft man es, über einen Zeitraum von wenigstens 14 Tagen 5 – 6 fettarme Mahlzeiten über den Tag verteilt zu sich zu nehmen, stellt der Körper auf „Sommerzeit" um, steigert den Stoffwechsel und bildet dieses wertvolle Enzym, das den Einlagerungsprozeß reduziert.

5.11.1 Geistige Fitness durch gesunde Nahrung

Im ersten Teil wurden die positiven Auswirkungen eines moderaten, regelmäßigen Trainings für unsere Gesundheit geschildert. Gerade als Führungsperson erwarten wir von uns selbst, immer möglichst fit zu sein.
Am besten erreichen wir das, wenn regelmäßige Bewegung und gesunde Ernährung zur Gewohnheit werden.
Fühlen Sie sich oft ausgelaugt, an Ihrer Leistungsgrenze oder sogar zu dick? Dann ändern Sie Ihren Lebensstil!
Wir brauchen Kost, die uns möglichst schnell und möglichst lange gute Energie – gepaart mit Immunsystem stabilisierenden wichtigen Vitaminen, Mineralien und Spurenelementen – liefer,. das bedeutet vollwertige, ballaststoffreiche, möglichst frische Nahrungsmittel und ausreichend Wasser!
Fette Lebensmittel (Fast-Food) liefern uns zwar viele Kalorien, aber nicht die nötige Energie, die wir für unsere geistige Leistungsfähigkeit brauchen. Fette Speisen machen uns müde und träge, da sie unseren Stoffwechsel zu stark beanspruchen. Unser Gehirn kann nur einen Stoff, nämlich Glucose, verwerten. Glucose ist der kleinste Baustein der Kohlenhydrate. Je nachdem welche Lebensmittel wir essen, gelangen vereinfacht gesagt, zwei verschiedene Arten von Kohlenhydraten in unseren Körper: die einfacheren, schnell löslichen und die komplexen, langkettigen Kohlenhydrate.
Essen wir viele einfache Kohlenhydrate in Form von Süßem, Schokoriegeln und Weißmehlprodukten, so schießt unser Blutzuckerspiegel in die Höhe, worauf Insulin ausgeschüttet wird, das unseren Blutzuckerspiegel wieder regulieren soll. Insulin sorgt dafür, dass überschüssige Kohlenhydrate in den Fettzellen abgespeichert werden, worauf der Blutzuckerspiegel schnell wieder sinkt und zwar unterhalb des Ausgangsniveaus, was uns wiederum müde und konzentrationsschwach macht. Also, Finger weg von Traubenzucker und ähnlichen Produkten. Bananen enthalten sowohl kurz- als auch langkettige Kohlenhydrate und außerdem für unser Gehirn wichtige B-Vitamine und sind somit die optimale Zwischenmahlzeit.
Unsere Gehirn- und Nervenzellen schätzen die komplexen Kohlenhydrate besonders, denn diese müssen erst zerlegt werden. Durch die längere Verdauungszeit, die besonders durch die Pflanzenfasern (Ballaststoffe) verursacht wird, sickern die Glucosemoleküle langsam aber stetig durch die Darmwand ins Blut und versorgen unser Gehirn über Stunden gut und gleichmäßig. Ein Effekt, der sich positiv auf unsere Konzentrationsfähigkeit und geistige Beweglichkeit auswirkt.
Intelligenz setzt Gesundheit von Geist und Körper voraus und wenn Intelligenz durch eine gesunde Ernährung gefördert werden kann, so drückt sich umgekehrt in einer gesundheitsbewussten Haltung intelligentes Verhalten aus. (S. 41, H. Schwinghammer, Essen, das intelligent macht.)

5.11.2 Gute und schlechte Lebensmittel

Nahrungsmittel,
die geistige Fitness fördern

Nahrungsmittel,
die geistige Fitness bremsen

Komplexe Kohlenhydrate:

Obst, Gemüse, Salat, Rohkost
Vollkornprodukte, Naturreis,
Nüsse, Eier,
Magermilchprodukte,
Fleisch, Fisch und Schalentiere

Einfache Kohlenhydrate:

Weißmehlprodukte (Kuchen,
Gebäck, Weißbrot ...)
Zucker, alle Süßigkeiten,
fettes Fleisch, Wurst,
zuckerhaltige Getränke

Reaktion auf den Blutzuckerspiegel

– langsamer Anstieg und langsame
  Abnahme
  des Blutzuckerspiegels, d. h.
  komplexe Kohlenhydrate halten
  lange satt
– Fetteinlagerung und Fettfrei-
  setzung halten sich die Waage

– kurzfristige Spitzenwerte,
  (einfache Kohlenhydrate schießen
  ins Blut), danach fällt der
  Blutzuckerspiegel in den Keller
  (Heißhunger)
– Fetteinlagerung wird beschleunigt;
  Fettabgabe blockiert.

Auswirkungen auf das Training

– regelmäßige Trainingsreize
  werden optimal umgesetzt
  d. h. schneller Trainings-
  erfolg!

– Trainingsreize werden nur
  langsam umgesetzt, da die
  „Bausteine" nicht optimal
  geliefert werden.

Auswirkungen auf das Wohlbefinden

– Gesundheit und Optimismus
  werden unterstützt
– Konzentrationsfähigkeit,
  Leistungsfähigkeit werden
  optimiert

– Immunschwäche,
– Konzentrationsschwäche,
– Gereiztheit, Müdigkeit,
– Antriebsschwäche werden
  durch falsche Nahrung
  verstärkt.

5.11.3 Das „Was" und „Wann" ist entscheidend

Nicht nur das „Was" wir essen, sondern das „Wann" ist entscheidend für unsere geistige und körperliche Fitness, d. h. auf den Essrhythmus kommt es an!

Ernährungsexperten empfehlen drei Hauptmahlzeiten und zwei kleine Zwischenmahlzeiten (Rohkost, vitaminreiches Obst und Gemüse).

Prof. Dr. Hildebrandt vom Institut für Arbeitsphysiologie an der Universität Marburg untersucht seit Jahren die „innere Uhr", unter anderem auch die Einflüsse der Tages- und Nachtzeit auf den Stoffwechsel und die Verdauung und damit letztlich auf die geistige Leistungsfähigkeit. Danach ist der Stoffwechsel morgens zwischen sechs und neun Uhr am aktivsten. Das heißt, um diese Zeit müssen wir hochwertig essen. Optimal ist Eiweiß, in einem ausgewogenen Verhältnis zu Kohlenhydraten und Fett. Quark, Käse, ein Ei (maximal drei pro Woche) Bratenaufschnitt, Joghurt, ein ungezuckertes Müsli mit Milch und ein Glas frisch gepresster Orangensaft wären optimal. Nach einem solchen Frühstück befindet man sich für vier bis sechs Stunden in einem besonderen geistigen Leistungshoch.

Nach seinen Untersuchungen machten Büroangestellte, ganz ohne oder nur mit Marmelade-Frühstück, morgens zwischen 10 und 11 Uhr schon beträchtlich mehr Fehler als Eiweißfrühstücker. Piloten ohne Frühstück waren erheblich in ihrer Konzentrations- und Sehleistung beeinträchtigt. Auch für die Pause gilt: ein gut belegtes Vollkornbrot, Obst oder eine handvoll Studentenfutter, reich an B-Vitaminen.

Mittags sollten Sie fettarm und ballaststoffreich essen. Die Beilagen sollten zur Hauptspeise werden, d. h. eine kleine Portion Fleisch oder Fisch, reichlich Gemüse *und* Salat, Kartoffeln, Nudeln oder Reis.

Das Abendessen bestimmt mit über eine ruhige Nacht und einen erholsamen Schlaf. Abends nichts, was stark gesalzen, geräuchert oder besonders fett ist. Man weiß heute, dass Mahlzeiten, die reich an Kohlenhydraten sind, eine beruhigende Wirkung haben, dagegen ein eiweißreiches Essen geistig fit und munter macht (s. Frühstück). Die Abendmahlzeit sollte zwei bis vier Stunden vor dem Schlafengehen eingenommen werden, damit die Verdauungsarbeit noch erledigt werden kann.

Folgende „natürliche Schlafmittel" sind empfehlenswert:
- Grüner Blattsalat, v. a. Feldsalat wirkt beruhigend auf das vegetative Nervensystem. Dazu kaltgepresstes Olivenöl, denn das lockt die Schlafstoffe erst richtig.
- Alle B-Vitamine, Kalium und Kalzium wirken beruhigend, dies steckt in Kartoffeln, in der Schale gebacken, plus Quark oder Tomatensuppe, Kräuter, Vollkornbrot.
- Auch die Avocado ist eine Abendfrucht.

– Spaghetti plus Tomaten und Parmesan, Vollreis-Risotto mit Zwiebeln, Pilze, Erbsen, Artischockenherzen, Hüttenkäse, Milch, Buttermilch, Hühnchen, magerer Schinken, Nüsse, keine gesalzenen Erdnüsse, Getreide, Bananen, Birnen usw.
– Trinken Sie abends öfter lauwarme Milch mit Honig, denn beides hat beruhigende Komponenten.

Trinken Sie abends regelmäßig Alkohol? Gegen ein kleines Glas wohltemperierten Rotweins oder ein hopfenhaltiges Einschlaf-Bierchen, bevorzugt Pils, ist nichts einzuwenden.

Ausgeruht und gut gefrühstückt in den Tag zu starten, macht Sie gut gelaunt und leistungsstark.

Gute Ernährung und regelmäßige moderate Bewegung sind die Quelle für Vitalität und Lebenskraft, für geistige und körperliche Energie bis ins hohe Alter.

Das Wichtigste zum Schluss: Versuchen Sie nicht alles auf einmal zu verändern! Gehen Sie Schritt für Schritt vor, um ihr Ziel zu erreichen.
1. Definieren Sie konkret Ihre realistischen Ziele!
2. Definieren Sie konkret die nötigen Handlungen!
3. Betrügen Sie sich niemals selbst!

Zu 1. Setzen Sie sich einmal in Ruhe hin und schreiben auf, welches Ihr Endziel ist und welches kleine Ziel (Nahziel) Sie zuerst erreichen wollen?
z. B. Endziel: Ich will 5 kg abnehmen.
Nahziel: Ich will nächsten Monat 2 kg weniger auf der Waage haben.
Zu 2. Schreiben Sie auf, was Sie tun werden, um dieses Ziel zu erreichen. Z. B. ab morgen gehe ich zwei mal pro Woche zum Sport! Nehmen Sie den Terminplaner zur Hand und tragen Sie diese Termine fest ein! Oder: Ab Übermorgen werde ich regelmäßig ein kleines Frühstück zu mir nehmen, für morgen mache ich mir eine Einkaufsliste.
Zu 3. Ich nehme mir nur vor, was ich realistisch schaffen kann, überfordere mich nicht, setze dann aber allen Willen daran, die definierten Vorgaben konsequent umzusetzen.

5.11.4 Richtig und ausreichend Trinken

Ein häufig vernachlässigter, aber wichtiger Punkt ist das Trinken.

Unser Körper besteht zu 60 bis 70 % aus Wasser, unser Gehirn sogar zu 80 %. D. h. ein Wassermangel macht sich dort zuerst bemerkbar. Schon ein

Wasserverlust von vier bis sechs Prozent führt zu deutlichen Leistungsverminderungen. Müdigkeit, Abgespanntheit, Konzentrationsschwächen und Kopfschmerzen hängen häufig mit Wassermangel zusammen.

Wasser ist *das* Lösungsmittel in unserem Körper, in dem alle Stoffwechselprozesse ablaufen.

Wassermangel führt zu einer Unterversorgung mit Nährstoffen, da in weniger Wasser auch nur geringere Mengen an Nährstoffen transportiert werden können. Die Stoffwechseltätigkeit nimmt ab, die Organe werden mangelhaft mit Blut versorgt. Durch ein Defizit an Flüssigkeit verschlechtert sich die Fließeigenschaft des Blutes, es wird quasi „dickflüssiger". Eine mögliche Durchblutungsstörung kann im schlimmsten Fall Infektionen oder Organfunktionsstörungen auslösen. Achten Sie also darauf, täglich mindestens zwei bis zweieinhalb Liter Wasser zu sich zu nehmen, auch wenn Sie keinen Durst verspüren. Ein Durstsignal haben viele Erwachsene nicht mehr und wenn es auftaucht, liegt bereits ein Flüssigkeitsdefizit vor. Übrigens können Kaffee und schwarzer Tee nicht mit eingerechnet werden, da sie dem Körper Flüssigkeit entziehen.

Also trinken Sie, wie die Südländer, zu jeder Tasse Kaffee ein Glas Wasser oder Apfelschorle. Überlisten Sie sich selbst, um ans Trinken zu denken. Stellen Sie eine Flasche Wasser auf Ihren Schreibtisch, bzw. dort hin, wo Sie sie auf jeden Fall sehen und somit erinnert werden.

Nun sind Sie an der Reihe. Falls Sie mit bestimmten Dingen in Ihrem Leben nicht zufrieden sind, ändern Sie sie! Viel Erfolg!

II. Karriere

1 Aufbau und Inhalt des ersten Arbeitsvertrages einer Nachwuchs-Führungskraft

Michael Bürger

Führungskräfte werden von den Unternehmen regelmäßig im sogenannten außertariflichen Bereich geführt als „AT-Angestellte", das heißt die Inhalte ihrer Arbeitsverträge werden nicht durch einen Tarifvertrag, sondern individuell bestimmt. Die Regelungen betreffen insbesondere die Kündigungsfrist, die regelmäßige Anpassung des Gehaltes, wichtige Nebenleistungen wie beispielsweise einen Dienstwagen, insbesondere aber die Höhe der Bezüge. Dazu zählt nicht nur das monatliche Grundgehalt, sondern auch der zusätzliche variable Gehaltsanteil, meist in Form einer prozentualen Gewinnbeteiligung. Eine moderne Form der variablen Vergütung bildet das „Cafeteria-System", bei dem das Unternehmen einen Pool von Zusatzleistungen zur Verfügung stellt, aus dem der Mitarbeiter bis zu einem Grenzbetrag eine Auswahl treffen kann. Die häufigsten Beispiele sind Dienstwagen auch zur privaten Nutzung, zinsgünstige Darlehen, Direktversicherung, zusätzliche Unfallversicherung und verkürzte Wochen-, Monats- und Jahresarbeitszeit. Größere Aktiengesellschaften bieten ihren Führungskräften seit kurzem im Bereich der variablen Vergütung stock-options an und erzielen, je nach Ausgestaltung der Vereinbarung, damit eine zusätzliche Mitarbeiterbindung an ihr Unternehmen.

Der erste Anstellungsvertrag, der jungen Hochschulabsolventen vorgelegt wird, ist häufig noch standardisiert und gibt weniger Freiraum für individuelle Vereinbarungen. Dennoch bleiben einige wesentliche Regelungsgegenstände, über die bei Berufseinstieg Klarheit herrschen sollte:

1.1 Stellenbeschreibung (Arbeitsplatzbeschreibung), Versetzungsbefugnis, Übernahme von Umzugskosten

Im Eingangsbereich des Anstellungsvertrages sollte eine konkrete Arbeitsplatzbeschreibung stattfinden, die die Leistungen des Mitarbeiters in seinem Aufgabenbereich erfasst. Insbesondere sollte Aufschluss über Unter- und Überordnungsverhältnisse gegeben werden: („Der Mitarbeiter ist dem Direk-

tor Finanzen unmittelbar unterstellt"). Den gleichen Zweck erfüllt die Bezugnahme auf eine Stellenbeschreibung, die als abstrakte Vorgabe den Aufgaben-
und Verantwortungsinhalt der Position wiedergibt und als Anlage dem Vertrag beigefügt ist. Einer solchen Arbeitsplatzbeschreibung kommt immer
dann Bedeutung zu, wenn dem Berufseinsteiger im Rahmen einer – möglicherweise konzernweiten – Versetzungsbefugnis nach einiger Zeit eine
anderweitige Aufgabe übertragen werden soll. Ob diese neue Tätigkeit dem
vorangegangenen Aufgabenkreis tatsächlich gleichwertig ist, kann um so verlässlicher geprüft werden, je detaillierter die vorangegangene Tätigkeitsbe-
schreibung einschließlich des Über- und Unterordnungsverhältnisses der
Position festgelegt wurde.

Übernahme von Umzugskosten

Gerade von Berufseinsteigern wird Mobilität erwartet und die Unternehmen
sind im Regelfall bereit, die durch den Umzug anfallenden Kosten zu übernehmen. Dies sollte insbesondere dann der Fall sein, wenn etwa im Rahmen
eines Trainee-Vertrages ein häufigerer Wohnungswechsel verlangt wird, um
die verschiedenen Niederlassungen einer Firma im gesamten Bundesgebiet,
ggf. auch im Ausland, kennen zu lernen. Die verschiedenen Regelungen reichen von der konkreten Übernahme der Umzugskosten gegen Vorlage der
Speditionsrechnung bis zur Zahlung einer Pauschalsumme. Einen gesetzlichen Kostenerstattungsanspruch gibt es aber nicht, weshalb ein Anspruch
nur dann besteht, wenn eine Regelung ausdrücklich getroffen wurde.

Ein Umzug komplett mit Familie und gesamtem Hausstand dürfte sich
aber frühestens nach absolvierter Probezeit empfehlen. Bis dahin sollte eine
Unterbringung in Hotel/Pension oder die Anmietung eines möblierten Zimmers in Betracht kommen. An den diesbezüglichen Kosten, auch für die
doppelte Haushaltsführung, beteiligen sich die Unternehmen üblicherweise.

Die Rückzahlung einer Umzugskostenerstattung durch den Mitarbeiter,
beispielsweise im Fall vorzeitiger Vertragsbeendigung, setzt eine entsprechende Rückzahlungsvereinbarung voraus, sie besteht also nicht automatisch.
In solchen Fällen wird in der Praxis meist vereinbart, dass die gesamten Kosten
des Umzugs darlehensweise zur Verfügung gestellt werden und für jeden
Monat der Mitarbeit ein bestimmter Prozentsatz des Darlehens erlassen wird.
Nach der Rechtsprechung des Bundesarbeitsgerichts darf die auf diese Weise
erzielte Bindungswirkung maximal drei Jahre betragen, beispielsweise der
Erlass des gewährten Darlehens für jeden Monat der Mitarbeit zu 1/36.

1.2 Jahresgehalt, Verhandlung der Bezüge im Rahmen des Einstellungsgesprächs

Im Mittelpunkt der Vertragsverhandlung steht die zu zahlende Vergütung. Es empfiehlt sich, bei diesen Gesprächen auf das Jahresgehalt abzustellen, da allein das Monatsgehalt nicht immer hinreichend Klarheit darüber geben kann, welche Gesamtbezüge im Jahr erzielt werden. Nicht jedes Unternehmen gewährt seinen Mitarbeitern ein Weihnachtsgeld beziehungsweise ein 13. Gehalt, erst recht bildet das Urlaubsgeld eher die Ausnahme. Zur Klarstellung: Gemeint ist nicht das Urlaubsentgelt, die gesetzlich vorgeschriebene Gehaltsfortzahlung im Urlaub, sondern das zusätzliche, freiwillige Urlaubsgeld. Zahlt die Firma, was der Üblichkeit entsprechen würde, ein Weihnachtsgeld in Höhe eines Bruttomonatsgehaltes, bedeuten Bezüge in Höhe von 6.000,00 DM monatlich ein Jahreseinkommen von 78.000,00 DM. Ist die Firma bereit, ein zusätzliches Urlaubsgeld zu zahlen, z. B. in Höhe eines halben Monatsgehalts, beläuft sich das Jahresgehalt auf 81.000,00 DM. Wird hingegen das Jahresgehalt in zwölf gleichen Monatsraten gezahlt, bedeuten 6.000,00 DM monatlich lediglich 72.000,00 DM Jahresgehalt. Aus Gründen der Klarheit bietet es sich deshalb an, von vornherein über ein Jahresgehalt zu sprechen.

Im Bereich der Berufseinsteiger bewegen sich die Einstiegsgehälter bei Absolventen mit Universitätsabschluss im Regelfall in einer Bandbreite von zurzeit 70.000,00 DM bis 90.000,00 (Stand: Januar 2001). Darstellungen in Wirtschaftsmagazinen, wonach Berufseinsteiger Gehälter oberhalb von 100.000,00 DM bereits im ersten Anstellungsjahr beziehen können, richten sich allenfalls an die „high potentials", die mit unter einem Prozent den Ausnahmefall der Absolventen bilden.

Die Einstiegsbezüge von FH-Absolventen liegen im Regelfall ca. 10.000,00 bis 12.000,00 DM pro Jahr niedriger als die der Universitätsabsolventen. Dies wirkt sich jedoch nicht selten als kostenmäßiger Wettbewerbsvorteil für sie aus. Hinzu kommt, dass die FH-Absolventen bis zu drei Jahre früher als ihre Kollegen mit Universitätsabschluss in das Berufsleben eintreten.

Von spürbarer Auswirkung auf die finanziellen Eintrittskonditionen ist die gewählte Studienrichtung – technische oder wirtschaftswissenschaftliche Ausrichtung einerseits oder geisteswissenschaftliche Qualifikation andererseits. Außerdem schlägt das neben dem Studium bewiesene Engagement zu Buche. Dazu zählen angesichts der immer stärker zunehmenden Globalisierung längere Auslandsaufenthalte, speziell dann, wenn sie einen berufsspezifischen Anknüpfungspunkt aufweisen wie durch ein Praktikum.

Zum Einstellungsgespräch sollte jeder Bewerber in der Lage sein, auf die Frage nach dem Gehaltswunsch eine konkrete Größenordnung nennen zu können. Anworten dahingehend, sich im Rahmen des in der Firma üblichen Gehaltsniveaus halten zu wollen, sind unbeliebt. Wer seinem Gesprächspartner signalisieren will, mit seinen Gehaltsvorstellungen nicht vollkommen festgelegt zu sein, sollte eine Gehaltsbandbreite offerieren, z. B. gewünschtes Jahresgehalt in Höhe von 75.000,00 bis 80.000,00 DM.

Eine Möglichkeit besteht auch darin, eine solche Bandbreite zu nennen unter Hinzufügung, dass nach Absolvierung des ersten Jahres ein Jahreseinkommen in Höhe von 80.000,00 DM das Ziel sei.

Betont werden soll an dieser Stelle, dass nichts wichtiger ist als der Einstieg selbst, der Sprung ins kalte Wasser. Nichts wertet die eigene Person im Arbeitsleben stärker auf als ein vollzogener Berufseinstieg. Statt aus der Position der Arbeitslosigkeit heraus auf das Traumangebot zu warten, empfiehlt sich der baldmögliche Berufsstart. Aus dem Berufsleben und den sich daraus ergebenden Kontakten zu Kunden und Lieferanten bieten sich zahlreiche Gelegenheiten und Chancen, die sich ohne den Berufseinstieg nicht hätten ereignen können. Das intensive Studium der einschlägigen, überregionalen Tageszeitungen am Wochenende kann weiterhin beibehalten bleiben, bei einer dann abgegebenen Bewerbung erfolgt diese jedoch nicht mehr als Berufsanfänger.

1.3 Effektive Arbeitszeit einer Nachwuchs-Führungskraft: Diskrepanz zwischen vertraglicher Vereinbarung – Regelarbeitszeit 40 Stunden – und tatsächlich erlebter arbeitsmäßiger Beanspruchung

Zur Frage der Arbeitszeit findet sich in den Anstellungsverträgen häufig die Bestimmung, dass „die betriebsübliche Arbeitszeit" gelte, teilweise wird auch eine 40-Stunden-Woche als Regelarbeitszeit genannt. Berufseinsteigern mit Fachhochschul- oder Hochschulabschluss werden aber von Anfang an komplexere Aufgabengebiete bzw. Projektleitungen übertragen, die den Einsatz von regelmäßig mehr als acht Arbeitsstunden am Tag erfordern. Während die Arbeit am Wochenende den Ausnahmefall bildet, sind Arbeitszeiten von zehn bis elf Stunden an den Wochentagen fest einzukalkulieren. Diejenigen Nachwuchskräfte, die nach den ersten ein bis drei Berufsjahren Bilanz ziehen, berichten von einer durchschnittlichen, wöchentlichen Belastung von 52 bis 55 Arbeitsstunden. Dies betrifft den jungen Diplom-Ingenieur im Produktionsbetrieb ebenso wie den Diplom-Kaufmann im Banken- oder Telekommunikationsbereich.

Eine zusätzliche Vergütung der über die Regelarbeitszeit hinausgehenden Leistung findet typischerweise in Form von Gehaltserhöhungen statt, die deutlich oberhalb der tariflichen Anpassungen liegen, teilweise werden zusätzliche Nebenleistungen gewährt, wie z. B. die Übernahme der Kosten für eine Direktversicherung, also Lebensversicherung, oder die Bereitstellung eines Dienstwagens, der auch zur privaten Nutzung zur Verfügung steht. Der Berufseinsteiger tritt aber zunächst in Vorleistung, bis sich die von ihm geleistete Mehrarbeit in einer spürbaren Gehaltsanpassung niederschlägt. Er wird in dieser Frage mit den außertariflichen Führungskräften von Anfang an gleich behandelt und erhält für geleistete Mehrarbeit im Regelfall keine zusätzliche Überstundenvergütung.

An dieser Stelle mag entgegengehalten werden, dass in einem Arbeitsverhältnis das Arbeitszeitgesetz Anwendung zu finden habe und bei Mehrarbeit/Überstunden stets die vorherige Zustimmung des Betriebsrats einzuholen sei. Mit dem vorliegenden Beitrag soll jedoch eine möglichst lebensnahe Betrachtung eines Berufseinstiegs geschildert werden, der auf die Übernahme späterer Führungsverantwortung im Betrieb ausgerichtet ist. In der Praxis herrscht zu diesem Thema eine bemerkenswerte Übereinstimmung zwischen den betrieblichen Anforderungen und der Leistungsbereitschaft der jungen Nachwuchskräfte. Dies mag sich auch daraus erklären, dass einer Vielzahl von Hochschul-Absolventen die betrieblichen Anforderungen in der Praxis längst bekannt sind, sei es aus verschiedenen Praktika oder einer beruflichen Nebentätigkeit während des Studiums.

1.4 Probezeit und Kündigungsfristen im unbefristeten Arbeitsverhältnis

Während der ersten sechs Monate eines Anstellungsverhältnisses besteht für den Arbeitgeber die Möglichkeit, das Anstellungsverhältnis zu kündigen, ohne dass das Kündigungsschutzgesetz berücksichtigt werden muss. Er kann aus jedem beliebigen Grunde kündigen, soweit er nicht gegen die „guten Sitten" gem. § 138 BGB verstößt. Diese Grenze wird nur im krassen Ausnahmefall überschritten und der Arbeitgeber wird nicht so einfältig sein, offiziell einen Kündigungsgrund zu nennen, der mit dem Anstandsgefühl aller billig und gerecht Denkenden nicht zu vereinbaren ist. Während der ersten sechs Monate, der Probezeit, gilt eine gesetzliche Kündigungsfrist von zwei Wochen. Es entspricht aber der Üblichkeit, im Anstellungsvertrag für diese Zeitphase eine Kündigungsfrist von einem Monat zum Monatsende für beide Seiten zu vereinbaren.

Wenn nichts anderes ausdrücklich geregelt ist, setzt sich das unbefristete Anstellungsverhältnis nach der Absolvierung der Probezeit fort. Gesetzlich gilt ab diesem Zeitpunkt eine Mindestkündigungsfrist von vier Wochen zum 15. des Monats oder zum Monatsende. Ab dem zweiten Dienstjahr ist eine Mindestfrist von einem Monat zum Monatsende zu berücksichtigen, ab dem fünften Dienstjahr eine Frist von zwei Monaten zum Monatsende. Diese gesetzlich vorgegebenen Kündigungsfristen sind jedoch lediglich Mindest-Fristen, die durch vertragliche Vereinbarung verbessert werden sollten. Die vorgenannten Fristen reichen für die Suche nach einem neuen, qualifizierten Anstellungsverhältnis kaum aus.

Es empfiehlt sich deshalb dringend die Vereinbarung einer Kündigungs-frist von mindestens drei Monaten zum Monats- oder Quartalsende. Die Argumentation, diese Zeit mindestens für die Suche nach einem gleichwerti-gen Beschäftigungsverhältnis zu benötigen, überzeugt den Vertragspartner im Regelfall.

1.5 Vorzeitige Vertragsbeendigung, wenn kurzfristig ein attraktiveres Vertragsangebot eröffnet wird

Sehr unterschiedliche Standpunkte werden zu der Vereinbarung längerer Kündigungsfristen vertreten. Personalberater empfehlen den jungen Absol-venten, sich durch möglichst kurze Kündigungsfristen am Markt flexibel zu halten, um auf anderweitige Vertragsangebote rasch reagieren zu können. In der beruflichen Praxis zeigt sich aber, dass das Risiko, angesichts kurzer Kün-digungsfrist rasch arbeitslos zu sein, ungleich größer ist als eine verpasste Gelegenheit zum Arbeitgeberwechsel, weil eine zu lange Kündigungsfrist einzuhalten war:

Soll eine Kündigung arbeitgeberseitig erklärt werden, weil nach einer Umstrukturierungsmaßnahme der Arbeitsplatz entfallen ist, wird der Arbeitgeber stets nur die Mindestfrist berücksichtigen, die ihm gesetzlich oder durch vertragliche Regelung vorgegeben ist. Kein Zweifel, dass sich in dieser Situation eine möglichst komfortable Kündigungsfrist empfohlen hätte. Will sich hingegen die junge Nachwuchskraft von dem Unternehmen trennen, weil sich ihr anderweitig eine größere Entwicklungsmöglichkeit bie-tet, wird sich der Arbeitgeber nur im Ausnahmefall weigern, im Wege eines Aufhebungsvertrages eine vorzeitige Vertragsbeendigung herbeizuführen. Ihm kann nicht daran gelegen sein, eine Nachwuchskraft über mehrere Monate weiter zu beschäftigen, wenn diese nicht mit voller Einsatzbereit-schaft die Aufgaben erledigt.

Bei dieser Gelegenheit sei jedoch dringend auf die richtige Vorgehensweise hingewiesen: Wer im Vertrauen auf ein anderweitiges, interessantes Vertrags-angebot den aktuellem Arbeitgeber um vorzeitige Vertragsbeendigung bittet, kann sich zwischen die Stühle setzen, wenn der potentielle neue Arbeitgeber einen Tag später mitteilt, er habe sich für einen anderen Kandidaten ent-schieden. Deshalb sollte zunächst bei dem neuen Arbeitgeber das Vertragsverhältnis unter Hinweis auf die äußerstenfalls zu wahrende Kündigungsfrist des bisherigen Arbeitsvertrages unterzeichnet werden. Erst dann sollte in einem persönlichen Gespräch mit dem aktuellen Arbeitgeber höflich erklärt werden, dass sich anderweitig eine attraktivere Entwicklungsmöglichkeit biete, weshalb um vorzeitige Auflösung des bestehenden Vertrages gebeten werde.

Dem neuen Arbeitgeber kann zugesagt werden, dass man sich um einen Einstieg bei ihm zum nächstmöglichen Zeitpunkt, z. B. zum nächsten Monatsersten bemühen werde. Es müsse aber für den „worst case" ebenfalls geklärt sein, dass ein Einstieg in das neue Vertragsverhältnis auch unter Einhaltung der bei dem bisherigen Arbeitgeber zu wahrenden Kündigungsfrist möglich sei. Eine dahingehende, vertragliche Vereinbarung mit dem neuen Arbeitgeber könnte beispielsweise lauten:

„Herr/Frau Meyer wird spätestens zum .... ihre Tätigkeit als Assistent/in des Vorstandes Finanzen aufnehmen. Eine vorzeitige Aufnahme der Tätigkeit ab dem .... ist jederzeit möglich und erwünscht."

2 Information – Beratung – Vermittlung – Das Dienstleistungsangebot der Bundesanstalt für Arbeit bei der Besetzung von Führungspositionen

Ernst Brexel

In der deutschen Wirtschaft sind derzeit knapp 323.000 Führungskräfte auf der obersten und oberen Leitungsebene tätig. Jährlich sind bundesweit ca. 42.000 dieser Positionen neu zu besetzen. Etwa die Hälfte der Vakanzen der Wirtschaft im obersten und oberen Management muß extern besetzt werden.

2.1. Gründe für die externe Rekrutierung von Führungskräften

Führungspositionen werden nach Möglichkeit aus den eigenen Reihen besetzt. Vor allem Großunternehmen versuchen die Risiken zu vermeiden, die mit jeder externen Besetzung verbunden sind. Außerdem wirken sich interne Karrierechancen sehr vorteilhaft auf die Leistungsmotivation des Führungsnachwuchses für das obere Management aus. Mittlere und kleinere Unternehmen bis zu 500 Beschäftigten – dazu gehören in Deutschland mehr als 99 Prozent aller Unternehmen – stoßen allerdings bei der Personalentwicklung schnell an Grenzen und müssen Führungskräfte häufig auf dem externen Arbeitsmarkt rekrutieren. Auch schnell wachsende Unternehmen, wie z. B. die Start-ups in den Bereichen Informations- oder Biotechnologie, müssen ihren Zusatzbedarf an Führungskräften fast ausschließlich extern decken. Kostenbewusste Unternehmen setzen im Rahmen von „Make or Buy" Entscheidungen inzwischen zunehmend bei der Rekrutierung von Führungskräften auf die Unterstützung durch externe Dienstleister.

2.2. Die Marktbedeutung der einzelnen Suchwege bei der externen Besetzung von Führungspositionen

Welche Akquisitionsstrategie bei der externen Suche für ein Unternehmen am günstigsten ist, hängt sehr stark von der Situation auf dem Arbeitsmarkt

und der Bedeutung der Position ab, aber auch das Image und die wirtschaftliche Lage des suchenden Unternehmens spielen eine entscheidende Rolle.

2.2.1 Selbstsuche der Unternehmen in Zeitungen, Zeitschriften und im Internet

Stellenanzeigen in Printmedien und neuerdings im Internet sind unverändert ein entscheidender Faktor im Personalmarketing der Unternehmen und
haben im Rahmen ihrer Bemühungen um Corporate Design in den letzten
Jahren noch an Bedeutung gewonnen. Die Daten des Medienanalysten EMC
zeigen, dass 1999 in den 40 ausgewerteten Printmedien von Unternehmen
89,5 Prozent mehr Stellenanzeigen geschaltet worden sind als im Jahr 1995.
Von diesen insgesamt 287.488 Offerten richteten sich nur 1,2 Prozent an
Führungskräfte der ersten und zweiten Managementebene. Die Unternehmen gehen immer mehr dazu über, Stellenanzeigen für Führungskräfte selbst
zu schalten, anstatt Personalberater damit zu beauftragen. So hat sich die
Zahl der von Personalberatern geschalteten Stellenanzeigen für Top-Manager seit 1995 mehr als halbiert. Inzwischen erscheinen zwei Drittel der Stellenanzeigen für das Top-Management unter dem Firmen-Logo der Unternehmen.

Bei der Präsentation von Führungspositionen im Internet üben sich
Unternehmen außerhalb der Bereiche Medien und IT überwiegend noch in
Zurückhaltung; diese Suchform dürfte jedoch in den nächsten Jahren weiter
an Bedeutung gewinnen.

2.2.2 Direktkontakte – Empfehlungen

Eine erstaunlich große Rolle spielen nach wie vor Direktkontakte und Empfehlungen von Bankern, Wirtschaftsprüfern, Anwälten und Beiräten, die mit
dem Unternehmen vertraut sind. Nach Schätzungen der ZAV geht etwa ein
Drittel der externen Stellenbesetzungen im obersten und oberen Management auf derartige Kontakte und Empfehlungen zurück.

2.2.3 Personalberatung und private Arbeitsvermittlung

In der Bundesrepublik Deutschland gab es bis 1994 ein Marktzutrittsverbot
für gewerbliche Arbeitsvermittler, das nach einer Entscheidung des Bundes-
verfassungsgerichts aus dem Jahre 1967 den Bereich der Führungskräfte der
Wirtschaft mit umfasste. Bis 1994 waren legal operierende Personalberater

auf das Marktsegment „Führungskräfte der Wirtschaft" verwiesen. Seit dem 1. August 1994 ist diese Einschränkung gefallen.

Das hat zu einer starken Verschiebung bei der Auftragsstruktur von Personalberatern geführt. So richteten sich nach Angaben von EMC nur noch 6,7 Prozent der 1999 von Personalberatern geschalteten 21.087 Stellenanzeigen an Führungskräfte der ersten und zweiten Managementebene. Diese Zahlen bestätigen die Feststellung des Beraters Joerg E. Staufenbiel in seinem 1999 erschienenen Handbuch-Beitrag „Quo vadis, Personalberatung?", „dass Personalberater nicht nur Führungskräfte suchen, sondern inzwischen auf sämtlichen Managementebenen einschließlich Spezialisten tätig sind".[1] Umso mehr muss es überraschen, dass nach der vom Bundesverband Deutscher Unternehmensberater in Auftrag gegebenen Studie „Personalberatung in Deutschland 1999" die insgesamt 6350 Personalberater ihren Klienten bei nicht mehr als „75.500 Suchaufträgen mitwirkend zur Seite" gestanden haben.[2]

Die gewerblich tätigen privaten Arbeitsvermittler erzielten im Jahr 1999 insgesamt 169.406 Vermittlungen – das bedeutet eine Steigerung um 8 Prozent gegenüber dem Vorjahr. Im Bereich der höher qualifizierten Tätigkeiten konnten die Privaten allerdings noch nicht Fuß fassen. Die 181 Arbeitsämter konnten im Jahr 1999 36.709 Ingenieuren, Chemikern, Physikern und Mathematikern eine neue Position vermitteln; den gewerblich tätigen privaten Arbeitsvermittlern gelang das nur in 1.785 Fällen.

Während die private Arbeitsvermittlung bei der Rekrutierung von Führungskräften erst allmählich an Bedeutung gewinnt, hat sich die Dienstleistung Personalberatung hier fest etablieren können. Überwiegend im oberen oder obersten Management – wenn auch nicht ausschließlich – sind vor allem Personalberatungen tätig, die sich in den beiden Beraterverbänden organisiert haben. Sie haben 1999 mehr als 10.000 Mandate erhalten.

2.2.4 Bundesanstalt für Arbeit – Zentralstelle für Arbeitsvermittlung – Managementvermittlung National / International

Die Bundesanstalt für Arbeit (BA) ist in Deutschland die erste Adresse für Dienstleistungen auf dem Markt für Beschäftigung. Mehr als vier Millionen Stellenangebote im Verlauf des Jahres 1999 – darunter rund 156.000 offene Stellen für Akademiker – sprechen für sich. Die Fachvermittlung von Angehörigen bestimmter Berufe, die auf einen größeren Arbeitsmarkt angewiesen sind und deren Beratung und Vermittlung spezielle Fachkenntnisse erfordern, ist Aufgabe besonderer Fachvermittlungseinrichtungen. Der Zentralstelle für Arbeitsvermittlung (ZAV) in Bonn obliegt die zentrale Fachvermittlung für Führungskräfte der obersten und oberen Führungsebene (Managementvermittlung). Die Managementvermittlung beschränkt sich jedoch nicht auf die nationale Ebene. Seit 1954 wirkt die ZAV mit Erfolg national wie international bei der Besetzung von Führungspositionen mit. Zu ihren Auftraggebern aus allen wichtigen Wirtschaftszweigen gehören mittelständische Unternehmen ebenso wie weltbekannte Großunternehmen. Die Managementvermittlung erhält aber auch Vermittlungsaufträge von Ministerien, Verwaltungen, Einrichtungen des Gesundheitswesens, der Forschung, Kultur und Wissenschaft sowie von Stiftungen, Verbänden und internationalen Organisationen.

Im Jahr 1999 erhielt die Managementvermittlung National 4.542 Vermittlungsaufträge zur Besetzung vakanter Positionen auf der obersten und oberen Leitungsebene. Ihre führende Rolle bei der Besetzung von Führungspositionen wird deutlich, wenn man das Auftragsvolumen der zehn umsatzstärksten Personalberatungen in Deutschland und der Managementvermittlung National miteinander vergleicht.

Die zehn größten Personalberatungen Deutschlands

Beratungsunternehmen	Honorar-umsatz*) 1999 (in Mio. DM)	Anzahl der Suchaufträge im Jahr 1999
Kienbaum Executive Consultants GmbH	99,4	1378
Heidrick & Struggles – Mülder & Partner	79,4	keine Angabe
Ray & Berndtson GmbH	72,0	800
TMP Worldwide**)	71,5	keine Angabe
Baumann Unternehmensberatung	66,4	1497
Egon Zehnder International GmbH	54,6	300
Korn / Ferry Hofmann Herbold International	48,0	keine Angabe
Spencer Stuart & Associates GmbH	34,5	keine Angabe
Steinbach & Partner	29,3	730
Deininger Unternehmensberatung GmbH	21,6	569

Hinweise: *) Bei einem Teil der aufgeführten Personalberatungen sind die Kosten für Schaltung von Stellenanzeigen Bestandteil des angegebenen Honorarumsatzes.

          **) Der angegebene Umsatz für TMP Worldwide umfasst die Unternehmen Baumgartner & Partner Personalberatung (45,0), PMM Management Consultants GmbH (15,5) sowie Tasa Worldwide GmbH (11,0).

Quelle: BDU-Studie „Personalberatung in Deutschland 1999", Bonn 2000, S. 6.

2.3 Die Dienstleistungen der Managementvermittlung für Arbeitgeber und Führungskräfte

Zu den Dienstleistungen der Managementvermittlung gehören neben der im Sozialgesetzbuch – Drittes Buch – (SGB III) normierten Arbeitsvermittlung (§ 35 SGB III) auch die Information und Beratung (§§ 30, 34 SGB III).

Das Angebot für Arbeitgeber umfasst:

- Informationen über die Lage auf dem Arbeitsmarkt für Führungskräfte im In- und Ausland,
- Hinweise auf die aktuelle Angebotsstruktur in den einzelnen Branchen und Funktionen,
- Umfeldanalysen und Beratung bei der Festlegung des Anforderungsprofils und der Bewerber-Zielgruppen,
- einen Pool qualifizierter Bewerber aller wichtigen Branchen,
- die Formulierung und Platzierung von Stellenanzeigen in Printmedien und im Internet,
- die Vorstellung von Kandidaten-Kurzprofilen im Internet („Managementvermittlung Online"),
- die systematische Suche, Auswahl und Präsentation geeigneter Kandidaten für Führungspositionen.

Führungskräften, die sich beruflich verändern wollen, bietet die Managementvermittlung:

- Informationen zum Arbeitsmarkt für Führungskräfte und über die Entwicklung in den einzelnen Branchen und Arbeitsfeldern,

- Karriereberatung – auch unabhängig von der Arbeitsvermittlung,

- Hinweise zur Bewerbungsstrategie und zur professionellen Gestaltung der Bewerbungsunterlagen,

- Vorstellung ihres Kandidaten-Kurzprofils im Internet und in Printmedien,

- Stellenangebote aus allen wichtigen Branchen,

- konkrete und passgenaue Vermittlungsvorschläge,

- nach Abstimmung mit dem Kandidaten Präsentation seiner Bewerbung bei Arbeitgebern.

Bei den Vermittlungsaktivitäten der Managementvermittlung geht es um Positionen für

- Vorstände, Geschäftsführer, Direktoren,

- Bereichsleiter, Hauptabteilungsleiter,

- Abteilungsleiter,

- Werks- und Betriebsleiter,

- leitende Stabskräfte (z. B. Leiter der Unternehmensplanung, der Rechtsabteilung oder der Unternehmenskommunikation),

- Führungsnachwuchskräfte für Positionen im oberen Management,

- Interims-Manager,

- Chefärzte, Oberärzte und Mediziner in vergleichbaren Leitungsfunktionen.

Die Marktbedeutung der Managementvermittlung National ist in den neunziger Jahren deutlich gewachsen. Im Jahr 1999 erhielt sie 76 Prozent mehr Vermittlungsaufträge aus der Wirtschaft als zehn Jahre zuvor und war bei knapp 30 Prozent aller externen Besetzungsvorgänge auf der obersten und oberen Leitungsebene eingeschaltet. Ihre insgesamt 4.542 Suchaufträge im Laufe des Jahres 1999 kamen zu 60 Prozent aus dem Dienstleistungssektor und zu 25 Prozent aus dem Verarbeitenden Gewerbe. Weitere neun Prozent der Vakanzen entfielen auf das Gesundheitswesen und je drei Prozent auf die Bauwirtschaft und den Handel.

3.459 Führungskräfte aus der Wirtschaft und aus dem Klinikmanagement sowie 256 Mediziner in leitender Funktion beauftragten im Verlaufe des Jahres 1999 die ZAV mit der Vermittlung einer neuen Position. Knapp zwei Drittel standen zu Beginn ihrer Suche unter Vertrag und waren nicht arbeitslos. Die Managementvermittlung International vermittelte 1999 1.712 Führungskräfte ins Ausland. Davon übernahmen 43 Prozent Positionen in der Wirtschaft, 40 Prozent entschieden sich für Aufgaben in der entwicklungspolitischen Zusammenarbeit und 17 Prozent gingen zu Internationalen Organisationen. Neben Westeuropa lag der Schwerpunkt der internationalen Vermittlungsaktivitäten in Nordamerika

Stellenangebote der ZAV für Führungskräfte im Jahr 1999
Verteilung nach Funktionsbereichen

Funktionsbereich	Prozent
Produktion / Fertigung / Qualitätssicherung	16,4 %
Vertrieb / Export	12,9 %
Beratung / Kundenbetreuung / Service	12,3 %
Geschäftsleitung / General Management	11,4 %
Ärztliche Leitung	8,4 %
Marketing / Werbung / Public Relations	8,6 %
Sonstige	10,5 %
Finanz-, Rechnungswesen / Controlling	6,5 %
Personal-, Sozialwesen, Recht	5,2 %
Materialwirtschaft / Beschaffung	2,2 %
Forschung / Entwicklung / Konstruktion	2,5 %
Datenverarbeitung / Organisation	3,0 %

n = 4.542 Stellenangebote (Zugang)

Vermittlungen ins Ausland nach Branchen

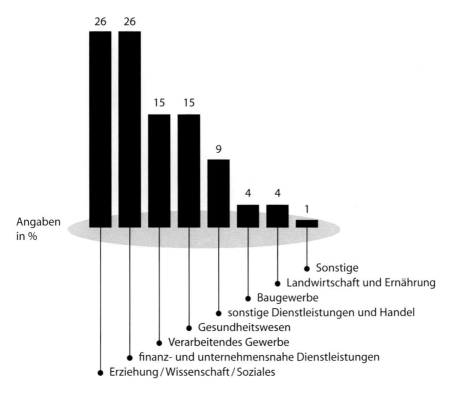

Angaben in %

Branche	Wert
Erziehung / Wissenschaft / Soziales	26
finanz- und unternehmensnahe Dienstleistungen	26
Verarbeitendes Gewerbe	15
Gesundheitswesen	15
sonstige Dienstleistungen und Handel	9
Baugewerbe	4
Landwirtschaft und Ernährung	4
Sonstige	1

2.4. Der Bewerber- und Stellen-Pool der Managementvermittlung

Bei ihren Vermittlungsaktivitäten können die Berater der Managementvermittlung sich auf einen Bewerber- und Stellen-Pool von beachtlicher Größe
stützen. Der Bewerber-Pool der Managementvermittlung National umfasste
Ende Dezember 1999 rund 4.600 Führungskräfte der Wirtschaft und leitende
Mediziner. Die Berater der ZAV können die Führungskräfte im Bewerber-
Pool unmittelbar und ohne Zeitverzug ansprechen. Darin liegt ein beachtlicher Wettbewerbsvorteil, wie eine Erhebung des Instituts für Organisation
und Personal an der Universität Bern zeigt. Die im Mai 1999 befragten Personalberater gaben an, dass die Abwicklung eines Beratungsprojektes von der
Erteilung des Suchauftrages bis zur Präsentation eines geeigneten Kandidaten beim Klienten bei Direktansprache 1,7 bis 4,6 Monate, bei anzeigen-
gestützter Suche 1,3 bis 2,9 Monate und bei internetgestützter Suche 1,4 bis
3,2 Monate dauert.

Zugänge im Bewerber-Pool der Managementvermittlung National im Jahr 1999

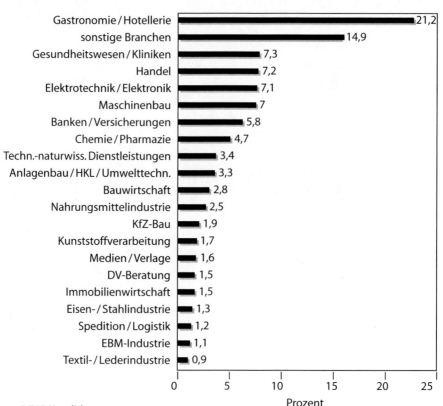

n = 3.715 Kandidaten

2.4.1 Gewinnung geeigneter Kandidaten für den Bewerber-Pool

Die ZAV praktiziert bewusst keine Direktansprache. Die von Headhuntern häufig geübte Praxis, Führungskräfte zu einem ungeplanten Wechsel zu bewegen, steht im Widerspruch zur gesetzlich gebotenen, neutralen Mittlerfunktion und zur Berufsethik der ZAV-Berater.

Auf die Bildung des Bewerber-Pools allerdings nehmen die ZAV-Berater aktiv Einfluss. Folgende Wege haben sich als besonders erfolgreich erwiesen:

Öffentlichkeitsarbeit
Statt der Direktansprache setzt die ZAV sehr stark auf die medienvermittelte Ansprache von Führungskräften in Printmedien und im Internet. Mehr als 500 Beiträge jährlich beschäftigen sich in Presse, Rundfunk und Fernsehen mit dem Dienstleistungsangebot der ZAV. Vor allem Interviews und Podiumsdiskussionen bieten den Beratern der ZAV die Gelegenheit, die aktuellen Tendenzen, Chancen und Risiken in den einzelnen Segmenten des Arbeitsmarktes für Führungskräfte objektiv und kompetent darzustellen. Image-Anzeigen in führenden Wirtschaftsmagazinen, der Auftritt der Managementvermittlung im Internet und Informationsbroschüren („Unser Angebot für Führungskräfte") runden die PR-Aktivitäten ab.

Kontaktnetz innerhalb der Bundesanstalt für Arbeit
Häufig suchen Führungskräfte bei ihrer Stellensuche zunächst den Kontakt mit ihrem Arbeitsamt vor Ort. Da die Arbeitsämter und die ZAV untereinander vernetzt sind, können die ZAV-Berater auch dieses Bewerberpotential für ihre Vermittlungsaktivitäten nutzen.

Managementvermittlung Online
Führungskräfte, die sich beruflich verändern wollen, können unter der Internet-Adresse „www.arbeitsamt.de" über die Pfade „Markt" und „Managementvermittlung" ein spezielles „Kontaktangebot für Führungskräfte" nutzen und den Beratern der ZAV ihre Wünsche und ihr Qualifikationsprofil online übermitteln. „Managementvermittlung Online" wird vor allem von der interessanten Zielgruppe der jüngeren Führungskräfte zunehmend genutzt.

Karriereberatung
Auch unabhängig von einem Vermittlungswunsch bietet die ZAV Führungskräften eine Karriereberatung an (§ 30 SGB III). Erweist sich als Ergebnis einer solchen Beratung ein Stellenwechsel als logischer nächster Karriereschritt, erfolgt die Aufnahme dieser Führungskraft in den Bewerber-Pool der ZAV.

Kooperation mit Outplacement-Beratern

Das Kernstück des seriösen Outplacement bildet die Beratung zur beruflichen Neuorientierung. Beim Aufbau ihres Kontaktnetzes finden immer mehr Outplacement-Klienten frühzeitig den Weg zur ZAV.

2.4.2 Akquisition von Stellenangeboten für Führungskräfte

Firmenbesuche

Gespräche vor Ort mit den Entscheidungsträgern der Unternehmen sind für die Managementvermittlung unverzichtbar bei der Kontaktpflege und Stellenakquisition und können bei Bedarf für die Vorbereitung der Suche, z. B. für die Erstellung des Positions- und Anforderungsprofils sowie für die Abgrenzung der Kandidaten-Zielgruppe, genutzt werden (vgl. 5.1).

Veröffentlichung von Bewerber-Kurzprofilen in Printmedien und im Internet

Im BA-eigenen Printmedium „Markt + Chance Special" sowie in Fachzeitschriften, überregionalen Tages- und Wochenzeitungen, aber auch als Angebot im Rahmen von „Management Online" im Internet, präsentieren die ZAV-Berater Kandidaten-Kurzprofile in anonymisierter Form. Die Resonanz auf der Arbeitgeberseite bietet den Beratern der Managementvermittlung vielfältige Möglichkeiten, potentielle Auftraggeber mit dem Dienstleistungsangebot der ZAV vertraut zu machen, Kontaktpflege zu betreiben und weitere Suchaufträge zu akquirieren.

Anonymisierte Bewerberprofile

Anonymisierte Bewerberprofile im Umfang von 2 bis 5 DIN-A-4-Seiten, die die Berater der ZAV ausgewählten Zielfirmen vorlegen, haben sich besonders bei der Akquisition von Vakanzen für technische Führungskräfte bewährt.

Messen, Ausstellungen, Kongresse, Seminarveranstaltungen

Der Besuch von jährlich mehr als 40 Kongressen, Fachtagungen, Messen und Ausstellungen dient der Kontaktpflege mit den Unternehmen und der Abklärung des aktuellen und mittelfristigen Bedarfs an Führungskräften.

Pressearbeit, Mailings

Die Presseaktivitäten der ZAV stoßen bei Arbeitgebern auf eine vielfältige Resonanz. Das gilt insbesondere für die Darstellung der aktuellen Arbeitsmarktlage einzelner Wirtschaftszweige in Fachzeitschriften oder Branchen-Informationsdiensten. Im Rahmen von Mailings erhalten Unternehmen unterschiedlicher Größe aus allen Branchen regelmäßig den Jahresbericht der Managementvermittlung und andere aktuelle Informationen.

2.5 Der Suchprozess und die Stellenbesetzung

2.5.1 Vorbereitung der Suche: Umfeld- und Positionsanalysen

Bei der Situations- und Umfeldanalyse geht es um die harten Fakten wie Standort, Produktions- oder Dienstleistungsprogramm, wirtschaftliche Lage des Unternehmens und geplante Veränderungen z. B. in der Führungs- und Organisationsstruktur. Ebenso wichtig sind heute die sogenannten weichen Faktoren wie Unternehmensziele und -kultur, das vorhandene Führungskräftepotential, Unternehmensimage, Führungsstil und Arbeitsklima. Handelt es sich um einen neuen Kunden, erfolgen diese Analysen im Rahmen eines Firmenbesuches (vgl. 2.4.1.2.).

Das Positionsprofil enthält u. a. eine Beschreibung der Aufgaben und Zielsetzungen, der organisatorischen Eingliederung der zu besetzenden Position und der Kompetenzen. Je eindeutiger das Positionsprofil und das Anforderungsprofil definiert wurden, um so leichter fällt die Abgrenzung der Zielgruppen und die Identifizierung und Vorauswahl geeigneter Kandidaten.

2.5.2 Durchführung der Suche

Ansprache geeigneter Kandidaten

Die Ansprache geeigneter Kandidaten im Bewerber-Pool der Managementvermittlung geschieht in der Regel in der Form telefonischer Kurzinterviews oder per E-Mail. Dabei geht es um die Klärung folgender Fragen:

1. Entspricht der Kandidat dem Positions- und Anforderungsprofil bis ins Detail?
2. Entspricht die konkrete Position den Vorstellungen und Karrierezielen des Kandidaten?
3. Stimmen die gebotenen Konditionen mit den Wünschen des Kandidaten weitgehend überein?

Wenn die Eignung des Kandidaten unbestritten ist, muss geklärt werden, ob er an einer Kontaktaufnahme mit dem Stellenanbieter interessiert ist.

Ihre Kurzanfragen ergänzen die ZAV-Berater häufig durch die Zusendung ausführlicher schriftlicher Spezifikationen oder Ausschreibungstexte und Stellenbeschreibungen. Diese Informationen können auf Wunsch der Auftraggeber in dieser frühen Phase häufig nur in anonymisierter Form weitergegeben werden.

Platzierung von Stellenanzeigen in Printmedien und im Internet

Nicht immer ist das Potential an geeigneten Kandidaten im Bewerber-Pool ausreichend, oder der Auftraggeber möchte das Angebot auf dem Arbeitsmarkt für Führungskräfte systematisch und in der ganzen Breite ausschöpfen. In diesen Fällen inseriert die Managementvermittlung im Auftrag und auf Rechnung der Unternehmen in geeigneten Printmedien und/oder im Internet.

Zum Stellenanzeigen-Service der Managementvermittlung gehören:

- das Texten der Anzeige
- die Beratung bei der Auswahl des geeigneten Mediums
- die Platzierung der Anzeige in Zusammenarbeit mit Agenturen
- die telefonische Bewerberinformation und die Abwicklung der gesamten Korrespondenz mit den Bewerbern
- die Auswahl und Präsentation von Bewerbungsunterlagen
- die Formulierung der Absagen und Rücksendung der Bewerbungsunterlagen

Seit Anfang 2001 haben Unternehmen auch die Möglichkeit, ihre Stellenangebote in anonymisierter Form oder offen (unter der Anschrift des Unternehmens und unter Nennung eines Ansprechpartners) in „Managementvermittlung Online" im Internet zu präsentieren. Dieser Service wird kostenlos angeboten.

2.5.3 Auswahl

Neben der Identifizierung geeigneter Kandidaten für eine bestimmte Führungsposition bildet die Auswahl nach fachlichen und umfeldbezogenen Anforderungskriterien den Kern der vermittlerischen Aufgabe (§ 35 SGB III). Bei der Auswahl lassen sich die Stufen „Vorauswahl", „Gespräch mit dem Kandidaten" und „Hauptauswahl" unterscheiden.

Vorauswahl

Die Sichtung der Bewerbungsunterlagen und die Analyse des beruflichen Werdegangs sind unverzichtbare Elemente einer Vorauswahl. Neben der Übereinstimmung der Bewerbung mit den formalen Anforderungskriterien (z.B. Abschluss in einem bestimmten Studienfach, Sprachkenntnisse, Auslandserfahrung) werden die Unterlagen auf Vollständigkeit, äußere Form und Aufbau überprüft. Trotz gewisser Defizite bei der Aussagekraft von Zeugnissen schätzen die Berater der Managementvermittlung – wie auch die Mehrzahl der Personalverantwortlichen in den Unternehmen – Arbeitszeugnisse als Instrumente mit tendenziell hohem Informationswert für eine Vorauswahl insgesamt positiv ein. Bei der Analyse der Arbeitszeugnisse geht es vor allem um Art und Umfang der Berufserfahrung, um die Leistungsfähigkeit und Leistungsbereitschaft und um das Führungsverhalten.

Neben der Analyse der Arbeitszeugnisse, eventuell ergänzt durch Arbeitsproben, spielt das Ergebnis des Gespräches mit dem Kandidaten für die Beurteilung seiner Qualifikation die entscheidende Rolle. Dabei geht es gleichermaßen um die fachliche Kompetenz als auch um die umfeldbezogenen Qualifikationen.

Das Gespräch mit dem Kandidaten

Angesichts eines großen Bewerber-Pools und begrenzter Personalkapazitäten in der Managementvermittlung kann das Gespräch nicht wie die Interviews von Personalberatern primär dem Zweck dienen, die Eignung für eine ganz bestimmte Position zu erkunden, sondern es soll konkrete Anhaltspunkte für die generellen Vermittlungschancen im oberen und obersten Management sowie die Stärken und Schwächen des Kandidaten liefern. In einem Beratungsgespräch von 60 bis 90 Minuten Dauer als Regelfall informieren sich die ZAV-Berater u.a. über die aktuelle berufliche Situation des Kandidaten und sein Motiv für einen Wechsel. Sie lassen sich dabei auch die Werthaltungen, das soziale Umfeld und die persönlichen Verhältnisse erläutern. Bei der Einschätzung der Vermittlungschancen des Kandidaten orientieren sie sich an Kriterien wie Fachkompetenz und soziale Kompetenz, Flexibilität, Sicherheit im Auftreten und persönliche Ausstrahlung. Das Gespräch mündet sehr häufig in eine Karriereberatung (vgl. 2.4.1.4.). Im Rahmen der internationalen Arbeitsvermittlung werden vielfach Auswahlinterviews von den ZAV-Beratern und Repräsentanten des ausländischen Auftraggebers gemeinsam durchgeführt.

Hauptauswahl

Zur Steigerung der Prognosekraft des Auswahlverfahrens setzen Unternehmen oder von ihnen beauftragte Personalberater spezielle Auswahlverfahren ein. Die Managementvermittlung kann aufwendige Assessment-Center, insbesondere Einzel-Assessment aus haushalts- wie wettbewerbsrechtlichen Gründen nicht zum Nulltarif anbieten. Auf Wunsch von Arbeitgebern geben die Berater der Managementvermittlung entsprechende Empfehlungen oder beauftragen im Einzelfall den Psychologischen Dienst, einen Fachdienst der Bundesanstalt für Arbeit.

Bei der Analyse und Bewertung der umfeldbezogenen Qualifikationen geht es um die Fähigkeit des Kandidaten, sich in ein neues betriebliches Umfeld zu integrieren und auch dort das bereits früher bewiesene Führungspotential umzusetzen. Auftraggeber wie Kandidat erwarten von ihrem ZAV-

Berater, dass dieser einschätzen kann, ob ein Bewerber in ein bestimmtes Unternehmen passt. In diesem Zusammenhang bekommen die Betriebsbesuche und persönlichen Kontakte der ZAV-Berater zu den Entscheidungsträgern sowie die speziellen Landeskenntnisse bei der internationalen Arbeitsvermittlung ihren besonderen Stellenwert.

Im Auswahlprozess geht es darum, möglichst viele aussagefähige Informationen darüber zu gewinnen, welche Kandidaten in vollem Umfange den fachlichen und unternehmensspezifischen Anforderungen genügen. Das kann bei jedem Vermittlungsauftrag nur für eine bestimmte Anzahl von Kandidaten gelten. In manchen Fällen gelangt der ZAV-Berater zu dem Ergebnis, dass der Markt keine geeigneten Kandidaten, die dem Anforderungsprofil entsprechen, hergibt. In einem Gespräch mit dem Auftraggeber wird er dann versuchen, diesen dazu zu bewegen, das Profil neu zu überdenken und zu modifizieren($ 40 SGB III).

2.5.4 Vermittlungsvorschlag und Präsentation der Kandidaten beim Auftraggeber

Am Ende des Suchprozesses steht ein konkreter Vermittlungsvorschlag. Er wird dem Auftraggeber schriftlich oder persönlich präsentiert. Da der Vermittlungsvorschlag normalerweise drei bis fünf Besetzungsalternativen umfasst, erwarten viele Auftraggeber, dass der Berater der Managementvermittlung seinen Vermittlungsvorschlag im Detail erläutert und seine Entscheidungskriterien offen darlegt. Auf Wunsch des Arbeitgebers und mit Zustimmung des Kandidaten nimmt der Berater der ZAV auch am Vorstellungsgespräch teil. Das hat den Vorteil, dass er sich als Moderator einen unmittelbaren Eindruck vom Grad der Übereinstimmung zwischen den Erwartungen und Zielen der Vertragsparteien verschaffen und beiden Seiten objektiv Rat erteilen kann.

2.5.5 Beratung in der Vertragsphase – Integration der vermittelten Führungskraft

Die Position des neutralen Mittlers zwischen Auftraggebern und Führungskräften und die Einschränkungen des Rechtsberatungsgesetzes lassen es nicht zu, dass ZAV-Berater bei der Vertragsgestaltung mitwirken. Beide Seiten werden jedoch auf Wunsch über die aktuellen marktüblichen Rahmenbedingungen wie Arbeitszeit, Gehaltsgefüge, Nebenleistungen und Formen der Alterssicherung bei Führungskräften etc. eingehend informiert (§§ 30, 34 SGB III).

2.5.6 Kooperation der ZAV mit Personalberatern und privaten Arbeitsvermittlern

Die ZAV arbeitet bei der Besetzung von Führungspositionen mit seriösen Personalberatern und privaten Arbeitsvermittlern mit guten Ergebnissen zusammen. Diese Kooperation knüpft die ZAV an drei Bedingungen:

1. Die Rechtsvorschriften für Personalberater und private Arbeitsvermittler (§§ 291 ff. SGB III) müssen strikt beachtet werden.
2. Die ZAV erhält alle wichtigen Informationen über die Spezifikation der zu besetzenden Position und über die finanziellen und sonstigen Rahmenbedingungen. Sitz und Name des Auftraggebers müssen in jedem Falle offenbart werden.
3. Der Kandidat muss einer Zusammenarbeit mit dem namentlich genannten Berater bzw. privaten Vermittler zustimmen.

Die ZAV garantiert ihrerseits dem Personalberater oder privaten Arbeitsvermittler, dass bestimmte Informationen, insbesondere Name und Sitz des Unternehmens sowie ZAV-Kandidaten auf keinen Fall offenbart werden, wenn der Kooperationspartner dies wünscht.

Zwischen 25 und 30 Prozent der Stellenangebote der ZAV beruhten 1999 auf einer solchen Kooperation. Die Kooperation liegt im wohlverstandenen Interesse aller Beteiligten: Führungskräfte ersparen sich unliebsame Überraschungen mit den Praktiken der „schwarzen Schafe" der Branche und profitieren von zusätzlichen Vermittlungsmöglichkeiten. Die Personalberater und privaten Arbeitsvermittler ihrerseits profitieren als „stille Teilhaber" von dem zusätzlichen Bewerberpotential aus dem umfangreichen Bewerber-Pool der ZAV.

2.6 Entwicklungstendenzen

Bis Mitte 1998 verfügten die einzelnen Anbieter bei der externen Rekrutierung von Führungskräften jeweils nur über relativ geringe Marktanteile. Der inzwischen eingetretene Konzentrationsprozess im Bereich der Personalberatung dürfte dazu führen, dass die führenden Personalberatungsunternehmen sich noch stärker als bisher bei ihren Akquisitionsanstrengungen auf Großunternehmen konzentrieren werden. So entfielen im 1. Quartal 2000 bei den 20 Mitgliedsfirmen der Vereinigung Deutscher Executive Search Berater 62 Prozent der Mandate auf Unternehmen mit mehr als 1.000 Beschäftigten (FAZ vom 13. Mai 2000).

Die übrigen nicht so bekannten mehr als 1.600 Personalberatungsunternehmen werden ihre Marktstrategien zwangsläufig noch stärker auf kleine und mittlere Unternehmen ausrichten müssen. Unternehmen dieser Größe sind eher als Großunternehmen in der Gefahr, das Opfer der „schwarzen Schafe" der Personalberaterbranche zu werden, weil sie das Erfahrungsgut „Personalberatung" seltener nachfragen. Daß diese Gefahr beträchtlich ist, zeigen die Ergebnisse einer Erhebung unter Personalberatern des Instituts für Organisation und Personal an der Universität Bern vom Mai 1999. Mehr als 70 Prozent der Befragten räumten ein, dass mindestens jeder Fünfte in der Beraterzunft unseriös sei und unprofessionell arbeite.[4]

Das Dienstleistungsangebot der Managementvermittlung orientiert sich am Bedarf der überwältigenden Mehrheit der Unternehmen in Deutschland. In den letzten Jahren kamen knapp 80 Prozent der Vermittlungsaufträge der Managementvermittlung von Unternehmen mit bis zu 500 Beschäftigten. Für die überwiegend mittelständisch strukturierte Wirtschaft wird die Managementvermittlung auch in Zukunft ein wichtiger und zuverlässiger Partner bei der Vermittlung von Führungspositionen sein.

Literatur

1. Staufenbiel, Joerg E. (1999): Quo vadis, Personalberatung? In: Sattelberger, Thomas (Hrsg.): Handbuch der Personalberatung. Realität und Mythos einer Profession. München 1999, S. 96 - 108.
2. Bundesverband Deutscher Unternehmensberater BDU e.V. (2000): Personalberatung in Deutschland 1999. Bonn 2000, Seite 4.
3. Thom, Norbert/Kraft, Thomas: Die Zusammenarbeit zwischen Personalberatern und Klienten bei der Suche und Auswahl von Fach- und Führungskräften. Ergebnisse einer im Mai 1999 durchgeführten empirischen Erhebung des Instituts für Organisation und Personal (IOP), Bern 2000, 120 Seiten, ISBNB 3-906471-29-1.
4. s. Anmerkung 3. Zwischenzeitlich ist die Studie in Buchform erschienen: Thom, Norbert / Kraft, Thomas (2000): Die Zusammenarbeit zwischen Personalberatern und Klienten bei der Suche und Auswahl von Fach- und Führungskräften – Ergebnisse einer empirischen Untersuchung in Deutschland und in der Schweiz, Arbeitsbericht Nr. 36 des Instituts für Organisation und Personal der Universität Bern (IOP), Bern 2000, 120 Seiten, ISBN 3-906471-29-1.

3 Weder Out noch Placement? – Eine Beratung zwischen Schubladenrezepten und dauerhafter Personenentwicklung

Stefan Müller

3.1 Begriffsdefinition und falsche Versprechungen

Kaum eine Wortschöpfung aus dem Amerikanischen wird derart oft missverstanden wie der Begriff „Outplacement". Insbesondere das „Out" weckt noch heute vielfältige Ängste bei Führungs- und Fachkräften, denen im Zuge einer Trennung vom bisherigen Arbeitgeber diese Dienstleistung angeboten wird.

Es gab und gibt vielfältige Versuche, den modernen Touch des Begriffes zu erhalten und das Out zu umgehen mit Ausdrücken wie z. B. „Replacement" oder „Implacement". Diese und andere Schlagwörter werden jeweils von einzelnen Beratern verwendet, ohne dass sie Eingang in den üblichen Sprachgebrauch gefunden haben. Nach meiner Meinung sind sie auf ihre Weise ebenfalls irreführend.

3.1.1 Betrachten wir also zunächst das allgemein gebräuchliche Wort „Outplacement".

„Out" bedeutet für einen seriösen Berater grundsätzlich, dass ein Unternehmen die Entscheidung bereits getroffen hat, sich von einem Mitarbeiter zu trennen bzw. dass eine Führungs- oder Fachkraft selbst den Berater aufsucht. Eine Vertrauensbasis zwischen Berater und Beratenem kann niemals wirklich entstehen, wenn der Berater zuvor an der Entstehung der Kündigung des Betroffenen seitens des Unternehmens mitgewirkt hat.

Das Überbringen der Trennungsbotschaft im Unternehmen sollte in diesem Prozess jedoch sinnvollerweise mit dem Berater vorbesprochen werden: Aus der Erfahrung im Umgang mit vielen Trennungssituationen hilft es in der Regel, Zeitpunkt und Reihenfolge miteinander abzustimmen und festzulegen, in welcher Weise der Mitarbeiter Kenntnis vom Berater erhält und wie dessen Rolle erklärt wird.

Es ist allerdings wieder „ehernes Gesetz", dass der Berater sich nicht miss-
brauchen lässt als Sprachrohr einer Nachricht, die eindeutig und ausschließlich durch das Unternehmen und dort durch den direkten Vorgesetzten mitgeteilt werden muss. Der Berater käme sehr rasch in Argumenta-
tionsnot und würde sich in dieser Rolle quasi „automatisch" diskreditieren
als künftiger Begleiter des Mitarbeiters.

Das Out ist also nicht Sache des Outplacement-Beraters.

3.1.2 Und das Placement?

Lange Zeit galt der scheinbar unumstößliche Ehrenkodex unter Outplace-
ment-Spezialisten, dass die Tätigkeit auf diesem Gebiet eine Betätigung als
Searcher oder Headhunter automatisch ausschließt. Irgendwann entdeckten
dann manche Outplacement-Berater, dass mit Search zusätzliches Geld verdient werden kann und zudem viel mehr pro Auftrag als mit Outplacement.
Um dies gegenüber ihren Kunden vertreten zu können, die bisher immer
Schwüre auf die Ausschließlichkeit gewohnt waren, erfand man Begriffe wie
die „Treuhänderische Hilfe" für den Beratungsempfänger oder erklärte wort-
reich die vermeintlichen Synergieeffekte zwischen beiden Dienstleistungen.
Dass auf diese Weise nicht selten zusammengeführt wurde, was nicht zusammen gehört(e), verschwieg man indes lieber. Und mancher von einer Trennung Betroffener jubilierte angesichts der Aussicht, daß ihm der Berater den
Job gleich mitliefert, sozusagen frei Haus.

Dabei genügt es, angesehene Searcher oder Headhunter zu fragen, wie oft
sie mit einer sogenannten „blinden Bewerbung" wirklich etwas anfangen
können, gewissermaßen durch einen Griff in das „Regal" der offenen Jobs.
Dann hat man schnell ein klares Bild von der extrem geringen Wahrscheinlichkeit, daß ein Auftrag im Search und eine Beratung im Outplacement
wirklich zusammen passen.

Der einzige, dem bei einer erzwungenen Verknüpfung gedient sein kann,
ist der Berater, vorausgesetzt allerdings, dass er für das Ergebnis nicht gera-
destehen muss: Er kann zweimal die Hand aufhalten!

Aber auch Searcher und Headhunter können der gelegentlichen Frage
ihrer Klientel nicht immer widerstehen, ob sie denn auch „Outplacement
machen" würden. Dies ist für mich schon deshalb undenkbar, weil die beiden
Metiers ganz unterschiedliche Beratertypen heranbilden.

Ein Searcher entscheidet in der Vorauswahl, mit welchem der vielleicht
zehn Kandidaten er weiterreden will, entscheidet sich für drei oder vier und
teilt den anderen mit, dass er mit ihnen nicht mehr in Kontakt treten wird.
Der Outplacement-Berater kann sich seinen Gesprächspartner nicht heraussuchen – er hat mit genau jener Person über zum Teil lange Zeit zu arbeiten

und erfolgreich zu sein, die ihm zur Beratung anvertraut wurde bzw. die sich ihm anvertraut hat. Das erfordert eine lebendige Neugierde für jeden Einzelnen, eine intensive und sensible Auseinandersetzung mit seiner Entwicklung und Situation und letztlich das Entstehen einer persönlichen Wertschätzung als Voraussetzung für die erfolgreiche Realisierung der gemeinsamen Ziele.

Weiter erfordert Outplacement ein hohes Maß an Expertise in der differenzierten Wahrnehmung einer Persönlichkeit in ihrer aktuellen Verfassung und bei der Umsetzung eines fachlich äußerst vielfältigen Spezialgebietes. Auch wenn leider gelegentlich ehemalige Vermögensberater „umschulen" und Outplacement anbieten, auch wenn angesichts eines sich schnell drehenden Personalkarussels in großen Beratungen nicht immer genügend Augenmerk auf die Qualifikation gelegt wird – ich widerspreche entschieden der „Notlüge", dass jeder im Outplacment beraten kann, der irgendwann mal geführt hat oder mit Menschen „zu tun" hatte.

3.1.3 Also – auch nicht „Placement"?

Outplacment ist eindeutig „Hilfe zur Selbsthilfe". Einigen wir uns deshalb auf eine Übersetzung, die zwar aufgrund ihrer Länge sicher nicht die Anlagen zu einem Schlagwort hat, aber den Charakter dieser Dienstleistung wesentlich besser beschreibt: Nennen wir Outplacment eine *Beratung zur beruflichen Neuorientierung.*

Bleibt noch die Frage des Personenkreises, der diese Beratung bekommen kann. Auch hier scheidet sich schnell „die Spreu vom Weizen" guter Berater und Partner.

Es ist natürlich viel bequemer für einen Berater, sich seine Kandidaten „herauszusuchen". Dies geschieht meist nicht offen, sondern auf sehr subtile und „geschickte" Weise. Der frohen Botschaft „wir nehmen jeden" folgt schon bald eine mehr oder minder geschickt vorgetragene Selektion nach Alter, Marktchancen und persönlichen Handicaps. Andere Anbieter der Dienstleistung machen das noch raffinierter – sie begrenzen den Teilnehmerkreis (und erhöhen die Gewinnspanne pro Fall) durch ein sogenanntes Mindesthonorar. Verdient also ein möglicher Beratungsnehmer z. B. deutlich weniger als DM 150.000 p. a., so muss das Unternehmen trotzdem eine Summe bezahlen, die anhand dieses Einkommens berechnet wurde.

Eine wirkliche Unterstützung auch in schwierigen Personalsituationen bietet indes nur eine Outplacement-Beratung, die garantiert, Problemlöser in allen Trennungssituationen zu sein ohne Hintertüre bezüglich der Stellung und des Einkommens einer Führungs- oder Fachkraft und ohne Beschränkung der Zuständigkeit oder Intensität im Laufe eines Beratungsprozesses.

Unternehmen mit diesem klaren Dienstleistungsverständnis haben dazu beigetragen, diese Beratung vom Nimbus eines „Sahnekleckses" für das obere Management zu befreien und zu einem allgemein anerkannten Instrument durchgängiger betrieblicher Personalarbeit zu machen.

3.2 Berufliche und persönliche Standortbestimmung – Voraussetzung zur Marktfähigkeit!

„Ich brauche einen neuen Job – sofort!" „Schreiben wir jetzt endlich Bewerbungen?" „Ich habe schon mal angefangen, mich zu bewerben – ist doch recht, oder?"

Es stimmt – in einer beruflichen Neuorientierung darf man tatsächlich keine Zeit verlieren, insbesondere dann, wenn das Ende des alten Arbeitsvertrages bereits feststeht und damit immer näher rückt. Nur – wie verliert man eigentlich Zeit?

Wohl kein Outplacement-Berater kennt Zitate wie die anfangs genannten nicht aus eigener Praxis. Und diese Befindlichkeit des von einer Trennung Betroffenen ist absolut verständlich, spielen doch existenzielle Fragen eine nicht unwesentliche Rolle, führt die Unsicherheit über die berufliche Zukunft zu Ängsten, wird die Verantwortung für die Familie und deren bohrende Fragen als gewaltiger Druck wahrgenommen.

Und ausgerechnet in dieser Situation mahnt der Berater zum Innehalten, zum Nachdenken über den bisherigen Weg, zur Betrachtung der eigenen Persönlichkeit und zu einer genauen Zielfindung. Gelegentlich „verbietet" dieser Berater sogar für einige Wochen den Gang an den Markt – zunächst völlig unverständlich für den Beratungsnehmer und deshalb auch nicht selten „überhört".

Und dann geschieht das, was der professionelle Begleiter erwartet und deshalb fürchtet: Durch die ersten Bewerbungen bei den besten Adressen – mittels Unterlagen auf dem Niveau eines Azubis, gezeichnet von der noch nicht verarbeiteten Trennungsnachricht, unsicher in der eigenen Zieldefinition und chaotisch in der Selbstdarstellung – werden Chancen unwiderbringlich vernichtet. Wer will schon vier Wochen später eine qualifizierte Antwort auf seine damals gestellte Frage und eine bessere zweite Fassung der Bewerbungsmappe?

Ohne sorgfältige und intensive berufliche und persönliche Standortbestimmung ist eine berufliche Neuorientierung wie Marktbearbeitung mit der Schrotflinte – vielleicht trifft ja irgendeine Kugel irgendwo ...

Nun ist es bei dieser Standortbestimmung genauso wie bei Potentialanalysen häufig beobachtet: Zwei Tests, ein Interview, Schublade auf, Mensch rein! Das sind dann die Angebote wie „In zwei Tagen zur Marktreife" oder „Nach einem halben Tag Vorbereitung beginnen wir bereits mit der Bewerbungs-kampagne."

Viel wichtiger wäre oft, die eigenen Fehler wahrzunehmen, die irgend-wann einmal zur Fehlentscheidung für die eben verlorene Stelle oder zum „Fehl"verhalten in der letzten Position geführt haben. Und noch bedeuten-der ist die Überlegung, ob man überhaupt eine Aufgabe hatte, die mit der persönlichen Eignung übereinstimmt.

Mancher wurde einmal zu oft befördert – in gewisser Weise gegen sein innerstes Empfinden, aber natürlich „lautstark" beraten durch sein Ego – oder die nüchterne Erkenntnis, dass man in diesem Unternehmen nicht zweimal „nein" sagen darf. Mancher vermeintliche Sieg wird nach einer durchaus erfolgreichen Karriere zum abrupten Schlusspunkt. Es gehört lei-der zu unserer Kultur, dass ein Schritt zurück in der bisherigen Organisation selten möglich und fast nie erträglich ist.

Verdrängung hilft bisweilen für den Moment – mancher Lebenslauf liefert dem kundigen Betrachter aber eine einzige Kette von Verdrängungen und erweist sich geradezu als Warnung vor einer Neueinstellung. „Augen zu und durch" löst dauerhaft kein berufliches bzw. persönliches Grundproblem.

Wenn also ein Berater vor allem Schnelligkeit bei der beruflichen Neuori-entierung verspricht, könnte seine eigene Bequemlichkeit im Vordergrund stehen und die Hoffnung, dass eine neue Stelle gerade so lange hält, bis seine vertraglichen Verpflichtungen erledigt sind. Der von diesem tiefen Einschnitt in seinem Leben Betroffene braucht jedoch gerade jetzt eine dauerhafte berufliche Orientierung über den Tag hinaus!

3.3 Bewerbungsliteratur – für jeden etwas und für keinen das Richtige?

Wer fühlt sich nicht alles berufen, sogenannte „Bewerbungstipps" zu geben – Banken, Versicherungen, Zeitungen, Zeitschriften, Unternehmens- und Per-sonalberater, ehemalige Personalleiter, der Bekannte von nebenan, der gute Freund, die Ratgeber-Reihe für alle Lebenslagen, teure Sachbücher, billige Taschenbücher und und und …

Das Fatale dabei ist: Wer drei verschiedene Bücher liest, bekommt vier ver-schiedene Ratschläge zum gleichen Thema – vielleicht mit Ausnahme einiger Banalitäten, die durch häufige Nennung Allgemeingut geworden sind. Auf die Frage, welches Buch man zu Bewerbungsfragen lesen solle, antworte ich in aller Regel: keines!

Warum? Weil diese Bücher dem Anspruch in unserer Überschrift gehor-chen: „Für jeden etwas, für keinen das Richtige."

Ein Beispiel: Sie bekommen heute in Buchform – oder per Internet – den einen Vorschlag (oder maximal zwei bis drei), wie ein Lebenslauf auszusehen hat. Das soll dann die jeweils optimale Präsentation jedes ureigenen Werdeganges sein. Gestatten Sie mir den banalen Hinweis, dass nicht ein einziger Lebensweg genau dem anderen gleicht. Dafür kennt aber jeder Personalleiter die Standardversionen und wird Sie entsprechend einordnen …

Ein zweites Bild: Die hundert häufigsten Fragen in Bewerbungsgesprächen werden angeboten samt jeweils einem Vorschlag der Beantwortung. Dummerweise werden dem Bewerber aber nur fünf Fragen gestellt, dafür in Bezug zu seinem persönlichen Profil. Diese Fragen können natürlich in der Liste so nicht vorkommen und deren sinnvolle Beantwortung passt bestimmt nicht zu den Standardvorschlägen. Ach ja, und die Antwort „ungeduldig" bei der Frage nach den Schwächen lockt keinen leidlich professionellen Interviewpartner mehr hinter dem Ofen vor.

Logisch, mag jetzt mancher denken, dieser Rat musste ja kommen. Schließlich will ein Outplacement-Berater seine Dienstleistung verkaufen. Also empfehle ich einen kleinen Test: Fragen Sie z. B. einmal fünf Personalleiter oder Personalberater, wie eine Initiativbewerbung aussehen müsste und was sie davon halten – Sie haben gute Chancen, anschließend verwirrter zu sein als vorher.

Nun gibt es leider nicht gerade wenige Outplacement-Berater, die ebenfalls nur über ein paar „Schubladen" verfügen, aus denen sie immer dieselben Ratschläge hervorholen. Dann ist deren Beratung tatsächlich nicht sehr viel mehr wert als irgendein Buch.

Wie unterscheidet man hier bei der Beraterwahl? Nehmen Sie sich Zeit und fragen Sie nach „Rezepten". Springt der Berater ohne Prüfung des Einzelfalles darauf an, erzählt er von der einen Fassung des Lebenslaufes oder des Anschreibens, die sich als unschlagbar erwiesen habe, hat er für alles eine fertige Antwort parat – dann suchen Sie einen anderen (oder kaufen Sie das Buch).

Ein guter Berater wird immer daran arbeiten, das Individuum des Beratungsnehmers herauszuarbeiten und (in optimaler Weise) sichtbar werden zu lassen: Mit seinem Wortschatz, seinen Formulierungen und seinem Stil der persönlichen Darstellung. Nur genau diese Person betritt nämlich später auch das Besprechungszimmer beim Vorstellungsgespräch.

3.4 Authentizität in der persönlichen Darstellung – vom Wert einer Wahrheitsoffensive

Wie oft haben wir schon unseren Lebenslauf erklärt, immer darum bemüht, jede Station möglichst logisch und durchdacht erscheinen zu lassen. Mancher tut das (mehr oder minder freiwillig) so oft, dass er zum Schluss selbst daran glaubt. Das ist die beste Voraussetzung dafür, immer wieder die gleichen Fehler zu machen.

Es gibt nicht wenige Psychologen die behaupten, dass sich Menschen nach Scheidungen mit geradezu magnetischer Kraft wieder gleichartige Partner suchen wie vorher. Dies wird allerdings erst wahrgenommen, wenn nach der ersten Euphorie wieder der Alltag einkehrt …

Ich erlebe dieses Phänomen in ähnlicher Form bei (erzwungenen und freiwilligen) Firmenwechseln. Eigenartigerweise suchen sich viele Mitarbeiter ähnliche Chefs (und/oder Teams) wie im alten Unternehmen. Auch hier lässt dann der Alltag Illusionen platzen.

Wie vermeidet man „Doppelfehler" dieser Art?

Durch eine doppelte Wahrheitsoffensive. Zuerst mit sich selbst, dann mit dem Gesprächspartner.

Der erstgenannte Schritt wird in einer guten Standortbestimmung mit dem Berater erreicht. Der zweite sollte in optimaler Weise mit ihm vorbereitet werden.

Es ist wie im richtigen Leben – gute Schauspieler gibt es bei Vorstellungsgesprächen wenige. Vielleicht hält jemand noch den ersten oder zweiten Termin mit einer geschönten Darstellung durch. Vielleicht gibt es einzelne Naturtalente, die es mit ihrer Schauspielkunst in die Probezeit schaffen. Dort platzt dann aber spätestens der Ballon, im Normalfall, weil die Erwartungen nicht erfüllt werden (können), im Extremfall in Form einer fristlosen Kündigung wegen falscher Angaben in Einstellungsgesprächen oder Fragebögen.

Und was hat das alles mit Outplacement zu tun? Leider eine ganze Menge. Da werden abenteuerliche Begründungen eingeübt für die sogenannte „Trennungssprachregelung", da werden haarsträubende Versionen trainiert zur Kaschierung von Brüchen im Lebenslauf, da werden familiäre Schwierigkeiten schöngeredet, da wird Mobilität signalisiert, wo keine vorhanden ist.

Und warum das alles? Um eine Stelle zu bekommen, an der dann prompt offenkundig wird, dass der Bewerber auf Dauer den Vorstellungen des Arbeitgebers nicht standhalten kann oder – und das übersieht man besonders oft – der Bewerber nicht das Umfeld vorfindet, in dem er Freude an der Arbeit und dadurch Erfolg hat. Alte Regel, neu herausgegeben: Es passen immer zwei (nicht) zusammen!

Ganz häufig werden auch Spitzfindigkeiten erfunden, um die wahre vertragliche Situation nicht nennen zu müssen. Man erzählt von „ungekündigter Stellung", wird auf die Verfügbarkeit oder die Restlaufzeit des alten Vertrages angesprochen und erklärt dann schließlich gequält, dass ein Aufhebungsvertrag ja schließlich keine Kündigung sei (was formal natürlich stimmt, den Gesprächsverlauf aber nicht gerade positiv beeinflusst). Oder man versucht krampfhaft, eine Telefonnummer im Büro aufrechtzuerhalten, auch wenn man längst freigestellt ist.

Ein schlechter Berater verschafft dem Beratungsnehmer dadurch viel mehr Stress, als der mit der Wahrheit je hätte.

Dabei wird gerne vergessen, dass wir in aller Regel mit Menschen sprechen, die ihrerseits auch schon einmal einen Misserfolg hatten, eine Fehlentscheidung trafen oder eine persönliche Beziehung falsch einschätzten. Oder einfach mal ordentlich Mist gemacht haben.

Wer gleich selbst erzählt, was warum schief gegangen ist, wird erstens nicht dabei ertappt, etwas verschwiegen zu haben, er nimmt aber vor allem gleich sehr viel Wind aus den Segeln des Interviewpartners und signalisiert Fairness im Umgang miteinander.

Misstrauen Sie also „Zauberkünstlern" die vorgeben, jede Austrittssituation einfach solange schönzureden, bis das Gegenteil dabei herauskommt. Aus dem versprochenen Erfolg entsteht sonst ganz schnell ebenfalls das Gegenteil!

3.5 Klischees über den Arbeitsmarkt versus praktische Erfahrungen

„Schweinezyklen" sind eine uralte Erscheinung. Jeder kennt sie, jeder weiß, dass sie wiederkommen. Und fast jeder staunt darüber jedesmal wieder.

Schon dem Schüler, danach dem Jugendlichen und später dem Arbeitnehmer werden von allen Seiten „gute" Ratschläge erteilt, welcher Beruf und welche Betätigungsfelder Zukunftschancen versprechen. Die Zuverlässigkeit dieser Vorhersagen wurde im Jahr 2000 auf besonders eindruckvolle Weise entlarvt: Fünf bis sechs Jahre zuvor warnte man vor einer Ingenieurschwemme und riet zu anderen Studienfächern. Vier Jahre zuvor orakelte man über nachlassende Perspektiven von Informatikern. Und an der Schwelle des neuen Jahrtausends setzte die Diskussion über eine „Greencard" für ausländische Spezialisten ein.

Für mich gilt nach aller Erfahrung der Grundsatz, dass auch bei einem knappen Angebot an passenden Arbeitsstellen derjenige am ehesten zum Zug kommt, der ein Gebiet besonders gut beherrscht und sich für eine Aufgabe wirklich begeistert.

Daraus resultiert nämlich in aller Regel besonderes Engagement im betrieblichen Alltag und daraus letztlich überdurchschnittlicher Erfolg. Bleibt nur noch die (hohe) Kunst, das dann auch in der richtigen Weise den richtigen Leuten darzustellen.

Gerade ältere Führungskräfte werden gerne geködert von dubiosen Finanzdienstleistern, die enorme Einkommenschancen versprechen und signalisieren, dass sie an einem kurzfristigen Einstieg des gerade Arbeitssuchenden hochinteressiert sind. Ganz abgesehen davon, dass in diesem Metier sehr viele um ein Stück vom (endlichen) „Kuchen" streiten und Berater renommierter Unternehmen oft ein größeres Stück bekommen – der so „Gewonnene" ist auf dem besten Wege, zweimal zu verlieren.

Er verliert nämlich nicht nur die Aktualität in seinem angestammten Metier und damit innerhalb kurzer Zeit seine Akzeptanz als kompetenter Ansprechpartner – er ist in seiner neuen Aufgabe Angelernter! Scheitert er, gibt es oft keinen Weg zurück und nichts, womit er eine Fortsetzung der neuen Karriere glaubhaft begründen könnte.

„Tagesaktuelle" Lösungen einer beruflichen Krise sind also für jung und alt gleichermaßen gefährlich und – der Arbeitsmarkt liefert keine ausreichende Begründung dafür. Ich behaupte schlicht, dass es *den* Arbeitsmarkt einfach nicht gibt.

Es gibt stattdessen viele Arbeitsmärkte. Einen weltkonjunkturbedingten. Einen pro Land. Und einen pro Region. Es gibt einen in jeder Branche. Und nochmals einen in jedem Unternehmen. Und – jede Person hat ihren eigenen Arbeitsmarkt. Und zwar nicht in erster Linie deshalb, weil sie ein bestimmtes Lebensalter hat. Sondern weil sie gerade marktfähig ist. Oder nicht.

Unsere Beratungserfahrung spricht eindeutig gegen ein ausschließlich altersbezogenes Profil des Arbeitsmarktes. Das Lebensalter ist jedoch gelegentlich Synonym für Begriffe ganz anderer Art: Bedeutet ein bestimmtes Lebensalter einen Mangel an Lernbereitschaft (und erst in zweiter Linie Lernfähigkeit) oder an Beweglichkeit im Hinblick auf eine andere Erwartung des Geführtwerdens durch die jüngere Generation? Könnte es sein, dass die eine oder andere ältere Führungs- oder Fachkraft ihre Hürde vor modernen elektronischen Kommunikationsmedien nicht überwindet (nach dem Motto „ich komme vollends so durch")? Ist der Betreffende eventuell zu teuer (geworden) im Verhältnis zu seinen jüngeren Konkurrenten oder Opfer eines typischen Phänomens der innerbetrieblichen Kaminkarriere: erfolgreich aufgestiegen bis zur Marktunfähigkeit!?

Den letzten Gedanken möchte ich nochmals aufgreifen. Leider sind heute noch sehr viele Führungskräfte tätig, die als beste Fachkraft befördert wurden und über mehr oder weniger lange Zeit mit dieser Form der Autorität ausgekommen sind. Jetzt wird etwas unter dem (schwer definierbaren) Begriff „Soziale Kompetenz" erwartet, Begriffe wie Integrations- oder Delegationsfähigkeit machen die Runde, von Teamentwicklung wird gesprochen.

Hochgespült in einem System der (beinahe) automatischen Beförderung nach Betriebszugehörigkeit und ausgestattet mit einem lange regelmäßig gewachsenen Fixum wird diese Cheffigur nun unvorbereitet und über Nacht damit konfrontiert, dass sie so nicht mehr gewünscht wird. Mit der Ansprache „die Welt hat sich gedreht" erfährt er, dass er sich fahrlässigerweise auf die unbefristete Beständigkeit seines Arbeitsplatzes in diesem Unternehmen verlassen und nie überlegt hat, ob sein Profil noch irgendwo anders (oder in Zukunft beim seitherigen Arbeitgeber) gefragt sein könnte. Und jemand bereit ist, dafür (so viel) Geld zu bezahlen.

Wir erleben derzeit einen Wechsel von Employment (der vom Unternehmen garantierten Arbeitsplatzsicherheit an einer bestimmten Stelle) zu Employability (der lebenslangen persönlichen Marktfähigkeit). Von einer beinahe planwirtschaftlichen Personalentwicklung zu einer marktwirtschaftlichen Selbstentwicklung. Und eine Weiterentwicklung von bloßem Know-how (dem „Gewusst wie") zum Knowledge (der Fähigkeit zum Tun).

Eine zeitgemäße Führungskraft, die neben allen genannten Faktoren durch ihre persönliche Ausstrahlung anzeigt, dass sie nicht etwa an der Brücke in den Ruhestand baut, sondern gestalten und anpacken will, die frisch statt ausgebrannt wirkt und innere wie äußere Beweglichkeit mitbringt, hat immer Marktchancen – derzeit sogar ganz besonders gute. Auch wenn sich mancher an dieser Stelle wehren wird mit Händen und Füßen: Das Lebensalter als einzige Begründung für fehlenden Bewerbungserfolg ist zumindest bis Mitte 50 eine Ausrede für eigene Versäumnisse!

„Bis Mitte 50?" Also doch eine Altersgrenze?

Auch hierzu noch ein ehrliches Wort. Ein Betriebsrat, der in seinem Unternehmen Vorruhestandsprogramme ab 55 durchgesetzt oder akzeptiert hat, wird sich schwertun, neue Arbeitnehmer in diesem Alter zuzulassen. Eine Geschäftsführung, die ihren nachgeordneten Management-Kollegen den Ausstieg in diesem Alter ans Herz legt, wird sich kaum der Inkonsequenz bezichtigen lassen wollen.

Nach unserer Erfahrung nimmt die Alterstoleranz umgekehrt zur Betriebsgröße zu, es entsteht also eine Art von Kaskade: Ältere Führungskräfte aus Großunternehmen wechseln eher in mittlere Organisationen, solche aus Firmen mit mehreren tausend Arbeitnehmern eher in mittelständische Betriebe. Für einen über 70-jährigen Familiengeschäftsführer ist ein 50-Jähriger schließlich schon ein Generationswechsel ...

Darüber hinaus öffnet persönliche Flexibilität in der Vertragsgestaltung auch ab Mitte 50 manche Türe – befristete Verträge, Management auf Zeit oder freie Mitarbeit sind denkbare Optionen.

3.6 Neuorientierung – Möglichkeiten und Grenzen der persönlichen Veränderungsfähigkeit

„Sie müssen sich ändern!" Wie schnell wird diese Aufforderung ausgesprochen – besonders gerne an Untergebene! Am eigenen Frust sind sowieso immer die anderen „schuld".

Manchmal reizt mich die Frage „Tragen sie zur Lösung bei oder sind sie Teil des Problems?"

Aber passt das Wort „Schuld" überhaupt, wenn es um Verhaltensmerkmale geht?

In den allermeisten personenbezogenen Beratungen wird eine „Stärken-Schwächen-Analyse" versprochen. Eine einfache Frage entlarvt in aller Regel diese meist holzschnittartige Betrachtung: Was ist eigentlich eine Schwäche?

Es gibt einen viele Jahrzehnte alten Gelehrtenstreit, welchen Anteil an unserer Persönlichkeit vererbte Eigenschaften haben und in wieweit uns später unsere Umwelt geprägt hat. Je nach Philosophie und Forschungsstand schlägt das Pendel mal mehr auf die eine, mal mehr auf die andere Seite aus.

Sicher ist jedenfalls, dass wir ein kompliziertes Produkt aus Genkonstellationen, vor- und nachgeburtlichen Prägungen, Lebensbedingungen, Erziehung, Einzelereignissen, kulturspezifischen und religiösen Werten usw. sind. Wer wollte da beurteilen, was an unserem Verhalten „richtig" ist und was „falsch"?

Die gleiche menschliche Eigenschaft kann unter bestimmten Umständen und Bedingungen „Stärke", in anderen Verhältnissen oder Aufgabenstellungen „Schwäche" sein. Wenn jemand die Gabe hat, konzentriert über viele Stunden hinweg an einem Platz ohne Außenkontakt zu arbeiten, kann dies für eine Forschungsaufgabe im Labor eine große Stärke sein. Würde die gleiche Person nun eingesetzt im Außendienst als Verkäufer, könnte sie an den dort gestellten Anforderungen hinsichtlich Flexibilität und Kommunikationsvermögen u. U. scheitern.

Wer Respekt vor der Persönlichkeit des Einzelnen und seiner Lebensgeschichte hat, wird niemals den platten Rat geben, dass er sich „halt ändern solle". Übertragen auf eine gute Beratung bedeutet das in erster Linie, eine für die Person in ihrer aktuellen Situation adäquate und für die Zukunft sinnvolle Aufgabe zu definieren.

Dies kann allerdings im Einzelfall zu der Erkenntnis führen, dass jemand zuletzt überfordert war oder bisher unterfordert. Mancher wurde (Peter lässt grüßen) einmal zu oft befördert, ein anderer übersehen in seinem Potenzial. Beide Situationen erfordern eine äußerst sensible Heranführung an das richtige Niveau. Ein Sprung nach vorne muss ebenso erst verkraftet werden wie ein Schritt zurück. Und beides an den externen Markt zu tragen, bedarf einer äußerst überlegten Strategie.

Auch wenn ich den Aufschrei aller Trainings- und Seminaranbieter schon höre: Ich halte viele Schulungen für schlichte Augenwischerei mit der Lebensdauer einer Eintagsfliege. Wohlbemerkt: hier geht es nicht um fachliche Weiterbildung, hier geht es um Verhaltens- oder Motivationstraining, die in ihrem Anspruch über das Erlernen von Werkzeugen und Techniken für den Alltag hinausgehen wollen.

Wie kann ich guten Gewissens das Verhalten verändern wollen, wenn ich nicht einmal die Wurzeln einer persönlichen Prägung kenne? Woher nehme ich die Respektlosigkeit, an einer Persönlichkeitsstruktur zu mäkeln, nur weil sie derzeit gerade nicht den Vorstellungen eines Arbeitgebers oder – in Wirklichkeit – meist einer einzelnen Person namens „Vorgesetzten" entspricht?

„Du musst ..." oder „Du darfst nicht ..." ist leicht geraten. Aber klappt das bei uns selbst wirklich so einfach, dieses „Kopf befiehlt an Bauch"?

Machen wir nicht oft schon bei der Erziehung unserer Kinder den Fehler, in ihnen unsere eigenen Vorstellungen (oder versäumten Chancen) wiederfinden zu wollen anstelle einer   Förderung ihrer ureigenen Anlagen und Gaben? Wer wollte also einen erwachsenen Menschen „umdotieren" aus tagesaktuellen Gründen?

Falls das bisher Gesagte nun manchem Leser zu pessimistisch erscheint – ich rede damit nicht der Resignation vor dem Status quo das Wort! Ich will nur betonen, mit wieviel Behutsamkeit, Zeit und Respekt einem Einzelnen zu begegnen ist, der in einer beruflichen und persönlichen Grenzsituation steht und Hilfe sucht.

Nach einer sensiblen Bewusstseinsbildung kann ein Denkprozess einsetzen, der persönliche Barrieren überwindet, in bestimmten Situationen diplomatischer oder spontaner handeln lässt, Konflikte früher erkennen lässt oder besser zwischen persönlichen Angriffen und sachlichen Kontroversen unterscheidet.

Mancher akzeptiert die Notwendigkeit der Selbstdarstellung und lernt in vielfältiger Weise präsentieren – er erkennt, dass unser gesamter betrieblicher (und privater) Alltag einem permanenten Kommunikationstest gleicht, den es zu bestehen gilt. Und er versteht, dass ein anderer nur das beurteilen kann, was er wahrnimmt – egal wie wir es meinen!

Veränderung ist also möglich, allerdings sicher nicht durch Erzeugung oder Bestärkung von Selbstzweifeln (mit katastrophaler Wirkung auf das Selbstvertrauen und die Selbstsicherheit), sondern durch die Stärkung der Fähigkeit im Umgang mit sich selbst und durch optimalen Einsatz der individuellen Gaben.

Beruflicher Erfolg ent- und besteht am ehesten durch die richtige Person am richtigen Platz. Dabei sind nach aller Erfahrung Herausforderungen wichtig und viel erträglicher als Unterforderungen. Liegt die Messlatte allerdings so hoch, dass der Einzelne nur noch „unten durch" springen kann, haben „hohe Anforderungen" ihr motivatorisches Ziel verfehlt.

Bedauerlicherweise – um an den Anfang des Kapitels zurückzukommen – haben wir in Europa und vor allem in Deutschland bisher keine Kultur der regelmäßigen Potenzialanalyse. Die weiterführende Schule, die Berufsausbildung, die Wahl des Studienplatzes, letztlich die gesamte Entscheidung über unseren beruflichen Weg ist mehr von Zufällen, Trends und kurzfristigen Einflüssen, Einzelmeinungen und Klischees geprägt als von einer systematischen Auseinandersetzung mit persönlichen Anlagen und deren optimaler Zuordnung zu Lernmethoden und Aufgabenstellungen. Dieses Defizit ist meines Erachtens elementar daran beteiligt, dass so ungeheuer viele Führungs- und Fachkräfte den Arbeitsalltag mit einer permanenten inneren Kündigung überstehen müssen. Dass unter diesen Voraussetzungen ein ungeheurer physischer und psychischer Verschleiß entsteht mit allen Folgen für persönliches Wohlbefinden, Gesundheit und soziale Umgebung, ist wenig verwunderlich.

Berufliche und persönliche Standortbestimmung sollte also nicht erst unter dem existentiellen Zwang einer Neuorientierung stattfinden oder unter dem Eindruck permanenter Unzufriedenheit. Das „Innehalten" und Nachdenken über berufliche Perspektiven sollte zu einer regelmäßigen Einrichtung werden, berufliche Orientierung zu einem Pflichtfach für Schüler, Studenten, Fachkräften und Managern. Hier entstünde ein Standortfaktor ersten Ranges mit positiven Auswirkungen für Arbeitgeber und Arbeitnehmer:

Die „richtige Person am richtigen Platz" ist für alle Beteiligten eine Grundvoraussetzung optimalen Zusammenwirkens: Für den Einzelnen als Bedingung zur Zufriedenheit mit sich selbst, seine Aufgabe und seinem Umfeld; für das Unternehmen als Auslöser eines Organisationsverständnisses, das Potenziale koordiniert und dadurch Effizienz erzeugt.

4 Frauen zwischen Karriere und Familie

Alexe von Wurmb

In der Europäischen Union sind ca. 44 Prozent der Frauen berufstätig. Im EU-Durchschnitt fällt damit der Prozentsatz für Frauen, die einer bezahlten Arbeit nachgehen, um 20 Prozent niedriger aus als für Männer. In Dänemark, Finnland und Schweden hingegen liegt der Anteil an berufstätigen Männern und Frauen für beide Geschlechter bei über 70 Prozent. Berufstätige Paare mit doppeltem Einkommen sind dort die Norm. Die nordischen Staaten haben stark in die Gleichstellungspolitik investiert und Arbeitsmarkt und Unternehmen passen sich dem an, während in Deutschland Gesellschaft und Wirtschaft noch vergleichsweise traditionell ausgerichtet sind. Diese Feststellung trifft insbesondere auf den Westen Deutschlands zu.

55 Prozent aller Abiturienten und 52 Prozent aller Studienanfänger in Deutschland sind weiblich, doch wenn Frauen einer bezahlten Arbeit nachgehen, sind sie auch heute noch großteils in „klassisch-weiblichen" Berufen als Sekretärin oder im Bereich der Pflege tätig. Es sind Berufe, die im unteren bis mittleren Bereich der Einkommensskala liegen und es sind selten Positionen mit Entscheidungsbefugnissen im wirtschaftlichen und finanziellen Bereich. Aus der Ausrichtung ihres Studiums lässt sich schließen, dass sich bei Frauen eine Veränderung hinsichtlich der Ausbildungs- und Berufswünsche vollzieht, aber auf dem Arbeitsmarkt und in den Unternehmen zeichnet sich nur langsam ein Wandel ab. Nur sehr wenig Frauen schaffen es im Laufe ihrer Karriere in die oberste Führungsebene zu gelangen. Es gibt keine genauen Statistiken über den Anteil von Frauen in Führungspositionen, aber grundsätzlich gilt die Regel, je höher die Führungsebene, desto weniger Frauen. Einer gewissen Anzahl gelingt es ins mittlere Management aufzusteigen, aber eine Art „glass ceiling", eine unsichtbare Barriere, hindert Frauen auch heute noch ins Top-Management zu kommen. Ihr Anteil liegt dort bei geschätzten vier Prozent.

Dem Themenbereich Frauen – Familie – Karriere wird weiterhin in Politik und Wirtschaft zu wenig Aufmerksamkeit gewidmet. Im Zusammenhang mit zurückgehenden Geburtenraten und einem Mangel an qualifizierten Arbeitskräften sollte jedoch ein Interesse daran bestehen, das klassische Rollenverhalten in der Arbeitswelt und in der Gesellschaft stärker in Frage zu stellen. Frauen, die motiviert und qualifiziert sind, sollten die Möglichkeit haben, Karriere zu machen. Ambitionierte Frauen treffen aber oft auf Schwierigkeiten innerhalb der Familie und auf Vorurteile in den Unternehmen.

4.1 Gleichberechtigung in der Familie

Die partnerschaftliche Teilung von Hausarbeit und Kinderbetreuung ist ein Hinweis dafür, in welchem Maß beide Partner innerhalb der Familie beruflich gleichgestellt sind. In der Regel kann davon ausgegangen werden: Je jünger die Partner und je höher der Ausbildungsgrad, desto größer ist die Bereitschaft zur partnerschaftlichen Aufteilung der Hausarbeit. Aber auch wenn junge Väter mehr Zeit mit ihren Kindern verbringen, belegen Statistiken dennoch, dass der Zeitaufwand von Männern für Haushaltsaufgaben und Kinderbetreuung deutlich hinter demjenigen von Frauen zurückbleibt, auch wenn beide berufstätig sind. Die Doppelbelastung durch Beruf und Familie zwingt viele Frauen, sich beruflich einzuschränken.

Kommt es zur Wahl zwischen Beruf und Familie, ist es in der Regel die Frau, die den Erziehungsurlaub antritt. Nur 2,5 Prozent aller Väter wählen in Deutschland das zeitweilige Ausscheiden aus dem Beruf zwecks Kindererziehung. Viele Paare geben als Begründung an, dass aus finanziellen Gründen leichter auf das Einkommen der Frau verzichtet werden könnte. In Wirklichkeit ist aber die Vorstellung, dass die Kinderbetreuung stärker der Frau zufällt und die Berufstätigkeit dem Mann, tief in unserer Gesellschaft verankert, wie eine Umfrage in den EU-Mitgliedstaaten zum Thema Erziehungsurlaub belegt. Mehr als die Hälfte der Befragten sagten aus, dass ein Mann zwecks Kindererziehung auch dann nicht zeitweilig seinen Beruf aufgeben sollte, wenn er weniger verdient als seine Partnerin (Equal Opportunities, 1996, S. 33).

Auch in den nordischen Ländern, in denen die partnerschaftliche Teilung von Haushalt und Kinderbetreuung am bereitwilligsten von Männern angenommen wird, wollen sich nur wenige auf die Rolle des Hausmanns und Vaters beschränken. In Norwegen und Schweden wird deshalb eine interessante Variante des kombinierten Schwangerschaftsurlaubs praktiziert. Diese beiden Länder haben in den neunziger Jahren eine vierwöchige „Vaterquote" eingeführt. Die Vaterquote steht nur dem Vater zu und verfällt bei Nichtinanspruchnahme. Sie erfährt zunehmende Resonanz und ermöglicht es dem Mann, seine Vaterrolle frühestmöglich anzunehmen. Der weitere positive Aspekt dieser Regelung ist, dass sie beide Partner nach der Geburt einbezieht und so eine Art Verteilung des Schwangerschaftsurlaubs auf beide erreicht. Auch aus der Perspektive des Unternehmens wird das Schwangerschaftsrisiko gewissermassen egalisiert.

Ein aufgeteilter Schwangerschaftsurlaub zwischen beiden Partnern ermöglicht es, längere Berufspausen, die insbesondere für Führungskräfte problematisch sind, zu vermeiden. Denn großzügige Regelungen für Erziehungsurlaub in Bezug auf Dauer und finanzielle Unterstützung mögen zwar zu höheren Geburtenraten verhelfen, tragen aber kaum dazu bei, die Karrierechancen von Frauen zu verbessern. Da es meistens Frauen sind, die zu Hause bleiben, verfestigt die Karrierepause die Rückkehr zur traditionellen Arbeitsteilung und auch ein Wiedereinstieg in eine gleichwertige Fach- und Führungsposition in der Wirtschaft ist nach zwei Jahren relativ unrealistisch, auch wenn es gesetzlich so garantiert ist. Viele Frauen in Führungspositionen entscheiden sich deshalb für eine schnelle Rückkehr in den Beruf nach dem Mutterschaftsurlaub.

Ein schneller Wiedereinstieg in den Beruf ist aber nur dann möglich, wenn die Frage der Kinderbetreuung geklärt ist. Der Staat hat die Möglichkeit hier Infrastrukturen bereitzustellen, die die Verbindung von Berufstätigkeit und Familie fördern. In Dänemark und Schweden werden über 40 Prozent der 0- bis 2-jährigen Kinder in staatlich geförderten Institutionen betreut, für 3- bis 6-Jährige steigt der Satz auf über 80 Prozent (Berqvist, 1999, S. 129). Gerade in Deutschland sind Infrastrukturen in diesem Bereich immer noch ein Mangel. Für Kleinkinder unter zwei Jahren gibt es keine geregelte Unterbringung. Statistiken zeigen, dass bei der Bereitstellung von Kinderbetreuungsplätzen für Kleinkinder Deutschland (Westdeutschland), Großbritannien, Österreich und Spanien im europäischen Vergleich am schlechtesten abschneiden. Deshalb ist hier auch die Zahl der berufstätigen Mütter mit Kleinkindern besonders niedrig. Auch für Kinder über drei Jahre wird in Deutschland selten eine Ganztagsbetreuung angeboten. Die vorhandenen Strukturen sind eindeutig nicht auf die Bedürfnisse berufstätiger Mütter und Väter zugeschnitten. Dieser Zustand hat wiederum Rückwirkungen auf das Familienleben im Allgemeinen. Er bedingt, dass tendenziell eine Fortsetzung der traditionellen Arbeitsteilung in der Familie beibehalten wird, so dass die Beteiligung von Männern im Haushalt in den letzten Jahrzehnten in Deutschland vergleichsweise weniger zugenommen hat als in Europa. Während Dänemark, Schweden, Finnland, Belgien und auch Frankreich einen forcierten Trend der familiären egalitären Arbeitsteilung aufweisen und in staatliche Kinderbetreuung investiert haben, stellt sich die Bundesrepublik eher als „ein Hort der Stabilität bei Veränderungen in der familiaren Arbeitsteilung" dar (Künzler, 1995, S. 126 ff.).

4.2 Gleichberechtigung im Beruf

Quoten haben es im Öffentlichen Dienst und in der Politik Frauen ermöglicht, sich in Positionen zu bewähren, zu denen sie unter anderen Bedingungen keinen Zugang erlangt hätten. Frauenförderung wird aber von vielen Frauen und Männern kontrovers diskutiert. Die Quotenproblematik kann wie folgt beschrieben werden: Gerade in Führungspositionen sollte Fähigkeit immer das erste Auswahlkriterium sein. Keinem Unternehmen kann und sollte eine Einstellungs- und Beförderungspolitik nach Quoten vorgeschrieben werden. Deshalb sind sie nur im Öffentlichen Dienst und in der Politik anwendbar. Hier haben sie gewisse Erfolge verzeichnet, aber ihre Beispielwirkung hat bisher nicht dazu geführt, dauerhaft den Anteil von Frauen in der privaten Wirtschaft zu erhöhen.

Aus wirtschaftlicher Sicht muss sich die Erkenntnis durchsetzen, dass Qualifikation auf dem Arbeitsmarkt nicht beliebig verfügbar ist. In manchen Bereichen wie der Informationstechnologie und der Unternehmensberatung ist schon jetzt ein Mangel an qualifizierten Arbeitskräften abzusehen. Aufgrund dieser begrenzten Verfügbarkeit, kann ein Betrieb es sich nicht erlauben, ein Geschlecht auszuschließen. Von unternehmerischer Seite sollte deshalb bedacht werden, dass neben positiven Auswirkungen auf das Betriebsklima, ein Unternehmen durch eine geschlechtsneutrale Einstellungspolitik und Förderung Wettbewerbsvorteile gewinnt.

Der Grundsatz der Gleichheit von Frau und Mann sollte allerdings auch dann gelten, wenn es um die Leistungsbeurteilung geht. Eine geschlechtsneutrale leistungsgerechte Bezahlung ist in Europa noch nicht die Regel. Frauen verdienen im europäischen Durchschnitt ungefähr 30 Prozent weniger als ihre männlichen Kollegen. In den oberen Führungsetagen ist diese Differenz meistens noch größer. Gehaltsunterschiede zwischen Männern und Frauen tragen zur Beibehaltung der traditionellen Familienstruktur und der Rollenverteilung bei.

Frauen werden auch im Bereich der Weiter- und Fortbildung diskriminiert. Unternehmen argumentieren oftmals, dass Frauen gerade in Führungspositionen für Unternehmen ein Risiko darstellen, da der wirtschaftliche Verlust für ein Unternehmen umso größer ist, wenn eine geschulte und geförderte Mitarbeiterin nach einer Schwangerschaft nicht mehr in den Beruf zurückkehrt. Ein modernes Unternehmen sollte in diesem Zusammenhang analysieren, was eine Frau mit Studienabschluss und einigen Jahren erfolgreicher Berufserfahrung davon abhält, nach der Schwangerschaft wieder in den Beruf einzusteigen. Untersuchungen zeigen, dass Unternehmen dauerhaft männliche und weibliche Mitarbeiter halten, wenn sie Bedingungen schaffen, unter denen alle Beschäftigten ihre Leistungsfähigkeit und ihre Leistungsbereitschaft entwickeln und entfalten können (Working for the Future, 1999).

Zu diesen Bedingungen zählt auch ohne Zweifel die Frage der Kinderbetreuung. Verstärkte staatliche Infrastrukturen in diesem Bereich sind unerlässlich, um insbesondere junge Mütter und Väter zu unterstützen, aber sie bleiben bisher unzulänglich. Mehr und mehr große Unternehmen entscheiden sich heute für einen betriebsinternen Kindergarten und schaffen somit ein familienfreundlicheres Arbeitsumfeld.

Auch die Flexibilität der Arbeitszeit ist ein entscheidender Faktor, um berufliche und familiäre Verpflichtungen zu vereinen. Das gesamte Spektrum der Mobilzeitvarianten kommt in Frage: reduzierte Tages-, Wochen- oder Jahresarbeitszeit. Auch Arbeitsformen wie Homeworking erleichtern die flexiblere Arbeitsgestaltung. Umfragen belegen, dass nicht nur viele Mütter Teilzeitregelungen begrüßen, auch viele Männer hegen den Wunsch nach Teilzeitarbeit, um sich mehr um die Familie kümmern zu können. In den meisten Unternehmen ist ein solches Thema jedoch gerade auf der Ebene der Führungskräfte tabu, ohne über die Realisierbarkeit weiter nachzudenken. Besonders unter Männern herrscht die Meinung vor, ein Mann würde sich mit solchen Wünschen seine Karriere verbauen und sich bloßstellen, während von einer Frau sowieso nicht erwartet wird, dass sie Karriere machen möchte. Diese Grundeinstellung ist der eigentliche Kern des Problems. Langfristig muss erreicht werden, den Akzent der Kinderbetreuung von der ‚Mutter‘ auf die ‚Eltern‘ zu verlagern. Ein modernes Unternehmen muss akzeptieren, dass beide Partner neben dem Beruf Familienverpflichtungen nachgehen. Wie sich dann die konkrete Arbeitsteilung in den Familien umsetzt, wird von Fall zu Fall unterschiedlich sein. Wichtig ist aber die Änderung der Grundeinstellung, dass eine Frau nach der Geburt nicht mehr ‚Mutter‘ ist als ein Mann ‚Vater‘ und dass beide potentielle Kandidaten für eine Karriere sind. Zur Zeit wird die Frau im Beruf immer noch wesentlich stärker als Mutter wahrgenommen, als der Mann als Vater gesehen wird.

Bleibt die für Führungskräfte so wichtige Frage der Gesamtarbeitszeit. Führungskräfte zeichnen sich grundsätzlich durch ihre Verfügbarkeit und lange Arbeitszeiten aus. Die durchschnittliche 60-Stunden-Woche kann sich ein Mitarbeiter aber nur leisten, wenn er keine Familie hat oder wenn die Ehefrau oder seltener der Ehemann sich unbezahlt um den Haushalt und die Familie kümmert. Die meisten Frauen lehnen diese Arbeitsteilung heute ab und auch mehr und mehr Männer stellen sie heute in Frage. Letztlich muss jeder persönlich entscheiden, welchen Platz er/sie in seinem Leben dem Beruf und der Familie einräumt. Die einseitige Form der Arbeitsteilung in Haushalt und Beruf wird fortbestehen, weil bestimmte Positionen es erfordern, aber sie wird nicht mehr so stark verbreitet sein und unsere Gesellschaft prägen.

Außerdem gibt es keinen Grund warum eine derartige Position nicht auch von einer Frau besetzt werden kann.

Frauen, die unter heutigen Umständen in die oberste Führungsebene vorgedrungen sind, haben sich der männlichen Managementkultur angepasst. Die Akzeptanz dieser Regeln kann aber immer nur auf eine sehr kleine Zahl von Frauen zutreffen, nämlich die, die bereit ist, auf Familie zu verzichten. Unter diesen Bedingungen kann eine stärkere Beteiligung von Frauen in Führungspositionen nicht erzielt werden. Eine berufstätige Mutter, auch wenn sie sich in ihrem Job engagiert, ist immer in ihrer Verfügbarkeit begrenzt, weil sie familiäre Verpflichtungen hat und sich dieser nicht vollkommen entledigen will. Für Frauen ist Management eigentlich nur machbar, wenn sie einen eigenen weiblichen Führungsstil durchsetzen, der Toleranz nicht als Schwäche interpretiert, der das herkömmliche Rollenverhalten in Frage stellt, der unterschiedliche Führungsstile akzeptiert und weiblichen wie männlichen Kollegen gleiche Leistung abverlangt, ihnen aber auch gleiches Vertrauen entgegenbringt. Dieser Stil entspricht in mancher Hinsicht stärker den heutigen Anforderungen der neuen Arbeitsorganisation mit flachen Hierarchiestrukturen, starkem Stellenwert kommunikativer Fähigkeiten und Autonomie bei gleichzeitiger Teamfähigkeit der Mitarbeiter. Er kann aber nur bestehen bei gleichzeitiger Akzeptanz von Seiten der männlichen Kollegen und der Familie.

4.3 Fazit

Die Frage, wie stark sich eine Frau im Beruf engagieren kann, hängt selbstverständlich nicht nur von der staatlich geförderten Kinderbetreuung ab. Grundlage jeden beruflichen Erfolgs für Männer und Frauen bleibt Qualifikation und Motivation. Grundlage jeder beruflichen Gleichberechtigung ist aber ein gesellschaftlicher und familiärer Konsens über eine Teilung der Aufgaben im Haushalt und bei der Kinderbetreuung. Durch diese Konstellation wird das partnerschaftliche Zusammenleben zugegebenermaßen nicht leichter, denn es ist eine Herausforderung für Paare, die zusammen verdienen, beruflichen und familiären Anforderungen gerecht zu werden. Es ist schwieriger eine Arbeitsteilung zu finden, als eine klare Trennung zwischen beiden Bereichen zu ziehen. Es ist aber die Lösung, die der modernen Gesellschaft und der Chancengleichheit entspricht und der Trend geht in die Richtung, dass mehr Frauen Karriere machen und Männer stärker mit Hausarbeit und Kinderbetreuung konfrontiert werden. Die langfristigen Auswirkungen dieser Tendenzen auf das Familienleben, die Gesellschaft, die Unternehmenskultur und die Organisation bezahlter Arbeit sind nicht zu unterschätzen.

Literatur

Berqvist, Chr. (ed.). (1999): Equal Democracies? Gender and Politics in the Nordic Countries. Oslo: Scandinavian University Press, S. 129.

Equal Opportunities for Women and Men in Europe? (1996): Eurobarometer 44.3 – Resuilts of an opinion survey.

Künzler, J. (1995): Geschlechtsspezifische Arbeitsteilung: Die Beteiligung von Männern im Haushalt im internationalen Vergleich. In: Zeitschrift für Frauenforschung (1995) 1–2, S. 126 ff..

Working for the Future (1999): Conference in Glasgow 28–30 April, 1998, UK Department of Trade and Industry.

5 Fortbildung

Herbert J. Joka

In Zeiten stetig steigender Anforderungen an Führungskräfte und zunehmender Leistungsdichte, kann „die Fortbildung" sehr schnell zu kurz kommen und mittelfristig zu Wettbewerbsproblemen führen: zum einen für die Unternehmen, die vorhandenes zeitgemäßes Methoden- und Fachwissen nicht ausreichend nutzen, um ihre Wettbewerbsposition zu stärken oder auszubauen und zum anderen für die Führungskraft selbst. Sie kann bei unzureichender Fortbildung allzu schnell ihren „Marktwert" verlieren.

Die Ursachen dafür, dass dieses Erfolgspotential in den Unternehmen bisweilen brach liegt, ist vielschichtig. Als häufige Gründe hierfür werden im Wesentlichen begrenzte Personalressourcen für die Organisation der Fortbildung, die nachhaltige tägliche Einbindung der Führungskraft selbst, aber auch die finanziellen Aufwendungen für Fortbildung und Personalentwicklung genannt. Die Beteiligten sind sich dennoch in den meisten Fällen darüber bewußt, hier einen „blinden Flecken" zu besitzen, den man „eigentlich" entfernt sehen will. Eine generelle Aussage darüber zu fällen, welche Art und Größe von Unternehmen typischerweise in der Fortbildung von Führungskräften „gut" oder „schlecht", abschneiden, ist empirisch kaum möglich und auch nicht sinnvoll. Das Spektrum des Fortbildungsengagements reicht in der Realität deshalb vom kleinen Unternehmen, das seine Führungskräfte und Mitarbeiter systematisch und sehr intensiv qualifiziert bis zum größeren mittelständischen Unternehmen, für das dieses Thema lediglich eine untergeordnete Priorität besitzt.

Großunternehmen und Konzerne, spielen in der Regel eine besondere Rolle, weil sie nicht selten über eigene Organisationseinheiten verfügen, die den Karriereweg von Mitarbeitern systematisch verfolgen, betreuen und gezielt weiterentwickeln. Die Konsequenz und das Engagement dieser Gruppe von Unternehmen indizieren den Stellenwert der Aufgabe und stehen für einen stärkeren Blick auf individuelle Fortbildung im Kontext der Firmenbedürfnisse und -erfordernisse.

Bei der Personalakquisition bietet der Themenkomplex der Fortbildung einen noch auszubauenden Anknüpfungspunkt – wenn er als Management-Tool verstanden wird. In einer Zeit, in der Spezialisten gesucht und schwer gefunden werden, unterstützt die gezielte Kommunikation der unternehmensbezogenen Fortbildungsphilosophie nach außen die prägnantere Wahrnehmung durch Leistungsträger. Sei es bei den Personalanzeigen, der Vermittlung oder in der Direktansprache.

Karriereorientierte Führungskräfte, die ihren beruflichen Werdegang planen, legen in hohem Maße Wert auf individuelle Qualifikationspfade. Unternehmen, die diesem Bedarf deutlich sichtbar entgegenkommen, können neben der gesteigerten Aufmerksamkeit in der Rekrutierungsphase auch davon ausgehen, eine stärkere Bindung wichtiger Führungskräfte zu erreichen. Dies ist heute und in Zukunft ein nicht zu vernachlässigender Aspekt, wenn man den Wandel der Einstellung in Bezug auf den Arbeitsplatz betrachtet, der stärker auf die Arbeit und das persönliche Fortkommen ausgerichtet ist, als auf die früher fast selbstverständliche „Firmentreue".

Auch ein Fortbildungsansatz, der aus einem „Pflichtkatalog" zu absolvierender Fortbildungen für bestimmte Verantwortungsebenen besteht und einen „Incentive-Teil" beinhaltet, der erfolgsorientiert bestimmte Perspektiven aufzeigt, wie zum Beispiel die Teilnahme an einem herausragenden und nicht alltäglichen Seminar, sind denkbare Instrumente der Führungskräfteentwicklung.

„Die Fortbildung" braucht sich bei weitem aber nicht allein auf seminaristisch bekannte Inhalte oder Formen zu beschränken. So gewinnen in der jüngsten Vergangenheit auch in Deutschland die „Coaches" immer mehr an Bedeutung. Sie betreuen „ihre" Führungskräfte individuell und persönlich, unter dem Siegel strengster Vertraulichkeit der Gespräche. Damit wird sichergestellt, daß die Führungskraft einen „Sparringspartner" hat, der nicht allein auf berufspezifische Fragestellungen eingehen muss. Er hilft durch das von Vertrauen geprägte Gespräch intellektuelle Freiräume zu schaffen und Diskussionsprozesse in Gang zu setzen. Im beruflichen Alltag kann das in hohem Maße dabei helfen, seine Arbeit aus einem anderen Blickwinkel zu betrachten, manchmal vielleicht mit gewisser kreativer Distanz. Eines ist unabdingbar: die Chemie muss stimmen!

Unternehmern und Führungskräften, die nun die Fortbildung in ihrem Unternehmen stärker systematisieren und optimieren wollen, stehen eine Reihe von kompetenten Organisationen zur Verfügung, die – teils auch branchenspezifisch – eine gezielte Unterstützung leisten können. Sei es beispielsweise für Unternehmer aus Kapitalgesellschaften oder von Familienunternehmen wie auch für Führungskräfte bei den verschiedenen Führungskräfteverbänden.

Fortbildung heißt auch, Anregungen von näher betrachteten Beispielen aufnehmen zu können, die ihren Erfolg bereits belegt haben, wie im Folgenden knapp skizziert.

5.1 Familienunternehmen

Ein nicht unerheblicher Teil der deutschen Wirtschaft und Industrie, wird von Familienunternehmen (s. III/18), die in wesentlichen Teilen auch für das Synonym „Mittelstand" stehen, repräsentiert. Für ein Privatunternehmen, das familiengeführt ist, kann gesagt werden, dass es typischerweise anderen Rahmenbedingungen und Spielregeln unterliegt, als Kapitalgesellschaften, die nicht maßgeblich von einer Eigentümerfamilie gesteuert werden. Das bedingt, daß gerade die personenbezogene Fragen wie die der Stellenbesetzung, Nachfolge, die Firmenpolitik oder die des Führungsstils eine hervorgehobene Akzentuierung erfahren. Damit geht auch der Bedarf nach spezieller Aus- und Fortbildung sowie gezielten Informationen einher.

Ausschließlich auf die Fortbildung im Bereich Familienunternehmen hat sich die in Bonn Bad Godesberg ansässige INTES GmbH spezialisiert. Das Unternehmen, 1998 gegründet, verfolgt eine Dienstleistungsphilosophie, die nicht allein auf die Vermittlung bestimmter „Management-Tools" setzt. Die Philosophie für das Unternehmen ist dergestalt, dass das Angebot so aufgebaut ist, dass alle Maßnahmen miteinander in Einklang stehen und auf die Gesamtheit der Themenkomplexe eines Unternehmens in Familienbesitz abgestimmt sind.

Das heißt, das Angebot ist auf eine Vernetzung ausgelegt, die neben Unternehmern und ihren Angehörigen sowie Geschäftsführern auch weitere Gesellschafter, Beiräte und Führungskräfte berücksichtigt. Wohl außergewöhnlich für das Angebot ist, dass es direkt auf Familienangelegenheiten blickt und bereits Kinder und Jugendliche in Unternehmerfamilien einbezieht.

In speziellen Veranstaltungen widmet man sich beispielsweise den Fragen der Kindererziehung in einer Unternehmerfamilie. So werden mit den Eltern Fragen behandelt, wie Familie und Unternehmen in kind- und jugendgerechtem Gleichgewicht gehalten werden kann oder wie Kinder und Jugendliche ausgebildet und möglicherweise auf eine spätere Tätigkeit im Unternehmen hin vorbereitet werden – ohne aber die Prämisse einer manipulativ-zwanghaften Hinlenkung.

Aber auch speziell für den Nachwuchs selbst gibt es Seminare, die wichtige Inhalte vermitteln, die außer an Privatschulen wohl nirgendwo sonst vermittelt werden. Auch nicht an den meisten deutschen Hochschulen. Das sind Veranstaltungen wie das „Persönlichkeitstraining für Töchter und Söhne von Unternehmern", die den Heranwachsenden im Alter zwischen 16 und 20 Jahren unmittelbar helfen, ihre eigene Identität herauszuarbeiten und zu erkennen wie auch bei der „Selbstorganisation" unterstützen, ihre persönlichen Ziele besser entwickeln und verfolgen zu können. Hilfen und Fertigkeiten, die man – unabhängig davon, ob man in ein Familienunternehmen „einsteigt" oder nicht – immer und überall im (Berufs)-Leben benötigt!

Den „Junioren" ab 20 wird ebenfalls ein gruppengerechtes Programm geboten, das es gestattet, in das Thema Führung eingeführt zu werden. Dazu gehören die Rhetorik, Präsentation, Kommunikation, Teamarbeit, Verhandeln oder auch Verkaufen.

Unternehmerinnen und Ehefrauen von Unternehmern finden eine geschlossene Plattform, die es ihnen gestattet, ihre spezifischen Themen im Zusammenhang mit ihrer persönlichen Rolle und auch den an sie häufig gerichteten Erwartungen ungestört zu erörtern.

„Beiräte", ein unterstützendes Gremium von Fachleuten, die einem Familienunternehmen nicht angestellt angehören, haben sich in den vergangenen Jahren zu einem sehr konstruktiven und anerkannten Management-Instrument in Familienunternehmen entwickelt, das sich einer immer größer werdenden Akzeptanz und auch Beliebtheit erfreut. Kommen durch sie doch nicht selten neue Impulse in Unternehmen hinein oder Fragen auf, die die Betrachtung des eigenen Unternehms von einem anderen Blickwinkel erlauben und neue Wege eröffnen.

Aus dem bestehenden Netzwerk heraus hat sich die sogenannte „INTES-Beiratsbörse" gebildet, dem bereits einige hundert Fachleute angehören, die zu Erfüllung einer Beiratstätigkeit bereit sind. So kann Unternehmern bei der Lösung ihres persönlichen Problems der Besetzung direkt geholfen werden. Der Nutzen ist offensichtlich: direkt und auch mit Blick auf die Persönlichkeit, kommt es neben den fachlichen Aspekten in besonderem Maße auch auf die persönliche Vertrauensbeziehung mit dem Beiratsmitglied an, die im Laufe der Jahre nicht selten zu freundschaftlichen Beziehungen „zum Hause" führte.

Das bequeme Argument, keine geeignete Weiterbildung für sich zu finden ist fast schon unhaltbar geworden...

5.2 Stanford University Executive Education

Wohl eines der weltweit herausforderndsten Fortbildungsprogramme für erfolgreiche und erfahrene Spitzenmanager bietet die Graduate School of Business der Stanford University in Kalifornien an, die „Stanford University Executive Education". Dort wird von der namhaftesten Fakultät eine akademische Ausbildung mit uneingeschränkten geistigen Freiräumen angeboten, wie man sie sicherlich nur einmal im Leben erfahren dürfte. Das sechseinhalbwöchige Curriculum vermittelt den Teilnehmern eine Vielzahl neuester Ideen und Impulse, die es ihnen gestatten, ihre Führungsaufgaben nach ihrer

Rückkehr noch effizienter und mit einem besser geschärften Blick auf strategisches Denken zu erfüllen. Ermöglicht wird das durch die Vermittlung und systematische Aufarbeitung unterschiedlichster Grundlagen während der Zeit in Stanford.

Die Veranstaltungen decken ein breit gefächertes Spektrum von Inhalten ab, die sich nicht alleine auf faktenorientierte Themen wie „Financial Management", „Risk Management in Corporations" oder „Incentives and Productivity" beschränken, sondern auch andere intellektueller Herausforderungen, wie „winning through innovation", „competitive advantage through people", „power and influence" oder „advanced countries in the world economy" bieten. Dabei sind sowohl die Dauer als auch die hohe Intensität des Programms darauf ausgerichtet, das Curriculum regelrecht „erarbeiten" zu müssen, somit auch nachhaltig zu verinnerlichen und nicht aus Mangel an Zeit, oberflächlich „abzuarbeiten".

Das Geheimnis der Anziehungskraft dieses Programms liegt in seiner Zusammensetzung begründet. Inspirierende und gewinnbringende Vorlesungen der besten Wissenschaftler ihrer Disziplinen weltweit, von herausragenden Rednern, den „distuinguished speakers" wie beispielsweise global erfolgreich agierneden Spitzenmanagern und Politikern, geben die unvergleichliche Basis inhaltlicher Auseinandersetzungen mit den verschiedensten Themenkomplexen. Die offene akademische Atmosphäre in einer der landschaftlich reizvollsten Gegenden der USA auf der einen Seite und die unvergleichbare Geschlossenheit der Teilnehmergruppe auf der anderen Seite, erlauben die freie und unvoreingenommene akademische Diskussion, intellektuell Grenzen auszuloten, die ein Höchstmaß individuell geistigen Gewinns hervorbringen. Diese Phasen der Herausforderung werden durch private Zeiten ausgeglichen, die der Aufbereitung und Verinnerlichung des Erfahrenen dienen. Die Nähe zu den Professoren und der unmittelbare Kontakt zu den Rednern stehen für unmittelbares Feedback und tiefgreifendere Diskussionen in wahrscheinlich zuvor nicht erfahrener Intensität.

Selbst nach dieser intellektuell herausfordernden „Auszeit" vom Tagesgeschäft, bleibt die Verbindung mit Stanford bestehen. Das Alumni-Netzwerk fördert und intensiviert persönliche Beziehungen untereinander, die sich nicht selten zu tiefen Freundschaften entwickeln. Diese soziale Struktur bietet einen besonderen persönlichen Hintergrund, der die Teilnehmer in ihrer persönlichen Karriere nachhaltig unterstützt.

Diese vorgestellte „Executive Education" der Stanford Universität ist ein hervorgehobenes Beispiel von Manager-Fortbildung, die wirklich neue Perspektiven für ein nachhaltiges und weltweit ausgerichtetes Management eröffnet!

5.3 Die andere Universität:
DaimlerChrysler Corporate University (DCU)

Für ein Unternehmen der Größe und Struktur der DaimlerChrysler AG, ergeben sich Erfordernisse im Bereich der Fortbildung von Führungskräften, die nur durch unternehmensspezifische Lösungen erfüllt werden können. Es gilt die Zielgruppe der derzeit weltweit ungefähr 7.000 leitenden Führungskräfte, die Direktoren, Bereichs- und Abteilungsleiter umfasst, in den Management Qualifizierungs Prozess einzubinden – auch für einen Konzern, der in weltweit mehr als 200 Ländern tätig ist, eine besondere Herausforderung. Gilt es doch, sowohl die erforderliche technisch-logistische Infrastruktur global bereitzustellen und ein in sich konsistentes Entwicklungsprogramm anzubieten und weiterzuentwickeln, das sowohl den aktuellen und zukünftigen unternehmensbezogenen Bedürfnissen einer gezielten Führungskräfteentwicklung, als auch dem Profil einer jeden Führungskraft selbst, gerecht wird. Im Übrigen verfügt die Einrichtung nicht über eigene Hörsäle – es werden neben dem DC Bildungszentrum „Haus Lämmerbuckel" und dem Auditorium der Hauptzentrale in Stuttgart, vorwiegend der jeweilige Campus der entsprechenden Business School genutzt.

Hierfür hat man eine Lernarchitektur geschaffen, die sich klar von der der klassischer Universitäten unterscheidet und für jeden transparent kommunizierbar ist. Sämtliche Module des DCU-Curriculums sind einer Art zweidimensionalen Matrix zugeordnet und darin zusammengefaßt. Sie ergibt sich aus der Schnittstelle von Führungsthemen und aktuellen unternehmensstrategischen Themen. Dadurch lässt sich unmittelbar ein individuelles Fortbildungsprogamm ableiten, das dem Bedarf personenbezogener und unternehmensbezogener Inhalte gerecht wird.

Dies erfolgt inhaltsbezogen in ein- oder zweiwöchigen Seminaren, auf Workshops, in Diskussionen, sogenannten Lectures, Messen, oder Best-Practice-Foren, die dem Wissensaustausch mit internen und externen Experten dienen sowie bei interaktiven Business Simulationen. So ist sichergestellt, dass der Inhalt in seinem unternehmensbezogenen Kontext vermittelt wird.

Vervollständigt wird das Training durch die Einbindung der Führungskräfte in die Intranet-basierte Lernplattform, DCU Online, die es ermöglicht, Präsenzveranstaltungen vor- und nachzubereiten, bei Foren, Chats, Communities of practice, web-based trainings (wbt) den direkten Austausch mit Kollegen zu pflegen und zu diskutieren. Darüber hinaus wird die Führungskraft durch einen elektronische Newsletter über aktuelle Management Themen informiert.

Auch wenn die Manager-Fortbildung bei DaimlerChrysler den Begriff der „University" beinhaltet, so wird ihr Lehrkörper im Wesentlichen – wie an allgemeinen Hochschulen – nicht ausschließlich von Professoren gebildet, sondern von einem Netzwerk interner und externer Spezialisten.

Die internen Dozenten kommen aus den Bereichen Konzernstrategie, Unternehmenskommunikation, E-Business, Forschung und Technologie, Finanzen und Controlling sowie den Geschäftsbereichen PKW, Nutzfahrzeug Beteiligungen und den DC Services. Es sind Fachleute, die in ihrem persönlichen Aufgabengebiet erfolgreich sind und Ergebnisverantwortung tragen. Das stellt zum einen direkt sicher, dass aktuellstes, operatives Wissen vermittelt wird und zum anderen, dass ein kontinuierlicher Überblick darüber gegeben wird, wie andere Bereiche positioniert sind. Ein nicht zu vernachlässigender Aspekt, der es erlaubt, ein konsistenteres Bild der Konzernaktivitäten zu erlangen. Diese Art der Fortbildung fördert die intensivere Vernetzung der Führungskräfte untereinander, sowohl über Ländergrenzen hinweg als auch zwischen den verschiedensten Geschäftseinheiten.

Die externen Referenten sind in ihren Gebieten ausgewiesene und anerkannte Experten. Sie kommen von anderen Unternehmen, die zu den Besten der jeweiligen Branche gehören, von renommierten Business Schools und Universitäten sowie von internationalen Beraterfirmen. Allen ist die Auszeichnung „state of the art" gemeinsam, was auch für die Sprache der internationalen Aktivitäten steht: Englisch.

Derzeit existieren vier sogenannte „Funktionsbereiche" der DCU: Executive Education & Cross Cultural Competence, Leadership Development, Strategy Transfer und Knowledge Management, die durch Lernaktivitäten auf der DCU Online unterstützt werden.

„Strategy Transfer" kommuniziert konzernrelevante, strategische Themen über die Führungskaskade aber vor allem führungsebenenspezifisch in die Organisation. Veranstaltungen wie die „Face-to-face" Diskussionen mit Vorständen regen die Führungskräfte an, neue strategische Entwicklungen zu erkennen, aufzunehmen, zu verfolgen und schließlich in die Geschäftsprozesse zu implementieren und so direkt zum Unternehmenserfolg beizutragen.

„Knowledge Mangement" agiert als „Center of Competence" und hält Instrumente sowie Methoden zum gezielten Wissensaustausch bereit. Expertenwissen und Erfahrungen aus den verschiedensten Geschäftsbereichen werden beispielsweise in „Share to Win" Foren oder durch Unternehmensinitiativen für die Beteiligten transparent gestaltet. TechClubs, sogenannte „Communities of Practice", stehen für Expertenfelder vornehmlich im Entwicklungsbereich, in denen fachliche Themen bereichsübergreifend behandelt, diskutiert und auch übertragen werden.

Die erfolgreiche Führungskraft braucht strategischen Weitblick, Unternehmergeist, interkulturelle Führungskompetenzen, die Fähigkeit Komplexität zu managen, ein klares Verständnis der zukünftigen Kunden- und

Marktanforderungen und aktives Engagement in der Förderung von talentierten Nachwuchskräften.

Im Themenbereich „Leadership Development" bereiten Seminare wie beispielsweise das „DC Seminar" auf die Anforderungen der nächsten Führungsebene vor. Es wurde in Kooperation mit zwei europäischen und einem amerikanischen Partner erarbeitet und mit ihnen nun durchgeführt.

Maßgeblich für den Seminaraufbau sind die fünf LEAD Kriterien für Führungskräfte:

– denkt und handelt strategisch,
– initiiert und treibt Veränderung,
– fördert und ermöglicht Top Performance,
– geht mit Wissen und Informationen professionell um,
– schafft Wertschöpfung und handelt im Sinne des Unternehmens.

Das maßgeschneiderte Programmportfolio von „Executive Education" richtet sich neben den aktuellen strategischen Themen im Konzern, auch auf die weltweite Weiterentwicklung der Führungskräfte aller Führungsebenen gemäß der LEAD Führungskompetenzen.

Exzellente internationale Business Schools wie die Harvard Business School in Boston, INSEAD in Fontainebleau, das in Lausanne ansässige IMD wie auch das Managementzentrum St. Gallen, kooperieren mit der DCU und sind für die inhaltliche Ausführung verantwortlich. Sie repräsentieren zugleich den Geist von Management Qualifizierung in der heutigen Zeit.

Cross-Cultural Competence. Die DCU bietet gezielt interkulturelle Qualifizierung für Expatriates, Business Traveler und Global Player an, um international agierende Führungskräfte und Mitarbeiter aller Ebenen im Rahmen der vielfältigen Globalisierungsaktivitäten des Konzerns zu unterstützen. Der Aufbau von Cross-Cultural Competence steht dabei im Mittelpunkt.

„Expatriates" und deren Familien werden auf die Herausforderungen des Auslandsaufenthalts vorbereitet und bei der Integration im Zielland sowie bei der Rückkehr unterstützt. International agierende Führungskräfte, meist intern als „Business Traveler" bezeichnet, die in strategisch wichtigen internationalen Projekten und Verhandlungen im Rahmen von Mergers and Acquisitions oder Joint Ventures tätig sind, werden in interkultureller Verhandlungsführung auf ihre Aufgaben vorbereitet. Das sind Programme wie „Effective Negotiations Japan/China/Korea". Führungskräfte und deren Mitarbeiter, die regelmäßig im Kontakt mit Geschäftspartnern aus anderen Kulturen stehen oder als Team international agieren (Global Player), werden auf die interkulturelle Zusammenarbeit vorbereitet.

Dieses grob skizzierte umfangreiche Fortbildungsprogramm mit einem sehr hohen Systematisierungsgrad belegt in unmissverständlicher Weise, dass eine zielgerichtete und kontinuierliche Fortbildung von Führungskräf-

ten ein maßgeblicher und ein elementarer Bestandteil des Unternehmens-
erfolgs darstellt.

Gäbe es keinen vernünftigen „Return of investment", würde eine Kapital-
gesellschaft sicherlich auf diese umfangreichen Kosten verzichten…

5.4 Eine nachhaltige Management-Exkursion

„Zukunft des Managements – Management der Zukunft" ist ein weltweit
wohl einzigartiges Seminar, das von Klaus Doppler entwickelt worden ist und
von Enno Berndt, Eckard Minx sowie Rudolf Wimmer begleitet wird.

An diesem Seminar teilgenommen zu haben bedeutet auf eine „Lern-
Expedition" gegangen zu sein, deren groben Verlauf über einen Zeitraum
von mehr als einem Jahr man zwar vor Antritt kannte, aber nicht deren Erlebnisse und Ergebnisse. Sie ließen sich anfänglich allenfalls nur in groben
Zügen, aber mit definierten Lernzielrichtungen, erahnen – ein herausfor-
derndes „Abenteuer Fortbildung". Nach Abschluss der gemeinsamen 39
Seminartage an verschiedensten Orten der Welt und den zusätzlichen Zeiten
des Selbststudiums und der Kleingruppenarbeit, dürfte wohl für alle Teilnehmer zusammenfassend gesagt werden können, dass sich der individuelle
Blick auf den Gesamtkomplex der Führung nach Abschluss tiefgreifend,
nachhaltig verändert und deutlich erweitert hat.

Abb. 1 Shanghai am 1. Mai 2001

Schwerpunkte waren vornehmlich die Komplexe des Change Managements und des interkulturellen Managements, wie von Klaus Doppler in den Kapiteln III/1 und IV/1 dieses Buches ausgeführt, zu erleben, zu lernen und zu verinnerlichen.

Die Fernreisen der 16 Gruppenteilnehmer gingen im Sommer 2000 in das Silicon Valley, im Januar 2001 nach Kapstadt und April/Mai 2001 nach Kyoto und Shanghai. Das Ziel war es, sich vor Ort ein direktes Bild von Unternehmen und Organisationen verschaffen zu können und mit Unternehmensvertretern, Politikern und Wissenschaftlern sowohl über deren unternehmensspezifische Angelegenheiten, Managementmethoden wie auch gesellschaftspolitische Themen zu diskutieren. Arbeitstreffen beim Peace Development Projekt im Nyanga/Crossroads-Township und einer Township-Schule bei Kapstadt, gehörten zum Programm. Oder, der Besuch der Delancey-Street Foundation in San Francisco, einer Stiftung zur Reintegration straffällig gewordener Drogenabhängiger, die sehr hohe Erfolgsquoten nachweisen kann; Themen und Inhalte, die üblicherweise nicht zur Erlebenswelt von Managern gehören und neue, andersartige Eindrücke bewirkten. Beispielsweise auch eine erste direkte Berührung mit chinesischen Industriellen und hochrangigen Vertretern aus Forschung und Politik der Stadt und der Region Shanghais. Das sind bleibende Erlebnisse und Erfahrungen, mit anderen Sichtweisen direkt in Berührung zu kommen. Auch das zufällige Zusammenkommen mit den offenen Menschen im ungeahnten Trubel des Alltages dieser Stadt sind Eindrücke, die Auffassungen prägen. Die Zeit in dem „Power house" Shanghai – sie mag zeitlich nur ein paar Kalenderblätter umfassen, aber die Eindrücke, sie werden auf das Denken und Handeln ihren Einfluss haben.

Nach Abschluss dieser Fortbildung: neue Fragen über Fragen, einige Antworten und die Gewissheit, dass „absolute Erkenntnisse" zu erlangen, eine glückliche Ausnahme bleibt. Das sind die eigentlichen „Impulsgeber" und „Energiequellen" dafür, sich mit seinem beruflichen Kontext tiefgreifender auseinanderzusetzen. Man selbst, das eigene Unternehmen, Deutschland, Schweiz, Österreich, Europa und vieles mehr, werden plötzlich aus einem anderen Blickwinkel, mit neuer Gewichtung und vielleicht ganz anders bewertet...

Diese „konstruktive Irritation" hilft, aus eingefahrenen Denkmustern herauszukommen, für eine konstante Dynamik des „in-Frage-stellens" bereit zu sein und einen deutlich schärferen Blick dafür zu entwickeln, was jenseits der „bestehenden geistigen Trampelpfade" noch von Bedeutung ist oder sein kann!

Eine Fortbildung, deren Wesen nur schwer zu Papier zu bringen ist...

III. Führung

1 Führen in Zeiten der Veränderung

Klaus Doppler

Kaum einer wird bestreiten, wie sehr unsere Zeit von Veränderungen geprägt ist. Trotzdem: Gab es nicht immer schon Veränderungen? Ist das Leben nicht in sich eine andauernde Abfolge von Veränderungen? Nur wer sich ändert, bleibt sich treu oder: Wenn alles so bleiben soll, wie es ist, muss sich vieles verändern – kennzeichnen nicht solche Redensarten einen völlig normalen Zustand? Was ist denn so ungewöhnlich an der heutigen Situation? Ist sie überhaupt ungewöhnlich? Sollten wir diese Frage mit einem Ja beantworten, dann wäre im Anschluss daran zu fragen: Welche Rolle spielt Führung in Zeiten der Veränderung? Ist Führung eine sichere Konstante in unsicheren Zeiten oder ist sie selbst einem Wandel unterzogen?

Wir werden uns also der Reihe nach mit folgenden Fragestellungen auseinandersetzen: Erstens, ist Veränderung ein spezielles Thema unserer Zeit – und, wenn ja, was sind die entscheidenden Aspekte? Zweitens: Wie ist das herkömmliche Verständnis von Führung, in welcher Rolle hat sich dies bei Managern und Mitarbeitern ausgeprägt – und: Gibt es dazu eine zeitgemäße Alternative? Drittens: Wieweit klaffen das alte und das neue Führungsverständnis auseinander? Gibt es einen Bruch, den es zu überwinden gilt? Und schließlich viertens: Wie kann es gelingen, den neuen Erfordernissen tatsächlich gerecht zu werden?

1.1 Der Kontext, in dem wir uns bewegen

Vier Faktoren sind es, die meiner Ansicht nach den Rahmen beeinflussen, in dem wir uns bewegen, die gleichzeitig die Führung in einer Weise herausfordern, die sich drastisch unterscheidet von dem was wir bisher gewohnt waren:

Revolutionäre Entwicklungen auf dem Gebiet der Informatik und Telekommunikation
Wie sehr Informationstechnologie die Art, wie wir Arbeitsprozesse steuern und Kommunikation gestalten, verändert hat und noch verändert, daran haben wir uns mittlerweile gewöhnt. Alle Betroffenen haben dies zu spüren

bekommen: Wer am Ende der Werkbank sitzt, kann, darf oder muss heute vieles, was bisher an Verwaltungs- und Steuerungsfunktion abgetrennt war, selbst erledigen – und zwar in Eigenverantwortung. Für das sogenannte mittlere Management hat sich ebenfalls Entscheidendes verändert: Früher bestand seine Hauptaufgabe maßgeblich darin, an der Basis Informationen zu sammeln, diese auszuwerten und zu verdichten – und sie schließlich nach oben weiterzuleiten. In ähnlicher Weise waren die wichtigen Aussagen und Entscheidungen von oben nach unten zu übermitteln und zu interpretieren. Dass bei jeder Zwischenstation dieser hierarchischen Kaskade die Botschaft mehr oder weniger stark verändert wurde – auf dem Weg von unten nach oben durch Herausnehmen dessen, was einem hätte schaden können, auf dem Weg von oben nach unten durch die Beimischung eigener Duftmarken – wurde in Kauf genommen. Mit Hilfe der technologischen Informations- und Steuerungssysteme, die uns heute zur Verfügung stehen, geht dies alles viel direkter, schneller und störungsfreier. Das führt zu einer doppelten Konsequenz: Erstens, es braucht weniger Führung durch die mittlere Ebene insgesamt; lean management ist angesagt. Zweitens, wer weiterhin führt, muss dies in einem anderen Verständnis von Führung tun. Er muss einen echten produktiven Mehrwert bieten. Die Unternehmensleitung an der Spitze ist von dieser Entwicklung nicht ausgenommen: Wer sich der neuen technologischen Instrumente, wie zum Beispiel Personalcomputer, E-mail und Internet bedient, kann nicht nur persönlich und unmittelbar das operative Geschehen verfolgen und bei Bedarf direkt eingreifen, er beschleunigt darüber hinaus diese Prozesse in einem nicht unerheblichen Ausmaß. Entsprechend verändern sich Aufgabe und Arbeitsform von Stäben: Weniger herkömmliche Sekretariatsaufgaben, dafür mehr genuine und anspruchsvollere Sachbearbeitung. Wo dies (noch) nicht der Fall ist, wo immer noch das alte Chefspiel inszeniert und zelebriert wird, wo E-mails erst vom Sekretariat ausgedruckt werden müssen, um auch dann im Leben eines Chefs nur eine untergeordnete Rolle zu spielen, wo Intra- und Internet aus Unverständnis oder Unfähigkeit als Steckenpferd für einige wenige Freaks abgetan wird, einer solchen Geschäftsleitung sollte man wenigstens PC-Dummies auf den Schreibtisch stellen, damit ihre Art zu steuern nicht allzu offensichtlich von den Mitarbeitern als museumsreif eingestuft werden kann.

Obwohl in vielen Unternehmen und Organisationen beileibe noch nicht konsequent umgesetzt und mental verankert, war dies nur die erste Flutwelle der Revolution. Eine viel radikalere steht uns zur Zeit ins Haus. Stichwort E-Commerce. Die neuen elektronischen Möglichkeiten werden mit hoher Wahrscheinlichkeit in vielen Branchen die bisherigen Wege und Verbindungen zwischen Unternehmen und Markt – und damit auch die interne Organisation dramatisch verändern. Wertschöpfungsketten werden völlig neu definiert: neue Partner, neuer Wettbewerb, neue Geschäftsprozesse. Orte als

Bezugsgröße von Zuständigkeit und Reichweite werden völlig neu definiert. Lokal und global sind keine Gegensätze mehr. Größe ist in diesem Zusammenhang nicht immer und unbedingt ein strategischer Erfolgsfaktor.

Wie schnell das alles gehen wird, wie radikal die Konsequenzen im Endeffekt sein werden, wie weit die bisherigen Wege simultan beibehalten oder sogar ausgebaut werden können, darüber darf heftig spekuliert werden. Vieles ist ungewiss, aber eines ist offenkundig: Dramatische Veränderungen werden auf jeden Fall kommen. So wie es jetzt ist, bleibt es auf keinen Fall. Verlieren können beide: Sowohl wer glaubt abwarten zu können, bis der Nebel sich lichtet, als auch wer zu den ersten gehören will und sich mit vollem Einsatz ausschließlich auf eine Seite der möglichen Entwicklungen schlägt.

Mit Hilfe dieser die ganze Erde umspannenden und gleichzeitig kostengünstigen neuen Infrastruktur der technischen Kommunikation können Menschen von einem Ort aus viele Arbeitsprozesse gleichzeitig steuern, und weil dem so ist, kann andererseits zunehmend Arbeit an jedweden Ort der Erde verlagert werden, wo immer die notwendige Arbeitsqualität zu einem vernünftigen Preis zur Verfügung gestellt werden kann.

Der Markt für die meisten Konsumgüter und Dienstleistungen ist eigentlich dicht und gleichzeitig instabil
Nahezu alle Produkte und Dienstleistungen, die der Mensch zu einem halbwegs angenehmen Leben wirklich braucht, gibt es in der westlichen Hemisphäre im Übermaß. Andererseits sind Kundenbedürfnisse und Kundenzielgruppen, für deren Identifizierung früher sehr viel Geld ausgegeben wurde, hybrid, volatil – und in sich widersprüchlich. Der Kunde ist prinzipiell illoyal – und als Schnäppchenjäger immer auf dem Sprung, sich aus allen Angeboten das jeweils Beste zu greifen. Die Transparenz macht es möglich. Wer sich in einem besetzten, global agierenden und gleichzeitig volatilen Markt behaupten, neu positionieren oder gar ausdehnen will, muss andere verdrängen – und muss gleichzeitig immer auf der Hut sein, nicht selbst verdrängt zu werden. Wer untergeht, wird nicht vermisst. Die Konkurrenz ersetzt ihn schnell und nahtlos.

Leistungsträger stellen zunehmend Bedingungen
Schon länger ist zu beobachten, beileibe nicht alle, sondern eher wenige Mitarbeiter sind bereit und fähig, in diesen Zeiten des permanenten Umbruchs Verantwortung zu übernehmen und zum Unternehmenserfolg beizutragen. Mehr und mehr wird auf die Schultern dieser sogenannten Leistungsträger aufgeladen. Geht es darum, die Leitung von wichtigen Projekten zu vergeben, fallen immer wieder die gleichen Namen. Nicht wenige Firmen sind mittlerweile gefährlich abhängig von der Leistungsbereitschaft dieser Elite. Andererseits ist ebenso unübersehbar: Wer dermaßen gut und gesucht ist, kennt

mittlerweile auch seinen Wert. Nicht immer geht es dabei um Geld, zumindest nicht ausschließlich. Es gibt andere Währungen, in denen Lohn eingefordert werden kann. Eine davon ist auf jeden Fall, dass solche Menschen klare Vorstellungen davon haben, wie sie arbeiten wollen, was sie von ihren Chefs erwarten – und was nicht. Selbständiges Arbeiten im Rahmen flexibler Arbeitszeiten, maßgeschneiderter Arbeitsformen und individuell der Leistung angepasster Entlohnungen ist Grundbedingung für eine längerfristig erfolgversprechende Partnerschaft.

Veränderung als Normalzustand
Natürlich gab es auch früher immer wieder Veränderungen. Davor und danach aber gab es lange Zeiten der Stabilität und Kontinuität. Heute gilt: Das Leben in und mit dauerhaft instabilen, turbulenten, unkalkulierbaren Umwelten ist der ganz normale Alltag. Wandel in jedweder Form wird immer schneller, immer radikaler – und insgesamt immer häufiger erfolgen. Auf diesem Hintergrund wird Zeit zum strategischen Erfolgsfaktor. Wenn sich nichts tut, dann liegt eher der Verdacht nahe, dass man wahrscheinlich dabei ist, etwas zu übersehen, als dass man sich freuen sollte, endlich wieder einmal eine ruhige Phase der Stabilität und Konsolidierung genießen zu können.

Auf dem Hintergrund dieses Kontextes steht Führung vor einer doppelten Herausforderung: Einerseits muss sie sich innerhalb dieses Rahmens bewähren. Sie muss dafür sorgen, den Raum, den der Rahmen bietet, innovativ und attraktiv auszufüllen. Andererseits muss sie dazu beitragen, den Rahmen selbst zu pflegen, und noch weiter auszubauen. Die Zielsetzung von Führung ist eine dreifache: Zum einen, den Zugang zum Markt sichern und ausbauen, zweitens, die Bedingungen schaffen, dass die Mitarbeiter sich entfalten können und schließlich die internen Prozesse und Strukturen optimal halten.

1.2 Das alte und das neue Führungsprofil

Wie wurde man denn früher zur Führungskraft? Ausgangspunkt war in aller Regel, sich durch gute Fachkenntnisse auszuzeichnen und durch viel Erfahrung zu bewähren. Kamen dazu noch gute „politische" Beziehungen, war der Karriereweg quasi vorgezeichnet. Das Ganze in einem relativ stabilen Umfeld – und so insgesamt planbar. Ein Großteil der Führungsaufgabe bestand in der internen Administration und der Repräsentation nach außen. Dies alles auf der Basis einer unangefochtenen, kaum hinterfragten Amtsautorität, durch die Rolle in sich gewährleistet. Kurzum, die herkömmliche Führungskraft war ein Würdenträger, herausgehoben aus der Menge der Mitarbeiter durch entsprechende Titel und andere Insignien der Macht.

Und wie sieht das Ganze heute aus? Die Hauptaufgaben der Manager heute sind viel stärker nach außen gerichtet. Es reicht in keiner Weise aus, das Unternehmen oder den Bereich, für den man zuständig ist, nur zu verwalten. Nein, es geht in erster Linie darum, das Unternehmen bzw. den Bereich immer neu in einem sich ändernden und bedrohlichen Umfeld, so zu positionieren, dass eine echte Überlebens-Chance besteht. Das Unternehmen strategisch immer neu ausrichten, Trendsurfer oder strategischer Wellenreiter sein – und dadurch die Zukunft sichern ist die Devise. Zu diesem Zwecke müssen Produkte, Leistungen, die Wege zum Markt und zum Kunden, die internen Geschäftsprozesse der Entwicklung und Produktion, der Logistik, der Verwaltung etc. regelmäßig radikal hinterfragt, nach allen Regeln der Kunst verändert und darüber hinaus beschleunigt werden. Die Führungskraft von heute ist per se Marketing- und Changemanager zugleich.

Und darüber hinaus: Wer heute führt, muss sich Gedanken machen, wie diejenigen geführt werden wollen, von deren Leistung der Erfolg seiner Führung maßgeblich abhängt. Eines ist offensichtlich, diese Leistungsträger sind nicht häufig gesät. Sie sind überall ein personeller Engpass. Diese Leute wissen, was sie wert sind. Und vor allem, sie haben Ansprüche an die Art und Weise, wie man mit ihnen umzugehen hat. Wer in seiner Art zu führen nicht selbständiges Arbeiten im Rahmen flexibler Arbeitszeiten, maßgeschneiderter Arbeitsformen und individuell der Leistung angepasster Entlohnungen garantiert, wird als Chef nicht akzeptiert. Die Folgen können unterschiedlich sein: Entweder man tauscht den Chef aus, oder der Mitarbeiter wechselt dorthin, wo er sich bessere Rahmenbedingungen erhofft – oder er fährt sein Engagement auf ein übliches Mittelmaß herunter. Positiv formuliert: Der zeitgemäße Manager sieht seine hauptsächliche Führungsaufgabe darin, die Mitarbeiter zu möglichst hoher Selbständigkeit zu entwickeln, sie bei Bedarf zu coachen – und die oben skizzierten Rahmenbedingungen zu schaffen, die es für einen Mitarbeiter attraktiv machen, sich intern als Unternehmer im Unternehmen zu fühlen und sich entsprechend zu verhalten – im Gegensatz zum weisungsgebundenen Angestellten. Führen durch Delegation und Vereinbarung von Zielen wird dabei zum unerlässlichen Schwerpunkt der Führungsaufgabe. Als Basis für dieses neuen Führungsverständnis reicht die Amtsautorität nicht aus. Viel wichtiger ist vom Umfeld erlebte Kompetenz gepaart mit entsprechender Akzeptanz. Das aber geht nicht ohne ein gehöriges Maß an Sozialkompetenz oder emotionaler Intelligenz. Der bloße Fachmann oder der alte Captain werden diesen Anforderungen nicht gerecht. Die Vertretung des Unternehmens oder Bereichs nach außen bleibt, zumindest soweit sich die Mitarbeiter im Rahmen ihrer Projekte und Arbeitsfelder nicht selbst vertreten können.

Das alte und das neue Führungsprofil einander gegenübergestellt, ergibt folgende Spannungsfelder, zum Teil auch Dilemmata, zumal es nicht immer um Gegensätze geht, die sich gegenseitig ausschließen:

– Früher war es für die Führungskraft wesentlich, alles unter Kontrolle zu haben, zumindest den Anschein davon zu erwecken, damit auch nicht der geringste Zweifel an der Amtsautorität auftreten konnte. Geführt wurde durch das Prinzip von An- und Zurechtweisung.

Heute gilt das, was Peter Drucker einem Journalisten auf die Frage ant‑wortete, wie denn die Arbeit der Führungskräfte in der postkapitalisti‑schen Gesellschaft aussehen werde: *„Sie müssen lernen, mit Situationen zurechtzukommen, in denen sie nichts werden befehlen können, in denen sie selbst weder kontrolliert werden noch Kontrolle ausüben können … wo es ehe‑dem um eine Kombination von Rang und Macht ging, wird es in Zukunft Ver‑hältnisse wechselseitiger Übereinkunft und Verantwortung geben."*

– Ehedem gab es den Untergebenen als klares Pendant zur Führungskraft. Gehorsam und Anpassung waren unmissverständliche Anforderungen, die jede Führungskraft an seine Mitarbeiter stellte.

Heute gilt als Idealbild eines zeitgemäßen Mitarbeiters der möglichst selbständige Mitstreiter, der Unternehmer im Unternehmen, der bereit ist Eigenverantwortung zu übernehmen. Der modische Begriff der Selbst GmbH könnte diesen Gegensatz zum herkömmlichen Untergebenen nicht besser zum Ausdruck bringen.

– Während es einst ausreichte, die Dinge richtig zu tun, das heißt seinen Führungsjob gut zu verwalten und alles möglichst exakt bis zum Grad der Perfektion zu tun, geht es heute vielmehr darum, die richtigen Dinge zu tun. Dies aber heißt, mit einem teilweise sehr begrenzten Grad von Gewissheit und Genauigkeit schnelle Entscheidungen zu treffen. Dies ist kein Plädoyer für Fahrlässigkeit. Es hieß früher schon: Lieber eine falsche Entscheidung als keine Entscheidung! Heute heißt es: Der eigenen Intui‑tion und dem eigenen Spürsinn vertrauen – und eine möglichst schnelle Entscheidung treffen, meist nur auf der Basis von Plausibilitäten. Dann aber genau beobachten und verfolgen, wie die Dinge sich entwickeln – und ohne Scheu nachbessern, wenn sich entsprechende Erkenntnisse ergeben. Das mentale Modell, das dieser Haltung zugrundeliegt heißt lernende Organisation. Jede Sekunde nachträglicher Rechtfertigung einmal getrof‑fener Entscheidungen ist pure Zeitverschwendung. Das leitet nahtlos über zu einem weiteren Gegensatzpaar.

– Erfahrungen waren früher viel wert, – je mehr, desto besser. Was aber sind Erfahrungen noch wert, wenn sich die Rahmenbedingungen und Voraus‑setzungen drastisch ändern? Was nützt ein noch so dickes Bündel großer Geldscheine, wenn es sich dabei um Scheine einer nicht mehr gültigen Währung handelt? Unsere Erfahrungen sind derzeit einer ähnlichen

Währungsreform ausgesetzt. Soweit es um Zukunftsgestaltung geht mit Parametern, die völlig neu sind, sind Erfahrungen nicht nur nicht hilfreich, sondern teilweise sogar gefährlich. Das Geringste ist noch, dass es Zeit kostet, sich mit Berichten aus alten Zeiten zu befassen, die in dieser Form nicht wiederkommen. Prekär wird es, wenn man sich dadurch in eine falsche Richtung lenken lässt. Je älter Menschen werden, um so größer ist die Gefahr, dass der Blick zurück, statt nach vorne gerichtet wird – wie Menschen, die mit dem Auto nach vorn fahren, den Blick aber fest in den Rückspiegel gebannt – Windschutzscheibe und Seitenscheiben sind zugeklebt, nur die Rückscheibe ist offen. Wenn der zukünftige Straßenverlauf dem zurückliegenden voll entspricht, besteht keine Gefahr. Wehe aber bei unvorhergesehenen Abbiegungen ...

– Organisationen haben schon immer dazu gedient, Ordnung zu schaffen und Sicherheit zu bieten. Es ging darum, Dinge zu regeln, klare Strukturen zu schaffen, Zuständigkeiten zu klären – und diese Regelungen möglichst festzuschreiben. Je länger Organisationen bestehen, desto starrer werden die Regeln. Der Blick ist vornehmlich nach innen gerichtet auf die Bedürfnisse der Mitglieder der Organisation. Das alles ist nicht lebensbedrohlich, wenn der Rahmen außen stabil bleibt. Was aber, wenn sich der Rahmen ändert? Wo man nicht hinschaut, bekommt man auch nichts mit, jedenfalls nicht schnell genug. Organisationen, die in unsere Zeit passen sollen, sind ganz anders gestrickt. Leicht, locker, schnell anpassungsfähig, alles immer nur vorläufig geregelt. Das aber bringt Unsicherheit ins Haus – und die ist für viele schwer zu ertragen.

Was also ist zu tun, um sich innerhalb dieser Gegensätze und Dilemmata richtig zu positionieren?

1.3 Und die Moral von der Geschicht' oder: Wie kommt man vom Ist zum Soll?

Auch eine noch so zeitgemäße Führungspersönlichkeit wird nicht dem Vollkommenheitsanspruch einer eierlegenden Wollmilchsau entsprechen. Auch ein noch so zukunftsfähiger Manager wird sich nicht nur durch Stärken auszeichnen, sondern auch Schwächen zeigen. Aber es gibt einige grundsätzlichen Aspekte, an denen sich ausrichten muss, wer die Zeichen der Zeit nicht völlig verkennt.

Verlernen kommt vor lernen
Ambivalent sein gegenüber Erfahrungen aus der Vergangenheit ist eine grundsätzlich neue Einstellung – statt sich um so sicherer oder gar überheblich zu fühlen, je vielfältiger die Erfahrungsbasis ist, auf der man glaubt auf-

bauen zu können. Um für Neues offen sein zu können, müssen wir Altes in Frage stellen und verlernen. Es geht darum, alte Programme löschen, die in unseren Köpfen fest verankert sind: Organisation muss eben nicht gleichbedeutend sein mit Stabilität, Dauerhaftigkeit und Klarheit. Führung muss nicht bedeuten einer befiehlt, einer schafft an, die anderen haben zu folgen. Planung muss nicht gekennzeichnet sein durch hundertprozentige Genauigkeit, fehlerlose Perfektion und exakte Vorhersagbarkeit. Wir müssen zuerst einmal zur Seite räumen, was uns den Blick auf das Neue verstellt.

Dies wird allerdings nicht einfach sein. Wir haben viel investiert, um dort zu sein, wo wir jetzt sind. Was wir zu wissen glauben, gibt uns inneren Halt und macht uns sicher. Es bietet uns wichtige Orientierungen und Griffe, an denen wir uns festhalten können. Wir sind daran gewohnt. Wer lässt so etwas schon gerne los, und fängt wieder von vorne an?

Neugierig und wie ein Trüffelschwein

„Man sieht nur, was man weiß", dieser Satz stammt von Johann W. Goethe. Wer sich – auch im fortgeschrittenen Alter – nicht mit den neuen Medien, wie zum Beispiel e-Mail, Internet, e-Commerce beschäftigt, dem fehlt nicht nur eine persönliche Arbeitstechnik, die ihm seine Arbeit drastisch erleichtern könnte. Nein, eine zweite Konsequenz ist viel relevanter: Er wird die Bedeutung dieser neuen Systeme für eine zeitgemäße Organisation von Arbeitsprozessen nicht wirklich einschätzen können. Er redet wie ein Blinder von der Farbe –, was ja auch nicht weiter schlimm wäre, wenn er bei all seiner Blindheit nicht darüber befinden müsste, ob und wie andere diese Farbe einsetzen sollten.

Attraktive Leitidee und Szenario

Wer andere von einem gewohnten status quo ablösen und zu einem unbekannten neuen Ziel hinführen will – und ahnt, dass er sich auf ein schwieriges Unterfangen einlässt, tut gut daran, vorher die ganze Reise mental bis zum Ziel sehr sorgfältig durchzugehen – wie ein erfolgreicher Sportler. Dadurch errichtet er so etwas wie ein inneres Leitsystem. Dieses gibt Sicherheit und Zuversicht: Man hat mental alles durchgespielt, was unterwegs an Schwierigkeiten auftauchen könnte – und wie darauf zu reagieren wäre. Auf der Basis dieser Kenntnis und inneren Vertrautheit wächst die Überzeugung, das Ziel wirklich erreichen zu können. Diese Zuversicht wiederum geht einher mit einem ausgesprochenen Gefühl von Kraft – unübersehbar auch für das Umfeld. Und diese Ausstrahlung ist es, die oft notwendig ist, um die Zögerlichen zu bewegen mitzumachen.

Darüber hinaus ist es allemal von Vorteil, wenn die Ziele oder der zukünftige Zustand oder was immer erreicht werden soll, in konkreten nachvollziehbaren Bildern ganz plastisch dargestellt werden können. Dies schafft den notwendigen emotionalen Bezug, ohne den sich kaum eine persönliche

Anziehungskraft entwickeln kann. Für etwas Abstraktes wird man sich nicht verkämpfen.

Lebensader Unternehmenskommunikation

Unternehmer sind immer vom Ergebnis ihres Handelns her getrieben. Sie wollen den Erfolg, möglichst auch den schnellen Erfolg. Häufig ist unser Handeln eingebettet in vielfältige Zusammenhänge. Wer Menschen dazu befähigen will, sich unternehmerisch zu verhalten, muss ihnen regelmäßig den strategischen Gesamtüberblick verschaffen. Um nicht zu kurz zu greifen, muss jeder das eigene Handeln in den übergreifenden Zusammenhang einordnen können. Dazu ist Unternehmenskommunikation die conditio sine quo non. Kommunikation ist sicher nicht alles, aber ohne gute Kommunikation ist alles andere nichts. Zwei gegenläufige Richtungen müssen sich hier wechselseitig ergänzen: Einmal ist es unabdingbar, dass rechtzeitig, vollständig und in einer Sprache, die jeder versteht, die Hintergründe und Zusammenhänge erläutert werden, die den Zustand und die Entwicklung des Unternehmens bestimmen. Jeder, der sich unternehmerisch verhalten soll, benötigt diese Informationen. Zum anderen muss das, was an der Arbeitsbasis gedacht, erlebt und diskutiert wird, und das, was die Leute an vorderster Front von den Kunden, vom Wettbewerb und vom Markt mitbekommen, unverfälscht und möglichst schnell an die Unternehmensführung vermittelt werden. Überholte, von Macht geprägte Rituale und dazu noch Wege, die über mehrere hierarchische Kaskaden gehen, reichen dazu nicht aus. Denn jeder Vermittler verändert bzw. verfälscht die Botschaft, oft ohne dass es ihm bewusst ist. Die oben sind allerdings nicht immer darauf erpicht, zur Kenntnis zu nehmen, was an der Basis wirklich los ist. Je mehr die Lage von der eingeschlagenen Strategie abweicht, desto weniger. Um diese Blockade zu überwinden, müssen die unten manchmal unhöflich und sehr deutlich werden, um sich wirklich Gehör zu verschaffen. In diesem Sinn wird Frechheit zur Tugend.

1.4 Zeitgemäße Führungsinstrumente

Es gibt eine Reihe von Instrumenten und Verfahren, mit deren Hilfe zeitgemäße Führung konkret in die Unternehmenspraxis umgesetzt werden kann. Diese sind nicht unbedingt neu. Das eigentliche Erfolgsgeheimnis liegt nicht darin, dass diese Instrumente brandneu sind, sondern darin, sie wirklich konsequent einzusetzen. In bestimmten Fällen besteht das wahre Erfolgsgeheimnis auch in ganz speziellen Modifikationen, wodurch erst der gewollte unternehmerische Impuls bei den Mitarbeitern gesetzt oder verstärkt wird.

Delegation von Aufgabe, Kompetenz und Verantwortung

Der erste Erfolgsfaktor besteht darin, Tätigkeiten bzw. Aufgaben nur gemeinsam mit der entsprechenden Kompetenz und Verantwortung zu delegieren. Darüber hinaus gilt es aber auf der Hut zu sein, nicht bereits bei den ersten Schwierigkeiten die Delegation wieder zurückzunehmen oder sich zurückgeben zu lassen. Das fällt nicht immer leicht, vor allem dann nicht, wenn man, ohne direkt eingreifen zu können, zuschauen muss, wie scheinbar vermeidbare Fehler begangen werden. Wer aber keine Fehler zulassen kann, verhindert Lernen. Nicht direkt eingreifen wollen, heißt allerdings nicht, zur Untätigkeit verdammt sein. Dafür Sorge tragen, dass sich Menschen qualifizieren, dass sie lernen, die Brisanz von Situationen möglichst rasch und gut zu erkennen –, und dies durch geeignete Hilfestellung wie zum Beispiel Coaching in seinen verschiedenen Formen zu gewährleisten –, ist eine der zeitgemäßen Formen von Führung. Die wichtige Regel, die es übergreifend gilt zu beachten, lautet: Nicht im, sondern *am* System arbeiten. Das heißt, möglichst nicht in ein bestehendes System eingreifen und Defizite, die auftreten, schnell selbst kompensieren, sondern mit denen, die verantwortlich sind, gemeinsam den Gang der Dinge analysieren. Sie sollen selbst lernen zu entdecken, warum etwas nicht funktioniert – und wie sie es reparieren können.

Im Zweifel, ob eine bestimmte Aufgabe nicht doch jemand überfordern könnte, raten wir eher zur Überforderung. Allerdings kalkuliert wie bei Leitersprossen: Sind die Abstände zu eng, kommt man leicht ins Stolpern, sind sie zu weit, dann ist das Ziel nicht zu erreichen.

Führen durch Ziele

Führen durch Ziele statt durch An- und Zurechtweisung ist auch keine revolutionäre Erkenntnis – und trotzdem ein entscheidender Schritt in die richtige Richtung. Vorausgesetzt, man setzt diesen Schritt richtig.

Menschen, die bisher immer nur über detaillierte Kataloge operativer Aufgaben geführt worden sind, haben allerdings kaum gelernt, selbständig zu denken und zu handeln. Sie haben nicht gelernt, echt Verantwortung zu übernehmen. Für diese Umerziehung braucht es deshalb oft einen langen Atem. Die Orientierung an Zielen ist aber eine der unabdingbaren Grundvoraussetzungen für Selbstorganisation und Selbststeuerung. Deshalb: Wer „Unternehmertum" will, kommt nicht darum herum, sich selbst und seine Mitarbeiter über Ziele zu führen – und seine Mitarbeiter dazu zu befähigen. Die Ziele lassen sich ganz grob in vier Kategorien unterteilen:

1. Arbeitsziele im gewohnten Rahmen der normalen Funktion,

2. Sonderaufträge oder Projekte,

3. Entwicklungsziele bezogen auf Organisation, Zusammenspiel, Verhalten, Qualifikation etc. von Mitarbeiter, Gruppen, Funktionen oder Organisationseinheiten,

4. Entwicklungsziele bezogen auf die eigene Person,
   z. B. Führungsverhalten, Kommunikation, Qualifikation etc.

Die pure Ausrichtung an Zielen reicht allerdings nicht aus. Die Ziele dürfen nicht einseitig gesetzt oder vorgegeben, sondern müssen vereinbart werden. Zielvereinbarung hat nichts zu tun mit Basisdemokratie. Sie bedeutet lediglich, dass Ziele und Prioritäten sorgfältig bedacht und abgestimmt werden, bevor man sie festlegt. Nur der Dialog kann sicherstellen, dass die Ziele wirklich verstanden und akzeptiert sind.

Neben der individuellen gewinnt die Zielvereinbarung für Gruppen zunehmend an Bedeutung. Aufgaben und Arbeitsstrukturen werden immer komplexer. In modernen, schlanken Organisationen wird deshalb Gruppenarbeit mit einem hohen Anteil an Selbststeuerung immer häufiger zur Methode der Wahl. Die Führungsinstrumente müssen dieser Entwicklung Rechnung tragen. Wenn Gruppen eine gemeinsame Aufgabe haben und sich zu ihrer Erfüllung selbständig organisieren sollen, müssen die Ziele mit der Gruppe – und nicht bilateral mit den einzelnen Mitgliedern – vereinbart werden.

Die wichtigsten Grundsätze
Ziele steuern das Verhalten um so wirksamer in Richtung Erfolg, je konsequenter folgende Grundsätze beachtet werden:

● *Ziele müssen hoch gesteckt, aber realistisch und erreichbar sein*
Unterforderung ist bei der Zielsetzung genau so gefährlich wie Überforderung. Wo kein Impuls, kein Anreiz ist, bewegt sich auch nichts. Zu hoher Erwartungsdruck oder gar der Glaube, ein Ziel ohnehin nicht erreichen zu können, führt zu Demotivation und zu Handlungsblockaden. In beiden Fällen verpuffen wertvolle Energien. Die Kunst der Zielvereinbarung liegt darin, die Latte genau so hoch zu legen, dass der Sprung gerade noch zu schaffen ist.

● *Klare Beschreibung des zu erreichenden Zustandes,*
  nicht den Weg vorschreiben
„Wo will ich hin?" bzw. „Was will ich erreichen?", das sind die entscheidenden Fragen, nicht: „Was muss getan werden?" Ziele sind in der Zukunft zu erreichende Zustände. Sich selbst oder jemand anderem ein Ziel setzen, bedeutet, ein angestrebtes Resultat definieren – zunächst nur ein Resultat, nicht den Weg, auf dem es zu erreichen ist. Das Ziel gibt Orientierung wie ein Leuchtturm auf See. Es schreibt bewusst nicht den genauen Weg vor, zwingt aber, über die Ausrichtung des eigenen Handelns nachzudenken, Lösungen und Wege zu suchen, die eigenen Energien überlegt auf das Ziel hinzulenken.

● *Die Zielerreichung messbar und überprüfbar machen*
Ein Ziel – quantitativ oder qualitativ –, dessen Erreichung nicht überprüft werden kann, macht keinen Sinn. Zu welchem Zeitpunkt soll konkret welcher Zustand erreicht sein? An welchen Kriterien wird dieses mit Hilfe welcher Kenngrößen gemessen werden? Welches sind die zu erreichenden Messdaten oder Kennzahlen?

● *Handlungsspielraum und Grenzen definieren*
Unternehmer sein, heißt nicht, totale Freiheit haben, heißt nicht, jederzeit tun und lassen können, wonach einem gerade ist. Auch der interne „Unternehmer" muss seinen Aktionsrahmen und die gesetzten Grenzen genau kennen.

● *Zeit und Meilensteine planen*
Wann soll das Gesamtergebnis vorliegen? Bis wann werden welche Teilergebnisse erwartet? Diese Fragen müssen bei der Vereinbarung der Ziele beantwortet werden.

● *Jedes Ziel muss kompatibel sein mit allen anderen Zielen*
Jedes Ziel ist mit allen anderen Zielen – sowohl den eigenen als auch mit den Zielen der Kollegen soweit abzugleichen, dass Vernetzungen und Interdependenzen deutlich werden und keine Konflikte über Prioritäten vorprogrammiert sind.

● *Aufwand realistisch abschätzen*
Sachmittel, Personalkapazitäten, Budget und Formen der Unterstützung stehen nicht einfach dann zur Verfügung, wenn man sie braucht. Diese gilt es deshalb zumindest grob abzuschätzen. Eine der häufigsten Ursachen, weshalb Ziele nicht erreicht werden, ist die ungenaue Beurteilung des zu betreibenden Aufwandes.

● *Angemessene Formalisierung*
Zielvereinbarungen können nicht mal so eben, punktuell und situativ, „zwischen Tür und Angel" in mündlicher Absprache stattfinden.

● *top down*
Der Prozess der Zielsetzung beginnt an der Unternehmensspitze. Anschließend werden die Ziele stufenweise auf die nächsten Ebenen transformiert. Jeder Mitarbeiter, mit dem Ziele vereinbart werden, muss die Ziele seines Vorgesetzten kennen, um die eigenen Prioritäten entsprechend setzen zu können.

Dies bedeutet nicht, dass alle individuellen Ziele ausschließlich und unmittelbar aus den Zielen der nächst höheren Ebene abgeleitet sein müssen. Es gibt bereichsspezifische Ziele, die auch dann zu setzen wären, wenn es keine Vorgaben von oben geben würde. Entscheidend ist, dass die strategische Ausrichtung des Unternehmens von allen Mitarbeiterinnen und Mitarbeitern verstanden und durch entsprechende Ausrichtung der Bereichsaktivitäten unterstützt wird.

- *Ziele sind beweglich*
Situationen und Herausforderungen sind im schnellen Wandel begriffen. Dieser Sachlage kann kein starres Zielvereinbarungssystem gerecht werden. Sondern es gilt als Devise: Die Schnelligkeit und Radikalität des Wandels muss sich in einer entsprechenden Flexibilität der Steuerung durch Ziele niederschlagen. Deshalb gilt auch, lieber unschärfer, aber häufiger nachgestellt, als exakter, aber leider immer zu spät.

- *Zielcontrolling sicherstellen*
Wer sein Handeln an Zielen ausrichten, gleichzeitig aber auf unvorhergesehene Ereignisse und Entwicklungen gefasst sein will, benötigt ein Frühwarnsystem, um Zielabweichungen rechtzeitig zu erkennen. Nur dann kann er schnell genug geeignete Korrekturmaßnahmen einleiten.

- *Weniger ist mehr*
Wer alles gleichzeitig will, wird nichts erreichen. Ein ganzer Wald von Zielen bietet eine ausgezeichnete Gelegenheit, sich zu verstecken oder auch vor lauter Bäumen den Wald nicht mehr zu sehen. Entscheidend ist nicht, möglichst vieles richtig zu tun, sondern die richtigen Dinge zu tun.

Führungscockpit

Wer sich oder andere führen soll, benötigt Kennzahlen, an denen er sein Handeln ausrichten kann. Es ist wie beim Autofahren oder Fliegen: Nur wer alle steuerungsrelevanten Daten konkret und schnell genug zur Verfügung und gleichzeitig im Blick hat, kann sein Handeln erfolgreich, am Ziel orientiert ausrichten. Der zur Zeit hoch gepriesene Ansatz der balanced scorecard (Kaplan) ist deshalb vielversprechend, weil er sich eben nicht nur, wie gewohnt ausschließlich an betriebswirtschaftlichen Kenngrößen ausrichtet, sondern darüber hinaus an der Zufriedenheit der Kunden, an der Zufriedenheit der Mitarbeiter und an der Qualität der Geschäftsprozesse. Entscheidend ist allerdings, diese Daten nicht nur für die oben an der Unternehmensspitze aufzubereiten, sondern direkt und maßgeschneidert für alle diejenigen, die an der eigentlichen Basis unternehmerisch handelnd tätig sind.

Workshops

Zukunftsszenarien zur Unternehmensentwicklung, Workshops zur Strategiefindung, Teamentwicklung und Teamwartung, Konfliktlösung, in kleinen Gruppen und in Form des sogenannten open space, funktionsintern, interdisziplinär und crossfunktional, entlang der Prozesskette, möglichst inclusive der Kunden sind hervorragende Instrumente, um die Dinge in Bewegung zu bringen. Sie geben den Betroffenen die Möglichkeit, sich mit der Situation des Unternehmens auseinanderzusetzen, Problembewusstsein zu entwickeln, Handlungsdruck und Handlungsenergie zu erzeugen, Lust zu wecken mitzugestalten und Informationen zu liefern, die notwendig sind, um die Handlungen gezielt auszurichten.

Es geht aber nicht nur darum, Probleme aufzuzeigen und Konflikte aufzudecken. Das ist zwar schon auch wichtig. Viel wichtiger ist darüber hinaus, immer wieder Wege zu finden, sich der vorhandenen Stärken bewusst zu werden, sich gegenseitig zu informieren, was schon alles gut gemacht wird, voneinander zu lernen – und so echtes Wissensmanagement miteinander zu betreiben.

Mitarbeiterbefragung

Über Sinn und Methodik von Mitarbeiterbefragungen ist vieles geschrieben worden. Wir wollen dem nicht noch eine weitere grundsätzliche Ausführung hinzufügen. Viele Fragebögen haben allerdings einen Aufforderungscharakter, der einem Wunschbrief ans Christkind gleichkommt. Es wird abgefragt, was einem gefällt oder eben missfällt, was man gerne anders haben würde, eventuell auch was man denn selbst anders machen würde, wenn man könnte, wie man wollte. Die meisten Fragen zielen auf den Mitarbeiter als Objekt oder Opfer der Unternehmensführung, kaum auf ihn in der Rolle als jemand, der das unternehmerische Geschehen weitgehend mitbestimmen kann und de facto mitgestaltet. Dadurch werden ganz spezielle Lösungserwartungen geweckt oder verstärkt, als ob es jemanden gäbe, der alles richten könnte und auch wird, sobald er genau weiß, wo er ansetzen muß. Die spätere Enttäuschung wird dadurch geradezu programmiert. Wer unternehmerisches Handeln verstärken will, muss eine andere Botschaft senden. Er muss durch entsprechende Formulierungen deutlich machen, dass jeder immer auch zugleich Täter ist – und abfragen, wie er mit dieser Rolle tatsächlich umgeht. Die Kernbotschaft muss lauten: Nichts wird sich ändern, wenn Du Dich nicht selbst änderst. Wo sehen Sie Probleme – und was haben Sie bisher getan, um diese zu lösen? Wie gehen Sie mit den Widerständen um, die Ihnen bei der Problemlösung im Weg stehen? Was tun Sie, um sich zu motivieren? Wie gehen Sie mit Vorgesetzten und Kollegen um, die Ihnen die Motivation scheinbar rauben? Wo ist für Sie der Punkt, wo Sie sich absolut hilflos fühlen – und was tun Sie dann? Dies ist eine andere Kategorie von Fragen, eine Kategorie, die den Blick auf das eigene Handeln lenkt – und die gleichzeitig die Botschaft vermittelt: Was Du nicht selbst angehst, wird nicht geschehen.

Entwicklungsplanung, Assessment, Audit

Hier gilt Ähnliches wie bei der Mitarbeiterbefragung: In herkömmlich hierarchisch organisierten und geführten Unternehmen sind die Entwicklung der Mitarbeiter und die dazu notwendigen Maßnahmen eine vornehmliche Aufgabe des oberen Managements. Geregelte Karrierepfade, Assessmentcenter zur Auswahl und sogenannte Goldfischteiche zur Pflege der Potentialträger, Mentoren zur persönlichen Betreuung der Auserwählten sind die üblichen Wege. Alle diese Instrumente haben eines gemeinsam: Sie vermitteln indirekt die Botschaft, dass für alle gesorgt wird, die wirklich gut sind. Wer gut ist, hat gleichsam ein Anrecht auf Karriere. Und vermittelt wird, daß Karriere längerfristig planbar und eigentlich gesichert ist.

In Zeiten des schnellen Wandels sind solche eher statischen Systeme obsolet. Karriere ist das Ergebnis eines offenen Wettbewerbs und Kampfes im Markt. Es ist viel die Rede vom Mitarbeiter als Selbst GmbH. Das bedeutet, jeder muss sein Schicksal und seinen Werdegang selbst in die Hand nehmen. Dazu muss er folgendes beachten beziehungsweise tun: Es gilt zunächst den Markt zu beobachten und zu analysieren, welche Kompetenzen gesucht sind. Zweitens gilt es, die eigenen Stärken und Schwächen schonungslos sich selbst gegenüber offenzulegen, um zu sehen, welches Profil sich daraus ergibt – und wie das eigene Angebot zur Nachfrage im Markt passt. Aus diesem ersten Vergleich kann sich ein Entwicklungsplan ergeben, wenn es darum geht, einzelne Stärken einem echten Härtetest im Markt zu unterziehen und spezielle Defizite durch Training on und off the job abzubauen. Dies alles endet schließlich darin, sich selbst erfolgreich zu vermarkten. Karriereplanung in Eigenverantwortung, Assessment und Audit in Eigenregie – und insgesamt immer auf Überraschungen gefasst sein, sowohl was die Nachfrage im Markt betrifft als auch im Hinblick auf Chancen, die sich ganz plötzlich ergeben, oder nicht einkalkulierte Niederlagen.

Neue Formen der Organisation

Viele Themen und Herausforderungen lassen sich innerhalb der funktionsteiligen Linienorganisation nur schwer lösen. Sie gehen unter in den Routinen des operativen Alltagsgeschäftes und verdämmern im Niemandsland und Wartezustand zwischen den einzelnen Zuständigkeitsbereichen. Eindeutig schnellere und damit zeitgemäßere Formen der Organisation sind: durchgängige Prozessketten mit ungeteilter Verantwortung, Projekte, Team, selbst organisierte Netzwerke, virtuelle Organisation, Allianzen mit loser Koppelung. Dafür gilt es allerdings zwei Voraussetzungen zu schaffen: Erstens, eine Unternehmenskultur, die solche Formen nicht nur notgedrungen zulässt, sondern wünscht und fördert, und zweitens ein Steuerungs- und Entscheidungssystem, das diese Formen von Organisation überhaupt erst organisationsfähig macht.

Interdisziplinäre Netzwerke

Einen besonders guten Dienst leistet seinem Unternehmen, wer die Mitarbeiter ermutigt, einen offenen Blick für Probleme zu haben und alles ihnen mögliche zu tun, die Lösung selbst in die Hand zu nehmen. Auch und gerade nicht zu verzagen, wenn Handeln notwendig wird, das über die eigene Zuständigkeit hinausgeht. Das heißt nicht, jeder handelt unkoordiniert und auf eigene Beauftragung. Entscheidend ist, selbst initiativ zu werden und sich die notwendigen Ressourcen und Unterstützung oder auch, falls nötig, Erlaubnis zur Lösung von denen zu verschaffen, die dazu befugt beziehungsweise in der Lage sind. Dies ist eine Kultur gelebten Unternehmertums. Wer eine solche Kultur aufbauen und fördern will, ermutigt seine Mitarbeiter, über den eigenen Bereich von Zuständigkeit und Kompetenz hinauszuschauen und interdisziplinäre Kontakte zu knüpfen. Er tut alles, damit die Menschen Möglichkeiten haben sich gegenseitig kennenzulernen und informelle Beziehungen aufzubauen und zu pflegen. Je besser sich Menschen kennen, um so schneller werden sie sich bei Bedarf wechselseitig die Bälle zuspielen und Probleme unbürokratisch und vor allem schnell lösen, bevor sie sich zu einer gravierenderen Form auswachsen.

1.5 Rahmenbedingungen, die eines Unternehmers würdig sind

Unternehmerisches Verhalten entwickelt sich allerdings nicht zum Nulltarif. Wer auf der einen Seite im engen Rahmen Führung per An- und Zurechtweisung praktiziert, wird vergebens darauf warten, dass Mitarbeiter diesen begrenzten Rahmen von sich aus sprengen und darüber hinaus unternehmerische Initiativen entwickeln. Wer dieses will, muss klare Zeichen setzen. Er muss die Rahmenbedingungen, in denen Menschen arbeiten, so gestalten, dass Eigeninitiative, Selbstverantwortung, über die Grenzen hinaus denken, über den Rand malen, alles das, was man als unternehmerisch bezeichnet, anerkannt, belohnt und gefördert wird. Über die flexiblere Gestaltung von Organisation hinaus können dazu weitere ganz konkrete Aktionen gesetzt werden:

Zeitsouveränität und Vertrauensarbeitszeit
Statt ihnen exakt vorzuschreiben, wann genau sie ihre Arbeit zu erledigen haben, und sie dabei auch noch zu kontrollieren, werden Mitarbeiter in einem unternehmerischen Umfeld weitgehend in die Gestaltung dieser Frage miteingebunden und für die erfolgreiche Umsetzung verantwortlich gemacht. Einerseits haben sie von der Sache her oft den besseren Durchblick. Andererseits haben sie dadurch die Möglichkeit, ihre eigenen persönlichen Bedürfnisse privater Lebensgestaltung besser zu berücksichtigen, um insgesamt eine angemessene Balance zwischen Arbeit und Leben herzustellen. Drittens ist dies ein optimales Übungsfeld für Sozialverhalten im Team. Wer

diesen Aspekt umsetzen will, muss allerdings ganz generell zwei mentale Voraussetzungen bei sich selbst schaffen: Erstens, er muss seine Mitarbeiter weniger an ihren Tätigkeiten messen, sondern am Ergebnis ihres Handelns. Und genau dies ist einer der fundamentalen Unterscheidungen zwischen dem Beamten und einem Unternehmer: Das Schlimmste, was man einem Beamten vorwerfen kann, sind Verfahrensfehler. Das Verfahren steht eindeutig im Vordergrund. Beim Unternehmer ist der entscheidende Aspekt das Ergebnis. Wie er dahin kommt, ist zwar auch wichtig, aber eher zweitrangig. Zweitens, er muss darauf verzichten können, alles kontrollieren zu wollen oder zu glauben, dies zu können. Angst vor Kontrollverlust ist eine der häufigsten Ursachen, daß Veränderungen in Richtung Selbstverantwortung der Mitarbeiter und möglichst basisnahes Unternehmertum im Unternehmen als Theoriekonzepte auf dem Papier bleiben und nie das Licht der wirklichen Praxis erblicken.

Ertragsorientierte Bezahlung und Mitarbeiterbeteiligung

Wer sich unternehmerisch verhält, muss mehr Verantwortung übernehmen, als der, der im sicheren Rahmen seiner abgegrenzten Zuständigkeit bleibt. Er muss Risiken eingehen. Risiken geht vernünftigerweise nur ein, wer in gleicher Weise auch am Erfolg beteiligt ist. Die Beteiligung ist auch aus einem anderen Grunde wichtig: Wer nicht wirklich am Risiko beteiligt ist, läuft Gefahr, sich nicht wirklich unternehmerisch zu verhalten. Mit fremdem Geld lässt sich leicht Unternehmer spielen. Wenn man in manchen Unternehmen den Kampf und den Umgang mit dem Budget beobachtet, kann man sich manchmal des Eindrucks nicht erwehren, dass es in erster Linie wohl darum geht, viel Geld ausgeben zu können – und dadurch die eigene Bedeutung oder die Bedeutung des Bereichs, den man leitet, deutlich zu machen. Wer sich so verhält, vergisst eines: Der Unternehmer will in erster Linie Geld einnehmen, nicht ausgeben. Echtes unternehmerisches Verhalten ist ohne Beteiligung nicht zu haben – in welcher Form auch immer: Leistungsorientierte Bezahlung generell, Leistungszuschläge, in Form von Einzel- oder Gruppenzuschlag, Aktienoptionen oder Äquivalente, das heißt Belohnungen in anderer Form und anderer Währung, wie zum Beispiel Prestige, Anerkennung etc. Nur wenn auch der eigene Nutzen erfahren wird, werden die Dinge wirklich ernstgenommen.

1.6 Das zeitgemäße Mitarbeiterprofil – Anspruch und Wirklichkeit

In der Theorie scheint alles klar: Alle beschwören und fordern nahezu einhellig den Mitarbeiter als selbstverantwortlichen Mitstreiter im Unternehmen, mit einem echten „sense of ownership", der sich mit seiner Firma voll identifiziert, der seinen Job so ausfüllt und ausführt, als ob es um sein eigenes Unternehmen ginge, eben der Unternehmer im Unternehmen, der Probleme nicht nur sieht und beschreibt, sondern sie löst – nach dem Motto just do it! – immer bestrebt als Inhaber der Selbst GmbH seine employability (Beschäftigungsfähigkeit) aufzubauen, zu erhalten bzw. auszubauen.

Eine Auswahl von Schlagwörtern aus Berichten über den Jahreskongress 99 der Deutschen Gesellschaft für Personalführung (DGFP) mit dem doppeldeutigen Titel „Menschen führen zum Erfolg" soll dies bestätigen:

„Der selbständige und respektierte Mensch, der mündige Mitarbeiter als Erfolgsfaktor... der Unternehmer im Unternehmen... Entrepreneure, die kreativ und zielstrebig forschen, entwickeln, sich austauschen, Mut zum Risiko haben und damit Geschäfte vorantreiben... bei denen Neugier eine zentrale Rolle spielt... mit passion für das Geschäft... Wir müssen den Mitarbeitern, auch wenn es für sie unangenehm ist, die Verantwortung für ihre eigene Entwicklung, für ihre Qualifikation und ihr Wissen geben... Abschied von der Kultur des lonely rider... Teamfähigkeit... eigenverantwortlich, zugleich teamfähig... mit Leidenschaft für das Geschäft... innovativ, lernfähig und kundenorientiert" (Zeitschrift Personalführung 8/99, S. 52 ff.).

Die Praxis weicht in mehrfacher Hinsicht von der beschriebenen Theorie ab, sowohl von Seiten der Führung, aber auch von Seiten der Mitarbeiter.

Es wird eingeladen zur Offenheit, aber jeder spürt den Druck der geheimen Regel: Die Form muss gewahrt werden! Höflichkeit ist aber nur in bestimmter Hinsicht eine Tugend. Häufig ist sie eine der maßgeblichen Blockaden für wirkliche Veränderung. Das Eckige wird herausgefiltert. Die eigentliche Botschaft wird geschönt und dadurch verfälscht. Es gilt als Motto ein Widerspruch in sich: Sei frech, aber anständig!

Es wird zwar delegiert, aber häufig nicht konsequent genug. Es werden zwar die Aufgaben delegiert, manchmal auch die entsprechende Verantwortung, aber nicht alle dazu notwendigen Kompetenzen. Oder es wird zwar richtig delegiert, aber beim ersten Problem wird von oben her eingegriffen. Häufig wird nur Teilverantwortung delegiert, aber selten die durchgängige Verantwortung, ungeteilt für eine gesamte Prozesskette. Noch zu oft gilt nach wie vor die Devise: Teile und herrsche! Warum? Manager haben Angst davor, die Kontrolle über das Geschehen zu verlieren. Angst, nicht mehr willkürlich eingreifen zu können. Angst, nicht mehr jederzeit über alles Bescheid zu wissen. Nach wie vor richten viele Manager ihr Handeln nach folgendem Bild aus: Ein Manager hat alles im Griff. Ein Manager ist ein Chef. Ein Manager ist oben, – und dafür braucht es Leute, die ihm unter-geben sind. Es ist eigentlich verständlich, dass wer immer sich oben sieht und glaubt, das Bild abgeben zu müssen, dass er jederzeit alles im Griff haben muss und hat, sich schwer tut, echte Selbständigkeit seiner Mitarbeiter zuzulassen.

Kein Wunder, wenn die unten die günstige Gelegenheit nutzen, und die übergebene Verantwortung wieder nach oben zurückschieben, sobald die ersten Probleme auftauchen. Denn eines ist klar, das Leben in einem nicht umkehrbaren Stadium von Selbstverantwortung und nicht mehr möglicher Rückdelegation der Probleme nach oben ist nicht unbedingt angenehm, schon gar nicht bequem. In schwierigen Entscheidungssituationen überkommt einem leicht die Sehnsucht nach der früher gewohnten, wenn auch beklagten Entmündigung und den ebenso gewohnten Sündenböcken, auf die man notfalls alles abladen konnte – und dafür waren die oben immer noch gut genug, so schlecht man auch sonst über sie geredet hat. Diese Komfortzone ist hoch attraktiv. Auch Mitarbeiter, die schon längere Zeit sehr selbständig gearbeitet haben, sind nicht dagegen gefeit, sich nach diesem angenehmen Zustand zurückzusehnen.

Dieser Status quo voller Inkonsequenzen ist also das gemeinsame Ergebnis eines stillschweigenden, psycho-logisch verständlichen Bündnisses zweier Parteien, die ansonsten von sehr unterschiedlichen, teilweise gegensätzlichen Interessen getrieben sind.

1.7 Handlungsresumee

Auch der längste Marsch beginnt mit einem ersten Schritt. Was sind konkrete Schritte, die die Führung eines Unternehmens tun kann, tun muss, um einerseits das hier skizzierte Zukunftsbild vom Soll-Bild in die Realität umzusetzen – und um sich gegen die Versuchung zu wappnen, mittendrin stehen zu bleiben oder den Rückzug anzutreten.

Den Anfang machen …
Es ist Aufgabe des oberen Managements dafür Sorge zu tragen, dass der Veränderungsprozess eingeleitet wird. Dazu ist es unabdingbar, die Betroffenen gezielt mit Informationen so zu versorgen, dass sie nicht einfach daran vorbeigehen können. Informationen, die irritieren, Informationen, die das Bewusstsein schaffen oder verstärken, dass etwas passiert, wenn nichts passiert, Informationen, die erschüttern. Mit diesen Informationen als Grundlage gilt es dann, mit den Betroffenen zu diskutieren, um die Menschen einerseits unruhig zu machen – und auf der Basis dieser Unruhe andererseits Energie entstehen zu lassen, die gemeinsames Handeln möglich macht. Dies sind unverzichtbare erste Lernschritte.

Die strategische Ausrichtung verantworten
Bei aller Wichtigkeit der Kommunikation untereinander – und zwar in vielfacher Hinsicht – die strategische Ausrichtung des Unternehmens, seine Posi-

tionierung im Markt – Wer sind unsere Kunden? Was sind unsere Produkte und Dienstleistungen? Wie sind unsere Geschäftsprozesse? Welches sind unsere Wege zum Markt? Welches sind die Prinzipien unserer Firmenkultur? – dies ist Sache der obersten Heeresleitung. Ohne eine klare Positionierung und Profil im Markt wird es nicht möglich sein, die zum Beispiel so wichtigen Zielvereinbarungen auf allen Ebenen konsequent durchzuführen. Dass sich Positionierungen ändern können, muss ebenso klar sein. Das aber darf kein Grund sein, diese dann gar nicht oder nur schlampig vorzunehmen.

Energie auf möglichst viele Menschen verteilen
Manager sind oft stolz darauf, Lokomotive oder Motor des Wandels zu sein. Auf den ersten Blick klingt das durchaus beeindruckend. Beim näheren Hinschauen werden allerdings unerwünschte Nebenwirkungen deutlich: Wo es Lokomotiven gibt, bleibt für die anderen nur die Rolle von Waggons. Wo die Rolle des Motors besetzt ist, bleibt für die anderen nur sich antreiben zu lassen.

Was ist, wenn der Antrieb ausfällt? Günstiger ist es allemal, die Antriebsfunktion auf möglichst viele zu verteilen. Und der Antrieb ist erst dann gewährleistet, wenn jemand eine Sache zu seiner eigenen macht.

Bei allem Verständnis und Rücksichtnahme – nicht zurückschrecken
vor Zumutungen
Wir haben eingangs davon gesprochen, daß niemand sich gerne verändert. Veränderungen lösen Unsicherheit und Angst – und Abwehrroutinen aus. Dafür muß Verständnis haben, wer Menschen aus der Komfortzone ihrer wenn auch nur scheinbaren Sicherheit vertreiben will. Wer Unternehmertum im Unternehmen will, muss allerdings auch auf Auswüchse achten. Einerseits, dass Mitarbeiter sich nicht auf Dauer dermaßen selbst ausbeuten, dass sie völlig ausbrennen. Diese Fürsorge ist sowohl im Hinblick auf den Mitarbeiter wichtig als auch für das Wohl des Unternehmens. Des weiteren darf er nicht dem Irrglauben verfallen, als ob alles nur vom Einsatz geeigneter Instrumente abhängen würde, z. B. Zielvereinbarung, Mitarbeitergespräch, flexible Arbeitszeit, zeitgemäße, das Unternehmertum fördernde Incentive-Systeme. Die Instrumente können noch so zahlreich und perfekt sein, wenn nicht eine generelle Haltung spürbar wird, dass es auch darum geht, sich selbst entfalten zu können, ernstgenommen zu werden, Freude an der Arbeit zu haben und Ähnliches mehr, dann ist alles andere in seiner Wirksamkeit drastisch begrenzt. Und schließlich gilt es zu berücksichtigen, dass Verlernen auch maßgebliche Auswirkungen auf die Identität und Integrität von Personen hat. Wer ich bin, wie ich mich verstehe, was ich in meinen Augen und nach meinen Vermutungen auch in den Augen derer, die mir wichtig sind, wert bin, hat viel damit zu tun, was ich kann und was ich bisher gemacht

habe. Meine Person ist maßgeblich durch die Vergangenheit bestimmt. Wenn, gleichsam wie bei einer Währungsreform, Werte, Fertigkeiten und Anforderungen sich ändern, so ist das nicht ohne. Wer an dieser Schraube dreht, dem muss klar sein, was er alles in Bewegung setzt.

Andererseits darf dieses Verständnis nicht dazu bewegen, die Menschen schonen zu wollen und sie in Ruhe zu lassen. Wem das Überleben des Unternehmens am Herzen liegt, muss den Menschen zumuten, sich der zunächst unangenehmen Situation zu stellen, dass mit hoher Wahrscheinlichkeit Veränderung angesagt ist – und zwar Veränderung, bei der sie selbst Treiber und Betroffene zugleich sind.

Handlungsfähig trotz vieler Widersprüche
Die Zukunft kennt niemand. Es gibt zu jeder Handlungsmöglichkeit mindestens eine, meist mehrere Alternativen. Die Versuchung ist groß abzuwarten, bis die Dinge klarer sind. Wer dies tut, sollte sich allerdings über eines im klaren sein: Man kann nicht nicht entscheiden. Wer abwartet, verschiebt nicht die Entscheidung, er trifft vielmehr die Entscheidung abzuwarten. In Zeiten der schnellen Veränderung ist Schnelligkeit ein strategischer Erfolgsfaktor. Es kann wichtiger sein, eine Entscheidung mit einem relativ niedrigen Grad an Gewissheit zu treffen – mit dem Risiko, daneben zu liegen, statt zu warten, bis der Grad an Gewissheit nahezu das Stadium von Eindeutigkeit erreicht hat – mit dem Risiko, zu spät zu sein. Das neue Muster heißt: Schnelle Ermessensentscheide treffen, und keine Zeit für Rechtfertigungen verlieren, sondern Korrekturen vornehmen, sobald neue Erkenntnisse vorliegen. Zum zweiten sich darüber klar sein, dass es aus irgendeiner anderen Perspektive immer auch andere Sichtweisen und daraus andere Handlungsvorstellungen geben wird. Zum dritten, damit rechnen, dass es insgesamt immer häufiger Brüche und Diskontinuitäten geben wird. In diesem Umfeld handlungs- und entscheidungsfähig bleiben kann nur, wer in genügendem Ausmaß die hochgelobte Tugend der Ambiguitätstoleranz besitzt, das heißt die Fähigkeit, Mehrdeutigkeiten zu ertragen.

Ausblick

Wer Menschen zu mehr Selbständigkeit und Selbstverantwortung ermutigt – dass dies aus eigenem geschäftlichen Interesse passiert, tut der Richtigkeit keinen Abbruch – muss mit eventuell unerwünschten Nebenwirkungen rechnen. Wer sich unternehmerisch verhält, wird dies nicht nur im Sinne des Unternehmens tun, das ihn dazu auffordert, sondern auch für sich selbst. Einen Unternehmer begleitet bei allem, was er tut, die Frage: Wie weit lohnt sich das, was ich tue, nicht nur für das Unternehmen, sondern auch für mich? Wer feststellt, dass das neue Führungskonzept lediglich dazu dient, ihn noch stärker auszubeuten, wird zunächst versuchen, die Selbstausbeutung auf ein erträgliches Maß zurückzuschrauben. Ist dies nicht möglich, weil das ganze System lückenlos und konsequent am neuen Muster ausgerichtet ist, wird er sich mit der Frage beschäftigen, ob er das, was er tut, nicht woanders zu einem besseren Preis verkaufen kann. Wenn die Beziehung zum Betrieb auf eine ausschließliche Leistungsbasis gestellt wird – und dies noch beschränkt auf die Zeit, wo es sich der Betrieb leisten kann und der Mitarbeiter seinen Preis wert ist – wird auch der Mitarbeiter als neuer Mitunternehmer lernen, exakt zu kalkulieren. Seine Loyalität zum Betrieb wird mit Recht begrenzt sein. Die Begrenzungen ergeben sich aus bestimmten Bedingungen, die jeweils erfüllt sein müssen. Und ein guter Unternehmer wird regelmäßig den Markt studieren, austesten, was er wert ist – und rechtzeitig neu verhandeln oder den Absprung wagen. Und darüber hinaus gilt: Der unternehmerische Geist, der hier aus der Flasche geholt wird, wird sich nicht mehr dorthin zurückdrängen lassen – so ähnlich wie man eine Aufklärung nicht rückgängig machen kann. Wer diese Nebenwirkungen nicht will, darf von dem dargestellten Führungskonzept insgesamt keinen Gebrauch machen. Allerdings sei die abschließende Frage erlaubt, ob es zu diesem Konzept eine echte Alternative gibt?

Literatur

Doppler, K.: Dialektik der Führung: Opfer und Täter. München: Gerling Akademie Verlag, 1999

Doppler K.; Lauterburg, Chr.: Change Management. Den Unternehmenswandel gestalten, 9. Aufl. Frankfurt/New York 2000

2 Ethics – a Business Imperative

Kate A. Kohn-Parrott

Simply stated, ethics is "doing the right things." Extending this thought, business ethics, then, could be described as "doing the right things in business." These statements are deceptive in their simplicity as the factors underlying and defining ethics are highly complex. There is nothing simple about ethics, not in private, personal life and certainly not in the business world. It is noteworthy that ethics is ethics, and it is all about "doing the right things," regardless of whether practiced in a personal or business setting. People make decisions both in their private lives and in their business lives; these decisions balance past experiences and future hopes with social and economic pressures. In essence, decisions are based on personal judgment of what is right and what is wrong given the circumstances and the desired outcome. So, it follows that without guidance and direction to the contrary, business decisions will be made according to the same standards and the same values of right versus wrong used to make personal decisions. A company's reputation is defined by its actions, which are the direct results of the decisions that it makes. More and more, reputation has an impact on profitability, long-term viability and shareholder value, escalating the importance to business of a formal framework for decision making; preferably a framework that is based on high ethical standards that foster positive values and integrity. Business ethics is an extension of personal ethics, albeit sanctioned by company dictates, so it is wise for a company to seize every opportunity to provide the direction and support needed to guide its decisions and ethical posture. In today's world and environment, ethics is clearly an imperative that business cannot choose to ignore.

So where does one go from here? How did ethics get to be so important? What else matters on the topic of ethics? This article is about ethics, particularly as applied and practiced in business, and it will attempt to answer questions of this nature. Building on the introductory thoughts already presented, the article looks at the trends, legal influences, purpose (or why do ethics), and organizational integration of business ethics. It also highlights the inseparable link between personal and business ethics. This article does not intend to draw or offer conclusions, but rather to look at the intricacies of ethics in order to establish appreciation for the complexity of this topic, spark reflection, facilitate discussion and provide a framework for the development of a business ethics program.

2.1 Introduction: Thoughts on Ethics

Consider the challenge of trying to gain absolute universal consensus on what it means to "do the right things," and this might give some perspective on the complexity of the theory, concept, acceptance and practical application of ethics. Responding to this challenge is difficult because of the variety and intensity of opinions regarding this matter. Chances are if one were to ask 100 people to define "right things," there would be 100 variants in the replies. This is partly because each individual's view of what is right is colored by his or her personal life experiences; experiences that no one else shares exactly. It is these life experiences, strongly influenced by religion, culture, customs, background, upbringing and mores that define an individual's ethical responses, behaviors and assessment criteria. Herein lies the reason that what is considered right and ethical by one person may be offensive to someone else, creating disagreement in the definition of "right things" and causing, at times, conflict when trying to decide between right and wrong.

Taking the "doing the right things" concept to the next level, ethics can further be defined as a set of norms or standards by which behaviors are evaluated. Accordingly, behaviors are generally considered ethical if they meet (and possibly exceed) the accepted and desired practices, expectations, and norms of society or some subset of society at large. A company that sets ethical policies is communicating both the behaviors that it requires from its employees and the standards by which it chooses or expects to be evaluated. The reality is, however, that while a company is responsible for setting its ethical policies and directing the behaviors of its employees, it does not necessarily have the luxury of defining the norms by which these will be evaluated. Both personal and business behaviors are judged according to the evolving beliefs, values and mores of those doing the evaluation. Therefore, the judgment calls and behavioral expectations of others may strongly dictate the ethical protocols that one is compelled to follow. It is important to note that these expectations are not static and while there is perhaps some broad agreement on what makes up ethical behaviors, the specifics of this opinion continue to evolve.

Significant efforts are being made in various circles and forums, such as the Ethics Officers Association, to define some common running rules for ethical business practices; yet, absolute mandatory standards are not in place. Strong expectations and behavioral guidelines for the way multinational firms conduct business were agreed upon and published by the Organization of Economic Cooperation and Development (OECD) in 1976. The OECD is comprised of representatives from 29 nations from North America, Europe and Asia Pacific. It is expected that multinational business activities conducted within these countries will follow the OECD guidelines, which include provisions for fair business transactions, respect for human rights and relationships with host governments, among others. This is clearly a move to adopt standardized, global expectations for business activities and to recognize the importance of ethics in business.

Many professional organizations have developed codes of ethics for their members in an effort to ensure that the activities that these organizations sanction and govern are held in the highest esteem. For example, both the Institute of Internal Auditors (IIA) and the Institute of Management Accountants (IMA) have clearly established the ethical responsibilities and behaviors that their members must endorse and follow. The IIA and the IMA both recognized the need for their members to endorse ethics and independently developed their codes of ethics. These codes have been updated over time to recognize the changing roles and responsibilities of the internal audit and financial management functions. In 1987, the National Commission on Fraudulent Financial Reporting (more commonly referred to as the Treadway Commission) issued a report stating that both a company's management and its board of directors are responsible for the accuracy and integrity of financial reporting. The Commission's report also strongly recommended that all companies endorse ethics as a basic philosophy and that they demonstrate this commitment with the development of ethical standards and the implementation of ethical practices. The IIA and the IMA, together with the American Institute of Certified Public Accountants (AICPA), the Financial Executives Institute (FEI) and the American Accounting Association form the membership of the Treadway Commission. The results of the studies and reports of the Commission have influenced the responsibilities and activities of these organizations, and have played an important role in the continuing evolution of the ethical standards that these organizations mandate for their members. It is expected that as the members of these organizations endorse and comply with the ethics requirements, their actions will positively influence the ethical culture of the companies where they work and the places where they do business. Importantly, the ethical standards of organizations such as the IIA and the IMA address more than just behaviors in the workplace. Members are also expected to behave in an ethical manner in all aspects of their lives.

Aside from these and other similar efforts, each company must determine how it will integrate ethics into its practices and culture, according to its views of what is and is not right. Certainly the norms and expectations of outsiders are thrust upon a company in an effort to force it to observe certain ethical practices in the way that it operates. How a company reacts to these outside influences may have a major impact in determining its long-term success, and will be a driver of shareholder value. This is important because an increasing number of investment portfolios look for companies with proven track records of social responsibility and ethical practices.

Expecting employees to conduct business transactions with integrity, honesty, and fairness; treat customers, competitors and colleagues with respect and dignity; and act in a reliable and responsible manner represent essential and minimal behavioral requirements of a sound ethics policy. Unfortunately, these are nebulous areas of ethics because they are driven by an employee's personality, upbringing, desires and expectations. Further, these behavioral characteristics fall into a category where perception is considered reality, judgments are quickly and perhaps falsely formed, and actions are difficult to monitor and prove or disprove. As a consequence, a company often needs to provide substantial guidance and direction to employees in helping them understand how to act in a manner that is consistent with the ethical posture that the company wishes to assume.

The ethical demands placed on a company from its shareholders, customers, employees, the government and society are often difficult to ignore, and thereby provide a strong impetus for the establishment of formal ethical practices. But, whether or not the momentum behind an ethics initiative comes from within the company or from outside pressure, a company must make a conscious decision that it wants its business activities to be conducted in an ethical manner. And, then it must fully commit to this decision in order to make ethics work. Taking ethics cues from the outside without internalizing ethics into the culture will not create the infrastructure needed for ethics to be a success.

It is certainly possible, although not too probable, that a company as an integrated whole will consciously decide not to operate in an ethical manner (note: this statement does not account for individual behaviors/decisions). But it is not uncommon that a company either does not think about or does not focus on the matter of ethics. A company that does not address ethics does not provide the tools necessary for employees to understand the ways that they are expected to act, particularly in suspect circumstances. Consequently, a failure to prioritize ethics creates the risk that employees will engage in undesired or questionable business practices that may damage the company's reputation. Companies that indicate a desire to be ethical without taking the actions needed to ingrain ethics into their culture run a high risk that their ethical aspirations will not be realized.

Successful implementation and acceptance of prescribed ethics practices can only be achieved if a conscious and affirmative decision is made to endorse an ethical posture. The decision to be ethical is to a great extent manifested in the core beliefs and values of the company, elements that define the company's flavor and culture. As critical as the core beliefs and values are to the focus, drive and long-term sustainability of a company, so too are they to the tone, acceptance and effectiveness of its ethics policies. The nature and tone of the ethics program, and the attention that management pays to its success, directly influence the company's culture. Dynamic leadership that supports compliance with stated ethics policies, through a comprehensive ethics program and with demonstrated ethical behaviors, will drive acceptance of these policies.

Companies that are viewed as ethical are gaining a competitive advantage, emphasizing the value of a comprehensive ethics program. The ultimate goal is to get to the point where a company's ethical standards and practices define its culture, where employees know what is expected and act accordingly, and where the image and reputation of the company resonate integrity. This does not just happen – it is the result of relentless planning and implementation, and a demonstrated commitment to ethics. These steps are representative of the types and potentially iterative sequence of activities needed to move ethics from concept to reality:

➡ Make a conscious and affirmative decision to be ethical;
  ➡ Set the tone: identify standards for ethical behaviors;
    ➡ Implement policies to govern ethical practices;
      ➡ Develop and sustain a comprehensive, effective ethics program (one that recognizes and responds to the dynamics of change);
        ➡ Endorse and practice ethics in word and in action.

We will get back to this, but first, let's look at how the current interest in ethics came to be and then how the legal environment, particularly in the United States, impacts the matter of ethics.

2.2 The Ethics Evolution: a Historical Perspective

The idea of socially responsible organizations has been around for a very long time. While one might argue that technically "socially responsible" is not the same as "ethical," to some degree this would be an argument in semantics, as social responsibility is one of the cornerstones in the foundation of a comprehensive ethics policy.

Treating people with dignity and respect is certainly a social responsibility and it is about as basic as ethics gets. But, over the course of history, this was not always recognized. Employees in the United States and the United Kingdom were at one time subjected to very poor working conditions, treated more like slaves, and had little or no voice in how a company was run. Today, similar working conditions persist in many areas of the world and are not necessarily confined to Third World countries.

Society interest in the proper treatment of employees was recorded at least as far back as the Industrial Revolution in the United Kingdom. This interest arose due to working conditions in the sweatshops and the ethical response centered on ways to improve these conditions. Similar discussions surfaced during the rise of unionism in the United States, which resulted in the institution of better working conditions. As the unions grew more powerful, the employee work rights that they fought for became social norms used to identify and expose business practices that did not conform to these expectations. Notable were the journalistic exposés about life in the fisheries on Cannery Row in California. These investigations uncovered not only the horrific working conditions on Cannery Row but also the unsanitary conditions under which the fisheries were operated, bringing into question a company's responsibility for product safety. Over time, a series of instances involving defective products continued to pique public interest in product safety. Consequently, the development, production, delivery and sustainability of safe products are now widely considered basic business responsibilities that carry ethical as well as legal linkages.

In the 1970s, the public's expectations for ethical business practices were renewed with a fervor. It was during this era when interest in ecology gained momentum and companies began to be held accountable for both past and present actions that caused damage to the environment. Since then, a significant number of laws and regulations have been passed, mandating both the use of operating practices designed to help conserve the environment and the production of environmentally friendly products. Business activities designed to save or improve the environment came into vogue in the 1970s and continue today, as the demand for green products continues to grow. What started as grass roots interest in ecology was quickly recognized as an ethical obligation, where a company's failure to consider the environmental impact of its operations and products could have a devastating impact on its long-term viability. Importantly, escalated awareness of ecology and environment illustrates how what was once legal became socially offensive, and the ethical realization drove legal and regulatory changes. This is just one example where following the law may not be enough because social expectations often change rapidly before the legal process even recognizes the need to institute appropriate laws and regulations. It is generally certain, however, that as the interests and demands of society evolve, the legal process will respond.

Growing public attention to and concern about ecology and the environment were pivotal factors in raising consciousness about ethical responsibilities, particularly as applied to business. But these were not the only factors bringing the need for ethical business protocols to the forefront. As the reported incidences of abuses in purchasing activities, inappropriate financial transactions, misappropriation of assets, fraud and other improprieties in business practices, such as bribes to government officials, continued to grow, a mandate for companies to endorse ethical business practices became clear. Shareholders, customers and employees began to demand that companies conduct business transactions with integrity and honesty, and in a reliable and responsible manner. Shareholders, in particular, increasingly sought transparency in the recording and reporting of financial results. Competitors demanded a level playing field in the marketplace. And, a company's reputation as an ethically astute and concerned citizen was recognized as an asset; an asset that could be damaged by both the perception of impropriety as well as actual abuse. Business in general and companies in particular were forced to address the growing external demand for them to operate ethically and to proactively respond to continuing changes in society's ethical expectations and demands.

The development of formal ethics policies and the implementation of the corresponding ethics programs have become accepted ways to respond to these expectations and help address public perception. Further, a variety of laws addressing honesty and integrity in business transactions have been introduced in recent years, providing a framework within which a company is obliged to operate. For example, the United States Foreign Corrupt Practices Act and the EU-Corruption Act together implement an international anticorruption agreement prohibiting the use of bribes to obtain or retain business or achieve an unfair advantage.

Since the 1970s, the trend to hold business responsible and accountable for ethical behaviors and performance has continued to grow. There is little evidence that this trend will slow any time soon. Business must keep a watchful eye now and going forward in order to keep abreast of changing public sentiment that could influence ethical opinions and responsibilities thus dictating the development of future legal requirements. This is not easy because the areas where ethics apply are not always evident. It is not uncommon for a seemingly simple business decision to have wide-ranging ethical complications. For instance, a company that institutes sales quotas may do so with the honest intent to increase sales. If, however, the sales force responds to this challenge with inappropriate tactics that take advantage of unsuspecting customers, then an ethical breach of the trust between the company and its customers will occur. Transparency in financial reporting, as another example, may not seem to carry ethical implications, especially when it appears that a problem or inconsistency can be corrected within a few reporting cycles. Nothing could be further from the truth – transparency in financial reporting is always correct, regardless of the implications and timing factors, and carries heavy ethical responsibilities.

The ethical orientation of a company extends to many groups (customers, employees, shareholders, competitors, communities where business is transacted and society in general), each with special interests, rights and expectations. Certainly customers have the right and should assume that the products they buy and the services they receive are safe and provide appropriate value. Equally, employees expect that they will be fairly treated and fairly compensated by their employers. Shareholders demand that their investments are protected, competitors insist that others "play by the rules" while conducting business under generally accepted tenets of free trade, and society expects that its resources will be preserved and treated with respect.

Honesty, integrity, respect for others, fairness, loyalty and the pursuit of excellence are all positive values and critical components of ethical behavior that can be linked to each of the expectations and special interests listed above. However, while there are certainly ethical implications in the decisions impacting relationships with each of these groups, these implications may not always be clear. But, it should be very clear that no business activity lies outside the ethics umbrella. Areas that seem to have a life of their own – where decisions are made without thought of ethical consequences – are likely the areas of activity where serious attention to ethics should be paid. Areas that are inextricably linked to a company's social responsibilities may present special ethics challenges. Recent experiences related to the ethical actions of business indicate that it is advisable to keep a watchful eye on trends, laws and public interest in such areas as: product safety, information security, international expansion, environmental protection, investment practices, workplace safety, exploitation of workers, and supplier relations.

2.3 Legal Influences

There are no laws that absolutely require companies to document the ethical standards by which they wish to run their operations (and ultimately be judged against) or to implement formal ethics policies and practices. However, with a basic understanding of what ethics is, one can readily conclude that there are myriad laws with ethical implications. In the United States, such laws might provide rules and regulations for environmental practices, employee health and safety standards, employment relationships, product safety, and trade practices, among others. Further, there is a growing incidence of business laws that carry criminal penalties for non-compliance. As the number of ethics-related regulations and business laws with criminal penalties continues to increase, it can be expected that more and more companies will try to address the related exposures by weaving appropriate considerations and references into its ethical standards. Such a proactive response could be in a company's best interests.

The establishment of an effective ethics program that includes education about the law and thereby promotes compliance with the law, may help reduce a company's exposure, fines and penalties if certain laws are violated. For example, the United States Federal Corporate Sentencing Guidelines provide that special consideration be given when determining sentences for violations of federal laws by corporations that have implemented and sustained effective ethics programs. Factors such as how ethics policies are communicated to employees and whether or not there is a forum for employees to seek help or report suspected abuses of legal requirements or ethical policies can favorably influence a corporation's fines or penalties for violating United States federal laws. The United States Federal Corporate Sentencing Guidelines are applicable to all corporations, regardless of size, offering a compelling rationale for the implementation of a formal ethics program. Formulating and sustaining an ethics program may, however, be problematic for companies that are small, new or undergoing significant transformations. These companies often cite limited time, financial and human resources, or lack of a historical frame of reference as reasons why they cannot place immediate attention to the ethical side of their business. Indeed, the struggle for survival often pushes ethics to the background, a situation that can ultimately challenge a company,s long-term viability. While this situation is understandable, the ethical ramifications can be considerable, so even in small, growing companies and particularly those that are dealing with high levels of stress, ethics should be given a high priority.

All companies, without exception for type, size and longevity, are expected to abide by the laws of the countries, localities, and municipalities where they engage in business activity. Managers can be held accountable for not only their actions but also any misdeeds and legal violations of their employees. Accordingly, a company should establish full compliance with relevant laws and regulations as a basic and fundamental business philosophy. This is certainly the minimum that society would expect from any business venture. It is then, to a large extent, a mandatory price of doing business, regardless of whether or not a company chooses to establish a formal ethics program. Compliance with the law is not an option and managers may be held liable for failing to oversee such compliance.

The expectation by a company that its employees obey the law is only one facet of a comprehensive ethics program, and indeed this expectation should form only the very minimum requirement of such a program. While a company might build its ethical framework from certain legal tenets, ethics is about much more than just obeying the law. In fact, a number of instances can be cited where what the law allows may not be perceived as ethical by society.

An example is where Shell UK had endeavored to dispose of a large offshore petroleum facility, the *Brent Spar,* in the North Sea, according to an agreement with the British government (note: this agreement was not fully endorsed by some other European nations). The environmental group Greenpeace vehemently protested the agreement, citing potential environmental contamination, and Shell UK was ultimately forced to find another means to dispose of the facility. In this situation, Shell UK attempted to follow a course of action that was sanctioned by a legal agreement, but society deemed the course of action as unethical and the pressure of public opinion took precedence over the legal process.

Other examples of discrepancies between legal requirements and ethical expectations have included:
- fishing for tuna with nets that entangle and kill dolphins, and
- sourcing of product production to Third World countries where employees are subjected to what may be considered substandard working conditions.

In the United States, an employee may be protected from wrongful discharge by the federal Whistleblower Protection Act of 1989 if he/she reports suspected or known improprieties. Such disclosure is usually referred to as "whistleblowing." This term may apply to reporting within the company itself, but usually "whistleblowing" is considered the act of taking a company's activities public, most often either by filing a claim in the legal system or by disclosing information to a reporter. The degree of legal protection granted to "whistleblowers" depends in large part on the nature of the claim, the steps taken to address the problem, and the response provided by management. This means that before going public, an employee may be expected to report and try to resolve the concern internally, ultimately taking the matter to the highest management level possible. This expectation puts a safeguard in place to limit "whistleblowing" outside the company to the most serious of circumstances, those that will not be addressed internally, and particularly those with the potential to endanger the public. The Whistleblower Protection Act is not the only legislative recourse for those who report on violations of laws and regulations. A variety of other acts and laws also offer some protection. Examples in the United States are the Occupational Safety and Health Act, the Water Pollution Control Act and the Clean Air Act Amendments. Taking legal protection a step further, a number of cases have been argued recently in the United States courts confirming an employee's right to refuse to commit criminal acts as an employment requirement. These cases have affirmatively established that employees cannot be expected or compelled to commit criminal acts and consequently a company cannot legally discharge an employee for refusing to participate in criminal activity.

Beyond laws protecting employees who report violations, some recent legislation has passed requiring that certain situations be reported promptly to appropriate authorities, who are then responsible for ensuring that consumers are also aware of problematic situations. For example, the Transportation Recall Enhancement, Accountability and Documentation (TREAD) Act was signed into law in the United States on November 1, 2000. Although petitions for increased tire safety had been in place for at least two years, the Act was passed shortly after formal introduction, partially in response to product safety issues related to tread separation on some Firestone tires used by Ford Motor Company. The provisions of the TREAD Act are applicable to the manufacturers of automobiles, tires and automobile parts, with the intent that the Act will introduce world-class safety standards and implement timely reporting of safety-related defects. Both the manufacturers of parts, tires and/or automobiles and the United States National Highway Transportation Safety Administration (NHTSA) have important roles and responsibilities in ensuring that these objectives are met. NHTSA is responsible for establishing new rules requiring manufacturers to submit substantial amounts of information related to the reporting of foreign recalls and to provide early warnings to the government. Failure to comply with these new reporting requirements will carry enhanced regulatory penalties. Further, individuals and companies who knowingly suppress and fail to report suspected product safety issues, especially those that would result in death or serious bodily injury, may be subjected to criminal actions.

A company should encourage employees to report suspected wrongdoing without fear of repercussion so that charges of ethical or legal misconduct can be handled internally to the extent possible. In the United States there are legal avenues that permit a company to self report violations of laws and regulations, thereby minimizing legal exposures and offering the opportunity for the company to demonstrate that it is a good corporate citizen. Certainly it is preferable for a company to proactively report its wrongdoings versus having to defend its actions either in a court of law or to skeptical public opinion.

Self-reporting gives a company an offensive advantage by fostering public perception that the company is honest and ethical. Self-reporting thus offers the opportunity for a company to proactively communicate its action plans and demonstrate its commitment to operating its activities in accordance with legal and regulatory requirements and with respect and consideration for societal concerns.

Taking a company's proprietary business plans and internal practices to the public arena can have a negative impact on the company's competitive advantages and jeopardize its reputation, especially if the information incriminates the company. This is true even if any allegations of wrongdoing prove inaccurate. The public seems to thrive on bad news and companies that engage in questionable business practices make for good press; that is, negative news that attracts public interest sells papers, focuses attention on problems versus solutions, and ultimately degrades the company's image.

Establishing the communication channels, investigative wherewithal and feedback loop needed to encourage and permit employees to come forward with their suspicions are necessary to support an effective ethics program. This is all about creating an atmosphere of trust that translates into good, sound management practice. So, to some extent, allowing employees to bring real concerns forward transcends ethics, and should be considered a basic operating practice regardless of whether or not a company establishes a formal ethics program. Just as important as encouraging employees to come forward when necessary and appropriate, a company also needs to consider a means to discourage frivolous or malicious claims.

2.4 Why do Ethics?

The most compelling reason to be ethical is because ethical behaviors – such as integrity, respect, honesty, and trust – support and encourage the common good in personal relationships, in business dealings and certainly in terms of responsibility to society, both at the individual and business levels. Ethical behaviors beget ethical behaviors. And, while there are seemingly a variety of reasons driving the trend for companies to establish ethics programs, some relationship to societal expectations exists behind each of these reasons.

It is generally acknowledged, certainly in western countries, that a business exists to make money and thereby create value for its shareholders. This is a very appropriate position that can be complicated when the matter of ethical business practices is considered. Many ethical dilemmas are the result of trying to balance economics with ethics because often the course of action that one might take to maximize economic returns appears to conflict with ethical standards. Making decisions about what is more important – economics or ethics – represents a classical conflict that countless individuals and companies struggle with every day. The answer just might be that the ethical course of action would actually prove to be the most economical and result in the most financial reward in the long run. But this may not always be easy to accept in the short term, especially when things such sales, profits, shareholder value, and employment status are at risk. When a decision is made that favors the long-term ethical benefits over short-term financial results, a company must actively communicate the reasons for the actions so that shareholders, customers and the public will understand and respond favorably. This may become less of a challenge as investors increasingly consider social responsibility and ethical culture as investment criteria.

Looking a little more deeply at economics versus ethics, one might question how the tenet to maximize profits could be reconciled with business decisions that may be more ethical in nature but also increase costs. The immediate response may be to assume that increased costs translate into decreased profits, but, when dealing with matters of ethical concern, this is often not the case. To illustrate, let's look at a simplistic situation. Think of the potential risks associated with poor working conditions and the impact of these risks to a company's bottom line. Such risks might include, among others, increased safety hazards in the workplace, contamination of raw materials, degradation of product safety, inability to meet customer demand, and low employee morale. Let's further explore just one of these risks: "increased safety hazards in the workplace." Suppose that, in an effort to keep costs low and profits high, a company decides to defer investment in a new filtration system needed to purify air in a section of a manufacturing facility. Further suppose that, over time, the air quality deteriorates to the point where employees start to become ill and miss work, causing productivity to decrease thereby impacting the company's ability to meet customer demand. The decline in productive output will increase costs. Failure to satisfy demand for the product may then cause customers to buy from another supplier and it may be difficult to reclaim those lost customers. If the working conditions continue to deteriorate, the situation may become newsworthy, having a negative impact on the company's image. Regardless of whether or not the initial decision considered the ethical aspects of retaining an out-of-date air filtration system, employees will be exposed to contaminants in the workplace and productivity will suffer. In the end, the company's decision may have the desired outcome to keep costs low and profits high, but this will only happen in the short term. The ethical ramifications of the initial decision will manifest themselves over time and produce results that are opposite from those desired. In the long run, this decision will negatively impact the company's profitability and jeopardize its reputation, both which will likely result in decreased shareholder value. This simple illustration shows how, bottom line, business ethics makes good business, establishes the company as a socially responsible citizen, enhances image and reputation, and tends to increase long-term profits.

It has become more and more necessary for a company to take a proactive stance in establishing an ethics program and further to publicly communicate and demonstrate its commitment to ethics. These are necessary responses to increasing demand for accountability, the rapid and ongoing evolution in societal expectations, and the legal changes that follow. While a company may be able to manage its business in the short term without consideration of the ethical implications of its decisions, this is neither practical nor feasible in the long run as its image, reputation and viability are at stake. Establishing an ethics program is close to a financial imperative, heavily sanctioned by the company's shareholders, employees, customers, and the communities where the business operates. Acceptance of ethics as a basic business philosophy and establishing the infrastructure to support it is a responsibility that all companies should endorse because it makes economic sense, and, more importantly, because ethics supports the common, broader interests of individuals, business and society. The key message here is that economics should not be the only factor considered when defining ethical practices. Ethics must be based on altruistic qualities such as integrity, honesty, trust and compassion, and these must permeate the culture of a company in order to assure success of the ethics program. Economics and ethics must coexist and decisions must consider and balance both. Fortunately, this is often easy to do, as ethical decisions usually produce the highest economic gain in the long run and are easy to make when the results are assured. But this is not always the case. So, it is incumbent on a company that wishes to be viewed as ethical to define criteria to assist its employees in making decisions where the projected results are uncertain or where two decisions both appear to be "right".

2.5 Organizational Integration

2.5.1 Making Ethics Happen

It is certainly the trend for companies in the United States and the rest of the world to establish ethical policies outlining the ways that employees are expected to act when conducting business and perhaps providing specific direction for behaviors. And, while this is often done in an effort to increase the probability that the company's activities are in compliance with laws and regulations, a company is not absolutely required by law to formalize its ethics policies. When a company does take this step, information on the company's ethics, vision, direction, requirements and guidelines are usually published in an ethics policy manual frequently referred to in terms such as the "code of conduct," "ethics code," "ethics policy," or "integrity code." Beyond just stating the company's policies and expectations, the ethics policy manual may also offer examples of situations where an employee may face an ethical dilemma and then provide guidance on how the employee should respond to the situation. How the information is presented in the manual is at the company's discretion and may be a reflection of both the company,s overall commitment to ethics and of course its culture. For instance, one company may decide that ethics is so serious and important that its policy manual will be written in a very formal manner without illustrations. Another company, while also acknowledging the absolute importance of ethics, may take the vantage point that including graphics and illustrations in the manual will induce employees to read the materials and increase their retention of the information.

As a recommended course of action, once a company makes the decision to formalize its ethics policies, the next step is to develop a program to implement those policies. Putting the policies down on paper and creating a manual to communicate them is obviously very important. The act of writing something down goes a long way towards demonstrating its importance. But, ingraining ethics policies into a company's culture and getting these policies accepted and followed takes much more than just writing them down in a policy manual.

People come from different backgrounds, with different life experiences and often different perceptions of what is right and what is wrong. Each of these factors will strongly influence the range of expected employee behaviors and actions. Certainly if differences can be measured in the reactions and attitudes to ethics stimuli from one employee to another, it follows that employees may conduct themselves in a manner that is not consistent with the ethical standards desired by a company. It would be a serious mistake, then, for a company to assume that its employees will just know how to act in all situations, especially those where the right or desired response might not be obvious. Therefore, it is not enough if a company only provides a statement or manual of its ethics policies. A comprehensive ethics program is absolutely essential to making it work. Such a program must be integrated into the company's governance infrastructure and should have provisions and plans in place to:

✓ formalize and communicate the company's ethics policies;
✓ reinforce them on a recurring basis through training and other awareness campaigns;
✓ require employees to periodically declare and reconfirm their awareness, understanding and commitment to the company's specific ethical protocols;
✓ offer examples of how employees are expected to behave or respond in certain situations;
✓ provide a source (perhaps reference materials and/or a go-to person) that employees can turn to, preferably on a confidential basis, for help and guidance;
✓ offer a confidential communication channel where suspected abuses can be reported;

✓ investigate and follow-up on suspected abuses;
✓ discipline proven abuses;
✓ interact with the other areas that provide governance; and
✓ reevaluate and update the ethics polices on a regular basis: be responsive
   to the dynamics of change!

The needs for communication, feedback, support and leading by example cannot be stressed enough. High ethical standards require both the proper environment and training. Each element of ethics supports and builds on the other elements, weaving a thread that forms the basis for business activity:

➡ For instance, ethical standards and expectations create the kind of climate
   in which people are encouraged to make the right decisions . . .
➡ Ethical decisions come from shared values and a common understanding
   of acceptable business behavior . . .
➡ Ethical behavior is the result of good business habits and requires development, communication, knowledge and practice.

2.5.2 Gray Zones

Business ethics is about setting high standards for management and employee actions, expecting and encouraging appropriate actions in all situations, and absolutely key – demonstrated management commitment. An effective ethics program will create an environment where an organization's individual and collective actions reflect the highest levels of integrity. And, it will also foster understanding, encourage communication and offer ongoing support and guidance to employees. This is critical because the actions to be taken in every circumstance are not always crystal clear and every decision is not easy. Acting with the highest level of integrity is hard work that requires one to have the understanding and courage necessary to make difficult choices.

Many decisions are clear and easy to make and some are easier than others are. Those decisions where the ethical response is not necessarily evident can and do pose ethical challenges. These are sometimes referred to as "gray zones" because the answers and actions to be taken are not clear. In these cases, all the consequences must be known, weighed and compared to ensure the best decision is made. Taking all the outcomes into account does not always make the decision easy or the action plan clear. Plus there are times when the risks associated with making the "right decision" are overwhelming. Consider the person who is asked to falsify a report, knowing that this is the wrong thing to do, and potentially violating a professional code that this person has agreed to follow. However, the risk of losing one's job may be too

great and the individual may comply with the request. Pressure for performance or the hope of reward can be tremendous and cause otherwise ethical
people to act in a manner that is inconsistent with their personal beliefs.

Some examples where ethical dilemmas may present difficult choices, and
even where the decision does not seem like a matter of ethics include:

- A person with a big ego needs to admit a mistake. It would be easy to blame
  a coworker. Is this okay?
- It is performance appraisal time and someone needs a key result in order
  to get a favorable review and achieve a merit increase. Why not take credit
  for another's ideas or results?
- The company just purchased a first-class ticket for an employee to go on a
  business trip. Why not trade it in so that the employee can take his/her
  spouse?
- An employee is assigned to a project and a critical deadline is the same day
  that the employee's child has a school performance. There is no way that
  the deadline can be moved and no way that it can be met if the employee
  attends the performance. The employee's child will be devastated if the
  parent misses the performance. Should the employee call in sick as this
  would be safer than asking for the day off?

The above are examples where dilemmas may arise and they are offered to
illustrate that ethical considerations are a part of some of the most basic, daily
decisions that are made. These are representative of decisions that will impact
the inner workings of a company; these are decisions that are heavily influenced by the company's culture and its attitude towards risk and failure. Sure
the big stuff and the hard decisions that impact the public will have the most
visibility – at least outside the company – but it is the day-to-day decisions
that define the company's character and determine the effectiveness of its
ethics program. Companies that are committed to a successful ethics program will support their employees with the information needed to make the
right decisions in the tough daily environment. Taking suitable disciplinary
action against those employees who do not comply with the expectations will
further reinforce the importance of and commitment to the company's ethical policies and standards.

DaimlerChrysler Corporation supports its employees by providing a list of
questions to be considered when making decisions that have ethical implications and where the course of action is not clear. The company actively offers
awareness support – such as ethics training, meeting presentations, an internal "Integrity Website", an open line for advice on ethics matters, and investigative services. This is done to help employees appreciate and understand
the complexity of ethics and to let them know that they are not alone when
making the tough calls.

DaimlerChrysler Corporation's Business Ethics Quick Test

- Is the action legal?
- What are the potential consequences of my actions?
- Is the action or dilemma against company policy or a violation of our guidelines?
- Does my supervisor know and would he/she approve?
- How would my family feel about if it were on the front page of the newspaper?

Thoughtful and truthful answers to these questions and other similar questions should help point one in an ethical direction and assist in making the right choices.

Decisions made in the gray zones are not limited to choices that impact individual circumstances. The consequences of many of the decisions made in the gray zones are very serious in nature, having broad implications and potentially setting or redefining a company's strategy. As previously mentioned, some decisions are sanctioned by law, yet not perceived as ethical. Also, there are decisions that attempt to balance economics and ethics but cannot because at some point it is no longer clear that the ethical response will produce a positive payback. That is, the cost of being ethical could surpass the benefits and jeopardize a company's status as a going concern. Some really tough calls must be made in these situations and the results will usually be either highly rewarding or equally devastating.

Consider the situation where Merck and Company, Inc., a large pharmaceutical company, discovered a drug that would, with a very high degree of certainty, eradicate river blindness, a devastating disease affecting millions of people living in Third World areas, such as Africa. The first challenging decision that Merck had to make was whether or not to develop the drug, at great cost to the company. Merck chose to develop the drug with the expectation that some human rights groups and governments would help fund its distribution; expectations that were not met. Consequently, Merck was faced with the tough decision to either shelf the drug or fund the distribution and medical follow-up. This was not within the scope of business that Merck had defined for itself. So, what should they do? How should they respond? Ethically, the company knew that the drug would help millions of individuals and that over time the disease would be eradicated. Practically, the cost associated with the distribution and medical treatment of the infected individuals could have a devastating financial impact for Merck. Ultimately, Merck decided to fund distribution of the drug, and it has been highly successful in treating river blindness. This decision was true to Merck's philosophy that evolves around the development of medical treatments for people, not for profits. Merck believes that profits will follow when the right decisions are made.[1]

2.5.3 Corporate Governance

Ethics is an integral component of corporate governance, which is part of the oversight activities of a company. It is not unusual for the key role in ethics awareness and management to fall under a group traditionally associated with corporate governance, such as legal, internal audit or human resources. These functions typically play an important role in monitoring the evolution of ethical matters and thus keep the organization keyed into appropriate changes in the legal environment and social expectations. Corporate governance activities are frequently structured to identify and help manage risks to the business both from an internal and external perspective. These activities have a vital function in challenging and confirming risks to the business that may be associated with its ethical practices or failure for individuals to follow the company's ethical standards. Linking ethics with corporate governance provides a very important means to verify compliance with expected behaviors, report abuses and recommend changes. This must be done carefully, however, because assigning responsibility for ethics to a corporate governance function creates some risk that ethics will be considered peripheral rather than core to the business. For ethics to be successful, it must be ingrained into a company's culture, widely embraced, and supported and practiced at all levels of the company.

2.5.4 Program Management

As already noted, key components of a comprehensive ethics program include awareness, communication, availability, compliance monitoring and action on ethical abuses. These components do not represent one-time events; rather, they are processes that need support on a continuous basis. Management of the ethics program can and will vary from company to company, as will the associated responsibility and authority. To help prioritize the importance of the ethics program and assure that all employees respect its tenets, program oversight should be assigned to a high-level manager, with an appropriate level of authority. More and more frequently, an ethics officer assumes this role. Regardless of the title, whoever manages the ethics program must have a very serious and important role in establishing ethical standards, sustaining the program, and investigating and disciplining ethical abuses. If fulfillment of these responsibilities is not consistent with the direction and culture of a company, then the ethics program runs a high risk of failure. Accordingly, it is imperative that the ethics officer (or highest ethics manager) has both the autonomy and authority to make decisions on matters related to existing and approved ethical standards. This person should also be expected to keep the ethics program energized and current in response to changing societal expectations, challenge plans and activities developed at all levels of the organization if there is any hint of questionable ethics, and recommend action plans to correct ethical breaches. In the hopefully rare circumstances where executive level management and the ethics officer cannot reach a consensus, then an avenue of higher appeal should be available. For a United States company, this might be the right to discuss the conflict with outside members of the board of directors.

2.5.5 Responsibility for Ethics

Clearly management is responsible for making the strategic decisions that drive ethical policies and standards. Business leaders have a special responsibility to promote ethics awareness with visible commitment to the company's ethical framework. Setting a good example will challenge others to also endorse and comply with the company's expectations for ethical behaviors. Management must create a climate that encourages open and honest communication on matters of ethical concern, reinforcing the message that ethical business decisions are good business decisions.

Managers are not the only ones with responsibility for ethics, however. All employees share this responsibility, as a company's reputation is a composite of all its actions and the "right" choices need to be made consistently throughout the company. The impressions created by individuals reflect on the company. Each employee is responsible for his or her words and actions and should therefore make sure that these are consistent with the ethical posture of the company. Employees also have a duty to make sure that they understand the policies, guidelines, practices and legal requirements impacting their areas of responsibility. This extends to active awareness and commitment to the company's mission, core beliefs and values, culture and ethical policies. Roles and responsibilities throughout the organization need to be structured to support the company's ethics policies and requirements, and to provide everyone with the ability to fulfill these expectations while making a positive contribution to the company's ethical culture. Putting culture and ethical values into the performance management system – and rigorously enforcing this aspect of the system – is a great way to keep people focused on these important factors.

2.6 Summary

In summary, ethics is about "doing the right things." In business, this concept is extended to the activities and behaviors conducted in support of a business endeavor. The extension of ethics to business is not always obvious because the actions and behaviors of employees are influenced by their personal perceptions of what is right and what is wrong; that is, what they view as "doing the right things." It is important for a company to determine what it views as the right decisions to be made and the right behaviors to be taken in specific instances. Then it must communicate this position and train employees to have the same perception and understanding of what are the "right things" and ultimately to conduct themselves in the desired manner.

Public pressure certainly plays a very important role in driving the ethical postures and behaviors assumed by business. In an increasing number of situations, being ethical has an affirmative effect on a company's ability to attract investors, achieve targets and desired results, and be sustainable in the long term. This is obviously an important reason for a company to endorse ethics as a basis for its business endeavors. But, the most important reason is because ethical behaviors support the common good, have a positive effect on the well being of individuals and society, and help conserve energy and resources. Ethics has clearly become a business imperative and those who do not step up to thechallenge will find success to be fleeting and short-lived.

Reference is made to a case study entitled Merck & Co., Inc., published by The Business Enterprise Trust, Stanford, California, 1991.

Anmerkungen

Ethics Officers Association: www.eoa.org
Institute of Internal Auditors (IIA): www.theiia.org
Institute of Management Accountants (IMA): www.imanet.org
American Institute of Certified Public Accountants (AICPA): www.aicpa.org
Financial Executives Institute (FEI): www.fei.org
American Accounting Association (AAA): www.aaa-edu.org

National Commission on Fraudulent Financial Reporting:
www.isaca.org/bkr_cbt1.html

United States Foreign Corrupt Practices Act:
www.usdoj.gov/criminal/fraud/fcpa/
www.usdoj.gov

United States Federal Corporate Sentencing Guidelines:
www.ussc.gov

www.ussc.gov/orgguide
www.ethicaledge.com/references2.html

Whistleblower Protection Act:
www.osha.gov/as/opa/worker/whistle.html

Occupational Safety and Health Act:
www.osha.gov
www.OSHAsafety.com

Clean Air Act Amendments:
www.epa.gov/oar/oaq_caa.html

Transportation Recall Enhancement, Accountability and Documentation
TREAD) Act:
www.nhtsa.dot.gov/cars/problems/studies/insurance/insreport4final.html
www.rma.org/government/tread_act.html

3 EFQM - Methodik und Systematik guter Führung

Christian Forstner

3.1 Was ist gute Führung ?

Die Ausarbeitung einer Strategie, die sich an einer Vision und einem realistischen Wertesystem orientiert, gehört mit zu den wichtigsten Führungsaufgaben. Die Geschäftsstrategie zeigt den Weg in die Zukunft, sie ist die Grundlage für Erfolg oder Misserfolg; sie wird mit Hilfe von Zielen praktisch umgesetzt. Dazu bedarf es qualifizierter und motivierter Mitarbeiter, die Vision, Strategie und Ziele genau kennen und für ihren Verantwortungsbereich interpretieren können. Dazu braucht die Führungskraft eine ausgeprägte Kommunikationsfähigkeit und die Gabe, Mitarbeiter zu begeistern und zu gewinnen. Hier kann mit Schulungen manches erreicht werden, aber Wunder sind nicht zu erwarten!

Führungskräfte müssen zur ehrlichen, offenen Kommunikation fähig und bereit sein. Durch gutes Vorbild und konsequentes Handeln kann eine wirkungsvolle Führungskultur geschaffen werden, das Fundament eines erfolgreichen Unternehmens.

3.2 Mitarbeiter und Innovationen

Mitarbeiter, die die Unternehmensvision teilen und an der Ausarbeitung und Formulierung der Geschäftsziele beteiligt waren, werden sich mit ihrer gesamten Kompetenz engagiert dafür einsetzen, dass diese Ziele auch erreicht werden. Mitarbeiter, die ihre Aufgaben mit großem Entscheidungsspielraum weitgehend selbständig erledigen, werden ständig kreativ an neuen, besseren Lösungen arbeiten. Innovationen können nicht befohlen werden. Innovationen kann man auch durch die Bereitstellung hoher Forschungs- und Entwicklungsbudgets allein nicht erreichen.

Es gilt vielmehr, eine Führungskultur zu schaffen, die Kreativität fördert und belohnt. Es geht darum, die richtigen Rahmenbedingungen für die Mitarbeiter zu schaffen, alle notwendigen Arbeitsmittel und Freiräume zur Verfügung zu stellen. Denn das innovative Potential, das in Mitarbeitern steckt, ist gewaltig. Es ist das größte Kapital des Unternehmens und übersteigt –

würde man es finanziell bewerten – oft das gesamte Geschäftsvermögen. Die Rolle von Innovationen als Wettbewerbsfaktor moderner Unternehmen braucht hier nicht näher erläutert zu werden.

3.3 Supply Chain: vom Lieferanten zum Kunden

Mitarbeiter schaffen Mehrwert für den Kunden, indem sie Prozesse gestalten und damit Produkte und Dienstleistungen liefern und bereitstellen, für die der Kunde gut bezahlt. Ist der Kunde zufrieden, wird er wieder bestellen. Deshalb gilt es herauszufinden, was der Kunde haben möchte. Produkte und Dienstleistungen, die technisch brillant aber ohne echten Kundennutzen sind, haben schon viele Unternehmen ruiniert. Es ist vordringliche Führungsaufgabe, die Wünsche und Forderungen der Kunden in Erfahrung zu bringen und damit die Voraussetzungen für optimale Prozesse zu schaffen.

Strategische Partnerschaften mit Schlüssellieferanten ermöglichen die optimale Gestaltung der Produktions- und Dienstleistungsprozesse. Sie garantieren Zuverlässigkeit, Pünktlichkeit und Qualität der Leistungen. Ohne diese Partnerschaften wird es nicht gelingen, schnell und flexibel auf Kundenwünsche einzugehen. Gerade diese Reaktionsfähigkeit wird in Kundenbefragungen als wesentliches Wettbewerbsargument genannt. Wer kann diese Partnerschaften besser gestalten als die Führungskräfte im Unternehmen? Die ständige Pflege und Optimierung dieser Partnerschaften im Hinblick auf optimalen Kundennutzen ist die wichtigste strategische Führungsaufgabe in Hinblick auf die langfristige Erhaltung und Steigerung des Unternehmenswertes.

3.4 Der Wunsch nach einem umfassenden Unternehmensmodell

Am 15. September 1988 gründeten die Präsidenten und Führungskräfte oberster Ebene von 14 renommierten europäischen Unternehmen die „European Foundation for Quality Management" (EFQM). Die Idee für diese Initiative wuchs aus der Erkenntnis, daß Qualität im umfassenden, unternehmerischen Sinne nicht Aufgabe der Qualitätsmanagement-Stabsstellen, sondern erste Führungsaufgabe ist.

Im Zusammenspiel zwischen Führung, Mitarbeitern, Prozessen, Kunden und Lieferanten gibt es Prinzipien, die universell gelten. Grundsätzliche Zusammenhänge, die gleichermaßen für eine Fluglinie, einen Automobilhersteller und den Computerfabrikanten anwendbar sind. Das EFQM-

Unternehmensmodell macht diese Zusammenhänge auf verblüffend einfache Weise deutlich.

Führungsprinzipien ziehen sich wie ein roter Faden durch das EFQM-Modell. Damit wird der Vergleich zwischen verschiedenen Unternehmen möglich, denn Führungsprinzipien sind universell vergleichbar. Im Laufe der vergangenen Jahre hat das EFQM-Modell sicher dazu beigetragen, die Wettbewerbsfähigkeit europäischer Unternehmer im internationalen Vergleich zu erhöhen.

3.5 Die EFQM-Vision

Langfristig werden Unternehmen nur dann überleben, wenn motivierte Mitarbeiter effiziente Prozesse nutzen, um für den Kunden echten Mehrwert zu schaffen. Motivierte Mitarbeiter wissen, warum sie morgens zur Arbeit kommen: Sie kennen die Politik und Strategie des Unternehmens und damit ihren Anteil am Unternehmenserfolg. Sie werden von ihren Führungskräften, die ihre Führungsrolle jeden Tag selbstkritisch und verantwortungsvoll am Gesamtunternehmen neu ausrichten und optimieren, für ihre besonderen Leistungen adäquat bezahlt. Mitarbeiter beurteilen Führungskräfte, Führungskräfte beurteilen Mitarbeiter. Die Wünsche der Kunden bestimmen das Leistungsspektrum des Unternehmens, die Meinung der Mitarbeiter bestimmt die Art und Weise des Umgangs miteinander. Die Innovationsfähigkeit und die Wissensbasis des Unternehmens wird als Zukunftsgarantie mit modernsten Methoden gepflegt. Partnerschaften aller Art werden genutzt, um den Wert des Unternehmens zu steigern. Der Umgang mit Ressourcen aller Art wird laufend optimiert.

All diese Anstrengungen zahlen sich mehrfach aus: Motivierte Mitarbeiter schaffen loyale Kunden, die den Umsatz und das finanzielle Ergebnis sowie andere wichtige Ergebnisgrößen des Unternehmens sichern. Die gesellschaftliche Akzeptanz schließlich sorgt für stabile Geschäftsbedingungen. Das ist die Vision eines exzellenten Unternehmens entsprechend EFQM.

3.6. Das EFQM-Modell: die Befähigerkapitel

Die ersten fünf Kapitel des Modells beschreiben ein exzellentes Unternehmen in allen wichtigen Ausprägungen. Sie werden auch als „Befähigerkapitel" bezeichnet, weil sie Führungskräfte in die Lage versetzen beispielsweise, konkrete Veränderungen im Unternehmen vorzunehmen.

Im ersten Kapitel „Führung" wird z. B. ein wichtiger Aspekt guten Führungsverhaltens mit den Worten beschrieben: „Führungskräfte motivieren und unterstützen ihre Mitarbeiter und erkennen ihre Leistung an". Andere Elemente vorbildlicher Führung sind nach EFQM die Erarbeitung einer Vision und Strategie für das Unternehmen, die persönliche Mitwirkung bei Verbesserungsvorhaben, das persönliche Bemühen um Kunden und Partner des Unternehmens. Kapitel zwei beschreibt den richtigen Umgang mit Vision, Strategie und Zielen. In Kapitel drei wird das Verhältnis zwischen Führungskräften und Mitarbeitern dargestellt, Kapitel vier widmet sich dem Umgang mit Ressourcen. Partnerschaftliche Beziehungen mit Lieferanten werden ebenfalls in Kapitel vier beschrieben, während Kapitel fünf dem Prozessmanagement vorbehalten bleibt.

Jedes dieser fünf Kapitel enthält vier bis fünf Aussagen, die durch Beschreibungen anschaulich interpretiert werden. Die oben zitierten Aussage „Führungskräfte motivieren …" wird unter anderem mit den Worten „Führungskräfte helfen den Mitarbeitern und unterstützen sie, ihre Pläne zu realisieren und ihre Ziele zu erreichen" erklärt. EFQM stellt klar heraus, dass besonders diese Interpretationen keinen Anspruch auf allgemeine Gültigkeit erheben und im Einzelfall für die jeweilige Situation im Unternehmen anzupassen sind.

Die Struktur dieser fünf Kapitel wird seit nunmehr elf Jahren in mehr als 850 verschiedenen großen und kleineren europäischen Unternehmen angewandt und zuletzt 1998 angepasst. Interpretationen lassen genug Spielraum für individuelle Anpassungen.

3.7 Das EFQM-Modell: die Ergebniskapitel

Wenn Veränderungen im Unternehmen anhand der Struktur der fünf Befähigerkapitel vorgenommen werden, stellt sich die Frage nach der Wirksamkeit der Maßnahmen. Deshalb bleiben die restlichen vier Kapitel des EFQM-Modells den Ergebnissen vorbehalten, die mit Verbesserungsmaßnahmen erreicht werden. Bei der Gliederung des Ergebnisteils legt EFQM besonders großen Wert auf die Ausgewogenheit zwischen finanziellen und nichtfinanziellen Kennzahlen. Dieselbe Philosophie ist übrigens die Grundlage für die Beliebtheit der „Balanced Scorecard (BSC)": die Struktur der EFQM-Ergebniskapitel ist fast deckungsgleich mit der BSC-Systematik.

Finanzielle und nicht-finanzielle Schlüsselergebnisse des Unternehmens werden in Kapitel neun zusammengefasst. Für die Bewertung des Unternehmens aus externer (durch Kunden und die Gesellschaft) und interner Sicht (durch die der Mitarbeiter) sind die Kapitel sechs bis acht reserviert. Messwerte erhält man unter anderem durch Ergebnisse von Kunden-, Image- oder Mitarbeiterbefragungen.

3.8 Die praktische Anwendung des Excellence Modells im Unternehmen

Die Anwendung des EFQM-Modells im Unternehmen beginnt mit einer Bestandsaufnahme im Rahmen der Selbstbewertung (siehe unten). Am Ende dieser Analyse wird man sich auf die vordringlichsten Verbesserungsmaßnahmen einigen. Der Beschluss dazu und die Benennung der für die Umsetzung verantwortlichen Führungskräfte ist die Aufgabe der obersten Führung. Anschließend werden diese Vorhaben in die Tat umgesetzt.

Nach Ablauf von etwa neun Monaten wird der Gesamterfolg anhand der EFQM-Ergebniskriterien so objektiv wie möglich gemessen. Oft wird es sich als notwendig erweisen, zusätzliche Messmethoden einzuführen, idealerweise eine Mitarbeiterbefragung. Anhand dieser Messergebnisse wird etwa zwölf Monate nach der ersten Bestandsaufnahme die zweite Selbstbewertung durchgeführt, um weiteres Verbesserungspotential zu identifizieren. Mit jedem Zyklus wird das Unternehmen ein Stück besser und erreicht durch ständiges Lernen einen immer höheren Reifegrad.

3.9 Vom Wunsch, den Reifegrad zu messen

Bei Unternehmen, die den Verbesserungszyklus mehrfach erfolgreich durchlaufen haben, entsteht häufig der Wunsch, den erreichten „Grad der Excellence" mit Zahlen zu messen. EFQM bietet hierfür eine Bewertung an, die den wertvollen Vergleich mit anderen Unternehmen auf einer neutralen, objektiven Skala erlaubt. Da die Anforderungen an ein exzellentes Unternehmen von Jahr zu Jahr steigen, ist es allerdings unmöglich, die volle Zahl von 1000 Punkten zu erreichen. Durchschnittliche Unternehmen werden mit etwa 300 bis 400 Punkten bewertet, die besten sind auf etwa 750-800 Punkte stolz.

Die Erfahrung zeigt, dass Unternehmen bereits bei der ersten oder zweiten Selbstbewertung zum Punktemaßstab greifen, oft zu früh: vielfach entsteht aus falsch verstandenem Konkurrenzdenken der einzelnen Organisationseinheiten im Unternehmen eine unnötige Rivalität um den besten Punktewert. Die Führung verliert dabei das eigentliche Ziel, die ehrliche Selbsterkenntnis, leicht aus den Augen.

3.10 Die Selbstbewertung

Bei der Selbstbewertung werden die Aussagen der Befähigerkriterien als Fragen formuliert und selbstkritisch, ehrlich und wahrheitsgemäß für die betrachtete Organisationseinheit beantwortet. Dabei wird die Frage nach der Art und Weise, der Durchdringung, der Effektivität und der Überprüfung des Vorgehens gestellt. Auf der Ergebnisseite werden die Messergebnisse aus interner und externer Sicht analysiert und objektiv, möglichst im Vergleich mit Zielen und Benchmarks, bewertet.

Selbstbewertungs-Teams bearbeiten die neun Kriterien in Workshops. Ein guter Kompromiss zwischen Zeitaufwand und Effektivität sind drei Teams mit je etwa sechs bis acht Mitgliedern. Jedes Team bearbeitet etwa drei EFQM-Kapitel. Die Fragen und Messergebnisse werden im Rahmen von ein- bis zweitägigen Workshops analysiert und bewertet, um Verbesserungsansätze für das Unternehmen zu identifizieren.

Selbstbewertung ist eine wichtige Führungsaufgabe, die nicht delegiert werden kann. Die obersten Führungskräfte des Unternehmens sind deshalb selbst Mitglieder der Selbstbewertungs-Teams. Die Selbstbewertung nach der hier vorgestellten Methode erfordert außer gesundem Menschenverstand keine besonderen Vorkenntnisse. Ein Moderator pro Team, der das EFQM-Prinzip im Rahmen einer kurzen Schulung – etwa zwei Tage – kennengelernt hat, hat sich allerdings bewährt.

Das wesentliche Ergebnis der Selbstbewertung ist die Einigung auf Verbesserungsprojekte für das Unternehmen. Die größte Herausforderung ist dabei die Priorisierung der vielen Verbesserungsansätze, die im Zuge der Beantwortung des EFQM-Fragenkatalogs in den Teams diskutiert werden. Der Grad der Umsetzung dieser Verbesserungsprojekte nach der Selbstbewertung ist erfahrungsgemäß indirekt proportional zur Zahl der Projekte, die beschlossen werden.

Bei der Selbstbewertung geht es nicht nur um die Identifikation von Verbesserungspotentialen. Die Selbstbewertungsteams sind ausdrücklich aufgefordert, die Stärken des Unternehmens herauszufinden, bevor sie sich den Schwächen zuwenden. Die Diskussion von Schwächen fällt erheblich leichter, wenn man sich über die eigenen Stärken im Klaren ist. Identifizierte Stärken sollten im Rahmen des Erfahrungsaustauschs („Good Practice Sharing") innerhalb der Organisation zum Vorteil des Unternehmens verbreitet werden.

3.11 Zusammenfassung

Die Frage nach den Methoden guter Führung im Sinne einer Verbesserung der Unternehmenssituation kann nur mit einer sinnvollen Systematik beantwortet werden. Dabei sucht der Unternehmer nicht nach der neuesten Management-Theorie aus Harvard, sondern nach einer praktisch anwendbaren Methodik, die dem gesunden Menschenverstand entspricht und der jahrelangen Führungserfahrung Rechnung trägt. Eine Systematik, die kein Spe-zialtraining oder hohe Kosten erfordert. Schlicht eine Systematik, die ein optimales Verhältnis zwischen Aufwand und Nutzen für das Unternehmen als Ganzes bietet.

Das EFQM-Managementmodell wurde von Unternehmern für Unterneh-mer entwickelt und wird seit nunmehr elf Jahren erfolgreich angewandt. Das macht dieses Modell so einzigartig. Die besten Führungskräfte Europas bedienen sich dieser Systematik, um ihr Unternehmen zu mehr Erfolg zu führen.

4 Zielvereinbarungen –
auch nur ein manipulierendes Führungsinstrument?

Bernd Carow

Die Botschaft der neuen Geschäftsführung „Our employees are our most important assets" liebten alle, auch wenn viele skeptisch waren. Die Skeptiker gingen nach einiger Zeit ohne Enttäuschung und mit selbstzufriedener Miene aus dem Motivationsversuch hervor, die Gläubigen waren um eine weitere Enttäuschung reicher. Mitarbeiter hatten sich letztendlich – selbst wenn sie hervorragende Ergebnisse ihrer Arbeit vorweisen konnten – doch nur als „Assets" im bilanztechnischen Sinne erwiesen. Denn die Widersprüche zwischen der Botschaft in Worten und dem tatsächlichen Handeln der obersten Führungskräfte rafften die Hoffnung auf die gesicherte Würde des Einzelnen, auf seine mutig-innovativen Beiträge und seine loyale Zugehörigkeit zu einem „guten Haufen" dahin, wie der Herbstwind die schon rotgefärbten Blätter auf den Bäumen.

Die ungeliebten, in der Geschäftswelt verschwiegenen, emotionalen Elemente in den Selbstführungskonstrukten der obersten Führungskräfte hatten den eigenen rationalen Ansatz – so wie wir ihn in den Lehrbüchern lesen – hinweggefegt, mit archaischer Starrheit und daher durchdringend wirksam. Die hoffnungstragende Erklärung wurde auch im Jahr 2000 vielfach Opfer der Emotionalherrschaft ahnungsloser Führungskräfte. Kopfschütteln und Ratlosigkeit allenthalben. Der bekannte Autor von „Emotionale Intelligenz", Daniel Goleman, wurde wieder einmal als realitätsfern entlarvt.

4.1 Die bunte Welt der Zielvereinbarungen

Können sich Zielvereinbarungen unter den soeben genannten oder ähnlichen Bedingungen langfristig bewähren? Wohl kaum. Ist es ein Wunder, wenn sie als moderne Daumenschrauben für viel zu hohe Fremdziele angesehen werden? Sprenger[1] sagt plakativ „Mit Zielvereinbarungen werden Ziele nicht vereinbart sondern diktiert." Wie seltsam, denn wenn es keine wirklichen Vereinbarungen sind, dann dürfen sie auch nicht so genannt werden, sondern vielleicht eher Zieldiktate.

Bereits jetzt können Sie leicht nachvollziehen, dass es sehr unterschiedliche Zielvereinbarungen gibt, wobei einige den Namen Vereinbarung nicht verdienen. Dazu gehören die *Druck- und Powervereinbarung*, diktiert von den sogenannten höheren Etagen, die *Naiv-Vereinbarung*, die das neue Instrument als eine weitere, vordergründige Tätigkeit betrachtet, es daher oberflächlich handhabt und die *Pseudo-Vereinbarung*, in die man herrlich klingende Dinge hineinschreibt, um Vorgesetzte und Personalabteilungen zu befriedigen und sich vom Halse zu halten. Schließlich gibt es die konstruktive *Wachstumsvereinbarung*.

In diesem Beitrag geht es um letztere, um einen konstruktiven Weg zum Ziel, das wertschöpfendes Wachstum von Unternehmen und den darin arbeitenden Personen beinhaltet. Am Ziel angekommen zu sein, dauert einen Moment, der Genuss mehrere Momente, aber der Weg dahin ist meistens lang. Solche Zielvereinbarungen, die nur Zieldefinitionen beinhalten, sind aus der Motivationsperspektive und im Hinblick auf das sozialpsychische Wollen der Beteiligten für Wachstum ungeeignet. Es geht also ebenso um Maßnahmen und Zusammenarbeitsfragen auf dem Weg zum Ziel. Ohne Ziele geht es nicht, denn ein Unternehmen muss zielorientiert arbeiten und sich organisieren, wenn es bestehen und wachsen will. Da bedarf es keines Gundsatzdiskurses mehr.

4.2 Wenn ich wissen will, was ich wirklich will, muss ich schauen, was ich tue – das Gute wollen ist nicht gut genug

Kommen „moderne" Aussagen und Instrumente von Führungskräften nur aus der Rationalität neuer Managementtheorien und nicht mindestens gleichzeitig aus der Emotionalität der Beziehungswelt zu den Menschen, dann ist nicht nur Gefahr für den Absturz solcher Interventionen im Verzuge. Der Absturz ist vielmehr vorprogrammiert und damit der Vertrauensbruch mit jenen, die geglaubt und nicht nur gehört haben.

Wer verhaltensnormative und zielorientierte Statements im Unternehmen abgibt, tut gut daran, sie nach der Formel zu prüfen, nach der die Mitarbeiter die Glaubhaftigkeit einer Führungskraft bewerten: wenn ich wissen will, was sie wirklich will, muss ich schauen, was sie tut. Deshalb ist authentische Selbstführung – geistig, seelisch und ethisch – eine Notwendigkeit, aber sie ist ebenso eine ungeliebte Forderung. Denn auch Führungskräfte unterliegen einer hemmenden Veränderungsresistenz, wenn sie nicht von klein auf zur besonderen Sorte der strategischen Sowohl-als-auch-Denker gehören. Die blanke Beobachtung belegt nämlich, dass die zentralen Lebenshaltungen auch von Gutwilligen nicht oder nur in der allergrößten Not verändert werden. Manager, die ihre Äußerungen nicht in Einklang mit ihren „Innerungen" bringen, mit ihren wirklichen Haltungen und Werten, stolpern leicht über kurzgreifende Modeerklärungen. Das Gute wollen ist eben nur notwendig, aber es reicht bei weitem nicht aus, damit es auch das Gute wird.

Was ich Selbstführungsprinzipien nenne, also die in unser Denken tief eingemeißelten Früherfahrungen, Wertvorstellungen und immer wiederkehrenden Gefühlsreaktionen auf ähnliche Situationen, können vordergründige Sprechblasen torpedieren und daher Vertrauen schwierig machen, es schlimmstenfalls zerstören samt den Grundmauern. Auch Führungskräfte mit hervorragender Ausbildung sind keineswegs davor geschützt „Kinder in alternder Haut" zu bleiben. Wenn Zielvereinbarungen in vielen Organisationen keine Konjunktur haben, dann vielfach aus diesem Grunde. Man ahnt, dass die eigenen Äußerungen eben nur Äußerungen sind und keine Innerungen. Wer vereinbart gerne Ziele mit Menschen ohne wohlsortierte Innerungen?

Zielvereinbarungen brauchen diese Innerungen, brauchen ein konstruktives Menschenbild, den respektvollen Umgang zwischen den Hierarchieebenen, denn immerhin gelten sie beidseitig und sind nicht nach Lust und Laune einseitig aufzulösen. Zielvereinbarungen brauchen Vertrauen in den Partner, sonst sind sie schon im Stadium des Entstehens das Papier nicht wert, auf dem sie geschrieben stehen.

Soll man sie daher als ein Führungsinstrument gar nicht anfassen? Da gibt es eine Reihe von Befürwortern dieser Frage, denn sie sehen eine weitere Grabenvertiefung und Manipulation zwischen Führung und Geführten. Aber sie sehen weniger die Brücke, die geschlagen werden kann und des Erfolges wegen auch geschlagen werden muss, weil verlässliche Vereinbarungen ein grundsätzliches Element erfolgreichen Zusammenwirkens sind. Und genau das ist Führungsaufgabe: durch organisiertes Zusammenwirken die Kräfte des Einzelnen zu vervielfältigen und auf eine Aufgabe, ein Ziel, auszurichten, ohne dabei dogmatisch zu werden und spontan auftauchende Chancen zu versäumen.

4.3 Botschaften und Führungsinstrumente

Konstruktive Führungspraxis braucht also mehr als wohlgefällige Botschaften. Aber sie braucht auch mehr als die Anwendung von Methoden und Instrumenten, die der Stärkung der strategischen Position und der Steigerung von Profitabilität dienen. Konstruktive Führungspraxis braucht akzeptable Vereinbarungen über die Ziele in den Märkten und über die Methoden der Zusammenarbeit.

Ich gehe mit vielen weitgehend provozierenden Botschaften von Sprenger[1] konform, auch mit seiner Ansicht, dass Führung die Verantwortlichkeit nicht an Methoden und Instrumente abtreten darf. Aber ich stimme ihm nicht zu, dass deshalb Instrumente der Führung einer Art frühkapitalistischer Disziplinierung und Vermassung dienen, in der die schlummernden Kräfte des Individuums eingekerkert bleiben und keine Entfaltungsmöglichkeit haben.

Managementmethoden scheitern nicht schon deswegen, weil sie Methoden sind, sondern sie scheitern dann, wenn sie die Kräfte und Stärken des Einzelnen schwächen und individuelle Entfaltung verhindern. Es ist wie in der Mathematik: Bedingungen können notwendig, aber für die Lösung des Problems nicht hinreichend sein. Und Methoden sind notwendig, aber allein sind sie nicht hinreichend. Daher haben einige Betriebe und Konzerne mit Total Quality, mit Reengineering, mit Lean Management, mit Zielvereinbarungen, mit Management by Objectives, mit Management by Walking Around usw. einen guten, ja überragenden Erfolg und andere scheitern schon im Stadium der Einführung. Worauf kommt es an?

Es kommt auf die Integrität und Flexibilität der Rahmenbedingungen an, innerhalb derer Methoden und Instrumente angewandt und modifiziert werden können. Anders ausgedrückt: aufgabengerechte Methoden lassen sich erfolgreich anwenden, wenn sie von gegenseitigem Vertrauen getragen werden und die Kräfte des Einzelnen entfalten. Hängt an ihnen der Geruch manipulativer Absichten oder hilflosen Stocherns im Werkzeugkasten des Managements, sind die Erfolgsaussichten sehr mager. Es ist eben wie beim Bergsteigen: die besten Methoden und Ausrüstungen, um auf einen Gipfel zu kommen, nutzen ja nichts, wenn die Leute gar nicht auf den Gipfel wollen, weil sie dem Bergführer nicht vertrauen.

4.4 Niemand arbeitet für die Ziele anderer

Verabschieden Sie sich von der Illusion, dass es anders wäre. Sie funktioniert im praktischen Leben nicht, wenn man sie umsetzen will. Daher ist es um so wichtiger, die Ziele derer zu kennen, mit denen wir zusammenarbeiten. Auszubildende im Bereich der Industrie- und Handelskammer Wiesbaden, die mit mir innerhalb eines Forschungsprojektes ein Managementprogramm absolvieren, haben da keinerlei Begriffsschwierigkeiten, wohl aber eine Reihe von Führungskräften in meinen Seminaren. Ein Inhaber eines Dienstleistungsunternehmens will seit vielen Jahren einen Geschäftsführer nach seinem Vorbild und mit seinen Zielen zu seiner Entlastung aufbauen. Der Inhaber steht vor seinem dritten Scheitern. Ziele lassen sich nicht über einen anderen Menschen stülpen wie eine Regenhaut. Wenn sich nämlich eigene, persönliche Zielvorstellungen nicht hinreichend „meistern" lassen, schwindet das Interesse an den unternehmensrelevanten Aufgaben. Es ist immer wieder beobachtbar, dass ein Verfehlen persönlicher Ziele die Integration

betrieblicher Ziele in das Gedankengut des Mitarbeiters erschwert, manchmal sogar unmöglich macht.
Gehen Sie also besser davon aus, dass jeder nur seine eigenen Ziele verfolgt!
Diese Aufforderung an Führungskräfte erscheint trivial, dennoch stehen nicht wenige hier in einer wahren Erkenntniswüste. Ziele speisen sich aus unseren Erfahrungen, höchstpersönlichen Werten, Wünschen und Träumen. Nicht ein einziges Leben, nicht ein Erfahrungsschatz gleicht dem anderen, nicht ein menschliches Zielprogramm ist identisch mit einem anderen. Es wird unseren Erkenntnissen zum Trotz leichtfertig übersehen, dass neben den betrieblichen Zielen auch die ganz persönlichen Ziele der Mitarbeiter bedeutsam sind. Das ist der Grund, warum gute Leute Betriebe verlassen, obwohl sie ein hohes Gehalt beziehen und warum andere in die innere Kündigung gehen, obwohl auch sie ein prächtiges Auskommen haben. Daraus folgt, dass Zielvereinbarungen nicht nur für das Unternehmen, sondern auch für die Mitarbeiter attraktiv sein müssen, und zwar über den Lohn und die geldwerten Vorteile hinaus.

Sollten wir da nicht besser auf Zielvereinbarungen verzichten? Sehen wir nicht gleich eine Reihe von Konflikten, von „therapeutischen Aufträgen", von geistigen Vergewaltigungen und im System eingebauten Widersprüchen und Enttäuschungen auf uns zukommen? „Our employees are our most important but most sensitive assets."

4.5 Brücken schlagen ist Führungsarbeit

Ohne Ziel und entsprechend formulierte Subziele haben Organisationen keinen Fokus auf Märkte und Chancen, sie neigen zur Entropie, sie konzentrieren Energien nicht, sondern verteilen sie auf niedrigstem Niveau. Sie verzetteln ihre Kräfte und Ressourcen. Um eine Ausrichtung der Tätigkeiten auf bestimmte Ziele kommen sie also nicht herum. Dass jemand hilft, die Unternehmensziele zu erreichen, ist ein Lohn wert. Aber es zeigt sich, dass Entgeld nicht Motivation genug ist. Wie viele hoch bezahlte Führungskräfte haben längst ihr Engagement für Firmenziele aufgegeben und verfolgen statt dessen sehr persönliche Interessen in der Anonymität hoher Verwaltungsgebäude. Alle Appelle und alle angeblichen Incentive-Motivationen sind verhallt, der Rückzug auf eigene, wenn auch abgespeckte Ziele hat begonnen. In den Motivationsversuch mischt sich Kostendenken: „Our employees are our most important, but most sensitive and most expensive assets."

Wenn wir Brücken schlagen wollen, können wir nicht nur aus menschlicher, sondern ganz besonders aus ökonomischer Sicht nicht mehr so tun, als ob wir unabhängig von individuellen Zielen der Menschen mit Appellen und

Motivationshilfen eine nachhaltige Leistungssteigerung bewirken könnten. Wir sind nämlich als Unternehmer und Führungskräfte damit nicht weit genug gekommen. Es muss also noch etwas Verborgenes geben. Wie so oft liegt das Hilfreiche näher als wir denken. Es ist nur im Diskussionswust der Motivationsverrücktheiten und einseitiger Methodengläubigkeit der vergangenen Jahre untergegangen. Sozusagen dem common sense entglitten.

Das Hilfreiche ist der Einbildung zum Opfer gefallen, dass Menschen wie ein Auto durch mechanisches Berühren des Gaspedals ihre Anstrengungen verstärken und ihr Tempo beschleunigen würden. Dieser mechanistische Ansatz läuft ins Leere und wenn nicht, dann läuft er in Kündigungen der Besten, in Frustration der Bleibenden, in deren Fehlzeiten, Krankheiten und in den mentalen Ausstieg aus der eigentlichen Arbeitsvereinbarung.

Unser klangvolles Statement wird zur Jammererklärung: „Our employees are our most expensive and most difficult assets." Die Brücke zu schlagen heißt, das Individuum ernst nehmen, solange es sich noch ernst nehmen lässt, solange es sich dem Dialog mit Vorgesetzten noch nicht entzogen hat und daher noch nicht als nur teuer und schwierig gilt.

4.6 Mut zur Nähe

Der Umgang mit unseren Zielen ist ein eher verborgenes Feld. Wer fragt schon danach, welche Ziele der Partner, die Chefin, der Mitarbeiter, der Lieferant, die Kundin verfolgen? Mit dieser Frage kommen wir anderen näher als sonst. Vielleicht ist einigen Zeitgenossen die Zielvereinbarung im attraktiven Sinne so unbequem, weil wir angeblich in die Intimsphäre des Einzelnen eindringen. Bei diesem Gedanken haben manche Führungskräfte panikartige Gefühle und fürchten sogar die Rüge des Betriebsrats.

Aber wir kommen um die Frage nicht herum „Welche Ziele verfolgen Sie?" Es ist immerhin eine dem Menschen zugewandte Frage. Leider gehört zu unserer Kultur – selbst in manchen, weltoffenen Konzernen – dass man besser nicht fragt, weil man selbst nicht davon begeistert wäre, danach gefragt zu werden.

Dennoch zeugt die Frage von Mut zur Nähe. Nähe ist uns heute kein besonders großer Wert. Abstand ist uns lieber – warum wohl? Auf einem Flug von Lyon nach Frankfurt und einem von Singapur nach Mumbai ist mir über den Wolken sonnenklar geworden, dass wir geistige Nähe mit wildfremden, dafür couragierten Menschen schneller und eleganter, ja in konstruktiver Weise herstellen können als in unserem betrieblichen Alltag mit den uns bekannten Menschen. Was läuft da ab?

Viele von uns wissen sogar über die Wünsche und Sehnsüchte der ihnen nahestehenden Familienmitglieder fast nichts, wie sollen wir uns für persönliche Ziele der Mitarbeiterschaft interessieren? Welch ein Aufwand, welche Unbequemlichkeit! Vielleicht sogar ein Irrweg? Nie waren wir mehr auf Abstand zwischen den Menschen bedacht als heute. Bei Sprenger[1] können Sie lesen: „Vor die Wahl gestellt, ein Mitarbeitergespräch zu führen oder ein Sachproblem zu lösen, wählen drei von vier Führungskräften das Sachproblem. Und vier von fünf Führungskräften sind meiner Erfahrung nach nicht in der Lage, den Job zu machen, für den sie bezahlt werden: Rahmenbedingungen für hohe Mitarbeiterleistung zu schaffen."

Fühlen wir uns für geistige und menschliche Nähe nicht gut genug, nicht gerüstet, nicht vorbereitet, nicht mit uns selbst im Klaren? Es ist meine Erfahrung, dass der Mut belohnt wird, sich die Wünsche und Zielvorstellungen anderer anzuhören, zu verstehen und ernst zu nehmen.

4.7 Zielvereinbarungen als Ausweg?

Ich glaube, dass Zielvereinbarungen stets eine hilfreiche Antwort auf eine verkorkste Führungssituation waren und auch heute sind, sofern es sich wirklich um Vereinbarungen zwischen Vorgesetzten und Mitarbeitern handelt, also um eine vereint akzeptierte Abmachung und damit auch gegenseitige Verpflichtung. Es gilt das Schwierige und Komplexe, das aus kulturellen Gründen schwierig und komplex geworden ist, wieder einfach zu machen. Gute Partnerschaften funktionieren so.

Zielvereinbarungen sind hierzu ein brauchbares Mittel, weil Vereinbarungen etwas grundsätzlich Einfaches und Notwendiges im Zusammenleben sind. Vereinbarungen sind die Grundlage von stabilen Freundschaften, von Familienritualen und überhaupt von einem wirksamen, sozialen Miteinander. Jeder Vertrag ist eine Vereinbarung über Geben und Nehmen. Das gilt für Liefervereinbarungen, für Produktionsaufträge, für Treuhandaufträge etc. Auch immaterielle Haltungen können wichtige Vereinbarungen sein, deren Aufkündigung zuerst schmerzhafte und dann anklagende Reaktionen der Gegenseite hervorruft, wie dies nach der Fusion Daimler und Chrysler geschehen ist.

Also Vorsicht – Vereinbarungen sind nur dann hilfreich, wenn die Haltungen der Partner von Wohlwollen und Vertrauen getragen sind. Steigt einer aus der wohlwollenden Haltung aus, ist der Vertrag nur noch Papier. Führung heißt also auch, sich an Vereinbarungen halten oder neue schaffen, aber nicht einseitig aufkündigen.

Das angelsächsische „Management by Objectives" verführt uns eher zu Zielvorgaben durch die Führungskräfte. Nur wenn der Untergebene seine Ziele erreicht, erreicht auch der Vorgesetzte die seinen, sagt Andrew Grove, der Chef von Intel[4]. Damit aber ist in unserer Kultur meist eine ablehnende

Haltung derer verbunden, denen Ertragsziele oder Marktbeherrrschungsziele vorgesetzt werden.

In den Betrieben höre ich immer wieder, dass Zielvereinbarungen die neuen Daumenschrauben seien und eine clevere Art, mit schönen Worten noch größeren Druck auszuüben und die Menschen in noch umfangreichere Aufgabenpakete hineinzupressen. Das ist die eine Seite der Medaille. Auf dieser Seite werden eben nur die Ziele und Interessen der einen Partei berücksichtigt. In der Realität scheitern solche Verhandlungen[3].

Die andere Seite der Medaille ist etwas heller, die Konsequenzen konstruktiver, wenngleich in der Ausführung etwas anspruchsvoller. Als ich vor vielen Jahren in Skandinavien eine Gesellschaft zur Sanierung übernahm, wurde ich recht schnell von den unsicheren Mitarbeitern über die Sicherheit der Arbeitsplätze befragt und damit gezwungen, eine klare Haltung zu verkünden. Sie lautete, dass ich keinen Arbeitsplatz garantieren könne, aber dafür gerade stehe, dass die Fähigkeiten aller Mitarbeiter unverzüglich und systematisch auf ein Niveau gehoben werden, das den beabsichtigten Turnaround begünstigt und den Mitarbeitern im Notfall einen leichtgängigen Transfer in andere Firmen oder sogar andere Branchen ermöglicht. Alle guten Mitarbeiter, die Leistungsträger eben, blieben. Das war mir wichtig. Im wirtschaftlichen Engpass erhöhte ich das Budget für Aus- und Weiterbildung um ein Vielfaches.

Gleichzeitig führte ich Zielvereinbarungen ein über die Firmenziele, angepasste Arbeitsziele, aber auch über die Ziele im Hinblick auf die Fähigkeitsentwicklung der Mitarbeiter und Mitarbeiterinnen. Diese Fähigkeitsentwicklung haben wir über sieben Jahre gemeinsam verfolgt und ernst genommen. Das war die gelebte andere Seite der Medaille.

In diesem Fall war die von beiden Seiten gewollte, abgestimmte und zuverlässig durchgeführte Fähigkeitsentwicklung attraktiv für alle Beteiligten. Menschen, die Sorge um ihre Handlungsfähigkeit hatten und Angst, irgendwann hilflos existenzbedrohenden Strömungen ausgesetzt zu sein, erwiesen sich als vereinbarungsfähig und enorm engagiert und zuverlässig. Noch heute spiegelt sich der Geist der konstruktiven Vereinbarung in den Gesprächen und e-Mails, die mich mit einigen aus dieser Zeit noch immer verbinden. Die Zielvereinbarungen im Turnaround waren eine langfristig wirksame Erfolgsmaßnahme.

4.8 Das Pferd von hinten aufgezäumt

Der Mensch ist zuerst da. Er ist da mit seinen Selbstführungsprinzipien und Zukunftsvorstellungen, wenn er ins Unternehmen kommt. Die Wünsche und Ziele des Unternehmens fügt er als die jüngsten in seine Vorstellungswelt ein. Führungskräfte – auch die obersten – finden diese Sichtweise oft gar nicht so gut. Aber all die Jahre hat sich deren Gejammer über schwierige Mitarbeiter und noch schwierigere Mitarbeiterführung kaum geändert.

Wir drehen gerne das, was ist, um in das, was wir als Führungskräfte gerne hätten. Aber unser Wunsch ist nicht realitätskonform. Statt den Mitarbeiter zu nehmen wie er ist und einen Platz in seinem Kopf voller Fähigkeiten zu finden, wie das im Marketing so üblich ist, haben wir ihm in vielen Fällen den Unternehmenskopf aufgezwungen und ihm darin einen kleinen Platz für sein Eigenleben reserviert – meist noch nicht einmal von vornherein zugestanden.

Die überall geforderte systemintegrierende Haltung von gut ausgebildeten Eliten kann leicht einem kindlichen Wunschdenken zum Opfer fallen. Diese unprofessionelle Haltung würde uns in Verkaufs-, Marketing- oder Werbefunktionen unseren Job kosten. Und sie wendet sich am Ende gegen uns selbst, denn solange wir selbst Vorgesetzte haben, werden auch wir mit deren Wunschdenken konfrontiert. Das kommt zum Ausdruck in der Unmöglichkeit, heute Führungskraft zu sein und zum Beispiel nur vier Tage in der Woche arbeiten zu können. Diese Tatsache der Arbeitswelt spiegelt genau das, um was es geht. Lieber verzichten wir auf eine bereichernde Kraft, als dass wir unsinnige Ansichten über Menschen und Arbeitsbedingungen verändern. Wir stellen bestehende Organisationsformen immer wieder unkritisch über das berechtigte Eigeninteresse, uns nach unseren Stärken und besten Neigungen entfalten zu können. Und deswegen gehen wir auch so gerne den Sprechblasen auf den Leim, die ein bisschen heile Welt versprechen:

„Our employees are our most important assets." Das traditionelle Entweder-oder weicht zu langsam dem konstruktiven Sowohl-als-auch. Sowohl Unternehmensziele als auch Individualziele der Mitarbeiter sind zu beachten.

Erst wenn der Freiraum für persönliche Zielvorstellungen wirklich akzeptiert wird, lassen sich die Ziele und Visionen des Unternehmens schnell und wirkungsvoll einbeziehen, in die eigene Welt koordinieren und in Zielvereinbarungen beschreiben. Es lohnt sich in hohem Maße, individuelle Ziele- und Maßnahmenbeschreibungen für jeden Mitarbeiter zu fördern und zu begleiten. Denn damit vereinbaren wir den Platz des Unternehmens, der Funktion, der Aufgabe im Kopf des Mitarbeiters. Erst wenn wir als Führungskräfte dies geschafft haben, werden betriebliche Ziele auch klar kommuniziert werden und ein Verständigungsprozess, den man konstruktive Zielkommunikation nennen könnte, in Gang kommen.

4.9 Die Chance der Führungskraft

Wenn ich heute die Einführung attraktiver Zielvereinbarungen in dafür geeigneten Situationen und Unternehmen vorschlage, dann spüre ich die Sorge und Unsicherheit der Führungskräfte um das dünne Eis, auf das sie sich begeben könnten. Und immer wieder wird das eine deutlich: wenn die geistigen, seelischen und ethischen Haltungen der Führungskraft unbearbeitet sind wie ein trockenes Stoppelfeld im Spätsommer, lassen sich Zielvereinbarungen nicht so leicht aussäen wie dies auf einem vorbereiteten, feinkrümeligen Märzfeld möglich ist.

Andererseits ist die Einführung von Zielvereinbarungen die große Chance, sich schneller über die eigenen Führungsleistungen klar zu werden, und zwar im konstruktiven Dialog mit den Vereinbarungspartnern. Es geht um Verständigung. Erfolgreiche Verständigung ist immer gewollte Nähe. Das was in den Köpfen der Mitarbeiter gespeichert ist an Wissen und Know-how kommt nur heraus, wenn man sich verständigt und zwar am einfachsten über das gemeinsame Ziel. Tut man das nicht, schrumpfen auch die Sprechblasen zum sogenannten Wissenmanagement auf Bedeutungslosigkeit zusammen und das vorhandene Wissen bleibt in den Köpfen verborgen, gleichgültig wie großartig die Ziele des Unternehmens definiert sind.

Die Leiterin der Administration und Finanzen einer britischen Tochtergesellschaft im Schwabenland begann Zielvereinbarungsgespräche mit ihren Mitarbeitern zu führen, ohne dass der Gesamtbetrieb dieses Instrument breitflächig einführen wollte. Diese Vorgehensweise ist legitim, denn es gibt keinen plausiblen Grund, warum alle Funktionen eines Unternehmens – und das noch gleichzeitig – dieses Instrument benutzen sollten. Sie war erstaunt, wie interessiert die Mitarbeiter daran waren. Sie war auch erstaunt, dass die Gespräche selbst viel einfacher und konstruktiver zu führen waren, als sie erwartet hatte.

Aber solche Gespräche zeigen auch, dass Führungskräfte sich dabei auf dem Prüfstand fühlen. Ihre Übersicht, Kompetenz und Führungsfähigkeit in einem Dialog werden deutlich. Und das ist gut so, denn wenn wir uns den Mitarbeitern als Führungskräfte nicht aussetzen, verlieren wir mit der Zeit all das, was Führung ausmacht: die Stärken des anderen zu kennen, zu fördern und ihn da einzusetzen, wo er die Chance hat, mit seinen Stärken zu wachsen, handlungsfähiger zu werden und den größtmöglichen Beitrag zum Unternehmenserfolg zu leisten. Und das gleiche mit unseren eigenen Vorgesetzten zu vereinbaren.

Es gibt ein paar Grundverständnisse für Erfolg, die einigermaßen beständig sind. Dazu gehört die Verantwortung von Führungskräften für die personelle Seite des Unternehmens. Der Harvard-Professor Quinn Mills schreibt 1989:

„Manager, die Führungspersönlichkeiten sind, müssen sich Zeit nehmen, die personelle Seite des Unternehmens zu entwickeln. Dies ist schwierig in einer Welt, die hohe Anforderungen an die Zeit des Managers stellt. Dennoch ist es der wichtigste, bleibende Beitrag, den ein Manager hinterlassen kann, nicht die Unternehmenspolitik, sondern die Menschen, die Art und Weise, wie sie die Dinge angehen." [2]

Ob wir wollen oder nicht, in einem strukturierten Zielvereinbarungsgespräch, wo das Zuhören durch die Führungskraft eine Bedingung ist, lernen wir mehr und werden wir kommunikationsfreudiger als bei geschlossener Tür hinter großen Schreibtischen, die uns über unsere mangelhafte Dialog- und Innovationsfähigkeit im Umgang mit Menschen hinwegtäuschen. Wir entwickeln Selbstsicherheit im Dialog, eine Eigenschaft, die zum erfolgreichen Manager gehört, denn nur hinreichende Selbstsicherheit macht es uns möglich, uns Neuem unbefangen zuzuwenden[5].

Zielvereinbarungen sind ein guter Einstieg für mutige Führungskräfte, die selber an ihrer Entfaltung arbeiten und um ihrer selbst willen die Angst vor der unbequemen Nähe anderer überwinden wollen. Jeder nimmt die Welt nach seinen eigenen „Gesetzen" wahr, dennoch gibt es Gemeinsamkeiten, gemeinsame Zielfelder sozusagen, die eine sinnvolle Vereinbarung ermöglichen. Denn wenn die Ziele eines jeden Einzelnen eingebaut werden in das Zielprogramm der Firma, gewinnen beide Seiten. Vor allem deswegen, weil ein Gespür – von tieferer Kenntnis erst mal gar nicht zu reden – für die Absichten, Pläne und Ziele der Mitarbeiter Einsichten dafür schafft, an welcher Stelle im Unternehmen sie einen hervorragenden Beitrag leisten können.

Ein Geschäftsführer eines Unternehmens der High-Tech-Metallverarbeitung beeindruckte mich besonders dadurch, dass er Menschen einstellt, die etwas sehr gut können, für die er aber noch nicht die richtige Stelle hat. Er schafft die Stellen ansatzweise nach den Fähigkeiten der Mitarbeiter, die er als Leistungsträger haben möchte. Das ist ein innovativer, leistungszentrierter, aber gleichzeitig psychokonstruktiver Ansatz, der durch Zielvereinbarungen unterstützt wird. Denn es geht dabei um nichts anderes, als freiwillige Hochleistungsmöglichkeiten zu schaffen, indem die Menschen am richtigen Ort sich mit den für sie richtigen Dingen beschäftigen.

Diese Erkenntnis darf bei zunehmender Knappheit wirklich guter Kräfte in allen Bereichen der Wirtschaft nicht mehr länger übersehen werden. Denn die Umsetzung dieser Erkenntnis in eine konkrete, schriftlich niedergelegte Zielvereinbarung löst viele Fragen, die sich im Zusammenhang mit der Mitarbeitermotivation und damit auch mit der Arbeitsqualität stellen.

4.10 Die Chance für kontinuierliche Anpassung

Ich habe einmal eine Periode erlebt, wo Change Management der Renner war und der Vorstand einen Change Agent bestellt hat, um den Wandel zu steuern und zu beschleunigen. Was da teuren Führungskräften direkt unter dem Vorstand zugemutet worden ist, treibt mir noch heute die Zornesröte ins Gesicht. Warum, so fragte ich mich, werden wir nicht gefeuert, wenn wir als derart verknöcherte und stumpfsinnige Menschen angesehen werden.

Die Chance von immer wieder überprüfbaren Zielvereinbarungen liegt darin, Veränderungsprozesse ohne großartig aufgelegte Projekte durchzuführen und praktisch alle alten und neuen Ziele immer wieder in jeden Ziel- und Maßnahmenkatalog zu bringen und dort zu besprechen. Immer wieder können die Arbeiten des Einzelnen um die angepassten Ziele herum zentriert werden, ohne die persönlichen Zielvorstellungen über den Haufen werfen zu müssen. Solche Vereinbarungen bieten die Chance, von der Arbeitsverwirrung zur Arbeitsklarheit zu kommen, zum Wesentlichen in jeder einzelnen Funktion und in jeder einzelnen Tätigkeit.

Zielvereinbarungen, die eine vom Individuum gewollte persönliche Fähigkeitsentwicklung beinhalten, bieten die Chance, zu erkennen, wer was im Unternehmen will und am besten kann. Wenn dies sorgfältig, aber nicht überbürokratisch dokumentiert und durch Personalabteilungen transparent gestaltet wird, brauchen die Unternehmen nicht um die inneren Kompetenzen zu fürchten und auf Einwanderungspotentiale zu hoffen. Diese von Politikern genährte Hoffnung wird sich für die Unternehmen als genauso harte Personalarbeit erweisen wie der konstruktive Umgang mit den schon vorhandenen Mitarbeitern. Denn auch diese Menschen werden zunächst einmal dort arbeiten wollen, wo sie sich aufgrund ihrer Kenntnisse und Stärken voll engagieren können.

4.11 Zielvereinbarung – was ist das?

Eine Zielvereinbarung ist ein zwischen Vorgesetztem und Mitarbeiter (beide können auch Führungskräfte sein) regelmäßig aktualisierter Handlungsplan mit wenigen wichtigen Zielen, vorgeschlagenen Maßnahmen und Erledigungsterminen. Sie beruht auf drei wichtigen Erfahrungssäulen:

a) Wenn ein großes Gesamtziel erreicht werden soll, müssen viele kleinere Teilziele termingerecht erreicht werden.

b) Die Teilziele und die entsprechenden Arbeiten müssen miteinander verbunden sein, das heißt. in eine Richtung weisen. Die bunten Regenbogenfarben der vielfältigen Tätigkeiten geben gebündelt ein weißes Licht, wenn sie durch das Prisma der Zielvereinbarung gehen.

c) Die persönliche Fähigkeit, zielgerecht zu denken und zu arbeiten, kommt dem Unternehmen wie auch jedem Individuum zugute. Denn die Grundelemente für Erfolge sind die gleichen für Unternehmen wie für Einzelpersonen: Zielkontakt – Verständigung – Energie – Methoden – Logistik und Stakeholders. Die Zielsicherheit einer Organisation ist daher von der Zielsicherheit ihrer Mitarbeiter nicht zu trennen. Daher können beide Seiten von Zielvereinbarungen erheblich profitieren.

Zielvereinbarungen müssen langfristige Ziele enthalten, sogar über ein Jahr hinaus, sonst werden sie zu kurzfristigen Aktionsplänen und verkommen zu Abarbeitungsaufträgen. Innerhalb der Zielklarheit soll der Mitarbeiter selbst eigenverantwortlich Lösungen auf dem Weg finden und anwenden.

4.12 Was macht Zielvereinbarungen attraktiv?

Darauf gibt die folgende Grafik eine 7-teilige Antwort. Herzstück ist das Vertrauen darauf, dass personengerechte Aufgabenerledigung gleichzeitig den Aufbau persönlicher Fähigkeiten beinhaltet.

© Carow Zielkompetenz

4.13 Was ist Zielvereinbarung nicht?

Sie ist keine Modeerscheinung, weil Vereinbarungen per se keine Modeerscheinungen sind. Sie ist kein Zieldiktat. Sie ist kein Ersatz für das authentische Gespräch im Arbeitsalltag. Es ist festzustellen, dass diejenigen, die im Alltag nicht über die wichtigen Dinge miteinander sprechen, sondern nur über die dringlichen, auch keine zielorientierten Mitarbeitergespräche führen. Die Behauptung, dass man doch täglich „mit den Leuten rede …“, erweist sich in den meisten Fällen als eine Schutzbehauptung, um dem auszuweichen, was wirklich notwendig wäre, nämlich ein immerwährender und anpassungsfreudiger Aufbau von Wettbewerbsfähigkeit.

Im Mittelstand erlebe ich immer wieder, dass das jährliche Mitarbeitergespräch innerhalb von 10 oder 15 Minuten vor Weihnachten durchgeführt wird. Das funktioniert nicht, weder für die menschlichen noch für die betrieblichen Bedürfnisse. Wie kann man in 10 Minuten ein Halbjahres- oder gar ein Jahresziel vereinbaren ohne es einem Mitarbeiter zu diktieren? Vorgabe aber ist keine Vereinbarung. Wie kann man in 10 Minuten eine Vereinbarung über die Fähigkeitsentwicklung eines Mitarbeiters treffen? Diese 10 Minuten kann man sich auch sparen.

Ich habe in meinem Berufsleben bisher über 500 Mitarbeitergespräche inklusive Zielvereinbarung geführt. Mit den brillanten Mitarbeitern geht das schnell, weil die an ihren Zielen interessiert sind und auch eigenverantwortlich kreative Maßnahmen vorschlagen und finden. Mit anderen dauert es etwas länger, so dass man nach erfolgreicher Einführung der Methode im Durchschnitt zwei Stunden für ein Gespräch veranschlagen kann.

Rechnen wir einmal: Ein Unternehmen hat 50 Mitarbeiter, führt also 50 Zielvereinbarungsgespräche à zwei Stunden. Das sind 100 Stunden oder etwa 12 Manntage. Nehmen wir an, Sie müssten aufgrund sehr hoher Änderungsgeschwindigkeit in ihrer Branche mindestens vierteljährlich nachstellen, dann würden sie maximal 48 Manntage verbrauchen. Wenn aus Mangel an „psychosozialer Hygiene“ jeder nur einen Tag im Jahr als Krankheitstag verbraucht, sind das 50 Tage. Schauen Sie sich einmal die Statistiken für Fehlzeiten in ihrem eigenen Unternehmen an, dann wissen Sie, was ich meine – von den Arbeitszeiten und Tätigkeiten, die keinerlei unternehmerischen Zielen dienen einmal ganz abgesehen!

4.14 Zielvereinbarungen haben eine integrative Wirkung

Fokus auf das Wesentliche: Sie können ihr Arbeitstempo steigern, Sie können neue Arbeitsmethoden einführen, um wirksamer zu werden und sie können einen höheren Wirkungsgrad erreichen, in dem sie Tätigkeiten durchführen, die nur dem Wesentlichen dienen. Wohlverstandene Zielvereinbarungen können hier außerordentlich hilfreich sein und zwar in umgekehrter Reihenfolge. Die vereinbarte Konzentration auf das Wesentliche, nämlich das Zielführende, erleichtert die Anwendung neuer, effizienter Methoden und damit erhöhen Sie automatisch ihre Arbeitsgeschwindigkeit. Das leitet über zum Zeitmanagement.

Zeitmanagement: Noch immer sind viel zu viele Vorgesetzte und Betriebsinhaber gezwungen, den Mitarbeitern hinterherzulaufen, um die Arbeitsschritte und den Arbeitserfolg zu kontrollieren. Oft greifen sie auch in die Aufgaben der Mitarbeiter ein und ziehen Aufgaben an sich, wenn es an Fähigkeiten fehlt. Daher klagen sie über Zeitnot und mangelhafte Qualität von Mitarbeitern. Dagegen erlauben individuelle Zielvereinbarungen dem Vorgesetzten, Aufgaben zu vereinbaren, seine Kontrollintensität zu lockern und Zeit zu haben für wichtige Führungsaufgaben. Die Verantwortung für adäquate Fähigkeiten kann gut in die Hände der Mitarbeiter gelegt werden. Wenn sie für ihre eigenen, vereinbarten Fähigkeitsfortschritte nicht sorgen können, können sie auch kaum für den Erfolg des Unternehmens sorgen. Dann stellt sich Frage nach der Trennung automatisch.

Entwicklung unternehmensgerechter Fähigkeiten: Wenn vereinbarte Ziele schwer erreichbar bleiben, ergeben sich im Mitarbeitergespräch Hinweise auf die Weiterbildung und den notwendigen Aufbau von Fähigkeiten innerhalb einer Gruppe, Abteilung oder eines Teams. Es kann sinnvoll sein, Zielvereinbarungen innerhalb eines Teams offenzulegen, damit insgesamt eine reibungslose Abstimmung erfolgt. Entscheidend ist, dass die Handlungsfähigkeit und Eigenständigkeit des Einzelnen kontinuierlich gesteigert wird. Selbstsicherheit und Selbstwertgefühl steigen dann, wenn die Anforderungen den Fähigkeiten in etwa entsprechen. Es lohnt sich diese Eigenschaften im Unternehmen zu fördern, denn die werden gebraucht bei schwierigen Entscheidungen, Verhandlungen und Marktturbulenzen. Das Zielvereinbarungsgespräch ist die dafür geeignete Abstimmungsplattform.

Führung zur Eigenverantwortung: Wenn das individuelle Ziel schwer erreichbar erscheint, erkennt der Mitarbeiter frühzeitig, wo er Hilfe benötigt, auf welchen Gebieten er fragen und wo er lernen muss, um die zielgerechten Fähigkeiten zu erwerben. Dies ist der Beginn der überall geforderten Eigenverantwortung. Das geht aber nur dann geschmeidig, wenn ein persönliches Arbeitspapier vorliegt. Eine Zielvereinbarung eben. Dadurch entstehen Kreativität, Innovation und das unabdingbare Kostenbewusstsein sozusagen als Nebeneffekt, wenn die Führung diese Offenheit pflegt und befürwortet.

Aufbau von Vertrauen: Das Mitarbeitergespräch hat mit der Zielvereinbarung stets eine Bezugsbasis. Es entzieht sich daher – wenn ohne Zieldiktat – dem Verdacht der Willkür. Führen und das Geführtwerden sind in der Begegnung auf einer einmal gelegten Vereinbarungsbasis konstruktiver zu handhaben. Wenn das Magenzittern des ersten Zielvereinbarungsgespräches überstanden ist, gewinnen – im vertrauensvollen Dialog – beide Seiten an geistiger und emotionaler Bewegungsfreiheit. Alle ersten Versuche, die ich mit Führungskräften begleitet habe, zeigten das Phänomen der Erleichterung im Umgang mit Unternehmensangehörigen. Die Schwierigkeit liegt im disziplinierten „Dranbleiben". Einmal ist keinmal. Das gilt auch für einen solchen Prozess.

Gemeinsame Gesprächsbasis: Beide Seiten können sich in Abstimmungsgesprächen auf eine gemeinsam verfasste Vereinbarung beziehen. Damit vermindern sich konfliktträchtige Missverständnisse. Konstruktive und notwendige Nachbesserungen und Veränderungen können auf einer gemeinsamen Plattform vorgenommen werden, ohne dass es langer Vorbereitungen bedarf.

Leistungsbeurteilung mit Übersicht statt Missverständnissen: Eine einfache, aber sinnvoll strukturierte Zielvereinbarung kann jederzeit – wenn man das unbedingt will – zu einer Leistungsbeurteilung herangezogen werden, ohne dass es weiterer komplizierter Prozesse oder Papiere bedarf. Wir vermeiden gerne eine konkrete, subjektive Leistungsbeurteilung, weil wir nicht wissen, worauf wir uns beziehen sollen. Wenn wir mit der Bezugsbasis unsicher sind, dann geraten wir in heftige Diskussionen und gar Auseinandersetzungen mit den Mitarbeitern, weil Missverständnisse und vage Erinnerungen das Gespräch diktieren. Das Gespräch nimmt oft ein peinliches Ende. Das ist der Grund, warum man solche Gespräche dann lieber ganz sein lässt.

Für das Unternehmen ist das keine Bagatelle, sondern dieses Verhalten schwächt die Wettbewerbsfähigkeit und erhöht den Zeitdruck immer weiter. Leistungsbeurteilungen benötigen Augenmaß und die Fähigkeit zu sehen, dass vielleicht vereinbarte Ziele nicht erreicht wurden, dafür aber andere. Nehmen wir einmal an, dass ein verlorengegangener Kunde zurückgewonnen werden soll. Wie bewerten Sie den Mitarbeiter, der am Jahresende den alten Kunden nicht wiedergewonnen hat, dafür aber drei zusätzliche, die ein insgesamt höheres Ertragspotential haben? Leistungsbeurteilungen, die mechanisch ablaufen, sind zu nichts zu gebrauchen außer zur Produktion von Ärgernissen und Frustration. Schauen Sie die erreichten Teilziele daher stets im Kontext des Gesamtziels an und bedenken Sie, dass es immer schwierig ist, eine Leistung einem Menschen ganz konkret zuzuordnen, selbst dann, wenn nur zwei Personen miteinander arbeiten. Seien sie sicher, dass die eine immer auch Ideen und Arbeitselemente der anderen übernimmt und gebraucht. Lernen Sie aus nicht erreichtem Ziel, ziehen Sie operative, wenn nötig personelle Konsequenzen, aber muten Sie sich kein detailliertes Beurteilungsprogramm zu, dessen Ergebnis an den notwendigen Konsequenzen nichts ändert als nur die Verzögerung von anstehenden Entscheidungen.

Übersicht über Kompetenzen im Unternehmen: Aus Zielvereinbarungen und der Zielerreichung gehen immer auch Erkenntnisse hervor, wer im Unternehmen was kann und wer nicht, wer besondere Fähigkeiten hat und wo die Begeisterung steckt. Wird dies ein bisschen systematisch dokumentiert, gibt es nahezu automatisch einen Pool von fähigen Leuten, die für besondere Aufgaben befähigt sind oder sich selbst befähigen können. Insofern können Zielvereinbarungen verschiedene Unternehmensfunktionen integrieren und Transparenz schaffen für den Aufbau von Wettbewerbsfähigkeiten.

4.15 Selbstführung und Eigenverantwortung

Die Forderung nach Eigenverantwortung und Anpassungsvermögen ist gleichzeitig die Forderung nach bewusstem Umgang mit Zielen. Die institutionelle Ausbildung liefert hierzu praktisch keinen Beitrag. Insofern erklären sich die immer zahlreicher werdenden Appelle der Unternehmensführungen – und auch des amtierenden Bundeskanzlers – an die Flexibilität und Eigenverantwortung der Mitarbeiter.

Appelle aber sind zwecklos, wenn man etwas fordert und niemand weiß, wie der Forderung nachzukommen ist. Wir müssen daher nicht über Appelle reden, sondern über konkrete Ziele, die den Menschen etwas bedeuten!

Mit fachlicher und kommunikativer Brillanz allein ist weder ein Ziel definiert, noch akzeptiert. Fachkompetenz und Kommunikationsfähigkeit entwickeln ihre Konstruktivität und Innovationskraft nur unter der Regie eindeutiger Ziele.

Der Vorstandsvorsitzende des amerikanischen Chemie-Konzerns DuPont, Charles Holliday, bestätigte auf dem Wirtschaftsgipfel 2000 in Davos die Bedeutung zielorientierten Denkens und Handelns. Er sagte: „Die Vergangenheit lehrt mich, dass die Formulierung der Ziele auch deren Verwirklichung bringt."

Literatur

[1] Sprenger, R.K. (2000): Der Aufstand des Individuums. Campus
[2] Mills, Q. D. (1989) Die neuen Chefs. Gabler
[3] Fisher, R., Ury, W., Patton, B. (1998): Das Harvard-Konzept Sachgerecht verhandeln, erfolgreich verhandeln. Campus
[4] Grove, A.S. (1997): Hocheffizientes Management, Campus
[5] Gerken, G. (1995): Der neue Manager. Knaur

5 Trends in der Führungskräfteentwicklung

Ekkehardt Wesner

Globale Unternehmen sind Hochleistungssysteme, die sich ständig erneuern und aufgrund ihres überragenden innovativen Potentials in der Lage sind, den Wettbewerbsvorteil gegenüber den konkurrierenden Unternehmen ständig beizubehalten und auszubauen.

Um dies zu gewährleisten, ist eine hochmotivierte, fair dotierte und sich in einem ständigen Qualifizierungsprozess befindende Führungsmannschaft die entscheidende und einzige Voraussetzung für den Erfolg.

Soll dieses Ziel erreicht sein, muss die Führungskräftepolitik im Rahmen der Personalpolitik eines Großkonzerns in die Spitzenposition personalpolitischer Überlegungen gerückt werden. Sie überschreitet die Grenzen der Personalpolitik und entwickelt sich in der Coporate-Strategie zu einem nahezu dominanten Faktor.

Zukunftsorientierte Unternehmenspolitik setzt auf Kontinuität des unternehmerischen Erfolges. Diese Kontinuität wurzelt in der effizienten Führungsmannschaft, einem lebendigen Organismus, den es zu pflegen, zu fördern und weiterzuentwickeln gilt. Dieser Prozess verlangt nach neuen Instrumentarien. Führungssysteme und Führungsmannschaften sind Degenerationsprozessen unterworfen, die in die Gefahr münden, dass Mittelmaß wieder Mittelmaß einstellt. Unter diesem Aspekt ist aktive Führungskräftepolitik gefordert, immer wieder nach Hochleistungsträgern und Hochleistungspotential innerhalb und außerhalb des Unternehmen zu suchen.

5.1 Coaching als Instrument zur Managementinnovation

Führungsorganisationen und die betriebliche Praxis lassen wenig Spielraum für die Verarbeitung emotionaler Verwerfungen von Managern, die im Karrierezyklus ganz natürlich auftreten. Beginnt ein Manager seine Karriere, basiert sie in den frühen Karrierephasen vornehmlich auf einer sehr hohen Fach- und Methodenkompetenz. Die soziale Kompetenz und das Leadership-Verhalten sind zwangsläufig in früheren Entwicklungsphasen weniger umfassend ausgeprägt. Das Potential ist jedoch vorhanden. Hier muss das Coaching einsetzen, sei es auf individueller oder kollektiver Basis. Überfachliches Coaching mit dem Schwerpunkt „Leadership" stabilisiert die junge Führungskraft und bewahrt vor karrieremäßigem „Überhitzen". Hierzu sind Coaches gefordert, die aufgrund ihrer Seniorität den gesamten Karrierezyklus bereits erfahren haben, ihn überschauen und entsprechende Hilfen geben können.

Jungen Führungskräften fehlt häufig transkulturelle Kompetenz. Globale Unternehmen verlangen diese Kompetenz jedoch sehr stark, da kulturelle Vielfalt im Management-Kader zur Stärkung des Wettbewerbsvorteils beiträgt. Es ist selbstverständlich, dass die Managementwicklung die internationale, interdisziplinäre und interkulturelle Förderung von jungen Führungskräften über entsprechende Coaching-Programme äußerst intensiv vorbereitet und pflegt.

In reifen Karrierephasen auf hohem Führungsniveau verlieren TOP-Manager einen Teil ihrer Fach- und Methodenkompetenz, da sie sich primär mit strategischen Fragen und Führungsaufgaben befassen. Hier dreht sich das Bild. Coaching kann entstehende Defizite auf fachlichem Gebiet ausgleichen, sollte emotionale Verkrustungsprozesse aufbrechen und die geistige Flexibilität des reifen, erfahrenden Managers ständig wachhalten. In reifen Karrierephasen treten auch persönliche Probleme auf, die sich von Gesundheitsfragen bis hin zu Hemmschwellen beim lebenslangen Lernen ergeben. Elemente der Introvertiertheit, Verlustängste zu Status und Einkommen und auch Irritationen in das Vertrauen zur persönlichen Schlagkraft werden evident. Auch hier ist individuelles Coaching, das ein Höchstmaß an gegenseitigem Vertrauen entgegensetzt, ein Weg die Leistungsfähigkeit des Gesamtsystem zu stabilisieren und zu fördern. Ein unkonventioneller, aber sehr gewinnender Weg wäre es, jedem TOP-Manager mit etwa 55 Jahren einen jungen Coach unter 35 Jahren als Partner zur Seite zu stellen.

Die Führungsmannschaft eines Großkonzerns ist ein lebendiger Organismus, der Befruchtungsprozessen gegenüber offen sein muss. Diese Befruchtung entsteht von außen. Diese innovative Befruchtung wurzelt aber auch aus dem Innenverhältnis auf der Basis von Wissensmanagement von erfahrenen älteren Führungskräften und jung ernannten Managern. Dieses Spannungsverhältnis gilt es im Sinne eines *„intellektuellen Humus"*, auf dem stets neu Produktinnovation, Prozessinnovation und Managementinnovation generiert wird, zu erzeugen. *„Young ist beautiful"* ist kein Garant für den dauerhaften Erfolg eines Unternehmens. Personalmanagenent ist gefordert, den richtigen Mix zu definieren und ihn umzusetzen.

5.2 Neue Kommunikationsstrategien und Führungskräftepolitik

Internet und Intranet verändern das Unternehmensgefüge. Abgeflachte Strukturen haben Karrierepfade verändert. Teams haben das Führungsverhalten von Vorgesetzten verändert.

Internet und Intranet führen in fachlicher Hinsicht zur relativen Unabhängigkeit des Mitarbeiters vom Vorgesetzten. Der Mitarbeiter oder die nachgeordnete Führungskraft kann sich alle Informationen von Datenbanken, die es im Unternehmen auf der Basis von Wissensmanagement gibt, selbständig beschaffen. Das Informationsmonopol des Managers ist somit aufgehoben. Sein Leadership-Potential auf dem Gebiet der Fach- und Methodenkompetenz nimmt kontinuierlich ab – das ist auch gut so!

Dem entgegen steht, dass die überfachliche Führungskompetenz in der Zukunft noch stärker gefordert ist als bisher. Auf welchen Gebieten?

1. Die Führungskraft von morgen hat als wichtigste Aufgabe, dafür Sorge zu tragen, dass die Ziele des Unternehmens den Teams immer wieder klar und verständlich – vor allem aber motivierend – vor Augen geführt werden. Im differenzierten Zielsystem stehen diese Ziele nicht im Internet, sondern leiten sich weiterhin aus der Politik des Vorstandes ab. Diese liberale Führungskultur macht den Führungskräften keine Vorgaben, sondern stellt mehrheitsfähige Aufgaben, gibt bei der Umsetzung freien Lauf und traut den Führungskräften bzw. den Mitarbeitern die Lösung zu. Diese Kultur setzt voraus, dass der Leader beständig und kontinuierlich an der Fortbildung seiner Mannschaft arbeitet. Er muss so souverän sein, dass er keine Bedenken hat, wenn Mitarbeiter höher qualifiziert sind als er selber. Das Bremsen intellektueller Qualifizierungsprozesse muss unter diesem Aspekt bestraft werden.

2. Der Leader von morgen ist der Manager of Change. Hochleistungssysteme mit schnellen Kommunikationsprozessen brauchen strategisch positionierte Change-Agents als Promotoren des innovativen Wandels. Wenn es um Führungsmannschaften geht, dann geht es darum, einen Kader zu haben, der über viele Jahre hinweg den kontinuierlichen Wandel, die kontinuierliche Anpassung des Unternehmens an den Markt garantiert. Zweifelsohne spielt der Vorstand in diesem Spiel auch eine bedeutende Rolle. Nun sind aber Vorstandsverträge befristet und sie werden nicht immer automatisch verlängert.

3. Die Führungskraft von morgen muss sich um die materielle Vergütung seiner Mitarbeiter kümmern und darf sie nicht einem technokratisch agierenden Personalwesen im passiv adaptiven Sinne überlassen.

4. Die langfristige Nachfolgeplanung zur Erneuerung des Ressortkaders ist unerlässlich. Wird vom Unternehmen eine Management-ausgerichtete Führungspolitik betrieben, die durch ein hohes Maß an Vertrauen und

Wertschätzung der eigenen Mannschaft gekennzeichnet ist, dann stellt sich die Führungskraft von morgen auch selber zur Disposition. Das gibt ungemeine Flexibilität. Von diesem Idealzustand sind wir noch weit entfernt. Er muss jedoch darauf vertrauen können, dass das Unternehmen für ihn eine weiterführende Aufgabe bereit hält.

5.3 Das neue Rollenspiel der Funktion Personalwesen Management

Eine Führungskräftepolitik, die eine Führungskultur beinhaltet, die sich die Förderung der Leistungsfähigkeit von Managern und Top Managern als zentrale Aufgabenstellung zu eigen gemacht hat, muss sich primär als dienende Funktion verstehen und nicht als „herrschende" Funktion.

Führungskräfte erwarten eine hervorragende, managementlike Servicefunktion.

Personalmanagement in diesem Segment „has to care for managers." Dies bedeutet folgendes:

1. Der erfolgreiche Manager muss sich im Personalbereich geborgen fühlen. Er muss vertrauensvoll davon überzeugt sein, dass diese Funktion eine „Pro-Manager-Attitüde" vertritt. Die Stelleninhaber sollten eine innere Einstellung abstrahlen, die sich dahingehend zusammenfassen lässt „We care for leadership."
   Tarifpolitische Denkweise tritt bei diesen Aufgaben in den Hintergrund. Es gilt der Grundsatz „Chefs erwarten von Chefs, wie Chefs behandelt zu werden!"

2. In einem Konzern mit globaler Ausstrahlung sollten im Personalwesen Management nur sehr erfahrene Personalreferenten arbeiten, die das gesamte Rollenspiel eines Top Managers oder Managers während des gesamten Karrierezyklus voll nachvollziehen können. Sie müssen in der Lage sein, die einzelnen Entwicklungsphasen im Karriereprozess beurteilen zu können, sowohl aus materieller, als auch immaterieller Sicht. Zu Letzterem zählen insbesondere die Anforderungen eines Managers an seinen Qualifizierungsprozess während des Karrierezyklus.
   Deshalb verbietet es sich, in diese Führungs-Betreuungs-Funktion Berufsanfänger oder unerfahrene Fachreferenten einzustellen. Die personalpolitische Grundqualifikation, die an den Hochschulen gelehrt wird, reicht nicht aus, um in diesem sensiblen Aufgabengebiet als Start up sogleich erfolgreich zu arbeiten. Flurschäden und angespannte Vertrauensverhältnisse sind auf führungspolitischem Gebiet unverzeihbar.
   Die gegenseitige Akzeptanz und Wertschätzung beim Verhandlungsgespräch ist von entscheidender Bedeutung

5.4 Interessensvertretung und Führungskräftepolitik

Hochschulausbildung, Leistungsbereitschaft, beruflicher Erfolg sowie direkter Zugang zu wettbewerbsrelevantem Wissen emanzipieren Führungskräfte. Schlagkräftige Unternehmensorganisationen verlangen nach diesen selbständigen, selbstbewußten und mündigen Managern. Dies verlangt nach Organisationsformen für Führungskräfte innerhalb des Unternehmens. Diese Plattformen, die sich Führungskräfte selber wählen – müssen im Einklang mit dem deutschen Betriebsverfassungsgesetz (BetrVG) stehen – artikulieren Führungskräfte ihre berechtigten Anliegen gegenüber dem Vorstand und den Gremien der Betriebsverfassung.

Das Managementkader von morgen will seine Rechte auf der Basis demokratischer Legitimation selbständig vertreten. Er will weder vom Vorstand Empfänger gewährter Rechte und Dotationen sein, noch darauf hoffen, dass die Arbeitnehmervertretungen in irgendeiner Form ihre Anliegen gegenüber dem Vorstand vertritt. Dazu ist diese auch nicht da. Der Spagat wäre zu groß. Insofern ist es notwendig, dass der Vertreter der Leitenden Angestellte sein Mandat aus dem Votum der gesamten Führungsmannschaft herleitet und nicht nur aus dem der Leitenden Angestellten.

Bei Volkswagen hat man ein Instrument gewählt, das sehr erfolgreich ist, die sogenannte „KOOPERATION", die alle Belange der Führungsmannschaft zwischen Vorstand, Management Association und Betriebsrat gemeinsam verhandelt. Damit gibt es keinen Graben zwischen den Parteien, sondern ein gemeinsames Ziel, die Führungsmannschaft von Volkswagen zu einem sehr erfolgreichen Instrument auszuformen. Bei der Volkswagen AG sind die Interessen der Führungsmannschaft in einer Management Association gebündelt, die neben der Wahrung der materiellen Interessen im Sinne einer fairen Gehaltspolitik, einer leistungsfördernden Bonuspolitik, einer innovationsfreundlichen Qualifizierungspolitik und einer soliden Altersversorgungspoltik Folgendes zum Inhalt hat:

Die Volkswagen Management Association (VMA) will gemäß ihrer Satzung das Verhältnis für gemeinsame Interessenslagen zwischen Unternehmensvorstand (Konzernleitung, Töchtervorstände, Markenvorstand) und den Führungsmannschaften stärken und damit einen Beitrag zur Steigerung des Wettbewerbsvorteils des weltweiten Volkswagen-Konzerns leisten.

Die Konsolidierung partnerschaftlicher, loyaler und freundschaftlicher Beziehungen zwischen Konzernleitung und Führungsmannschaft steht dabei im Vordergrund.

Die Volkswagen Management Association strebt dieses Ziel mit allen ihr geeignet erscheinenden Mitteln an, die in der Unternehmenskultur des Volkswagen Konzerns verankert sein müssen.

Insbesondere fördert und vermittelt die Volkswagen Management Association persönliche Begegnungen zwischen Vorständen und Führungskräften – dies nicht nur innerhalb der Volkswagen AG, sondern im weltweiten Konzern mit all seinen Tochtergesellschaften.

Die Gleichberechtigung aller Mitglieder der weltweiten Führungsmannschaft, unabhängig von Religion und Nationalität, ist ein hervorragendes Ziel.

Ergänzt werden diese Aktivitäten durch Bemühungen der Ankopplung der Volkswagen Management Association an politische und kulturelle Trends und Entscheidungszentren.

Deshalb arbeitet die Volkswagen Management Association kooperativ mit Personen und internationalen Institutionen zusammen, die ähnliche Ideen und Bestrebungen haben.

5.5 FLOW – Die richtige Betriebstemperatur

Eingangs wurde gesagt, eine Führungsmannschaft arbeitet als Organismus in einem Hochleistungssystem. Will ein Hochleistungssystem effizient sein, braucht es die richtige „Betriebstemperatur". Unterkühlte Systeme produzieren Underperformer. Wohltemperierte Systeme, denen ständig emotionale Management-Energie zugeführt werden, liefern ideale Voraussetzungen für die Entwicklung von High-Performern. Personalpolitik für Führungskräfte hat durch die erwähnten Maßnahmen auf den Leistungsfeldern „Management of Strategic Human Resources", „Management of Company Infrastructure", „Management of Employee Contribution" und „Management of Change and Transformation", die Mannschaft in einen leistungsorientierten Prozessfluss (FLOW) zu bringen, in dem die Managementleistung Freude bereitet, Befriedigung auslöst und als erfüllend empfunden wird. Das Gesamtsystem ist in eine positive Grundstimmung zu versetzen, in dem sich das Managen in einem Hochleistungszustand des Managers vollzieht. Die dynamischen Prozesse eines Unternehmens laufen bei einer derartigen Einstellung der Führungsmannschaft schneller und problemloser.

Um ein hohes FLOW-Potential des Systems zu gewährleisten, muss die Führungskraft über Freiräume zur selbständigen Regeneration eigener Leistungsreserven verfügen. Daraus ergibt sich zwingend die Forderung nach einer liberalen Führungskräftepolitik. Das Leistungsverhalten von TOP-Managern ist auch temporären Schwankungen unterworfen. Dieses vollzieht sich auf einem sehr hohen Niveau. Es gilt, diese Schwankungen in engen Bandbreiten zu halten. Befindet sich die gesamte Führungsmannschaft in dem angesprochenen Flow-Prozeß, das heißt, in einer „positiven Betriebstemperatur", dann werden die Leistungsschwankungen vom System aufgefangen und im Sinne des Unternehmensziels kanalisiert.

Zu diesem positiven Systemansatz gehört auch die absolute Gleichberechtigung zwischen männlichen und weiblichen Führungskräften unter Karriereaspekten. Nicht jeder Vorstand unterschreibt die Position: ein gemischter Führungskader ist effizienter als ein rein maskuliner. Aus dem Wechselspiel zwischen Know-how, Ambitionen, rationalen und emotionalen Erkenntnisprozessen zwischen weiblichen und männlichen Führungskräften entsteht ebenfalls eine leistungsorientierte Gesamtkonstellation, die es zu nutzen gilt. Um im Bild zu bleiben, eine derartige Konstellation erhöht die Betriebstemperatur und setzt positive Energien zur optimalen Managementleistungsprozessen frei.

5.6 Fazit

Global operierende Unternehmen regenerierten sich in der Vergangenheit in der Regel aus Führungskräften, die im Heimatland ihre Verankerung hatten. Diese Zeiten sind endgültig vorbei. Ein globaler Konzern muss auf das Innovationspotential aller Industriestandorte zurückgreifen. Führungskräfte von Tochtergesellschaften sind in ihrer Entwicklung auch auf gleicher Augenhöhe wie Manager aus dem Stammhäusern zu bringen. Das ist das Gebot der Stunde. Das ist ebenfalls eine herausragende Aufgabe für Managementvertretungen. Dies ist sogar eine spezifische Herausforderung.

6 Kommunikationsaspekte

Herbert J. Joka

6.1 Prolog

Kommunikation ist die grundlegende Voraussetzung dafür, dass Menschen Ziele formulieren, anstreben und erreichen können. Ohne den verbalen und non-verbalen Austausch von Fakten, Signalen, Meinungen und Ansichten sowie deren individueller Interpretation ist es unmöglich, in einer Gemeinschaft etwas bewegen und erreichen zu können!

Die Unternehmenskommunikation zielgerichtet zu steuern und zu fördern, gehört deshalb – neben dem Betreiben des Unternehmenskerngeschäftes – in die Verantwortung einer jeden Unternehmensleitung!

Kommunikation in einem Unternehmen zu betrachten heißt auch, sich ihrem Wesen offen zuzuwenden und ihrer Mechanismen bewusst zu werden, geht Kommunikation doch immer von einem Individuum aus, das „sein" ureigenstes Kommunikationsprofil und -bedürfnis lebt, erlebt und mit seiner Umwelt teilt. Ein identisches Verständnis von Fakten oder die deckungsgleiche Interpretation von Zusammenhängen zwischen zwei Menschen zu erwarten, ist Illusion. Deshalb ist es bei jeder Kommunikation erforderlich, sich „anzunähern" und „kennenzulernen", um im Rahmen des bewussten und unterbewussten Feedbacks einen „bestmöglichen Abgleich" des Inhaltes und Verständnisses zu finden. Erreicht man das erforderliche Mindestmaß an kommunikativer Kohärenz nicht, sind Auffassungsdivergenzen die Grundlage für Missverständnisse, die das Risiko von Fehlleistungen verstärken können.

Wer kennt nicht die rechtfertigend klingenden Antworten: „das habe ich so nicht gemeint!" oder, „das habe ich aber ganz anders verstanden!". Das sind typische Indikatoren für eine unzureichend erfolgte Kommunikation – was aber niemals (ganz) zu vermeiden, aber meist zu verbessern ist.

Es gehört auch dazu, sich der sprachlichen Besonderheiten der verschiedenen Berufsdisziplinen bewusst zu werden, die unter gleichen Begriffen unterschiedliche Inhalte zuordnen und ein unterschiedliches kommunikatives Verhalten besitzen. Etwas plakativ wird das deutlich an einer Artikelüberschrift im „Industrieanzeiger", die einst sinngemäß lautete: „Und plötzlich stand vor dem Ingenieur ein Mensch!". Dem diametral gegenübergestellt, steht exemplarisch der Witz, dass eine Person vor einem Bahnhof nach dem Wege befragt wurde, ihn aber nicht kannte. Die befragte Person bot der fragenden Person jedoch an: „…aber lassen sie uns darüber reden!" Die Antwort auf die Frage nach dem Beruf des Befragten? „Soziologe!" In diesem Kontinuum kommunikativer, berufsgruppenspezifischer Bilder spielt sich auch der „tägliche Austausch" in einem Unternehmen ab, mit dem eine Führungskraft umgehen können muß!

Für die Akzeptanz jeder Person spielen bei der effektiven Kommunikation auch diese Punkte eine wichtige Rolle:

- Ist sie als Gesprächspartner vertrauenswürdig?
- Drückt sie sich klar und eindeutig aus?
- Hat man das Empfinden, dass sie übergeordnete Zusammenhänge erkennt und überblickt?
- Hält sie hilfreiche Informationen möglicherweise zurück?

Diese Fragen werden unbewusst und routinemäßig in eine Entscheidung mit einbezogen. Die Grundlagen individueller Einschätzung entstammen im Wesentlichen aus der „Vorgeschichte" gemeinsamer Kommunikation. Das kann dazu führen, dass man seinem Vorgesetzten „alles abkauft" oder aber stets „auf der Hut" vor ihm ist. Zuverlässigkeit, Loyalität, Offenheit, sprachlicher Ausdruck, Kleidung oder Diskursfähigkeit, das sind weitere Facetten, die eine Person als Einheit erscheinen lassen (s. Kapitel I/1-5).

Für eine Führungskraft ist es stets von Vorteil, sich darüber im Klaren zu sein, wie sie wirken will, wünscht wahrgenommen zu werden und, dass sie niemals „nicht kommunizieren" kann.

6.2 Kommunikation und Unternehmen

Nachdem Führung und Kommunikation in einen gemeinsamen, personenbezogenen Kontext gesetzt worden sind, ist der nächste Schritt die Betrachtung der Frage, wie ein Unternehmen „an sich" kommuniziert und wie es wahrgenommen wird, also, wie die Produkte, die Dienstleistungen und das Image bewertet werden. Eine medienbezogene Unterteilung kann dahingehend vorgenommen werden, dass man die Unternehmenskommunikation in eine „interne" und „externe" unterteilt.

Das Wirkungsfeld der internen Kommunikation kann hierbei auf die Gesamtheit der Mitarbeiter selbst bezogen, aber auch auf deren Angehörigen erweitert werden. Denn naheliegenderweise hört das berufliche Engagement nicht am Werkstor auf zu existieren, sondern es wird „mit nach Hause genommen" und dort auch emotional thematisiert.

Es ergibt sich zwangsläufig eine „kommunikative Übergangszone" des privaten Bereiches, der auf das lokale Umfeld wirken kann und als Schnittstelle zur externen Kommunikation eines Unternehmens betrachtet werden sollte.

Aus den Gesprächen in der Familie entwickeln sich nicht selten Stimmungsbilder über ein Unternehmen, die sich leicht mit den Inhalten lokaler Berichterstattung (s. I/2) vermischen und allgemein-öffentliche Bedeutung erlangen können. Geht es beispielsweise um die Gewinnung oder Entlassung von Mitarbeitern, dass Erweiterungsmaßnahmen geplant sind oder auch Unglücke geschehen, dann wird die Lokalpresse immer vor Ort sein und ordentlichen journalistischen Regeln folgend nicht nur eine Stimme befragen, sondern weitere Beteiligte und Betroffene. Diese Themen werden gelegentlich übersehen, sie sollten aber zu einem Bestandteil der Unternehmenskommunikation werden.

6.2.1 Interne Kommunikation über Mitarbeiterzeitschriften

Die Fragen der Führung, der betrieblichen Mitwirkung oder gesetzlich gegebener Strukturen, die ebenfalls einen Bestandteil innerbetrieblicher Kommunikation darstellen, sind bereits thematisch und inhaltlich in verschiedenen Beiträgen dieses Buches beschrieben.

Auch wenn die elektronischen Medien immer mehr auf dem Vormarsch sind und für eine schnelle und zielgenaue Verbreitung stehen, so heißt das nicht, dass Mitarbeiterzeitschriften an Bedeutung verlieren. Im Gegenteil, sie erfreuen sich stetig wachsender Beliebtheit. So gibt die Deutsche Post AG eigens eine Publikationsserie „Presse Distribution – das Corporate Publishing Programm" heraus, die sich neben regelmäßig erscheinenden Publikationen über aktuelle Fakten, Trends und Perspektiven auch mit den „handwerklichen" Themen der vielfältigen „Unternehmenspresse" befasst (www.deutschepost.de/direktmarketing). Als Mitarbeiter oder Kunde regelmäßig eine spezielle Unternehmenszeitschrift in Händen zu halten, ist schließlich eine nicht zu unterschätzende Maßnahme der Aufmerksamkeit und Beziehungspflege.

Ob man jeweils eine eigene Mitarbeiterzeitschrift, Kundenzeitschrift oder eine Kunden- und Mitarbeiterzeitschrift herausgibt, das sind Detail-Fragen, die abhängig von den Firmengegebenheiten und den Zielen zu beurteilen sind und im Verlauf eines Entscheidungsprozesses zu einer Lösung führen.

Auch die Frage nach Art, Aufmachung oder Umfang bedürfen einer sorgfältigen, unternehmensbezogenen Prüfung. Die Vielfalt von „Hauszeitschriften", wie sie auch gerne bezeichnet werden, reicht vom sachlich gestalteten, vielleicht im Unternehmen ausgedruckten Informationsdienst mit durchaus gehaltvollen Informationen, über „Kommandopostillen", deren Aufgabe von den Verantwortlichen einzig und allein darin gesehen wird, „Verkündigungen von oben durchzustellen" und sich zu produzieren, bis hin zum hochwertigen „Klassemagazin". Es gibt Beispiele hochwertiger Mitarbeiter- und Kundenmagazine, die zweimonatlich erscheinen, über 100 Seiten Umfang haben, vierfarbig im Offsetdruckverfahren erscheinen und an denen sogar andere Unternehmen das Interesse zeigen, darin Anzeigen zu schalten, weil sie deutlich über den eigenen Themenhorizont hinwegreichen und firmenunabhängige Themen professionell vorstellen.

In jedem Falle muss eine Zeitschrift – egal welcher Art der Ausführung – inhaltlich Substantielles zu bieten haben und qualitativ dem Stand der Technik entsprechen. Das heißt, Satz, Layout, Grafiken und Fotos dürfen nicht „hausbacken" oder wie vor 20 Jahren wirken.

Die sachlich verständliche Formulierung sollte zudem der „Selbstbeweihräucherung" und überschwenglichen Verwendung von Adjektiven vorgezogen werden. Journalisten können das leicht als Selbstüberschätzung oder Kompensationsverhalten interpretieren… Unerlässlich ist es auch, ein sogenanntes Redaktionsstatut zu verfassen, an das sich alle Beteiligen gleichermaßen halten. Es regelt die Zuständigkeiten und Befugnisse der Einzelnen. Dadurch wird es viel leichter, zum einen authentische Informationen „aus dem Betrieb" zu veröffentlichen, die auf breite Resonanz stoßen, aber auch peinliche Situationen vermeiden, bei denen Unternehmensinterna unvorsichtigermaßen „ausgeplaudert" werden. Man muss immer von einem ausgehen: Was einmal veröffentlicht ist, kann nicht mehr zurückgeholt werden!

Will man im Unternehmen nun ein eigenes „Organ" gründen und veröffentlichen, so ist es hilfreich, im Vorfeld bestimmte Dinge in jedem Falle zu klären, wie beispielsweise:

● Ist der Austausch sämtlicher Mitarbeiter untereinander durch formelle und informelle Gespräche noch möglich, oder passiert es, dass der eine oder andere im Betrieb nicht mehr ganz auf dem Laufenden ist?
● Funktioniert die Kommunikation mit den Kunden, oder zeigen sie sich gelegentlich über etwas Neues positiv überrascht?
● Wie stellt sich das Kundenprofil dar: arbeitet man mit wenigen Kunden und in einem intensiven Direktkontakt, oder verfügt man über einen heterogenen Kundenkreis dessen Personen man nicht direkt kennt und gezielt erreicht?
● Ist bereits einmal eine Übersicht von Themen darüber erstellt worden, was in den letzten sechs Monaten berichtenswert war und was über eine Mitteilung am „schwarzen Brett" hinausging?
● Wäre man bereit, ein Budget für ein eigenes Organ, das an Mitarbeiter und/oder Kunden verteilt wird, regelmäßig zur Verfügung zu stellen?
● Gibt es jemanden im Unternehmen, der zur journalistisch-redaktionellen Tätigkeit befähigt ist und der Interesse oder Engagement gezeigt hat?

● Ist eine Abwicklung durch externe Dienstleister personell oder wirtschaftlich interessanter?

Das sind lediglich ein paar Fragen, die den Weg skizzieren, ob es an der Zeit sein kann, sich über eine firmeneigene Zeitschrift Gedanken zu machen.

Ganz klar muss gesagt werden, dass eine Firmenzeitschrift, die positiven Anklang finden soll, nicht ohne Aufwand zu bewältigen ist.

Eine Hauszeitschrift bedarf angemessenen Zeitaufwandes und auch ausreichender finanzieller Ausstattung. Ist man nicht bereit, sie mit festen finanziellen Mitteln auszustatten und ihr die Zeit zur Gewinnung einer eigenen Identität zu gewähren, dann sollte man das Projekt lieber nicht weiter verfolgen, weil daraus nicht selten ein publikumswirksamer, kontraproduktiver „Flopp" werden kann. Auch sollte man im Umgang mit freiberuflichen Autoren, Textern und Fotografen gewisse Regeln einhalten, die zu einer konstruktiven und längerfristigen Zusammenarbeit führen.

Eine Mitarbeiterzeitschrift kann sich im Laufe der Zeit als eine nicht zu unterschätzende und wertvolle Kommunikationsplattform aller Betriebsangehörigen erweisen – wenn man sie sich entwickeln lässt. Nicht zu unterschätzen für die Akzeptanz und die thematische Vielfalt ist es, jeder Gruppe die Gelegenheit zu geben, zu Wort zu kommen, von dem Mitarbeiter in der Produktion, der Führungskraft in der Brasilianischen Niederlassung bis hin zur Geschäftsleitung. Der thematische Mix ist in jedem Unternehmen anders und entsprechend gestaltet sich dann auch das individuelle Profil einer Unternehmenspublikation!

Unternehmensverantwortliche und -mitwirkende im Bereich der internen Kommunikation sind in der Bundesvereinigung für innerbetriebliche Kommunikation e. V. (inkom) (www.inkom-online.de) zusammengeschlossen. Die Vereinigung setzt sich aus Mitgliedern von Unternehmen der verschiedensten Branchen und Größen zusammen. Zur Unterstützung ihrer Mitglieder agiert die „inkom" bundesweit mit regionalen Arbeitskreisen, die den Vor-Ort-Kontakt mit den Mitgliedern ermöglichen. Gleichgültig ob „alte Hasen" im Geschäft oder „Frischlinge", sie steht jedem Vertreter der Unternehmenskommunikation offen. Damit ist auch für diejenigen, die vielleicht sehr schnell und unvermittelt mit dieser Aufgabe betraut werden, ein Anlaufpunkt gegeben, der hilft, professionell und erfolgreich Fuß fassen zu können!

6.2.2 Externe journalistische Kommunikation

Sie gehört entweder in die Hände eines Vertreters der Unternehmensleitung, eines Mitarbeiters, der aussagebefugt und – befähigt ist oder in Einzelfällen einer speziellen Agentur. Für den Kommunikationserfolg ausschlaggebend ist es, dass dieser Mitarbeiter in die Unternehmensentscheidungen eingebunden ist, um aus der Kenntnis der Zusammenhänge heraus richtig entscheiden und kommunizieren zu können. Ein Presseverantwortlicher, der vom Chef immer wieder „zurückgepfiffen" wird oder nur nach Rücksprache etwas sagen darf, der sollte sich schnell eine andere Anstellung suchen, weil er bald nicht mehr ernst genommen und schließlich umgangen wird.

Mehr als bei der internen Kommunikation kommt es bei der externen Kommunikation darauf an, die journalistischen Spielregeln zu kennen, um als anerkannter Ansprechpartner akzeptiert zu werden und letztlich seiner Aufgabe für das Unternehmen professionell gerecht zu werden. Ist im Hause niemand journalistisch „vorbelastet" und man will sich dieses umfangreichen Themas dennoch zuwenden, lohnt sich eine Kontaktaufnahme mit Externen oder den entsprechenden Berufsverbänden.

Eine für Unternehmer, Journalisten und Redakteuren fruchtbare Zusammenarbeit basiert beileibe nicht auf den Kenntnissen einer „mystischen Geheimwissenschaft", wie es manchmal den Anschein hat. Es bedarf auch nicht unbedingt des „Apparates" eines Konzerns, um als (zahlenmäßig) kleines Unternehmen mit Journalisten ins Gespräch zu kommen und vielleicht in den Medien präsent zu sein! Der erste Schritt ist, sobald einem erstmalig der Gedanke kommt, ob man vielleicht „Presse- und Öffentlichkeitsarbeit" für sein Unternehmen betreiben will, festzuhalten, welche Themen und Anlässe überhaupt in Frage kommen könnten. Daraus ergibt sich meist schon sehr schnell ein erstaunlich gehaltvoller und unerwarteter „Themenplan" für den man sich dann die passenden Objekte und Redaktionen sucht. Bei „Alltäglichem" kann beispielsweise der 1. Preis eines Lehrlings im Kammerbezirk etwas für die Lokalredaktion sein oder die neue Lackierstraße die Wirtschaftsredaktion interessieren. Oder, bei einem neuen Produkt die Fachzeitschrift anzusprechen, aus der man die eigenen Brancheninformation entnimmt, kann auch ein erster Schritt sein. Wichtig ist nur, dass die Dinge neu oder besonders sind und, dass man sich an ein paar Spielregeln im Umgang mit Journalisten hält, wie sie auf der folgenden Seite aufgeführt sind.

Einige Praxisregeln des Journalismus:

- Journalisten und Medien freuen sich über Neuigkeiten. Vor allem dann, wenn sie die ersten sind, die es vermelden können.
- Redaktion und Werbung/Anzeigenabteilung sind voneinander getrennt. Das heißt, die Redaktion verfolgt gemäß den Herausgeber-Richtlinien und Redaktionsstatuten ihre redaktionelle Arbeit, die nicht an diese Abteilung gekoppelt ist.
- Die Kopplung von Redaktionsveröffentlichungen an Anzeigen ist für alle beteiligten Seiten unzulässig.
- Redaktionen behalten sich in der Regel das Recht vor, externe Beiträge für eine Veröffentlichung zu kürzen oder zu redigieren. Ein Recht auf den unveränderten Abdruck besteht ohne besondere Absprache nicht.
- Die Pflicht zum Abdruck eingereichter Artikel besteht in der Regel nicht. Mit der Redaktion vereinbarte Beiträge werden in der Regel gemäß den Redaktionsstatuten veröffentlicht.
- Informationen, die einem Journalisten nicht ausdrücklich als vertraulich mitgeteilt werden, darf er ohne Rücksprache zur Veröffentlichung nutzen und mit der Quelle versehen, zitieren.
- Sich einen Artikel vor Abdruck vom Journalisten vorlegen zu lassen, um ihn freigeben zu wollen, ist nur bei Interviews möglich und ratsam für den Interviewer.
- Bei sensiblen und vertraulichen Informationen, die weitergegeben werden, sind in jedem Falle alle Übereinkünfte vorher zu vereinbaren.
- Wer daran denkt, Journalisten mit Exklusiv-Interviews „ködern" zu wollen, um irgendeine Gegenleistung zu erwarten, sollte besser Abstand von diesem Gedanken nehmen...
- Sich über eine „nicht passende" Berichterstattung bei der Chefredaktion oder dem Herausgeber zu beschweren, sollte man nur dann in Erwägung ziehen, wenn die Inhalte falsch dargestellt sind. Besser ist es, ein direktes Telefonat mit dem Redakteur zu führen.
- Am Telefon erzürnt den Abdruck einer Gegendarstellung fordern zu wollen, weil einem etwas nicht „passt", das ist für Redaktionen Alltag und wird, wenn der Einwand keine Substanz hat, „zur Kenntnis genommen". Nur formal korrekte Gegendarstellungen müssen gedruckt werden! Selbst die gelegentliche Steigerung, die Staatsanwaltschaft um Mithilfe zu bitten, ist für Profis kein Grund zur Aufregung.
- Der Deutsche Presserat in Bonn befasst sich mit Beschwerden über Print-Medien und Journalisten, er kann von jedem Bürger angerufen werden.
- Zur Beantwortung von Fragen über den Journalismus und dessen Usancen bietet der Deutsche Journalisten-Verband erschöpfende Informationen (www.djv.de).

7 Neues Verständnis des Controllings

Wolfgang Schneider

7.1 Einblick

Die Wirkung der steigenden Zahl und sich immer rascher verändernden Einflussgrößen auf „das System Unternehmen" verstärkt sich kontinuierlich. Märkte agieren heutzutage schneller und bisweilen auch nervöser als noch vor wenigen Jahren. Die praktisch lückenlose, globale Vernetzung von Informationen, die Umgestaltung von Produktionsprozessen oder die durchgängige Implementierung des e-Commerce in die Organisationsstrukturen stellen Unternehmen vor zwei existentielle Herausforderungen: einerseits verzögerungsfreier und zielgerichteter auf die Marktimpulse reagieren zu können, andererseits aber selbst schneller und bedarfsorientiert am Markt zu agieren, um das Marktgeschehen dort stärker zu beeinflussen.

Kurzum: Entscheidungen, die für die Zukunft der Unternehmen maßgeblich sein können, werden heute weit schneller getroffen als noch vor wenigen Jahren, gilt es doch, im Verteilungskampf schneller die Wettbewerbsvorteile für sich zu nutzen.

Die technisch ausgedrückte Konsequenz ist, dass „der Regelkreis Unternehmen" immer verzögerungsfreier ausgeregelt werden muss, um stets in seinem optimalen Korridor gefahren zu werden. Hier ist das Controlling gefordert, als ein dynamisches Management-Tool, das strategisch an Bedeutung gewinnt. Das Leistungsprofil eines Unternehmens – die Performance – wird künftig noch stärker die Wettbewerbsfähigkeit beeinflussen. Diese im Rahmen der primären Unternehmensprozesse – der Herstellung, Vermarktung und Dienstleistung – transparent zu spiegeln und zu überwachen, ist Aufgabe eines zukunftsfähigen Controllings.

Damit verbunden ist aber zwangsläufig eine Erweiterung der Inhalte des Controllings und eine Modernisierung des Verständnisses. Diese Veränderung bedeutet für die Prozess-Verantwortlichen „ihr" Thema unternehmensintern transparenter darzulegen und es in seinen Inhalten klarer und nachdrücklicher kommunizieren zu müssen.

Das Controlling darf nicht mehr als eine statisch-reaktive Angelegenheit wahrgenommen und verstanden werden, wie es der Tenor von Äußerungen bei verschiedenen Umfragen in Unternehmen bisweilen vermuten lässt.

Wenn in dokumentierten Aussagen von „Vergangenheitsorientiertheit", „Firmeninquisition" oder „fehlender Strategieorientierung" die Rede ist, dann zeigt dies, dass die Außenwahrnehmung des Controllings nicht zufriedenstellend ist, oder auch, dass der Bedarf vorhanden ist, es systematisch weiterentwickeln zu müssen.

Dieses Bild mag allgemein auch dadurch geformt worden sein, dass es für die „Nicht-Controller" in Unternehmen vornehmlich als ein unternehmerisches Steuerungsinstrument wahrgenommen wird, das sich auf das immer fortwährende Wälzen von erhobenen Zahlenwerten und das Ausdrucken von „Charts" oder „Spreadsheets" beschränkt. Hinzu kommen in der Wahrnehmung des Umfeldes die kurzfristigen Bedarfsanfragen der Unternehmensleitung nach neuen Zahlen und Kennwerten für „das Controlling", die zumeist den eigenen Arbeitsablauf stören; auch gelegentlich das gewisse Unbehagen, das mit einem alt hergebrachten Verständnis der Begrifflichkeit verbunden ist.

In der Rolle eines zentralen Controllers in einem deutschen Automobilunternehmen sind die Umweltveränderungen mit den daraus resultierenden Anforderungsveränderungen an das Controlling transparent, wie auch gleichzeitig die nicht immer zufriedenstellende Außenwahrnehmung des Controllings. Es gilt, prozessbezogene, systematisch-methodische und führungstechnische Optimierungspotentiale zu erschließen, die zu einer aktiveren und dominanteren Rolle des Controllings unter Einbeziehung des betrieblichen Umfelds führen. Entsprechend ist das nachfolgend dargestellte Konzept entstanden. Es wird derzeit in ersten Teilumfängen getestet und zügig weiterentwickelt, um in die Betriebsprozesse eingebunden zu werden.

7.2 Die Situation

1999 erregte ein Werbespot der Firma AUDI Aufmerksamkeit, in dem mehrere alte Herren in einem Café die Veränderung der Umwelt feststellen und sich vieles im negativen Sinn zu den früher gewohnten Verhaltensmustern geändert hat. Bis schließlich die Attraktivität einer aus dem Fahrzeug aussteigenden jungen Frau die Aufmerksamkeit der alten Herren auf sich zieht und das Klagen für einen Moment verstummen lässt. Der Spot endet mit der Bemerkung „... auch Fußball ist nicht mehr, was er war."

Im übertragenen Sinne nehmen wir solche rasanten Entwicklungen auch in den Unternehmen wahr. Kaum eine Woche vergeht, in der nicht neue Zusammenschlüsse und Kooperationen bekannt werden. Und dies alles mit einer eindeutigen Zielsetzung: Zu überleben, dabei zu sein bei den das 21. Jahrhundert gestaltenden Unternehmen – mit hinreichend Potenzial für ein andauerndes Wachstum.

Dabei findet auch gleichzeitig eine zunehmende Orientierung zum Shareholder-Value statt[1]. Zitiert sei eine Managerin eines Pensionsfonds in den USA, die das neue Verständnis der Shareholder sehr plastisch ausdrückt: „Wenn ein Unternehmen nicht hinreichend profitabel war, haben wir früher dessen Aktien verkauft. Heute entlassen wir das Management"[2]. Das heißt, die Unternehmensführung, die vornehmlich Mittel- und Langfristziele strategisch zu verfolgen und zu erreichen hat, wird börsentäglich auf den Prüfstand gestellt. So lenkt – bei heutiger Betrachtung – der Markt der Finanzen immer massiver den Markt von Produkten und Dienstleistungen, die unterschiedlichen Prämissen gerecht werden müssen. Die Konsequenzen und Gefahren derart einseitiger Sichtweisen für die nachhaltige Zukunftssicherung von Unternehmen liegen auf der Hand und sollen an dieser Stelle nicht weiter erörtert werden.

Eines aber wird hier klar: Wir, das Management, müssen uns schnellstens von der Vorstellung verabschieden, dass wir weiterhin allein über die Zukunft der uns anvertrauten Unternehmen entscheiden können!

Die Verschiebung der Gewichtung hin zu einer – noch – stärkeren Ergebnis- und Value Added-Orientierung ist unverkennbar. Ein solcher Wandel ist gerade für das Management schwer, waren doch die traditionellen Handlungsweisen des Managements in der Vergangenheit nicht in Frage gestellt worden. Vor allem bei den erfahreneren und älteren Führungskräften wird die neue Sichtweise auch Widerstand auslösen. Sie gilt es auf dem Weg zur Neuorientierung durch Unternehmensleitung und Top-Management zu begleiten und zu leiten.

Es gilt dabei auch derartige Fragen zu beantworten:
– Wie ist die neue Sichtweise in meinen betrieblichen Alltag zu übersetzen?
– Gelten meine bisherigen Entscheidungsgrundlagen in Zukunft nicht mehr?

Mit der Veränderung der Unternehmenswerte wird insbesondere auch eine neue Rolle des Controllings im Unternehmen erforderlich.

Das Negativimage des Controllings in den Unternehmen ist nachvollziehbar:
– Immer kommen die Zahlen zu spät.
– Viele betriebliche Vorgesetzte verstehen nicht mehr, diese Zahlen zu interpretieren.
– Aus den Systemen ablesen lassen sich die Zahlen schon lange nicht mehr.
– Die dargestellten Ergebnisse sind Resultat mühsamer Nacharbeit des ursprünglichen Zahlenwerks.
– Auf neue Entwicklungen, wie virtuelle Unternehmenseinheiten, sog. „Business-Units", ist das Controlling bislang nicht hinreichend vorbereitet[3].

Dass 80 % der Aufgaben des Controllings aus Nacharbeit bestünde und 20 % aus Analysen, ist wahrscheinlich überzeichnet. Fest steht aber eines: Zum Agieren bleibt dem Controller heute zu wenig Zeit.

Mit der Shareholder-Orientierung ändert sich die Rolle des Controllers. Es wird immer stärker seine Aufgabe sein, das Konzept in die Sprache des betrieblichen Managements zu übersetzen und daraus veränderte Handlungsmaximen für das Management abzuleiten. Er ist es somit, der vor Ort die Neuorientierung des Managements zum Value Added-orientierten Handeln betreiben muss. Der Controller wird damit zum Anwalt der Eigentümer im Unternehmen. Er ändert seine heutige Rolle im Unternehmen von der des Navigators zu einer Lotsenrolle.[4] Um Missverständnissen vorzubeugen: Der Controller ist nicht und soll auch künftig nicht zum Kapitän werden. Und er wird seine neue Rolle nur erfüllen können, wenn das Management bereit ist, sich gemäß dem Shareholder-Value Konzept „lotsen" zu lassen.

Der Begriff der „Kundenorientierung" ist dabei allerdings neu zu interpretieren. Darunter ist künftig insbesondere „Orientierung des Kunden" zu verstehen. Die betrieblichen Managementkollegen werden den Controllern diese neue Treiberrolle nicht ohne weiteres einräumen, schließlich galt bislang der technische Sachverstand oft mehr als die reine „Zahlenorientierung". Die Legitimation für sein neues Auftreten kann der Controller nur von der Unternehmensleitung erhalten, die Überzeugungsarbeit im betrieblichen Alltag muss er selbst leisten!

Um solch eine gewaltige Neuorientierung im Unternehmen zu erreichen, bedarf das Controlling neben der fachlichen einer neuen Qualität an Methoden- und Sozialkompetenz. Diese wird heute in Unternehmen meist nur in den höheren Hierarchieebenen erwartet. Das „untere Level", die Sachbearbeiterebene, zeichnet sich heute überwiegend durch Sachkompetenz aus. Die geringe Delegation von Entscheidung und Verantwortung fordert von dieser Ebene auch keine anderen Qualifikations- oder Wettbewerbsmerkmale.

Sowohl Management als auch Sachbearbeiter suchen bislang auch keine Delegation: Für die Sachbearbeiter ist eine „ohnmächtige" Situation oft bequemer, da Delegation auch Übernahme von Verantwortung bedeutet,[5] und das Management, es hat bekanntlich schon immer alleine entschieden.

7.3 Das neue Konzept

Die Shareholder-Orientierung bringt hier die entscheidende Notwendigkeit einer Veränderung mit sich: Der Controller wartet nicht mehr, bis er gefragt wird, er handelt und überzeugt. Eine Delegation von Verantwortung an die „Pyramidenspitze" ist dazu nicht mehr geeignet. Es bedarf einer Vervielfältigung der Aktivitäten des Controllings „vor Ort".

Damit betritt der Begriff des „Empowerment" die Controllingbühne, mit der Folge, dass die bequemen Handlungsmuster der Vergangenheit für das Controlling so nicht mehr gelten können. Ein generell höheres Kompetenzlevel und insbesondere Sozialkompetenzen werden damit auch auf der Sachbearbeiterebene zur Notwendigkeit.

Eine Rollenevolution im Controlling könnte sich wie folgt darstellen.

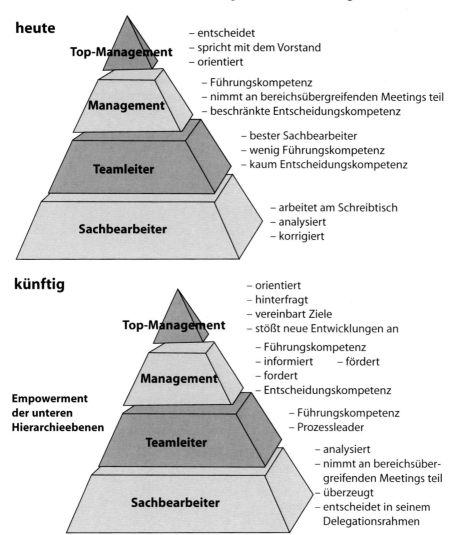

Abb. 1 Die heutigen und künftigen Rollen der Hierarchieebenen im Controlling

Das bedeutet also eine erhebliche Delegation von Kompetenz, Verantwortung und Anforderungen an untere Ebenen. Dabei müssen die unteren Ebenen hinsichtlich ihrer Kompetenzen weiterentwickelt werden, und die oberen Ebenen sind zu coachen, um die mit dem Empowerment verbundene Delegation auch nachhaltig umsetzen zu können.[6]

Es bleibt die Frage: Und wie soll dies geschehen?

Zunächst gilt es – wie bei allen Vorhaben – das Ziel zu definieren und dann den Weg dorthin daraus abzuleiten.

Das Ziel ist ein Controlling, das – anders als heute – starken Einfluss auf das betriebliche Management nimmt, um stets die für das Unternehmen wertschöpfendsten und profitabelsten Entscheidungen herbeizuführen. Dazu bedarf es hochqualifizierter Controllingmitarbeiter mit erstklassigen fachlichen und sozialen Kompetenzen und einer hohen Präsenz in den Fachbereichen. Der künftige Controllingmitarbeiter ist als eine Mischung aus Unternehmensberater und Verkäufer zu beschreiben, der die für das Unternehmen profitabelste Lösung dem betrieblichen Management auch überzeugend „verkauft".

7.4 Das Vorgehensmodell

7.4.1 Definition der künftigen Anforderungen

Fachliche Kompetenz

Neben der Kenntnis der spezifischen Fachaufgabe wird künftig die strategische Komponente im Controlling an Bedeutung gewinnen. Das heutige betriebswirtschaftliche Handwerkszeug des Controllers wird dazu in einem ersten Schritt erweitert um Kenntnisse der Wirkungsweisen wertorientierter Unternehmenssteuerung,[7] also des Economic Value Added (EVA), der Kapitalrendite etc. und die aus den Konzepten abzuleitenden veränderten Handlungsmaximen für das betriebliche Management.

Ergänzend sind Kenntnisse und das Verständnis

- mehrdimensionaler Steuerungssysteme, wie der Balanced Scorecard[8]
- von Benchmarkingprozessen[9]
- in der Entwicklung von Management-Informations-Systemen (MIS)[10]
- des Prozessmanagements[11]

- zur Erreichung von Innovationszielen[12]
- des Wissensmanagements[13]

unerlässlich.

Die Liste ist fortzuführen und die Entwicklung geht weiter. Erkennbar ist stets eine Tatsache: Die fachlichen Anforderungen an den Controller wachsen. Das heutige Instrumentarium, wie die Kostenstellen-, Kostenarten- und Kostenträgerrechnung, die Investitions-, Wirtschaftlichkeits- und Finanzierungsrechnungen sowie die verschiedensten Planrechnungen bleiben natürlich elementares Basiswissen, das durch neuere Entwicklungen ergänzt, aber nicht abgelöst wird.

Die Anwendung exzellenten Fachwissens bei der Betreuung des betrieblichen Managements durch den Controller ermöglicht die Umsetzung weitaus stärker wertorientierter Handlungsweisen als dies heute in Unternehmen in der Regel der Fall ist. So werden für betriebliche Entscheidungen noch oft althergebrachte Beurteilungsgrößen, wie Investitionshöhe, interne Verzinsung und Operatives Ergebnis alleinstehend verwendet, ohne die Wirkung mehrerer Einflussfaktoren auf den Wertbeitrag des Unternehmens zu sehen. Ein Benchmarking-Blick über den Zaun, auch ´mal in eine ganz andere Branche mit ähnlichen Fragestellungen, hilft hier mitunter weiter.

Methodische Kompetenz

Der „Auftritt vor Ort" der Controllingmitarbeiter erfordert aus Gründen der Wettbewerbsfähigkeit auch Kenntnisse der methodischen Toolbox. Dazu gehören grundlegende Techniken wie

- Präsentation
- Moderation
- Kommunikation.

Sie sind zu ergänzen um Kenntnisse von

- Kreativitätstechniken
- Problemlösungsmethoden
- Projektmanagement
- Selbst- und Zeitmanagement
- Teammanagement.

Solche Kompetenz wird zwar dem betrieblichen Management gegenüber immer postuliert, doch eher weniger erfüllt. Controllingmitarbeiter, die methodisch „sattelfest" sind, werden vom Management eher akzeptiert, da sie es verstehen Entscheidungsfindungen zu begleiten und Lösungen mit herbeizuführen.

Soziale Kompetenz

Hinsichtlich der sozialen Kompetenz sind an erster Stelle Eigenschaften zu nennen, die auch heute an den Controller im Kundenkontakt gestellt werden:

- Kontaktfreudigkeit
- Leistungsbereitschaft
- Selbstständiges Arbeiten
- Lernbereitschaft
- Toleranz
- Selbstreflektion
- Selbstmarketing.

Hinzu kommt künftig die „Überzeugungskomponente". Wenn die betrieblichen Kunden die für den Shareholder-Value beste Lösung annehmen sollen, treten Kompetenzen von

- Verhandlungsführung und
- Verkaufspsychologie

auf den Plan. Nur eine gute Sozialkompetenz wird – zusammen mit Fach- und Methodenkompetenz – den Controllingmitarbeitern eine gute Voraussetzung geben, beim betrieblichen Management den Ansatz der Wertorientierung zu vermitteln und mit umsetzen zu helfen.

Überhaupt ist der Controller gut beraten, die Grundkenntnisse psychologischer Wirkungszusammenhänge zu kennen, will er mit seinen Lösungsvorschlägen doch überzeugen. Dabei ist sicher, dass der Controller nicht immer im Ringen um die für den Eigentümer beste Lösung gewinnen wird. Auch zukünftig werden oft betriebliche Argumente und Koalitionen von Macht zu anderen Entscheidungen führen. Für solche auch weiterhin eher häufigen Situationen müssen Controllingmitarbeitern daher auch Kompetenzen in

- Frustrationstoleranz und
- Frustrationsmanagement

vermittelt werden.

Die Definition der Anforderungen ist jeweils von den stellenspezifischen Erfordernissen geprägt. Wichtig ist, für die Findung der stellenspezifischen Anforderungen mit großer Sorgfalt vorzugehen. Nicht alle Controlleraufgaben werden künftig den allerhöchsten Anforderungen genügen müssen, doch von allen Stelleninhabern wird mehr als heute verlangt werden.

Eine Kundenbefragung kann helfen, das fachliche Anforderungsprofil zu definieren. Die Anforderungen an methodische und soziale Kompetenzen sollten nach dem „Mehr-Augen-Prinzip" von Vorgesetzten definiert werden. Die Anforderungen sollten dann zunächst in einem jährlichen Rhythmus überprüft und erforderlichenfalls nachjustiert werden. Es gilt dabei, die schmale Linie zwischen dem für den betrieblichen Kunden „Ertragbaren" und dem von dem Stelleninhaber „Erfüllbaren" zu finden.

7.4.2 Das Soll-Ist-Kompetenzdiagramm

Hohe Anforderungen sind einfach definiert, die Analyse der aktuellen Kompetenzsituation bringt wieder Boden unter die Füße. Ein geeignetes Verfahren ist erforderlich, um das heutige Kompetenzlevel festzustellen. Eine Mischung aus Eigeneinschätzung, Vorgesetzteneinschätzung und Expertenhinzuziehung mit Assessment einschließlich Rollenspielen können ein klareres Bild der heutigen Wettbewerbsfähigkeit der einzelnen Controller ergeben.[14]

Diese Analyse zu Beginn des Prozesses ist wichtig und sie erfordert Zeitaufwand. Alle Betroffenen – einschließlich des Betriebsrates – sollten in jedem Falle im Vorfeld einbezogen und über Zielsetzung und Vorgehen hinreichend informiert werden. Die Aufgeschlossenheit der betroffenen Controller ist von immenser Wichtigkeit, denn nur anhand eines qualitativ guten „Kompetenzdiagramms" sind Maßnahmen zur Verbesserung der personenbezogenen Kompetenzen abzuleiten.

Nicht alle Mitarbeiter werden für solche Veränderungen aufgeschlossen sein. Es wird auch Mitarbeiter geben, bei denen die künftigen Stellenanforderungen mit den vorhandenen Kompetenzen so weit auseinanderfallen, dass eine Qualifizierung wenig erfolgversprechend ist. In beiden Fällen sind für solche Mitarbeiter Arbeitsplätze zu finden, auf denen sie gemäß ihrer Fähigkeiten künftig eingesetzt werden können. Grundsätzlich sollte dabei die Anforderung an die Stelle bei zu geringen Kompetenzen des Stelleninhabers nicht reduziert werden.

Für die Analyse des heutigen Kompetenzniveaus der Mitarbeiter erscheinen folgende Methoden geeignet:

	Einzelkompetenzen	Analysemethoden
Fachkompetenz	• betriebswirtschaftl. Grundwissen • arbeitsplatzspezifisches Wissen • neue Betriebswirtsch. Methoden • etc.	• Eigeneinschätzung • Vorgesetzteneinschätzung • Personalakte
Methodenkompetenz	• Präsentation • Moderation • Kreativitätstechniken • Problemlösungsfähigkeit • Projektmanagement • etc.	• Assessment • Interview • Rollenspiele • Vorgesetzten- einschätzung
Soziale Kompetenz	• Kontaktfreudigkeit • Leistungsbereitschaft • Lernbereitschaft • Verhandlungsführung • Toleranz • etc.	

Abb. 2 Methoden zur Analyse des Kompetenzniveaus

Die Gegenüberstellung der Stellenanforderungen mit den aktuellen Kompetenzen der Stelleninhaber ergibt das Kompetenzdiagramm, wobei die Soll-Kompetenzen nach Prioritäten zu ordnen sind.

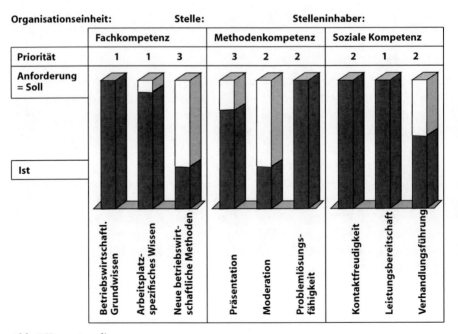

Abb. 3 Kompetenzdiagramm

Damit ist für jeden Controllingmitarbeiter die Lücke zu den künftigen Anforderungen festgestellt, und es gilt „nur noch" dieses aufzuarbeiten und zu schließen.

7.4.3 Methoden des Trainings und zielgerichteter Schulung

Ziel der ganzheitlichen Schulungskonzeption ist es, die im Kompetenzdiagramm festgestellten Schwächen so weit als möglich zu beheben. Dabei wird keine Erreichung der 100-%-Marke aller Anforderungen angestrebt, zumal die Anforderungen nicht exakt zu definieren sind und alle Stelleninhaber unterschiedlich lernfähig bzw. -willig sind. Es gilt natürlich: Je kompetenter die einzelnen Mitarbeiter des Controllings werden, desto kompetenter wird das gesamte Controlling. Die Schulung ist somit mehrdimensional angelegt.

Modulare Schulung

Für die Vermittlung und Vertiefung neuen Wissens werden die unternehmensinternen Bildungsangebote und auch extern angebotene Seminare nicht alle geforderten Kompetenzen abdecken können. Daher sind die controllingspezifischen Umfänge zwischen Fachbereich und Bildungsabteilung des Unternehmens gegebenenfalls unter Hinzuziehung externer Spezialisten anforderungsgerecht neu zu entwickeln.

Basismodul

Jedem Mitarbeiter, sowohl dem neu Eintretenden als auch dem Erfahrenen, sind das Verständnis des „neuen" Controllings, seine Philosophie und seine Werte zu vermitteln. Es geht um die Ziele und Herausforderungen des Unternehmens und die daraus abgeleiteten Handlungsmaximen für das Controlling.

Dabei sind auch grundlegende Informationen zu fachlichen Inhalten, wie

- Begriffe
- Prozesse
- Systeme
- Schnittstellen

zu vermitteln und im Gesamtzusammenhang darzustellen.

Die Orientierung am Kunden und die Orientierung des Kunden werden verdeutlicht. und an Hand von Beispielen werden „Empowerment" und „Delegation" geübt.
Schließlich werden erste Hilfestellungen gegeben zu den Themen:

- Präsentation
- Moderation
- Kommunikation.

Damit erhalten alle Mitarbeiter des Controllings ein Basis-Handwerkszeug, auf dem die Folgemodule aufbauen.

Modul Fachkompetenz

Hier geht es nicht um die Behebung grundlegender Mängel im Wissen betriebswirtschaftlicher Zusammenhänge oder fehlenden arbeitsplatzspezifischen Wissens. Diese Mängel sind mit allererster Priorität zunächst durch geeignete Mittel abteilungsintern zu beheben. Andernfalls ist die unabdingbare Fachkompetenz des Mitarbeiters nicht sichergestellt.

Hinsichtlich der Wichtigkeit arbeitsplatzspezifischen Wissens bietet es sich auch an, neue Controllingmitarbeiter aus dem Fachgebiet, das sie dann betreuen, zu rekrutieren und ihnen die noch erforderlichen Kompetenzen durch Schulung und Training zu vermitteln. Durch gute Kenntnisse des Fachgebietes sind verbesserte Voraussetzungen für qualifizierte Entscheidungsempfehlungen und damit auch für eine gute Akzeptanz des Controllers beim betrieblichen Management gegeben.

Das Modul gibt dem Controllingmitarbeiter eine Auffrischung der aktuellen Ansätze der Betriebswirtschaftslehre. Die grundlegenden Erkenntnisse und Wirkungsweisen werden erörtert, und es werden Beispiele praktischer Anwendung gegeben. Zu den Umfängen s. 7.4.1.1.

Modul Methodenkompetenz

Interaktives Lehren, Lernen und Üben kennzeichnen das Modul, das dem Controller seine methodische Toolbox gibt. Nach einer ersten Wissensvermittlung mit Aushändigung von Lehr- und Übungsmaterial an die Teilnehmer, ist der nachhaltige Lernerfolg von erfolgreicher Anwendung abhängig. Dazu sind Übungsgruppen der Teilnehmer wichtig, in denen das gelernte Wissen vor der Gruppe geübt und durch die Arbeitskollegen beurteilt wird. So wird eine Vertiefung und praktische Anwendung des Gelernten sichergestellt.

Modul Sozialkompetenz

Die schwierigste und vielleicht wichtigste Kompetenz des Controllers der Zukunft. Es stehen die Stichworte „Überzeugen", „Verkaufen" und „Ertragen" im Mittelpunkt. Ein mit Hilfe von Sozialwissenschaftlern entwickeltes bzw. vermitteltes Modul kann hier nur ein Basiswissen schaffen. Dieses sollte allerdings möglichst vielen Controllern mitgegeben werden. Für den individuellen Schulungsbedarf empfehlen sich Spezialseminare und Einzelcoaching. Auch das im folgenden Abschnitt dargestellte Junior-Senior-Konzept ist zur Vermittlung von entsprechenden Fertigkeiten geeignet.

Junior-Senior-Konzept

Nun ist es naturgemäß nicht so, dass sich das Controlling durch ein gänzliches Fehlen der genannten Kompetenzen auszeichnet. Im Laufe der Arbeitsjahre eignet sich der erfahrene Controller, vielleicht mehr unbewusst und durch andauernde Übung, zunehmend besonders Sozialkompetenzen an. Durch ein gezieltes Coaching jüngerer Mitarbeiter durch erfahrenere Mitarbeiter soll diese Erfahrung übertragen werden. Die Grundidee des Junior-Senior-Konzeptes hat ein Coaching von „Hoffnungsträgern" durch erfahrene Führungskräfte zum Inhalt. Als „Hoffnungsträger" sind Führungsnachwuchskräfte oder Mitarbeiter, die als potentielle Führungsnachwuchskräfte identifiziert wurden, gemeint. Zur Identifikation solcher Mitarbeiter empfiehlt sich wiederum das Mehr-Augen-Prinzip und/oder die Hinzuziehung von Spezialisten der Personalentwicklungseinheiten. Auch die „Juniors" werden anhand ihres Kompetenzdiagramms weiterentwickelt.

Darüber hinaus

- werden sie gezielt im Rahmen von Projektarbeit eingesetzt,
- erhalten „Juniors" ihren individuellen Entwicklungsplan mit vorgesehenen Rotationsmaßnahmen.

Nach Möglichkeit sollten „Junior" und „Senior" öfter gemeinsam an Arbeitsmeetings teilnehmen, damit

- der „Junior" Verhaltensweisen des „Seniors" lernen und mit seinem eigenen Lernmuster abgleichen kann,
- der „Senior" den „Junior" in Aktion erlebt und ihm anschließend Feedback vermittelt.

Für das Junior-Senior-Konzept sollten Partner ausgewählt werden, deren Grundcharaktere in jedem Falle vereinbar sind. Entsprechende „Abtast-Meetings" sollten vor Festlegung der Partner vorgesehen werden. Auch sollte vermieden werden, dass zwischen „Junior" und „Senior" eine direkte Abhängigkeit im Unterstellungsverhältnis besteht. Dadurch wird sichergestellt, dass ein aufstrebender „Junior" durch seine eigene Entwicklung die Existenz seines Mentors nicht gefährdet.

Auch der „Senior" profitiert von diesem Coachingkonzept: Seine von Erfahrung geprägten Sicht- und Handlungsweisen werden durch „frische" Ansätze des „Juniors" hinterfragt und damit auf den Prüfstand gestellt.

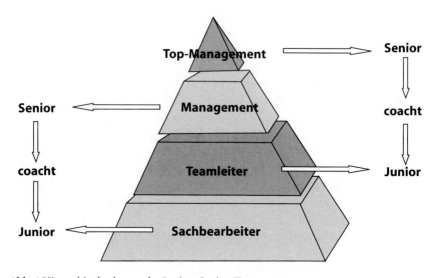

Abb. 4 Hierarchieüberlappendes Junior- Senior-Konzept

Das Konzept ist nicht nur für die Entwicklung von Nachwuchskräften geeignet. Es kann auch zur zeitlich optimierten Einarbeitung von neuen Mitarbeitern eingesetzt werden.

Wissenstransfer Controlling

Auch der beste Controller geht einmal in Rente!

Und mit ihm sein Wissen. In der Vergangenheit konnten die Jüngeren dann auf das in den meisten Unternehmen vorhandene Controller-Handbuch zurückgreifen. In den heutigen Zeiten schnellen Wandels haben sich solche Handbücher meist überlebt, die aktuellen Handlungsmaximen sind kaum noch dokumentiert. Oft genießen unsere älteren Mitarbeiter diese Situation, glauben sie doch, mit ihrem Monopol gesammelten Wissens ihre Wettbewerbsfähigkeit schützen zu können. Nach dem Ausscheiden solch erfahrener Mitarbeiter stürzen die jüngeren Kollegen dann in ein Wissensvakuum, dem vorzubeugen ist.

Ein Allheilmittel gibt es zwar nicht, da die Weitergabe von Wissen auch verhaltensbedingt ist. Fachspezifische Kenntnisse aller Mitarbeiter sollten aber in geeigneter Weise dokumentiert und anderen zur Verfügung gestellt werden. Hierzu eignen sich Medien wie das Intranet. Wichtig dabei:

- Sicherstellen eines aktuellen Wissensstandes ist Aufgabe jedes Mitarbeiters.
- Know-how-Dokumentation ist Pflicht der Mitarbeiter, aber nicht ihre Hauptaufgabe.
- die Dokumentation ist attraktiv und übersichtlich aufzubauen – unüberschaubarer Datenwust ist zu vermeiden.

Gerade bei Mitarbeitern, die altersbedingt das Unternehmen in absehbarer Zeit verlassen werden, sollte ein ausreichender Zeitanteil für die Dokumentation ihres Wissens vorgehalten werden. Die Supervision durch den Vorgesetzen stellt dabei sicher, dass auch Notwendigkeiten wie Verständlichkeit der Information und Sorgfalt der Aufbereitung beachtet werden.

Eine andere Form von Wissenstransfer und Wissensverbreitung ist ein personenbezogenes

Umlaufprogramm.

Innerhalb von jeweils ein bis drei Monaten lernen Mitarbeiter die Schnittstellen zu ihrem Arbeitsbereich kennen. Die Verweildauer an dem vor- bzw. nachgelagerten Arbeitsplatz, d.h. beim Kunden oder Lieferanten, sollte jeweils ein bis zwei Arbeitszyklen betragen, um die Arbeiten, Notwendigkeiten und Probleme aus Sicht der Kollegen direkt zu erfahren. Als Arbeitszyklus gilt meist ein Kalendermonat, während dem die meisten der Controllertätigkeiten und seiner Partner vonstatten gehen. Es hat sich gezeigt, dass dazu ein Arbeitsplatztausch wegen fehlenden Wissens nicht realisierbar ist, sondern der „Besuch" des Kollegen. Unter Anleitung ist dann auch eine Mitwirkung bei den Aufgaben des Kollegen möglich und es bleibt nicht ausschließlich bei der „Beobachterrolle". Für die Kollegen des Umläufers bedingt die Umlaufzeit Mehrarbeit, um die Aufgabenerfüllung zu gewährleisten.

7.5 Die Umsetzung

Von einem Konzept zu dessen Umsetzung liegt ein hürdenreicher Weg. In diesem Fall:

- Für die betrieblichen Kunden ist das heutige Controlling bequem, weil „zahnlos".

– Für die Controller bedeutet ein solch gewaltiger Wandel das Überwinden zahlreicher betrieblicher Widerstände.
– Die Gruppe der Shareholder fordert das Konzept bislang noch nicht lauthals.
– Philosophie und Schulungsmodule sind zu entwickeln und einzusetzen, dies bedingt Zeit und Geld.

Warum also sollte sich das Controlling der Mühsal eines solch gewaltigen Wandels unterwerfen?

Letztlich aus Eigeninteresse: Nur die wettbewerbsfähigen Unternehmen werden die „Fusionitis" mit anschließender Liquidierung der zu schwachen Unternehmen überleben. Neben den brillianten Ideen der Techniker und den besten Verkaufsstrategien hat der Controller die Möglichkeit, durch strikte Value-Added Orientierung unseren Unternehmen die Bedingungen für die Überlebensfähigkeit entscheidend zu verbessern. Der Controller bringt sich damit als die „Dritte Kraft" und Vertreter der Shareholder ein.

Die Umsetzung des Konzeptes ist eine lohnenswerte Herausforderung. Denn „das" Controlling wird auf Gebieten gefordert, die bislang nicht als seine Kernkompetenzen galten. Bei der Entwicklung der Schulungsmodule werden Sozialwissenschaftler helfen müssen. Der Aufwand an und durch die Schulung wird erheblich sein. Er wird in Budgets berücksichtigt werden müssen.

Vor allem aber müssen die Mitarbeiter von dem Konzept überzeugt werden, um es im Alltag zu vertreten: Sie werden zunächst neben ihrer täglichen Arbeit in erheblichem Maße Zeit für die Schulung investieren müssen.

Damit dieser zeitliche Mehraufwand in Grenzen gehalten werden kann, gilt es, im Vorfeld mittels systemgestützter Lösungen (Standardsoftware) und manueller Prozessverbesserungen den Umfang von Nacharbeit und Ausschuss bei unserem Tagesgeschäft deutlich zu verringern. Die erreichten Freiräume können dann zunächst in das Lernen und danach in die Anwendung des Gelernten investiert werden.

Auch wird bei den ersten Umsetzungsversuchen des Konzeptes mit erheblichen Widerständen im Betrieb zu rechnen sein, mit denen es umzugehen gilt. Die Erfolge werden sich erst langsam einstellen.

Durch die weiter fortschreitende Shareholder-Orientierung wird die Umsetzung des Konzeptes unterstützt. Im Hinblick auf die vorgeschaltete Schulungsphase und vor allem die erforderliche Neuorientierung des betrieblichen Managements, wird der Umsetzungszeitraum mindestens fünf Jahre betragen.

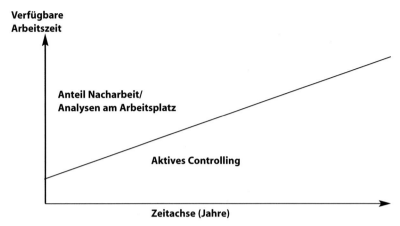

Abb. 5 Im Zeitablauf wachsender Anteil aktiven Controllings durch Prozessverbesserungen und Einsatz von Standardsoftware

7.6 Die Konsequenzen

Ob der Controller nach der Umsetzung dieses Konzeptes künftig überall im Unternehmen freudig begrüßt wird, ist eher zu bezweifeln, aber respektvoller als heute sicherlich!

Für den Controller bringt die ungleich höhere Außenwirkung und Qualifizierung auch eine höhere persönliche Wettbewerbsfähigkeit mit sich. Der Controller der Zukunft wird kaum noch Zeit damit verbringen, um Analysen anzufertigen und manuell Zahlen nachzubessern. Die durch verbesserte Prozesse und Warehouse-Lösungen[15] kundengerecht vom Rechnungswesen aufbereiteten Daten mit entsprechenden Analysen ermöglichen dem Controller künftig ihre direkte Weiterverwendung. Vor Ort, also im Betrieb, kann der Controller damit unmittelbar Einfluss auf die dann auch unter betriebswirtschaftlichen Gesichtspunkten besten Entscheidungen nehmen.

Für Mitarbeiter des Controllings bedeutet dies einen täglichen Umgang mit den Entscheidungsträgern des Unternehmens. Ihre breite Qualifikation wird auch eine unmittelbare Weiterentwicklung in die Entscheidungsebenen ermöglichen.

Wer weiß, wie die besten Entscheidungen zu treffen sind und entsprechende Empfehlungen gibt, die auch gehört werden, der wird solche Entscheidungen auch selbst treffen können. Der kompetente und erfolgreiche Mitarbeiter des Controllings erwirbt damit zukünftig gute Chancen für eine unmittelbare persönliche Entwicklung im betrieblichen Management.

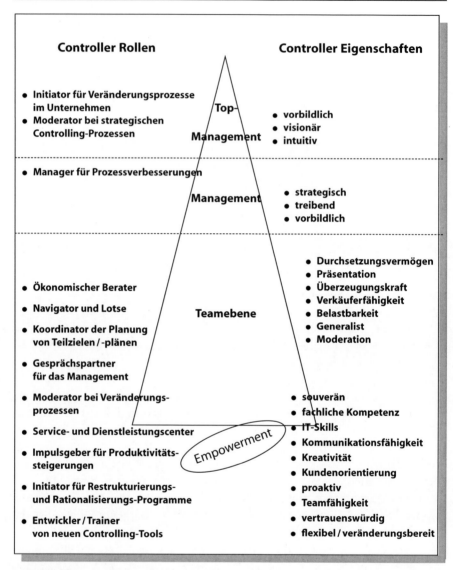

Abb. 6 Rollen und Fähigkeiten des Controllers der Zukunft

7.7 Zusammenfassung

Auch für das Controlling beginnen die „ModernTimes". Das aufgezeigte Konzept beinhaltet eine gänzlich neue Rolle des Controllings im Sinne, dass es die Interessen der Shareholders im Unternehmen stärker berücksichtigt. Eine veränderte Philosophie mit umfangreicher Schulung und Focus auf

Sozialkompetenzen soll den Controller aktiv Einfluss auf die Unternehmensentscheidungen im Sinne von Profit-Orientierung und Value-Added nehmen lassen. Die „empowerten" Mitarbeiter des Controllings der Zukunft
nehmen vor Ort die Rolle eines internen Unternehmensberaters ein, der seinen betrieblichen Kunden für die wirtschaftlich beste Entscheidung gewinnt.
Controllingmitarbeiter werden so im Unternehmen wettbewerbsfähiger und
haben gute Chancen für eine Weiterentwicklung im betrieblichen Management. Als Umsetzungszeitraum für das Konzept werden fünf Jahre eingeschätzt.

Anmerkungen

[1] Vgl. u. a. Steiner, M., Tebroke, H.-J.: Shareholder-Value- Konzepte für das Management von
Unternehmen im dynamischen Umfeld, in: Berndt, R. (Hrsg.): Unternehmen im Wandel.
S. 319-332, Berlin 1998.

[2] Zitiert nach Nueno, P.: Capital Markets and Creating Economic Value for the Shareholder,
Vortrag an der IESE, Barcelona, 3. März 2000.

[3] Schneider, W.: Die Weiterentwicklung der Marke VOLKSWAGEN PKW in Form selbst-
regelnder Organisationseinheiten, in: Berndt, R. (Hrsg.): Innovatives Management,
S. 167-190, Berlin 2000.

[4] Zum Rollenverständnis des Controllers s. auch: Dyle, A. und Steigmeier und Autorenteam:
Controller und Controlling, Bern Stuttgart Wien, 1993, S. 19.

[5] Doppler, K.: Mythos Führung?, in: CAPITAL, S. 117, Nr. 7, 2000.

[6] Hartz, P.: Das atmende Unternehmen, S. 81, ff., Frankfurt 1996.

[7] Hahn, D.: Konzepte strategischer Führung, in: ZfB, Heft 6, S. 563-579, 1998.

[8] Kaplan, R.S., Norton, D.P.: Balanced Scorecard, Stuttgart 1997.

[9] Horvarth, P., Heiler R.W.: Benchmarking in: Controlling 1/1992, S. 4 ff.

[10] Mountfiel A., Schalch O.: Konzeption von Balanced Scorecards und Umsetzung in ein
Management-Informationssystem mit dem SAP Business Information Warehouse in:
Controlling 5/1998.

[11] Gaitandes M. und andere: Prozessmanagement, Hannover, 1994.

[12] Pleschak, F., Sabisch H.: Innovationsmanagement, Stuttgart, 1996, S. 8 ff.

[13] Markowitsch, G.: Konzentration der Kernkompetenzen durch modernes Wissensmanagement, in: Berndt, R. (Hrsg.): Innovatives Management, S. 57-72, Berlin 2000.

[14] Doppler, K., Lauterburg, Ch.: Change Management, S. 193 ff, 8. Aufl., Frankfurt 1999.

[15] Gabriel, R., Chamoni, P., Gluchowski, P.: Datawarehouse und OLAP: Analyseorientierte
Informationssysteme für das Management, in: zfbf 52, 2/2000, S. 74 ff.

8 Befindlichkeitsanalysen bei Führungskräften

Sandra Ehegartner

8.1 Der Mitarbeiter als bewertungsrelevanter Kapitalfaktor

Die Wirtschaft spricht über Aktien, Neu-Emissionen, Blue – Chips, Turnschuhunternehmen und ... den Share-holder-Value als Unternehmensbewertungsgröße. Wodurch entsteht ein Share-Holder-Value? Geht es wirklich nur um kapitalorientierte Kennzahlen? Ist diese Bewertung noch zeitgemäß bei Unternehmen, die sich mit Wissensmanagement, Know-How und Zukunftszenarien befassen? Was oder wer trägt in einer Dienstleistungs- und Wissensgesellschaft dazu bei?

Davon ausgehend, dass jede Maschine immer nur so intelligent sein kann, wie der Mensch, der sie programmiert oder bedient, scheint der Mensch der Wertbringer zu sein. Nicht umsonst wird in einer Zeit schwacher Beschäftigung die Einführung einer Green Card diskutiert, um das so wichtige Produktions- und Arbeitskapital Mensch nach Deutschland in die Unternehmen zu bringen. Der Mensch entwickelt sich zum Produktionsfaktor Nummer Eins, weil er die einzig denkende und lernende, sich weiterenwickelnde Ressource ist. Längst geht es nicht mehr um die zeitgeistige Beachtung von Soft facts im Rahmen humanzentrierter Managementansätze, sondern um knallharte Fakten. Da ist es umso wichtiger zu fragen, wie es den Menschen, die einen wichtigen Teil zum Unternehmenserfolg beitragen, geht.

Viele Wirtschaftszweige, nicht nur innovative und pfiffige „Start-ups" machen es vor: Sie haben kaum mehr Kapitalkosten, dafür ein Vielfaches an Personal- und Mitarbeiterkosten. Grund genug, sich mit diesem wertvollen eingesetzten Kapital zu befassen. Maschinen werden in der Regel mit Kontrolllämpchen und Warnlichtern – oder -signalen ausgestattet, außerdem werden sie regelmäßig gewartet. Was aber geschieht mit wertvollen Mitarbeitern, respektive Führungskräften? Diese Menschen bündeln für ein Unternehmen eine Vielzahl an Ressourcen, angefangen von Fachkompetenz, Lernbereitschaft, Mobilität, welche Maschine geht auf Reisen und sozialer Kompetenz zum Beispiel um aus faktisch verfahrenen Situationen auf Grund emotionaler und sozialer Kompetenz einen Vorteil zu erzielen.

8.2 Warum sind Befindlichkeitsanalysen für Führungskräfte notwendig?

Wichtig ist für jedes Unternehmen zu wissen, wie dieser Kapitalfaktor Mitarbeiter funktioniert, was ihn berührt und was er benötigt, um motiviert und damit gut zu arbeiten und zu leben. Naiv wäre es anzunehmen, dass reine Menschenliebe hinter diesem Ergründungswunsch steht, denn sonst würden Unternehmen unentgeltlich die ganze Welt umsorgen und umhegen. In diesem Falle wird das Angenehme mit dem Nützlichen verbunden.

Zudem ist der „Wertfaktor" Mensch / Mitarbeiter wesentlich facettenreicher als jede Maschine, was ja auch seinen ungleich höheren Wert fürs Unternehmen bedingt. Diese Facetten wollen ergründet und erforscht sein, um Veränderungen vornehmen zu können, die sich als Bestandssicherungen und Wertsteigerungen fürs Unternehmen „rechnen".

Nicht die Untersuchung der Bedürfnisse für sich gewährleistet den Erfolg, aber sie ist ein wichtiger Schritt in diese Richtung. Nur der Mitarbeiter, der angehört und „erforscht" wird, kann richtig behandelt werden. Warum sollten Mitarbeiter sich hier anders verhalten als Unternehmenskunden? Und warum sollte gerade ihnen weniger Aufmerksamkeit geschenkt werden? Weil sie dafür bezahlt werden? Zwar ist die Arbeitslosigkeit hoch wie nie zuvor, dennoch klagen Personalchefs und Headhunter über den „War for Talent" (McKinsey). Gute Mitarbeiter sind gefragt wie nie und sie können sich aussuchen, wohin sie gehen und was sie akzeptieren.

Mitarbeiterbefragungen und Befindlichkeitsanalysen bei Führungskräften

Nun gibt es nicht nur die so genannte „neue Wirtschaftsintelligenz", die interdisziplinär bis hin zur Philosophie perfekt ist, sondern auch Mitarbeiter, die mit ihrer Arbeit einfach einen wichtigen Beitrag zum Unternehmenserfolg leisten. Im Spannungsfeld von immer weniger Kapitalrendite im herkömmlichen Sinne und wertorientierter Führung scheint es zur unumstößlichen Notwendigkeit zu werden, sich mit diesen „intangible assets", die schwer zu beziffernden Werten innerhalb eines Unternehmens zu befassen, sich mit ihnen auseinanderzusetzen.

Ein Großteil dieses Erfolges hängt davon ab, wie der Mitarbeiter sich aufgehoben, motiviert und geführt fühlt. Im Rahmen von Mitarbeiterbefragungen werden diese Items oft und gerne erfragt und dann als Feedback an die Vorgesetzten, die Führungskräfte weitergegeben. Nur, und jetzt kommen wir zu dem großen Rätsel: wer fragt die Führungskräfte? Oder müssen die gar nicht mehr gefragt sein, weil sie schließlich einen viel Geld und andere Vergünstigungen für ihr weit reichendes und verantwortungsvolles Tun erhalten?

Die Anforderungen an Führungskräfte in internationalen Unternehmen steigen – nicht nur fachlich, sondern auch menschlich.

Äußere Einflüsse, wie neue Managementansätze, die Führungskräfte zu charismatischen Supermännern mit Motivations- und Führungspower hochstilisieren, gigantische, interkulturelle Zusammenschlüsse, innere Rahmenbedingungen, dies alles unter Beachtung oder Bedrohung durch Lean-Management und ohne die Sicherheit hierarchischer Strukturen durchzusetzen und nebenbei inspirierte und umfassende Konzepte an die Geschäftsleitung abzuliefern, sind nur die Grundvoraussetzungen für den Erfolg in einem erfolgsorientierten Unternehmen. Die Führungskraft von heute – ein Tausendsassa ohne Grenzen?

Befragungen von Führungskräften haben natürlich den ein oder anderen Haken: Zum einen gehen Viele davon aus, dass Führungskräfte keine Probleme oder gar Ängste haben, sonst wären sie keine Führungskräfte geworden, zum anderen können Ergebnisse aus einer Führungskräftebefragung die Unternehmenspolitik bzw. -strategie in Frage stellen.

Wozu dient also eine Analyse der Situation und Befindlichkeit von Führungskräften? Welche Effekte ruft sie hervor?

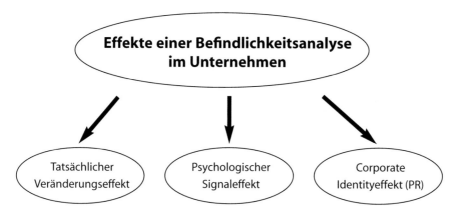

Abb. 1 Drei Effekte von Befindlichkeitsanalysen

- Der tatsächliche Veränderungs-Effekt dokumentiert die rationale Seite der Befindlichkeitsanalyse. In ihm manifestieren sich spürbare, faktische Veränderungen z. B. eine Veränderung des Kommunikations- und Informationsverhaltens oder strukturelle Veränderungen im Unternehmen.
- Der psychologische Signal-Effekt beschreibt die Wahrnehmung der eigenen Wichtigkeit für das Unternehmen.
- Der Corporate-Identity-Effekt ist der Untersuchung immanent, wenn sie von den Initiatoren, zum Beispiel Personalabteilung dementsprechend kommuniziert wird.

Die Wechselwirkungen dieser Effekte machen den Erfolg der Befindlichkeitsanalyse aus. Nur mit dem Wissen um die Situation der Führungskräfte und
wie sie sich darin fühlen, ob sie ihnen eher Kraft raubt oder schenkt, stellt ein
Unternehmen auf solide Säulen für ehrgeizige und engagierte Vorhaben.
Führungskräften wird viel abverlangt in Zeiten, in denen Takeovers – ob
freundlich oder unfreundlich – an der Tagesordnung sind. Und da alle Ressourcen, gerade gute und loyale Mitarbeiter in Führungspositionen knapp
werden und nicht unendlich zugekauft werden können, ist es wichtig zu wissen, wie diese Führungskräfte ihre und die Unternehmenssituation empfinden. Nicht zuletzt haben solche Bemühungen auch einen positiven Einfluss
auf die Öffentlichkeit und, sollte es sich um eine Aktiengesellschaft handeln,
auf den Shareholder-Value, denn auch bei der „breiten Masse" setzt sich die
Erkenntnis durch, dass es auf den Menschen ankommt.

8.3 Inhalte und Beteiligte von Befindlichkeitsanalysen

Befindlichkeitsanalysen dienen in erster Linie dazu, die aktuelle Situation der
Führungskraft zu erfassen.

Generell werden so genannte hardfacts wie Struktur, Information, Kommunikation, soft facts wie Stimmung, Unternehmenskultur und situations-
oder unternehmensspezfische Punkte abgefragt. Selbstverständlich variieren
die Schwerpunkte je nach Unternehmenssituation. Einige Kategorien, die
sich eher auf der Metaebene menschlicher Befindlichkeit bewegen, können
jedoch als Basis einer Befindlichkeitsanalyse herangezogen werden.

Die Kategorien sollten dem Befragten die Möglichkeit geben, zu möglichst
allen Aspekten seines Berufsalltages, aber auch zur Strategie des Unternehmens, die er mitträgt Äußerungen und Bewertungen abzugeben. Hierdurch
können wertvolle Impulse an die Geschäftsleitung ergehen.

Da im Rahmen dieser Kategorien auch sehr sensible Themen behandelt
werden, ist die Beauftragung eines externen Institutes ratsam, da so die Anonymität und Vertraulichkeit der Angaben glaubwürdig sichergestellt werden
kann. Auch liegt in der Durchführung ein nicht zu unterschätzender Aufwand, der in den seltensten Fällen von einer Linienabteilung zu bewältigen
ist.

Zu empfehlen ist die Einberufung einer Projektgruppe mit einer dualen
Projektleitung, wobei die interne Projektleitung sich auf die organisatorischen Abläufe konzentriert und die Umsetzung des Projektes intern sicher-
stellt. Zum anderen ist es Aufgabe des internen Projektleiters, dem externen
Dienstleister sämtliche internen Informationen zur Verfügung zu stellen, die
für die erfolgreiche Durchführung des Projektes erforderlich sind. Dazu

Grundstimmung der Führungskräfte

- Identifikation mit dem Unternehmen
- Identifikation mit der Unternehmensleitung
- Identifikation mit den Produkten
- Zufriedenstellung durch die Sachaufgabe
- Gewährung eines breiten Handlungsspielraums
- Möglichkeit zur Einbringung eigener Vorstellungen
- Gesundheit am Arbeitsplatz

- Zufriedenheit mit der absoluten Höhe der Vergütung
- Erkennbarkeit des Leistungsbezugs zur materiellen Vergütung
- Steigerungsraten der materiellen Vergütung
- Anspruch an Führung
- Persönliche Zukunft
- Zukunftsaussichten des Unternehmens

Innere Struktur und Verfassung

- Zentralisierungsgrad des Unternehmens
- Flexibilität der Unternehmenseinheiten

- Ausprägung von Ressortdenken
- Länge der Entscheidungswege

Mitarbeiterführung, Personalbetreuung

- Führungsverhalten des Vorgesetzten
- Maß an Anerkennung durch das Unternehmen
- Erkennbarkeit des Maßstabes für die Leistungsbemessung
- Transparenz der Führungskräfteplanung

- Standfestigkeit der Unternehmensleitung gegenüber dem Betriebsrat
- Wertewandel im Unternehmen

Unternehmenspolitik

- Erkennbarkeit eines Langfriststrategiekonzepts für das Gesamtunternehmen

- Anpassung an aktuelle Erfordernisse – zum Beispiel Thema Internet

Erscheinungsbild nach außen

- Einflussnahme des Unternehmens im gesellschaftspolitischen Bereich, entsprechend seiner wirtschaftlichen Bedeutung

- Förderung des gesellschaftspolitischen Engagements von Führungskräften durch das Unternehmen
- Verhalten gegenüber Kunden und Lieferanten

Abb. 2 Kategorien der Befindlichkeitsanalyse

gehören neben den unternehmensspezifischen Daten zum Beispiel auch politische Hintergründe und die Schaffung interner Akzeptanz. Beim externen Dienstleister liegen Methodenkompetenz und unternehmensübergreifende Erfahrungen.

8.4 Elemente und Prozessverlauf der Befindlichkeitsanalyse

Kein Unternehmen gleicht dem anderen, ebenso wie es „die" Führungskraft nicht gibt. Daher ist zu Beginn einer jeden Befindlichkeitsanalyse eine Befragung unter den Führungskräften erforderlich. Findet die Untersuchung durch die Personalabteilung statt, so ist es ratsam, Projektgruppenmitglieder zu befragen. Leitet der Sprecherausschuss des Unternehmens das Projekt intern, so ist die Befragung der Mitglieder als Repräsentanten der Führungskräfte sinnvoll. Im Rahmen dieser *Voruntersuchung* oder Erstgespräches werden Grundstimmungen in Bezug auf die Befragung an sich und Wünsche diesbezüglich erfasst. Hier sollte spätestens das Konzept der Befindlichkeitsanalyse detailliert dargestellt und erläutert werden.

Begleitenden Informations- und Kommunikationsmaßnahmen sind unerlässlich

Die kontinuierliche begleitende Information und Kommunikation während und auch nach der Befindlichkeitsanalyse ist ein wesentlicher Erfolgsfaktor. Der gesamte Nutzen der Untersuchung kann durch nachlässige Information und Kommunikation torpediert oder gar ad absurdum geführt werden. Auch wäre es schade, die publicityträchtige Wirkung eines derartigen Vorhabens nicht vollumfänglich auszunutzen, wobei streng darauf geachtet werden muss, dass aus der Erhebung der Angaben keine Werbekampagne mit Selbstzweck für wen auch immer wird.

Im Mittelpunkt stehen die Führungskräfte. Da Führungskräfte nicht den Regelungen des Betriebsrates unterliegen, braucht die Zustimmung desselben nicht eingeholt werden. Ratsam, auch im Sinne einer partnerschaftlichen Zusammenarbeit ist jedoch die Information über das geplante Projekt. Möglicherweise können so Befragungen aufeinander abgestimmt werden.

Mit den Ergebnissen aus der Voruntersuchung wird der Fragebogen angepasst und im Anschluss durch einen Pretest bei einigen Führungskräften und Mitgliedern des Projektteams validiert. Der eingesetzte Fragebogen umfasst beispielsweise die in Punkt 3. angeführten Kategorien, sollte jedoch unternehmens- und situationsspezifisch ergänzt werden.

Der Fragebogen umfasst in der Regel vier Blöcke

Generell kann der Fragebogen in vier Blöcke unterteilt werden:

1. Ein *Imageprofil* zur Einstellungsmessung zum Beispiel wie attraktiv empfindet die Führungskraft das Unternehmen?
2. Einen *Standardteil* zur Ermittlung der Befindlichkeit des LA

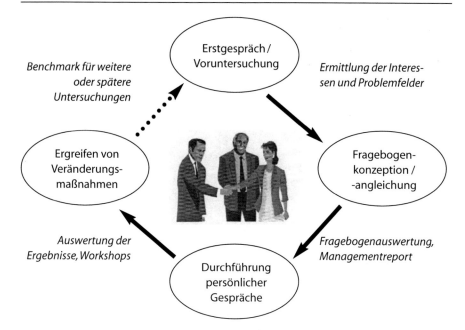

Abb. 3 Ablauf einer Befindlichkeitsanalyse

3. Einen *Unternehmens/Situationsspezifischen Teil* in dem besondere und aktuelle Themen eingearbeitet werden.

4. *Offene Fragen* mit der Möglichkeit, Meinungen, ungeachtet von Kategorien zu äußern.

Die Aufteilung erfolgt in der Regel 80 – 20, wobei 80 % des Fragebogens vom Imageprofil und dem Standardteil eingenommen werden.

Diese Aufteilung hat den Vorteil, dass die Ergebnisse damit benchmarkfähig sind, das heißt sowohl über einen Zeitraum als auch über Bereiche oder Unternehmen hinweg vergleichbar sind.

Hierauf wird der Fragebogen zusammen mit einer Ausfüllanleitung an die Adressaten versandt. Nach ca. vier Wochen ist Annahmeschluss. Sodann beginnt die Datenerfassung und Auswertung. Die Darstellung der Ergebnisse sollte derart erfolgen, dass auch ein Marktforschungslaie sie auf Anhieb versteht und keine kaum nachvollziehbaren Korrelationen oder Datenvermischungen berücksichtigen muss.

Persönliche Gespräche ergänzen das Bild

Mit dem Fragebogen wird in erster Linie der Status-Quo erfragt, es liegt ein quantitatives Ergebnis vor. Da die Fragebogengestaltung immer der Gratwanderung zwischen Vollständigkeit der zur Verfügung stehenden Aussagen und Zumutbarkeit in Bezug auf Umfang und Zeiterfordernis ausgesetzt ist, werden im Rahmen des wichtigen Themas der Befindlichkeitsanalyse ergänzend persönliche Gespräche per statistischer Zufallsauswahl mit den Befragten durchgeführt. Diese werden von einem externen Institut geführt, aufgezeichnet und wörtlich in eine Datenbank eingegeben, wo im Anschluss die Möglichkeit der modulgerechten Sortierung besteht. Somit wird das quantitative Ergebnis um wichtige qualitative Aussagen ergänzt.

Workshops erleichtern die Maßnahmenfindung und -selektion

Die Durchführung und Auswertung dieser persönlichen Gespräche bedeutet auch für den Auftraggeber der Studie großes Engagement und Willen zur Veränderung. Als sinnvoll erweisen sich hier *Workshops,* in denen Projektgruppen auf professionelle Art mit den Aussagen konfrontiert werden und sich danach in Einzelgruppen um Lösungsansätze bemühen. Hier sollten die Verbesserungswünsche und -vorschläge, die während des persönlichen Gespräches ermittelt wurden, unbedingt berücksichtigt werden. Wichtig ist bei sämtlichen Schritten einer Befindlichkeitsanalyse die zeitnahe und offene Kommunikation mit den Beteiligten. Eine derartige Untersuchung, von der man nachher nichts mehr hört, geschweige denn Veränderungen feststellt, ist überflüssig.

Erfahrungsgemäß treffen derartige Untersuchungen häufig auf „gemischte" Gefühle, zum einen Freude, gar Begeisterung über das Engagement und Interesse an ihrer Situation, zum anderen eine gewisse resignative Angst, es würde ja sowieso nichts geschehen.

Die Befindlichkeitsanalyse ist jedoch von ihrer Konzeption dergestalt angelegt, dass sie das folgerichtige Handeln ermöglicht und vor allem erleichtert. Sie darf unter keinen Umständen zum beschwichtigenden Politikum werden, das würde ihre Wirkung ad absurdum führen.

8.5 Befindlichkeitsanalysen im Rahmen grundlegender Veränderungsprozesse

Umfassende Veränderungen wie zum Beispiel ein Merger, die angefangen von der Produktpalette über die Organisationsstruktur bis hin zur Unternehmenskultur sämtliche Bereiche eines (Traditions-) Unternehmens berührt, Ängste, rationaler oder irrationaler Art umfasst und eine Neudefinition des Führenden Angestellten erfordert, macht eine Befindlichkeitsanalyse im höchsten Maße erforderlich.

Ein Merger bringt in der Regel zumindest eines der beteiligten Unternehmen voran, bestenfalls sogar beide, die Aktien steigen, aber die Öffentlichkeit interessiert sich auch für die Menschen, die diese Leistungen erbringen. Frustrierte Manager äußern sich gegenüber der Presse, weil sie im Unternehmen kein Gehör oder Verständnis finden und das spiegelt sich wiederum negativ auf den Erfolg von Unternehmenswerten zurück, die zum Teil eben auch unter dem Gesichtspunkt der langfristigen Erfolgsaussicht betrachtet werden.

Den positiven Mergereffekt nicht intern gefährden

Durch eine Befindlichkeitsanalyse können wichtige Strömungen und Items, die nicht offen geäußert werden, erfasst werden und damit den typischen Merger – Blockade – Aktivitäten, die zumeist eher unbewusst, leider oftmals auch aus Trotz erfolgen und dem neuen Unternehmen empfindlich schaden können, entgegengewirkt werden.

Auch können durch ein rechtzeitiges „Hinhören" Neueinstellungskosten bzw. Opportunitätskosten, die durch Abwandern führender Mitarbeiter und deren Know-how entstehen vermieden werden. Erfahrungsgemäß ist festzustellen, dass gerade diejenigen sich neu orientieren, die auf Grund der Qualität ihrer Arbeit ein ausgeprägtes Selbstbewusstsein besitzen und eine mögliche Nichtbeachtung ihrer Interessen nicht aus Angst vor Arbeitsplatzverlust hinnehmen.

Gerade in Zeiten großer externer und struktureller Veränderungen sind Befindlichkeitsanalysen ein wichtiges Instrument, um mit den Aussagen motivierter Führungskräfte weiter in die Zukunft zu schreiten.

8.6 Beispiel der Situationsanalyse (SLA) 2000 bei der DaimlerChrysler AG

Nach mehreren grundlegenden Veränderungsprozessen bei der DaimlerChrysler AG wurde im Frühsommer 2000 eine Situationsanalyse bei den Leitenden Angestellten auf Initiative des Sprecherausschussvorsitzenden Manfred Göbels durch das Institut Sandra Ehegartner Organisationsentwicklung in Auftrag gegeben und durchgeführt.

Zunächst fand im Rahmen der Projektgruppe eine Voruntersuchung durch das Institut statt, aus deren Ergebnissen der Fragebogenentwurf konzipiert wurde. Dieser wurde nach der Durchführung diverser Pretests „ins Feld" gegeben.

Befragt wurden 2200 Leitende Angestellte der DCAG in Deutschland, differenziert nach drei Führungsebenen bis hin zum Bereichs-Vorstand. Um die Untersuchungsergebnisse detailliert und damit umsetzungsorientiert zu gestalten, wurden weitere Differenzierungen wie Alter und Unternehmenseinheit vorgenommen. Die Rücklaufquote betrug 85 %.

Die aussagekräftigen quantitativen Befragungsergebnisse wurden durch einen hohen Rücklauf bei der Beantwortung der beiden Offenen Fragen sowie durch diverse Einzelanalysen abgerundet.

In einer dieser Einzelfragen stellte sich der Sprecherausschuss darüber hinaus selbstkritisch der Beurteilung durch seine „Klientel" und konnte dadurch wertvolle Anregungen für die zukünftige Arbeit gewinnen.

In einem dritten Schritt wurden die Befragungsergebnisse durch persönliche Interviews ergänzt. Die Auswahl der Interviewpartner erfolgte anzahlsmäßig nach den einzelnen Rücklaufgruppen quotiert, in der Personenauswahl jedoch per Zufallsauswahl und anonym; das heißt, der Befragte und seine Aussagen wurden und werden zu keinem Zeitpunkt des Projektes und auch nicht danach miteinander in Verbindung gebracht.

Die Inverviews wurden durch das Institut nach einem vorher festgelegten Interviewleitfaden durchgeführt, auf Band aufgezeichnet, wörtlich in eine Access-Datenbank übertragen und ausgewertet.

Im Ergebnis enthielt die Auswertung für den Sprecherausschuss sowohl eine quantitative Darstellung, in der die Aussagen der Interviewpartner nach vier Kategorien eingestuft wurden, als auch eine Managementsummary mit den Kernaussagen und Beispielstatements, um die Tonalität der Interviews zu transportieren.

Diese Interviewaussagen waren zusammen mit den Antworten auf die Offenen Fragen Basis für Schritt 4, die Workshops. Ziel der ganztägigen Workshops war die Erarbeitung von geeigneten Maßnahmen, um die von den Befragten genannten Probleme und Wünsche zu behandeln. Dazu setzten sich die Beteiligten mit jeder einzelnen Interviewaussage auseinander, ordneten sie Kategorien zu und setzten Prioritäten in der zeitlichen Umsetzung.

Die Untersuchung bot für die DaimlerChrysler AG und für den Sprecherausschuss eine hervorragende Möglichkeit, in einer Zeit grundlegenden Wandels „in die Leitenden Angestellten hineinzuhören".

9 Konfliktlösung durch Wirtschaftsmediation

Anita Berres

Bei der hinlänglich beschriebenen Beschleunigung der Wirtschaftsprozesse tritt eines immer stärker zu Tage: die abschließende Lösung von Streitigkeiten im Geschäftsleben vor Gericht dauert meist zu lange und kostet zu viel Geld. Zudem wird man in den meisten Fällen nach dem Richterspruch auch keine Geschäftbeziehung mehr aufrecht erhalten.

Mit der Wirtschaftsmediation jedoch ist ein Verfahren entwickelt worden, das hilft, Konflikte schnell zu lösen und dabei auch Situationen herbeizuführen, in der die Verbindung zwischen den sich streitenden Parteien nicht zwangsläufig zerstört werden muss. Sie ist eine schnelle und kostengünstige Alternative zu den juristisch-gerichtlichen Auseinandersetzungen.

9.1 Was ist Wirtschaftsmediation?

Mediation ist eine Form der Konfliktbearbeitung, deren Ziel es ist, in dem Konflikt eine für alle Beteiligten vorteilhafte Regelung zu finden, damit der gefundene Kompromiss auch von allen getragen werden kann. Wirtschafts-Mediatoren helfen bei der Entwicklung dieser von allen für gut befundenen Lösung, indem sie als neutrale Personen die Verhandlungen strukturieren, moderieren und Vorschläge diskutieren. Inhaltlich treffen sie keine Entscheidungen.

9.1.1 Die Phasen der Mediation im Überblick

1. **Kontaktaufnahme** Mediator und Parteien
2. **Erstgespräch(e)**
   - Mediationsphasen und Prozesse vorstellen
   - Ist dieser Konflikt für die Mediation geeignet?
   - Einigung auf Regeln während der Mediation
   - Beschluss von allen Parteien, dass die Mediation durchgeführt wird
3. **Mediationsgespräche**
   - Konflikt darstellen:
     Parteien stellen aus ihrer Sicht die Situation vor

Feststellung von Übereinstimmungen und Unterschieden
Fakten klären
offene Fragen gewichten und priorisieren
Emotionsabbau und Hinführung zu sachlicher Auseinandersetzung
Identifikation der Konfliktmuster
Fokus liegt auf der Bearbeitung der Vergangenheit
- Konfliktaspekte bearbeiten:
Vorstellung der unterschiedlichen Sichtweisen durch Mediator
Schwerpunktinteressen und -bedürfnisse eruieren
Fragetechnik einsetzen, um von der „Position" auf die „Situation" zu kommen
Gegenseitiges Verständnis der Parteien fördern
Von der Vergangenheit zur Zukunft
- Lösungsaspekte erarbeiten:
Ideensammlung
Lösungsideen bewerten
Abgleich Lösungsideen und Schwerpunkt-Interessen/-Bedürfnisse
Lösungsoptimum wählen und verhandeln
Abgleich zwischen der gefundenen Lösung und potenziellen juristischen Lösungen
Dokumentation der verhandelten Lösung
- Vereinbarung abschließen:
Lösung durch Berater der Parteien prüfen lassen
Lösung durch Rechtsanwalt gestalten lassen
Vereinbarungsabschluss
Umsetzung der Vereinbarung durch die Parteien
4. *Nachbearbeitung*
- Telefonische/Mündliche Nachbearbeitung
- Alternativ: Coaching und Projektbetreuung

9.2 Das Mediationsverfahren

Ziel jedes Mediationsverfahrens ist die außergerichtliche Lösung aller Probleme der Beteiligten. Eine Wirtschaftsmediation wird daher mit einer verbindlichen, in aller Regel schriftlichen Vereinbarung abgeschlossen. Vorausgegangen ist ein Prozess, bei dem alle betroffenen Parteien nach den individuellen Interessen befragt werden und welche die Kernpunkte des Konfliktes sind.

Die Besprechung der Belange und Interessen der Parteien sowie der aktuellen Situation, wie die Parteien sie sehen und in der sie sich befinden, ist Kern des Mediationsverfahrens. Am Beginn steht meist ein Einzelgespräch.

Das eigentliche Mediationsverfahren wird in aller Regel mit allen Beteiligten gemeinsam durchgeführt. Mediatoren sollten nur in Ausnahmefällen Gespräche persönlich, telefonisch oder gar online mit einzelnen Betroffenen führen und bei allen Sitzungen sollten alle Beteiligte anwesend sein, da das Verfahren mündlich durchgeführt wird.

Üblicher Ablauf:
1. Die beteiligten Parteien treffen eine Vereinbarung, dass sie den Konflikt durch Mediation lösen wollen.
2. Ein erster Termin, das Erst- oder Vorgespräch, wird vereinbart, an dem alle Parteien, die das Mediationsverfahren durchführen wollen, teilnehmen. Dauer ist erfahrungsgemäß 1,5 bis 2 Stunden.
3. In diesem Vorgespräch werden die Prozesse und Verfahren während der Mediation vorgestellt. Der Konflikt wird aus Sicht der Parteien erläutert, aber nicht verhandelt. Es werden die Vorgehensweise festgelegt und Verhaltensregeln verbindlich aufgestellt sowie eine Absichtserklärung unterzeichnet.
4. In den folgenden Sitzungen wird eine Einigung erarbeitet, indem die Streitpunkte herausgearbeitet und damit der Konflikt durchgearbeitet wird. Man gelangt auf die Interessensebene und kann Lösungswege entwickeln und bewerten, die in einer schriftlichen Vereinbarung fixiert werden. Dazu schaffen Wirtschafts-Mediatoren eine konstruktive und faire Gesprächsatmosphäre und achten auf die Einhaltung der Verhaltensregeln.
5. Die Mediation wird beendet durch eine schriftliche Vereinbarung oder durch Abbruch.

Die Kosten für eine Wirtschaftsmediation bewegen sich im Dreieck Dauer, Komplexität des Konfliktes und Anzahl der Mediatoren. Die Gesamtkosten werden anteilig von den Konfliktpartnern getragen.

9.3 Wann ist Wirtschaftsmediation sinnvoll für mich und mein Unternehmen?

In der Wirtschaft wird Mediation bei Konflikten
- zwischen Unternehmen,
- im Unternehmen auf der Managementebene und
- im Unternehmen zwischen Arbeitnehmern und Management eingesetzt.

Die Vorteile, die eine Wirtschaftsmediation mit sich bringt, sind:
- schnelle, kurzfristig erzielbare Lösungen
- effiziente Erarbeitung von gemeinsam getragenen Ergebnissen
- außergerichtliche und damit kostensparende Einigung
- kooperative und konstruktive und damit zukunftsorientierte Lösungen.

Damit muss der Konflikt nicht mehr in jedem Fall an andere Stellen, wie z. B. Gerichte, delegiert werden. Man vermeidet also das Risiko, dass ein Richter nicht im Sinne der Beteiligten entscheidet. Wirtschaftsmediation bringt zudem die Möglichkeit mit sich, ungelöste Konflikte im und zwischen Unternehmen zu lösen und dient damit einem positiven Geschäftsklima. So kann dieses Verfahren beispielsweise eingesetzt werden bei Umstrukturierungsprozessen, bevorstehenden Fusionen oder sich streitenden Managern. Voraussetzung ist allerdings, dass ein hohes Interesse von allen Seiten an funktionierenden Geschäfts- und Arbeitsbeziehungen besteht.

Mediation kann nicht erfolgreich sein, wenn eine oder mehrere beteiligte Parteien ihr Interesse nicht formulieren oder vertreten kann oder vielleicht auch nicht will. Eine Bereitschaft zur Beendigung des Streits ist also Voraussetzung, denn Mediation beruht auf Freiwilligkeit, Offenheit, Fairness und Selbstverantwortung.

9.4 Rolle und Selbstverständnis der Mediatoren

Die Mediatoren haben eine tragende und gleichzeitig eine absolut neutrale Rolle im Mediationsverfahren. Sie sind die kompetenten Dritten, die die Parteien unterstützen, damit die möglichen Lösungsansätze gefunden und generell eine Konfliktlösungskultur – für den einzelnen Konfliktfall aber auch für ein Unternehmen bzw. einen Unternehmensbereich (intern wie extern) – entsteht. Wirtschaftsmediatoren ermöglichen damit das Design von Konfliktlösungssystemen.

Folgendes grundlegendes Rollenverständnis ist Basis dafür:
- Mediation ist freiwillig und kann jederzeit von jedem Beteiligten beendet werden.
- Mediatoren sind neutral, ergreifen nicht Partei und sind von allen Beteiligten akzeptiert.
- Mediatoren haben keine inhaltliche Entscheidungskompetenz. Sie tragen nur die Verantwortung für den Ablauf des Verfahrens, nicht für die Lösung. Sie tragen aber durch ihre strukturierte konsensorientierte Methodik zu zukunftsorientierten Lösungen bei.

- Alle Informationen wie auch die Gespräche sind absolut vertraulich.
- Alle notwendigen Informationen werden freiwillig offengelegt.
- Grundlage jeder Mediation ist die Bereitschaft für eine faire Auseinandersetzung um eine von allen akzeptierte Lösung.

10 E-Business als strategische Herausforderung für die Unternehmensführung

Anita Berres

10.1 Vorbemerkungen: Was ist eigentlich e-Business?

Zum einen ist es eine Marke, die IBM sich in den 90er Jahren hat schützen lassen. Zum anderen aber ist es ein Begriff, der – nachdem er synonym mit dem Begriff e-Commerce benutzt wurde – sich 2000 weltweit verselbstständigt hat. Stand heute reden wir von e-Business, wenn alle Geschäftsprozesse internet-gestützt durchgeführt und über alle Stufen der Wertschöpfungskette digital erfasst sind. Also der Weg von den Produzenten über die verschiedenen Handelsstufen bis hin zum Endverbraucher. Für das Unternehmen stellt sich das in aller Regel so dar: Die Geschäftsbeziehungen mit Geschäftspartnern werden via Extranet durchgeführt, mit den eigenen Mitarbeitern via Intranet und mit den Kunden via Internet.

Was unterscheidet e-Business und e-Commerce? e-Commerce ist ein Teil des e-Business und e-Commerce betrifft nur die Geschäftsprozesse zwischen Unternehmen und Kunden. Also das, was üblicherweise im offenen Internet zu sehen ist.

Warum ist die Herausforderung e-Business nur strategisch zu lösen? Weil E-Business mehr ist, als nur Web-Sites aufzustellen. Es reicht auch nicht, die bestehenden Geschäftsideen dem neuen Markt anzupassen. Das Geschäftsmodell muss nicht verbessert werden, sondern komplett neu überdacht werden. Dies gehört zu den zentralen Aufgaben der Unternehmensleitung, da das Business-Modell der entscheidende Faktor für das langfristige Wachstum eines Unternehmens ist; gleich, ob das Unternehmen der sogenannten Old Economy oder der New Economy angehört.

10.2 Strategische Annäherung an das Thema

Das Wirtschaftsleben befindet sich in der Umbruchsituation hin zu der Informationsgesellschaft. Grundlage ist hier vor allem die Informationstechnologie, die durch die Entwicklung in der Mikroelektronik enorme Sprünge macht. Die neuen Technologien bewirken auch eine Veränderung in den

Transaktionen zwischen Unternehmen und Kunden bzw. weiteren Partnern. Das Internet als zunehmend bedeutendere elektronische Transaktionsplattform ermöglicht aber nicht nur veränderte Transaktionswege, sondern verändert Kommunikation und damit auch die Beziehungen zwischen den Marktteilnehmern.

Web-Technologie ist verführerisch. Es ist so einfach, einen Web-Server zu installieren, die Web-Site mit Inhalten und bunten Graphiken zu füllen und dann zu warten, dass die Postfächer sich füllen mit Anfragen zu Produkten und Dienstleistungen. Der Ausgangspunkt „Technische Möglichkeiten" führt zu falschen Ergebnissen, denn damit ist nicht gewährleistet, dass Ihre Kunden und Interessenten zielgruppen- und mediengerecht angesprochen werden. Der richtige Ausgangspunkt wäre vielmehr, für das Unternehmen eine e-Business-Strategie zu entwickeln, so wie man eine Unternehmensstrategie für den alten Markt entwickelt hat. Die wachsende Bedeutung von Business- und Revenue-Modellen trägt dieser Entwicklung Rechnung.

Der aufgezeigte Wandel in der Wirtschaftswelt eröffnet für junge Unternehmen große Chancen. In den letzten Jahren wurden zahlreiche Internet-Start-ups gegründet, die inzwischen an der Börse zu teilweise überhöhten Kursen gehandelt werden und über eine entsprechend hohe Marktkapitalisierung verfügen. Es ging in der Zeit des Internet-Hypes der Satz durch die Presse: „Die Schnellen fressen die Langsamen" und nicht mehr die Großen die Kleinen. Das immense Wachstum der New Economy hat dazu geführt, dass auch hier die Geschäftsmodelle in den Mittelpunkt des Interesses rückten, und damit die strategischen Aspekte am e-Business. Aber auch die etablierten Unternehmen der Old Economy müssen sich den strategischen Aspekten am e-Business annähern. Sonst nutzen Sie nicht die Vorteile des Internets. Und sie machen zudem Platz für junge Unternehmen, die das Thema e-Business sehr ernst nehmen. Handelsriesen wie Wal-Mart haben dies erkannt und eigene Online-Shops eröffnet, die das breite Produktangebot wie die Superstores bieten und zusätzliche Online-Services (z. B. Organizer und persönliche Einkaufszettel), aber auch Umtauschmöglichkeiten und Services in den Präsenz-Standorten.

10.3 Internet-Strategie

Warum ist Ihre Online-Präsenz eine strategische Entscheidung? Ganz einfach, weil es
1. *eine langfristige Angelegenheit ist!* Sie können nicht eine Web-Site aufstellen und dann sagen, sie ist fertig! Diese Web-Site muss aktualisiert werden, die Inhalte müssen dynamisch erweitert werden, es gilt, neue Trends wie z. B. Flash-Animationen, Chat-Diskussionen etc. einzubauen. Kurzum:

war Online-Marketing früher ein Stiefkind neben den klassischen Marketing-Instrumenten, ist es heute Bestandteil des Marketing-Mixes, ersetzt zum Teil sogar einzelnen Bereiche. Und: Kein erfolgreiches e-Business ohne erfolgreiches Online-Marketing!

2. *e-Business muss sich an Ihren Unternehmenszielen orientieren!* Und die sind mit Sicherheit auch strategisch! Ein kleines Beispiel: Wenn Sie als Unternehmensziel Kundenbegeisterung haben, dann können Sie auf e-Business nicht verzichten. Heute ist jede Zielgruppe im Internet vertreten und erwartet, dass sie online Produkte findet, Preise recherchieren kann und vor allem, dass online schnell Hilfe bei Problemstellungen kommt. Das Thema Online-Services ist allerdings in Deutschland noch nicht sehr ausgeprägt installiert. Hier gibt es große Chancen für die Unternehmen, sich von der Konkurrenz abzuheben. Oder ist es keine Imagewerbung im puren Sinne, wenn ich als Endkunde für meine alte Spiegelreflex-Kamera keine Beschreibung mehr habe und sie bei dem Hersteller online finde und sie ausdrucken kann. Oder ein Einkäufer in Ihrem Unternehmen sucht ganz bestimmte Module, die derzeit weltweit kaum zu finden sind. An eine Online-Datenbank, die ihm Ersatz-Module nennt, die die vorgegebene Spezifikation komplett erfüllen und lieferbar sind, so dass er für die Produktion bestellen kann, wird er sich mit Begeisterung erinnern.

3. *E-Business betrifft alle Geschäftsprozesse in Ihrem Unternehmen!* Es verändert Ihre Organisation, und zwar die Ablauf- wie auch die Aufbauorganisation. Denken Sie an die Telefon-Hotline, die heute ganz oder zu einem großen Teil durch FAQs (Frequently Asked Questions) und Diskussionsforen bzw. Newsgroups abgelöst wird. Oder an die Auftragserfassung, die früher vielleicht zehn Datentypistinnen umfasste. Heute werden die Aufträge von den Kunden selbst erfasst und kontrolliert („Bestelle ich auch wirklich, was ich kaufen will?"), so dass hier Personal eingespart und die Reklamationsquote auf Grund von fehlerhaften Bestellungen gesenkt wird. e-Business bewirkt meiner Meinung nach auch einen Wechsel in der Unternehmenskultur, es sei denn, Sie sind heute bereits ein sehr flach strukturiertes und mit einer hohen Informationsdurchlässigkeit aufgebautes Unternehmen, das eine transparente Unternehmenskommunikation pflegt. Hier kommen wir an den Punkt, dass e-Business die Öffentlichkeit wesentlich stärker mit einbezieht, als es vor der Internet-Ära üblich war. Ich denke hier auch daran, dass vor ca. einem Jahr die ersten Stellenanzeigen auftauchten, die explizit Personal für Online-IR suchten. Investor Relationship hat mit dem Internet ganz neue Dimensionen erfahren: Hauptversammlungen werden im Internet gezeigt, Informationen werden generell wesentlich schneller verteilt. Die Anteilseigner wollen schnellstens und umfassend informiert werden.

4. *Warum ist e-Business außerdem eine strategische Entscheidung?* Es kostet! Es kostet viel Geld! Auf jeden Fall mehr als nur die Kosten für die Web-Site, den Relaunch, das Content-Management etc.. Es kostet Schulung und Weiterbildung, da sonst das Personal nicht effizient damit arbeiten kann. Es entstehen außerdem Kosten für neue Technologien, Kosten für neue Sicherheitsstufen, die eingebaut werden müssen, Kosten für Projekt-Teams, Kosten für … Und nicht zuletzt: es „kostet" Kreativität! Internet ist Köpfchensache! Sie müssen neue Wege gehen, um kreative Lösungen für die Probleme Ihrer Kunden – auch online – zu finden. Und nur eine konsequente Kundenorientierung bringt Ihnen langfristig Erfolg im e-Business!

10.4 Entwicklung der e-Business-Strategie

Das neue Jahrtausend wird am Anfang vor allem auch im Zeichen des e-Business stehen. Aber die neuen Trends stehen schon bereit: M-Commerce für die Verbindung von Internet und Mobilfunk. UMTS-Netze werden ab 2003 diese Entwicklung drastisch beschleunigen. Generell wird die Konvergenz von TK (Telekommunikation) und IT (Informationstechnologie) neue Produkte und vor allem neue Dienstleistungen produzieren. Der geliebte Fernseher und der PC werden zusammenwachsen.

Aber trotz aller Änderungen für das Wirtschaftsleben werden wir nach wie vor auf klassische Komponenten zurückgreifen: Zu einer e-Business-Strategie gehören klare Zielgruppenorientierung (auf Basis von Zielgruppen-Definitionen), um eine unternehmensindividuelle Problemlösungsstrategie für die Kunden und Interessenten wie auch die Geschäftspartner zu entwickeln, transparente Ziele (quantitative und qualitative und vor allem operationalisiert) und nicht zuletzt ein e-Business-Model, d. h., ein Geschäftsmodell. In diesem Modell kommen die Neuartigkeit der Geschäftsidee, mögliche Einsparpotenziale und die Chance, in Zukunft Gewinne zu erzielen, zum Ausdruck. Für alle, die für die Führung von Unternehmen und Organisationen zuständig sind, sicherlich altbekannte Themen.

Abb. 1 Elemente einer e-Business-Strategie

Tabelle 1 Checkliste für die Kurzbeschreibung einer e-Business-Strategie

Determinante	Elemente	Bemerkungen
GESCHÄFTS-MODELL (erweitert um Revenue-Model)	1. Geschäftsidee – Unternehmenszweck – Mission	Das Geschäftsmodell ist die Konfiguration eines Austauschprozesses, mit dem Ziel, (neue) Geschäftsmöglichkeiten zu erschließen: – Themenbereiche – Zielgruppenbezogenheit – Erwarteter Nutzen für den User – Erwartete konkrete Reaktion des Users
	2. Revenue-Model: – Umsatzsteigerung – Kostensenkung	– Das Revenue-Modell setzt darauf auf und definiert den Weg, wie durch ein Business-Modell Umsätze und Erträge generiert werden (Gewinnstrategie): E-Business-spezifische Potenziale bezogen auf Umsatz und Kosten
ZIELGRUPPE A	A 1. Definition	– Aussage in einem Satz – Detaillierte Formulierung mit Mengenangaben (Merkmale der Zielgruppe)
	A 2. Informationen über die Zielgruppe	– Charakteristika (Fähigkeiten, technische Möglichkeiten) – Interessen und Nutzenanforderungen (Nutzerbedürfnisse) – Schlüsselinteressen, basierend auf unten beschriebener Zweckdefinition
ZIELGRUPPE B	B 1. Definition	– Aussage in einem Satz – Detaillierte Formulierung mit Mengenangaben (Merkmale der Zielgruppe)
	B 2. Informationen über die Zielgruppe	– Charakteristika (Fähigkeiten, technische Möglichkeiten – Interessen und Nutzenanforderungen (Nutzerbedürfnisse) – Schlüsselinteressen, basierend auf unten beschriebener Zweckdefinition
ZIELAUSSAGEN	1. Zielspezifizierungen 2. Zielgrößen formulieren 3. begrenzende Rahmenbedingungen definieren	– Zielgrößen quantitativ und qualitativ – Zeitliche Fixierung der Zielgrößen – Begrenzung durch Zielgruppe, Budget, Ressourcen und Technologie

Eine Strategie ist eine Strategie, wenn sie durchdacht, langfristig orientiert, schriftlich fixiert und vor allem für jeden im Unternehmen verständlich kommuniziert ist. Auch die e-Business-Strategie beinhaltet klassische Elemente und Vorgehensweisen, die „Hausaufgaben" müssen auch hier erledigt werden. Es gilt, die „klassischen Themen" wie Marktstellung (mit Stärken und Schwächen) zu identifizieren, die Produktpalette auszurichten, die Verteilungskanäle zu definieren und die Wettbewerbsherausforderungen anzunehmen. Gleichzeitig müssen die Internet-Möglichkeiten und Herausforderungen (z. B. Online-Marketing und Online-Kommunikation) erkannt und zielgerichtet eingesetzt werden.

10.5 Wesentliche erfolgskritische Punkte

Durch die Internet-Technologie hat sich der Markt gewandelt. Manche Beziehungen wurden komplett umgedreht. Beispielsweise ist heute der Kunde, der Geschäftspartner oder der Mitarbeiter als User der „Macher", er bestimmt direkt und ohne Zwischenfilter den Erfolg. Zielgruppenorientierter Aufbau und usergerechte Aktionen sind wesentliche erfolgskritische Punkte im e-Business. Personalisierung ist heute mittels Internet-Technologie auf einem Niveau möglich, wie es vorher überhaupt nicht denkbar war. Damit rückt die Online-Kommunikation in den Mittelpunkt.

Beim Thema Internet stehen heute nach wie vor – zumindest in Deutschland – sehr häufig kommunikations- und vertriebspolitische Überlegungen im Vordergrund. Ein typisches Ziel ist: ich verdiene Geld, indem ich mehr Umsatz mache! Dies ist ein Bereich, den man sehr kritisch betrachten sollte. So manch ein Umsatz, der online erreicht wurde, hat sich als einfache Umsatzverschiebung entpuppt. Damit ist kein zusätzlicher Umsatz entstanden. Es hat sich ein Teil des Umsatzes, der früher auf dem klassischen Weg entstanden ist, auf den Online-Weg verlagert.

Nicht selten trifft man bei deutschen Web-Sites auf eine sehr technologieorientierte Ausnutzung der Kommunikationsmöglichkeiten (eine Übersicht finden Sie in Tabelle 2).

Tabelle 2 Kommunikationsdienste im Internet und ihre Ausprägungen

	Chat	Newsgroup	Mailing-Liste	Newsletter
Beitragsquelle	dezentral	dezentral	dezentral	zentral
Kommunikation	synchron	asynchron	asynchron	asynchron
Push/Pull	abholen	abholen	verteilen	verteilen
Archiv	nein	ja	selten	ja (eigenes)

Online-Kommunikation ist allerdings nur dann wirklich erfolgreich, wenn hier kontinuierlich und kompetent agiert wird. Neben den technologischen Kenntnissen müssen die Inhalte stimmen! In diesem Zusammenhang: Das Personal, das durch die Ablösung der Geschäftsprozesse mittels digitaler e-Business-Prozesse eingespart wird, muss nicht zwangsläufig aus dem Unternehmen ausscheiden. Im Gegenteil! Es gilt, diese Mitarbeiter mit ihrem

Know-how über das Unternehmen und die Produkte bzw. Dienstleistungen so weiterzubilden und zu integrieren, dass diese Kompetenzen in die Online-Präsenz eingebaut werden. Der Hotliner von gestern, der dem Kunden am Telefon half, ist heute der Online-Redakteur bzw. Content-Manager, der die Inhalte zum Nutzen des Kunden in seiner Sprache und nach seinen Bedürfnissen in die Web-Site einstellt.

Dann wird es hoffentlich in Deutschland auch bald mehr Web-Sites geben, die Problemlösungen für die Kunden und Interessenten liefern und nicht nur nach dem Motto agieren: „Wir sind und wir haben!". Übrigens: Ein Drittel mehr Umsatz im Netz wäre 2000 möglich gewesen, wenn der Service der e-Business-Unternehmen besser gewesen wäre. Das ergab eine Umfrage der Mummert + Partner Unternehmensberatung.

Ein weiterer wesentlicher erfolgskritischer Punkt ist die Zeit. Gleich, wie gut Ihre e-Business-Strategie ist, sie wird in sechs Monaten nicht mehr aktuell sein. Technologien haben sich weiterentwickelt, neue Trends sind im Online-Bereich entstanden, die Märkte haben sich generell verändert etc. Das ist der Grund, warum eine flexible und skalierbare e-Business-Architektur so wichtig ist. Sie können dadurch auf zukünftige Veränderungen schnell und mediengerecht reagieren. Und die Internet-Zeitrechnung wird sich vermutlich in Zukunft nicht verkürzen. Rechnet man heute bereits mit der Formel ein Kalendertag sind fünf bis sieben Internet-Tage (so genau legt sich da niemand fest), bedeutet das, dass die oben genannten sechs Monate im Internet zwischen 30 und 42 Monate im klassischen Kalender sind – ein durchaus üblicher Zeitraum für strategische Anpassungen.

10.6 e-Business oder kein Business

Ich behaupte, dass ohne die Realisierung einer konsequenten Internet-Strategie ein Unternehmen keine Überlebenschance hat. Aber auch mit konkreten Plänen werden ganze Channels verschwinden oder zumindest so verändert, wie es heute zum Teil noch gar nicht absehbar ist.

Welche Bereiche werden vom Schwund betroffen sein? Handelskanäle als Zwischenstufen, aber auch Dienstleister wie z. B. Reisebüros und Finanzdienstleister. Einen Großteil der Beratungsleistung bekomme ich bei diesen Branchen bereits heute kostenlos im Internet. Hier kann ich anonym und in Ruhe suchen und finden. Und komme direkt zu den Hotels und Ferienangeboten, schaue mir die Zimmer an und sehe zum Beispiel über die Web-Cam, wie das Wetter vor Ort ist. Vor allem aber kann ich sparen, wie beispielsweise bei den Flugtickets. Hier setzt die Lufthansa bereits ganz entschieden auf Online-Services. Und spart Millionenbeträge durch Online-Tickets, da die Reisebüros bei der Reservierung außen vor sind und damit deren Pauschale entfällt.

Wer profitiert? Natürlich die Unternehmen, die mit der Online-Präsenz direkt zu tun haben. Die Kreativbranche (denken Sie zum Beispiel an ein Unternehmen wie Pixelpark, das innerhalb von wenigen Jahren zur weltweit operierenden und führenden Web-Agentur wurde), die Provider und die e-Shop-Anbieter, die die e-Commerce-Lösung heute zum Kauf, aber auch zur Miete ... oder vielleicht sogar kostenlos anbieten. Letzteres in der Hoffnung, über Online-Services den entsprechenden Profit zu ziehen. Es profitieren aber auch Online-Marktforschungsinstitute, die die Online-Zielgruppen beleuchten, die online Produkttests durchführen und dabei wesentlich preisgünstiger anbieten können als die klassischen Institute. Warum? Die Online-Befragungen werden von den Surfern ausgefüllt, können automatisch ausgewertet werden und vor allem kann man weltweit seine Stichproben zusammenstellen. Und das zu Kosten, die einen Bruchteil ausmachen von den Kosten, die durch die klassischen Methoden entstünden.

Abschließend ein konkretes Beispiel, wie e-Business Kosten spart und die Märkte verändert: laut einer Studie von Professor Dietz (Institut für Automobilwirtschaft) entstehen im deutschen Autohandel durchschnittliche Verkaufskosten pro Neuwagen in Höhe von über DM 4.500,–. Der Löwenanteil dabei entfällt mit 2/3 auf die Kundenakquise, der Rest auf Auftragsdisposition und -abwicklung sowie Kundenbetreuung. Diese Studie hat nun die traditionellen Akquise- und Verkaufsprozesse untersucht und eruiert, welche Kostensenkungenpotenziale sich durch Internet-gestützte Abläufe ergeben. Es wurde festgestellt, dass alleine bei dem Punkt „Fahrzeug präsentieren, erklären und konfigurieren" bis zu 27,2 % der Kosten (brutto) eingespart werden können, d. h., durchschnittlich bis zu über DM 1.200,–! Gehen Sie einfach auf die Web-Sites von BMW, Daimler-Chrysler, VW, Audi und anderen Automobil-Herstellern. Die haben alle einen Car-Konfigurator wenn nicht auf der ersten, dann auf der 2. Ebene ihrer Web-Site. Damit stellt sich für alle Vertragshändler – nicht nur bei diesem Punkt – die Frage, wann die Automobilhersteller auf ihre Handelskanäle verzichten und Autos direkt verkaufen.

11 Internet-up-date für Führungskräfte

Matthias Guidi

Das Internet ist heutzutage in aller Munde und es wird sehr gerne als das „Patentinstrument" der Zukunft, das Unternehmensprozesse optimiert, Service verbessert oder praktisch alle gewünschten Informationen jederzeit problemlos liefert, betrachtet und kommuniziert. Nur, die Realität sieht etwas anders – und zumeist ernüchternder – aus. Vieles von dem, was kommuniziert wird, sind schlichtweg „wunschbehaftete" Worthülsen, die möglicherweise sogar eine frappante Unkenntnis des Vortragenden verraten können. Sich vielleicht damit zu brüsten, dass die eigenen Enkel die modernen Medien besser beherrschen, und dass es für einen selbst eh keinen Sinn mehr macht, sich noch in das Thema einzuarbeiten, kann für ein Unternehmen eine schlechte Signalwirkung nach innen und außen verursachen. Die persönliche Hemmschwelle, das Internet für sich richtig zu nutzen, ist aber gar nicht so hoch, wie vielfach kommuniziert oder gedacht wird.

Zum Verständnis vorausgeschickt sei, dass das Internet absolut chaotisch „strukturiert" ist und teilweise anarchisch benutzt wird. Und es ist schwerlich so zu beeinflussen, wie es beispielsweise Politiker gerne hätten, weil es global angelegt ist und über verschiedenste Rechtssphären hinweg geht. Staatsgrenzen und Distanzen werden gegenstandslos. Daten können in Sekundenschnelle von einer Stelle des Globus an eine andere geschickt werden. Kennzeichnend ist besonders die fehlende allgemeine Systematik der Inhalte, die einen einfach strukturierten Umgang nicht unbedingt erleichtert. Dennoch ist es sehr schnell möglich, das Internet effizient, sinnvoll und recht sicher zu nutzen, wenn man weiß, wie es geht. Dieser Beitrag soll dabei helfen und die Sensibilität im Umgang mit dem Internet fördern.

11.1 Suche im Internet

Die überwiegende Anzahl der Arbeitsplätze verfügt heute meistens über einen PC, einen Internetzugang sowie ein e-Mail-Programm. Doch eine richtige Einweisung zur Nutzung der hiermit verbundenen Möglichkeiten gibt eine EDV-Abteilung nur in seltenen Fällen, denn die Profis schließen gern von sich auf andere und gehen davon aus, daß der Umgang „einfach" ist. Oft ist „die DV" schon mit dem zur Verfügung stellen von funktionierender Hardware, dem Beheben von Problemen und dem Kampf mit Software mehr als ausgelastet. In weitaus kleinerem Rahmen ist das sicherlich auch im privaten Bereich nicht gänzlich unbekannt, und beschert manch einem Computernutzer bisweilen lange Nächte.

Nach dem Login ohne Fehlermeldung ins firmeneigene Intranet wird nach der Kontrolle eingegangener e-Mails früher oder später der Internet-Explorer aufgerufen, um eine bestimmte Seite zu laden oder etwas im Internet suchen zu können.

Über 80 % aller Internetnutzer benutzen heute zum Surfen den „Internet-Explorer", der sich vor Jahren im sogenannten „Browser-Krieg" zwischen Microsoft und Netscape durchsetzte und bei Unternehmens-PCs fast immer vorinstalliert ist. Man mag geneigt sein zu denken, dass Software gleich Software ist. Richtet man den Blick aber auf andere Browser, wie den Opera (www.opera.com), so wird man feststellen können, dass es entgegen landläufiger Meinung sehr wohl spürbare softwaretechnische Unterschiede gibt. Diese zeigen sich unter anderem darin, dass Browser nicht immer selbständig im Hintergrund agieren müssen und zudem einen flotten Seitenaufbau haben.

Chip Online, die Internet-Ausgabe des Computer-Fachmagazins CHIP, hat im Sommer 2001 die drei meistgenutzten Browser verglichen, nämlich den Internet-Explorer, den Netscape Navigator und den Browser von Opera [www.chip.de/produkte_tests/produkte_tests_209391.html].

Aber zurück zum World-Wide-Web (www), manchmal besser mit World-Wide-Waiting umschrieben. Wer etwas im Internet sucht, hat häufig nicht die entsprechende Adresse parat oder will einfach nur „suchen". Der effizienteste Weg, um zu einem konstruktiven Ergebnis zu gelangen, führt daher über eine sogenannte „Suchmaschine". Wohl nicht ohne Grund heißen sie so, und nicht „Findmaschine". Ist die Suchmaschine aufgerufen, gibt man in eine Suchmaske verschiedene Begriffe ein, die das Gesuchte möglichst genau beschreiben. War die Suche erfolgreich, so werden eine Reihe von „Links" angezeigt, Verbindungen zu den gefundenen Websites.

Unter Suchmaschinen assoziiert die Mehrzahl der Surfer Yahoo, den First Mover auf diesem Gebiet. Aber es gibt sehr viel mehr, wie Altavista, Lycos oder Fireball.

Die einzige Aufgabe einer Suchmaschine ist es, möglichst schnell „Dokumentenlinks" zu lokalisieren und anzugeben. Sinnvollerweise sollten diese auch zu gebrauchen sein, und weder mehrfach vorhanden sein. Die Suchworte müssen nicht in tausenden von Links vorkommen, dafür aber nur in wenigen, möglichst interessanten. Bei den zuletzt genannten und den ausgelassenen Suchmaschinen sollte der Nutzer Hoffnung, Zeit und eine gesunde Portion Optimismus mitbringen.

Die aktuell interessanteste Suchmaschine ist Google. Es sei denn, man sucht nach Informationen zu einem so speziellen Gebiet, dass eine auf diesen Bereich spezialisierte Suchmaschine als einzige weiterhilft. Aber in der großen Mehrheit der Fälle bleibt Google zur Zeit eine optimale Suchmaschine. Diese ist unter www.google.de oder in der englischsprachigen Ausgabe unter www.google.com zu erreichen. Die Seiten sind frei von jeglichem Schnickschnack, wie es ihn auf anderen Suchmaschinen leider sehr häufig gibt. Google erlaubt es den Nutzern, sich schnell auf der Seite zurechtzufinden, auch wenn man mit ihr noch unvertraut ist. Nach erfolgter Suche entscheidet dann erst der Klick durch die aufgeführten Dokumente, was von Interesse ist und was nicht.

Der Vorteil von Google liegt gegenüber den meisten Suchmaschinen in einem anderen Aufbau der Suche im Internet. Dieser Unterschied gestattet es dem Nutzer, weniger und sinnvollere Links angezeigt zu bekommen. Google filtert quasi unpassende Links heraus, und zeigt sie nur auf explizites Verlangen an. Natürlich kann es passieren, dass gelegentlich kein Ergebnis angezeigt wird. In diesem Fall sollte die Eingabe im Suchfenster geändert werden. Möglicherweise sollte dann die Eingabe allgemeiner gestaltet werden und weniger oder kürzere Wörter beinhalten.

Möchte der Nutzer zuerst einen Überblick über bestimmte Branchen oder Bereiche gewinnen, so empfiehlt es sich am Beispiel von Google das „Google Webverzeichnis" aufzurufen. Das Internet ist hier verständlich nach Themengebieten sortiert.

11.2 e-Mail. Eigene e-Mail-Adressen, Überwachung und Schutz

Wie bereits erwähnt, hat jeder Berufstätige eine berufliche e-Mail-Adresse, die mehr oder weniger intensiv genutzt wird, teils richtig sorglos! Private oder sensible Informationen werden einfach durch die Welt „gemailt", ohne dass ein Gedanke daran verschwendet wird, dass die Information von Dritten eingesehen und verwandt werden kann.

Gelegentlich sollen auch manche Firmen den e-Mail-Verkehr ihrer Mitarbeiter überwachen. Die e-Mail- und Surf-Überwachung ist in Deutschland – im Gegensatz zu den USA – aber nur dann erlaubt, wenn es den Mitarbeitern vorher angekündigt wird, wobei dann auch der Betriebsrat eingebunden sein sollte …

Bezüglich des Themas „Mitschneiden" von e-Mail-Verkehr und Web-Zugriffen gab es eine Umfrage der Internet-Site www.de.internet.com, die zwar nicht repräsentativ ist, durchaus aber einen Aufschluss über die „allgemeine Wahrnehmung" des Themas vermitteln kann.

Nach einem Bericht haben immerhin zwölf Prozent der EDV-Leiter in Deutschland von der Geschäftsleitung die Anweisung, den e-Mail-Verkehr und die Webzugriffe der Beschäftigten mitzuschneiden:

Ich habe gerüchteweise gehört – dass man das bei uns auch macht.
■■■■■ 12,9 %

Ja – in unserem Unternehmen will der Chef diese Infos verständlich aufbereitet und per Mausklick abrufbar vom EDV-Leiter geliefert haben.
■■■■■■■■■■■■■ 36,4 %

So etwas gibt es bei uns in der Firma nicht – da bin ich mir sicher.
■■■■■■■■■■■■■■■■ 50,7 %

Es wurden bisher 2504 Stimen abgegeben.

Laut dieser Umfrage wollten knapp 37 % der Chefs genau wissen, wo ihre Mitarbeiter surfen, an wen sie mailen und was sie in diesen e-Mails schreiben. Aber vor solchen Methoden sind auch Führungskräfte nicht sicher; klingt alles recht beunruhigend und ist es auch! Vermutlich mögen es statistisch repräsentativ, anteilsmäßig nur wenige Unternehmen systematisch betreiben, aber eines ist klar: Mit sämtlichen Informationen und ihrem Umgang muss man sehr sorgfältig umgehen.

Private e-Mails, besonders wenn sie Informationen enthalten, die nicht für Dritte zugänglich sein sollen, sollten generell niemals über die Firmen-e-Mail-Adresse verschickt werden. Man sollte sich auch vor Augen halten, dass die Zeit für private e-Mails von der bezahlten Arbeitszeit verloren geht!

Das Argument der Kosten für den Privatbereich zählt nicht mehr. Denn es gibt im Internet zuhauf kostenlose e-Mail-Adressen mit viel Speicherplatz, die Möglichkeit SMS aus dem Internet zu versenden und vieles mehr.
Wer noch keine hat, kann bei Anbietern wie epost.de, web.de oder gmx.de problemlos eine eigene e-Mail-Adresse online einrichten. Natürlich gibt es wesentlich mehr Anbieter, aber diese drei sind in verschiedenen Untersuchungen [Kostenlose Email-Dienste, Stiftung Warentest 8/2001 siehe auch: http://www.warentest.de/pls/sw/SW.Main?p_KNR=0&p_E1=1&p_E3=50&p_E4=30&p_id=21352] aber meist immer auf den ersten Plätzen. epost.de (www.epost.de) gehört der Deutschen Post. web.de (www.web.de) gehört der gleichnamigen Firma, die auch am Neuen Markt notiert ist. Dieser Anbieter hat das wohl umfangreichste Angebot an kostenlosen Diensten. gmx.de (www.gmx.de) war einer der ersten auf dem deutschen Markt und gehört der Firma United Internet.

Diese drei Anbieter bieten ein e-Mail-Postfach und diverse Zusatzdienste an. e-Mails können dann direkt im Internet geschrieben werden, oder Offline mit einem Programm, wie Outlook oder Postme (www.postme.de). Auch bei e-Mail-Programmen offenbaren sich zu einem Teil softwaretechnische, als auch optische Unterschiede.

Gerade Letztgenannte sind wichtig. Diese entscheiden nämlich darüber, ob der Nutzer mit der Software klarkommt und sich schnell im Programm zurechtfindet, oder recht bald resigniert. Bei der Vielzahl der kostenlosen e-Mail-Programme dürfte eigentlich jeder „seinen" Favoriten finden. Es lohnt sich durchaus, den Blick auf die kleinen und weniger bekannten Programme hinzulenken.

e-Mail-Programme speichern e-Mails auf dem jeweiligen Rechner und holen ankommende e-Mails beim e-Mail-Anbieter ab, wo sie anschließend gelöscht werden. So müssen vertrauliche und private e-Mails nicht auf dem Server, dem Zentralrechner des e-Mail-Anbieters, gespeichert werden, sondern können zu Hause, auf dem eigenen PC verwaltet und archiviert werden. Aber auch diese e-Mails sind unsicher, also lesbar wie eine Postkarte!

Nur eine effiziente Verschlüsselung hilft, dass Unbefugte e-Mails nicht ohne weiteres lesen können, sondern nur mit großem Aufwand. Das derzeitige „Standardprogramm" für Verschlüsselung ist PGP, PrettyGoodPrivacy. Für Privatanwender ist es kostenlos und unter folgendem Link herunterladbar (www.pgp.com/products/freeware/default.asp). Natürlich ist es möglich, jede Verschlüsselung zu „knacken", aber das Entschlüsseln dieser Codierung beansprucht einen erheblichen Zeitaufwand – für private e-Mails eher ein sinnloses Unterfangen.

Wenig sinnvoll ist es zudem, sich eine e-Mail-Adresse bei dem Anbieter des eigenen Internet-Zugangs zu holen. Will man den Anbieter nämlich wechseln und kündigt den Vertrag, verliert man automatisch die e-Mail-Adresse. Dann kann es sehr aufwändig und recht nervenaufreibend werden, all seinen Bekannten die neue Adresse mitzuteilen!

11.3 Attacke!

Immer mehr in Mode kommt etwas, was einem Internet-Surfer ganz selten auffällt. Einzelpersonen oder Server versuchen mitunter persönliche Daten auf dem Privat-PC zu Hause auszuspähen. Diese Versuche sollten möglichst unterbunden werden, auch wenn der Eindringling vielleicht nur wissen will, welche Hardware installiert ist. Was ein Angreifer wirklich wissen oder anrichten will, das vermag im vorhinein niemand zu sagen.

Da aber keiner heutzutage darauf verzichten wird, das Internet zu nutzen, kann nur eine Firewall weiterhelfen. Eine Firewall ist keine regelrechte

„Brandmauer", aber der Sinn des Wortes kommt dem Verständnis schon recht nah. Die Aufgabe einer Firewall ist es, dass der Nutzer entscheidet, wer Zugriff auf den eigenen Rechner bekommt und wer nicht. Will ein Fremder Zugriff auf den eigenen PC erhalten, so erscheint meist ein spezielles Fenster mit der Information, wer Eintritt begehrt. Durch einen Klick entscheidet der Nutzer dann, ob Einlass gewährt wird oder nicht. Nur durch das Nutzen einer Firewall können Eindringlinge mit großer Sicherheit ferngehalten und wichtige Daten geschützt werden. Unter www.zonealarm.de ist eine kostenlose, recht gute und einfach zu installierende Firewall herunterladbar. Natürlich gibt es viele weitere Firewalls, zum Teil auch kostenlos. Die von Zonealarm ist aber intuitiv zu bedienen, so dass der eigene PC effektiv geschützt wird, ohne dass sich der PC-Nutzer intensiv mit dem Thema Firewall auseinandersetzen muss.

11.4 Internetzugang

Privat sollte man ins Internet am besten nur per Call-by-Call gehen, es sei denn, man tut dies sehr häufig und nutzt daher Volumenangebote oder „Flat Rates". So bietet Web.de ein kleines Programm namens Smartsurfer an (www.smartsurfer.web.de), mittels dessen man sich zum aktuell günstigsten Call-by-Call-Tarif ins Internet einwählen kann, meistens unter 2 Pfennig.

So muss man sich nicht über aktuelle Tarife informieren und bleibt flexibel, weil eine vertragliche Bindung entfällt. Besteht allerdings Interesse daran, den wirklich optimalen Tarif für das persönliche Surfverhalten herauszufinden, so helfen hierbei viele Websites. Eine sehr umfangreiche Website ist beispielsweise www.tariftip.de. Hier kann der Nutzer aber nicht nur Internettarife vergleichen, sondern auch Festnetz- und Mobilfunk-Tarife. Dabei kann man den besten Tarif nach einer Vielzahl an Kriterien heraussuchen lassen.

Über Call-by-Call kann einfach losgesurft und das Internet mit Spaß genossen werden, ohne großen Papierkrieg zu erledigen und sich durch schwer verständliche AGBs zu kämpfen. Das Erstellen einer nötigen DFÜ-Verbindung, um sich ins Internet einzuwählen, ist schnell erlernbar und wird auf den meisten Websites der Anbieter ausführlich erklärt.

In Deutschland gehen sehr viele Nutzer über AOL und T-Online ins Internet. Dies dürfte mit der Bequemlichkeit der „User", wie die Nutzer richtig heißen, zu tun haben. Auch zeigen die Kampagnen und angebotenen Tarife für „Flat Rates", also festen Monatsbeträgen für den Datentransfer, ihre Wirkung. Entgegen landläufiger Meinung bestehen sehr wohl deutliche Unterschiede im angebotenen Service und bei den hierfür verlangten Entgelten. Wenn nicht eine Flatrate oder ein Volumenangebot genutzt wird, lässt sich durch einen kurzen Vergleich der Anbieter ein erhebliches Sparpotential lokalisieren, das durch wenige Klicks realisiert werden kann und auch sollte.

11.5 Meinungsportale immer für eine Überraschung gut...

Jede Firma lebt von dem Verkauf der eigenen Dienstleistungen oder Waren. Läuft das Geschäft mal nicht so, wie geplant, kann durchaus eine systematische Beobachtung von sogenannten „Meinungsportalen" von großem Nutzen sein und manchmal auch recht schmerzvolle Klarheit mit sich bringen. Denn hier wird in der Regel sehr gerne Tacheles geredet: über Produkte, Kundenumgang oder Firmen selbst. Und alle zig-Millionen User auf der Welt können es lesen und sich ihre Meinung bilden! Ein Meinungsbild muss heute nicht mehr unbedingt im kleinen Kreise bleiben...

Und viele Anregungen und Erkenntnisse daraus werden von Unternehmen einfach noch nicht im möglichen Maße aufgenommen oder gar umgesetzt!

Bei seriösen Meinungsbörsen schreiben Internetsurfer freiwillig über das erworbene Produkt, weil in der Regel die Identifizierung mit einem Produkt recht hoch ist. Das besprochene Produkt kann ein Bleistift, aber auch ein neues Auto sein, das gelobt oder regelrecht verrissen wird. Meistens sind die Beiträge aber nicht auf Lobeshymnen oder unflätige Kommentare reduziert, sondern geben ein detailliertes Bild der Gründe dar, die zu der Meinung des Kunden geführt haben. Meinungsportale mögen einen Einblick geben in eine neue Möglichkeit, ganz gezielt Kundeninformationen zu gewinnen. Diese freiwillig angegebenen Informationen sind nicht selten wertvoller und authentischer als Fragebögen oder Telefoninterviews. Denn ein begrenzter Anteil der Kunden nimmt sich ohne Gegenleistung die Zeit nicht, gewissenhaft zu antworten. Nicht selten werden der Bequemlichkeit halber „irgendwelche Antworten" gegeben, nur um möglichst schnell seine Ruhe zu haben. Das kann für Unternehmen bisweilen gar schädlich sein, weil es die wahren Kundenbedürfnissse nicht wirklich erkennen kann. Es gibt aber auch eine Vielzahl an Meinungsportalen, die sich spezialisieren, deswegen aber nicht so auffallen und im Einzelfall vielleicht aber um so interessanter sein könnten.

Ein gutes Beispiel in dieser Hinsicht ist'"Ciao" (www.ciao.de). Es ist das älteste deutsche Meinungsportal. Viele Rubriken und ein Ranking der besten Produkte werden darin kontinuierlich publiziert.

Eine interessante Hürde hat Dooyoo (www.dooyoo.de) eingeführt: Kritiken müssen mindestens 70 Wörter lang sein und Links führen zu den entsprechenden Online-Shops.

Ecomments (www.ecomments.de) ist auf das Home-Entertainment, Internet und Reisen spezialisiert.

Vocatus (www.vocatus.de) unterstützt die Weiterleitung der eigenen Kommentare an das jeweilige Unternehmen.

Durch eine Analyse der verschiedenen Meinungsportale können von Unternehmen sehr wertvolle Verbesserungs- und Änderungsvorschläge abgeleitet und erarbeitet werden!

Konsumenten ziehen es nun einmal vor, wenn nicht vieles „schief läuft", bei einer Marke zu bleiben, anstatt sich erneut nach einem ähnlichen Produkt einer anderen Firma umschauen müssen. Die Firmen, die ernsthaft auf die Wünsche und Beschwerden Ihrer Kunden eingehen, können sehr treue Kunden gewinnen und behalten.

Das richtige Verhalten bei der Beantwortung von e-Mails kann aber bisweilen sogar treue Kunden auf den Geschmack für den Wettbewerb bringen. Es ist immer wieder erstaunlich, wie lange es dauern kann, bis Unternehmen „allgemeine e-mails" von Kunden beantworten, falls sie es denn überhaupt tun.

Neulich ist von dem Autor beispielsweise eine Anfrage an BMW geschickt worden, um einen Werbespot als Datei zugesandt zu bekommen. Es handelte sich dabei um den Videoclip, bei dem ein Z3-Fahrer auf einer mit Bäumen gesäumten Allee die Musikkassette aus dem Auto wirft, nachdem der sich darüber aufgeregt hat, dass die Sängerin zu gut über Mercedes gesungen hat. Nach ganzen zehn Tagen kam eine formlose Antwort, dass die e-Mail an die zuständige Abteilung weitergeleitet worden sei. Weitere zweieinhalb Wochen später wurde dann anstandslos das Video als Anlage einer persönlichen e-Mail zugeschickt. Vier Wochen sind also vergangen, die beim Anfragenden „Assoziationen" entstehen lassen können. Für die sehr verspätete Antwort mag es vielleicht gute Gründe gegeben haben, aber die Firmenvertreter sind sich oft nicht bewusst, welche Folgen entstehen, wenn der Kunde viel zu lange auf eine Antwort warten muß.

Die Vergrößerung und Schulung der Abteilung, die sich mit Online-Anfragen beschäftigt, ist eine essentielle Grundlage, um neben anderen Instrumenten bestehende Kunden zu binden und neue hinzuzugewinnen. Manchmal hat man den Eindruck, dass das Motto „langsam, nichts überstürzen" auf dem Vormarsch sei, wenn man die Beantwortung von nicht wenigen Kundenfragen via Internet betrachtet.

Das Marktforschungsinstituts Skopos untersuchte im Auftrag des Deutschen Direktmarketing Verbandes (DDV) 80 Unternehmen aus den Schlüsselbranchen Telekommunikation, Energie, Banken sowie klassische Versandhändler auf ihre Servicequalitäten im Internet. Nur 45 % der angeschrieben Unternehmen antworteten innerhalb von zwei Werktagen. Ein Drittel der Unternehmen stellte sich gar „tot" und beantwortete die Anfragen einfach nicht. Die Zeit, welche die Kunden meistens bereit sind zu warten, beläuft sich aber höchstens auf einen Tag.

Generell überzeugten die untersuchten Websites lediglich in einem Punkt: die Sichtbarkeit der Kontaktmöglichkeit war auf allen Seiten sehr hoch. Einschränkend wurde aber ergänzt, dass es oft schwierig ist, die Kontaktmöglichkeit auf den Websites zu erreichen. Im Durchschnitt mussten sich die „Kunden" durch vier Ebenen hindurchklicken. Kommentar überflüssig. Alle sonstigen Anforderungen „seien unbefriedigend erfüllt", so die Analyse. Nur die wenigsten Unternehmen kamen überhaupt auf die Idee, ihre Kunden zu einer Kontaktaufnahme aufzufordern. Hilfestellungen zur Kontaktaufnahme hat gleich gar keines der getesteten Unternehmen angeboten. Noch vernichtender fällt das Urteil allerdings aus, wenn es um die Antworten der Unternehmen geht: „Nach einer Woche sinkt die Wahrscheinlichkeit rapide, auf eine Anfrage per e-Mail oder Internet-Formular überhaupt noch eine Antwort zu erhalten". Nur noch zwei Prozent der Unternehmen, die nicht innerhalb einer Woche reagierten (35 %), fühlten sich verpflichtet, dies in der Folgewoche nachzuholen.

Zudem würden Anfragen via Internet immer noch wesentlich schlechter beantwortet als per Telefon. Die beste Problemlösungskompetenz wurde in der Studie dem Versandhandel im Internet attestiert. Banken und Telekommunikationsunternehmen schlossen am schlechtesten ab. Generell gilt, dass die „Top Ten"-Unternehmen im Vergleich zur Branche einen überdurchschnittlichen Service anbieten. Stellvertretend für den DDV empfahl Gerald Schreiber, Geschäftsführer der Defacto Teletech GmbH und Council Telemedien- und CallCenter-Services des DDV, eine bessere Auswahl und Schulung der Mitarbeiter, um die Servicequalität im Internet zu verbessern. „Die Deutschen müssen schließlich Freundlichkeit erst lernen".

Zwar koste der Service am Kunden Geld, dafür brächte er aber auch einiges ein: treue Kunden, motivierte Mitarbeiter und mehr Umsatz. Zwei Drittel der Kunden, die eine Anfrage im Internet stellen, haben nämlich eine klare Kaufabsicht. Daher sollten sich Unternehmen sehr genau überlegen, wie sie e-Mails beantworten.

Ein paar Kuriositäten, aus einer Untersuchung von dem Unternehmen Markt & Daten in Zusammenarbeit mit „Die Welt"-Online, (16. September 1999) bezüglich Schnelligkeit und Inhalt der Reaktionen von e-Mail-Anfragen, dürften ernster Anlass sein, Unternehmensprozesse zu verbessern. Die negativen Beispiele zeigen, dass gut gemeinte Versuche nicht unbedingt genauso enden. Der Schwerpunkt der untersuchten Unternehmen lag bei den Automobilherstellern.

Man sollte bei dieser Auflistung bedenken, daß die folgenden „kritischen" Anmerkungen im Vergleich zu den „Postings" absolut harmlos sind!

- In einer Email verlangte die Audi AG beispielsweise Namen und Anschrift des zuständigen Autohauses und die eigene Telefonnummer, um die e-Mail bearbeiten zu können.
- Opel teilte auf eine technische Anfrage bezüglich der Möglichkeit zur Abschaltung des Beifahrer-Airbags und dem Einbau eines Kindersitzes in einem nicht gerade freundlich formulierten Brief mit, dass ein Abschalten nicht möglich sei, ferner unzulässig und zum Verlust der Betriebserlaubnis führen würde.
- Mercedes-Benz antwortete in einer freundlichen e-Mail, dass die Anfragen an die entsprechenden Niederlassungen weitergeleitet wurden, und ein Mitarbeiter sich kurzfristig melden würde. Eine ernsthafte Rückmeldung blieb trotz des Kaufinteresses aus, das beste Ergebnis waren allgemeine Unterlagen ohne Bezugnahme, die „schon" nach zehn Tagen auf dem Postweg eingingen.
- Erfreulicher war die Antwort von Seat Deutschland. Auf die Anfrage nach einem Vergleich eines Diesel- und Benzin-Fahrzeugs unter Kostengesichtspunkten wurde nach sechs Stunden eine tabellarische Aufstellung der Kosten per e-Mail zugestellt. Die klare Formulierung der Antwort ließ keine Fragen offen.
- BMW, Opel und Volkswagen überraschten durch Anrufe, obwohl keine Telefonnummer angegeben und auch kein Rückruf erbeten wurde. Dies zeigt eine besonders ernsthafte Bearbeitung der e-Mails.
- Die Deutsche Telekom antwortete als erstes Unternehmen sogar am frühen Samstagabend.
- Ein sehr großes Attachment versandte das Lufthansa-Gebäudemanagement in einer Antwort nach einem Tag Wartezeit. Im Anhang war eine 2,9 MB große, 27 Folien starke PowerPoint-Präsentation mit dem Untertitel „Wir ersparen Ihnen einiges" auf dem Deckblatt. Diese e-Mail wurde zusätzlich noch in doppelter Ausführung verschickt.
- Die längste Leitung hatte Europcar. Als Gebrauchtwagenhändler hatte man sich an das Unternehmen gewandt. Nach 29 Tagen erhielt man dann eine Antwort. Kurioserweise standen ganze 15 e-Mail-Adressen in dem Adressfeld. Dies könnte den Eindruck erwecken, dass der Mitarbeiter auf genügend Anfragen gewartet hat, um sie alle auf einmal zu beantworten.
- Ein Novum war die Einstellung der Strabag AG, um sich anscheinend eine Antwort zu ersparen. Nach dem Versand der Email erschien die Fehlermeldung „Mailquota exceeded / Mailbox voll".

In einer 2001 veröffentlichten repräsentativen Studie des DDV in Zusammenarbeit mit eMind@emnid wurden Kunden über den Kundenservice im Internet befragt.

Wichtigster Punkt ist, dass Kunden zu lange auf eine Antwort warten. Rund die Hälfte der Befragten war schon einmal unzufrieden, weil sie zu lange in einer telefonischen Warteschleife hing, auf ihre e-Mail-Anfrage nicht reagiert wurde oder die Antwort zu lange dauerte. Auch die Qualität der e-Mail-Auskunft wird von vielen Kunden bemängelt: 41 Prozent der Befragten hielten die Auskunft für unzureichend. Deutlich besser schneidet das Telefon ab: nur 22 Prozent fühlten sich am Telefon schlecht beraten. „Mit der Nennung einer Kunden-Hotline oder einer e-Mail-Adresse ist es längst nicht getan. Der Kunde erwartet am anderen Ende eine qualifizierte und kompetente Beratung. Hier besteht offensichtlich noch ein Nachholbedarf von Seiten der Unternehmen".

Derzeit nutzen die Kunden zur aktiven Kontaktaufnahme in erster Linie e-Mail (84 Prozent) und Telefon (55 Prozent). Das Fax steht als Kommunikationsmedium mit 24 Prozent an dritter Stelle. Zwei Drittel der Internetnutzer wollten bei ihrem Kontakt mit dem Unternehmen Waren bestellen, 45 Prozent forderten gedrucktes Informationsmaterial an. Das Bedürfnis der Kunden nach individuellen Informationen ist besonders groß: An erster Stelle stehen Anfragen zu Produkten (58 Prozent) und Preisen (47 Prozent), gefolgt von Fragen zu Lieferbedingungen (39 Prozent). Fragen zum Datenschutz stellen die Onliner dagegen seltener (7 Prozent).

Diese zum Teil tiefgründigen Beispiele und Kundenforderungen zeigen klar, dass eine Vielzahl von Gründen dazu führen, dass der Kunde unzufrieden ist. Das größte „Problem" dabei ist die Wahrnehmung des Kunden. Er überträgt die Leistung des einzelnen Mitarbeiters, der die e-Mail beantwortet hat oder nicht, auf das ganze Unternehmen. Die einmal entstandene Einstellung zu ändern, wird wahrscheinlich nur schwer oder gar nicht mehr möglich sein, weil die Verbindung zum Kunden oder Interessenten längst abgerissen ist.

Da absolut fehlerfreies Arbeiten und Verhalten praktisch unmöglich ist, müssen Unternehmen hier in bezug auf das Thema Internet Maßnahmen schaffen, die die Kommunikation mit dem Kunden oder Interessenten sicherstellen. Das schließt auch Wege ein, Meldungen über schlechte Erfahrungen oder gar Unzufriedenheitsbekundungen aufzunehmen und zu bearbeiten, um mit den Menschen ins Gespräch zu kommen, sie als Kunde zu halten oder zu gewinnen. Die oben genannten Zitate sind exemplarisch und belegte Fälle, die durchaus überall passieren können… Wichtig ist es, die systemischen Schwachstellen in Unternehmensstrukturen und -prozessen zu lokalisieren und Maßnahmen zu treffen, die die Zahl und „Wirkung" derlei authentischer Erfahrungen auf ein Minimum reduzieren hilft. Wegschauen oder eine Vogelstraußhaltung können desaströse Auswirkungen haben!'"

Gefährlich wird es, wenn Kunden sich nicht nur ärgern, sondern ihrem Ärger auch noch Luft machen. Ein anschauliches Beispiel ist z. B. die

Site www.chasebanksucks.com. Für eine Weile gab es auch die Site www.chryslertakeover.com.

Diese Seiten können zwar mit rechtsstaatlichen Instrumenten „abgeschaltet" werden. Aber, das hilft wenig, denn in Minutenschnelle können sie unter einer anderen Adresse, auf einem anderen Server, in einem anderen Land wieder Online sein… Thema Hase und Igel. Unternehmen werden nie schneller sein als „Leute", die im Internet ihre Frustration herauslassen wollen. Natürlich gibt es auch immer Menschen, die nur darauf aus sind, Negatives mit Nachdruck zu verbreiten. Aber Kritik sollte immer ernst genommen und überprüft werden, es sei denn, um danach feststellen zu können, dass sie unberechtigt war. „Kritik" heißt auf Altgriechisch einfach „Kunst der Beurteilung". Ob jeder Kritiker diese Kunst beherrscht, sei da-hingestellt. Dies entbindet aber das Objekt der Kritik nicht, sein Verhalten unter eine „scharfe" Lupe zu nehmen.

Das Internet ist „unendlich", so auch das Kreativitätspotential der Mitwirkenden. Auch so etwas gibt es: eine allgemeinere Seite für Beschäftigte, die mit Kunden einen speziellen Umgang pflegen, ist beispielsweise www.customerssuck.com. Hier sagen Beschäftigte, was sie über manche Kunden denken, und wie diese behandelt werden.

Mitarbeiter sagen ihren Vorgesetzten selten, was sie wirklich von ihnen halten. Aber unter www.mirreichts.com können tiefgreifende Einblicke gewonnen werden.

Diese genannten Seiten und die dort einsehbaren Foren können durchaus sehr wertvolle Anregungen für Unternehmen in vielerlei Hinsicht geben, aber zentrale Anlaufstellen in Unternehmen sind bedauerlicherweise selten zu finden.

Die „Weiten des Internets", und der darin zur Verfügung gestellten Inhalte, sind heute de facto ins Unermessliche gewachsen. Darum muss jeder Nutzer genau wissen, worin sein Primärinteresse liegt. Der nächste Schritt ist, gezielt danach zu suchen und dieses nunmehr unverzichtbar gewordene Instrument namens „Internet" möglichst sinnvoll zu nutzen.

Der römische Philosoph und Redenschreiber Seneca hatte auch schon ein passendes Zitat für das „Internet-Age", als er treffend sagte: „Kein Wind ist der richtige, wenn man nicht weiß, zu welchem Hafen man segeln will".

12 Werbung im Internet

Barbara Link

12.1 Das Internet – Gundlage neuer Geschäftsprozesse

Das Internet verändert die Geschäftswelt radikal. Neue Vertriebsformen wie eBusiness und eCommerce prägen die Wirtschaft zu Beginn dieses Jahrtausends. Sie sind der Schlüssel für dynamisches Wachstum und stehen nach der erfolgreichen Jahr-2000-Umstellung im Fokus der Unternehmen in den kommenden Jahren. Sie benötigen ein nachhaltiges Umdenken. Neben einer grundlegenden Umstrukturierung der Geschäftsprozesse sind neue Kommunikationsformen erforderlich, wie z. B. eBranding (Markenbildung im Internet) und völlig neue Formen der Werbung. Die Entwicklung hat zwar begonnen, steckt aber erst am Anfang.

12.2 Unaufhaltsamer Wandel

Online-Werbung oder „eAdvertising" sind die Begriffe für Werbung im Internet. Mit der Schaffung des World Wide Web und der Nutzungsmöglichkeit für Privatpersonen waren seit 1990 die Grundlagen für diesen Boom geschaffen. Niedrigere Kosten und neue Zugangsmöglichkeiten – einst hauptsächlich über Universitäten, heute privat über Internet-by-Call-Anbieter oder Firmennetze – haben einen wesentlichen Beitrag zur Marktentwicklung geleistet. Das Internet ist das weltweit am schnellsten wachsende Medium in der Geschichte der Menschheit. Online boomt und ein Ende dieses Booms ist aller Unkenrufe zum Trotze noch lange nicht abzusehen. Die Zeiten der anfänglichen Goldgräberstimmung und außerordentlichen Wachstumsraten sind indes vorbei.

Die Gesamtausgaben für Werbung (Honorare, Werbemittelproduktion und Medienstreukosten) betrugen im Jahr 2000 laut Zentralverband der deutschen Werbewirtschaft (ZAW) 33,21 Mrd. Euro. Auf Online-Werbung entfielen im Jahr 2000 0,15 Mrd. Euro. Damit hat sich der Online-Werbemarkt von 1996 (2,5, Millionen Euro) bis zum Jahr 2000 vervielfacht. Im Vergleich zu Print und Fernsehen wird der Online-Werbemarkt im Gesamtmarkt mit einem Anteil von 0,8 % vorerst ein Nischenmedium bleiben und seine spezifischen Vorteile bei der auf Informationsabruf ausgelegten Inter-aktivität zur Geltung bringen. Werbung im Internet wird von den meisten Werbeleitern inzwischen für unverzichtbar gehalten und ist integraler Bestandteil des Marketing-Mixes geworden. Von den 500 größten Unterneh-men Deutschlands schalten derzeit circa ein Drittel regelmäßig Banner-Wer-bung.

Die Entwicklung von Online-Angeboten und der Wandel im Nutzungs-verhalten der „Internetsurfer" hat sich rasant vollzogen. Die Umsetzung der Angebote im Internet erfolgt jedoch von Branche zu Branche sehr unter-schiedlich. Neben der Informationssuche gewinnt Kommunikation via Internet an Bedeutung. Mit der Veränderung im Nutzungsverhalten der Internetsurfer gewinnt das Internet als Werbeträger an Bedeutung. Häufig mangelt es in den Unternehmen allerdings an präzisen Vorstellungen und klaren Zielsetzungen der eigenen Online-Werbung.

12.3 Klassische und Neue Medien – Das Duo der Zukunft

Online-Werbung ist nach der Definition des Deutschen Multimedia Verban-des (dmmv) „die öffentliche, gezielte und geplante Kommunikation von Informationen zwischen Anbieter und Konsument, die durch den strategisch geplanten Einsatz von Werbemitteln auf Online-Werbeträgern stattfindet".

Um einen erfolgreichen und effizienten Einsatz des Internets und der Online-Werbung zu erreichen, ist die Verbindung zwischen klassischer Wer-bung und New Media unverzichtbar. Hierzu gehören sogenannte CrossMe-dia-Werbekampagnen, also medienübergreifende Werbekampagnen, bei denen Werbung in den klassischen Medien und in den Neuen Medien ver-netzt wird. So kann der Kunde über mehrere Kanäle und mit verschiedenen Mitteln, an verschiedenen Orten und zu verschiedenen Zeiten in unter-schiedlicher Art und Intensität erreicht werden.

Die klassischen Medien, wie Print, Radio, Fernsehen, Plakat und Verkehrs-mittel gewinnen bei der Orientierung der Nutzer im Internet zunehmend an Bedeutung, insbesondere als Informationslieferanten für neue Internet-adressen (Websites). Medienübergreifende Kampagnen werden in einer Zeit, in der ständig neue „Marken" und Produkte hinzukommen, immer wichti-ger. Der Nutzen von CrossMedia-Kampagnen für den Kunden ist offensicht-lich: Der Werbetreibende spricht ein breiteres Publikum an und kann sein Angebot, das er durch die klassischen Medien möglicherweise nur partiell und nicht in der Tiefe darstellen konnte, online in seiner Gesamtheit und im Detail präsentieren. Der Kunde kann sich die Informationen, die er braucht, dann holen, wenn er sie benötigt.

Die charakteristischen Vorteile der Online-Werbung gegenüber der klassischen Werbung sind:

1. Aktualität und Schnelligkeit
2. Flexibilität
3. Tageszeitabhängige Schaltung und die Möglichkeit des schnellen Austausches der Werbung
4. Interaktivität und Responsemöglichkeit
5. Empfänger bestimmen die Informationstiefe selbst
6. Markenbildung, Imageaufbau und Präsenz über einen längeren Zeitraum
7. Erreichen einer technophilen Zielgruppe
8. Positionierung als progressives Unternehmen
9. Ansprache im optimalen Werbeumfeld mit geringen Streuverlusten
10. Präsenz rund um die Uhr versus Schalteröffnungszeiten

12.4 Werbung auf einer Website

Die visuelle Erscheinungsform der Werbung auf einer Website ist inzwischen äußerst vielfältig, von auf den ersten Blick zu erkennenden Bannern bis hin zu nicht sofort als Werbung zu erkennenden Zusatztools (Wetter, Aktienkurse et cetera).

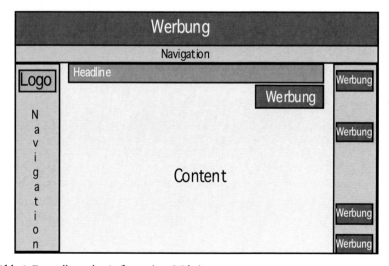

Abb. 1 Darstellung des Aufbaus einer Website

Selbst die Verbreitung von größeren Bildschirmen hat einen Einfluss auf die Art der Werbung, denn dadurch wurde die potenzielle Werbefläche vergrößert. Inzwischen herrschen 3- bis 4-spaltige Layouts am oberen Rand vor (meistens oberhalb der horizontalen Navigationsleiste) und oft ist am rechten Bildschirmrand neben den Bannern Platz für zusätzliche Sonderwerbeformen, wie z. B sogenannte „Skyscraper", die sich über den gesamten Rand erstrecken.

Mögliche Ziele der Online-Werbung können eine hohe Besucherfrequenz (der sogenannte Traffic) sein, die Steigerung des Bekanntheitsgrades oder die Unterstützung der Neupositionierung einer Marke und das Begleiten einer Produkt-Promotion. Umsatzsteigerung eines eShops oder das Berwerben eines Gewinnspiels sind weitere mögliche Ziele. Die Fragen, welchen Beitrag das Internet im Kommunikations- und Mediamix leisten soll, ob eine marken- oder eine vertriebsorientierte Strategie gewählt werden soll und die Frage ob Reichweite oder Kontakthäufigkeit im Vordergrund stehen, müssen unbedingt vorab geklärt werden!

12.5 Anteile der Werbeformen im Internet

Wie bereits in den USA ist auch in Deutschland ein Trend in Richtung Sponsoring zu Lasten der Banner zu erkennen. Dennoch sind Banner von Beginn an bis heute die mit Abstand verbreiteste Werbeform im Internet. Der Online-Werbemarkt in Deutschland gliedert sich in folgende Anteile:

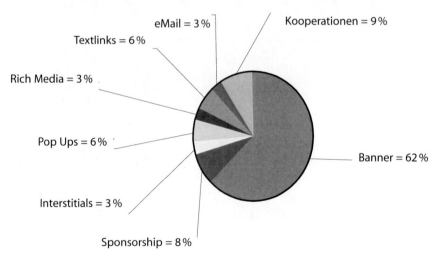

Abb. 2 Anteile der Online-Werbeformen in Deutschland
Quelle: Netbook 2001

12.6 Charakteristika der Werbeformen im Internet

An moderne Medien werden hohe Ansprüche seitens der Nutzer gestellt. Versierte Nutzer erwarten geradezu Überraschungen. Nicht nur der „Burn-Out-Effekt", bei dem häufig erscheinende Werbung kontraproduktiv wirkt, auch das Phänomen der Reaktanz (die Werbung führt zur Ablehnung des beworbenen Produktes) gilt es zu vermeiden. So wird stets an neuen, noch attraktiveren Werbeformen gearbeitet, die teilweise sehr bald wieder verschwinden.

In der kurzen Entwicklungsgeschichte des Banners sind eine Reihe von Bannerarten entstanden, die verschiedene Möglichkeiten der grafischen Darstellung und Interaktivität bieten. Gemeinsam sind ihnen folgende Grundmerkmale:

- Integration in eine Website
- rechteckiges Format (nicht immer sichtbar)
- Interaktionsmöglichkeit – vom schlichten Banner-Klick bis hin zur direkten Datenbankabfrage oder Transaktion im Banner

Geprägt durch das Rezeptionsverhalten in den klassischen Medien stellt der Banner zwar eine gut wahrnehmbare Werbeform dar, auf den Webseiten des Werbeträgers steht er jedoch in Aufmerksamkeitskonkurrenz zum redaktionellen Inhalt der Seite. Diese Konkurrenzsituation treibt die Entwicklung immer neuer Bannerarten voran, die durch gesteigerte Attraktivität hinsichtlich Gestaltung, Inhalt und Interaktivität die Aufmerksamkeit des Nutzers zu erreichen versuchen.

12.7 Online-Werbekosten

Im Gegensatz zur klassischen Werbung sind Standardisierungen im Internet immer noch selten, trotz vieler Versuche beispielsweise von Seiten der IVW (Informationsgemeinschaft zur Feststellung der Verbreitung von Werbeträgern) und des Deutschen Multimedia Verbandes (dmmv).

Die folgenden Abrechnungskriterien haben sich als Quasi-Standards herausgebildet und stellen die relevanten Planungs- und Abrechnungsgrößen dar. Die häufigste Form der Abrechnung läuft über den Tausend-Kontakt Preis (TKP), den Preis, der pro tausend Kontakte gerechnet wird. Die Kontakte können einerseits die AdImpressions sein (quantitativer TKP), andererseits die AdClicks (qualitativer TKP).

AdImpressions sind die Anzahl der realen Werbemittelkontakte (Sichtkontakte) des Internetnutzers mit der Werbung. AdClicks sind die Zahl der Klicks auf ein werbetragendes Objekt zum Beispiel ein Banner, das zu einer dahinterliegenden Information, meistens einer Homepage führt, oder

Datenbankabfragen (Wetter, Aktienkurse). AdImpressions fungieren wie AdClicks als abrechnungsrelevante ex-post-Größe.

Wichtigste Größe bei der Planung der Online-Werbung sind die Visits und die PageImpressions. Sie spiegeln die Nutzungsintensität wieder. Als Visits wird die Zahl der Besuche auf einer Website bezeichnet. Visits stellen einen abgeschlossenen Besuchsvorgang dar, unabhängig davon, welche einzelnen Seiten sich die Nutzer angesehen haben und wie lange sie die Website „besucht" haben. Visits sind vergleichbar mit der Bruttoreichweite bei den klassischen Medien.

Die *PageImpressions* geben die Anzahl der in einem Monat abgerufenen werbeführenden Webseiten eines Online-Angebots wieder. Die Summe aller PageImpressions gibt Aufschluss über die Attraktivität des Webangebots.

12.8 Trends in der Kostenentwicklung

Folgende Trends und Entwicklungen hinsichtlich der Kosten zeichnen sich in der Online-Werbung ab:

- Die Zahl der Werbeträger steigt, besonders auf Seiten mit großen Reichweiten (Webkataloge, Suchmaschinen).
- Bannerpreise – Tausend Kontakt Preise (TKPs) sinken (mangelnde Aufmerksamkeit, Konkurrenz).
- Zielgruppen-Ads werden teurer, die Kosten beim Einsatz von Sonderwerbeformen und Filtern steigen.
- Die Preisspanne der gängigen Banner liegt derzeit zwischen 20.– und 200.– DM, Sonderformen sind wesentlich teurer.
- Die Tausend-Kontakt-Preise für Banner auf Freemail Diensten liegen um 20.– DM.
- Finanzberater, Entscheider, Multiplikatoren Tausend-Kontakt-Preise liegen bis 200.– DM.
- Chat und Erotik TKPs sinken kontinuierlich.
- Umfelder mit Ertragsperspektiven sind Telekommunikation, Computer, Politik, Wirtschaft und Auto mit Tendenz zu steigenden Tausend-Kontakt-Preisen.
- Die Untergrenze für Tausend-Kontakt-Preise liegt bei 5.– DM (Selbstkosten für Technik und Vermarktung).

12.9 Buchung und Abrechnung von Bannern

Im Gegensatz zu klassischen Werbeträgern wie Print oder TV hat sich bei den „Onlinern" eine Buchung und Abrechung nach tatsächlich erzielten Kontakten durchgesetzt (AdImpressions oder AdClicks). Der Werbekunde trägt also nicht mehr das gesamte Planungsrisiko wie bei den klassischen Werbeträgern, wo die erwartete Zahl von Kontakten stets im Voraus gezahlt werden muss, immer mit der Hoffnung verbunden, dass z. B. die Quote des gebuchten TV-Programmumfeldes nicht plötzlich absackt oder dass sich gerade jene Ausgabe des Wochenmagazins, in dem sich seine Anzeige befindet, schlecht verkauft.

Die Online-Werbeträger haben damit ihren Kunden das Risiko, ob die gewünschte Kontaktzahl auch erreicht wird, abgenommen. Der in der Anzeigenpreisliste angegebene Preis für tausend Kontakte (TKP) ist damit im Online-Bereich nicht nur Planungs-, sondern auch tatsächliche Abrechnungsgröße auch wenn hier sprachlich stets unterschieden wird.

Bei der Buchung und Platzierung von Bannern können unterschiedliche Strategien verfolgt werden. Problematisch ist, dass nicht für jede Website eindeutige Daten zur Nutzerstruktur vorliegen. Große Angebote werden zwar erfasst (u. a. vom GfK Online-Monitor) und einige Websites führen auch selber Nutzungsbefragungen durch, über die Hälfte aller werbeführenden Angebote verfügen jedoch über keine Informationen zur soziodemographischen Struktur ihrer Nutzer, sie kennen ihre „Besucher" gar nicht.

12.10 Beteiligte der Online-Werbung – die Bannerabwicklungskette

Wer macht was für wen in der Online-Werbung? Bei der Planung einer Online-Kampagne stehen zur Zeit über 1.500 deutsche Online-Werbeträger zur Verfügung – Tendenz steigend. Die beliebtesten Websites als Online-Werbeträger sind Suchmaschinen und Web-Kataloge, Virtual Communities (Besuchergemeinden, die sich auf einer Homepage „treffen"), B2B- (Business-to-Business) Plattformen und Branchenportale, Finanzwebsites, Fun- und Entertainment-Sites und die Websites der klassischen Medien (Verlags-, Radio-, Fernseh-Websites).

Bevor der Kunde (Werbungtreibende) mit der Beauftragung einer Online-Agentur beginnt, müssen die Marketingziele definiert und der Budgetrahmen festgelegt sein, sowohl für das Gesamtunternehmen als auch für einzelne Abteilungen / Services / Produkte.

Die *Multimedia-Agenturen* sind häufig mit den (Online-) *Media-Agenturen* verbunden und werden als die „Gatekeeper" im Mediadschungel bezeichnet. Ihre wichtigsten Aufgaben sind die Beratung des Werbungtreibenden hinsichtlich der Möglichkeiten, Ziele und Kosten einer Kampagne, die Erarbeitung der Online-Werbestrategie und die Produktion und anschließende Umsetzung der Werbestrategie.

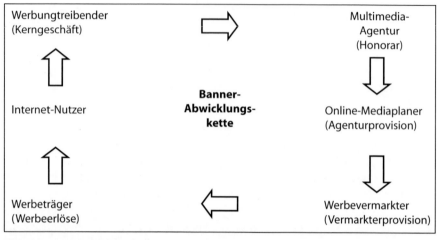

Abb. 3 Bannerabwicklungskette

Die Aufgaben der *Online Media-Agentur* sind im Wesentlichen der optimale Einsatz des Media-Budgets der werbetreibenden Unternehmen, die Durchführung von Media-Forschungen, die Erstellung der Mediapläne (wo, wann und wie die Werbung geschaltet wird), die Disposition der Werbeplätze und Werbezeiten (direkt oder über einen Vermarkter).

Die *Online-Vermarkter* und Vermarktergemeinschaften sind der Gegenpart zu den Media-Agenturen. Sie repräsentieren die Werbeträger, die sogenannten Content-Anbieter, und agieren als selbstständiger Vermittler zwischen Online-Werbeplätzen und Agenturen. Sie sorgen für die Optimierung der Werbeplatz-Portfolios, die sichere und exakte Schaltung der Kampagne auf den beauftragten Werbeplätzen und liefern detaillierte Leistungsnachweise über die tatsächlich realisierten Ergebnisse der Kampagne.

Die *Werbeträger* sind die eigentlichen Anbieter von Werbeplätzen auf ihrem Online-Angebot. Sie vermarkten ihre Webseiten entweder selbst oder geben die Vermarktung an Vermarkter ab. Neben planungsrelevanten Leistungsdaten (IVW-Prüfung) veröffentlichen sie die Mediadaten/Anzeigenpreise.

12.11 Die wichtigsten Werbeformen im Überblick

Der Banner-Baum gibt einen Überblick über die Entwicklung derzeit gebräuchlichen Werbeformen:

Statische Banner sind einfache grafische Banner, deren Attraktivität und aufmerksamkeitsbindende Wirkung in der Hauptsache auf dem Werbemotiv und der Platzierung beruht. Einzige Möglichkeit der Interaktion ist ein Klick, der auf die beworbene Zielseite führt. Auch ohne Animation kann man mit einigen statischen Bannern hohe Click-Through-Rates (CTR) erreichen. CTR geben das Verhältnis der realen Werbemittelkontakte (AdImpressions) zu der Zahl der Klicks auf einen Banner (AdClick) an. In der heutigen Zeit, die von Animationen und dem Transaktions-Banner geprägt wird, erreichen statische Banner aber zumeist nur bei herausstechender Gestaltung der Werbebotschaft hohe Aufmerksamkeitswerte.

Animierte Banner sind bewegte Bannermotive. Durch die Animation wird in der Regel eine bessere Wahrnehmung des Banners erzielt. Ein animierter GIF-Banner entsteht z. B. durch die Anzeige einer Sequenz von hintereinanderliegenden Einzelbildern.

Der Vorteil einer Animation ist die wesentlich erhöhte Aufmerksamkeitswirkung. Die Interaktionsmöglichkeiten des Nutzers mit dem Banner wurden aber durch die animierte Darstellung nicht erweitert. Die einzige mögliche Aktion des Betrachters ist ein Klick auf den Banner. Ein technischer Nachteil der Animationen mit Einzelbildern ist der hohe Bedarf an Speicherplatz und Übertragungskapazität. Der animierte GIF-Banner ist trotzdem zur Zeit die am häufigsten verwendete Bannerart, denn er benötigt weder auf Server- noch auf Nutzerseite spezielle technische Voraussetzungen und bietet dennoch einen erweiterten kreativen Spielraum bei der Gestaltung.

Es besteht auch die Möglichkeit, eine Animation mit der Software Flash zu programmieren. Diese Gestaltungssoftware benötigt ein wesentlich geringeres Datenvolumen zur Darstellung von Animationen und zeichnet sich durch schnelle Ladezeiten aus, sie benötigt allerdings spezielle technische Voraussetzungen.

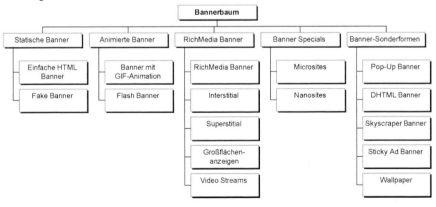

Abb. 4 Der Bannerbaum

Rich-Media-Banner zeichnen sich durch die Verwendung von Tönen und Animation aus, sind also multimedial. Die zur Realisierung herangezogenen technischen Formate verwenden und benötigen allerdings ebenfalls sog. PlugIns und andere Browsererweiterungen, um komplexe Animationen, Interaktionsmöglichkeiten, die Einbindung von Video- und Audiostreams, 3D-Welten, etc. darzustellen.

Vorteile von Rich-Media-Bannern als Werbemittel liegen in der längeren Verweildauer auf einem interaktiven Banner und bei der Markenwahrnehmung, die um das 200-fache höher gegenüber herkömmlichen Medien sein kann.

Nanosites und Microsites bilden die wichtigsten *Specials* der Banner-Werbung, sie stehen auch ohne Webpräsenz, also ohne eigene Homepage Unternehmen zur Verfügung. Nanosites sind quasi Mini-Websites und tragen ihren Namen, weil sie wichtige Funktionalitäten einer Website (mit sämtlichen relevanten Produktinformationen und Services) auf dem sehr kleinen, begrenzten Raum eines Banners abbilden können (z. B Kursabfragen). Die Realisierung von Nanosites ist sehr aufwendig, da der Zugriff auf Daten in Echtzeit realisiert werden muss. Microsites sind mehrseitige Webauftritte, die auf der Seite des Online-Angebots in Zusammenarbeit mit dem Anzeigenkunden platziert werden. Es handelt sich hierbei oft um Seiten zu einem speziellen Event.

Die Sonderwerbeformen decken das gesamte Bannerspektrum ab. Sie unterscheiden sich hauptsächlich in der Form und Größe und einigen auffälligen Eigenschaften von Standard-Bannern. So „kleben" Sticky Ads beim Weiterblättern quasi auf der Bildschirmseite, während Pop-Ups beim Aufrufen einer Seite automatisch im eigenen kleinen Fenster erscheinen. Diese Sonderformen können sowohl statisch, animiert als auch multimedial (Rich-Media) gestaltet sein. Höchste Aufmerksamkeitswerte erzielen interaktiv gestaltete Formen, Gewinnspiele, Fragebögen und Filme.

12.12 Weiterentwicklungen und Trends

Neben diesen Werbeformen gibt es noch vielfältige andere Möglichkeiten im Internet zu werben. Newsletter, keyword-advertising (Schlagworte in Suchmaschinen führen zu thematisch passenden Werbeeinblendungen), virales Marketing (die Werbung erfolgt als eine Form der Freundschaftswerbung, z. B. Postkartenversand aus dem Internet oder eMail Werbefilme – erfolgreichstes Beispiel ist das Moorhuhn) in Form von Textlinks, personalisierbaren Websites und Sponsoring im Internet. Grundsätzlich ist ein Trend zu neuen und multimedialen Formen zu erkennen sowie zu verschiedenen Formen des Sponsorships, sei es Content-Sponsoring oder langfristige Kooperationen und personalisierbaren (auf die jeweiligen Nutzerwünsche abgestimmten und individuell einstellbaren) Webpräsenzen.

12.13 Fazit

Online-Werbung wird als komplementäre Werbeform eine Zukunft haben. Die Vorteile der Online-Werbung kommen vor allem im medienübergreifenden Verbund (CrossMedia) zum Tragen. Gegenüber den klassischen Medien wie Fernsehen und Print kann Werbung im Internet seine spezifischen Vorteile beim Informationsabruf – rund um die Uhr und ortsungebunden – und der individuell gestaltbaren Informationstiefe sowie der Interaktivität (bidirektional) zur Geltung bringen. Kein anderes Medium kann so zeitnah, detailliert und umfassend Informationen zur Verfügung stellen, sowohl für den Endbenutzer als auch den Werbetreibenden.

12.14 Ausblick

Im Jahr 2000 glaubten nahezu alle Internet-Nutzer, dass das Internet in 20 Jahren so weit verbreitet ist wie jetzt das Telefon (Spiegel Reporter 8/2000). Das bedeutet indes keinen Abschied vom Fernsehen, Rundfunk, den Tageszeitungen, dem Versandhaus, Einkaufscenter oder Tante-Emma-Laden. So wie es die Propheten und Mahner bei jeder neuen Technologie gab, wird auch das Internet weder der Untergang der Menschheit noch deren Heilbringer sein, es wird aber einen mehr oder weniger großen Anteil aus dem Kuchen der klassischen Marketing- und Vertriebskanäle beanspruchen.

Dabei wird das Internet besonders dort erfolgreich sein, wo es seine einzigartigen Vorteile gegenüber den anderen Medien herauskehren kann. Dies sind insbesondere die extrem schnelle, globale und wirtschaftliche Bereitstellung von Information in der vom Nutzer gewünschten Tiefe, von Austauschprozessen und Transaktionen vielfältigster Art. Das Internet ist das Medium der Zukunft und wird so normal werden wie schon vor ihm das Radio und der Fernseher auch.

13 Umweltmanagement mit System minimiert Risiken und sichert Unternehmen

Hans Willi Bailly

13.1 Einleitung

Fast täglich erreichen uns Meldungen über Umweltkatastrophen. Sie verdeutlichen uns, dass die globale Wirtschaftsweise die Lebensgrundlagen der Menschheit zerstört. Dies trägt zu einer Sensibilisierung der Öffentlichkeit bei und führt zu einer wachsenden Zahl von umweltrechtlichen Vorschriften. Es zeigt sich immer mehr, dass neben der Versorgung auch die umweltverträgliche Emissionsbegrenzung und Entsorgung unsere Zukunft und nicht zuletzt auch die Wettbewerbsfähigkeit der Unternehmen bestimmt. Die Rahmenbedingungen für wirtschaftliche Aktivitäten und somit für unternehmerisches Handeln werden sich verändern müssen. Den Unternehmen kann nur empfohlen werden, Umweltschutz systematisch und gleichberechtigt zum betriebswirtschaftlichen Management zu sehen und das unternehmerische Handeln auf diesem Gebiet nicht dem Zufall zu überlassen.

Ohne intakte Umwelt macht Produzieren keinen Sinn. Daher werden zukünftig nur diejenigen Unternehmen erfolgreich sein, die neben der Ökonomie auch die Ökologie mit in die Unternehmensführung einbeziehen.

13.2 Die Bedeutung des Umweltschutzes für Unternehmen

In vielen Fällen wird Umweltschutz mit Kosten, Ärger mit Bürgerinitiativen und Behörden bis hin zu Rechtsstreitigkeiten assoziiert. Viele Unternehmen verhalten sich deshalb defensiv. Ihnen erscheint es lohnenswerter, die Einhaltung von Umweltschutzvorschriften hinauszuzögern oder gar zu ignorieren. Sie nehmen es dabei in Kauf, empfindliche Strafen zu zahlen.

Das Thema Umweltschutz wird uns zukünftig immer stärker beschäftigen. Wir erfahren fast täglich, dass neue Gesetze geschaffen bzw. bestehende verschärft werden. Aktuelle Beispiele der letzten Jahre sind die EG-Informationsrichtlinie, Rückgabe- und Rücknahmepflichten für Verpackungen, Kraftfahrzeuge, Elektronikkomponenten, das Kreislaufwirtschaftsgesetz und nicht zuletzt das Gesetz zur Kontrolle und Transparenz im Unternehmensbereich (KonTraG). Letzteres verpflichtet den Vorstand von Aktiengesellschaften, ein Überwachungssystem einzurichten, um rechtzeitig Entwicklungen erkennen zu können, die den Fortbestand des Unternehmens gefährden. Hierzu zählen u. a. neben betriebswirtschaftlichen Risiken auch Umweltrisiken.

Immer mehr Unternehmen erkennen deshalb, dass Investitionen in den Umweltschutz wirkungsvoller sind als die nachträgliche Beseitigung von Umweltschäden.

Sie wissen, dass früher oder später Kosten anfallen, z. B. zur Abfallentsorgung, Altlastensanierung und Luftreinhaltung. Sie gehen die Lösung dieser Probleme gezielt an, indem sie z. B. zukünftige Richtlinien bei ihren Investitionsentscheidungen berücksichtigen. Sie erkennen, dass es billiger ist, Abfälle zu vermeiden als zu entsorgen und Rückhaltesysteme zu bauen als Altlasten zu sanieren.

Wer systematisch Umweltschutz betreibt

- entwickelt und erstellt Produkte, die umweltverträglich verwendet, verwertet und entsorgt werden können
- investiert in energie- und rohstoffsparende Verfahren
- verwendet möglichst schadstofffreie Roh-, Hilfs- und Betriebsstoffe
- ersetzt den nachsorgenden Umweltschutz (end of pipe) durch den vorsorgenden Umweltschutz
- überprüft in regelmäßigen Abständen seine umweltschutzsichernde Betriebsorganisation

Umweltschutz lässt sich somit in vielfacher Weise positiv einsetzen. Das führt langfristig zu Kostenersparnis, Ertragserhöhung und Imageverbesserung des Unternehmens.

13.3 Der systematische Umweltschutz führt vom Reagieren zum Agieren

Viele Unternehmer meinen irrtümlicherweise, dass sie mit der Ernennung des Umweltschutzbeauftragten auch die Verantwortung für Umweltschutz deligieren können. Sie vergessen, dass sie diese Verantwortung nicht deligieren können, sondern nach § 52 a BimSchG selbst übernehmen müssen. Die konsequente Einhaltung des Umweltschutzes in einem Unternehmen erfordert gezielte Rahmenbedingungen. Diese Rahmenbedingungen können am effektivsten geschaffen werden durch den Aufbau eines Umweltmanagementsystems. Hierfür liefern die Standards DIN EN ISO 14001 oder die EG Ökoaudit Verordnung wertvolle Hinweise. Die Basis für das Umweltmanagementsystem bildet das Umweltschutzhandbuch. In ihm sind alle für das Unternehmen spezifische Handlungsanweisungen übersichtlich zusammengefasst. Das Umweltschutzhandbuch wird auf der Grundlage einer systematischen, medienübergreifenden Datenerfassung (Umweltprüfung) in allen Unternehmensbereichen erstellt (z. B. Einkauf, Produktion, Qualitätssicherung, Marketing und Vertrieb). Die Umweltprüfung deckt Schwachstellen und Mängel auf und zeigt Entwicklungspotentiale.

Nach der Behebung der ermittelten Defizite ist das Umweltschutzhandbuch die abschließende Dokumentation und Gesamtdarstellung sämtlicher Umweltschutzmaßnahmen im Unternehmen.

Sie beantwortet u. a. folgende Fragen:

- Welche Umweltpolitik, -ziele und -programme werden verfolgt?
- Welche umweltgefährdenden Stoffe werden eingekauft, und gibt es dazu Alternativen?
- Wie und wo werden umweltgefährdende Stoffe gelagert?
- Welche Emissionen an Gasen und Stäuben, Gerüchen und Lärm fallen an, und was wird getan, um sie zu verhindern?
- Welche Behörde ist in welchem Zeitraum bei einem Unfall zu benachrichtigen?
- Wie hoch ist der Wasserverbrauch, und wie wird das Abwasser behandelt?
- Welche Abfallmengen fallen an, wie sind sie zusammengesetzt, wie werden sie entsorgt, und wer ist verantwortlich?
- Wer ist für den Umweltschutz verantwortlich, und wie ist er organisiert?
- Welche Vorschriften, Gesetze, Verordnungen für den Umweltschutz sind im Unternehmen relevant?
- Welchen behördlichen Genehmigungen, Auflagen unterliegt der Betrieb der Anlagen?
- Entsprechen die Umweltschutzmaßnahmen dem Stand der Technik und den rechtlichen Anforderungen?

Ein intaktes Umweltschutzmanagement stellt sicher:

- Dass Verantwortlichkeiten und Zuständigkeiten im Umweltschutz klar definiert und die in Frage kommenden Mitarbeiter fachlich kompetent sind.
- Dass nur solche Hilfsstoffe und Halbzeuge eingekauft werden, die bei der Entsorgung der Reststoffe unproblematisch sind.
- Dass die Produkte energie-, rohstoffschonend und recyclingfähig sind, bzw. umweltschonend entsorgt werden können.

- Dass anfallende Abfallmengen reduziert und die Entsorgungskosten verursachergerecht zugeordnet werden.
- Dass der Verpackungsanfall vermindert wird, bzw. dass Verpackungen aus umweltfreundlichen Materialien hergestellt werden bzw. mehrfach verwendbar sind.
- Dass Rückhalte- und Reinigungssysteme eingesetzt werden, die dem Stand der Technik entsprechen und die vorgeschriebenen Grenzwerte unterschreiten.

Die Funktionsfähigkeit des Umweltmanagementsystems nach den o. g. Standards (DIN EN ISO 14001 oder EG Ökoaudit Verordnung) wird in regelmäßigen Abständen – in der Regel jährlich – vom Unternehmen selbst und von Externen geprüft. Dadurch wird der Prozess der kontinuierlichen Verbesserung nicht nur aufrechterhalten, sondern beschleunigt.

13.4 Vorteile eines systematischen Umweltschutzes für Unternehmen

Die wirtschaftlichen Vorteile für ein Unternehmen, das gezielten Umweltschutz betreibt, sind vielfältig.

● *Frühzeitige Erkennung von Umweltrisiken!*

Mängel und Defizite werden durch die kontinuierliche Suche nach Verbesserungspotentialen systematisch erkannt. Technische und organisatorische Vorsorgemaßnahmen können rechtzeitig eingeleitet werden. Daraus resultieren niedrige Umweltrisiken mit entsprechend niedrigen Versicherungsprämien.

● *Verminderung von Haftungsrisiken!*

Umwelthaftpflichtgesetz und Produkthaftpflicht verpflichten nicht nur zur Deckungsvorsorge, sondern auch zur Risikominderung und Risikovorsorge. Umwelthaftungsfälle können aufgrund der Höhe der Schadenersatzforderungen existenzbedrohend sein. Schadenersatzansprüche nach dem Umwelthaftungsgesetz können abgewendet werden, indem der bestimmungsgemäße Betrieb der Anlage nachgewiesen wird. Dies bedeutet, dass – belegbar und nachvollziehbar –, die vollständige Einhaltung aller gesetzlichen Anforderungen nachgewiesen werden kann. Ein gelebtes Umweltmanagementsystem ist ein effizientes Mittel, um diesen Nachweis zu erleichtern und ein Organisationsverschulden zu vermeiden.

• *Verbesserung der Öffentlichkeitsarbeit!*

Immer mehr interessierte Bürger verlangen Zugang zu allen bei den Behörden verfügbaren, umweltrelevanten Daten. Dazu zählen u. a. Angaben über die Emissionen von Luftschadstoffen, bei der Produktion eingesetzte Gefahrstoffe, Lärmemissionsdaten sowie Abfallaufkommen. Es ist im Unternehmerinteresse, diese Daten und die Art und Weise der Darstellung und Bewertung selbst vorzunehmen. Aktive, offensive Öffentlichkeitsarbeit auf der Grundlage sachlich fundierter und belastbarer Daten schafft eine hohe Glaubwürdigkeit und ein verbessertes Unternehmensimage bei Justiz, Behörden, Banken, Medien und nicht zuletzt bei der Öffentlichkeit. Anstehende Genehmigungsverfahren werden erleichtert und beschleunigt. Die konkrete und zügige Durchführung von Genehmigungsverfahren ist ein unverzichtbarer Beitrag zur ökologischen Erneuerung unserer Industriegesellschaft. Eine Beschleunigung von Genehmigungsverfahren ist notwendig, um mehr Umweltschutz in vertretbaren Zeiträumen zu verwirklichen. Unternehmen haben angesichts des nationalen und internationalen Wettbewerbs ein elementares Interesse daran, so rasch wie möglich Klarheit zu bekommen, ob Investitionsabsichten verwirklicht werden können, in welchem Zeitraum und unter welchen Bedingungen dies möglich ist.

Rasche, überschaubare und kalkulierbare Genehmigungsverfahren fördern die Bereitschaft von Unternehmen, im eigenen Land zu investieren. Die Dauer von Genehmigungsverfahren ist damit ein Standortfaktor.

• *Stärkung der Wettbewerbsposition!*

Umweltschutz und betriebswirtschaftlicher Erfolg sind eng miteinander verknüpft. Produzieren und Konsumieren machen ohne intakte Umwelt keinen Sinn. In einem Markt, in dem Konsumenten zunehmend bei ihren ökonomischen Entscheidungen ökologische Kriterien beachten, wird mittel- bis langfristig eine stärkere Marktposition erreicht und der Absatz verbessert, wenn das Unternehmen aktiven Umweltschutz betreibt und was legitim ist, auch marketingmäßig verwertet. Derzeit gehen die großen Automobilhersteller hin und verlangen von ihren Zulieferern den Nachweis, dass sie ein Umweltmanagementsystem aktiv leben und aufrechterhalten. Aktiver Umweltschutz dient intern auch zur Motivierung bei Mitarbeitern und Führungskräften, denn wer arbeitet nicht gerne bei einem Unternehmen, das bei seiner Tätigkeit für jeden erkennbar die Umweltbeeinflussung minimiert.

• *Hilfen bei der Einhaltung von Umweltschutzvorschriften!*

Das Bundes-Immissionsschutzgesetz verlangt im § 52 a, dass der Betreiber einer genehmigungsbedürftigen Anlage der zuständigen Behörde anzeigt, welche Person aus dem Vorstand bzw. der Geschäftsleitung für die Erfüllung der immissionsschutzrechtlichen Pflichten verantwortlich und in letzter Konsequenz (strafrechtlich und ordnungswidrigkeitsrechtlich) haftbar gemacht werden kann. Das Unternehmen muss gegenüber der Behörde ebenfalls aufzeigen, wie die rechtlichen Anforderungen zum Umweltschutz in einer festgelegten Aufbau- und Ablauforganisation umgesetzt werden. Die Anzeige allein reicht jedoch nicht aus. Will man die persönliche Haftung der Unternehmensleitung im Falle einer Verletzung der Umweltschutzvorschriften vermeiden, muss nachweisbar sein, dass die Unternehmensleitung alle erforderlichen und zumutbaren technischen und organisatorischen Maßnahmen getroffen hat, um die Verletzung von Umweltvorschriften auszuschließen.

Die gesamte (Umweltschutz-) Organisation in einem Unternehmen muss ausgerichtet werden auf das frühzeitige Erkennen von Risiken und Fehlern. Dies hilft nachträglich Korrekturen zu vermeiden und spart Kosten. Ein Umweltmanagementsystem ist ein geeignetes Mittel, diesen Nachweis zu führen.

13.5 Zusammenfassung

Es wird zukünftig nicht ausreichen, gute Produkte bereitzustellen. Umweltschutz ist als Maßnahme zur Zukunftssicherung eines Unternehmens dringend geboten. Jedes Unternehmen wird im Umweltschutz eine vordringliche Aufgabe erkennen und sich intensiv mit unternehmensspezifischen Lösungsmodellen auseinandersetzen müssen. Ein passives, reaktives Verhalten ist zu Gunsten eines offensiven, aktiven Verhaltens aufzugeben. Dies geschieht am effektivsten durch den Aufbau eines Umweltmanagmentsystems nach DIN EN ISO 14001 oder der EG Ökoaudit Verordnung. Ein vorhandenes Qualitätsmanagementsystem erleichtert erheblich diese Aufgabe.

Umweltschutz wird zwangsläufig zu einem wichtigen Faktor in der Unternehmensführung. Verbesserte Analysemethoden und verstärkte Umweltberichterstattung werden großen Einfluss auf Unternehmen und Öffentlichkeit haben. Die Nachfrager werden zunehmend nur die Unternehmen berücksichtigen, die aktiven Umweltschutz betreiben. Aktiver Umweltschutz ist somit eine Maßnahme zur langfristigen Existenz- und Standortsicherung eines Unternehmens und nicht zuletzt zwingend notwendig zur Erhaltung unserer Lebensgrundlagen.

14 Interne Kunden-Lieferanten-Beziehungen – der Weg zum marktnahen Unternehmen

Hansjörg Künzel

14.1 Die Situation der Unternehmen heute

Managementkonzepte, die den Unternehmen bis zum Ende der 90er Jahre als Orientierungsmuster gedient haben, taugen heute nicht mehr als Entscheidungshilfe. Die Anforderungen die an die Führungskräfte gestellt werden, haben sich – durch die Situation, der Unternehmen, in denen sie arbeiten – radikal verändert. Der *Wettbewerb* hat eine neue Dimension erreicht. Global operierende Wettbewerber und spezialisierte Nischenanbieter treten gleichzeitig auf. Gerade in dynamischen Umgebungen läuft der Prozess der Schaffung und Aushöhlung von Wettbewerbsvorteilen wesentlich schneller ab. Wettbewerbsvorteile werden von immer kürzerer Dauer. Deshalb verlagern Manager den Schwerpunkt ihrer Strategien: Statt einen unangreifbaren, statischen Vorsprung aufzubauen, schaffen sie Organisationen, die unablässig nach neuen Vorteilsquellen suchen.

Hinzu kommt ein zweiter Aspekt: Die zunehmende *Evolution von Klein- zu Großunternehmen.* Unternehmen folgen dem Wachstumsziel. Das „natürliche" Wachstum durch Umsatzausweitung reicht jedoch in vielen Fällen nicht aus, um den Markt erfolgreich bearbeiten und sich gegen die teilweise erdrückende Konkurrenz behaupten zu können. Unternehmen müssen Allianzen eingehen – mit Kunden, mit Lieferanten und mit Wettbewerbern. Durch Fusionen und mehr oder weniger freundliche Übernahmen entstehen Hyperkonzerne, und die Banken verzeichnen enorme Zuwächse ihrer Dienstleistungssparte Mergers & Acquisitions.

Der Prozess des Wachstums in einer Welt des zunehmenden Wettbewerbs hat weit reichende Folgen. Vielen Unternehmen geht die Fähigkeit verloren, auf die Veränderungen nicht nur zu reagieren, sondern dem Wandel positiv zu begegnen, also rechtzeitig und richtig zu agieren. Die größer werdenden Konglomerate aus den unterschiedlichsten Systemen der kooperierenden Unternehmen schaffen neue Schnittstellen. Schnittstellenprobleme, bürokratische Strukturen und ein wachsender Overhead durch zunehmende Komplexität der Verwaltung mit steigendem Kostendruck und langen Durchlaufzeiten sind die Folge. Hinzu kommt: Die Kunden legen immer weniger Wert auf „nackte" Produkte, sondern wünschen zunehmend komplexe Systemlösungen. Hierbei haben die Unternehmen in der Regel die größten Umsetzungsschwierigkeiten. Das Denken in „ganzheitlichen Angeboten" verlangt von ihnen einen Wandel zum Dienstleistungsunternehmen. Nur so können sie den immer stärker individualisierten Kundenwünschen gerecht werden. Ihre Aufgabe muss es sein, Problemlösungen auf den Markt zu bringen, also als „Solution Provider" zu fungieren.

Diese geforderte permanente Agilität der Unternehmen bindet jedoch einen großen Teil der Unternehmensressourcen. Die Führungskräfte müssen sich und ihre Abteilungen laufend an neue Strukturen anpassen. Sie müssen daran arbeiten, neu entstehende Netzwerke zu pflegen und ihre Mitarbeiter an neue Anforderungen heranzuführen. Zudem sind sie gezwungen, sich und ihre Funktion immer wieder neu zu positionieren. Die internen Abläufe ziehen damit einen Großteil der Aufmerksamkeit der Führungskräfte auf sich. Durch die pausenlosen Anpassungen bekommt die Unternehmenspolitik einen immer höheren Stellenwert, d. h. aus den Führungskräften werden immer stärker Diplomaten, die den Markt und seine Kundenanforderungen zunehmend aus dem Blickfeld verlieren.

In das Unternehmen muss ein System implementiert werden, das geeignet ist, das eigene Handeln wieder stärker mit den Kundenanforderungen in Einklang zu bringen. Zum einen sind der organisatorische Aufbau und die Prozesse des Unternehmens so zu strukturieren, dass der Blick auf den Kunden wieder freigegeben wird. Zum anderen muss ein mentaler Wandel initiiert werden, der die Einstellung zum Kunden restrukturiert.

14.2 Das Konzept der internen Kunden-Lieferanten-Beziehungen (KLB)

Ein theoretisch fundiertes und in der praktischen Anwendung mehrfach erprobtes Instrument, diesen Gedanken umzusetzen, ist das Konzept der internen Kunden-Lieferanten-Beziehungen (KLB). Es ermöglicht den Führungskräften, „marktkompatible" Strukturen und Prozesse zu schaffen. Das KLB-Konzept betrachtet die Zusammenarbeit aller Mitarbeiter entlang der Geschäftsprozesse im Sinne interner Kunden-Lieferanten-Beziehungen mit dem Ziel, die Erwartungen der externen Kunden – der Endkunden – zu erfüllen. Das KLB-Konzept nimmt Abschied von der traditionellen Sichtweise der Arbeitsabläufe. Es teilt den Mitarbeitern innerhalb einer Prozessstruktur konkrete Funktionen zu, nämlich die eines internen Kunden oder eines internen Lieferanten. Das bedeutet: Ein Geschäftsprozess wird in einzelne Prozessschritte aufgeteilt und diese einzelnen Mitarbeitern oder ganzen Abteilungen zugeordnet. Die Mitarbeiter in einem nachgelagerten Prozessschritt werden als interne Kunden einer Leistung definiert, die die vorgeschaltete Prozessstufe, also der interne Lieferant, erbringt. Diese Leistung wird zwischen internen Kunden und internen Lieferanten genau festgelegt, und es werden Qualitätsmerkmale definiert. Die Kompatibilität des gesamten Geschäftsprozesses wird dadurch sichergestellt, dass der Geschäftsprozess beim externen Kunden beginnt (z. B. Marktforschung) und auch wieder bei ihm endet (z. B. Vertrieb). Dabei wird dieser Geschäftsprozess immer von dem Gedanken getragen, dass das Ziel, die externen Kunden zufrieden zu stellen, zufriedene interne Kunden voraussetzt. Das heißt: Die internen Lieferanten müssen ihre Leistungen so ausrichten, dass die internen Kunden, mit diesen (Vor-)leistungen zufrieden sind, da sie damit in die Lage versetzt werden, ihrerseits die externen Kunden zufrieden zu stellen.

Ganzheitlicher Ansatz

Üblicherweise liegt bei der Betrachtungsweise der Beziehungen zwischen internen Kunden und internen Lieferanten eine produktorientierte Sichtweise vor. Die Problemlösung ist an das jeweilige „Produkt", z. B. die Dienstleistung des internen Lieferanten, gebunden. Diese Problemlösung ist aber selten von nachhaltiger Wirkung bzw. hat kaum positive Auswirkungen auf bestehende oder zukünftige Probleme. Im Unterschied dazu zielt der ganzheitliche Ansatz auch auf die zwischenmenschliche Beziehung zwischen internen Kunden und Lieferanten ab. Dieser Ansatz ist vom Einzelproblem losgelöst. Dies bedeutet: Ist die Beziehungsebene zwischen internen Kunden und Lieferanten gut, so können Einzelprobleme schneller und nachhaltiger gelöst werden. Das KLB-Konzept zielt auf die generelle und nachhaltige Verbesserung der Beziehungen zwischen internen Kunden und Lieferanten ab.

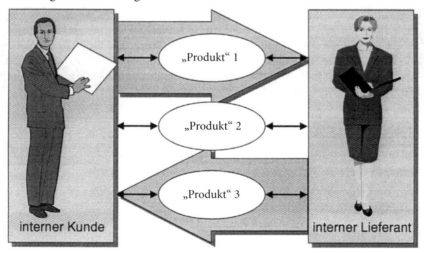

Abb. 1 Der ganzheitliche Ansatz betrachtet sowohl Einzelprobleme (kleine Pfeile) als auch die Beziehungsebene (große Pfeile) zwischen internen Kunden und internen Lieferanten

Drei Phasen

Um die interne Kundenzufriedenheit festzustellen und zu verbessern, geht man in drei Phasen vor:

- Messung der internen Kundenzufriedenheit (Messkonzept)
- Erarbeitung von Anpassungsmaßnahmen (Workshopkonzept)
- Realisierung dieser Maßnahmen (Umsetzungskonzept)

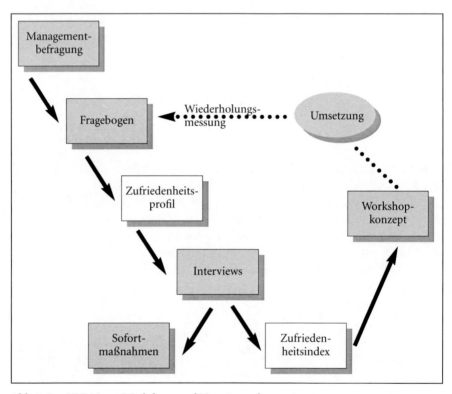

Abb. 2 Das KLB Mess-, Workshop- und Umsetzungskonzept

KLB-Messkonzept

Die Phase der Messung und Verbesserung der internen Kundenzufriedenheit beginnt mit einer *Managementbefragung*. Zu diesem Zweck werden die Führungskräfte der Teams oder der Abteilungen innerhalb des Geschäftsprozesses interviewt. Diese Interviews verfolgen zwei Ziele. So sollen zum einen die wesentlichen Kunden-Lieferanten-Ströme identifiziert und festgelegt werden. Zum anderen werden anhand der Aussagen der befragten Führungskräfte einzelne Fragen generiert, aus denen im nächsten Schritt ein Fragebogen konzipiert wird. Dieser Fragebogen sollte nach folgenden Kategorien aufgebaut sein:

- Termintreue,
- Schnelligkeit,
- Kompetenz,
- Erreichbarkeit,
- Passung des Angebots an die Bedürfnisse,
- Atmosphäre bei der Zusammenarbeit,
- zwischenmenschliche Ebene,
- Information und Kommunikation,
- Flexibilität,
- Preis- und Leistungsverhältnis.

Diese Kategorien haben sich in der Praxis bewährt und sind als Prüffelder für die interne Kundenzufriedenheit, im Sinne eines ganzheitlichen Ansatzes, zu verstehen. Der so aufgebaute Fragebogen wird nun allen Mitarbeitern eines internen Kunden-Bereichs zugesandt und auf freiwilliger Basis ausgefüllt. Vorher sollte sichergestellt werden, dass die Befragten über Sinn und Zweck dieser Aktion ausreichend informiert werden.

Die Auswertung sollte durch ein externes Institut vorgenommen werden, um die Anonymität zu gewährleisten. Aus den Mittelwerten der jeweiligen Fragen zu den nachstehend genannten Kategorien dieses Fragebogens wird ein Zufriedenheitsprofil erstellt:

	sehr schlecht 1	2	3	4	sehr gut 5
Termintreue	❑	❑	❑	❑	❑
Schnelligkeit	❑	❑	❑	❑	❑
Kompetenz	❑	❑	❑	❑	❑
Erreichbarkeit	❑	❑	❑	❑	❑
Passung des Angebots auf die Bedürfnisse	❑	❑	❑	❑	❑
Atmosphäre bei der Zusammenarbeit	❑	❑	❑	❑	❑
Zwischenmenschliche Ebene	❑	❑	❑	❑	❑
Information und Kommunikation	❑	❑	❑	❑	❑
Flexibilität	❑	❑	❑	❑	❑
Preis- und Leistungsverhältnis	❑	❑	❑	❑	❑

Abb. 3 Beispielhaftes Zufriedenheitsprofil, das zugleich als Interviewleitfaden dient

Um die quantitativen Ergebnisse der Fragebogenaktion mit qualitativen Erkenntnissen – also mit konkreten Fakten – zu untermauern sowie interpretierbar zu machen, werden im nächsten Schritt zusätzlich *Interviews* mit einigen Mitarbeitern des internen Kundenbereichs durchgeführt. In diesen Interviews wird das Zufriedenheitsprofil als Leitfaden verwendet. Damit auch hier die Anonymität der Aussagen und der Wahrheitsgehalt sichergestellt sind, werden auch die Interviews idealerweise von einem externen Institut durchgeführt. Aus den Interviews lassen sich zwei Ergebnisse ableiten: Zum einen kann das Institut Empfehlungen an den internen Lieferanten aussprechen, wenn einfache Sachverhalte gehäuft angesprochen wurden. Diese lassen sich sehr zeitnah in Sofortmaßnahmen umsetzen. So wird erreicht, dass der interne Kundenbereich sofort positive Veränderungen bei seinem internen Lieferanten wahrnimmt, was ein positives Signal für den gesamten KLB-Prozess darstellt.

Zum anderen kann ein *Zufriedenheitsindex* erstellt werden. Der Zufriedenheitsindex besteht aus dem Mittelwert der Einzelwerte aller Kategorien und wird zusätzlich mit den verbal am häufigsten genannten Stärken und Verbesserungspotenzialen des internen Lieferantenbereichs ergänzt. Dieser Zufriedenheitsindex ist das aggregierte Befragungsergebnis und schließt somit die Analysephase über den bestehenden Ist-Zustand der internen Kundenzufriedenheit ab.

KLB-Workshopkonzept

Um nun aus den gewonnenen Erkenntnissen umsetzbare Maßnahmen für einen anzustrebenden Soll-Zustand zu erarbeiten, die auch von allen Mitarbeitern des internen Lieferantenbereichs getragen werden, bietet es sich an, einen KLB-Workshop durchzuführen. Ziel eines solchen Workshops ist es, mit den Mitarbeitern des Lieferantenbereichs Maßnahmen zu entwickeln, die geeignet sind, Stärken des internen Lieferantenbereichs zu stabilisieren und Verbesserungspotenziale zu erarbeiten. Der Workshop unterteilt sich in fünf Phasen:

In *Phase 1* müssen sich die Workshop-Teilnehmer in die Interviewaussagen einarbeiten und diese mit Hilfe ihres bereichsspezifischen Wissens sinnvoll clustern. Die Teilnehmer werden anschließend in zwei Gruppen aufgeteilt, und es werden Gruppensprecher festgelegt. In *Phase 2* erarbeitet jede Gruppe Aktionspläne, die aus ihrer Sicht geeignet sind, damit ein interner Lieferantenbereich den Anforderungen seiner internen Kunden gerecht wird. Um diese Aktionspläne verbindlich zu machen, werden sie mit jeweils einem für jeden unmissverständlichen Schlagwort überschrieben, Inhalte

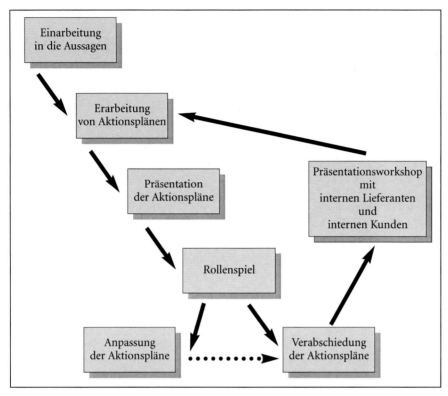

Abb. 4 Das KLB-Workshopkonzept

kurz skizziert sowie Termine und Zuständigkeiten festgelegt. In *Phase 3* stellen die Sprecher der einen Gruppe ihre Aktionspläne der jeweils anderen Gruppe vor. Im darauf folgenden Rollenspiel in *Phase 4* wird die Gruppe, der die Aktionspläne präsentiert wird, gebeten, sich in die Rolle der internen Kunden zu versetzen, um die Sinnhaftigkeit und Wirksamkeit der gefundenen Maßnahmen kritisch zu hinterfragen. Dieses Rollenspiel ist aus folgenden Gründen empfehlenswert: Häufig ist in einem internen Lieferantenbereich eine bestimmte Betriebsblindheit zu beobachten. Diese verhindert, dass Maßnahmen auch wirklich im Sinne des internen Kunden im nächsten Prozessschritt entwickelt werden. Darüber hinaus stellt es sicher, dass nicht immer die Sichtweise bestimmter Interessengruppen – in der Regel die der Führungskräfte – dominieren. Durch den Perspektivenwechsel haben die internen Lieferanten also die Gelegenheit, ihre gefundenen Aktionspläne „durch die Brille" ihrer internen Kunden zu überprüfen. In der *letzten Phase* werden die Aktionspläne von allen gemeinsam entweder im Sinne der „internen Kunden" verabschiedet oder angepasst bzw. verworfen.

Rückspiegelung der Ergebnisse

Die internen Lieferanten sollten den internen Kunden in einem Präsentationsworkshop sowohl die Ergebnisse der Befragung als auch die daraus abgeleiteten Aktionspläne vorstellen. Durch diese gemeinsame Diskussion der Maßnahmen lässt sich sicherstellen, dass sich die Aktionspläne auch wirklich an den Anforderungen der internen Kunden ausrichten. Zusätzlich kann man die internen Kunden bitten, die Aktionspläne zu priorisieren, um auch die zeitliche Abarbeitung der Maßnahmen kundenorientiert zu gestalten und das Budget zielgerichtet einzusetzen. Auf diese Weise werden die internen Kunden zu Beteiligten, und man kann sich ihrer Unterstützung auch in schwierigen Situationen sicher sein. Dies ist insbesondere dann sinnvoll und wichtig, wenn Maßnahmen in der Umsetzung nicht sofort Wirkung zeigen.

KLB-Umsetzungskonzept

Die Aktionspläne, die in den Workshops mit den internen Kunden gemeinsam beschlossenen worden sind, müssen verbindlichen Charakter für jeden Mitarbeiter des internen Lieferantenbereichs erhalten. Adressat der Maßnahmen muss jeweils der Einzelne mit klaren Aufgaben, Kompetenzen und Verantwortung sein. Zu diesem Zweck sollten sie als Abteilungsziele festgelegt werden. Der Vorgesetzte dieser Abteilung muss wiederum Ziele formulieren und sie in die Zielvereinbarung mit seinem eigenen Vorgesetzten aufnehmen und visualisieren.

Wiederholungsmessungen

Um die Geschäftsprozesse auf Dauer kundenorientiert auszulegen, muss die Messung und Verbesserung interner Kundenzufriedenheit zur Dauereinrichtung werden. Führt man eine solche Messung nur einmal durch, besteht die Gefahr, dass gute Ansätze versanden und die interne Kundenzufriedenheit noch stärker absinkt, weil durch die Fragebogenaktion, die Interviews und die Workshops die Erwartungshaltung der internen Kunden stark gestiegen ist. Im Sinne eines kontinuierlichen Verbesserungsprozesses (KVP) müssen somit in regelmäßigen Abständen Wiederholungsmessungen durchgeführt werden.

Welcher Zeitraum ist der Richtige?

Für eine rasche Wiederholungsmessung, z. B. nach einem Jahr, spricht, dass der konstruktive Druck auf den internen Lieferantenbereich, die gefundenen Aktionspläne umzusetzen, wächst. Problematisch kann dabei jedoch sein, dass einige Maßnahmen möglicherweise noch nicht gegriffen haben und deshalb der Zufriedenheitsindex nicht wesentlich besser ausfällt als bei der ersten Messung. Dies kann die Mitarbeiter demotivieren und damit die Umsetzung weiterer Aktionspläne erschweren. Erfolgt die Wiederholungsmessung nach einem zu langen Zeitraum, besteht die Gefahr, dass Aktionspläne nicht konsequent umgesetzt werden und das Rollenbewusstsein als interner Lieferant nicht in genügendem Maße verankert wird.

Welcher Zeitraum für einen Bereich der optimale ist, bestimmt sich somit nach dem Komplexitätsgrad der getroffenen Maßnahmen und nach der individuellen Lernfähigkeit und -bereitschaft des internen Lieferantenbereichs.

14.3 Einflussfaktor ungeschriebener Gesetze

Die Ganzheitlichkeit des KLB-Ansatzes beinhaltet, dass auch die ungeschriebenen Gesetze im Unternehmen entscheidenden Einfluss auf den Umsetzungserfolg der festgelegten Maßnahmen haben. Es muss akzeptiert werden, dass in den Geschäftsprozessen Menschen arbeiten, die vielfältige Wünsche, Motive und Handlungsintentionen aufweisen, die in keiner Weise dem entsprechen müssen, was das Unternehmen von ihnen fordert.

Die *weichen Faktoren* und die *informelle Organisation* müssen berücksichtigt werden, damit die „Spielregeln", welche die Mitarbeiter oft anders handeln lassen, als dies formal gefordert wird, verstanden werden. Ungeachtet der formalen Organisationsstruktur geht ein Großteil der unternehmerischen Arbeit nach den Regeln informeller Beziehungsnetze vonstatten. Ungeschriebene Gesetze im Unternehmen sind jene Techniken, mit denen Macht aufgebaut und gezielt eingesetzt wird, um eigene Handlungsspielräume auszuweiten und sich fremder Kontrolle möglichst weitgehend zu entziehen. Die ungeschriebenen Gesetze im Unternehmen gelten als die „wahren" Gesetze in der unternehmerischen Praxis. Sie sind die logischen Handlungsweisen, die sich in der Vergangenheit bewährt haben. Als Triebfeder gilt der Egoismus der einzelnen Führungskräfte und Mitarbeiter: Kaum eine Vision und kaum ein Leitbild werden jemals einen so hohen Stellenwert erreichen, dass dafür bestehende Seilschaften gekündigt oder gar Machtpositionen aufgegeben würden.

Deshalb müssen bereits während der Messphase, aber vor allem auch während des KLB-Workshops, die informellen Netze berücksichtigt werden. Dies schafft die Voraussetzung dafür, dass z. B. fehlende Abstimmungen innerhalb des Unternehmens erkannt, Interessensunterschiede zwischen Führungskräften und Mitarbeitern sowie Gründe für Fehlentwicklungen aufgezeigt und bislang blockierte und deshalb ungenutzte Leistungspotenziale freigesetzt werden können.

Als Methoden bieten sich alle Maßnahmen an, die man unter dem Motto „die Führungskraft muss gut beobachten und zuhören können und vor allem die richtigen Fragen stellen" zusammenfassen kann. So kann die Führungskraft durch ein Management by walking around von den Dingen, welche die Mitarbeiter beschäftigen, ärgern und bedrücken, viel in Erfahrung bringen.

Bei einem KLB-Workshop kann dieses Wissen beispielsweise in eine Netzanalyse eingebracht werden. Dabei werden einzelne Beziehungen zwischen den Mitarbeitern in Schaubilder übertragen, aus denen dann ersichtlich wird, wie die informelle Organisation aufgebaut ist und auf welche Weise sie arbeitet. Drei Typen von Beziehungsnetzen haben sich als hilfreich erwiesen: ein Beratungsnetz, ein Vertrauensnetz und ein Kommunikationsnetz. Das *Beratungsnetz* zeigt, wer von wem bei der Versorgung mit fachlichen Hinweisen und bei der Lösung von Problemen abhängig ist. Das *Vertrauensnetz* veranschaulicht, welche Mitarbeiter mit anderen vertrauliche Informationen austauschen und einander in einer Krisensituation unterstützen. Das *Kommunikationsnetz* lässt sichtbar werden, welche Mitarbeiter sich regelmäßig über Fragen unterhalten, die mit der Arbeit zusammenhängen. Mit Hilfe dieser drei Netze kann man die formale Organisation so umgestalten, dass die informellen Strukturen in einer Weise ergänzt und fehlerhafte Netze neu „verdrahtet" werden, dass auch die informelle Organisation für die Unternehmensziele arbeitet.

Die Identifikation bzw. die Neuverdrahtung informeller Netzwerke wird natürlich nur in den seltensten Fällen hundertprozentig umzusetzen sein. Dies ist auch gar nicht der Anspruch der Ganzheitlichkeit des KLB-Ansatzes. Wichtig ist allein, dass sich Führungskräfte dieser (Neben-)Wirkungen bewusst sind und sie in ihre strategischen Überlegungen einbauen. So kann zumindest der größte Fehler vermieden werden, die technokratisch geprägte Sachlogik in den Vordergrund zu stellen, bevor Aktionspläne erstellt und KLB-Maßnahmen umgesetzt werden.

Wenn es gelingt, die formale Organisation – die „geschriebenen" Prozesse – an die informelle Organisation die „ungeschriebenen" Abläufe – so weit wie möglich anzupassen, kann die Verstärkungswirkung der heimlichen Spielregeln nutzbringend für die Umsetzung des KLB-Gedankens eingesetzt werden.

14.4 Vision: Interne Kunden-Lieferanten-Beziehungen als Realisierung der Kundenanforderungen

Was Kunden wollen, versteht man erst, wenn man sich in deren Situation begibt und sozusagen mit ihrer Brille die Lage betrachtet. Dies bedeutet: Die Mitarbeiter des Unternehmens müssen verstehen lernen, wie die Kunden das fertige Produkt oder die fertige Dienstleistung beurteilen, welche Qualitäts-vorstellungen sie haben, welchen Service sie erwarten usw. Dieser Lernpro-zess wird vom Konzept der internen KLB angestoßen und vorangetrieben. Die Mitarbeiter werden zum Sprachrohr der externen Kunden. Als interne Kunden übersetzen sie die Wünsche des Marktes in konkrete Anforderungen an die internen Lieferanten. Die internen Lieferanten müssen ihren internen Kunden qualitativ hochwertige Leistungen liefern, da sie hervorragende Lei-stungen für die Zufriedenstellung der externen Kunden benötigen. Den Führungskräften fällt hierbei die Aufgabe zu, die Beziehungen zwischen den internen Kunden und den internen Lieferanten als eine Art Trainer zu koor-dinieren. Sie müssen beide Seiten auf das gemeinsame Ziel – die Erhöhung der Zufriedenheit der externen Kunden – mit Hilfe geeigneter Kommunika-tions- und Qualifizierungsmaßnahmen einstellen.

Wenn diese Denkweise in den Köpfen aller Beteiligten verankert ist und das System interner Lieferant – interner Kunde – externer Kunde funktio-niert, gelingt es, die Wünsche des Marktes zu befriedigen. Dann ist das Kon-zept der internen KLB ein hervorragend geeignetes Instrument zur Realisie-rung der Kundenanforderungen.

15 Erfolgsfaktor Kundenorientierung im After-Sales-Geschäft

Rolf Höschele

Die Ansprüche der Kunden an die Automobilhersteller steigen. Als zunehmendes Kriterium beim Autokauf gewinnt das Service- und Dienstleistungsangebot des Herstellers immer mehr an Bedeutung. Deshalb steht die Automobilbranche künftig vor der Herausforderung, durch innovative After-Sales-Marketing-Konzepte den sich stetig wandelnden und steigenden Kundenerwartungen zu begegnen. Nur damit kann es dem einzelnen Hersteller gelingen, seine Marktposition im zunehmend härter werdenden Wettbewerb zu behaupten und auszubauen. Eine komplexe Aufgabenstellung insbesondere für solche Unternehmen, die neben Pkw auch andere Sparten wie zum Beispiel Transporter oder Lastkraftwagen abdecken.

Wichtigstes Ziel der Fahrzeughersteller im After-Sales-Bereich wird sein, das Bedürfnis des Kunden nach Mobilität durch einen Rundumservice zu gewährleisten. Sie müssen deshalb sowohl auf der organisatorischen Ebene als auch bei der Umsetzung vor Ort die Voraussetzungen dafür schaffen, dass sie flexibel genug sind, dieses Kundenbedürfnis bestmöglich zu erfüllen.

Dieser Beitrag beschreibt die Vorgehensweise von Mercedes-Benz bei der Entwicklung einer neuen After-Sales-Strategie für ein global tätiges Service- und Teile-Geschäft. Er veranschaulicht, warum als logische und strukturelle Voraussetzung für die Umsetzung eines auf die individuellen Kundenbedürfnisse zugeschnittenen After-Sales-Marketings zwei Funktionsbereiche zusammengelegt werden mussten.

15.1 Rahmenbedingungen im After-Sales-Marketing

Bei der Konzeption eines anspruchsvollen After-Sales-Marketings muss von Beginn an der Kunde im Mittelpunkt aller Betrachtungen stehen: Seine Sicht und sein Verständnis der Dinge sind entscheidend. Dabei ist zu berücksichtigen, dass seine Zufriedenheit mit dem Fahrzeug nicht allein von Qualitäts- und Imageaspekten abhängt, sie wird sehr stark durch die Serviceleistungen im After-Sales-Bereich mit beeinflusst. Gelingt es einem Hersteller darüber hinaus, ein tatsächliches Gefühl für die Kundenbedürfnisse und -wünsche, die über reine Reparatur- und Serviceleistungen hinausgehen, zu entwickeln, um so größer ist die Chance, dass der Kunde seiner Marke gegenüber loyal bleibt und sie weiterempfiehlt. Angesichts der sich rasant verändernden Rahmenbedingungen auf dem After-Sales-Markt empfiehlt es sich deshalb, das bisherige After-Sales-Konzept auf Verbesserungspotenziale hin zu überprüfen, unter Berücksichtigung folgender Kriterien:

15.1.1 Kundenbedürfnis

Das Selbstverständnis des Kunden hat sich verändert: Er versteht sich nicht mehr „nur" als Besitzer eines Fahrzeugs, sondern als Benutzer der „Dienstleistung Mobilität". Es ist ihm wichtig, dass diese Mobilität durch einen adäquaten Service des Herstellers gewährleistet wird, zum Beispiel unter Verwendung von Original-Teilen und transparenten Leistungen. Neuwagen-Kunden haben eine völlig andere Bedürfnisstruktur als Kunden im After-Sales-Bereich. Ein- und derselbe Kunde wird als Käufer eines Neuwagens andere Erwartungen an den Hersteller richten als bei der ersten Reparatur oder Wartung seines Fahrzeugs. Zu berücksichtigen ist außerdem, dass sich die Bedürfnisstruktur eines Pkw-Kunden deutlich von der eines Nutzfahrzeug-Kunden unterscheidet.

15.1.2 Kundenbindung

Die Loyalität eines Pkw-Halters zum Beispiel gegenüber den After-Sales-Leistungen der Hersteller schwindet mit zunehmendem Alter des Fahrzeugs, da sich sein Anforderungsprofil verändert. Die Folge dieses allmählichen Lösungsprozesses aus dem Unternehmensnetzwerk: Für den Hersteller wird es immer schwieriger, die Bedürfnisse von Kunden älterer Baujahre oder von Kunden nach dem ersten Halterwechsel zu erkennen und auf diese einzugehen. Hinzu kommt, dass bei den unterschiedlichen Kundensegmenten eine zunehmende Differenzierung und Individualisierung der Bedürfnisstruktur zu verzeichnen ist.

15.1.3 Produktlebenszyklus

Die Verpflichtung von Automobilherstellern für ihre Produkte sollte über die gesamte Dauer des Fahrzeuglebens bestehen. Die Phase von der Entwicklung eines Modells über die Produktion bis zur Nachserienversorgung dauert bei Mercedes-Benz zum Beispiel durchschnittlich rund ein Vierteljahrhundert.

Mit dem Markteintritt eines neuen Modells muss der Hersteller dem Kunden Versorgungssicherheit und Langzeitschutz für dieses Fahrzeug im Service- und Teile-Markt bieten, zum Beispiel beim Ersatz von Originalteilen, bei Reparaturlösungen oder bei der Wartung. Rechnet man die Oldtimer-Versorgung hinzu, erwarten die Kunden noch über Jahrzehnte hinweg, dass die entsprechenden Ersatzteile für ihr Liebhaberstück vorrätig sind und ein fachgerechter Einbau gewährleistet wird.

15.1.4 Massiver Verdrängungswettbewerb

Im Service- und Teile-Bereich stehen hauptsächlich nicht die einzelnen Automobilhersteller in Konkurrenz zueinander. Hier stehen vielmehr die Hersteller-Niederlassungen und -Vertragswerkstätten mit Fachmarktketten, freien Werkstätten, Zulieferern und Reparaturdienstleistern in direktem Wettbewerb. Vor allem im hochgängigen und profitablen Verschleißteilesegment findet ein massiver Verdrängungswettbewerb über den Preis statt. Kein Wunder: Dieses Segment umfasst bei Mercedes-Benz beispielsweise zwar nur etwa 10 Prozent aller Ersatzteile, macht aber rund 80 Prozent des unterjährigen Hersteller-Ersatzteilumsatzes aus.

15.2 Ziele des After-Sales-Marketings

Ein global ausgerichtetes, leistungsfähiges After-Sales-Marketing in der Automobilbranche sollte unter Berücksichtigung der oben genannten Kriterien deshalb folgende Forderungen erfüllen:

- Die Mobilität und Flexibilität des Kunden muss gewährleistet sein. Über diesen Grundnutzen hinaus sollte er auch weitere Zusatznutzen angeboten bekommen: Komplettlösungen, die über die Lösung von Einzelproblemen hinausgehen. Das After-Sales-Marketing gilt erst dann als erfolgreich, wenn es dem Hersteller gelingt, dem Kunden einen Service anzubieten, der seine Erwartungen übertrifft.
- Dieser Anspruch sollte weltweit für alle Kundensegmente – im Pkw- und im Nutzfahrzeugbereich – und über den gesamten Lebenszyklus der Produkte hinweg gelten.
- Die Position im Wettbewerb sollte durch die Entwicklung attraktiver Produkt- und Dienstleistungsangebote und deren kundenspezifische Kommunikation gestärkt werden. Hierzu zählt auch eine markengerechte After-Sales-Vermarktung im Internet.

15.3 Strukturen an den Kundenbedarf anpassen

Im nächsten Schritt empfiehlt es sich zu überprüfen, ob das Service- und Teile-Geschäft tatsächlich allen Zielen, die ein neues Konzept stellt, genügt.

Zur Bestandsanalyse dieser Potenziale wurde deshalb bei Mercedes-Benz im Jahre 1998 eine weltweite Befragungsaktion durchgeführt, die sich an alle Mitarbeiter in der Außenorganisation im Pkw- und Nutzfahrzeugbereich richtete. Sie sollte zum einen Erkenntnisse über die regional unterschiedlichen Kundenbedürfnisse, zum anderen Aufschlüsse über die Erwartungen der Außenorganisation an die Zentrale hinsichtlich der Zusammenarbeit zur optimalen Umsetzung dieser Bedürfnisse liefern. Die Auswertung ergab, dass im Bereich der Logistik- und Technikprozesse nur noch geringe Optimierungsmöglichkeiten bestanden. Hier stellte sich Optimierungspotenzial vor allem durch die Mehrmarkenstrategie des Konzerns. Greifbares Veränderungspotenzial boten dagegen die Vermarktungs-Prozesse, insbesondere in zwei Bereichen:

1. Eine noch attraktivere Gestaltung des *bestehenden Dienstleistungsangebotes,* um bestehenden Kunden ständig neue Anreize zu bieten, ihrer Marke auch nach Ablauf der Garantie- und Kulanzleistungen loyal zu bleiben bzw. eventuell abgewanderte Kunden wieder zurückzugewinnen.

2. Die *Durchführung von strukturellen Maßnahmen,* um die Strategieprozesse derart an die Vertriebsorganisation anzubinden, dass sie es organisatorisch ermöglichen, auf die erkannten Kundenbedürfnisse auch tatsächlich eingehen zu können.

Nach erfolgter Umsetzung dieser als erforderlich erachteten Veränderungsmaßnahmen wurde im nächsten Schritt Anfang 2000 erneut eine weltweite Befragungsaktion durchgeführt. Diese Wiederholungsmessung sollte die Erfolge der umgesetzten Verbesserungsmaßnahmen aufzeigen. Um eine Vergleichbarkeit zu gewährleisten, bediente man sich der gleichen Methoden wie bei der ersten Befragungsaktion. Die Auswertung zeigte, dass es einerseits gelungen war, punktuell vieles zur Zufriedenheit der Kunden und der Außenorganisation zu ändern. Gleichzeitig musste man aber auch feststellen, dass die Verbesserungsmaßnahmen immer dann an ihre Grenzen stießen, wenn Kundenbedürfnisse zwar erkannt wurden, sich aber aufgrund interner organisatorischer Strukturen nicht zufriedenstellend realisieren ließen, was sowohl für die Konzern-Zentrale als auch für die Landesgesellschaften galt. Solche Defizite waren nicht in der Ablauf-, sondern vornehmlich in der Aufbauorganisation begründet und hatten zur Folge, dass sich bestimmte Kundenwünsche entweder nur teilweise, zu langsam oder auch gar nicht umsetzen ließen.

15.3.1 Neustrukturierung der internen Organisation

Die Ursachen dafür erkannte man im Marketingbereich. Hier stand vor allem die bis dahin gängige Praxis, After-Sales-Prozesse von zwei selbstständigen, unabhängig voneinander weltweit agierenden Bereichen durchzuführen, der Realisierung der gesteckten Ziele häufig entgegen. Der Teile-Bereich war schwerpunktmäßig verantwortlich für die weltweiten Logistikleistungen und die technische Dokumentation, der Service-Bereich für die Werkstatttechnik, die Ausstattung mit Diagnosegeräten oder die Erstellung von Gebrauchsanweisungen und Werkstattliteratur für die einzelnen Modelle. Das entsprechende Marketing hatten beide Bereiche bis dahin relativ unabhängig voneinander gestaltet. Jeder Bereich versuchte natürlich, sich selbst zu optimieren. Die optimalen Einzelergebnisse hatten aber für den Konzern oftmals ein suboptimales Gesamtergebnis zur Folge. Erst mit der Zusammenlegung dieser beiden Bereiche in der Konzern-Zentrale und in den Landesgesellschaften – zu einem global tätigen Service- und Teile-Bereich im Jahre 2000 waren die Weichen endgültig für eine Neustrukturierung der After-Sales-Vermarktungs-Prozesse gestellt.

15.3.2 Neustrukturierung der Vertriebsorganisation

Zusätzlich wurde die Ausrichtung des Strategieprozesses an die Vertriebsorganisation ausschließlich auf die Kundenbedürfnisse angepasst. Diese Maßnahme sollte gewährleisten, dass die Bedürfnisse der Kunden bestmöglich erfasst und an die Konzern-Zentrale weitergeleitet werden, um die zur Erfüllung der Kundenwünsche notwendigen Maßnahmen entscheiden und einleiten zu können.

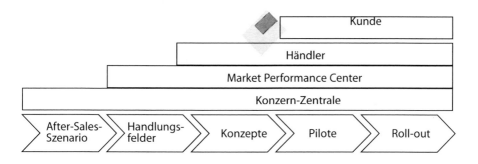

Abb. 1 Anbindung des Strategieprozesses an die Vertriebsorganisation

An diesem Prozess sind alle Organisationsstufen beteiligt. Über den Handel erfahren die Landesgesellschaften (Market Performance Center) und die Konzern-Zentrale, welche Bedürfnisse und neue Wünsche die Kunden haben.

Aufgrund der gewonnenen Informationen werden in der Konzern-Zentrale After-Sales-Szenarien bewertet und Handlungsfelder für geeignete Konzepte zur Umsetzung der für die Befriedigung der Kundenwünsche erforderlichen Maßnahmen abgesteckt. Anschließend durchgeführte Pilotprojekte sollen Erkenntnisse darüber liefern, ob die ausgewählten Lösungsvorschläge praktikabel sind bzw. vom Kunden angenommen werden. Erst wenn diese Voraussetzungen erfüllt sind, erfolgt das Roll-out. Über Feedbackschleifen werden die vorgeschalteten Bereiche über den Stand der Dinge auf dem Laufenden gehalten.

Diese Maßnahmen waren ein wichtiger Schritt für den Wandel von bis dahin eher technisch und logistisch getriebenen Strukturen hin zu Vermarktungs-Prozessgetriebenen Betrachtungen im Unternehmen.

Bereits nach kurzer Zeit waren die Vorteile der Neustrukturierung im Vertriebsprozess erkennbar:

● Die Auffächerung des Prozesses auf alle Organisationsstufen garantiert markt- und kundenspezifische Lösungen.

● Das Monitoring des gesamten Prozessablaufs ermöglicht eine ständige Optimierung der einzelnen Prozessstufen.

15.3.3 Neuausrichtung der Marktforschung

Aufschlüsse über die unterschiedlichen Kundenerwartungen kann nur eine After-Sales-spezifische Marktforschung liefern. Deshalb werden seit einiger Zeit After-Sales-spezifische Erhebungen durchgeführt, die vom Neufahrzeugbereich und dessen anderen Anforderungen getrennt und eher segment- und ländergeprägt sind.

Als zusätzliche Informationsquelle für Kundenbelange wird verstärkt das Customer Assistance Center (CAC) im holländischen Maastricht genutzt. Rund 6.000 Kundenkontakte täglich (telefonisch, auf dem Briefweg oder per eMail) bieten einen Überblick über die Wünsche und Erwartungen von vorhandenen Kunden oder von Interessenten für die Marke. Ziel ist es, diesen Fundus an Informationen strukturiert inhaltlich zu erfassen, auszuwerten und im After-Sales-Marketing zu berücksichtigen.

15.4 Attraktive Dienstleistungen und Kommunikation entwickeln

Zur dauerhaften Bindung des Kunden an seine Fahrzeugmarke eignen sind vor allem solche Leistungen, die nur der Automobilhersteller selbst anbieten kann. Vor allem dann, wenn es ihm gelingt, diese weltweit, unter Berücksichtigung der regionalen Eigenarten und Gegebenheiten zu erbringen.

Deshalb bestand für Mercedes-Benz eine besondere Herausforderung beispielsweise darin, das Dienstleistungsangebot gezielt sowohl an Pkw-Kunden älterer Baujahre zu richten als auch an diejenigen Nutzfahrzeug-Kunden, die in ihren Werkstätten Original-Teile des Herstellers einbauen.

Abb. 2 Darstellung eines Dienstleistungskranzes am Beispiel „Retailvertrieb"

Auf diese Weise kann es auch Pkw-Halter mit Fahrzeugen erreichen, für die keine Garantie- und Kulanzleistungen mehr gelten sowie Nutzfahrzeug-Flotteneigner, die eine eigene Werkstatt betreiben. Über die Belieferung mit Original-Teilen, -Tauschteilen und -Zubehör sowie Aggregaten hinaus empfiehlt es sich, speziell für diese Kunden zusätzliche Angebote um einen Dienstleistungskern, der die Standard-Leistungen umfasst, weiter zu entwickeln. Ein solcher Dienstleistungskranz sollte so gestaltet sein, dass die Erwartungen des Kunden übertroffen werden.

Ziel ist es, den Kundendienst, früher ein Pflichtbaustein für Automobilhersteller und Kunden, einem Wandel zu unterziehen: Der Kunde soll den Besuch in der Werkstatt als ein Erlebnis empfinden, weil er beraten, betreut und mit interessanten Informationen versorgt wird.

Neben attraktiven Angeboten eignen sich auch kommunikative Maßnahmen wie After-Sales-Werbung, Sponsoring oder die Gestaltung der Verpackung von Original-Teilen, um die Identifizierung des Kunden mit seiner Marke zu stärken. Nicht nur Werbekampagnen dienen zur Sensibilisierung des Kunden auf die Original-Teile und -Service seiner Fahrzeugmarke. Auch Sponsoring von Automobil- oder von Truck-Rennen kann beim Kunden Emotionen für die eigene Marke wecken. Seriennahe Rennfahrzeuge assoziieren zudem die Verbindung zwischen den Fahrzeugen und Original-Teilen und -Service des Herstellers.

Die *Original-Teile-Verpackung* sollte neben der Bindung des Kunden durch Einheitlichkeit und Corporate Identity eine Reihe weiterer Funktionen erfüllen. So kann die Einheitlichkeit der Verpackung der Präsentationsfähigkeit und Verstärkung der Markenbotschaft „Original-Teile" dienen. Markenrechtlich geschützt bietet sie mit angebrachtem Hologramm Schutz vor Fälschungen. Durch die Auswahl von umweltfreundlichen Farben, Lacken und Papier kann der Hersteller auch seinen Beitrag zur Schonung der Umwelt betonen.

15.5 Erste Ergebnisse

Bereits kurz nach der Implementierung dieses neuen Marketing-Konzeptes zeichnete sich ab, dass der Vermarktungs-Prozess besonders dann erfolgversprechend ist, wenn die Kundenbindung mit attraktiven Angeboten in Form von Zusatznutzen, Serviceleistungen, Events und Ansprachen über den gesamten Lebenszyklus des Fahrzeugs funktioniert. Es zeigt sich, dass die konsequente Umsetzung des After-Sales-Marketings eine profitable Marktausschöpfung im Lohn- und Teile-Geschäft begünstigt.

Mit der Entwicklung, dem Angebot und Vertrieb kundensegmentspezifischer Service-, Mobilitätsleistungen und Dienste können Automobilhersteller die Voraussetzung dafür schaffen, sich weltweit ihren Kunden als ein attraktiver Service- und Teile-Partner über den gesamten Lebenslauf des Fahrzeugs hinweg zu empfehlen.

15.6 Zusammenfassung

Automobilhersteller können einen wesentlichen Wettbewerbsvorteil erzielen, wenn es ihnen gelingt, ihre Kunden im After-Sales dauerhaft an sich zu binden. Voraussetzung dafür ist, dass sie die sich ständig ändernden und steigenden Kundenbedürfnisse erkennen, attraktive Dienstleistungen entwickeln und in den Kundenservice mit aufnehmen.

Das After-Sales-Marketing von Automobilherstellern sollte deshalb zum Ziel haben, den Kunden – im Pkw- und im Nutzfahrzeugbereich – weltweit über den gesamten Lebenszyklus der Produkte mehr Leistungen zu bieten, als diese erwarten. Dafür ist es notwendig, die Struktur des After-Sales-Geschäftes auf diese Anforderungen hin zu überprüfen. Eine im Jahre 1998 von Mercedes-Benz weltweit durchgeführte Studie in den Außenorganisationen ergab, dass greifbares Veränderungspotenzial bei den Vermarktungs-Prozessen vorhanden war, sowohl bei der Gestaltung des Dienstleistungsangebotes als auch in Bezug auf strukturelle Maßnahmen.

Nach erfolgter Umsetzung der Veränderungsmaßnahmen führte eine Wiederholungsmessung Anfang 2000 zu dem Ergebnis, dass ein innovatives After-Sales-Management die Zusammenlegung der beiden bis dahin unabhängig voneinander agierenden Teile- und Service-Bereiche erforderte. Mit deren Integration war endgültig die organisatorische Voraussetzungen für die Umsetzung eines attraktiven After-Sales-Konzeptes geschaffen. Damit ist der Wandel von einem eher technisch-logistisch orientierten Management-verständnis hin zum Managen einer in sich geschlossenen Vermarktungs-Kette eingeleitet, die sich ausschließlich an den Erwartungen der Kunden orientiert und ihre Bedürfnisse umfassend berücksichtigt und erfüllt.

16 Scoring-Modelle: Intelligentes Informationsmanagement für Kosten-Nutzen-optimale Kundenbindung

Bernhard von Skerst

„Sie können unser T-Modell in jeder gewünschten Farbe bekommen – vorausgesetzt, sie ist schwarz." Mit diesem Satz wird Henry Ford I. zitiert, und dieser Satz ist geradezu sprichwörtlich für fehlende Flexibilität von Unternehmen bei der Befriedigung von Kundenbedürfnissen.

Zu Henry Ford's Zeiten waren der Vielfalt dabei produktionstechnische Grenzen gesetzt, die inzwischen längst der Vergangenheit angehören. Mangelnde Flexibilität im Umgang mit Kunden ist aber auch heute noch ein Problem vieler Unternehmen. Immer noch tun sich viele Unternehmen sehr schwer damit, Ihre Produktangebote, Dienstleistungen und den Service auf die individuellen Bedürfnisse ihrer Kunden auszurichten und gleichzeitig mit diesen Kunden positive Deckungsbeiträge zu erwirtschaften.

Dieser Artikel beschäftigt sich mit der Herausforderung, hohe Kundenorientierung mit Profitabilität zu verbinden. Durch intelligentes Informationsmanagement kann der Begriff des „Direktmarketing" neu definiert werden – als konsequentes Ausrichten der Marketing- und Vertriebssteuerung an den Bedürfnissen und dem Wert eines Kunden für das Unternehmen. Durch Verknüpfung im Unternehmen vorhandener Daten mit Informationen aus gezielten Befragungen lassen sich sogenannte *Scoring-Modelle* entwickeln. Diese Modelle liefern kundenindividuelle Kennziffern für die kosten-nutzen-optimale Steuerung von Marketing- und Vertriebsmaßnahmen.

16.1 Vorhandene Informationen nutzen – in der Theorie

Moderne Unternehmen besitzen heute eine Vielzahl von Informationen über ihre Kunden. Neben personenbezogenen Daten, wie Name und Anschrift sind dies Informationen über die Dauer der Kundenbeziehung, gekaufte Produkte und Dienstleistungen, bisherige Transaktionen und dabei eingeräumte Rabatte bis hin zu Zahlungszielen sowie eingegangenen Beschwerdebriefen. Dabei sind natürlich Unternehmen im Vorteil, die Vertragsbeziehungen zu ihren Kunden unterhalten oder zumindest einen direkten Vertriebskontakt zu ihnen haben und dadurch quasi automatisch in den Besitz solcher Informationen gelangen.

Theoretisch lassen sich aus diesen kundenbezogenen Daten bereits viele Steuerungskennzahlen für Marketing und Vertrieb generieren. Richtig verknüpft und analysiert geben diese Daten Auskunft über die mit diesem Kunden erzielten Umsätze, deren Verteilung über Produkte und Zeiten, realisiertes cross-selling, die Zahlungsmoral und letztlich – entsprechende Kostendaten vorausgesetzt – die Profitabilität dieses Kunden. Auf Basis dieser Analysen lassen sich die Kunden nach verschiedenen Kriterien klassifizieren – sehr zum Nutzen der Effektivität und Effizienz von Marketing und Vertrieb.

16.2 Die Praxis

Soweit die Theorie. Die Praxis präsentiert sich häufig anders. Unvollständige oder gar keine Speicherung grundsätzlich verfügbarer Informationen, Verteilung von Kundendaten über mehrere Datenbanken, die keine oder untaugliche Schnittstellen haben und/oder deren jeweilige Verwalter in getrennten und zudem gelegentlich miteinander verfeindeten Bereichen des Unternehmens sitzen. Der Standard-Konflikt zwischen Vertrieb („Gebt uns endlich gute Produkte zu attraktiven Preisen") und Marketing („Verkauft doch einfach die guten Produkte, die Ihr bereits habt") findet dann seine logische Fortsetzung im hinderlichen Bewachen der im jeweiligen Bereich vorhandenen Kundeninformationen. Ganz abgesehen davon, dass eine für die Bestimmung kundenbezogener Profitabilität erforderliche Kostenrechnung bisher in vielen Unternehmen fehlt.

Was ist also zu tun? Zunächst sollten Marketing, Vertrieb und Controlling alle Informationen auflisten, die für eine erfolgreiche und profitable Kundenbetreuung benötigt werden. Dazu bietet sich eine Bestandsaufnahme in allen kundenbezogenen Bereichen des Geschäftssystems an; jeder Prozess sollte dabei durchleuchtet werden. Dem Controlling kommt dabei die Aufgabe zu, jeden Bereich so zu analysieren, dass die Kosten je Kunde quantifiziert werden können.

Gleichzeitig sollten vorhandene, gegebenenfalls. multiple Kundendatenbanken zu *einer* integrierten Datenbank zusammengeführt werden, in der sämtliche kundenbezogenen Informationen – einschließlich der Kostendaten – gespeichert werden. Bei der Dimensionierung dieser Datenbank sollte von vornherein ausreichend Platz für weitere Datenfelder vorgesehen werden, um zusätzliche Informationen speichern zu können. Bei der Überarbeitung und Zusammenführung vorhandener Kundendatenbanken ist allerdings eine gesunde Skepsis gegenüber den Zeit- und Kostenbedarfsschätzungen der hauseigenen IT-Abteilung anzuraten: Allzu oft umgeben sich die IT-Experten mit einer Aura des Geheimnisvollen, seufzen angesichts der anstehenden „Jahrhundertaufgabe" und retournieren Projektpläne, die – als moderne Bermuda-Dreiecke – Heerscharen von Mitarbeitern, gewaltige Summen und schließlich die Motivation aller Beteiligten verschlingen. Dieser Falle können IT-unkundige Führungskräfte nur entgehen, wenn sie die erwähnten Projektpläne kritisch prüfen und versuchen, sie durch *Benchmarking* zu plausibilisieren. Entsprechende Recherchen in Fachpublikationen beziehungsweise – besser – bei Unternehmen, die ein solches Projekt bereits durchgeführt haben, lohnen sich unter allen Umständen.

Sind die beschriebenen Daten dann gesammelt und kundenbezogen in einer Datenbank zusammengeführt, können bereits erste Erkenntnisse gewonnen werden. Sogenannte ABC-Analysen nach Umsatz, Deckungsbeitrag oder anderen Kennzahlen erlauben sinnvolle Klassifizierungen der Kundenbasis, die unmittelbar für die Planung und Priorisierung kundenbezogener Aktivitäten genutzt werden können.

16.3 Nicht alle Informationen liegen vor

Die Analysen bewirken dabei in der Regel zweierlei: Einerseits schaffen sie Transparenz über das vorhandene kundenbezogene Wissen, andererseits zeigen sie aber auch, welche Information nicht im Unternehmen vorhanden ist, für eine professionelle Marketing- und Vertriebssteuerung aber zusätzlich benötigt wird.

Vorhanden sind meist „harte" Daten, wie Umsätze, gekaufte Produkte, gewährte Rabatte, Reklamationen und entstandene Kosten für Kundenbindungsmaßnahmen. Was demgegenüber meist fehlt, sind „weiche" Daten, also Informationen über Kundenbedürfnisse, -motive und Erwartungen, zum Beispiel an den Service. Auch über die Kundenzufriedenheit sowie die subjektive Bindung an das Unternehmen gibt es zwar in vielen Unternehmen Befragungsdaten, diese sind aber fast immer anonym, das heißt, sie lassen sich nicht auf den *einzelnen* Kunden beziehen.

Genau hier steht das Unternehmen aber vor dem Quantensprung zu einem wirklichen Direktmarketing: Erst die systematische kundenbezogene Erhebung dieser „weichen" und ihre Verknüpfung mit den (vorhandenen) „harten" Daten erlaubt die Berechnung von Scoring-Modellen, also die ganzheitliche Bewertung des einzelnen Kunden und seine profitable Betreuung.

Welche Informationen dabei erhoben werden sollten, ist in den folgenden Abschnitten erläutert.

16.4 Kundenzufriedenheit messen – aber richtig

Seit den späten achtziger Jahren gehören mehr oder weniger regelmäßige Befragungen zur Kundenzufriedenheit in vielen Unternehmen zum Standard und sichern Heerscharen von Marktforschern ein gutes Auskommen. Mehrere große Institutsketten haben theoretische Modelle für Kundenzufriedenheit und Kundenbindung postuliert und entsprechende Fragebögen entwickelt, die „Gesamt-Zufriedenheit" erheben und auf die Teil-Zufriedenheiten mit den einzelnen kundenbezogenen Prozessen zurückführen. Häufig werden dabei verschiedene Maße zu Gesamt-Scores verrechnet, die – mit wohlklingenden Namen versehen – mit „Normwerten" aus Datenbanken verglichen und dadurch bewertbar gemacht werden. Die erwähnten Teil-Zufriedenheiten mit einzelnen kundenbezogenen Prozessen können nach der Höhe ihres Zusammenhanges mit dem Gesamtwert gewichtet werden und zeigen dann Handlungsbedarf für das Qualitätsmanagement auf.

Soweit so gut. Leider müssen immer mehr Unternehmen feststellen, dass „Kundenzufriedenheit" allein kein hinreichender Prädiktor für Kundenbindung ist. Anders ausgedrückt: Zufriedene Kunden gehen und unzufriedene bleiben. Sätze, wie „Wie kann es sein, dass wir im vergangenen Jahr 10 % unserer Kunden verloren haben, obwohl laut Befragung doch 98 % zufrieden sind?" sind inzwischen keine Seltenheit mehr.

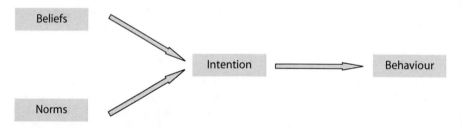

Abb. 1 Verhaltensprognose-Modell von Ajzen

Dabei gibt es seit fast 20 Jahren gut dokumentierte Ansätze, diesen scheinbaren Widerspruch zwischen „Einstellung" und „Verhalten" aufzulösen. Der US-amerikanische Sozialpsychologe Ajzen (1986) konnte zeigen, dass die Verhaltens*absicht* der beste Einzelprädiktor des tatsächlichen Verhaltens ist und dass die Verhaltensabsicht auf zwei Determinanten, sogenannten „Beliefs" (Überzeugungen) und „Norms" (Normen und die Bereitschaft, sich konform zu diesen Normen zu verhalten), zurückgeführt werden kann.

Dieses im Prinzip einfache Modell muss natürlich für das Kundenverhalten in dem entsprechenden Markt angepasst werden. Dabei ist zu ermitteln, aus welchen Bestimmungsstücken – neben der „Kundenzufriedenheit" – sich die

Beliefs zusammensetzen und welche sozialen Normen wirksam werden. Schließlich muss die Verhaltensabsicht angemessen operationalisiert, also in eine Messung überführt werden, die zuverlässig erhebt, was der konkret befragte Kunde in Zukunft zu tun gedenkt. Dann – und nur dann – können die Bedeutungsgewichte der einzelnen Zufriedenheitsfaktoren sowie der übrigen Einflussgrößen sinnvoll interpretiert und wirksame Verbesserungsmaßnahmen aus solchen Befragungen abgeleitet werden. Denn nur dann werden auch die Grenzen der Beeinflussbarkeit von Kundenbindung sichtbar. Solche nicht bzw. nicht direkt beeinflussbaren Einflussfaktoren auf die Kundenbindung können zum Beispiel in unerwarteten technologischen Innovationen durch Wettbewerber, den regulatorischen Rahmenbedingungen von Märkten oder auch der plötzlich auftretenden und daher schwer vorhersagbaren Lust des Kunden auf etwas Neues bestehen. Der Bessere ist bekanntlich der Feind des Guten. Bestimmte Märkte, wie zum Beispiel der Öffentliche Personenverkehr sind darüber hinaus durch captiveness vieler Kunden gekennzeichnet: Diese Kunden bleiben trotz hoher Unzufriedenheit, weil sie müssen – allerdings nur so lange, wie sie keine Alternativen haben! Das gewählte Kundenbindungsmodell und die daraus entwickelten Kundenbefragungen sollten unbedingt verhaltensorientiert sein und alle – auch die nicht direkt vom Unternehmen beeinflussbaren – Determinanten der Kundenbindung umfassen.

Gleichzeitig müssen die Daten einzel-kundenbezogen erhoben und gespeichert werden. Durch die gängige Praxis, Kundenzufriedenheit anonym zu erfragen, wird eine Validierung also eine Gültigkeitsüberprüfung der Kundenbindungs-Prognosen nämlich wirksam verhindert. Marktforschern kommt dies bisweilen nicht ungelegen, bieten doch nicht eingetroffene Prognosen Anlass für peinliche Fragen.

Dieses Risiko muss jedoch in Kauf genommen werden. Nur durch einen Abgleich der aus der Befragung ermittelten Verhaltensabsicht mit dem tatsächlichen Verhalten dieses Kunden im Zeitverlauf können Prognosemodelle sicher überprüft und angepasst werden. Dadurch lassen sich die Bedeutungsgewichte der einzelnen kundenbezogenen Prozesse im Hinblick auf die Kundenloyalität so anpassen, dass das Unternehmen wirklich weiss, welche „Hebel" für eine wirksame Kundenbindung entscheidend sind.

16.5 Motive und Barrieren der Kunden verstehen

Ein weiteres prominentes Betätigungsfeld der Marktforscher liegt in der Erforschung von Produkt- und Markenpräferenzen, Verwendungsgewohnheiten und Unternehmens-Images. Verbraucherbefragungen liefern umfangreiche Tabellen- und Berichtsbände, aus denen Strategien für Marketing und Vertrieb abgeleitet werden sollen.

Leider unterliegen Modelle des Verbraucherverhaltens bisweilen modischen Trends, die dazu führen, dass Indikatoren des Verhaltens postuliert werden, die zwar leicht kommunizierbar und scheinbar plausibel, aber nur von sehr begrenztem prognostischen Wert für das tatsächliche Verhalten sind. So waren Versuche, beispielsweise das Telefonierverhalten anhand der Zugehörigkeit zu bestimmten sozialen Milieus vorherzusagen, ähnlich trennscharf wie die Aussage „Wenn ich zu meinem Hund sage: ‚Komm her oder nicht‘, dann kommt er her oder nicht.“

Sinnvoller ist es, die Informationsbasis über Kunden – und Nicht-Kunden – um Daten zu ergänzen, die tatsächlich relevante Einstellungen, Bedürfnisse, Erwartungen, Motive und mögliche Barrieren enthalten. Zur Ermittlung dieser relevanten Faktoren gibt es – neben der Ausschöpfung interner Quellen – erprobte qualitative Befragungsverfahren, wie Einzelexplorationen oder Gruppendiskussionen mit Kunden und Nichtkunden. Daraus lässt sich ein Fragebogen für eine quantitative Befragung entwickeln. Wie bei der Erhebung der Kundenbindung sollte die Befragung verhaltensorientiert sein, also Verhaltensvariablen erfragen, auf die der Einfluss der Erwartungen, Motive, Barrieren etc. in der Analyse rechnerisch gewichtet werden kann.

Auch diese Erhebung sollte dabei für die Kunden einzelfallbezogen erfolgen, um die Ergebnisse anschließend dem jeweiligen Kundendatensatz zuordnen zu können.

16.6 Verknüpfte Daten analysieren

Jetzt liegen alle Daten vor, um ein leistungsfähiges Scoring-Modell zu entwickeln: Kundenstammdaten für die Identifizierung, Transaktions- und Kostendaten für die Bewertung der Profitabilität, Befragungsdaten über Kundenbindung für die Einschätzung der Wechselgefährdung sowie ihrer Determinanten und die Informationen aus der Befragung zu Einstellungen, Motiven, Barrieren etc. Anders ausgedrückt können Sie aus diesen Daten für jeden Kunden herauslesen:

- Wer ist dieser Kunde und wo finde ich ihn?
- Was hat er bereits bei mir gekauft, wann und zu welchem Preis?
- Wieviel habe ich bisher an ihm verdient und werde ich daher voraussichtlich auch in Zukunft an ihm verdienen?
- Wie zufrieden ist dieser Kunde mit unserer gesamten Geschäftsbeziehung, womit hat er Probleme, wie abwanderungsgefährdet ist er und wie kann ich ihn am besten davon abhalten?

• Was hat dieser Kunde für Bedürfnisse, Motive, Erwartungen, Barrieren etc., aus deren Kenntnis ich Potentiale für zusätzliches Geschäft machen kann?

Das Entscheidende – und deshalb wurde in diesem Artikel auch so oft darauf hingewiesen – ist, dass alle diese Daten *einzelkunden-bezogen* vorliegen und daher verknüpft werden können. Aus diesen Verknüpfungen können dann Scores berechnet werden. Die berechneten Scores geben für jeden Kunden an, wie er angesichts seiner Bedürfnis- und Motivstruktur zugunsten optimaler Kundenbindung, der Ausschöpfung von cross selling-Potentialen etc. bedient werden sollte *und* was dabei maximal aufgewendet werden kann, ohne die Profitabilität dieses Kunden zu gefährden. Letzterer Score kann daher durchaus auch aussagen, dass für einen bestimmten Kunden überhaupt kein Aufwand mehr betrieben werden sollte, weil das Unternehmen bereits jetzt Geld mit ihm verliert.

Natürlich werden Unternehmen in der Regel nur einen Ausschnitt ihrer gesamten Kundenbasis befragen können, so dass die in den Datensätzen der nicht befragten Kunden fehlenden Informationen durch Analogieschlüsse ergänzt werden müssen. Hier gibt es aber bewährte statistische Verfahren, mit deren Hilfe Kunden-Segmente gebildet werden, denen sich über sogenannte Segment-Marker sämtliche – also auch die nicht befragten – Kunden mit hoher Treffergenauigkeit zuordnen lassen. In Branchen mit direktem Vertriebskontakt bietet es sich zudem an, die Segment-Zuordnung eines bestimmten Kunden mittels eines einfachen Kurzfragebogens durch den Vertriebsmitarbeiter verifizieren bzw. korrigieren zu lassen.

Selbst wenn ein Unternehmen den Aufwand für eine wirklich einzelkunden-spezifische Behandlung scheut, lassen sich pro Segment Kosten-Nutzen-optimierte Pakete schnüren, die trotz gewisser Streuverluste allemal besser sind, als die „Einheitsfarbe Schwarz" des Henry Ford.

Ein Beispiel aus dem Banken-Bereich soll das Prinzip der Scoring-Modelle veranschaulichen:

Angesichts des rückläufigen Vertrauens der Deutschen in die Zukunft der gesetzlichen Altersversorgung ist die private Zusatzvorsorge auf dem Vormarsch. Dabei dominiert mit weitem Abstand die Kapital-Lebensversicherung, während unter anderem Aktienfonds – trotz langfristig attraktiverer Renditen – nur eine Nischenposition einnehmen. Hier liegen ungenutzte Potentiale für Banken, deren Ausschöpfung jedoch die Kenntnis und Überwindung kundenseitig offenbar bestehender Barrieren erfordert. Die Entwicklung attraktiver Produkte sowie einer überzeugenden Kommunikations- und Vertriebsstrategie auf Basis des skizzierten Informationsmanagements erscheint dabei vielversprechend, verfügen doch gerade Banken bereits über eine Vielzahl von Daten über jeden Kunden, die eine sichere

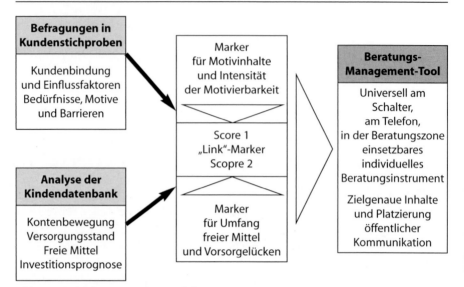

Abb. 2 Beispiel für ein Scoring-Modell

Bedarfs- und Potentialbewertung erlauben und nur noch durch eine Befragung zur Motiv- und Bedürfnissituation ergänzt werden müssen. Jeder Kunde wird aufgrund der Datenverknüpfung dann mit Scores für Potential und Bedürfnissituation versehen und darüber einem Segment zugeordnet. Durch die erwähnten Segment-Marker kann jeder Kunde entsprechend klassifiziert werden. Die Vorteile für eine gezielte Produktentwicklung und Vermarktungsstrategie liegen auf der Hand.

Im direkten Kundenkontakt an Bankschalter oder Hotline werden jedem Vertriebsmitarbeiter die entsprechenden Informationen auf den Bildschirm gespielt, sobald er den Kundennamen eingegeben hat. Dazu gehören eine – gegebenenfalls vorläufige – Segmentkennung, einige Fragen an den Kunden zur Verifizierung dieser Segmentzuordnung, alternative Produktvorschläge und Argumente, mit denen Einwänden des Kunden im Gespräch begegnet werden kann. Allein dadurch, dass der Kunde sich in einer solchen Interaktion von Anfang an „verstanden" und „ernst genommen" fühlt, entsteht ein positives Gesprächsklima, das Abschlüsse sehr erleichtert. „Woher wussten Sie, dass ich schon länger über Aktienfonds nachdenke, mich aber ohne Ihre gute Beratung nie getraut hätte…?"

Bei Kunden, die kein Potential für dieses Produkt aufweisen, liest der Vertriebsmitarbeiter diese Information ebenfalls vom Bildschirm ab – und das rechtzeitig, bevor er damit begonnen hat, dem Kunden auf die Nerven zu gehen.

Aus dem ebenfalls gezeigten Loyalitäts-Score für den Kunden sieht Ihr Vertriebsmitarbeiter schließlich, ob dieser Kunde wechselgefährdet ist und weshalb. Vielleicht kann der Mitarbeiter ja sofort etwas dagegen tun?

16.7 Zusammenfassung

Im Unternehmen vorhandene Kundendaten können systematisch zusammengeführt und durch Befragungen gezielt ergänzt werden, um die Informationsbasis für Marketing und Vertrieb entscheidend zu verbessern. Durch die analytische Verknüpfung dieser Daten lassen sich sog. Scoring-Modelle entwickeln, die bedürfnisgerechte Kundenbetreuung bei hoher Profitabilität für das Unternehmen ermöglichen. Die dazu notwendigen Schritte sind nachfolgend zusammengefasst.

> → Verschaffen Sie sich einen Überblick, in welchen Bereichen Ihres Unternehmens kundenbezogene Daten vorhanden sind
> → Holen Sie Vertreter aus allen diesen Bereichen sowie aus der IT- und der Marktforschungs-Abteilung und dem Controlling zusammen
> → Stellen Sie gemeinsam eine Liste aller für das „echte" Direkt-Marketing benötigten kundenbezogenen Daten zusammen
> → Vergessen Sie nicht, auch Kostendaten zu berücksichtigen
> → Lassen Sie eine Übersicht über Struktur und Inhalt der vorhandenen Datenbank(en) sowie gegebenenfalls vorhandene Schnittstellen erstellen
> → Stellen Sie gemeinsam fest, welche benötigten Daten bereits vorhanden sind und wo
> → Lassen Sie ein Pflichtenheft für eine, im Sinne Ihrer vorher festgelegten Anforderungen vollständige, integrierte Datenbank erstellen
> → Fordern Sie von Ihren IT-Experten einen Zeit- und Kostenplan für die Umsetzung an
> → Prüfen (und ggf. revidieren) Sie diesen Plan mit Hilfe von Benchmarking
> → Lassen Sie von Marketing, Vertrieb und Qualitätsmanagement den Informationsbedarf für die Kundenbefragungen erarbeiten
> → Fordern Sie bei der Marktforschung entsprechende Vorschläge für die methodische Umsetzung der Befragungen an.
> → Stellen Sie gegebenenfalls sicher, dass die Marktforschung externe Experten hinzuzieht, die sich mit Scoring-Modellen auskennen

> → Holen Sie die Vertreter Ihrer Fachabteilungen erneut zusammen, wenn die Befragungs-Daten vorliegen und legen Sie gemeinsam Kriterien für die Datenverknüpfung und die Scoring-Modelle fest
> → Pilotieren Sie einen oder zwei ausgewählte Bereiche bzw. Kundensegmente inkl. eines echten „Roll out" der Marketing- und Vertriebsmaßnahmen, um die Tragfähigkeit der Modell-Ergebnisse zu überprüfen
> → Setzen Sie Ziele, befristen Sie diese und monitoren Sie regelmäßig den Fortgang des Projekts
> → Geben Sie sich dennoch Zeit. Rom wurde auch nicht in einem Tag erbaut.

Ein solches Projekt berührt im übrigen fast alle Bereiche des Unternehmens und räumt dabei mit vielen liebgewordenen, aber gleichzeitig wenig effektiven bzw. effizienten Gewohnheiten auf. Folglich müssen Sie mit Widerständen mancher Mitarbeiter rechnen. Als verantwortliche Führungskraft sollten Sie sich aber nicht beirren lassen, getreu dem Leisatz von David Packard, einem der Gründer von *Hewlett Packard:* „Marketing ist viel zu wichtig, um es allein der Marketing-Abteilung zu überlassen."

Literatur

Ajzen, I. & Madden, T. J. (1986). Prediction of goal directed behavior.
Attitudes, intentions, and perceived behavioral control.
Journal of Experimental Social Psychology, 22, 453 – 474.

17 Pre-IPO-Unternehmen

Harald Drescher

Die nachfolgenden Ausführungen geben in erster Linie die Sicht des Privatanlegers wieder, haben aber andererseits Strukturbedeutung für die Art und Weise der Finanzierung von Unternehmen, insbesondere für Existenzgründer und Mittelständler.

Nach einer Studie über die Finanzierung mittelständischer Unternehmen im Auftrag der Dresdner Bank AG und dem Wirtschaftsmagazin „Impulse" im Jahre 2000 greifen die Mittelständler noch immer am häufigsten im Rahmen der Selbstfinanzierung auf einbehaltene Gewinne zurück, um ihren Kapitalbedarf zu decken. In Zukunft werden neben der Innenfinanzierung verstärkt neue Finanzierungsinstrumente der Außenfinanzierung in den Mittelpunkt rücken, wie beispielsweise privates Beteiligungskapital, Schuldverschreibungen oder Börsengänge.

17.1 Steigende Bedeutung der Aktie in Deutschland

Die deutschen Privatanleger entdecken die Aktie – auch wenn dieser Bewusstseinsprozess gemessen am internationalen Vergleich noch langsam vonstatten geht (Abb. 1). So besaßen im Jahr 1999 gerade einmal fünf Millionen Bundesbürger Teilhaberpapiere. Im Verhältnis zur Bevölkerung zeigt sich aber, daß in Schweden jeder zweite, in USA jeder vierte, in Deutschland jedoch nur jeder zwölfte Bundesbürger über 13 Jahre Aktien besitzt. Für diese vornehme Zurückhaltung gibt es Gründe: Anders wie beispielsweise unsere angelsächsischen Nachbarn legen die Deutschen in Vermögensangelegenheiten kaum Risikofreude an den Tag. Darüberhinaus ist selbst für viele Führungskräfte die Börse und das was sich dahinter verbirgt, ein Buch mit sieben Siegeln.

Viele Aktienemissionen – insbesondere die des Neuen Marktes[1] – waren und sind hoffnungslos überzeichnet. Privatanleger hatten zum Teil kaum eine Chance, dabei zu sein. Die wenigen „Glückspilze" gewannen in der Regel überproportional. Erfolgte überraschenderweise eine Zuteilung für das Gros der Privatanleger, so war die Performance des Papiers im weiteren Verlauf oft genug eher enttäuschend. Auch diese Erfahrung mussten etliche private

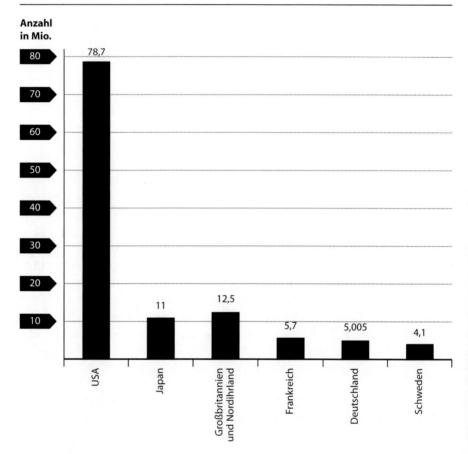

**Anzahl
in Mio.**

Abb. 1 Aktionäre in ausgewählten Ländern
Quelle: DAI-Factbook 1999

Investoren selbst erleben. So wurden innerhalb von nur dreieinhalb Jahren seit Einführung bereits weit über 300 Unternehmen am Neuen Markt gelistet. Neuemissionen können auch für private Investoren eine lohnende Anlage sein. Doch scheuen sich manche Anleger vor dem nicht kalkulierbaren Risiko. Andere sind sich sicher, die richtige Entscheidung getroffen zu haben, hatten aber bei ihrer Haus- oder Direktbank kein Zuteilungsglück. Ist die Hausbank überhaupt nicht im Konsortium[2] vertreten, so bestehen in der Tat wenig Chancen auf Zuteilung von Aktien.

Für enttäuschte Privatinvestoren, die in der Vergangenheit vielfach leer ausgingen, stellt sich deshalb die Frage: Gibt es Möglichkeiten, gezielt Aktien bereits vor der Neuemission zu erwerben, um nicht vom intransparenten Zuteilungsverfahren der Banken abhängig zu sein? Abhilfe kann hier der Handel mit (noch) nicht börsennotierten Aktien schaffen.

17.2 Informationsbeschaffung

Von nahezu 9.000 bis Mitte des Jahres 2000 als Aktiengesellschaften eingetragenen Unternehmen waren nur etwa 1.000 an einer deutschen Börse zum Handel zugelassen. Die börsennotierten Werte verteilen sich auf die Handelssegmente Amtlicher Handel, Geregelter Markt, Freiverkehr und Neuer Markt. Ein reger Handel findet allerdings nur bei ca. 300 bis 400 dieser Werte statt und konzentriert sich auf Unternehmen des DAX, MDAX und des Neuen Marktes. Um auch aus der Mehrzahl der unnotierten Werte eine entsprechende Selektion vornehmen zu können, ist es unerlässlich, sich über die in Frage kommenden Unternehmen ein umfassendes Bild zu machen.

Als Aktionär ist man Teilhaber der betreffenden Gesellschaft und sollte sich deshalb verständlicherweise auch anhand von Unternehmensmeldungen, Quartals- und Geschäftsberichten regelmäßig über „sein" Unternehmen auf dem Laufenden halten. Die PR-Abteilungen gerade der kleinen Aktiengesellschaften kommen diesem Bedürfnis ihrer Teilhaber, und solchen die es werden wollen, gerne nach. Oftmals sind auch noch Gespräche mit dem Vorstand direkt möglich. Daneben können als weitere Informationsquellen Pressemeldungen, Kundenbroschüren, vorliegende Emissionsprospekte, das Studium einschlägiger Fachzeitschriften sowie falls verfügbar, Unternehmensstudien von Bank-Analysten herangezogen und ausgewertet werden.

Neben Print- und TV-Medien ist auch das Internet eine nicht mehr weg zu denkende Informationsquelle. Vorsicht ist jedoch bei Informationen aus Chat-Rooms oder Foren geboten, bei denen jeder Nutzer, ob qualifiziert oder nicht, ungeprüft seine Meinungen einstellen kann. In vielen Fällen sind dadurch schon Gerüchte entstanden, die irgendwann in der Kette der Weitergabe als fundamentale Fakten klassifiziert wurden.

Obligatorisch ist die Frage, was stellt das Unternehmen her oder welche Dienstleistung erbringt die Gesellschaft, für die ich mich interessiere und möglicherweise Aktien erwerben möchte. Generell sollte man vordergründig in eine Branche investieren, in der man sich selbst auskennt, sei es als Geschäftspartner des Unternehmens, aufgrund eigener beruflicher Tätigkeit oder weil man sich eingehend mit dem Geschäftszweck der Gesellschaft auseinandergesetzt hat.

Selbstverständlich kann eine Beratung durch einen Experten, etwa bei einer Bank oder besser durch einen unabhängigen fachkundigen Vermögensberater die eigene Meinung bestärken und untermauern. Erfolgreiche „Aktienprofis" allerdings vertrauen nicht blind jeder Empfehlung. Sie beobachten zunächst interessante Gesellschaften und stellen fest, ob sich die Entwicklung des Unternehmens mit ihrer Einschätzung deckt. Ist dies der Fall dann gibt es auch kein „zu teuer" oder „zu spät". Wer auf Wachstumsaktien mit einer guten Equity-Story[3] und wirklich gutem Management setzt, sollte auf längere Sicht Freude an „seinem" Unternehmen haben.

17.3 Abwägen von Chance und Risiko

In Zeiten, da die Probleme der staatlichen Altersvorsorge eher größer statt kleiner werden, sollte es nicht verwundern, daß sich immer mehr Deutsche nicht nur für Aktien interessieren, sondern sie verstärkt als Möglichkeit ansehen, damit auch für das Alter vorzusorgen. Auch die vielzitierte „Generation der Erben" untermauert diesen Trend, da es erfahrungsgemäß leichter fällt, nicht selbst erarbeitetes Geld zu investieren.

Der Börsengang der Telekom im Herbst 1996 war wohl die Initialzündung. Viel wichtiger dürfte mittlerweile der Anstoß durch den Neuen Markt sein, an dem schon so mancher private Anleger stattliche Gewinne verbuchen konnte. Dies war bis kurz nach dem 300sten Börsengang am Neuen Markt nahezu die Regel. Mit steigender Größe des Segments häuften sich dann auch die Ausnahmen mit Verlusten, zum Teil kam es nach Gewinnwarnungen bei den Unternehmen zu größeren Kursrückschlägen.

Gerade bei noch nicht börsennotierten Gesellschaften kommt neben der Informationbeschaffung, auch dem Abwägen von Chancen und Risiken ganz besondere Bedeutung zu.

Wichtigstes Auswahlkriterium für erfolgreiche Unternehmen ist der Wachstumsfaktor. Nur Unternehmen mit hervorragenden Wachstumsaussichten trotzen auch mal Schwächeperioden am Markt und hatten in der Vergangenheit auf lange Sicht trotz Schwankungen eine nach oben gerichtete Performance. Vielfach bieten gerade die kleinen, unabhängigen und innovativen Aktiengesellschaften interessante Möglichkeiten zu günstigen Kursen Anteile zu erwerben und so an der lebendigen wirtschaftlichen Entwicklung des Unternehmens teilzunehmen. Darüberhinaus erscheint wichtig, in eine attraktive Branche oder eine Gesellschaft mit einem neuartigen Verfahren zu investieren.

Ein weiteres entscheidendes Kriterium ist allerdings die Marktführerschaft innerhalb der Branche. Potentielle Nachahmer dürften über kurz oder lang keine entscheidenden Marktanteile aufbauen können.

Unisono ist die Qualität des Managements ausschlaggebend, das zeigt sich spätestens nach erfolgtem Börsengang. Insbesondere angelsächsische und amerikanische Investmenthäuser sprachen in der Vergangenheit Unternehmen mit herausragendem Management auch in Krisenzeiten das Vertrauen aus.

Auch die bisherigen Erfolge bei Pre-IPO-Beteiligungen[4] eines Handelsunternehmens können die eigene Meinung positiv oder negativ beeinflussen. Eine Überzeichnung bei Kapitalerhöhung, bzw. beim Börsengang sowie deutlich über der Bookbuildings-Spanne[5] liegende Graumarktpreise[6] können ergänzend auf Chancen hinweisen. Eine Überzeichnung ist relativ schnell erreicht, wenn das Emissionsvolumen vergleichsweise gering und die Nachfrage nach Aktien des Unternehmens stark ausgeprägt ist.

Neben allen Chancen, sollte man auch vor den Risiken nicht die Augen verschließen: Vorsicht ist geboten, wenn die Wachstumsprognose nicht gehalten werden kann oder geplante Börsengänge bereits abgesagt oder verschoben wurden. Gerade am Neuen Markt wurden, wie sich nach einiger Zeit für einige Privatanleger schmerzhaft herausstellte, auch zuviele positive Ad-hoc-Meldungen[7] herausgegeben. Negative Tatsachen wurden in Einzelfällen gar geschönt oder noch schlimmer, in betrügerischer Absicht verschwiegen.

Gefahren beim vorbörslichen Investment lauern, von möglichen Fehlentwicklungen des zukünftigen Börsen-Unternehmens abgesehen, häufig auch in der Abhängigkeit von Schlüsselpositionen innerhalb der Gesellschaft. Gerade bei Unternehmen mit sehr kleinen Führungsteams besteht die latente Gefahr, daß eine einzelne Person aufgrund ihres speziellen Know-how oder ihres Bekanntheitsgrades nur schwer zu ersetzen ist. Der Weggang eines Vorstandes oder ein Wechsel im Management kann ein Unternehmen in erhebliche Schwierigkeiten bringen – mit entsprechendem Kursrisiko für die Aktionäre.

Daher gilt: Nur wer die Gefahren ausreichend kennt, sollte bei Pre-IPO-Beteiligungen sein Glück versuchen.

17.4 Venture Capital bringt für beide Seiten Vorteile

Der Gang an die Börse ist für viele erfolgversprechende kleine und mittlere Unternehmen auf mittlere Sicht ein angestrebtes Ziel, zumal sich über den Kapitalmarkt ein rasantes Wachstum günstiger finanzieren läßt als über die eigene Hausbank. Unterstützend wirkt außerdem, daß die Rechtsform „Kleine AG" gesetzlich gefördert wurde und wird.

Bei der „Kleinen AG" oder Neudeutsch auch „Business AG" handelt es sich nicht um einen neuen Typus einer AG, denn das Aktiengesetz kennt diese Begriffe nicht. Wohl aber differenziert das Gesetz in einzelnen Vorschriften und bietet Erleichterungen, beispielsweise hinsichtlich dem Kreis der Aktionäre. Unter einer „Kleinen AG" ist eine herkömmliche AG, jedoch mit einer „kleinen" Zahl von Aktionären, zu verstehen. Eine Gründerzahl von fünf Personen wie bei der „großen" AG ist nicht mehr vorgeschrieben, es reicht einer. Auch die Regularien für die Hauptversammlung wurden vereinfacht, so dass sie heute – bei kleinerem Aktionärskreis – mit denen einer Gesellschafterversammlung einer GmbH vergleichbar ist.

Da viele Unternehmen zunächst weder personell noch finanziell über die notwendige Größe zur amtlichen Börseneinführung verfügen, ist der vorbörsliche Handel eine äußerst praktikable Vorgehensweise, sich auf den späteren Börsengang vorzubereiten: Aufwand und Kosten halten sich in deutlich engeren Grenzen als bei einer Einführung in den amtlichen Börsenhandel.

Gerade dem professionellen Due Diligence[8] beim Going Public[9] kommt besondere Bedeutung zu (Abb. 2). Die einzelnen Schritte von der Planungsphase bis hin zum eigentlichen Börsengang bereiten dem Unternehmensmanagement in der Regel stressreiche, aber mitunter für den weiteren Unternehmenserfolg sehr ausschlaggebende Monate. Das volle Ausmaß sprengt die Vorstellungskraft der meisten Unternehmensmanager.

So ist es naheliegend, dass viele junge Unternehmen an ein Wertpapierhandelshaus herantreten, um ihre Aktien schon vor dem eigentlichen amtlichen Börsengang außerbörslich listen zu lassen. Dadurch lassen sich viele Einzelschritte etwas geruhsamer abseits vom „Parkett" und „Rampenlicht" einüben.

Abb. 2 Die drei großen Schritte aufs Parkett

Fällt die Vorprüfung durch das Wertpapierhandelshaus positiv aus, stellt dies auch für potentielle Privatanleger ein Qualitätsmerkmal dar. Die so ausgewählten Unternehmen werden mit Know-how und durch Bereitstellung von Venture Capital[10], sowohl von institutionellen wie auch privaten Investoren unterstützt. Das Wertpapierhandelshaus sichert sich damit künftige Marktteilnehmer und kann bei positivem Verlauf stille Reserven aufbauen.

Auch das Interesse von privaten und institutionellen Anlegern an Direktinvestments in nicht börsennotierten Wachstumsunternehmen steigt. Der Markt an vorbörslichen Beteiligungen, die in der Vergangenheit vornehmlich den institutionellen Investoren vorbehalten waren, ist gigantisch (Abb. 3). Seit 1997 kann man in diesem Bereich von einer Trendwende sprechen. Bis Ende 1999 steckten gar über 11 Mrd. Mark an Beteiligungskapital in deutschen Unternehmen. Gerade über die Wertpapierhandelshäuser bietet sich zunehmend auch privaten Anlegern die Möglichkeit der Investition mit kleineren Anlagesummen in Venture Capital.

Derartiges Wagniskapital dient der Stärkung und Verbesserung der Eigenkapitalbasis junger, wachstumsorientierter Unternehmen. Die Anleger gewähren kein Darlehen, sondern stellen der Gesellschaft durch Aktienerwerb Eigenkapital zur Verfügung. Institutionelle wie private Investoren

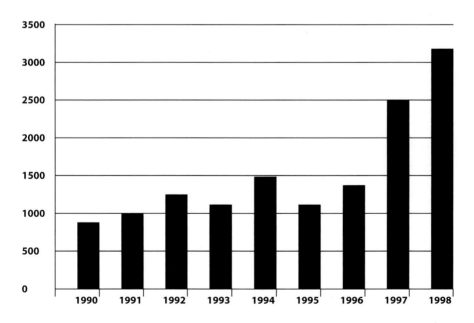

Abb. 3 Neuinvestitionen von Beteiligungsfirmen in Deutschland (in Mio. DM)
Quelle: Bundesverband Deutscher Kapitalbeteiligungsgesellschaften

erhalten keine feste Verzinsung, sondern partizipieren an den Gewinnen und vor allem am Wertzuwachs der jeweiligen Unternehmen, an denen sie eine Beteiligung erworben haben. Gleichzeitig tragen sie als Eigenkapitalgeber aber auch das volle unternehmerische Risiko. Für das Jahr 1998 beispielsweise wurde im Venture Capital-Bereich in Deutschland eine durchschnittliche Rendite von gut 30 Prozent p. a. errechnet[11].

Obwohl Venture Capital für manche „abenteuerlich" klingt und oft mit spekulativen Anlagen in Verbindung gebracht wird, sind sich Experten einig, dass Wagniskapital vor allem für konservative Anleger geeignet ist, die langfristig investieren. Geschätzte sechs Milliarden Mark wurden allein 1999 in Deutschland von privaten Anlegern in junge aufstrebende Unternehmen investiert, um diese zu finanzieren.

Wer als privater Anleger der konkreten Einzeltitelauswahl eines Start-Up-Unternehmens[12] ausweichen möchte, der kann sich an einem Investmentfonds, welcher in VC-Unternehmen[13] investiert, beteiligen. Das ist selbst mit kleinen Anlagesummen sowie in vielen Fällen auch in monatlichen Sparraten möglich. Auch hier wird die Auswahl von Spezialisten getroffen. Bislang konnten private Anleger mit derartigen Fondsanteilen in hohem Maße von den Kurszuwächsen des Venture-Capital profitieren. Bei etwaigen Kursrückgängen ist dagegen das Risiko minimiert, selbst auf das falsche vorbörsliche Unternehmen gesetzt zu haben.

Eine weitere Möglichkeit führt über die Börse, nämlich der Aktienkauf von börsennotierten Venture-Capital-Unternehmen. Diese investieren ihrerseits, analog den Investmentfonds, in viele einzelne vorbörsliche Unternehmen. Oft findet der größte Teil deren Beteiligungen im sogenannten Bridge-Financing-Stadium[14] statt, d. h. im maximal ein- bis zweijährigen Zeitraum vor dem Börsengang. Für den Privat-Anleger ist das Risiko minimiert, bei gleichzeitiger Wahrung aller Chancen im Wachstumssegment des Venture-Capital.

Denn Experten prognostizieren eine weitere Zunahme des Booms von Firmengründungen, nicht zuletzt aufgrund der zunehmend günstigen Rahmenbedingungen für junge innovative Unternehmen. Einige sprechen gar davon, Deutschland sei der beste Venture-Capital-Markt der Welt, mit einem jährlichen Wachstum von mehr als 50 Prozent. Vergleiche mit der Gründerwelle wie am Ende des 19. Jahrhunderts drängen sich auf.

Entsprechend hoch ist umgekehrt die Nachfrage von aufstrebenden Unternehmen nach Eigenkapital zur Finanzierung des Wachstums sowie zur Vorbereitung und Durchführung eines späteren Börsengangs.

Gewinner dieser Entwicklung sind nicht mehr nur die Unternehmensgründer, Beteiligungsfirmen und investitionellen Investoren, sondern inzwischen auch vermehrt private Anleger, die sinnigerweise auch als Business Angels[15] bezeichnet werden.

Sie treten nicht nur als Investor, sondern daneben auch als Mentor auf. In der Regel handelt es sich bei Business Angels um engagierte Führungskräfte der Wirtschaft, die neben der Bereitschaft zur Kapitalbeteiligung von 50.000 Euro an aufwärts auch ihr Know-how ohne gesonderte Fakturierung zur Verfügung stellen. Mit ihren Erfahrungen sollen sie bei einem Zeitaufwand von ca. 2-3 Tagen pro Monat die Türen zu Märkten und Partnern für Start-Up-Unternehmen öffnen.

Die Idee schwappte aus Amerika in Form der als „First-Thuesday"-Treffen bekannt gewordenen Netzwerk-Zusammenkünften auch nach Europa herüber. Ohne die aktive Hilfe von Business Angels wären die Erfolgstories etwa von Apple, Microsoft und Hewlett Packard nicht geschrieben worden. Auch in Deutschland hat sich der Gedanke seit einiger Zeit verbreitet, in vielen Großstädten sind diese Treffen nicht mehr wegzudenken. In USA gibt es ca. eine Million aktive Business Angels, in Deutschland wird deren aktive Zahl am Jahresende 2000 auf 27.000 geschätzt.

17.5 Erwerb von Aktien direkt beim Unternehmen

Was zukünftige Börsenwerte grundsätzlich interessant macht, ist die Tatsache, daß diese Unternehmen bereits vor dem offiziellen Listing an einer amtlichen Börse schon als Aktiengesellschaft existieren. Viele dieser unnotierten Titel können trotzdem erworben und auch gehandelt werden. Die Vergangenheit hat gezeigt, dass sie sogar in geringerem Maße Crash-Situationen der traditionellen Börsen unterliegen.

Einem interessierten Anleger ist es im Rahmen einer Kapitalerhöhung der Gesellschaft und Programme möglich, solche Aktien vom betreffenden Unternehmen selbst zu beziehen. Gerade guten Kunden und Lieferanten bleibt es bis kurz vor dem Börsengang oftmals vorbehalten, direkt zu investieren. In diesen Fällen sollte das Risiko des Anlegers überschaubar sein, da man das Unternehmen zumeist näher kennt. Die Konsortialbanken reservieren dazu maximal bis zu fünf Prozent des Emissionsvolumens vorab.

Bei unbekannten Unternehmen, die ihr Private Placement[16] ausschließlich über Medien-Anzeigen publik machen, besteht dagegen ein höheres Risiko. Zum einen entfällt eine gewisse Vorprüfung, die nach deutschem Presserecht keinesfalls durch das die Anzeige schaltende Print-Medium erfolgt. Zu anderen kommt der Informationspflicht des Anlegers bei Privatplatzierungen eine äußerst tragende Rolle zu. Sich nur auf die Prospekthaftung zu stützen wäre sicher zu wenig. Äußerste Vorsicht ist gar beim Einsatz von geschulten Telefonverkäufern geboten.

17.6 Das Lock-Up

Im Rahmen von Börsengängen ist es internationaler Kapitalmarktstandard und bewährte Praxis, daß sich alle bisherigen Aktionäre des angehenden Börsenunternehmens für eine gewisse Zeit nach der Notierungsaufnahme ihrer Aktien einer Veräußerungsbeschränkung, dem sogenannten „Lock-Up", unterwerfen. Dies trifft in erster Linie Vorstände, Aufsichtsratsmitglieder, Mitarbeiter, aber auch alle privaten Investoren, die sich vorbörslich bereits an einem Unternehmen durch Kauf von Aktien beteiligt haben.

Für verschiedene Marktsegmente – beispielsweise dem Neuen Markt – beträgt diese Haltefrist ab IPO ein halbes Jahr und ist durch die Börsenaufsicht sogar verbindlich vorgeschrieben. Die Aktien der sogenannten Altaktionäre erhalten für diese Dauer eine separate Wertpapierkenn-Nummer, über die ein Verkauf bis zum Ablauf der Veräußerungssperre nicht möglich ist. Oftmals verpflichten sich die Unternehmensgründer auf freiwilliger Basis sogar für einen noch längeren Zeitraum, der durchaus zwei Jahre betragen kann. Dieser Lock-Up stellt sicher, dass in der ersten Phase des jungen Börsenlebens einer Gesellschaft keine Kursverwerfungen durch die unkontrollierte Abgabe von Altaktien entstehen können.

Für institutionelle Investoren stellt dies in der Regel kein Problem dar, bei Privatinvestoren kann es auch im Hinblick auf die Steuergesetze oftmals ebenfalls kein Fehler sein, Aktien als längerfristiges Investment zu betrachten. Auch der Renditevergleich „Aktie versus Rente" liefert in der Historie auf lange Sicht ebenfalls deutlich bessere Renditen bei Aktieninvestments.

Durch die Lock-Up-Periode kann die Gefahr einer eigendynamischen, fundamentalen Aspekten nicht mehr gerecht werdenden Kursentwicklung deutlich reduziert werden: Und es liegt somit im Interesse aller Investoren, die im Rahmen des Börsengangs die Zeichnung der Aktien beabsichtigen. Zudem stellt eine auf freiwilliger Basis verlängerte Veräußerungsbeschränkung ein wichtiges Qualitätskriterium dar und hat unmittelbare Auswirkung auf den Platzierungspreis der Aktien und den Erfolg der gesamten Emission beim Börsengang.

Wird die Lock-Up-Erklärung nicht von allen Altaktionären abgegeben, so bleibt für den Börsengang nur die Auswahl eines anderen Marktsegments, wie beispielsweise Amtlicher Handel, Geregelter Markt oder Freiverkehr.

17.7 Vom IPO zum EPO

Während bisher der Aktienkauf im Rahmen des IPO den privaten Anlegern als Dienstleistung der Hausbanken angeboten wurde, steigt die Möglichkeit der Zeichnung von Neuemissionen via Internet und virtuellen Emissionshäusern.

Zum Teil reservieren die Unternehmen neben dem herkömmlichen Procedere beim IPO einen Teil des Emissionsvolumens für die Platzierung im Internet. Dabei sind die Zuteilungsmodi zum Teil recht unterschiedlich. Manche Unternehmen entscheiden nach der chronologischen Reihenfolge der ins Internet eingestellten Zeichnungswünsche. Bei anderen wiederum wird der Kenntnisstand des Privat-Anlegers mittels Fragebogen getestet. Internetplazierungen zu 100 Prozent sind zur Zeit eher selten.

Die Tendenz wird sich jedoch in Zukunft verstärken, so dass sich das Equity-Capital-Market-Geschäft[17] immer mehr zum EPO[18] entwickeln wird. Dabei wird die Aktienzeichnung, die eigentliche Zuteilung und das Bezahlen der zugeteilten Aktien ausschließlich Online über Internet erfolgen.

Auch die Kommunikation zwischen dem Banken-Research und den Investoren, ob privat oder institutionell, wird nach und nach in Online-Prozessen erfolgen.

17.8 Aktienerwerb über ein Wertpapierhandelshaus

Verfügt man als potentieller Anleger nicht über persönliche Kontakte zu einem angehenden Börsenunternehmen oder es steht aktuell keine Kapitalerhöhung an, so ist es oft nur über eines der wenigen Wertpapierhandelshäuser möglich, sich an lukrativen Unternehmen zu einem sehr frühen Zeitpunkt zu beteiligen. Meist zu besseren Konditionen, als bei der später folgenden Börsenemission und gleichzeitig mit dem entscheidenden Vorteil, das Problem der Nichtzuteilung bei einer Emission zu umgehen.

Die speziellen Merkmale des außerbörslichen Handels mit Spezialwerten spiegeln sich auch in der Kooperation der Wertpapierhandelshäuser mit interessanten kleineren Unternehmen wider, die sich entweder auf der Schwelle zur „großen" amtlichen Börse oder der Start-up-Phase befinden. Die Vergangenheit hat gezeigt, dass für viele dieser Unternehmen später weit höhere Kurse bezahlt wurden. Die Kunden der Wertpapierhandelshäuser wissen, dass durch die Stellung handelbarer Geld- und Briefkurse[19] für Liquidität gesorgt wird.

Dabei verdient das Handelsunternehmen in erster Linie an dem Saldo aus Ankaufs- und Verkaufskursen, beziehungsweise aus der Differenz von Geld- und Briefkursen. Provisionsüberschüsse wie sie beispielsweise die depotführenden Hausbanken beim Kauf bzw. Verkauf für ihre Kunden über die Börse generieren, sind diesen fremd.

Das Wertpapierhandelshaus kauft die Aktien in eigenem Namen und auf eigene Rechnung. Das Order-Procedere zum außerbörslichen Erwerb von Aktien ist im übrigen äußerst transparent: Potentielle Anleger haben die Möglichkeit, Aufträge per Post, per Fax, per Telefon oder online zu erteilen.

Auch Limitaufträge sind möglich. Zum Teil bestehen sogar erweiterte Handelszeiten gegenüber dem amtlichen Börsenhandel.

Um den Regeln des Wertpapierhandelsgesetzes zu genügen, muss vom Anleger im Vorfeld einmalig ein Analysebogen ausgefüllt werden. Allerdings erfolgt von Seiten des Handelshauses in der Regel keine auf die persönlichen Verhältnisse zugeschnittene Anlageempfehlung oder individuelle Beratung. Der Anleger kann beim entsprechenden Wertapapierhandelshaus auch kein Depot zur Verwahrung seiner erworbenen Papiere unterhalten. Dies bleibt der Hausbank vorbehalten: Dort können die Aktien im jeweiligen Depot des Anlegers verwahrt werden. Auf Wunsch werden Aktien – wenn möglich – vom Wertpapierhandelshaus sogar effektiv ausgeliefert.

Dieser Service mit seinen universellen Möglichkeiten schlägt sich so beispielsweise auch in den eigenen Aktienkursen der börsennotierten Handelshäuser nieder, deren Kurse in der Vergangenheit eine gute Performance erreichten und auch weiterhin aussichtsreich erscheinen. Nicht zuletzt durch die bekannt gewordenen beabsichtigten Steuerrechtsänderungen ab dem Jahr 2001/2002 sollten sich gerade für Wertpapierhandelshäuser voraussichtlich weitere Verbesserungen ergeben.

Bislang sind die Wertpapierhandelshäuser und deren Kunden in Deutschland von größeren Ausfällen so gut wie verschont geblieben. Dass es auch Flops gegeben hat, wird von den Häusern zwar ungern aber dennoch eingeräumt: Lieber sprechen die Verantwortlichen allerdings von den unzähligen Highflyern, die etliche ihrer Kunden schon reich gemacht haben.

Die exemplarische Vorgehensweise der Wertpapierhandelshäuser bei der Auswahl der Unternehmen zur Beteiligung umfasst im wesentlichen folgende Schritte: Zuerst wird der Kontakt, in der Regel ausgehend von der jungen Aktiengesellschaft, zum Wertpapierhandelsunternehmen oder späteren Emissionshaus geknüpft. Auch Messen und Gründerbörsen bieten dazu Gelegenheit. Anhand fundamentaler Kriterien und Analysen erfolgt eine Selektion geeigneter Gesellschaften für den Aktienhandel. In der Regel wird dies professionell durch Venture-Capital-Spezialisten durchgeführt. Dabei wird das Unternehmen eingehend geprüft, inklusive seines Markt- und Technologiepotentials. Eine Bewertung des Beteiligungsunternehmens schließt sich an. In dieser Phase finden auch intensive Gespräche mit dem Management statt. Betriebsbesichtigungen vor Ort ergänzen die bis dahin gewonnenen Erkenntnisse. Diese „Prüfungen" stellen in gewisser Weise einen Qualitätsstandard dar, den private Anleger beim Kauf direkt beim Unternehmen selbst sicherstellen müssen.

Die meisten Ablehnungen erfolgen bereits bei der Grobanalyse, entweder weil dem Wertpapierhandelshaus die Erfolgs- und Wachstumschancen des Unternehmens zu gering sind, oder aber die Geschäftsidee nicht zur Anlagestrategie bisher eingegangener Beteiligungen passt.

Ferner wird der Markt und die Zukunftsperspektiven der Unternehmen eruiert. Dabei wird ein Szenario entwickelt, wo das Unternehmen in zwei bis drei Jahren stehen könnte.

Privatanleger, die ebenfalls diese Vision vor Augen haben und etwas Mut aufbringen, haben stets die Chance, bei einem vorbörslichen Investment selbst einen der Börsenstars von morgen zu treffen.

Literatur

Factbook 1999, Deutsches Aktieninstitut e. V. (DAI), Frankfurt.

Existenzgründung, Schöffer-Poeschel Verlag, Stuttgart.

Geschäftsbericht 1999, Valora Effekten Handel AG (VEH), Ettlingen / Karlsruhe.

Beck-Texte, Aktiengesetz, dtv-Verlag, München.

Finanzieren mit Venture Capital, Schöffer-Poeschel Verlag, Stuttgart.

Business Angels und technologieorientierte Unternehmensgründungen, Fraunhofer JRB-Verlag, Stuttgart.

Anmerkungen

[1] Neuer Markt – Seit März 1997 Handelssegment für innovative, wachstumsstarke Unternehmen. Voraussetzung für das Listing sind gewisse Aufnahmekriterien.

[2] Konsortium – Gruppe aller betreuenden Banken beim Börsengang. Das federführende Institut wird als Konsortialführer bezeichnet.

[3] (Private) Equity – außerbörsliche private Aktienplatzierung vor dem Börsengang.

[4] Pre-IPO-Beteiligung – Vorbörslicher Erwerb von Aktien eines Unternehmens, längere Zeit bevor dieses zum amtlichen Börsenhandel zugelassen wird. – IPO – steht für Initial Public Offering und bedeutet erstmaliger Börsengang eines Unternehmens. Durch die Aufnahme des amtlichen Börsenhandels bekommt eine breite Öffentlichkeit die Möglichkeit durch den Kauf von Aktien in das Unternehmen zu investieren.

[5] Bookbuilding – Prozess der Preisfindung für neue Aktien, die an der Börse gehandelt werden. Vor dem Börsengang werden die Zeichnungswünsche potentieller Anleger von den betreuenden Banken notiert. Entsprechend der Nachfrage ergibt sich eine Bandbreite, innerhalb derer der endgültige Ausgabepreis festgelegt wird.

[6] Grauer Markt / Graumarktpreise – Kursfeststellungen von speziellen Handelshäusern „per Erscheinen" einige Wochen vor dem amtlichen Börsengang.

[7] Ad-hoc-Meldung – Öffentliche Mitteilung über eine kursbeeinflussende Tatsache, um allen Marktteilnehmern den gleichen Kenntnisstand zu geben. Soll Insiderhandel entgegenwirken.

[8] Due Diligence – Sämtliche Aktivitäten der Beschaffung, Überprüfung, Verdichtung, Aufbereitung, Analyse und Dokumentation von Informationen über eine potentiele Beteiligung, bzw. ein Going-Public-Unternehmen.

[9] Going Public – Börsengang.

[10] Venture Capital – Wagnis-, Chancen-, oder Risikokapital, VC.

[11] Quelle: Dr. Reuss Management Consult (Capital-Heft 11/99).

[12] Start-up – Junges, innovatives, wachstumsstarkes Unternehmen, dessen amtlicher Börsengang zu einem späteren Zeitpunkt geplant ist.

[13] VC-Unternehmen – Venture-Capital-Unternehmen.

[14] Bridge-Financing – Überbrückungsfinanzierung. Damit überbrücken Unternehmen, die sich den Börsengang zum Ziel gesetzt haben, den Zeitraum bis zum Going Public. In der Regel sind dies sechs Monate bis zwei Jahre. Ziel ist es, in dieser Zeit die Eigenkapitalquote zu verbessern und das Unternehmen fit für den Börsengang zu machen.

[15] Business Angels – Private Investoren, die sich bereits vor dem Börsenang an AG's beteiligen.

[16] Private Placement – außerbörsliche private Direktplatzierung einer AG ohne Einschaltung eines Partners (z. B-. Wertpapierhandelshaus).

[17] Equity-Capital-Market – Markt für private Aktienplatzierung.

[18] EPO – Electronic Public Offering, Weiterentwicklung des IPO.

[19] Geld- und Briefkurs – Der Anleger muß den Briefkurs bezahlen, wenn er die Aktien kauft, und erhält den Geldkurs, wenn er eigene Aktien dem Handelshaus verkauft. Dieses Procedere ist abweichend vom Börsenhandel, bei dem sich Käufer und Verkäufer bei einem Kurs treffen.

18 Sind Unternehmer die besseren Manager? Besondere Chancen und Risiken von Führungsstrukturen in Familienunternehmen

Heiko Hilse und Rudolf Wimmer

18.1 Hinführung

„Unternehmertum", „Entrepreneurship" und „Gründergeist" sind gefragt. Selbst dort – und in jüngerer Zeit gerade wieder dort –, wo die Zeiten der Gründung, der Ursprungsvision und der eigentümerorientierten Führung längst vorüber sind: In den Managementetagen von Großunternehmen. Es soll wieder „unternehmerisch" gedacht und geführt werden; mit mehr Mut zu Eigenverantwortung, Kunden- und Marktorientierung. Hierzu werden eigens strukturelle Bedingungen geschaffen, die eben diese Führungsqualitäten stärken und hervorbringen sollen: Kleinere, selbständige Einheiten, die wie Unternehmen im Unternehmen zu steuern sind (Profit Center); oder mit Venture Capital ausgestattete Start-Up-Companies, deren Aufgabe es ist, außerhalb bisheriger Wettbewerbsarenen mit innovativen Geschäftsideen neue Märkte zu erobern. In diesen Zeiten, da Manager also wieder zu Unternehmern werden sollen, erscheint es angebracht, den klassischen Unternehmer und insbesondere auch jenen Unternehmenstypus, in dem er typischerweise anzutreffen ist, das Familienunternehmen, unter Führungsgesichtspunkten genauer unter die Lupe zu nehmen.

„Sind Unternehmer die besseren Manager?" lautet die etwas zugespitzte Frage, die den vorliegenden Beitrag anleitet. Im Vordergrund steht jedoch nicht so sehr die Unternehmerpersönlichkeit (wie die Frage suggerieren könnte), sondern vielmehr die strukturellen Bedingungen in Familienunternehmen, die Führung in wesentlichem Maße mitbestimmen. Familienunternehmen unterscheiden sich insofern grundlegend von anderen Unternehmenstypen, als in ihrem Innern zwei im Grunde „fremde" Typen sozialer Systeme, die Familie und das Unternehmen, eine besondere Bindung zueinander eingehen (siehe Wimmer et al. 1996, S. 93 ff, Simon 1999 und unten). Die damit verbundenen Chancen- und Risikopotenziale zu kennen und bewusst mit ihnen umzugehen, scheint aus der hier angelegten Perspektive ein Schlüsselelement erfolgreicher unternehmerischer Tätigkeit zu sein. Auf diesem Hintergrund gliedert sich der Beitrag in drei Teile: Im ersten Teil wird kurz auf die sozio-ökonomische Bedeutung und das zugrundegelegte Verständnis von Familienunternehmen eingegangen sowie ein Führungsmodell eingeführt. Damit ist das Fundament für eine genauere Erörterung jener Chancen und Risiken gelegt, die in die Führungs- und Organisationsstrukturen von Familienunternehmen eingelassen sind. Der letzte Teil beschäftigt sich mit dabei zu Tage tretenden Professionalisierungsnotwendigkeiten, d. h. mit der Frage, wie Führungsstrukturen und -kompetenzen in Familienunternehmen heute sinnvoll weiterentwickelt werden können.

18.1.1 Bedeutung und Definition von Familienunternehmen

In der Europäischen Union sind ca. 75 % aller Betriebe dem Typus des Familienunternehmens zuzurechnen. Für Deutschland errechnete das Bonner Institut für Mittelstandsforschung kürzlich noch deutlich höhere Werte: Demnach liegt der Anteil deutschlandweit bei 92,8 % (vgl. Schröer & Freund 1999). Mit wachsender Umsatzgröße nimmt der Prozentsatz von Familienunternehmen allerdings deutlich ab. Unternehmen mit einem Jahresumsatz von mehr als 100 Millionen DM sind in den alten Bundesländern immerhin noch zu 50 % in Familienhand. Mehr als 60 % aller Arbeitnehmer sind in Familienunternehmen beschäftigt. Während die großen Publikumsgesellschaften in den 90er Jahren Personal abgebaut haben, sind in den Familienunternehmen kleinerer und mittlerer Größe viele neue Arbeitsplätze geschaffen worden. Ungefähr zwei Drittel des Brutto-Inland-Produkts der BRD werden von Familienunternehmen erwirtschaftet. Alleine diese wenigen wirtschaftlichen Rahmendaten zeigen, in welchem Ausmaß unser Wirtschaftssystem von diesem Unternehmenstypus geprägt wird.

Warum verdienen Familienunternehmen jedoch über solche Daten hinaus eine besondere Aufmerksamkeit? Was zeichnet sie aus? An dieser Stelle soll von Familienunternehmen gesprochen werden, wenn sich eine enge Verzahnung zweier an sich sehr unterschiedlicher Typen sozialer Systeme beobachten lässt: das Unternehmen auf der einen Seite und die Familie auf der anderen Seite. Diese enge Koevolution von Unternehmen und Familie besitzt für beide Seiten eine prägende Wirkung ganz besonderer Art. Vieles im Unternehmen erinnert an familiale Muster (z. B. die Kommunikationsform, der Führungsstil, der Umgang mit Personal usw.). Im Gegenzug ist das Unternehmen im Alltag der Eigentümerfamilie allgegenwärtig, in den Gesprächen am Mittagstisch, in der geringen Zeit, die für die Familie im engeren Sinn letztlich übrigbleibt etc. Betrachtet man den außergewöhnlichen Erfolg vieler Familienunternehmen, so muss man in dieser eigentümlichen Koevolution eine besondere Ressource sehen. Tatsächlich weisen

Familienunternehmen bei genauerer Betrachtung Strukturmerkmale auf, die angesichts der aktuellen Herausforderungen unserer Wirtschaftsentwicklung markante Wettbewerbsvorteile aufweisen (siehe Wimmer et al. 1996, S. 93 ff). Die Einschätzung, dieser Unternehmenstypus sei gemessen an den Rationalitätskriterien rein betriebswirtschaftlichen Denkens rettungslos im Rückstand, entpuppt sich daher als ein vorschnelles Vorurteil.

Die angesprochenen Chancenpotenziale von Familienunternehmen haben allerdings auch ihren Preis. Denn in der engen Koppelung familialer Verhältnisse mit den internen Organisationszuständen eines Unternehmens liegen neben außergewöhnlichen Ressourcen auch schwer beherrschbare Risiken. Die hohe emotionale Bedeutung des Geschehens in der Familie kann ungeahnte Energien freisetzen, dieselben familialen Muster können aber auch eine Konfliktdynamik anheizen, die, einmal in Gang gesetzt, sehr leicht außer Kontrolle gerät. „Der Streit in Familienunternehmen ist der größte Wertvernichter in der deutschen Wirtschaft", meinte kürzlich Prof. Hennerkes in einem persönlichen Gespräch. An vielen Fällen lässt sich zeigen, wie das Festhalten an lange tradierten familialen Gepflogenheiten, insbesondere an einer ganz bestimmten Konfliktkultur, dazu beigetragen hat, dass Familienunternehmen die neuen Herausforderungen nicht bewältigen konnten. Familienunternehmen weisen demzufolge eine spezifische Janusköpfigkeit auf, die sich auch darin widerspiegelt, dass sie entweder zu den besten ihrer Branche gehören (vgl. viele der sogenannten „Hidden Champions" bei Simon 1996) oder aber ernsthaft ums Überleben zu kämpfen haben. Sie sind selten bloßer Durchschnitt.

18.1.2 Führungsverständnis und -modell

Führung ist an dieser Stelle nicht im engeren Sinne als Personalführung, sondern – durchaus im selben Wortsinne wie Management – als Unternehmensführung zu verstehen. Die Aufgabe der Steuerung und Entwicklung eines Unternehmens besteht darin, Rahmenbedingungen für die Leistungsfähigkeit und längerfristige Überlebenssicherung einer Organisation oder Organisationseinheit zu schaffen (Wimmer 1996, S. 49). Diese Rahmenbedingungen sind als Entscheidungsprämissen, als Kommunikations- und Reflexionsangebote an das System zu verstehen, etwa in Form von Zukunftseinschätzungen, Zielsetzungen, Regeldefinitionen, Leistungsrückmeldungen etc. Diese werden von prominenter Stelle aus (der Führungsposition) in die organisationale Kommunikation eingeführt und stellen Versuche dar, die Organisation in ihrer Operationsweise auf Funktionstüchtigkeit hin zu überprüfen bzw. zur Selbstreflexion zu bewegen. Diesem Beitrag liegt nicht ein triviales, am Maschinenmodell orientiertes Führungsverständnis zugrunde, sondern ein systemisches Managementverständnis. Danach operiert jedes soziale System, auch jede Organisation, nach einer sensiblen Eigenlogik, auf die nur schwer – jedenfalls nicht in vorhersehbarer Weise – Einfluss genommen werden kann. Die Führungskraft wird mindestens ebenso sehr vom System bestimmt wie das System durch die Interventionsversuche der Führungskraft. Konsequent zu Ende gedacht bedeutet dies, dass Führung nicht allein auf Personen reduziert werden kann, sondern immer auch die jeweiligen Führungs- und Kommunikationsstrukturen in Betracht zu ziehen sind. „Führen" und „Geführt werden" (Neuberger 1994) gehört zwingend zusammen. Daher können Gedanken zu Fragen der Führungskräfteentwicklung auch nicht sinnvoll angestellt werden, ohne gleichzeitig die Unternehmensentwicklung in den Blick zu nehmen.

Um einen Überblick über die Aufgabenfelder von Führung zu bekommen, wird ein Modell verwendet, das sechs Felder als essenzielle Bestandteile jeglicher Führungstätigkeit ausweist (vgl. Abbildung 1): Strategieentwicklung beschäftigt sich mit der Frage der Zukunftsfähigkeit eines Unternehmens; Marketing begegnet den Anforderungen der äußeren Umwelt in Form von Kunden und Märkten; Ressourcenmanagement greift das Problem der Res-

Aufgabenfelder von Führung

Umwelt / Markt / Kunden

Zukunft

Ressourcen-knappheit

Marketing

Strategie-entwicklung

Ressourcen-management

Führen

Controlling

Organisations-entwicklung

Steuerungs-größen

Personal-.
management

Organisation

Personen

Abb. 1 Führungsmodell nach Wimmer 1995a

sourcenknappheit auf; Organisationsentwicklung thematisiert die Weiterentwicklung der Organisationsprozesse und -strukturen; Personalmanagement zielt auf den bewussten Umgang mit und die gezielte Entwicklung von
Personal ab; und Controlling setzt sich mit Steuerungsgrößen und -prozedu-
ren auseinander. Diese sechs Felder werden im folgenden mit Bezug auf den
spezifischen Kontext des Familienunternehmens und die sich dort ergebenden Fragen der Führung diskutiert.

18.2. Herausforderungen für die Führung von Familienunternehmen

18.2.1 Strategieentwicklung

Familienunternehmen stehen nicht im Ruf, eine Vorreiterposition in der
Entwicklung und Implementierung strategischer Managementinstrumenta-
rien einzunehmen. Formale Strategiemethoden und -prozeduren sind bis zu
einer gewissen Unternehmensgröße eher selten anzutreffen. Dies sagt allerdings noch nichts darüber aus, ob in Familienunternehmen nicht doch
bestimmte Formen der Zukunftsbewältigung existieren, denn schon das bisherige Überleben eines Unternehmens deutet auf Formen der Zukunftsbewältigung hin. Deutliche Anzeichen gibt es hingegen dafür, dass Familienunternehmen bis vor kurzer Zeit von der strategieorientierten Business
School Research ausgeblendet worden sind (Litz 1997).

Wie Großunternehmen auch sind Familienunternehmen in den vergangenen Jahren durch eine gesteigerte Umweltdynamik vor vollkommen neue
Herausforderungen gestellt worden. Rasche Marktveränderungen, technologische Revolutionen und der globale Wettbewerb haben über Jahrzehnte hinweg bewährte Praktiken und Routinen plötzlich obsolet werden lassen. So
manchem Familienunternehmen hat der Hang zum Bewährten und das verspätete Reagieren gar die eigene Existenz gekostet.

Mittlerweile ist für alle Akteure innerhalb des Wirtschaftssystems deutlich
geworden, dass Unternehmen heute mehr denn je gefordert sind, permanent
mit Unsicherheiten umzugehen und auf Veränderungen rasch und flexibel
zu reagieren (Wimmer 1995b). Eine äußerst geeignete Form, sich mit den
unübersichtlich gewordenen Umweltbedingungen auseinanderzusetzen,
stellt eine regelmäßige strategische Standortbestimmung dar. Hierbei werden zukunftsorientierte Markt- und Wettbewerbsanalysen einer Bestandsaufnahme der firmeninternen Ressourcen und Kompetenzen gegenübergestellt und daraus strategische Optionen für ein Unternehmen gewonnen.
Dabei geht es weniger um eine detaillierte Planung und Vorhersage der
Zukunft – ein solches Vorgehen ist mittlerweile selbst als Rationalitätsmythos

entlarvt worden –, sondern vielmehr um die kollektive „Erfindung" von Zukunft. In einer chronisch unsicheren und veränderlichen Umgebung macht es keinen Sinn, „der Wahrheit" oder „der Zukunft" hinterherjagen zu wollen. Es gibt sie nicht. Wirklichkeit muss kontinuierlich kollektiv neu definiert und bewertet werden, um so gemeinsames Handeln auslösen und anleiten zu können (siehe Weick 1995; auch Wimmer 1999, 2000). Entsprechende Kommunikationszeiten und -räume für solch zukunftsorientierte Wirklichkeitskonstruktionen einzurichten stellt eine zentrale Führungsaufgabe dar.

Sicherlich sind Familienunternehmen während der letzten Jahre mit verschiedenen strategischen Fragen konfrontiert worden. Auch bringen sie natürlicherweise Merkmale und Eigenschaften mit, die einer strategischen Grundhaltung zuträglich sind. Das sind beispielsweise Langfristorientierung, Familie als Identifikationsfigur, visionäre Ausrichtung, enge Marktnische, hoher Innovationsgrad. Trotzdem kann nicht behauptet werden, dass sie der dauerhaft großen Bedeutung strategischer Unternehmensführung schon ausreichend Rechnung tragen würden. Dies hat unter anderem damit zu tun, dass in Familienunternehmen ein ganz bestimmter Typus von Strategie vorherrscht – Wimmer und Nagel (2000) nennen ihn den „intuitiven Typ". Eigentümer von Familienunternehmen entwickeln wie Pionierunternehmer für gewöhnlich ein persönliches Zukunftsbild für ihr Unternehmen. Diese Vision ist eher impliziter Natur: sowohl Vorgang als auch Ergebnis der Bilderstellung geschehen en passant und werden nicht offen kommuniziert. Das Unternehmen und seine Mitarbeiter werden dann häufig als ein Umsetzungsinstrument betrachtet, das der Realisierung dieser Vision dient. Die Vorteile einer solch impliziten und nur auf die Hierarchiespitze konzentrierten strategischen Praxis liegen auf der Hand: Sie sorgt für schnelle Entscheidungen und entlastet die mittleren und unteren Ebenen von Verantwortung für das Gesamtsystem. Letztlich vertrauen die Mitarbeiter darauf, dass es jemanden gibt, der weiß, wohin es gehen soll und was für die Zielerreichung notwendig ist. Doch die Nachteile wiegen unter den heutigen sozio-ökonomischen Rahmenbedingungen schwer: Komplexe und veränderliche Umwelten führen schnell zu einer Überforderung des Hierarchen. Wichtige Marktsignale bleiben durch das Ausbleiben kollektiver strategischer Reflexions- und Kommunikationsprozesse unausgewertet und die geballte, über das Unternehmen hinweg verteilte Intelligenz, bleibt ungenutzt. Die Tendenz, Strategiewissen zum patriarchalischen Geheimwissen zu erklären, sowie die allgegenwärtige Dominanz des operativen Geschäfts berauben manche Familienunternehmen geradewegs ihres vorhandenen, aber nicht ausgeschöpften Zukunftspotentials. Darüber hinaus spielt die Besonderheit im Familienunternehmen eine große Rolle, dass die Zukunftsbewältigung des Unternehmens nicht unabhängig von der „Familienplanung" ist. So verständlich es zwar einerseits erscheint, dass Eigentümer ihr Unternehmen an ihre Junioren übergeben wollen, so sehr sollten die strategischen Orientierungen für das Unternehmen nicht einseitig von der Familie abhängig gemacht werden (vgl. die Fallstudie nach Nicolai & Hilse 2000).

18.2.2. Marketing

In engem Zusammenhang mit dem Führungsfeld Strategie steht das Feld Marketing. Kunden und Märkte stellen eine der wichtigsten Umwelten für Unternehmen dar, hängt vom Gelingen der mit ihnen geführten Austauschprozesse das Überleben doch in ganz unmittelbarer Art und Weise ab. Die mit dem Marketing verbundenen Führungsaufgaben bestehen im Monitoring und in der Gestaltung dieser Austauschprozesse. Zugehörige Fragen lauten beispielsweise: Wie werden wir von unseren Kunden wahrgenommen? Welches Image hat unsere Firma? Wie steht es um die Zufriedenheit der Kunden? Worin bestehen neue zu lösende Kundenprobleme? Wie kann der Kundennutzen weiter gesteigert werden? Wo beziehen wir die Kunden aktiv mit ein? Wie lassen sich neue Kundengruppen und Märkte erschließen oder aufbauen? Im weiteren Sinne geht es um ein Management der Kontaktstellen des Unternehmens nach außen zu denen neben Kunden auch Zulieferer, Wettbewerber, Banken, staatliche Institutionen und so weiter gehören. (siehe im Überblick Meffert 1998).

Familienunternehmen weisen auch hier wieder ein charakteristisches Chancen- und Risikopotenzial auf (Wimmer et al. 1996, S. 125ff). Förderlich wirken sich die auf Dauer angelegten, engen, familienartigen Beziehungen aus, die Familienbetriebe zu ihren Kunden unterhalten. Kundenorientierung ist in Familienunternehmen kein neu aufgelegtes Schlagwort, sondern eine tief verankerte Grundeinstellung und eine täglich erneut bewiesene Praxis. Gerade in kleineren und mittleren Unternehmen stehen häufig bis hin zu den Mitarbeitern aus dem Produktionsprozess alle Organisationsmitglieder in direktem Austausch mit den Kunden; dabei werden Kundenanforderungen abgetastet, Innovationschancen ausgelotet und mit dem Kunden technologie-, prozess- und produktorientierte Lernprozesse vollzogen. Auf der anderen Seite bildet sich gerade durch diese Konzentration auf Schlüsselkunden nicht selten ein gewisser Tunnelblick heraus: Man weiß zwar aufs Genaueste über Einzelkunden und deren Bedürfnisse bescheid, verliert darüber aber die „anonymen" Märkte als Ganzes aus dem Blickfeld. Für eine regelmäßige Gesamtschau der Marktsignale – nicht nur von bestehenden, sondern auch von potenziellen Kunden – wird kaum Zeit und Geld investiert. Weitere Risiken von Familienunternehmen im Bereich Marketing bestehen in der Konzentration von Außenkontakten an der Hierarchiespitze entsprechend dem patriarchalischen Modell sowie in einer unprofessionellen Selbstdarstellung nach außen, dem Understatement. Im globalen Wettbewerb besteht eine ganz wesentliche Funktion des Marketing darin, mögliche Kunden zunächst einmal auf das Unternehmen aufmerksam zu machen, indem nachhaltig in den Aufbau und die Pflege eines unverwechselbaren Markenimages investiert wird. Eine gut etablierte Marke zählt heute mehr als die angehäufte materielle Substanz eines Unternehmens!

18.2.3 Ressourcenmanagement

Im Hinblick auf die Formen der Kapitalbeschaffung und -bewirtschaftung sind zwischen fremdgeführten Großunternehmen und eigentümergeführten Familienunternehmen spezifische Unterschiede anzutreffen: Großunternehmen finanzieren sich in aller Regel über den Verkauf von Firmenanteilen (Gesellschafteranteile oder Aktien). Dies sichert dem Unternehmen einen ausreichend großen Kapitalstock zu, setzt es allerdings auch dem Druck zur kurzfristigen Verzinsung des eingesetzten Kapitals aus. Im Zeitalter des „Shareholder Value" wird sichtbar, dass dies im ungünstigen Fall zu einer einseitigen Abhängigkeit vom Kapitalmarkt und den dort regierenden Finanzanalysten haben kann, ohne dass die dortigen Einschätzungen zwingend mit den erzielten Geschäftsergebnissen korrespondieren müssten.

Im Familienunternehmen hingegen dominiert weiterhin die eigenkapitalbasierte Form der Finanzierung, ergänzt um klassische Formen der Fremdfinanzierung, der Bankkredite. Dem liegt das Grundprinzip der Sicherung der eigenen Autonomie zugrunde: Familienunternehmer stehen Finanzierungsformen, die Fremdeinflüsse auf das Unternehmen stärken, grundsätzlich skeptisch gegenüber. Der Preis für eine stärkere Unabhängigkeit und die damit verbundene langfristige Orientierung des Unternehmens, der Treue der Eigentümerfamilie besteht in einer Begrenzung der für Investitionen zur Verfügung stehenden Mittel.

Gerade dies macht Familienunternehmen bei globalem Aktionsradius, kostenintensiven Forschungs- und Entwicklungsleistungen und permanentem Technologiewandel immer wieder schwer zu schaffen. Der globale Wettbewerb verlangt Unternehmen, auch Familienunternehmen, heute teilweise rasante Wachstumsprozesse ab, die sich nur über kapitalintensive Kooperationen oder Übernahmen realisieren lassen.

Auf diesem Hintergrund sind zwei neuere Entwicklungen zu verzeichnen, die das Ressourcenmanagement für Familienunternehmen zukünftig nachhaltig verändern werden: Die neuen Kreditwürdigkeitsratings der Banken sowie der Trend zum Going Public.

Aller Voraussicht nach werden Banken die klassische Unternehmensfinanzierung von detaillierten Ratings abhängig machen – Ratings, die quantitative und qualitative Teile umfassen (vgl. von Boehm-Bezing 2000). Auf solchem Wege sollen die Finanzierungsrisiken der Banken, die spätestens nach der Asienkrise deutlich geworden sind, reduziert werden. Für Familienunternehmen bedeutet dies, dass sie sich zukünftig im Rahmen von Kreditverhandlungen einem regelrechten „Fitness-Check" unterziehen werden müssen. Dieser dürfte als neuer Treiber für Veränderungen tief in die Unternehmen hineinwirken und Familienunternehmen eine vorher nicht gekannte Offenlegung interner Prozesse und Kenngrößen abverlangen, vor allem aber ihre Zukunftsfähigkeit auf den Prüfstand stellen. Dabei wird insbesondere auch die Leistungsfähigkeit des Managements mit in die Betrachtung einbezogen werden.

Ähnlich leistungs- und transparenzsteigernd wirkt ein angestrebter Gang an die Börse (Hennerkes 1998, S. 318ff): Aufgrund des erwähnten latenten Kapitalmangels von Klein- und Mittelunternehmen gehen manche Unternehmer dazu über, ihren Betrieb in eine AG umzuwandeln und die Börsennotierung anzustreben. Häufig werden die damit verbundenen Veränderungen jedoch noch unterschätzt: Neben den Publikationspflichten stellen vor allem die veränderten Machtverhältnisse und langfristig der Verlust des Charakters als Familienunternehmen ein Unternehmen vor beträchtliche Entwicklungsaufgaben.

All dies macht auch deutlich, dass Vorkehrungen für die finanzielle Sicherheit des Unternehmens und jene für die Absicherung der Unternehmerfamilie weitestgehend voneinander zu trennen sind: Weder werden sich Familienunternehmen auf globalen Märkten ausschließlich auf das familienseitige Eigenkapital verlassen können; noch dürfen sich Familien in ihrer Zukunftsvorsorge vollkommen von den Unwägbarkeiten heutiger Marktbedingungen abhängig machen. Während eine ideelle Durchmischung von Familie und Unternehmen nach wie vor sehr förderliche Effekte auf den unternehmerischen Erfolg haben kann, gilt dies im finanziellen Bereich nicht mehr uneingeschränkt.

18.2.4 Organisationsentwicklung

Die Führungs- und Organisationsstrukturen in Familienunternehmen sind traditionellerweise stark auf den Unternehmer und die Unternehmerfamilie zugeschnitten. Der Eigentümer, der zumeist auch die Rolle des Geschäftsführers selbst innehat, steht im Zentrum des betrieblichen Geschehens und behält sich vor, in jeden Teilprozeß persönlich einzugreifen. Um ihn herum existiert eine Art „Betriebsfamilie", d. h. Mitarbeiter, die aufgrund ihrer langjährigen Unternehmenszugehörigkeit, ihrer Loyalität und ihres Engagements das besondere Vertrauen des Unternehmers genießen. Macht und Einfluss bestimmen sich nicht nach formalen Titeln oder Positionen, sondern nach der Nähe zur Eigentümerfamilie.

Ohnehin sind in Familienunternehmen nur in geringem Maße formale Organisationsstrukturen anzutreffen mit vergleichsweise wenigen Führungsebenen, und selten Organigrammen. Kommuniziert wird informell, und Zuständigkeiten und Abläufe bilden sich mit Bezug zur jeweiligen Situation und zu den beteiligten Personen heraus.

Das so skizzierte Organisationsmodell das sich am patriarchalischen Familienmodell orientiert, bringt einige Vorteile mit sich – Vorteile, die zu imitieren auch Großunternehmen zwischenzeitlich bemüht sind. Die relativ geringe Bedeutung formaler Rollen und Regeln sorgt für eine grundlegende Flexibilität und Kooperationsbereitschaft über interne Funktionsgrenzen hinweg. Der sparsame Einsatz von Führungs- und Stabspositionen unterhalb des Firmeneigentümers bewirkt, dass sich alle Mitarbeiter relativ nahe am Geschäft bewegen und durchweg „schlanke" Strukturen erhalten bleiben. Die Ausrichtung von Kommunikation und Kooperation an Personen statt an Funktionen hat eine besondere Einsatzbereitschaft und Treue der Mitarbeiter zur Folge.

In der Personalisierung oder Familiarisierung organisationaler Zusammenhänge liegt jedoch auch hier die Kehrseite. Die Konzentration der Führung beim Eigentümer bringt es mit sich, dass in Fragen der übergreifenden Steuerung und Entwicklung des Unternehmens alles von einer Person abhängt und ansonsten kaum Führungsstrukturen und -kompetenzen im Unternehmen aufgebaut werden. Dies löst in Familienunternehmen zu ganz bestimmten Entwicklungsphasen krisenartige Situationen aus (Gersick et al. 1997): Etwa wenn sich bei Wachstumsschüben die Führungs- und Organisationsstrukturen nicht entsprechend mitentwickelt haben; oder wenn die Unternehmensnachfolge ansteht, jedoch weder Personen noch Instrumentarien verfügbar sind, die das damit verbundene Führungsvakuum ausfüllen können. Darüber hinaus lassen sich die heutigen sozio-ökonomischen Herausforderungen, vor denen Betriebe aller Größenordnung stehen, nur äußerst schlecht mit Hilfe eines patriarchalischen Führungsmodells bewältigen (vgl. Baecker 1994). Die zunehmend beschleunigte Veränderung und Differenzierung von weltweiten Markt- und Wettbewerbslandschaften zwingt dazu, weitgehend autonome Organisationseinheiten zu bilden und Führungskompetenzen dort anzusiedeln, wo aufgrund von Kunden- und Lieferantenbeziehungen bestimmte Orientierungs- und Abstimmungsleistungen notwendig werden. Dies ist in den meisten Unternehmen – wenn man von Kleinstunternehmen, z. B. kleinen Handwerksbetrieben, einmal absieht – nicht nur die Unternehmensspitze.

Insofern besteht für viele Familienunternehmen im Hinblick auf die Dezentralisierung unternehmerischer Verantwortung, die Einrichtung breiter Führungs- und Kommunikationsstrukturen und den gezielten Einsatz von Teams ein großer Nachhol- und Veränderungsbedarf. Erst durch solchermaßen professionalisierte und teilautonomisierte Rollen, Strukturen und Prozesse werden Familienunternehmen auch attraktiv für Fremdmanager, die sich nicht ausschließlich auf natürliche Autorität und familiäre Vertrautheit verlassen können.

Der hier in Umrissen angedeutete organisationale Veränderungsbedarf vieler Familienunternehmen wird nicht im Sinne einmaliger Umbaumaßnahmen zu befriedigen sein; er erfordert ein permanentes Veränderungsmanagement als Schlüsselaufgabe heutiger Führung. Der professionelle Unternehmenswandel muß – wie seit einigen Jahren in Großunternehmen üblich – auch in Familienunternehmen zum Dauerthema werden. Und die starke Personenorientierung muss angereichert werden um ein Verständnis für den Sinn und Zweck organisatorischer Regelstrukturen. Die in Familienunternehmen verbreitete Tendenz, Organisationsstrukturen um Einzelpersonen herum zu entwickeln, sei es der Eigentümer oder auch andere Schlüsselpersonen im Unternehmen, wird sich zukünftig auch an der Frage der organisationalen Intelligenz messen lassen müssen.

18.2.5 Personalmanagement

Organisation und Personal hängen aufs Engste miteinander zusammen: Die Organisationsmitglieder erfüllen eine gegebene Organisationsstruktur mit Leben, sie müssen gut zu den Strukturen „passen", entwickeln diese interaktiv weiter und müssen auch genug Unterschiedlichkeit zu den Strukturen aufweisen (vgl. Baitsch 1993). Das in Familienunternehmen praktizierte Personalmanagement weist häufig eine typische Janusköpfigkeit auf: Einerseits trifft man auf einen, zumeist vom Eigentümer ausgehenden personen- und vertrauensorientierten Führungsstil. Dieser ist nicht selten ein wesentliches Argument für den Einstieg bzw. Verbleib von Mitarbeitern im Unternehmen. Die Aktivitäten einer möglicherweise vorhandenen Personalabteilung hingegen beschränken sich häufig auf reine Personalverwaltungstätigkeiten; die Aufgaben der Personalauswahl und -entwicklung werden jedoch eher unsystematisch oder im Extremfall überhaupt nicht wahrgenommen. Personal ist insofern ein kritischer Faktor im Familienunternehmen, als er genau zwischen die unterschiedlichen Regelstrukturen von Familie und Organisation fällt (Lansberg 1996).

Dies heißt freilich nicht, dass in Familienunternehmen keine Rekrutierungs-, Auswahl-, Lern- und Entwicklungsprozesse stattfinden würden. Die traditionellen Rekrutierungsmuster greifen jedoch mit ihrer Fokussierung auf junge Personen, die auf einen lebenslangen Verbleib „eingeschworen" werden, zu kurz.

Die Verlagerung heutiger Wertschöpfung in Richtung wissensbasierter Leistungsprozesse macht ein gezieltes Management personeller Potentiale notwendig. Beispielsweise die Diskussionen unter den Stichworten „War for Talents" oder „Human Capital" und Ähnlichem. Familienunternehmen laufen hier Gefahr, ins Hintertreffen zu geraten: Zu selten werden etwa gezielte Anreize für die Rekrutierung von High Potentials gesetzt, moderne Instrumente der Potentialeinschätzung verwendet oder die Mitarbeiterfluktuation als Chance für eine personal- und kompetenzorientierte „Frischzellenkur" betrachtet.

Ähnliches lässt sich für eine professionelle Personalentwicklung berichten. Das für Lernprozesse vorhandene Potenzial ist wiederum ambivalent: Einerseits wirken sich die vertrauten Arbeitsbeziehungen, die Nähe zum Geschäft und zu den Kunden sowie der – aus der handwerklichen Tradition stammende – Perfektionsdrang förderlich auf individuelle und kollektive Lernprozesse aus. Andererseits lassen der Mangel an Reflexions- und Kommunikationsmöglichkeiten, schwelende Konflikte in Familie oder „Betriebsfamilie" oder auch die Personalisierung von Misserfolgen solche Lernprozesse oft nicht im möglichen Ausmaß zur Geltung kommen.

Dem stehen gewaltige Professionalisierungsanstrengungen gegenüber, die Großunternehmen während der letzten Jahre im Bereich der Personal- und insbesondere der Führungskräfteentwicklung unternommen haben. Zu nennen sind hier etwa aufwendige eignungsdiagnostische Verfahren, General Management-Qualifizierungen, zum Teil mit MBA-Abschluss, Trainings zur Persönlichkeitsentwicklung, Verbindungen zum Organisationslernen, wie dem Action Learning und ähnliches andere mehr. Nicht zuletzt die Entwicklung und Einrichtung neuer strategischer Lernarchitekturen, die sich hinter den Bezeichnungen „Corporate Universities", „Academies", „Schools of Business" u. ä. verbergen, signalisiert, dass Unternehmen dem Wissen und Lernen ihrer Schlüsselakteure einen hohen Stellenwert zuschreiben. Strategische Unternehmensentwicklung und Managementqualifizierung gehen bei diesen Initiativen Hand in Hand. Folgerichtig kommt Hennerkes (1995) zu der Einschätzung: „Hier ist einer der wenigen Bereiche, in denen das Familienunternehmen von den Großunternehmen lernen kann".

18.2.6 Controlling

Weil in Familienunternehmen alle Dinge, die mit Geld und Eigentum zu tun haben, auf die Unternehmensspitze, also meist die Familie konzentriert sind und ansonsten einem Tabu unterliegen und wegen einer generell großen

Sparsamkeit fristet das Führungsfeld Controlling dort ein eher stiefmütterliches Dasein. Über die Kennzahlen des Unternehmens und ihre jeweils aktuelle Ausprägung wird häufig nur im engsten Kreise gesprochen; in manchen Betrieben, vor allem Kleinstbetrieben, werden diese nicht einmal regelmäßig ermittelt oder sie können nicht fachkundig gelesen und interpretiert werden. Erst während der letzten Jahre sind viele Familienunternehmen überhaupt dazu übergegangen, ein professionelles Rechnungswesen zu installieren. Dabei stellt die regelmäßige Selbstbeobachtung im Hinblick auf den aktuellen wirtschaftlichen Zustand des Unternehmens ein grundlegendes, überlebenswichtiges Moment der Unternehmensführung dar. Erst mittels eines solchen Navigationssystems lassen sich relevante Veränderungen in den leistungsorientierten System-Umwelt-Beziehungen erkennen und mit entsprechenden Maßnahmen beantworten.

Über das reine Finanzcontrolling hinaus hat sich das Verständnis von Controlling während der vergangenen Jahre in Richtung eines strategischen Controlling weiterentwickelt. Dem liegt die Erkenntnis zugrunde, dass Rückmeldungen zu Größen wie Liquidität, Umsatz, Kosten, Gewinn und ähnlichen mehr auf einen sehr engen Bereich fokussieren, den finanzwirtschaftlichen „Output" der „System-Umwelt-Interaktion".

Ein darauf beschränktes Feedback macht Steuerung erst zu einem relativ späten Zeitpunkt möglich – dann nämlich, wenn sich Systemressourcen und -prozesse bereits in einem geldmäßig erfassbaren Leistungsergebnis niedergeschlagen haben. Neuere Ansätze versuchen demgegenüber bereits weiter vorne in der Wertschöpfung anzusetzen und auch weiche Bereiche in die Controllingpraxis miteinzubeziehen. In diesem Zusammenhang ist insbesondere das Instrumentarium der „Balanced Scorecard" (Kaplan & Norton 1996) bekanntgeworden, bei dem neben finanzwirtschaftlichen Kennzahlen auch Kennzahlen in den Bereichen „Lernen und Wachstum", „Prozesse" und „Kundenzufriedenheit" erhoben werden.

Nicht nur die bereits erwähnten, von Banken und Kapitalmärkten eingeforderten Rechenschafts- und Publikationspflichten werden Familienunternehmen in den nächsten Jahren verstärkt dazu zwingen, ein professionelles operatives und strategisches Controlling einzuführen. Auch die zunehmende Entzauberung patriarchalischer Führungsformen verbunden mit einem Mangel an familieneigenen Nachfolgern und dem Zwang zum Rückgriff auf Fremdmanager, wird einen Druck in diese Richtung ausüben. Familienunternehmer müssen Ihre Scheu im offenen Umgang mit betrieblichen Leistungskennzahlen überwinden und im Controlling einen wesentlichen Hebel kollektiver Unternehmenssteuerung und -entwicklung erkennen. Controlling verpflichtet Führungskräfte und Mitarbeiter, ihre Aufmerksamkeit in regelmäßigen Abständen auf Bereiche und Entwicklungen zu richten, die ansonsten allzu leicht aus dem Blickfeld geraten. Dies gilt besonders für Familienunternehmen.

18.3. Professionalisierungsbedarfe und -wege

Die vorige Darstellung markiert an verschiedenen Stellen einen nicht unerheblichen Professionalisierungsbedarf von Führung in Familienunternehmen. Wegen der interaktiven Verschränkung von Person und Organisation kann dieser jedoch nicht einseitig nur den handelnden Personen oder nur den jeweils geltenden Systemstrukturen zugeschrieben werden. Wir plädieren im folgenden deshalb für Entwicklungsprozesse auf beiden Seiten.

Führung als kollektiver Prozess

Es ist bereits mehrfach angeklungen, dass das patriarchalische Führungsmodell – ein Modell, das über viele Jahrzehnte hinweg offenbar funktional war – heutzutage in die Krise geraten ist (siehe auch Heintel & Krainz 1992). Es überfrachtet den Patriarchen mit selbsterzeugten Erwartungen und lässt im System kollektiv verteilte Beobachtungen, Ideen und Kompetenzen brachliegen. Vieles deutet darauf hin, dass auch Familienunternehmen heute darauf angewiesen sind, eine breitere Führungsstruktur einzurichten, die nicht nur auf eine einzelne Person konzentriert ist. Dies bedeutet die Etablierung zusätzlicher Führungspositionen, die Ausstattung dieser Positionen mit mehr Verantwortung und Kompetenz sowie die Besetzung mit geeignetem Führungspersonal. Letzteres wird teilweise aus der Familie kommen, in vielen Fällen jedoch auch gar nicht mehr durch Mangel an Nachfolgern oder Mangel an Kompetenz. Führungsleistungen entwickeln sich dann mehr und mehr zu Leistungen eines Führungsteams (Wimmer 1998).

Der Zwang, mehr Führung nach innen ins Unternehmen abzugeben, wird ergänzt um die neu entstehenden Abhängigkeiten des Unternehmers nach außen: Banken und Investoren, aber auch betriebliche Kooperationspartner fordern mehr Einblicke und Mitspracherechte im Hinblick auf das unternehmerische Geschehen; sie grenzen die traditionelle Unabhängigkeit von Familienunternehmern ein. Es wird interessant sein zu beobachten, ob und mit welchen Folgen dies Unternehmer in einem ihrer Grundmotive – nämlich ihr eigener Herr zu sein – beschneiden wird. Jedenfalls deuten sich hier die Konturen eines neuen Führungsmodells an, bei dem der Unternehmer nicht mehr der alleinige, stille Entscheider sein wird – allenfalls noch umgeben von engsten Familienmitgliedern oder dem Steuerberater – sondern bei dem der Unternehmer in enge Aushandlungsprozesse nach innen und außen eingebunden ist. Dies erfordert andere Kompetenzen sowie ein verändertes Selbstverständnis als Führungskraft. Beides wird gerade bei altgedienten

Unternehmern nicht einfach durch Qualifizierungsmaßnahmen zu entwickeln sein. Häufig ist ein derartiger Strukturwandel und Rollenwechsel in Familienunternehmen nach wie vor nur im Zuge eines Generationswechsels möglich.

Führung als nicht-fachgebundene Tätigkeit

Die Erkenntnis, dass nicht unbedingt der beste Fachexperte auch die beste Führungskraft sein muss, hat sich in Familienunternehmen noch nicht überall durchgesetzt. Sieht man von besonderen Branchen-, Technologie- und Produktkenntnissen einmal ab, die im erforderlichen Maße nachträglich erworben werden, so umfasst die Führungstätigkeit große Bestandteile, die nicht fachgebunden sind. Die erwähnten Konzept- und Methodenkenntnisse in den Bereichen Strategie, Controlling, Personal, Organisation gehören zum Repertoire einer modernen Führungskraft.

Sollten Führungskräfte in Familienunternehmen dieses Grundhandwerkzeug der Führung nicht in Studium oder Berufsausbildung erworben haben, empfiehlt es sich, dies über Weiterbildungsmaßnahmen nachzuholen. Doch auch hier braucht es Veränderungen im System als Gegenstück, um neu erworbene Kompetenzen zum Tragen kommen zu lassen: Regelmäßiges Kommunizieren, strategisches Sich-Distanzieren, Reflektieren, Visionieren, Innehalten und Lernen müssen mindestens genauso legitimierter Bestandteil der Führungsaufgabe werden wie das übliche „Mitmischen" im operativen Geschäft.

Familienunternehmen haben innerhalb der vergangenen Jahre zwar auf breiter Front feststellen müssen, dass sie nicht einfach so weitermachen können wie bisher. Sie haben sich jedoch im Hinblick auf die Einrichtung neuer selbstorganisatorischer und lernfähiger Strukturen – nicht nur einmalige Optimierungen – noch nicht konsequent auf die neue Zeit eingestellt.

Führung als Austarieren natürlicher Gegensätze

Führung kann als Management von Paradoxien, d. h. von grundsätzlich widersprüchlichen Phänomenen in Organisationen verstanden werden. Beispiele hierfür wären Selbst- vs. Fremdsteuerung, Stabilität vs. Wandel, Produkt vs. Prozeß, Markt vs. Technologie, Vertrauen vs. Kontrolle usw. In Familienunternehmen werden Widersprüche bereits in der Systemarchitektur offensichtlich: So sind dort etwa Familie contra Organisation oder Alt gegen Jung bestimmende Gegensätze (vgl. Hilse & Simon 2000). Diese werden zwar intuitiv von vielen Familienunternehmern als Gegensätze erlebt, jedoch häufig nicht produktiv zur Weiterentwicklung des Gesamtsystems genutzt.

Gegensätze werden entweder negiert, personalisiert, wegdelegiert oder in diffuse Vermischungen transformiert. Selten findet ein professionelles Konfliktmanagement statt. Der produktive Umgang mit Systemkonflikten

erscheint vor diesem Hintergrund als Schlüsselkompetenz von Führungskräften in Familienunternehmen. Ihre Wirksamkeit hängt von einer entwickelten Unternehmerpersönlichkeit einerseits und von konfliktfähigen
Kontexten in Organisation und Familie andererseits ab (siehe hierzu die
Arbeit von Terberger 1998).

Fremdmanager im Familienunternehmen

Fremdmanager befinden sich im Familienunternehmen üblicherweise in
einer sehr speziellen Situation. Sie fungieren als „Nahtstelle" zwischen Familie und Unternehmen und werden beständig mit den dort verborgenen
Grundkonflikten konfrontiert. Hierfür benötigen sie ein hohes Einfühlungsvermögen und eine reife, entwickelte Persönlichkeit. Sie müssen die Ziele des
Unternehmens mit viel Geduld und Beharrlichkeit, mit einem realistischen
Blick für die eigenen Einflussgrenzen und unter Zurücknahme eigener Interessen zu erreichen versuchen. Neben darauf vorbereitenden Qualifizierungsmaßnahmen empfiehlt es sich für Fremdmanager insbesondere während der
Einstiegsphase ein regelmäßiges Coaching durch externe Berater oder Kollegen in Anspruch zu nehmen.

Auf spezifische Einzelformen der Professionalisierung von Führung in
Familienunternehmen kann an dieser Stelle nicht genauer eingegangen wer-
den. Grundsätzlich bieten sich hier alle bekannten Formen der Personal-,
Team- und Organisationsentwicklung an, wobei auf deren koordinierten
Einsatz zu achten ist. Ebenfalls zu berücksichtigen ist bei jeder einschneiden-
den Veränderung die Rolle der Unternehmerfamilie. Sie ist das eigentlich
Originäre im Familienunternehmen, und jede größere Veränderung der
Organisation bedingt eine Veränderung der Familie (und umgekehrt). Spezifische Interventions- und Entwicklungsansätze für Unternehmerfamilien
befinden sich derzeit erst in der Entwicklung (vgl. das „Familiencoaching"
nach Simon i.Vorb.) Diesbezüglich musste im vorliegenden Beitrag auch der
gesellschaftliche Wandel von Formen des familialen Zusammenlebens uner-
wähnt bleiben, der eine nicht unbedeutende veränderungsstimulierende
Wirkung auf Familienunternehmen und deren Führungssituation haben
dürfte.

Sind Unternehmer tatsächlich die besseren Manager? Die Frage ist so einfach nicht zu beantworten. Zur Zeit jedenfalls sind Entwicklungen im Gange,
die es ratsam erscheinen lassen, dafür zu sorgen, dass beide Führungstradi-
tionen mehr als bislang voneinander lernen können.

Literatur

Baecker, D. (1994). Postheroisches Management: Ein Vademecum. Berlin: Merve.

Baitsch, C. (1993). Was bewegt Organisationen? Selbstorganisation aus psychologischer Perspektive. Frankfurt: Campus.

Deiser, R. (1998). Corporate Universities - Modeerscheinung oder strategischer Erfolgsfaktor? In Organisationsentwicklung, 1, 36-49.

Gersick, K. E., Davis, J. A., McCollom Hampton, M. & Lansberg, I. (1997): Generation to generation: life cycles of the family business. Boston: Harvard Business School Press.

Heintel, P. & Krainz, E. E. (1994). Projektmanagement: Eine Antwort auf die Hierarchiekrise? Wiesbaden: Gabler.

Hennerkes, B.-H. (1998). Familienunternehmen sichern und optimieren. Frankfurt: Campus.

Hennerkes, B.-H. (1995). (Hrsg.). Unternehmenshandbuch Familiengesellschaften. Sicherung von Unternehmen, Vermögen und Familie. Köln.

Hilse, H. & Simon, F. B. (2000). Familienunternehmen und die Kunst des Managements von Paradoxien. Unveröffentlichtes Manuskript. Private Universität Witten/Herdecke.

Kaplan, R. S. & Norton, D. P. (1996). The Balanced Scorecard. Boston: Harvard Business School Press.

Lansberg, I. S. (1996). Managing Human Resources in Family Firms: Problem of Institutional Overlap. In C. E. Aronoff, J. H. Astrachan & J.L. Ward (Eds.). Family Business Sourcebook II (p. 222-227). Marietta: Business Owner Resources.

Litz, R. A. (1997). The Family Firm's Exclusion from Business School Research: Explaining the Void; Adressing the Opportunity. In Entrepreneuship Theory & Practice, 3(21), 55-71.

Meffert, H. (1998). Marketing. Grundlagen marktorientierter Unternehmensführung. 8. Auflage. Wiesbaden: Gabler.

Neuberger, O. (1994). Führen und geführt werden. Stuttgart: Enke.

Nicolai, A.T. & Hilse, H. (2000). Strategie und Nachfolge in Familienunternehmen. Das Fallbeispiel der August Kreinz GmbH & Co. KG. In H. Frank (Hrsg.). Fallstudien zum Gründungsmanagement (in Vorbereitung).

Schröer, E. & Freund, W. (1999). Neue Entwicklungen auf dem Markt für die Übertragung mittelständischer Unternehmen. Bonn: Institut für Mittelstandsforschung, IfM-Materialien Nr. 136.

Simon, F. B. (i. Vorb.). Familiencoaching. Unveröffentlichte Skizze. Private Universität Witten/Herdecke.

Simon, F. B. (1999). Familien, Unternehmen und Familienunternehmen. In: Organisationsentwicklung, 18 (4), 16-23.

Simon, H. (1996). Die heimlichen Gewinner – Die Erfolgsstrategien unbekannter Weltmarktführer. In gdi-impuls, 3, 26-37.

Terberger, D. (1998). Konfliktmanagement in Familienunternehmen. Dissertation der Universität St. Gallen. Bamberg: Difo-Druck.

Von Boehm-Bezing, C.-L. (2000). Auswirkungen des Baseler Akkords auf das Finanzierungsverhalten der deutschen Industrie aus Sicht der Banken. In Zeitschrift für Wirtschafts- und Bankrecht, 54(29), 1001-1002.

Weick, K. E. (1995). Sensemaking in Organizations. Thousand Oaks: Sage.

Wimmer, R. (1999). Die Zukunft von Organisation und Beschäftigung. In Organisationsentwicklung, 18(3), 26-41.

Wimmer R. (1998). Das Team als besonderer Leistungsträger in komplexen Organisationen. In H.W. Ahlemeyer & R. Königswieser (Hrsg.). Komplexität managen (S. 105-130). Wiesbaden: Gabler.

Wimmer, R. (1996). Die Zukunft von Führung. In Organisationsentwicklung, 15(4), 46-57.

Wimmer, R. (1995a). Die Funktion des General Managements unter stark veränderten wirtschaftlichen Rahmenbedingungen. In B. Heitger, C. Schmitz & P.W. Gester (Hrsg.). Managerie: Systemisches Denken und Handeln im Management (S. 74-117). Heidelberg: Carl Auer.

Wimmer, R. (1995b). Die permanente Revolution. Aktuelle Trends in der Gestaltung von Organisationen. In R. Grossmann, E. Krainz & M. Oswald (Hrsg). Veränderung in Organisationen. Wiesbaden: Gabler.

Wimmer, R. & Nagel, R. (2000). Der strategische Managementprozeß: Zur Praxis der Überlebenssicherung in Unternehmen. In Organisationsentwicklung 19(1), 4-19.

Wimmer, R., Domayer, E., Oswald, M. & Vater, G. (1996). Familienunternehmen – Auslaufmodell oder Erfolgstyp? Wiesbaden: Gabler.

IV. Ausland

1 Interkulturelles Management: Unterschiede fruchtbar machen

Klaus Doppler

1.1 Alte Abgrenzungen fallen

„Internationale Manager haben es schwer. Sie müssen gleichzeitig mit vielen verschiedenen Prämissen umgehen. Diese Prämissen werden gesetzt von ihrer eigenen Ursprungskultur, dem kulturellen Umkreis, in dem sie arbeiten, und der Kultur der Organisation, für die sie arbeiten" (Trompenaars, 1993) und – so ließe sich die Aufzählung fortsetzen – von den oft sehr unterschiedlichen Kulturen, aus denen die Mitarbeiter kommen und teilweise auch von den verschiedenartigen Kulturen, in denen die Kunden beheimatet sind. Es ist noch nicht lange her, da galt diese Darstellung nur für wenige Manager, nämlich solche, die wirklich international tätig waren. Die anderen konnten sich in ihrem engeren nationalen Kontext und dort häufig nochmals beschränkt auf einen ganz bestimmten Funktionsbereich einer weit weniger komplexen Managementaufgabe widmen. Das ist mittlerweile Vergangenheit – und zwar in mehrfacher Hinsicht: Erstens, Organisationen agieren zunehmend global. Sie sind mehr und mehr durch Fusionen oder Netzwerke miteinander verflochten. Darüber hinaus fallen auch innerhalb der Unternehmen im Rahmen der Optimierung von Geschäftsprozessen die gewohnten Grenzen zwischen bislang säuberlich getrennten Funktionsbereichen, zum Beispiel zwischen Forschung, Entwicklung, Konstruktion, Produktion, Vertrieb, Logistik, Administration und darüber hinaus zunehmend auch zwischen Hersteller und Kunden. Seinen Kulminationspunkt findet das Ganze darin, dass diese Entwicklungen nicht vorhersehbar oder gar geplant linear verlaufen, vielmehr durch Diskontinuitäten und Widersprüche gekennzeichnet sind. Was heute gilt, muss morgen nicht mehr gelten. So schnell wie Verbindungen eingegangen werden, finden auch wieder Trennungen statt. Der Konkurrent von heute kann der Verbündete von morgen sein. Prozessketten werden je nach Kunden- und Marktbedarf immer wieder neu konzipiert und arrangiert. Die immer wieder neuen, geradezu revolutionären Entwicklungen vor allem im Bereich der Informations- und Kommunikationstechnologie schaffen die Voraussetzungen, Wertschöpfungsketten ständig radikal neu zu definieren. Die Zahl virtueller Organisationen, die parallel und simultan zur herkömmlichen Organisation aufgebaut werden, aber viel leichter und schneller veränderbar sind, nimmt insgesamt zu. Damit steigt die Heterogenität und das Nebeneinander von unterschiedlichen Interessen, Perspektiven, Wissens-, Ausbildungs-, Fertigkeiten- und Erfahrungsniveaus, Einstellungen, Weltanschauungen, Sprachen, Denkmustern, Lebensentwürfen und Organisationsmodellen. Das notwendige Zusammenspiel untereinander folgt nicht mehr, wie in den alten festgefügten Organisationen, ebenso festen und klaren Spielregeln, sondern muss immer wieder neu vereinbart werden. Dabei kann es unterschiedliche, zum Teil widersprüchliche Vorstellungen geben über die zeitliche Dauer und die inhaltliche Verbindlichkeit der getroffenen Vereinbarungen.

1.2 Die neuen Formen sind nicht zu verhindern

Man kann über diese Entwicklungen unterschiedlicher Ansicht sein: Man kann dieses Geschehen beklagen oder verteufeln. Man kann das, was unter dem Etikett Globalisierung veranstaltet wird, mit dem Rückfall in Kapitalismus pur gleichsetzen. Man kann andererseits dies alles als die einzig richtige Anwort auf die Herausforderungen und Möglichkeiten unserer Zeit sehen. Einmal, weil wir schlichtweg die Möglichkeiten der Informationstechnologie nutzen und zweitens indem wir uns bewusst machen, dass Staatsgrenzen unter anderem auch deshalb keine Wirtschaftsgrenzen mehr sein dürfen, weil möglichst viele an einem freien Spiel der Kräfte beteiligt sein sollten, soweit sie die Qualitätskriterien dafür erfüllen. Zumal Protektionismus zwar vor Wettbewerb schützen würde, der fehlende Wettbewerb gleichzeitig aber auch verhindern würde, notwendige Innovationen rechtzeitig voranzutreiben. Dass insgesamt die im Westen gewohnte soziale Abfederung, wenn sie innerhalb der alten Staatsgrenzen ausfällt, global neu zu konzipieren wäre, ist die unverzichtbare zweite Seite der Medaille.

1.3 Gesucht: Interkulturelle Kompetenz

Was immer man von diesem Prozess der Flexibilisierung und Globalisierung insgesamt hält, wieviel Zeit man ihm einräumt oder wieviel Zeit er sich einfach nehmen wird, eines scheint außer Zweifel: Die neue Entwicklung erfordert ein ungewohntes, bislang nicht erlerntes Zusammenspiel unterschiedlicher Kulturen, d. h. Denk-, Deutungs- und Verhaltensmuster. Interkulturelle Kompetenz, bis vor kurzem noch Privileg oder Anforderung an wenige, wird für immer mehr Manager und Mitarbeiter zur normalen Anforderung im Arbeitsalltag und gleichzeitig zu einem Schlüsselfaktor erfolgreicher

Unternehmensführung. Was heißt das in der realen Unternehmenspraxis? Worauf sollten wir achten? Was passiert wirklich und wie passt das, was passiert, zu dem, was wir bräuchten? Egal in welcher Form sich Zusammenschlüsse abspielen, ob innerbetrieblich oder zwischen Hersteller und Kunden in Form von durchgängigen Prozessketten, ob zwischen verschiedenen Unternehmen lokal oder global in Form von Fusionen oder eher lockeren Verbundsystemen, eines wird immer wieder unterschätzt: Partner bringen nicht nur Mitarbeiter, Produkte und Märkte mit, sondern auch ihre eigene Kultur. Das heißt, ihre ganz spezielle Art zu denken, die Dinge zu sehen, sich zu verständigen und zu handeln. Das ergibt fürs erste ein unsortiertes Nebeneinander unterschiedlichster Interessen und Perspektiven, einiges offen, das meiste verdeckt. Je globaler, desto fremdartiger und verwirrender. Manche behandeln dieses Thema wie eine black box, in die man lieber nicht hineinschaut. Eine mehr oder weniger ausgefeilte betriebswirtschaftliche Prüfung und, wenn es global wird, zusätzlich ein mehr oder meist weniger ausgefeiltes Business-Englisch sind das einzige gemeinsame Band, auf das sich die neue Partnerschaft stützt. Kein Wunder, wenn so vieles schiefgeht. Wie kann das bloße Neben- und häufig auch Gegeneinander in ein fruchtbares Miteinander verwandelt werden?

1.4 Was passiert, wenn nichts passiert

Im Grunde stehen wir vor der gleichen Herausforderung wie in einer zwischenmenschlichen Partnerschaft: Eine Beziehung ist nur dann und auch nur so lange tragfähig, wie jeder Partner einerseits eine grundlegende Eigenständigkeit besitzt und behalten darf und gleichzeitig ein gerüttelt Maß an Kenntnis und Verständnis für den anderen aufzubringen willens und in der Lage ist. So weit die Theorie! Was aber passiert wirklich? Der Stärkere neigt spontan dazu, seine Denkweise dem anderen wie einen Stempel aufzudrücken. Selbst wenn er es nicht tut –, schon die Furcht davor, bringt die anderen dazu sich abzuschotten. Missverständnisse sind programmiert: Was die einen als gute Führung ansehen, betrachten andere als soziale Verwahrlosung, wo jeder machen kann, was er will. Was für die einen klare Orientierung bedeutet, interpretieren andere als überholte Kommandowirtschaft. Eine stramm moderierte Sitzung, von der einen Seite stolz als beeindruckendes Resultat exakter Planung und sachlicher Diskussion angesehen, erleben andere als eine grobe Missachtung grundlegender sozialer Umgangsformen: Statt sich gleich in die Arbeit zu stürzen, hätte man besser daran getan, ein mehrstündiges Mahl miteinander einzunehmen, ohne auch nur ein einziges Wort über Geschäfte zu verlieren. Was die einen als Problem definieren und dabei überzeugt sind von ihren analytischen Fähigkeiten, sehen die andere als pessimistisches Jammern an und bezeichnen die gleiche Situation ihrerseits als ausgeprägte Herausforderung, die es zu bewältigen gilt u. a. m.. Solange es keine gemeinsame Geschichte und keine gemeinsame Sprache gibt, überwiegen Vorurteile und Projektionen. Was können wir konkret tun, um diese Situation besser zu meistern, anstelle lediglich darauf zu hoffen, dass sich die Dinge schon irgendwie ergeben werden?

1.5 Schlüsselfaktor: Sich an Kulturkreuzungen zurechtfinden

Kulturen sind wie Identitäten weitgehend auf Vergangenheit aufgebaut. Und auf dem Weg in eine neue gemeinsame Zukunft die jeweilige Vergangenheit zu vergessen oder neu zu definieren ist eine äußerst heikle Angelegenheit, wahrscheinlich eine Sache von sehr langer Zeit. Wir sollten deshalb unser Handeln nicht von der allgemeinen Hoffnung auf eine echte Synthese der Kulturen leiten lassen. Das heißt aber in keiner Weise, dass wir zur Untätigkeit verdammt wären. Bedingt durch die kulturellen Unterschiede gibt es in ganz bestimmten Situationen kritische Überschneidungen unterschiedlicher Denk- und Reaktionsmuster. Trompenaars bezeichnet sie als „Knotenpunkte", an denen sich wie an Verkehrskreuzungen die Denk- und Verhaltensmuster je nach Kulturzugehörigkeit teilen. Wir sollten unsere Kräfte darauf konzentrieren, uns als Völkerkundler auf Forschungsreise zu verstehen, und als solche lernen, diese Knotenpunkte zu identifizieren, erkennen, in welche Richtungen die Wege sich jeweils verzweigen, und verstehen, warum das so ist und wozu es dient. Insgesamt lernen, uns mit andere Kulturen zu verstehen, um uns darin verständlich zu machen, in einem übertragenen Sinn kulturell mehrsprachig werden.

Im Prinzip gibt es eine unendliche Zahl solcher Knoten. Wir beschränken uns hier auf einige Beispiele, die auf jeden Fall von zentraler Bedeutung sind, wenn wir erfolgreich miteinander Geschäfte betreiben wollen:

– Kontaktaufnahme und Kommunikation: Zur Wahl stehen schriftliche Informationen, formelle Konferenzen oder eher persönlich-informelle Begegnungen. Die Kernfrage lautet: Was ist das Medium der Wahl? Und zu antworten gilt es gleichzeitig auf die Fragen: Wo und wann ist Offenheit und Direktheit eine geschätzte Tugend und wo wäre das gleiche Verhaltensmuster ein absoluter faux pas, weil Gesichtswahrung angesagt ist?
– Formen der Entscheidungsfindung: Ist schnelles, formales und sachlogisches Vorgehen angesagt oder muss solange palavert werden, bis alle übereinstimmen? Ist der Aufbau persönlicher Beziehungen wichtiger oder die volle Konzentration auf sachliches Argumentieren?

- Motivation: Bei uns im Westen gelten Selbstverantwortung und individuelle Leistungsanreize als exzellente Motivatoren. In anderen Kulturkreisen steht nicht das Individuum, sondern eindeutig die Gruppe und die Familie im Vordergrund.
- Verständnis von Autorität und Mitarbeiterführung: Bei den einen läuft nichts ohne Hierarchie und offizielle Titel, bei anderen ist Status das ausschließliche Ergebnis von sachlicher und sozialer Kompetenz. Die Konsequenzen für die Zusammensetzung von Teams liegen auf der Hand.
- Was gelten Verträge? Mit wem müssen sie geschlossen werden? Mit einem definierten Vertreter oder einer Gruppe beziehungsweise einem Clan? Schriftlich oder per Handschlag?
- Welchen Stellenwert hat Arbeit? Sind Arbeit und Privatbereich klar voneinander zu trennen oder sind beide untrennbar ineinander verflochten und entsprechend zu organisieren?
- Kulturen unterscheiden sich auch im Hinblick auf ihr Verständnis von Zeit: Besorgt oder hektisch wird, wer Zeit als knappes Gut betrachtet, das unwiederbringlich verfällt, wenn es nicht genutzt wird. Für andere ist Zeit etwas prinzipiell Unvergängliches, immer Wiederkehrendes, das man so gesehen deshalb auch nicht verlieren kann.

1.6 Die Basis: Arbeit an den mentalen Modellen

Wenn Menschen einigermaßen störungsfrei miteinander umgehen wollen, müssen sie sich wechselseitig auf ihre Beurteilung von Situationen verlassen können im Hinblick auf die Erwartungen, die sich daraus an das Verhalten ergeben. Das setzt voraus, daß wir uns folgender Aspekte bewusst werden:

Wir haben für nahezu alle relevanten Situations- und Verhaltenserwartungen Bilder im Kopf, sogenannte mentale Modelle (Peter Senge), die unsere Erwartungen steuern.

Die Funktion dieser Muster besteht darin, uns für solche Situationen und daraus resultierende Verhaltenserwartungen eine Gewissheit zu geben, die keine zusätzliche Deutung notwendig macht. Wir wissen, wie wir eine Situation einzuschätzen haben und welches Verhalten erwartet wird. Eine Kontaktaufnahme oder eine Besprechung hat eben so und nicht anders zu verlaufen. Führung ist so und nicht anders zu verstehen usw.

- Die scheinbare Sicherheit, die diese Muster bieten, macht auch ihre emotionale Verankerung aus. Aus diesem Grund sind solche Muster nur schwer veränderbar und in der Regel auch nur in soweit, als neue Muster eine zwar andere, aber gleichwertige Deutungs- und Verhaltenssicherheit bieten. Wir können uns auf unsere Muster der Wahrnehmung und des Handelns, die

Muster, wie wir Wirklichkeit konstruieren, nahezu blind verlassen. Solche Sicherheiten werden wir nicht ohne Not aufgeben.

- Diese Bilder sind uns mehr unbewusst und implizit als explizit und bewusst.
- Soweit wir nichts anderes gelernt bzw. erfahren haben, generalisieren wir diese Bilder auf die anderen Menschen und Kulturen.
- Wir müssen grundsätzlich davon ausgehen, dass diese Generalisierung falsch ist. Andere Menschen, vor allem wenn sie anderen Kulturen angehören, werden mit einer gewissen Wahrscheinlichkeit von anderen Modellen gesteuert.
- Soweit wir nicht generalisieren und auch keine speziellen eigenen Erkenntnisse haben, werden wir anderem, Unbekanntem gegenüber uns eher abgrenzen. Ausgehend von der Maxime von Siegmund Freud – alles Unbekannte bereitet Angst – sollten wir damit rechnen, dass interkulturelle Begegnungen geprägt sind minimal von Vorsicht, häufig auch von dezidierten Abgrenzungen zur Sicherung der eigenen Position, analog wie wir uns vor allem, was uns fremd und bedrohlich ist, mit Vorurteilen schützen und dadurch unsere Angst abwehren.

1.7 Neue Modelle aufbauen

Um die Voraussetzung für eine einigermaßen störungsfreie Interaktion zu schaffen, führt kein Weg daran vorbei, sich über diese zugrundeliegenden mentalen Modelle miteinander zu verständigen und gegebenenfalls neue Muster aufzubauen, die uns helfen, mit den interkulturellen Herausforderungen angemessener umzugehen. Dies kann nur mit Hilfe eines intensiven Dialogs geschehen. Selbst wer mit hoher ethnographischer Professionalität ganz passabel in andere Kulturen einzutauchen in der Lage ist, wird das, was ihm begegnet, immer nur auf dem Hintergrund der eigenen Erfahrungen, mit den Augen seiner eigenen Vergangenheit und Kultur zu sehen in der Lage sein. Nur mit einem Mindestmaß an gegenseitigem Verständnis, werden wir es schaffen, uns an diesen Knotenpunkten zu verständigen. Und dies benötigen wir in einer Welt, die immer mehr Kooperation zwischen völlig unterschiedlichen Kulturen fordert.

Sollten wir dies nicht schaffen, bleibt uns nur, was über Jahrhunderte und Jahrtausende bisher auch schon geschehen ist: andere zu unterwerfen – körperlich oder geistig. Die Mittel können heute ziviler sein, das Ziel allerdings bleibt das Gleiche: Der Stärkere nimmt für sich die Deutungshoheit in Anspruch. Er bestimmt die Normen des gesellschaftlichen Zusammenlebens und zwingt die anderen sich anzupassen. Das heißt, wer die Macht hat, definiert die Situation nach seinem Verständnis und setzt seine Spielregeln durch. Wer aus dieser Vergangenheit heraus will, muss sich Schritt für Schritt in neues Gelände wagen. Er wird mentale und wirkliche Expeditionen in fremdes Gelände unternehmen und im Rahmen des geschützten Raumes von Expeditionen neue Begegnungen und Erlebnisse zulassen müssen – übrigens nach dem alten Muster kindlicher Forschungsreisen. Nur auf der Basis neuer Erfahrungen kann es ihm gelingen, alte Erlebnisse oder Vorurteile schrittweise zu überlagern und schließlich auszulöschen. Auf dem Hintergrund dieser neuen Erkenntnisse kann es ihm auch gelingen, neue Verhaltensweisen auszutesten und durch entsprechende Übung die notwendige Verhaltenssicherheit zu entwickeln, um auch prekäre Knotenpunkte mit neuen Strategien zu bewältigen. Erfolgserlebnisse in der Bewältigung solcher Situationen werden die Lust verstärken, die neuen Fertigkeiten verstärkt anzuwenden und in der Expedition neugierig und mutig fortzufahren. Wir sind dann am Ziel angelangt, wenn wir innerlich spüren, dass Unterschiede uns nicht mehr unruhig werden lassen, wir uns darüber vielmehr freuen und uns in der Lage sehen, sie für den gemeinsamen Erfolg fruchtbar zu machen.

Literatur

Fine, M. G. (1995): Building Successful Multicultural Organizations. Challenges and Opportunities. Quorum Books

Hofstede, G. (1997): Lokales Denken, globales Handeln. Kulturen, Zusammenarbeit und Management. München

Mole, J. (1996): Mind your manners. Managing business cultures in Europe. Nicholas Brealey Publishing, London

Trompenaars, F. (1993): Handbuch globales Managen. Wie man kulturelle Unterschiede im Geschäftsleben versteht. Düsseldorf: Econ

2 Die Intelligenz des anderen Systems verstehen – Interkulturelles Management am Beispiel Deutschland/Frankreich

Jacques Pateau

Management ist die Kunst, ein Unternehmen oder eine Organisation zu leiten. Bei unserem deutsch-französischen Vergleich wollen wir uns auf eine der Grundfragen des Managements konzentrieren: das Autoritätsverhältnis zwischen den Akteuren als Vorgesetze und Untergebene insbesondere bei der Vorbereitung, der Findung und der Umsetzung von Entscheidungen. In den letzten vierzig Jahren galten zunächst amerikanische, dann japanische Modelle weltweit als vorbildlich. Ein Vergleich deutscher und französischer Managementstile führt unweigerlich zur Frage nach Konvergenz oder Divergenz: Beobachten wir im Verlauf der Globalisierung auch eine Angleichung der Unterschiede oder bestehen starke Besonderheiten fort, die durch Kultur, Bildungswesen und Gesellschaft bedingt sind, aber durch das Verhalten der Akteure im System relativiert oder verändert werden können?

Alle empirischen Managementstudien zeigen deutlich, wie unterschiedlich eine vorgeblich universelle Theorie in den verschiedenen Kulturen umgesetzt wird. Eine oberflächliche Betrachtung der Managementmethoden in beiden Ländern (Management by) könnte die Unterschiede für nebensächlich halten: Management durch Mitwirkung, Qualitätsmanagement, Reengineeering etc. werden in gleicher Weise in den Betrieben proklamiert. Aber bereits das vor Jahrzehnten von Drucker geforderte Management durch Zielvereinbarung hatte in beiden Ländern keineswegs die gleichen Auswirkungen. Dieses Verfahren setzt bei den Mitarbeitern eines Unternehmens gewisse tief in der amerikanischen Kultur verwurzelte Grundeinstellungen voraus:
– tatsächlich mit einem Vorgesetzen verhandeln können;
– sich durch Leistung hervortun wollen;
– Risikobereitschaft zeigen.
Die deutsche Version des Managements durch Zielvereinbarung führt zu einer Umgestaltung des ursprünglichen Modells. Sie betont die Rolle des Teams bei der Festlegung der Ziele und reduziert damit das persönliche Risiko. Das deutsche Verfahren des kollektiv gefundenen Kompromisses, ein

Grundpfeiler der deutschen Kultur, ist auch in diese Managementtechnik eingegangen, so dass sie sich in Führung durch Zielvereinbarung gewandelt hat. In Frankreich wird sie zur Partizipatorischen Führung durch Zielverein-barung, einer Wunschvorstellung der Achtundsechziger. Sie blieb insofern illusionär, als sie zwar dem alten Gleichheitsstreben der französischen Gesell-schaft entsprach, aber in nichts die tatsächliche Abhängigkeit von der Auto-rität des Vorgesetzten berücksichtige, die zwar heftig kritisiert wird, aber per-sonenbezogen bleibt. Die in Frankreich übliche hierarchische Distanz kommt von den Bedürfnissen der Untergebenen ebenso wie denen der Chefs; eine Verinnerlichung gemeinsam getroffener Zielvorgaben entspricht ein-fach nicht der französischen Kultur.

Man darf also feststellen, dass die vorgeblich universalen Management-methoden durch die jeweiligen Kulturen in deren Sinne korrigiert werden. Wenn aber diese Kulturen aufeinandertreffen oder in Konflikt geraten, wie dies bei allen deutsch-französischen Unternehmen der Fall ist, welche immer häufiger aus Fusionen und Joint-Ventures hervorgehen, treten unweigerlich Schwierigkeiten auf. Die Akteure der betroffenen Organisationen haben nie gemeinsam über ihre alltägliche Routine und die Methoden künftiger Zusammenarbeit nachgedacht. In sämtlichen Bereichen stellt man parado-xerweise fest, dass Franzosen und Deutsche sich gegenseitig eine Überbeto-nung der Hierarchie im Managementstil des anderen vorwerfen und perma-nent auf Kommunikationsprobleme hinweisen.

2.1 Kommunikations- …

Was sind die Quellen für deutsch-französische Missverständnisse? Nehmen wir einmal das Beispiel des Kommunikationsstils heraus: Wer in einem deut-schen Bus den Knopf drückt, dem antwortet ein Schild *„Bus hält"*; in Frank-reich leuchtet *„Arrêt demandé"*, das heißt *„Halt verlangt"* und also wird der Bus halten. Das heißt, Deutsche sind direkter als Franzosen, die viele Dinge implizit meinen, aber nicht deutlich aussprechen. Ein seit vielen Jahren in Deutschland lebender Franzose sagte uns in einem Interview: *„In Frankreich signalisieren wir einen Wunsch und der Empfänger muss intelligent genug sein, um ihn zu verstehen. Wir gehen also davon aus, dass die Botschaft auf den Weg gebracht wurde und der andere entsprechend handeln wird. Wenn sie jedoch in Deutschand einen Zweifel im Raum stehen lassen, hält der Deutsche Sie für nicht präzise genug und gibt Ihnen nichts …"*

Bei den französischen Kollegen wirkt die explizite deutsche Weise oft als dominierend, schulmeisterlich, ja verletzend, während die französische *mes-sage* durch den indirekten, impliziten globalen Kommunikationsstil auf deutscher Seite in vielen Fällen gar nicht ankommt.

In der französischen Kommunikation, und das gilt gleichermaßen für die japanische oder die britische, ist aus kulturgeschichtlichen Gründen immer ein hoher Kontextbezug gegeben, der auch implizite Formulierungen, verkürzte Informationen oder Anspielungen nicht ihres klaren Aussagegehalts beraubt.

Sehr häufig zeigt sich auch ein anderer Gegensatz, wenn Deutsche und Franzosen zusammenarbeiten. Es ist schwieriger in Frankreich, die zwischenmenschliche Dimension aus der Arbeitsbeziehung herauszuhalten, oder anders gesagt, die Person, mit der man es zu tun hat, von dem Thema, mit dem man es zu tun hat, zu trennen. Zahlreiche Konsequenzen ergeben sich daraus: eine größere Erregbarkeit, ein stärkerer Wunsch zu gefallen oder nicht zu missfallen, eine systematischere Suche nach Verbrüderung oder Kumpanei. In Deutschland dagegen ist die Neigung zur Sachlichkeit ausgeprägter, d. h. Objektivität, geringere Empfindlichkeit, aufgabenorientiertes Arbeitsklima und berufliche Unparteilichkeit, was von den Franzosen oft zu Unrecht als Kälte und Distanz interpretiert wird. Letztere sind übrigens sehr überrascht, bei ihren deutschen Kollegen eine völlige Verwandlung festzustellen nach der Arbeit, wenn die Art, Feste zu feiern und über die Stränge zu schlagen, ohne Selbstzensur und Hintergedanken, alles in den Schatten stellt, was sie sich vorstellen konnten.

2.2 …und Managementstile

Nehmen wir einen kulturellen Unterschied, der für Manager von großer Bedeutung ist, nämlich das unterschiedliche Verhältnis zur Autorität. Der Gebrauch des Begriffs „Management" ist sicherlich universell, der Managementstil dagegen ist von diesem unterschiedlichen Verhältnis zur Autorität geprägt. Und obwohl jeder davon überzeugt ist, dass es sich um das gleiche universelle *project management* handelt, tauchen die alten Unterschiede wieder auf. Um das auf einen einfachen Nenner zu bringen, unter „managen" versteht man in der einen Kultur *sich sachkundig machen und erst dann die Entscheidung treffen, die dann für die Mitarbeiter verbindlich ist* in der anderen *die Entscheidung global nehmen, mit dem Risiko, dass am Ende grau herauskommt, was zuvor schwarz entschieden wurde oder der Chance, dass die Mitarbeiter ihren Spielraum kreativ im Interesse der Entscheidung nutzen:* in anderen Worten agieren oder reagieren?

In der Phase der Entscheidungsfindung ist die Freiheit oder, mehr noch, die Fähigkeit, Vorschläge in der Hoffnung zu machen, dass diese auf höherer hierarchischer Ebene auch zur Kenntnis genommen werden, in Deutschland sicher grösser als in Frankreich. Der Glaube an das effiziente Ingangsetzen einer Aktion durch Kumulierung einer Vielzahl von Kompetenzen, die von der Hierarchie anerkannt und damit zur Geltung gebracht werden, ist in Deutschland tiefer verankert als in Frankreich, wo wir ein viel höheres Maß von Resignation oder Herumtasten, häufig auch schwankendes Zögern beobachten können. Wenn die Entscheidung dann aber einmal gefällt ist, scheint ihre Umsetzung auf der französischen Seite oft flexibler und angemessener. Je nach Situation kann das in Form von Widerspruch, Aufstand und Ablehnung erfolgen oder in kreativer Anpassung an die realen Verhältnisse.

Auch hier sind die Vor- und Nachteile der beiden Systeme offensichtlich, auf der einen Seite Kontinuität, aber die Schwierigkeit, spontane Veränderungen zu berücksichtigen; auf der anderen Seite ein hohes Reaktionsvermögen, aber eine gewisse Inkonsistenz.

2.3 Stammeskultur versus Dissenskultur

Will man Ursachenforschung betreiben, muss man sich fragen, worin unsere unterschiedlichen Verhaltens- und Denkmuster wurzeln. Dazu sind mehrdimensionale Erklärungsfaktoren notwendig. Wir beziehen uns daher bei unserer Analyse[1] nicht nur auf die politische Geschichte, sondern auch auf familiensoziologische Untersuchungen, die Religion und das Erziehungssystem als wichtige Determinanten des kulturellen Handelns.

Betrachten wir die politische Geschichte, so stellen wir fest, daß Deutschland von der Kultur des kleinen Territoriums, der Gemeinschaftskultur oder Stammeskultur, geprägt ist. In anderen Ländern, wie z. B. in Frankreich, hat sich die Stammesorganisation schneller ausgedehnt und einen anderen Typus hervorgebracht, den wir monarchistisch-imperiale Kultur oder Reichskultur nennen. Für Länder wie Großbritannien, die Niederlande oder die USA ist dagegen die Kultur des Warenaustauschs, die Handelskultur, charakteristisch.

Eine vierte Kultur zeichnet sich ab, in deren Übergangsphase wir uns gerade befinden, nämlich die Kultur des *web* und *net*, die weltweite Informationskultur. Es ist nun ein schwerwiegender Irrtum für die interkulturelle Zusammenarbeit zu glauben, dass die gleichen Begrifflichkeiten und ähnliche Strukturen automatisch Konvergenz bedeuten. Die Rezeption der weltweiten Informationskultur erfolgt nämlich in jeder der drei „alten" Kulturen ganz unterschiedlich. Es überrascht nicht, dass die primär auf Markt- und Gewinnchancen orientierte Handelskultur, deren mit hoher Risikobereitschaft gepaarter Pragmatismus sich frei von regulativen Fesseln entfalten kann, am schnellsten reagiert hat. Im Internet z. B. sind die Amerikaner längst Herr im Haus, während Franzosen oder Deutsche noch dabei sind, sich darauf ein- und umzustellen.

Die Schlüssel für das deutsche Arbeitsverhalten, in dem Aufgabenorientierung *(Zielorientierung, Planung, Präzision, sequentielles Vorgehen, Zeiteinteilung...)*, Fachkompetenz *(Spezialisierung, Detailkenntnis, Erfahrung...)* und das Denken in Zuständigkeitsbereichen *(Organisation, Funktionsgrenzen, Delegation, Verantwortung, Abstimmung, Konsens, explizite Kommunikation ...)* eine zentrale Rolle spielen, finden wir in der Stammeskultur, die wir auch Kultur des kleinen Territoriums oder Gemeinschaftskultur genannt haben.

Wie kommt nun diese Gemeinschaft voran, wie organisiert sie sich, wie ist die Einstellung zur Autorität *(Managementstil)*, wie gewinnt der Einzelne Wertschätzung *(Kompetenzen, Karriere)* in dieser Kultur?

In einem kleinen Territorium ist die Entfernung zur Macht natürlich nicht sehr groß; für das Individuum ist die Autorität sehr nahe, sowohl geographisch als auch symbolisch. Wenn man einmal das ursprüngliche Modell der germanischen Stämme nimmt, so ist das Oberhaupt *„primus inter pares",* erster unter gleichen; der Stammesführer wird demokratisch gewählt und von daher ganz natürlich respektiert. Diese Autorität, personifiziert sowie kodifiziert in Form von Regeln und Gesetzen, ist so selbstverständlich für die Gruppenmitglieder, dass sie nicht als äußeres Element angesehen, sondern verinnerlicht, internalisiert und Teil des Individuums wird. Der Einzelne fühlt sich gleichzeitig als Teil der Gruppenautorität und auch für das Ganze, die Gruppe, verantwortlich.

Wer die verinnerlichte Autorität nicht versteht, sieht im deutschen Verhalten häufig nur den besserwissenden Schulmeister, ohne das von Verantwortungsgefühl und Gemeinschaftsdenken motivierte Individuum zu erkennen.

Damit eng verbunden ist selbstverständlich auch die Entstehung eines bestimmten Kommunikationsstils. Der Einzelne wird durch die Qualität seiner Aufgabenerfüllung von den anderen geschätzt, als Fachmann muss er den anderen gegenüber eine einfache, klare, explizite Sprache sprechen, damit er verstanden wird. Aufgabenorientierte Kommunikation heißt, es geht um die Sache, Kritik ist daher sachdienlich und a priori kein persönlicher Angriff, wie in einer Kultur, wo in der Arbeitsbeziehung die Person im Vordergrund bzw. eine Trennung zwischen Sache und Person unmöglich ist.

Ich werde im Ausland keine Probleme haben, denn ich bin sachlich, hören wir von deutschen Führungskräften, *ich bin aufgeschlossen, mit mir kann man reden..., ich spreche die Probleme an und rede nicht um den heißen Brei..., ich mache denen klar, wie man das macht...,* solche Äußerungen illustrieren diesen Kommunikationsstil einschließlich seiner Wertigkeit.

Vergessen wird nur immer wieder, dass in der interkulturellen Situation die Wertigkeit im anderen Land nicht automatisch die gleiche ist und dass aus einem Vorteil hier ein Nachteil dort entstehen kann.

Kommen wir nun zum Individuum in der sogenannten monarchistischen oder imperialen Kultur, die Frankreich stark geprägt hat. Es geht hier bei diesen Begriffen überhaupt nicht um das Regime, sie sollen nur zeigen, dass das Territorium sich jetzt erweitert hat und damit natürlicherweise eine andere Art von Beziehung zu den anderen und zur Macht entsteht. Für das Individuum in der Kultur des erweiterten Territoriums ist die Autorität nicht mehr nahe und verinnerlicht, sondern fern und äußerlich. Wenn man einmal das Schema Paris und die Provinz nimmt, so werden sich zwei Kulturen entwickeln, zum einen diejenige, die im unmittelbaren Umfeld der Macht entsteht, und zum anderen eine, die eher eine Kultur des Widerstands und der Opposition ist, wo gerade die Entfernung zur Macht eine wesentliche Rolle spielt.

Die Hofgesellschaft, die die französische Kultur sehr stark geprägt hat, bringt ein Verhalten hervor, das sich durch eine unglaubliche Geschicklichkeit im Meistern von Situationen auszeichnet, durch eine scharfe Beobachtungsgabe seines Umfelds, seiner potentiellen Rivalen, denn die Rivalität um die Gunst der Mächtigen ist selbstverständlich groß.

Wenn man sich aber ein bisschen von dieser Hofgesellschaft entfernt und auf Distanz geht, dann findet man die sogenannten Salons, in denen man im 18. Jahrhundert die Ideen diskutiert, die das Regime stürzen werden, die Ideen Voltaires, Diderots, Montesquieus, Rousseaus, usw. Der Salon stellt also die erste Distanz dar, der erste Widerstand, die erste Kritik, die sich formiert und auf eine gewisse Art zur französischen Revolution führt.

Hier haben wir die zweite Kultur, die andere Facette der französischen Haltung zur Autorität. In Frankreich haben wir also eine komplizierte, komplexere Beziehung zu einer fernen und allmächtigen Autorität, deren räumliche Distanz es gerade möglich macht, Gegenmacht hervorzubringen bzw. Freiheitsräume zu schaffen. Es existiert in der französischen Kultur ein sakrosankter Respekt vor der fernen Macht. Aber gleichzeitig wird die Unabhängigkeit des Einzelnen geschützt durch die beträchtliche Widerstandskraft der sozialen Gruppe, der er angehört.

Die deutsche Freiheit besteht in der mit der Aufgabe verbundenen Entscheidungskompetenz und im Ringen um die Entscheidung, bei der Umsetzung sind einem dann die Hände gebunden, wobei sich die französische Freiheit bei der Umsetzung einer Entscheidung zeigt, die weit oben ohne Mitwirkung des Einzelnen gefällt wurde.

2.4 Education versus Bildung

Um die Kommunikations- und Managementstile in unseren beiden Ländern besser zu verstehen, soll auch der Erziehungsfaktor berücksichtigt werden, das heißt die Institutionen, die die Aufgabe haben, uns das Denken beizubringen, Lösungsansätze zu vermitteln, Kommunikations- und Argumentationsmuster weiterzugeben. Interkulturelle Unterschiede zwischen Deutschen und Franzosen bestehen bereits in der Art, wie Probleme definiert werden, wie und wo man Lösungen sucht, wer bestimmt, was eine relevante Information und was ein akzeptierbares Ergebnis ist. Jeder von uns ist ein Produkt des Bildungssystems, das er durchlaufen hat, und die unterschiedlichen Konzeptionen, die beide Systeme prägen, prallen im Arbeitsalltag beim Umgang mit dem Kollegen aus dem anderen Kulturkreis aufeinander.

Im Gegensatz zum deutschen Kind, das es sehr früh lernt, Schule und Freizeit zu trennen – morgens Schule, nachmittags Freizeit –, ist der französische Kontext durch die Vermengung und wechselseitige Durchdringung beider Bereiche gekennzeichnet. Schon in der Vorschule und dann über Jahre hinweg lernt der kleine Franzose, lange in der Schule zu bleiben und einen personenorientierten, impliziten spielhaften Kommunikationsstil zu entwickeln. Seine besten Freunde sind in der Regel die Schulkameraden, mit denen er den größten Teil seiner Freizeit verbringt. Von der Freundesgruppe anerkannt werden, sich ohne viele Worte verstehen, viele Anspielungen machen, eben weil der mit den Freunden geteilte Kontext sehr stark ist.

Vergleicht man einmal die Unterrichtsformen, dann erkennt man im lehrerzentrierten, lerninhaltsbezogenen französischen Unterricht und im viel stärker auf Quellenstudium, Problemdiskussion und Meinungsbildung orientierten deutschen Unterricht heute noch Auswirkungen dieser Bildungskonzepte.

In Frankreich werden vom Bildungskonzept her vorrangige Erziehungsziele, wie Anpassung, Wissensakkumulation und -reproduktion, Leistungsdruck, verstärkt und die Elitebildung gefördert. Der Königsweg, der in Frankreich jedem bekannt ist, beginnt mit der „guten" Privatschule oder dem „guten" öffentlichen Gymnasium, setzt sich in einem der großen Pariser *lycées* fort, führt über die *classe préparatoire,* den *concours* und die *Grande Ecole* und mündet in eine hochrangige Stellung in Wirtschaft oder Staat. Auch wenn sich in Deutschland die Bildungsaufträge jedes Schultyps unterscheiden und eine frühe Selektion – die jedoch angesichts der zahlreichen Möglichkeiten der Höherqualifizierung bis zur Hochschulreife keineswegs definitiv ist – auslösen, führt das auf individuelle Bildung, partnerschaftliche Lehrer-Lerner-Interaktion orientierte Konzept sowie das Fehlen von Elitehochschulen viel stärker zur intrinsischen Motivation und zum eigenverantwortlichen Lernen. Über die Zugehörigkeit zur Elite fällt die Entscheidung 10 oder 15 Jahre später, wenn man im Berufsleben zeigen muss, was in einem steckt.

2.5 Geist des Jesuitenkollegs und Einfluss des Protestantismus

Die französische Ganztagsschule sowie die zahlreichen Internate gehen auf die Jesuitenkollegs des 17. und 18. Jahrhunders zurück. Der Geist des Jesuitenkollegs, lebt auch weiter und zwar „im Prinzip der aemulatio *(émulation,* d. h. anstachelnder Wettbewerb der Schüler untereinander), der Förderung des Intellekts und spezieller in der Betonung der Fähigkeit zur systematischen und logischen schriftlichen Darstellung".[2] Der Rang, nicht die Note, ist für einen französischen Schüler entscheidend, und zwar von der ersten Klasse an über den *concours* bis zum Abschluss an der *Grande Ecole,* wo entsprechend einer Rangliste den ersten Zehn die besten Positionen in der öffentlichen Verwaltung, den nächsten zehn die zweitbesten Positionen usw. angeboten werden.

Vor diesem Hintergrund erklärt sich auch die Bedeutung der Rhetorik und die Pflege der Hochsprache. Die Technik der französischen *dissertation,* die mit einem deutschen Aufsatz wenig gemein hat, liefert dafür ein gutes Beispiel. Durch eine antithetische Gliederung des gestellten Problems in zwei Teilen muß in der *conclusion* die Synthese erfolgen, die aus der Logik der Gegenüberstellung den Lösungsvorschlag präsentiert. In einer perfekten *dissertation* dominiert daher die Form, die Rhetorik, das synthetische Denken, während der deutsche Besinnungsaufsatz[3] ein Einzelfragen isolierendes Problembewusstsein fordert. Im Begriff der Zusammenfassung zeigt sich der gleiche Gegensatz: Während der deutsche Schüler versucht, den seiner Ansicht nach wesentlichen Inhalt zu präsentieren, geht es für den französischen Schüler darum, einen Text auf 25 % zu reduzieren.

Rhetorische Meisterschaft, brillante Formulierungskunst, Form, Stil, Orthographie haben sich als Bildungsziele von der *école primaire* bis zur *Grande Ecole* generalisiert und als Bewertungskriterien jeden Franzosen neun, zwölf oder sechzehn Jahre lang geformt.

Im deutschen Bildungswesen, das einerseits durch den bereits erwähnten Humboldtschen Bildungsbegriff und andererseits durch den Einfluss des Protestantismus geprägt ist, werden andere Formen und Inhalte vermittelt. Auch beim lutherischen Gnadenbegriff steht das Individuum im Mittelpunkt, das in dem durch Fleiß, Ausdauer, Sparsamkeit und Selbstdisziplin erarbeiteten irdischen Erfolg versucht, Anzeichen für Gottes Gnade zu entdecken. Bildung als eigene Tiefe soll zum Gottgefallen beitragen, die Sprache hat dabei vorrangig funktionalen Charakter. Vor diesem Hintergrund sind nun deutsch-französische Kommunikationsschwierigkeiten keineswegs erstaunlich, treffen doch rhetorische Eleganz, Stil und synthetisches Denken auf eine einfache, direkte, explizite Sprache, eine starke Identifikation mit der Aufgabe und problem- und detailbezogene Kenntnisse.

Diese Ausführungen sollten nur ein Beispiel dafür sein, wie eine interkulturelle Ursachenforschung aussehen muss, damit Klischees und Stereotypen durch ein echtes Verständnis dauerhaft überwunden werden und das Fundament der Zusammenarbeit im globalen Spiel gelegt werden kann.

Geschichte, Bildungswesen und grundlegende Organisationsformen führen also dazu, dass französischer und deutscher Managementstil auch in Zukunft unterschiedlich bleiben werden. Doch sollte man sich bei der Beurteilung konkreter Sitationen nicht auf solche Kulturunterschiede fixieren. Manch andere Faktoren kommen ins Spiel: das psychologische Profil einzelner Akteure, deren Strategien, Betriebsgröße, Unternehmens- und Fachkulturen, regionale Besonderheiten und selbstverständlich auch Teilangleichungen durch Globalisierung. Dennoch bleibt der interkulturelle Vergleich und seine Diskussion in der Praxis der beste Weg, französischen und deutschen Managern zu gemeinsamer Handlungsfähigkeit im Team zu verhelfen.

Seit Jahren konzentrieren wir uns auf Teambuildingsaktivitäten in fusionierenden Unternehmen mit dem Ziel, Counterparts kognitiv und affektiv näherbringen.

„Das Teambuildingseminar ermöglicht es, anderen Kulturen sensibel zu begegnen und die eigenen Werte in Frage zu stellen. Unumgänglich im Rahmen der Internationalisierung … ausgezeichnet zur Teambildung", ist die positive Erkenntnis der deutschen und französischen Manager die unsere Teambuildingseminare besucht haben.

International tätige Mitarbeiter müssen die Intelligenz des anderen Systems erkennen und sich mit der Wahrnehmung des eigenen Systems auseinandersetzen. Bei Goethe heißt es: *„Niemand wird jemals wirklichen Zugang zu seiner eigenen Kultur bekommen, wenn er die des anderen nicht versteht."*

Machen wir diese Erkenntnisarbeit gemeinsam, so sind wir bereits auf dem Weg zu dieser neuen Lernkultur, die wir in vielen Firmen ausgelöst und vorbereitet haben und deren Richtigkeit sich im Erfolg unseres Kooperationsmanagements erwiesen hat.

Anmerkungen

[1] Pateau J: Die seltsame Alchimie in der Zusammenarbeit zwischen Deutschen und Franzosen. Aus der Praxis des interkulturellen Managements. Campus Verlag, 307 S, 1999.

[2] Große E-U/Lüger H-H, Frankreich verstehen, Darmstadt, 1996, S. 236.

[3] Dazu: Picht R, Ludwigsburger Beiträge, Band 4, Deutsch-Französisches Institut (Hrsg.), Ludwigsburg 1994, S. 26.

3 Europäisches Zeitempfinden und europäische Integration

Gilles Moutel

Das letzte Jahrzehnt ist in Europa von großen Veränderungen geprägt gewesen, wie dem Fall der Berliner Mauer 1989 und kurz darauf dem Zusammenbruch der Sowjetunion. Hinzugekommen sind auch die Wandlung der EG zur EU und die Einführung des Euro 1999. Besonders der Zusammenbruch der Sowjetunion führte zu einem noch nie dagewesenen Globalisierungsprozess, an dessen Anfang wir uns erst befinden. Die ganze Welt verändert sich immer stärker hin zu einem riesigen Markt, auf dem Güter, Kapital und Dienstleistungen ohne Begrenzungen ausgetauscht bzw. erbracht werden.

Durch all diese Veränderungen und insbesondere die internationalen Zollharmonisierungen ist der Qualität/Preis-Vergleich zugunsten des Qualität/Zeit-Vergleiches in den Hintergrund gerückt. Denn für ein Unternehmen ist Zeit Geld.

Der traditionelle Vergleich von Qualität und Preis reicht heutzutage nicht mehr aus um das Wohlergehen oder Versagen einer Firma, Region oder gar eines ganzen Industriezweiges zu begründen. Denn heutzutage ist optimale Qualität nur die Prämisse für das Zustandekommen eines Vertrages und nicht mehr der ausschlaggebende Grund.

Im Kontext der wachsenden Liberalisierung durch Zollsenkungen und Aufhebung von Importbeschränkungen und der somit vereinfachten weltweiten Warenflüsse wird die hohe Entwicklung Europas häufig vorschnell negativ dargestellt. Es steht zwar zweifelsfrei fest, dass die europäischen Lohnkosten z.T. das zehn- oder zwanzigfache der entsprechenden in den Entwicklungsländern betragen. Dafür gibt es in Europa aber hohe Umwelt- und Sozialstandards und nicht zuletzt eine effektive und unabhängige Rechtsprechung.

Zusätzlich gibt es in Europa eine sehr gute Infrastruktur, die den Unternehmen einen regen Handel erlaubt. Ein hohes Niveau an Technikkompetenz, hohe Produktivität und Innovationsfähigkeit sind entscheidende Punkte für den wirtschaftlichen Erfolg eines Unternehmens oder Staates. All das bietet Europa heute.

In reifen Volkswirtschaften ist der Produktpreis nicht mehr der wichtigste Entscheidungsfaktor für den Konsumenten oder Lieferanten. Qualität und noch stärker die Lieferzeiten sind ebenso wichtig wie die Anpassungsfähigkeit an die Zeit und den Geschmack des Marktes sowie die Qualität des Lieferservice zum Kunden. Erwähnenswert ist in dieser Hinsicht eine kürzlich von der Europäischen Kommission veröffentlichte Studie über den Verkehr. Daraus ergibt sich, daß die Durchschnittsgeschwindigkeit eines Autos im heutigen London gleich der Geschwindigkeit eines Pferdekarrens vor einem Jahrhundert war.

Wenige Umfragen erreichen bei den Entscheidungsträgern in der Wirtschaft Einstimmigkeit in Europa. Die Ursache liegt in den deutlichen nationalen Unterschieden, die in den verschiedenen Kulturen begründet sind. Hiermit einher gehen konträre Einstellungen zur Zeit und der Art und Weise ihrer Nutzung. Unter diesen Bedingungen ist eine Zusammenarbeit europäischer Firmen nicht immer ganz einfach. Französische, deutsche oder portugiesische Firmen machen diese Erfahrungen tagtäglich, weil die EU mittlerweile ihr Heimatmarkt geworden ist. Diese Wirtschaftsverflechtungen werden durch die effektive Einführung des Euro aber noch stärker an Intensität gewinnen.

Um eine detaillierte Einsicht der Europäer über die Auffassung von Zeit zu erlangen, hat der Konzern Chronopost International in Zusammenarbeit mit dem Meinungsforschungsinstitut Louis Harris in Paris bereits zum dritten Male die Studie „Le Temps des Européens" erstellt. Das Unternehmen konnte dabei auf seine umfangreiche Erfahrung im Dienste französischer und europäischer Kunden zurückgreifen. Die Ergebnisse der Studie basieren auf der umfassenden Untersuchung des Zeitverhaltens in acht europäischen Länder.

3.1 Die Veränderungen in der Arbeits- und Freizeit

In Europa sind mittlerweile über zwei Drittel der Beschäftigten in der Dienstleistungsbranche tätig. Hier sieht die Beziehung zur Zeit deutlich anders aus als im Vergleich zur Produktionswirtschaft. Während man dort zum Beispiel acht Stunden am Fließband arbeitet, hat man in der Dienstleistungsbranche meist nur noch eine Aufgabe zu erfüllen. Es hängt dann von den eigenen Fähigkeiten ab, ob man länger oder kürzer arbeitet. Als Konsequenz hieraus und der persönlichen Freizeitbedürfnisse entwickelten sich eine Vielzahl neuer Arbeitszeitmodelle, wie z. B. die Teilzeitarbeit und befristete Verträge.

Allgemein kann festgestellt werden, dass ein Durchschnittseuropäer 40 Stunden in der Woche von 8 Uhr in der Früh bis nachmittags um 18.30 Uhr arbeitet, zwischen vier und fünf Urlaubswochen hat sowie ein Dutzend Feiertage. Diese Verallgemeinerung trifft aber nur auf etwa die Hälfte der europäischen Arbeitnehmer zu. Die Abweichungen sind z.T. erheblich. In

Spanien sind die Arbeitspausen beispielsweise deutlich länger als im Rest Europas und es ist keine Seltenheit, dass Arbeitnehmer bis 19 oder auch länger als 20 Uhr arbeiten.

Bemerkenswert ist auch der fließende Übergang der Arbeitszeit in die Freizeit. Ständige Erreichbarkeit durch Handys, Laptops und e-Mail können die Freizeit deutlich beeinträchtigen. Denn durch ständige Erreichbarkeit verweilt der Arbeitnehmer mit seinen Gedanken weiterhin im Unternehmen und trägt so seine Arbeit mit ins Wochenende nach Hause.

Allerdings realisiert man durch diese Geräte oder Kommunikationsmittel nicht unwesentliche Zeitersparnisse. 44 % der Befragten sind der Ansicht, durch die Benutzung von Handys Zeit zu sparen. Beim Internet und der e-Mail-Kommunikation sind es noch 32 % und bei Telefonkonferenzen und Laptop nur noch 18 %.

So unterschiedlich wie die Europäer ihre Arbeitszeit gestalten, so erstaunlich ähnlich sind ihre wichtigsten Freizeitbeschäftigungen. Fast zu erwarten war, dass mehr als ein Drittel der Beschäftigungen sich um die Familie, den Sport und die Freunde drehen. Im Einzelnen gibt es aber deutliche nationale Diskrepanzen. Deutsche (18 %) und Spanier (19 %) beschäftigen sich am liebsten mit ihrem Partner, Franzosen (28 %), genauso wie Briten (19 %), Niederländer (34 %) und Belgier (20 %) mit ihren Kindern. Italiener (15 %) treiben am liebsten Sport und Portugiesen wollen einfach Spaß haben (19 %).

Gründe für die divergenten Freizeitbeschäftigungen lassen sich auch in den unterschiedlich langen Arbeitszeiten finden. Während 76 % der Portugiesinnen einer Vollzeitbeschäftigung nachgehen und deswegen in ihrer freien Zeit Spaß haben wollen, arbeiten lediglich 39 % der Niederländerinnen Vollzeit und haben deswegen ein weniger zwanghaftes Spaßbedürfnis.

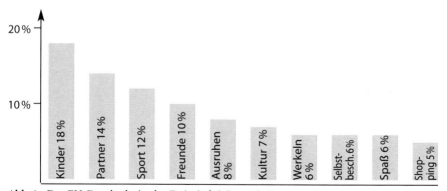

Abb. 1 Der EU-Durchschnitt der Freizeitaktivitäten in Prozent

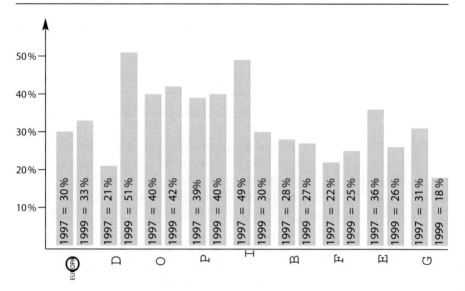

Abb. 2a Priorität von Freizeit vor Arbeitszeit in Europa in Prozent

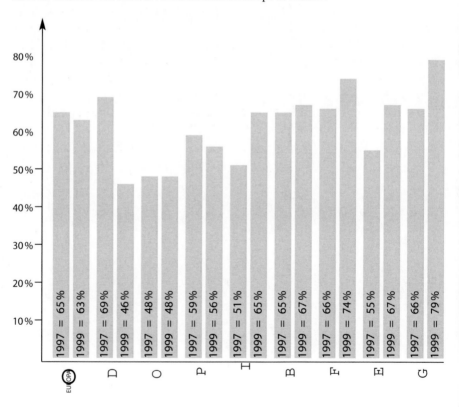

Abb. 2b Priorität von Arbeits- vor Freizeit in Europa in Prozent

Die Reduzierung der wöchentlichen Arbeitszeit verleitet die Arbeitnehmer aber selten dazu, neuen Tätigkeiten nachzugehen. Die gewachsene Freizeit wird meist in alte Hobbys investiert. Wer viel Zeit mit seinen Kindern verbringt, wird dies in Zukunft um so stärker tun, je mehr Freizeit ihm zur Verfügung steht. Im Durchschnitt dauert es bis zu drei Jahre, bis ein Arbeitnehmer die gewonnene Freizeit in ein weiteres Hobby oder eine andere Betätigung investiert.

Interessant ist hier, welche Länder ihr Arbeitsverhalten nach der Freizeitgestaltung ausrichten bzw. umgekehrt. Hier liegt Deutschland mit Holland und Portugal deutlich vor anderen Ländern. Da fällt einem spontan die Aussage Helmut Kohls ein, Deutschland sei ein kollektiver Freizeitpark.

Die Festlegung der Prioritäten auf Arbeits- oder Freizeit bewegt sich häufig im Gleichschritt mit der Sicherheit des Arbeitsplatzes und der Höhe des Gehalts. Je mehr der Arbeitnehmer verdient und seine grundlegenden Bedürfnisse befriedigen kann, desto eher ist er gewillt dies zu genießen. Steht ihm aber weniger Geld für konsumptive Zwecke zur Verfügung, arbeitet er gerne länger, um sich das eine oder andere Extra zu erlauben, oder einfach sicherer in die Zukunft schauen zu können.

Je höher die eigene berufliche Position ist, desto natürlicher erscheint es einem aber länger zu arbeiten. Schließlich trägt man eine große Verantwortung, der man auch gerecht werden will. Man muß aber aufpassen, sich das bisschen Freizeit nicht durch Handy, Laptop und e-Mail nehmen zu lassen. Dies ist bei Führungskräften aber wohl mehr Illusion als Realität. Denn 53 % der in der Europäischen Union befragten Führungskräfte geben an, Arbeit mit nach Hause zu nehmen. Hierbei spielt es keine Rolle, ob dies in der Woche oder am Wochenende der Fall ist. Die eifrigsten Arbeitnehmer sind die Deutschen. 65 % von ihnen geben an, auch in den eigenen vier Wänden zu arbeiten. Ihnen folgen die Niederländer und Franzosen (60 %), Portugiesen (56 %), Briten (54 %), Belgier (51 %), Italiener (45 %) und Spanier (34 %). Wahrscheinlich gerade wegen der hohen Belastung wünschen sich Führungskräfte mehr Freizeit. Diese ist ihnen wesentlich wertvoller als ein höherer Verdienst. In Belgien sind es 37 % und in Deutschland 31 % der Befragten, die sich mehr Freizeit wünschen. Während 14 % der Befragten sich sehr zufrieden mit ihrer Arbeit zeigen, erklärten sich 83 % relativ zufrieden. Nur drei Prozent äußerten Unzufriedenheit.

Gerade aufgrund der hohen Belastungen stellt sich die Frage, ob der Arbeitnehmer noch produktiver sein kann und Arbeitszeitverkürzungen eine Motivation darstellen, effizienter zu arbeiten. Eine knappe Mehrheit (51 %) meint, durch effektivere Arbeit weniger arbeiten zu können. Diejenigen, die diese Meinung nicht teilen (45 %), haben von 1997 bis 1999 beachtliche sieben Prozentpunkte zugelegt. Irgendwo stößt die Produktivität bei Menschen, nach eigener Einschätzung, an Leistungsgrenzen, und viele sind der Ansicht, diese bereits erreicht zu haben. Besonders in den Niederlanden glauben nur 29 % der Befragten, noch produktiver arbeiten zu können. Diese Zahl ist erstaunlich niedrig. Es muss aber bedacht werden, dass in den Niederlanden schon in den 80er Jahren damit begonnen wurde, die Produktivität am Arbeitsplatz – im Gleichschritt mit Arbeitszeitverkürzungen – konsequent zu erhöhen. Länder wie Spanien und Italien stehen da erst am Anfang dieses Prozesses. Jetzt stellt sich aber die Frage, wie der Arbeitnehmer

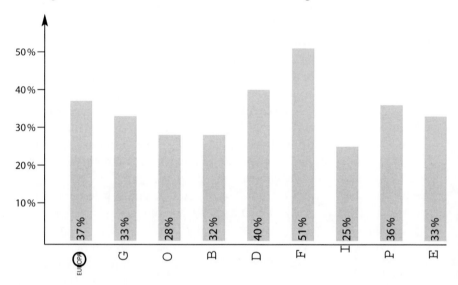

Abb. 3a Neue Mitarbeiter einstellen

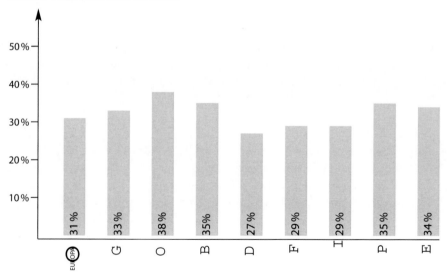

Abb. 3b Arbeit besser verteilen und delegieren

produktiver sein kann. Hierbei lassen sich deutliche Unterschiede zwischen den Ländern erkennen. Während man die Aufgabe in Frankreich (51 %) und Deutschland (40 %) vorrangig mit Neueinstellungen lösen will, wollen die Niederländer die Arbeit besser aufteilen und delegieren (38 %). Einen verstärkten Einsatz neuer Technolgien erachtet man dagegen in Italien (27 %) und Spanien (22 %) als ebenbürtige Alternativen gegenüber Neueinstellungen und besserer Arbeitsaufteilung.

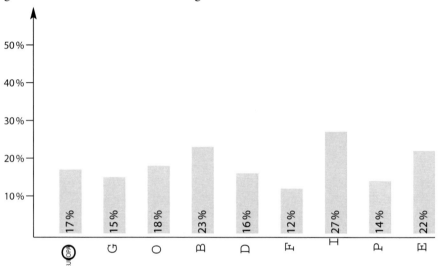

Abb. 3c Verstärkter Einsatz neuer Technologien

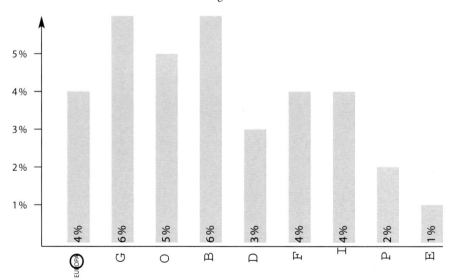

Abb. 3d Outsourcing

3.2 Wie soll am Arbeitsplatz Zeit eingespart werden?

Die Arbeitszeitverkürzung wird in Europa besonders von Politikern und Gewerkschaftlern als Möglichkeit gesehen, die Arbeitslosigkeit zu bekämpfen. Während portugiesische (58%) und britische (49%) Führungskräfte dies bekräftigen, glaubt dies nur eine Minderheit der deutschen (26%) und französischen (21%) Kollegen. Bei der Frage, ob Arbeitszeitreduktionen überhaupt erreichbar sind, besteht ein breiter Konsens in Europa. Niederländer (80%), Portugiesen (64%) sind besonders stark davon überzeugt. Nur die Deutschen fallen mit 34% etwas aus dem Rahmen.

3.3 Die Pünktlichkeit der Europäer

Verspätungen werden im beruflichen Alltag nur ungern geduldet. Meistens sind die akzeptierten Unpünktlichkeiten sehr gering und belaufen sich auf wenige Minuten. Dass in Deutschland Verspätungen sehr ungern gesehen werden verwundert nicht. Schließlich sind die Deutschen ja für ihre hohe Zuverlässlichkeit und Pünktlichkeit bekannt. Um so erstaunlicher gegenüber der gängigen Meinung erscheint es, dass Italiener nur Verspätungen bis zu zehn Minuten tolerieren. Im Vergleich zu 1997 ist die Zahl der Italiener, für

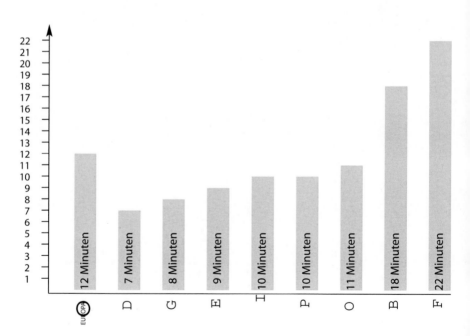

Abb. 4 Tolerierte Verspätungen in Minuten

die Pünktlichkeit von Wichtigkeit ist um 22 % gewachsen. Bei Portugiesen und Niederländern sind es immerhin 10 %. Lediglich Belgier und Franzosen sind in puncto Pünktlichkeit sehr gelassen und ertragen im Schnitt Verspätungen von 18 bzw. 22 Minuten.

Dies sind aber nur Durchschnittswerte. Der Anteil derjenigen, die keinerlei Verspätung akzeptieren, beträgt in den Niederlanden 45 %, in Großbritannien 35 % und in Deutschland gerade noch 24 %. Das Schlußlicht bildet Portugal mit nur 8 %.

Auf die Frage, wie lange ein Meeting maximal dauern sollte, sind die Antworten sehr unterschiedlich ausgefallen. Deutsche Führungskräfte akzeptieren Meetings bis zu einer Länge von zwei Stunden und 14 Minuten. Dies ist genau eine Stunde mehr als bei ihren britischen Kollegen.

3.4 Zeitpunkt, ab dem ein Meeting als zu lang eingeschätzt wird in Stunden

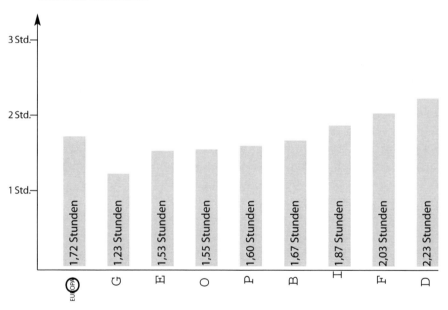

Abb. 5 Zeitpunkt, ab dem ein Meeting als zu lang eingeschätzt wird in Stunden

3.5 Europa – ein einziger Markt

Für europäische Unternehmen ist durch die Europäische Union ein Heimatmarkt mit über 375 Millionen Konsumenten geschaffen worden. Die einzige Bedingung, um dieses Marktpotenzial zu nutzen, ist es, die kulturellen Differenzen zu kennen, die sprachlichen Barrieren und die administrativen Hürden zu nehmen sowie die dem Bau der EU noch trotzen. Im Gegenzug hat sich die Konkurrenz deutlich verschärft. Ehemals freiwillige Leistungen gegenüber dem Kunden, wie z. B. die Frei-Haus-Lieferung binnen 24 Stunden quer durch Europa, sind heutzutage unabdingbar geworden, um mit der Konkurrenz schritthalten zu können. Ein Unternehmen kann sich heute häufig nur noch durch einen jedem Kunden oder Unternehmen persönlich angepassten Service hervorheben.

Europa erzielt ein Viertel des weltweiten Bruttoinlandsproduktes (BIP) mit nur 6 % der Weltbevölkerung. Hierdurch wird die EU zur stärksten Wirtschaftsmacht vor den USA und Japan. Den größten Anteil am europäischen BIP haben Deutschland, Frankreich, Italien, Spanien und Großbritannien. Diese Länder erzielen über 80 % des BIP der Europäischen Union. Diese erzielt knapp 20 % der weltweiten Exporte und 17 % der Importe. Diese Zahl trügt aber. Hier ist auch der innereuropäische Im- und Export inbegriffen. Rechnet man diesen heraus, liegen die USA mit 9,1 % knapp vor der EU mit 9 % und etwas deutlicher vor Japan mit 7,1 % der weltweiten Exporte. Um europäischen Unternehmen untereinander gleiche Wettbewerbsbedingungen zu ermöglichen, werden tausende nationaler Normen und Gesetze aneinander angeglichen oder gestrichen. Wesentlich wichtiger ist aber die Angleichung der Steuergesetzgebung.

Bei der Annäherung der europäischen Wirtschaften spielt die Schnelligkeit und Verlässlichkeit der Transporte eine sehr wichtige Rolle. Was nützt es einer Firma ihre Ware günstig herzustellen, wenn durch Infrastruktur, Streiks und bürokratische Hindernisse die Produkte viel zu spät in den Geschäften im Ausland ankommen. Gerade durch Just-in-time Produktion gewinnt die Pünktlichkeit der Transporte eine immer wichtigere Stellung. Kommt das Material nicht rechtzeitig, steht die Produktion. Aufgrund dieser Verspätungen ergeben sich finanzielle Einbußen für das Unternehmen und weitere Verzögerungen in der Produktionskette. In den letzten Jahren wurden auf kurzen und mittleren Distanzen erhebliche Fortschritte erzielt, im Gegensatz zu Interkontinentalverbindungen. Verspätungen nach und von Japan können sich durchaus auf Tage oder sogar Wochen belaufen, während es in Europa meist nur Stunden sind.

Der rasche und stark wachsende Handel innerhalb Europas wird erst durch das gute Verkehrsnetz ermöglicht, welches das dichteste der Welt ist. Besonders stechen hier das Ruhrgebiet, die Poebene, die Pariser Banlieu und Südostengland hervor. In diesen Regionen gibt es auch die höchsten europäischen Löhne.

Dass die europäische Expansion einzelner Firmen noch lange nicht abgeschlossen ist, belegt folgende Planung europäischer Firmen: 85 % der Unter-

nehmen mit mehr als 100 Beschäftigten rechnen mit einer verstärkten Entwicklung und Orientierung ins europäische Ausland. Bei den Unternehmen
unter 10 Beschäftigten sind es immerhin noch 50 %.

In den letzten Jahren hat der e-Commerce allerdings begonnen, sich
Marktanteile am Warenumsatz zu sichern. Allein dieses Jahr wird er zwischen
5 und 6 Mrd. Euro in Europa betragen. Dies entspricht einem Anstieg von
fast 500 % in zwei Jahren. Gerade im Hinblick auf die Tatsache, dass sich der
Internetverkehr ungefähr alle drei Monate verdoppelt, wird sich das Wachstum beim e-Commerce wahrscheinlich nicht wesentlich langsamer entwickeln.

Viele Vorteile des e-Commerce sprechen für den Kunden. Der Zeitgewinn,
die entfallende Fortbewegung zu den Geschäften und die Unabhängigkeit
von Öffnungszeiten bzw. Arbeitszeiten sind große Anreize für den Kunden,
Käufe per Internet zu tätigen. Das Unternehmen muss dann nur noch über
einen schnellen und effizienten Versandweg verfügen, damit der Kunde die
Ware auch schnell in Händen hält.

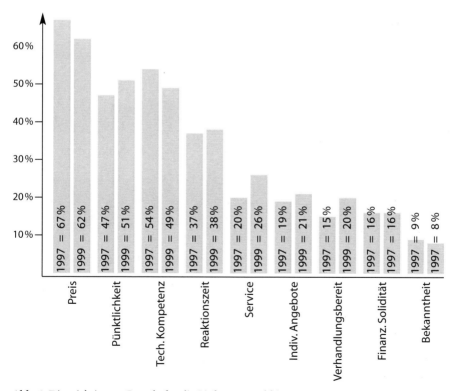

Abb. 6 Die wichtigsten Gründe für die Lieferantenwahl in Prozent

Literatur

Moutel, Gilles: „The Europeans' Time", Edition 2000, Chronopost International Group, 14, Bd. des Frères Voisin. 92795 Issy-Les-Moulineaux, Frankreich.

4 „When in Rome, do as the Romans do"

Claudio Guidi

„When in Rome, do as the Romans do". Dieses zu Recht berühmte englische Sprichwort hat auch heute nichts von seiner Gültigkeit verloren. Auch wenn dies universellen Charakter hat, um so mehr gilt es gerade im Land der Römer. Anders gesagt, niemand, der Spott und Gelächter scheut, käme auf die verrückte Idee, den Umfang einer Kugel mit einer Elle messen zu wollen, statt sich ein Maßband zu besorgen. Das soll natürlich nicht heißen, dass im Umgang mit den Italienern ein deutscher Manager seine Kultur und seine Befindlichkeiten zu Hause lassen oder sogar leugnen müsse.

Ganz im Gegenteil werden in Italien deutschspezifische Eigenschaften wie Durchsetzungskraft, Fleiß, Pünktlichkeit und Zuverlässigkeit nicht nur allgemein anerkannt, sondern auch bewundert. Momentan gibt es für eine italienische Führungskraft, die standardmäßig mit den höchsten Künsten der Rhetorik und der dialektischen Finess ausgestattet ist, kein besseres Kompliment als ein „decisionista" genannt zu werden, d. h. jemand, der die Entscheidungen sehr schnell zu treffen und auch umzusetzen vermag. So sehr ein italienischer Manager auch konsequent sein kann, um so mehr darf nicht vergessen werden, dass er, wie alle Italiener in sich selbst verliebt ist und ständig den Applaus der anderen erwartet. Es reicht also nicht, die richtige Entscheidung getroffen und sie auf schnellstem Wege durchgesetzt zu haben. Was noch fehlt ist die Zustimmung derjenigen, die damit leben sollen oder müssen.

In Italien geht es niemals boss- sondern immer chefartig, d. h. mit einer großer Portion von Überzeugungskraft zu. Und das erfordert ein nicht geringes Maß an Schauspielkunst, die im Allgemeinen bei allen Italienern reichlich vorhanden ist. In einem guten Witz, auf die Frage wie viele Italiener es gibt, wird geantwortet: 58 Millionen. Und wie viele Schauspieler gibt es im Lande? Ungefähr 20 000. Wie viele sind denn die besten? Einfach der Rest, lautet die Antwort. Jede innerbetriebliche oder allgemeine Entscheidung könnte z. B. niemals mit einem militärischen Ton verkündet werden, etwa nach dem Stil, „Meine Damen und Herren, das ist die Lage und so muss gehandelt werden. Sorgen Sie bitte dafür, dass es auch geschieht".

In Italien werden häufig auch steinharte Maßnahmen in so viel Watte gewickelt, dass am Ende auch die unmittelbar Betroffenen den Eindruck haben, statt sie zu schlagen, habe man sie letztendlich nur ein bisschen hart gestreichelt. Selbstverständlich gehört zu dieser Fähigkeit auch eine sehr gute Portion Machiavellismus, mit dem jeder Italiener immer sehr gut versorgt ist. Vielleicht ist es nicht unnütz auf etwas aufmerksam zu machen, was im Ausland nicht hinreichend bekannt ist. Damit meine ich die italienische Schulbildung. Während man in Deutschland sehr früh auf das spezialisierte Wissen der Schüler setzt, was im Allgemeinen große praktische Vorteile bringt, insbesondere die allgemeine gute Beherrschung von mindestens einer Fremdsprache, konzentriert sich das italienische Gymnasium noch auf die Vermittlung einer vorwiegend klassischen Bildung.

So können wahrscheinlich viele angehende italienische Manager nicht besonders gut mit einem Computer umgehen, sind aber literarisch, geschichtlich und philosophisch so gut geschult, dass sie später im beruflichen Leben kein Seminar zum Thema „Philosophie für Manager" oder „Mitarbeiterführung" belegen müssen.

4.1 Führen heißt, überzeugen zu können

Da sich der Mensch im Laufe der Jahrtausende in seinen Grundzügen und Neigungen kaum geändert hat, kann ein mit breiten Geschichts- und Literaturkenntnissen ausgestatteter Schulabsolvent in seiner späteren Managertätigkeit fast jede Art von Reaktionen in bestimmen Situationen voraussehen, einschätzen und auch verstehen. „Reden ist Silber, Schweigen ist Gold". Dieses Sprichwort gibt es auch in Italien, aber wenn man reden muss, ist es besser, dass man die Kunst der Rethorik meisterhaft beherrscht. Unter dieser Voraussetzung steht von vornherein schon fest, dass ein Mensch des knappen und kargen Wortes, besonders wenn er in einer gehobenen Funktion ist, keinen richtigen Erfolg in Italien haben kann. Will ein deutscher Manager in Italien Anerkennung haben, dann muss er nicht nur das Richtige tun. Er muss es vielmehr auch richtig vermitteln können. Kollegen, Mitarbeiter und Partner verlangen vor allem eines: richtig überzeugt zu werden. Es kann wohl sein, dass dieses Unterfangen nicht immer gelingt, einfach deswegen, weil diejenigen, die hören sollen, eine ganz andere Meinung vertreten. Entscheidend bleibt aber, dass man die Mitmenschen eben als Menschen mit Meinung und Würde betrachtet, nicht einfach als Bleisoldaten oder Manövriermasse. Wenn man schon von dieser klassischen Ausbildung spricht, muss man auch auf einen nicht unwesentlichen Vorteil aufmerksam machen.

Dass es neben dem beruflichen auch ein gesellschaftliches Leben gibt, heißt, dass in solchen Situationen nur derjenige glänzen bzw. Punkte sammeln kann, der kein Kulturbanause ist. Italiener reden von allem und über alles. Aber, vor allem, sie reden! Das setzt voraus, dass derjenige, der mit Italienern oder in Italien zu tun hat, eines wissen muss: Er soll geduldig und interessiert zuhören können, auch wenn man über Fußball, Frauen oder Politik spricht. Viele nordeuropäische Manager sind häufig verblüfft, manchmal vielleicht auch genervt, feststellen zu müssen, wieviel Geduld erforderlich ist, bevor man mit italienischen Partnern zur Sache kommt. Bei einer Verhandlung oder einem Geschäftsessen in Italien ist es einfach nicht „elegante", sofort in das Thema einzusteigen. Eine anfängliche menschliche Annäherung ist durchaus die Regel, wenn man nicht als hölzerner und einfältiger Mensch eingestuft werden will. Dies bedeutet, dass jeder Italiener zuerst richtig begreifen möchte, mit welcher Sorte Mensch er es zu tun hat. Die Diskussion kann sich über alles erstrecken, von der Familie bis zu den jeweiligen Landessitten oder politischen Verhältnissen.

Was auch nicht vergessen werden soll, ist, dass jeder Italiener, auch wenn er die Tagespolitik und die politisch Verantwortlichen nicht besonders schätzt, durchaus ein „homo politicus" ist und sich auch in der Weltpolitik ziemlich gut zu Hause fühlt. Häufig, was nicht unterschätzt oder missverstanden werden soll, gelingt der Gesprächseinstieg am besten mit einer sehr guten „barzelletta", wie der Witz auf Italienisch heißt. Dabei kann es häufig durchaus in einer Art zugehen, die für einen Ausländer schockierend wirken könnte.

4.2 Humor, Witz und eine Portion Selbstironie

In Italien ist niemand vor dem allgemein praktizierten Spott sicher, und man lacht und witzelt ziemlich frech über alles. Frauen, Schwule, Priester, Carabinieri – letztere übernehmen in Italien die Rolle, die in den deutschen Witzen die Ostfriesen haben – sind beliebte Objekte des italienischen Humors, aber niemand findet es abstößig oder verletzend. Es ist einfach nicht böse gemeint, sondern einfach zum Lachen gedacht!

Ein falsches Vorurteil meint, dass alle Italiener „Machos" seien. Das mag in ausländischen Augen durchaus stimmen, aber das Erstaunliche ist, dass die italienischen Frauen mit diesem Verhalten viel lockerer und erfolgreicher zurecht kommen, als manche eingefleischte Feministinnen aus dem Ausland. Wie dem auch sei, eines steht fest: Die Italiener lieben die Frauen und tun alles, um es ihnen zu demonstrieren. Es ist einfach so, dass Komplimente oder „taxierende Blicke", wie man in Deutschland sagt, die eine deutsche weibliche Führungskraft verletzen könnte, wenn sie mit italienischen Kollegen oder Partnern zu tun hat, von den italienischen Frauen schlicht und souverän übersehen oder ignoriert werden. Auch mit der Bezeichnung „Signorina", Fräulein, apostrophiert zu werden, bringt in Italien kein weibliches Herz in Wallung, wird aber entweder neutral oder auch häufig als Kompliment für jugendhaftes Aussehen verstanden, und nicht als machoartige Beschimpfung hingenommen. Es bedeutet einfach, dass die betroffene Person nicht verheiratet, und vor allem, auch sehr jung ist. Ab einem gewissen Alter, das bis 40 Jahre hinaus gehen kann, wird selbstverständlich aus Respekt jede Frau, egal ob sie einen Ehering trägt oder nicht, „Signora" genannt. Aber ein blutjunges Mädchen von etwa 18 Jahren, oder manchmal auch jünger, aus einer vermeintlichen Geschlechtsgerechtigkeit „Frau Soundso" zu nennen, würde automatisch Heiterkeit auslösen.

Italienische Frauen, ungeachtet ihrer beruflichen Stellung, sind also an Komplimente der Männer gewöhnt und lassen sich dadurch auch gerne verwöhnen. Ein Kompliment oder auch einfach ein etwas aufdringliches männliches Bemühen, das eine deutsche Frau mit Sicherheit nerven würde, könnte von ihrer italienischen Kollegin selbstbewusst, elegant und mit innigem Genuss leicht abgewehrt werden. Wenn die Bezeichnung „homo ludens", der spielende Mensch, auf jemanden zutreffen sollte, dann mit Sicherheit auf die Italiener. Südlich der Alpen ist der Begriff „bierernst" nicht angesagt, sondern wird vielmehr „lo scherzo", der Witz, wohl aber auch „il gioco", das Spiel geschätzt, worunter auch das Geschlechterspiel verstanden werden darf. Eine Einladung zum Abendessen an eine Frau muss nicht zwangsläufig ein Präludium für eine ersehnte Liebesnacht bedeuten. Dass man sich ein solches Ende wohl wünschen möge, ist durchaus verständlich, aber das spendierte Essen muss von der Eingeladenen auf keinen Fall als Mautgebühr begriffen werden, die mit einer Gegenleistung honoriert werden müsse.

Wo manche deutsche Männer mit schwerer Artillerie um die Gunst einer Frau ins Felde ziehen, und damit fast regelmäßig scheitern, benutzen und beherrschen dagegen die Italiener die feine Kunst des Florettfechtens. Mit Komplimenten gegenüber den Frauen wird in Italien beileibe nicht gespart, und eine deutsche Frau, die in dem „Bel Paese" tätig ist, egal in welcher Funktion, sollte sich daran gewöhnen, diese als Zeichen ihrer weiblichen Ausstrahlung zu verstehen, nicht mehr und auch nicht weniger. Il „corteggiamento", „den Hof machen", beinhaltet so viele erfindungsreiche und häufig echt lustige und sympathische Varianten, dass es schließlich immer der Frau überlassen wird, ob sie sich an diesem Spiel beteiligen will.

Falls dies nicht der Fall ist, dann reicht ein freundliches Lächeln und eine unmissverständliche Erklärung, um die Annäherungsversuche zu stoppen. Ein echter Kavalier, wie es häufig in Italien der Fall ist, nimmt sein Scheitern ohne innere seelische Verletzungen mit einem „allora scusi tanto e amici come prima", „entschuldigen Sie, wir wollen trotzdem gute Freunde bleiben", zur Kenntnis.

4.3 Fragen darf man, antworten muss man

Das Problem, das vielen Deutschen in Italien zu schaffen macht, ist, dass die Italiener keine Tabus kennen und unverblümt mit jedem über alles reden. Auf den Lippen der Italiener steht häufiger als bei anderen Völkern das, was sie auf dem Herzen haben. Sie sprechen sehr direkt aus, was sie auf dem Gewissen haben, auch gegenüber Vorgesetzten, und diese sind daran gewöhnt, unangenehme Fragen des öfteren zu beantworten. Die Bezeichnung „Ohne Angabe von Gründen", die in Deutschland sogar amtlich eine Verwendung findet, ist in Italien schlicht undenkbar. Wer keine begründete Antwort oder keine als Antwort glaubwürdige Lüge entgegenhält, hat seine Glaubwürdigkeit von vornherein verloren.

Schließlich sind wir doch in einem katholischen Land, wo man für jede Sünde, so schlimm sie auch ist, mit einer Vergebung rechnen kann, sei die Reue echt oder einfach nur gespielt. Mit dieser Art von Barmherzigkeit hat Italien allerdings das Problem des Terrorismus viel schneller gelöst, als Deutschland mit seiner unbeirrten und konsequenten Haltung. Diese Flexibilität, auch im Bereich der Moral, führt dazu, dass im italienischen Arbeits- und Geschäftsleben die Auseinandersetzungen viel offener und härter ausgetragen werden als in Deutschland.

Das Ergebnis davon ist, dass sich niemand durch vehemente und öffentliche Angriffe weder in seiner Funktion noch in seiner Persönlichkeit beleidigt oder verunsichert fühlt. Widerspruch, Zweifel und Kritik stehen überall an der Tagesordnung, weil die dialektische Konfliktbereitschaft schon frühzeitig in der Schule gelernt und praktiziert wird. Noch wichtiger ist die Tatsache, dass auch heftige Konflikte sehr selten zu Feindschaften führen. Wenn die Schlacht einmal beendet ist, ist es auch mit der jeweiligen Kränkung vorbei, die man eventuell kassieren musste.

Ein deutscher Manager, der in Italien Erfolg haben will, muss sich dieser italienischen Leidenschaft an der Auseinandersetzung sehr bewusst sein und dementsprechend reagieren. In einem Land, wo man sich manchmal auch über die Heiligen, den Gottvater selbst und seinen Stellvertreter lustig macht, ist niemand vor den Pfeilen der Ironie, des Witzes, der scharfen Bemerkungen und auch der zynischen Kommentare sicher. Wichtig ist nur, alles nicht so ernst zu nehmen, auch wenn die Sache tatsächlich ernst ist. Der Feind von heute kann der Freund von morgen sein, und umgekehrt. Deshalb lautet der Lehrsatz:

So viele Freunde wie möglich und so wenig Feinde wie nötig. Sich Freunde zu machen ist in Italien relativ einfach, da die Italiener sehr aufgeschlossen sind. Allerdings bedeutet die Bezeichnung „un amico", ein Freund, nicht unbedingt, dass man mit jemandem wirklich tief befreundet ist. Ein Bekannter oder jemand mit dem man schon eine Tasse Kaffee in einer Bar an der

Ecke getrunken hat, wird schon als „amico" bezeichnet. Wie tief oder ober-flächlich diese Freundschaft wirklich ist, kann jeder selbst entscheiden oder erklären.

4.4 Nicht alles mit der Apothekerwaage wiegen

Ein guter Ratschlag für den Ausländer, der in Italien weilt, ist, die Aussagen nicht peinlich genau zu nehmen, die man dort hört. Verantwortlich dafür ist vor allem die italienische Sprache, die obwohl sehr schön und musikalisch, für deutsche Ohren auch etwas unpräzise ist. Würde man manche Redensarten so genau nehmen wie sie klingen, dann wäre alles nur lächerlich. „Andiamo a fare due passi" heißt nicht wortwörtlich „machen wir doch zwei Schritte zusammen, eins, zwei!", sondern bedeutet vielmehr einen kleinen Spaziergang zu machen, wobei diese berühmten „zwei Schritte" auch eine halbe Stunde dauern können! „C'erano quattro gatti" soll nicht mit „es gab nur vier Katzen" übersetzt werden, sondern will heißen, dass es irgendwo wenig Leute gab, wobei „wenige" schon wieder sehr relativ verstanden werden muss. Hatte man bei einer Pressekonferenz etwa 200 Journalisten erwartet, stattdessen sind aber nur ein Drittel erschienen, dann sind diese eben „vier Katzen", also gab es kaum jemanden!

Wenn man in einer sehr gut organisierten Gesellschaft wie der deutschen aufgewachsen ist, die sehr streng auf Leistung und Gegenleistung auch bei minimalen Dingen besteht, steht man in Italien vor einer anderen Art von Kopfzerbrechen. Wie soll man reagieren, wenn jemand den Vorschlag macht, eine Tasse Kaffee in einer Bar zu trinken, oder einfach zusammen essen zu gehen? Jedesmal wenn zwei oder mehr Italiener in eine Bar gehen, gibt es immer regelrechte Schlachten, um die gemeinsame Rechnung zu bezahlen. „Stavolta pago io", diesmal zahle ich, lautet die Formel, mit der man versucht, Freunde oder Bekannte von der Kasse fernzuhalten. Deswegen ist die deut-sche Praxis auf das Bestehen nach getrennter Bezahlung in Italien schier lächerlich, unverständlich, sogar verletzend und unfreundlich.

Dies würde bedeuten, dass jemand entweder zu geizig ist, um eine gemein-same Rechnung von lächerlichen 5 bis 10 Mark zu übernehmen, oder so unfreundlich ist, dass er nicht akzeptieren will, dass der andere als Zeichen der Zuneigung, Sympathie oder Freundschaft ihm die ähnliche Summe spen-dieren möchte. Niemand fühlt sich ärmer oder reicher wegen einer bezahlten oder eingesparten Summe dieser Größenordnung, und niemand fühlt sich in eine Schuldnerrolle versetzt oder zu einer Gegenleistung irgendeiner Art ver-pflichtet, nur weil er sich ein Getränk spendieren ließ. Wenn man jemanden in Italien wirklich korrumpieren oder in Abhängigkeit bringen möchte, dann sollte man nach einer ganz anderen Sorte von Munition greifen! Eine getrennte Rechnung sollte man auch nicht in einem Restaurant verlangen. Hier gilt die Regel der Bezahlung „alla romana", „auf römische Art", d. h. die gesamte Rechnung wird unter den Tischgästen gleichmäßig aufgeteilt, unabhängig davon ob jemand einen Aperitif, eine Vorspeise, ein Dessert mehr als der andere, oder einfach Fisch statt Fleisch bestellt hat.

Solche im Grunde genommen wohl irrelevanten Fakten gewinnen in Italien ein überaus großes Gewicht und können tiefe Spuren hinterlassen. Auch in Italien, wie überall auf der Welt, ist die Substanz eines Menschen für dessen Beurteilung ausschlaggebend, aber ein falsches Verhalten im Umgang mit einer solchen Art von Formalien kann das Porträt einer ausländischen Führungskraft nachhaltig negativ prägen. Gerade von Menschen in gehobenen Positionen erwartet man nicht nur eine überlegene Souveranität, sondern auch eine gewisse geistige Größe in Dingen des täglichen Lebens. Es wäre sicherlich übertrieben, als Geschäftsführer oder Vorstand in die Gewänder eines Renaissance-Fürsten hineinschlüpfen zu wollen, aber die Kaste der Wirtschaftsunternehmer bzw. Manager verfügt im heutigen Italien über eine Aura, die nicht durch ein läppisches Benehmen beschädigt werden darf. Ein Urteil als „tirchio", Geizhals, kann man sich in Italien sehr schnell holen und damit auch einen tiefen Kratzer am eigenen Bild.

4.5 Zwei wichtige Ingredienzien: Eleganz und Geschmack

Es ist schon erwähnt worden, dass die Italiener ein Volk von leidenschaftlichen Selbstdarstellern sind. Dieses Image ist sehr begehrt und wird mit dem nötigen Fleiß gepflegt. Was ein deutscher Manager in Italien nie vergessen darf, ist, dass sein Erscheinungsbild eine entscheidende Rolle in Bezug auf seine Kollegen, Mitarbeiter, Partner usw. spielt. „Parer più ch'esser pio", fromm zu scheinen, ist viel wichtiger als fromm zu sein. So lautet die heuchlerische, mit Sicherheit zynische, aber auch unwiderlegte Formel eines großen italienischen Schriftstellers und Historikers des XVI. Jh., der auch Zeitgenosse und Freund des großen Niccolò Machiavelli war.

Das Erscheinungsbild eines Mannes – von einer Frau braucht man gar nicht zu reden, denn die Italienerinnen sind wahre Meisterinnen der Verführungskunst und beherrschen virtuos alle Register des wirkungsvollen Schminkens und des eleganten Kleidens – seine „eleganza" also, ist das erste, was gründlich bemustert wird. Diese Musterung beginnt bekanntlich bei den Füßen, und zwar bei den Schuhen in denen sie stecken. Dieses Detail sollte besonders von einem Deutschen niemals vernachlässigt werden, weil leider das hierzulande häufig getragene Schuhwerk – auch von manchen deutschen Vorständen – einen Schnitt hat, der die Italiener zur Verzweiflung bringt. Von den grellen und oft extravaganten Krawatten ganz zu schweigen! In Italien gehört es zum guten Ton, dass man nicht nur leichte, elegante und klassische Mokassins trägt, sondern dass man sie täglich variiert, was man selbstverständlich auch mit den Anzügen tut. Jeden Tag ein anderes Bild von sich zu geben, bedeutet Kreativität, Dynamik und auch Respekt für den Geschmack der anderen. Denn man nimmt an, dass sich jeder Mensch freut, wenn man einem gut gekleideten und vornehmen Herrn begegnet. Man muss nicht unbedingt sofort jede neue Kreation von Giorgio Armani kaufen, man braucht aber auch nicht immer mit den gleichen, wenigen Anzügen herumzulaufen, bis sie wegen eines geänderten Leibesumfanges nicht mehr passen. Dabei sollte man keine Angst vor einem möglichen Neideffekt haben. Auch Neid ist mit aller Wahrscheinlichkeit ein Meister aus Deutschland, in Italien aber praktisch unbekannt. Dort zeigt man gerne, was man hat, sei es ein schönes Auto, eine schöne Frau oder Freundin, schöne Kleider und auch ein schönes Haus. Dass es Menschen gibt, die in ganz unterschiedlichen Verhältnissen leben, ist eine Selbstverständlichkeit.

Jeder weiß, dass zu einer bestimmten Position auch eine entsprechende Dotierung gehört. Wozu denn das unsinnige Versteckspiel machen, denkt man in Italien, indem man glauben lassen will, man sei doch eigentlich gar nicht so wohlhabend wie man ist! Nicht jeder kann sich einen Ferrari leisten, und wenn man ihn aus der Nähe sieht, fängt man an zu schwärmen, statt den Besitzer neidisch zu beäugen. „I soldi sono come i dolori, chi li ha se li tiene", das Geld ist wie der Schmerz, wer es hat, der wird es auch behalten, lautet ein sehr bekanntes Sprichwort, das die Frage des Neids knapp und treffend erklärt. In puncto Eleganz und Kleidung sollte sich ein in Italien tätiger deutscher Manager auch nicht scheuen, sich den Rat dort zu holen, wo zweifelsohne die größte Kompetenz liegt. Womit man wieder bei den Frauen landet. Ein in einem wichtigen Ministerposten noch amtierendes Regierungsmitglied hat vor kurzem im Fernsehen offenbart, dass für die Wahl seiner Kleidung nicht seine Frau, sondern seine langjährige Chefsekretärin zuständig ist. Die Dame hat dann mit unverhohlenem Stolz vor der Kamera ohne jegliches Unbehagen erklärt, welche Art von Hemden, Anzügen und Krawatten sie ihrem viel beschäftigen Chef empfiehlt oder für ihn kaufen lässt. Daraus ist auch leicht zu erkennen, welche Art von beruflichen Beziehungen in den italienischen Vorzimmern herrscht.

4.6 Das Unternehmen als Großfamilie

Dass in Italien die Familie immer noch ein Heiligtum und wohl auch das am besten funktionierende Unternehmen ist, ist allgemein bekannt. Diese Struktur findet sich, wenn auch in geänderter Form, am Arbeitsplatz wieder, wo zwischen einem Chef und seinen engen Mitarbeitern ein freundschaftliches und oft auch familiäres Klima herrscht. Hierbei sind die Grenzen zwischen Verantwortlichen und Untergebenen bei weitem nicht so steif und, Nomen est Omen, „korrekt" wie in Deutschland. Eine Sekretärin, Assistent/in, Pressesprecher/in usw. sind, zum Beispiel, für den Chef echte Vertrauenspersonen auch jenseits des beruflichen Arbeitsalltags. Sie haben auch einen Einblick in die familiären Verhältnisse, was auch in der anderen Richtung geschieht.

In den Arbeitspausen oder beim gemeinsamen Gang zum Kaffeeautomaten auf dem Flur sollten Deutsche jede Hoffnung fahren lassen, sich von ihrer italienischen Sekretärin mit immer wieder frischen Kaffeekannen versorgen bzw. verwöhnen zu lassen, weil in kaum einem italienischen Unternehmen die Einrichtung einer Büroküche nach deutschem Muster existiert. Den Kaffee oder sonstiges holt man sich selbst nach Lust, Laune und Bedarf am Automaten in einem Plastikbecher, während man gewöhnlich über vieles spricht, vom letzten oder nächsten Fußballspiel bis hin zu den familiären Problemen und der Schulsituation der Kinder. Jeder Vorgesetzte zeigt sich in Italien vor den Mitarbeitern als ganzer Mensch, nicht nur als Büromann. Kein Chef braucht hier ein charakterliches Versteckspiel zu spielen oder einfach menschliche Distanz zu zeigen. Respekt erwirbt man in Italien nicht dadurch, dass man über hohe Titel oder wichtige Funktionen verfügt, sondern durch das problemlose Auftreten als „nackter Mensch" mit seinen Eigenschaften und auch Schwächen.

Da die Lösung „nobody is perfect" auch in Italien gilt, wird hier alles in die Waagschale geworfen, und allein das Zünglein entscheidet, wie man am Ende wahrgenommen wird. „Nascondersi dietro il dito", sich hinter seinem Finger zu verstecken, ist nicht nur unmöglich, sondern auch lächerlich. Darum sollte jeder in Italien tätige Mensch die Finger davon lassen, wenn ihm ein angenehmes Arbeitsklima am Herzen liegt. Abzuraten ist auch dringend mit Titeln zu protzen, weil diese in Italien niemanden beeindrucken. Alles was zählt und entscheidet, ist die eigene gegenwärtige Leistung, nicht der in der Vergangenheit erworbene Lorbeer oder die großen Taten verblichener Ahnen. In einem Land, wo fast jeder schon bei der Einfahrt in eine Garage mit einem mit Schrammen versehenen Kleinwagen spontan als „Dottore" tituliert wird, versteht sich von selbst, dass man die anderen Mitmenschen mit keiner Visitenkarte beeindrucken wird, worauf zum Beispiel „Prof. Dr." steht.

Auch in dieser Hinsicht besagt ein kurzer Dialog zwischen zwei Herren aus einer berühmten neapolitanischen Komödie, wohin der Wind in Italien weht. „Sie sind doof!", sagt ein Herr zum anderen. „Ich soll doof sein?", antwortet dieser. „Ganz genau, Sie sind doof". „Das ist doch unmöglich, Sie wissen anscheinend nicht, wer ich bin!". „Ich weiß nur, dass Sie doof sind". „Mein Gott, aber ich bin ein Marquis!". „Was, Sie sind ein Marquis?". „Aber selbstverständlich bin ich ein Marquis". „Sie wollen wirklich sagen, dass Sie ein echter Marquis sind". „Natürlich bin ich ein echter Marquis!", lautet die genervte Antwort. „Ach so, dann wissen Sie was? Sie sind ein doofer Marquis!". Wie man sieht, schützt auch in Italien kein Titel vor Dummheit. Wenn es aber darum geht, die Herzen der Italiener zu erobern, seien sie Mitarbeiter oder Fremde, bedarf diese Aufgabe keiner besonderen Anstrengung. Es reicht nur aufgeschlossen auf die Menschen zuzugehen und zu zeigen – was wirklich nicht schwer ist – dass man ihr Land, ihre Sprache, ihre Kultur und, last but not least, ihre Küche mag.

4.7 Duzen oder Siezen?

Eines muss jedenfalls sorgfältig bedacht werden: Im Laufe ihrer langen Geschichte haben die Italiener mit fast jeder Art der Gattung Mensch zu tun gehabt. Das Land ist von vielen Fremdlingen und Invasoren erobert worden, aber wirklich besiegt wurden die Italiener von niemandem. Was man im Umgang mit ihnen unbedingt meiden muss, ist es, hoch zu Ross zu steigen, als ob man zeigen würde, dass man selbst „l'acqua calda", das warme Wasser, erfunden habe. Die allgemeine Anerkennung wird von selbst kommen, sobald die Menschen merken, dass jemand sein Handwerk wirklich versteht. Von sich aus sollte man anderen gar nichts beweisen wollen.

Angesagt ist „essere alla mano", leicht umgänglich zu sein, egal wie hoch der eigene Name im Firmenorganigramm angesiedelt ist. Auch wenn niemand in Italien, wie vielleicht ein verbreitetes Klischee vermuten lässt, nach kurzer Bekanntschaft auf die Schulter eines anderen zu klopfen beginnt, ist der allgemeine Umgang zwischen Chef und Mitarbeitern durchaus locker. Man wird, genauso wie in Deutschland, respektvoll gesiezt, vor allem wenn man eine verantwortliche Position inne hat, aber die Duzform unter Kollegen oder unter Personen, die auf der gleichen Hierarchieebene sind und schon mehrmals miteinander zu tun hatten, ist durchaus üblich.

Genauso üblich ist es, nicht jedes Mal das Wort „bitte" in den Mund zu nehmen, wenn man jemanden um etwas bittet. Auch hier macht der Ton die Musik, was bedeutet, dass Italiener durchaus unterscheiden können, ob jemand einen freundlichen Wunsch oder einfach ein gebieterisches Verlangen äußert. Nicht jeder, der „bitte" vergisst, ist ein Grobianer, während jemand, der jeden Satz mit diesem Wörtchen versüßt, ein unerträglicher Egomane sein könnte. Auf jeden Fall sollte man immer darauf achten, dass die sehr häufig kreativen Italiener kulturell über große Freiheitsgrade im Umgang mit Kollegen und Vorgesetzten verfügen. Ein herabfallendes „das soll nächste Woche fertig sein" wird vermutlich auf „unüberwindbare technische Schwierigkeiten" stoßen. Ein „könnten Sie es bis nächste Woche schaffen?" wird offensichtlich unüberbrückbare Hürden mit unvermuteter und unverhoffter Leichtigkeit seitens des Befragten überspringen lassen. „Das Mögliche ist gar kein Problem, das Unmögliche machen wir gerade, und was die Wunder angeht, sind wir dabei aufzurüsten" kündet ein weit verbreitetes Motto von motivierten Italienern. Zum Abschluss seien hier einige bescheidene Ratschläge erwähnt, die sich nicht speziell an deutsche Führungskräfte richten, die mit Italienern zu tun haben, sondern an jeden, der eine führende Position innehat. Chef sein, heißt die Losung, nicht Boss. Denn:

Der Boss führt seine Mannschaft,
Der Chef motiviert sie.
Der Boss setzt auf seine Autorität,
Der Chef auf seine Ausstrahlung.
Der Boss streut Angst,
Der Chef erweckt Vertrauen.
Der Boss sagt immer „Ich",
Der Chef spricht von „Uns".
Der Boss zeigt auf den Schuldigen,
Der Chef zeigt, was falsch gelaufen ist.
Der Boss verlangt Respekt,
Der Chef wird respektiert.

5 Andere Länder, andere Wirtschaft – Beispiel Italien

Paolo Bologna

Die italienische Wirtschaft befindet sich in einer Übergangsphase, die schwieriger ist als die der anderen europäischen Länder. Nach fast 50jähriger Staatsverwaltung von Unternehmen und Banken hat seit etwa fünf Jahren der Prozess der Privatisierung begonnen. Es handelt sich hierbei um einen langen, vertrackten Prozess, der ständig mit politischen und bürokratischen Hindernissen zu kämpfen hat. Die Versuchung der Politiker besteht darin, weiterhin eine Kontrolle der verkauften Staatsunternehmen zu behalten, indem der Staat sie nur teilweise privatisiert und die sogenannte „Golden Share" behält, d. h. die Möglichkeit ausschlaggebende Entscheidungen mitgestalten oder blockieren zu können anhand einer Minderheitsbeteiligung, die manchmal auch unterhalb von 5 % liegen kann. Der Versuch der Bürokraten zielt darauf, ihre noch vorhandene Macht innerhalb dieser Betriebe nicht zu verlieren.

Unternehmen in Italien zu kaufen oder zu verkaufen ist somit ein viel schwierigeres Unterfangen als woanders. Bei staatlichen Unternehmen ist das aber ein fast unüberwindbares Tabu. Die einzige vollständige Privatisierung, die schon stattgefunden hat, ist die der Telecom Italia, wo das Schatzministerium immer noch eine „Golden Share" von 4,65 % behält. Eine bedeutende internationale Anomalie Italiens spiegelt sich in einer geringen Liberalisierung vieler Wirtschaftszweige und Dienstleistungsunternehmen wieder. Nur ein Viertel der Wirtschaftsaktivitäten in Italien ist heute für den freien Wettbewerb einer Pluralität inländischer und ausländischer Investoren tatsächlich offen. Das ist der Grund, warum viele Sektoren der italienischen Wirtschaft ziemlich isoliert im Weltkonzert dastehen, mit sehr wenigen internationalen Allianzen und mit einem bescheidenen Kapitalfluss von Investitionen aus dem Ausland.

Aber auch die private Großindustrie erlebt eine Identitätskrise. Bis vor kurzem wurde sie gegenüber dem Mittelstand eindeutig privilegiert. Sie wurde vom Staat gehätschelt, bekam Subventionen, billige Kredite und wurde häufig auch mit „maßgeschneiderten" Gesetzen beschenkt. Dieser Teil der Wirtschaft konnte deshalb mit einer gewissen Gelassenheit arbeiten, auch weil er über ein „risikoloses"Kapital verfügte, nämlich die Staatsgelder.

In der Zwischenzeit hat sich der Mittelstand, dank seiner Flexibilität und seiner Fähigkeit auf plötzliche Marktveränderungen zu reagieren, immer mehr zum ökonomischen Rückgrat des Landes entwickelt. Darum erstaunt es kaum, dass gerade die kleinen Unternehmen, trotz ihrer objektiven Benachteiligungen, sich als Beschäftigungmotor entwickelt haben, während die Großunternehmen mit dem Eintreten der postindustriellen Ära ihre Funktion als Arbeitsstellenbeschaffer eingebüßt haben.

Die wachsende Rolle der kleinen und mittleren Unternehmen und ihr selbstbewusstes Auftreten spiegelt sich in der Wahl des neuen Vorsitzenden der Confindustria, des italienischen Arbeitgeberverbandes, des Antonio D'Amato, eines kleinen Unternehmers aus dem Süden, der alle hegemonisierenden Großfamilien der italienischen Wirtschaft gegen sich hatte, wieder.

Bei dieser wichtigen Schlacht stand man sich wie im Grabenkrieg auf zwei Fronten gegenüber: Auf einer Seite gab es die Vertreter des familiären Großkapitalismus (Agnelli, Pirelli, Marzotto, Della Valle) und mit wenigen Ausnahmen diejenigen der Großindustrie. Auf der anderen Seite standen Mediaset von Silvio Berlusconi, Benetton, die Unternehmer Süditaliens, des blühenden Nord-Ostens, und fast alle Jungunternehmer. Die Überraschung war nicht der Sieg von D'Amato, sondern vielmehr die große Mehrheit, die sich um ihn geschart hat. Und gleich nach der Wahl kamen auch die Komplimente der unterlegenen Unternehmerpartei, mit Gianni Agnelli an der Spitze.

Wird diese Wahl eine Trendwende in der italienischen Unternehmenwelt herbeiführen, sogar das Ende des Familienkapitalismus, des Industrie-Establishments einleiten? So einfach wird es nicht sein. Zwar ändern sich seit geraumer Zeit, auch wegen der turbulenten Geburt der auf den neuen Technologien basierenden Wirtschaft, Gleichgewicht, Verhältnisse, Sitten und Verhalten. Die Grundregeln aber bleiben trotzdem unverändert: Die Protagonisten des alten Establishments investieren jetzt in die „New Economy", nachdem sie erhebliche Misserfolge bei Transaktionen einstecken mussten, die ihnen eine Unternehmenskontrolle mit dem Aufwand minimaler Investitionen sichern sollte.

Vor dieser Kulisse steht die Wahl an die Spitze Confindustrias von Antonio D'Amato, 44 Jahre, aus Arzano, einem Städtchen mit 40 000 Einwohnern nördlich von Neapel. Mit einem Umsatz von 600 Mio. DM befindet sich sein Unternehmen, die Finseda, spezialisiert auf die Verpackung von Nahrungsmitteln, schon unter den ganz großen dieser Branche in der Welt. Seine Kunden heißen Coca-Cola, Plasmon und McDonalds. D'Amato hat Werke in Deutschland, Belgien, Portugal, Großbritannien, ein Joint-Venture in den USA und verfügt über modernste Technologien, die seine Produkte besonders wettbewerbsfähig machen.

D'Amato besitzt die typische Intelligenz eines Südländers, eine rasche Auffassungsgabe von Problemen und Situationen und verfügt über außergewöhnliche rethorische und dialektische Fertigkeiten. Seine ganze Firmengeschichte strotzt von Unabhängigkeit, und er operiert auf einem Markt, in dem es keinen staatlichen Einfluss gibt. Er braucht nicht um öffentliche Aufträge zu buhlen, noch ist er von einheimischen Kunden abhängig.

Die Vorherrschaft der italienischen Großfamilien ist aber nicht verschwunden. Vorbei ist nur die Art und Weise wie sie diese Dominanz ausgeübt haben. Bisher brauchten sie keine großen Gesten. Den Unternehmensspitzen reichte es nur ihre Wünsche anzudeuten, damit sie automatisch in Erfüllung gingen. Das genügt heute nicht mehr, und die großen Konzerne müssen sich offen und direkt engagieren. Die neuen Protagonisten von Finanz und Unternehmertum, welche die Bühne betreten haben, wollen keinen Umsturz des gegenwärtigen Systems, sondern nur mitgestalten.

Eine Besonderheit Italiens liegt darin, dass es selten zu weitreichenden Konfrontationen kommt. Hier herrscht eine große Dialektik und eine augeprägte Diskussionsbereitschaft. Die Schlacht um die Präsidentschaft von Confindustria hat keine offenen Wunden hinterlassen. Die Verlierer haben eine gute Miene zum bösen Spiel gemacht und sich mit den neuen Strukturen bereits arrangiert. Eine offene Aussprache und eine sehr informelle Diskussionskultur garantieren, dass sich keine harten Fronten bilden und alles in Bewegung bleibt.

Um diese Kultur der problemlosen Annäherung und der Bereitschaft, aus dem Stegreif öffentlich Positionen zu beziehen und zu verkünden, möchte ich ein paar Beispiele nennen, die ich als Rundfunkjournalist erlebt habe. Als 1994 Silvio Berlusconi zum ersten Male Regierungschef wurde, musste ich seinen damaligen Arbeitsminister, Clemente Mastella, interviewen. Es war Hochsommer, und auch die Minister machten Urlaub. Durch sein Büro war Mastella nicht zu erreichen, aber Gott sei Dank hat in Italien fast jeder ein Handy. Und Privacy hin, Privacy her, auch die Privatnummern der höchsten Amtsinhaber sind so schnell in Umlauf, dass sie fast jeder Journalist kennt oder durch Kollegen erfahren kann. So rufe ich den Minister gerade dann an, als er dabei war eine Yacht für eine Ausflugfahrt zu besteigen. Ich habe meine Fragen gestellt, und er hat sich problemlos die Zeit genommen, um sie zu beantworten. Dann blieb mir nur „vielen Dank und viel Spaß" zu wünschen und das Interview im Studio gleich zu schneiden. Eine Stunde später war es auf Sendung im „Giornale Radio RAI".

Etwas Ähnliches geschah Mitte 1999 mit dem damaligen Wirtschaftsminister und heutigen Präsidenten der Republik, Carlo Azeglio Ciampi. Eines abends – ich unterstreiche das Wort Abend – brauchte ich seine Meinung über eine sehr aktuelle Frage. Ich rufe im Ministerium an, mir wird aber gesagt, er sei schon weg. Dann rufe ich bei ihm zu Hause an. Ich bekomme am Telefon seine Haushälterin, die mir mitteilt, der Minister sei nicht zu Hause. Auf meine Frage, wo ich ihn erreichen kann, sagt mir die Frau ganz natürlich: „Er müsste schon in seiner Ferienwohnung am Meer, in Santa Severa sein". Also rufe ich dort an. Ciampi selbst antwortet am Telefon mit großer Herzlichkeit, ich sage ihm, worum es geht, aber er möchte sich momentan nicht dazu äußern. Dann bleibt mir nur übrig „Buonasera, und mille grazie" zu sagen.

Diese Schnellschüsse sind in Italien normal, und jeder Prominente aus der Politik, der Wirtschaft oder der Gewerkschaft ist immer bereit ohne jegliche Vorbereitung oder Anmeldung offiziell Stellung zu nehmen. Dies geschieht nicht nur bei offiziellen Anlässen, wo man sowieso damit rechnen muss, sondern auch außerhalb der normalen Arbeitszeit und, selbstverständlich, auch an den Feiertagen. Die Persönlichkeiten des öffentlichen Lebens sind in Italien ständig im Einsatz und sind gerne willig, vielleicht auch mal süchtig, in den Medien zu erscheinen. Dafür opfern sie gerne auch ihre ohnehin knappe Freizeit und die zwei Wochen Ferien zu Ferragosto, Mitte August, wenn das ganze Land in die jährliche Urlaubslethargie zu sinken scheint. Aber egal wo man sich aufhält, am Strand unter dem Sonnenschirm oder bei einer Wanderung in den Dolomiten, das Handy ist doch immer dabei, und auch die natürliche Freundlichkeit schreibt vor, dass man einem in Not geratenen Redakteur mit einer kurzen Stellungnahme oder auch einem Interview problemlos hilft. Wenn man es unter dem Reporterandrang körperlich schafft, ein Mikro unter die Nase eines Prominenten zu schieben, sei es Gianni Agnelli oder der Gouverneur der Notenbank, kann man immer sicher sein, dass man eine gute Beute in die Redaktion zurückbringt.

Die Unbekümmertheit, mit der Politiker und Wirtschaftsbosse oft ihre gezwungenerweise unüberlegte Meinung in die Medienwelt setzen, kann auch negative Folgen haben. Dies aber hinterlässt keine großen Spuren. Das war der Fall, als ich im Oktober 1999 die damalige Innenministerin, Rosa Russo Jervolino, bei einer Verkehrstagung in Riva del Garda überraschte. Sie war mit einer Polizeieskorte gekommen und hatte weder Zeit noch Lust mit uns Journalisten zu sprechen. Ich lasse nicht nach und sage ihr, dass sie mit uns sowieso sprechen würde, also lieber früher als später, und schieße mit meiner Frage los: „Warum waren Sie in Ihrem Auto nicht angeschnallt?". Augenblicke von Panik bei ihren Begleitern und Ratlosigkeit auf ihrem Gesicht, dann das Bekenntnis: „Sie haben mich erwischt, aber ich kann es versichern, angeschnallt fahre ich doch immer, dummerweise und gerade heute wohl nicht." Unnötig zu sagen, dass ein paar Stunden später ganz Italien durch die Radionachrichten davon erfuhr, während am Tag danach alle Zeitungen mit Artikeln und Glossen über die Gurtmuffigkeit der Ministerin voll waren. Aber so ist das Medienleben, und die Popularität von Frau Jervolino hat keinen Kratzer bekommen, im Gegenteil. Viele haben ihre Bereitschaft gelobt, eine Verkehrssünde offen und ohne Ausreden zu gestehen.

5.1 Das Bankensystem

Auch das Bankensystem befindet sich seit den letzten zehn Jahren in einem Prozess der Wandlung und der Erneuerung. Auch in diesem Sektor war der Staat sehr stark präsent, aber die Einführung des Euro hat die Privatisierungs- und Fusionsbewegung erheblich beschleunigt. Wir haben es heute mit wesentlich größeren Instituten zu tun, während sich ihre Zahl reduziert hat, wenn auch nicht so stark wie in anderen europäischen Ländern. In den letzten 20 Jahren hat sich die Zahl der aktiven Banken in Italien um 20 % verringert, immer noch viel zu wenig, wenn man bedenkt, dass der entsprechende Prozentsatz in Frankreich und Spanien 40 % betrug, in Deutschland 30 %. Um die Produktivität zu erhöhen und die Kosten zu senken, sind „Outsourcing" und Kooperationen zwischen den Banken und auch zwischen diesen und den „Providern" aus anderen der Kreditwirtschaft am nächsten stehenden Bereichen stark gewachsen. Am meisten ist diese Entwicklung mit der Einführung vom „Processing" und dem „Back Office" vorangetrieben worden. Auch die internationalen Verbindungen haben einen Aufschwung erlebt. Mitte 1999 hatten ausländische Banken Beteiligungen an 27 italienischen Kreditinstituten, 11 davon mit Kontrollmöglichkeiten, und waren mit 59 Filialen tätig. Die italienischen Banken verfügten ihrerseits über 76 Beteiligungen, 20 davon mit Kontrollmehrheit, und über 100 Auslandsfilialen. Was die reinen Zahlen angeht, kann man sagen, dass der italienische Banksektor über eine ausreichende Auslandspräsenz verfügt, im operativen Geschäft ist aber das Gewicht der ausländischen Instituten wesentlich größer. Diese geringere Dimension scheint die italienischen Banken nicht zu stören. Nach einer Untersuchung der ABI (Associazione Bancaria Italiana), die Vereinigung der italienischen Banken, werden die besten wirtschaftlichen Leistungen und eine effiziente Unterstützung des Produktionssystems von den großen wie auch von den kleinen Banken genausogut gewährleistet. Entscheidend sind nur die Positionierung im jeweiligen Tätigkeitsfeld, rasche Entscheidungen, die Kredit- und Kontrollqualität, mit einem Wort das exzellente Mannschaftsspiel des ganzen Managements. Die Größe allein, resümiert ABI, kann weder für den Erfolg noch für das Überleben bürgen. Andererseits ist festzustellen, dass das Kapitalisierungsniveau der italienischen Banken in Europa ganz oben rangiert.

5.2 Die Gewerkschaften und ihre Repräsentativitätskrise

Seit Anfang der 80er Jahre stellt man in Italien einen langsamen, aber kontinuierlichen Repräsentativitätsverlust der großen Gewerkschaften fest. Am
deutlichsten lässt sich das am Auswuchs neuer Organisationen, die schon mit
ihren Kürzeln eine fast undurchdringliche Verwirrung verursachen, erkennen. Im öffentlichen Sektor gibt es momentan 81 unabhängige Gewerk-
schaftsorganisationen, die ein Tarifabkommen mit dem Staat unterschrieben
haben. Deren gesamte Zahl in diesem Bereich ist aber 104, was bedeutet, dass
immerhin 23 Gewerkschaften mit dem Abkommen nicht zufrieden und
jederzeit streikbereit sind. Dieser Wildwuchs von Arbeitnehmervertretungen
ist auch die Folge neuer Arbeitsmethoden. Befristete Arbeitsverhältnisse und
Part-Time-Jobs haben dazu beigetragen, dass sich viele Beschäftigte und
Arbeitssuchende nur sehr ungenügend von den großen Dachorganisationen
vertreten fühlen und ihre eigenen Gewerkschaften gegründet haben.

Was den drei großen, historischen Gewerkschaften, wie die CGIL, die CISL
und die UIL, immer weniger Vertrauen bringt, ist ihre politische Nähe zu den
bestehenden Parteien. Während man Anfang der 90er Jahre noch von einer
gemeinsamen Strategie dieser Gewerkschaften sprechen konnte, die auf dem
Weg einer Vereinigung nach dem Muster des deutschen DGB waren, hat die
Zersplitterung der im Parlament vertretenen Parteien und Gruppierungen,
deren Zahl schon an die 50 grenzt, diesem Prozess ein Ende gesetzt.

Es gibt zur Zeit einen sehr tiefen Riss zwischen diesen Arbeitnehmervertretungen, der so schnell nicht wieder geschlossen sein wird. Die CGIL ist
politisch der jetzigen Mitte-Links-Opposition sehr nahe, während die CISL
und die UIL immer häufiger den CGIL-Kurs kritisieren. Die Politisierung
dieser dreien größten Gewerkschaften hat die Geburt unzähliger „autono-
mer" Organisationen begünstigt, die nur zum Schein weniger politisiert sind,
da sie gerne aus groß- bzw. kleinparteipolitischem Interesse in die Streik-
arena schreiten.

5.3 Die Sehnsucht nach dem Unternehmertum

Sie sind flexibel, zögerlich, manchmal verwirrt und häufig widersprüchlich,
lernen viel und lesen wenig. Das ist das Porträt der jungen Italiener, die von
der Angst gepackt sind (und ihre Familien nicht weniger), nach ihrer Ausbildung oder ihrem Studium eine Arbeit zu finden. Sie sind unsicher über ihre
Zukunft, auch weil ihnen kaum jemand einen Rat gibt und Perspektiven aufzeigt. Es ist bemerkenswert, dass sehr viele junge Leute endgültig Abschied
von einem sicheren Arbeitsplatz in der Staatsverwaltung oder in der Privat-
wirtschaft zu nehmen scheinen, von dem in Italien ganze Generationen

immer geträumt haben. Die Hälfte dieser junger Menschen würde gerne als Existenzgründer starten, aber bei genauer Betrachtung erweist sich dieser Wille nur als eine vage Hoffnung, da kaum jemand bereit ist, dafür seinen Aufenthaltsort zu wechseln, geschweige denn ins Ausland zu gehen. Das hat auch mit der erstaunlichen Aussage, das die Kenntnis einer Fremdsprache für die meisten von ihnen als wertlos erscheint, zu tun.

Eine jüngste Umfrage hat erkennen lassen, dass die Mehrheit der italienischen Schüler und Studenten sich nach einer Karriere als freier Unternehmer sehnt. 60 Prozent sagt aber, dass die Schule keine guten Voraussetzungen für einen solchen Start gibt, so dass fast alle ziemlich orientierungslos dastehen, auch weil die Ausbildungspraxis nach deutschem Muster in Italien völlig unbekannt ist.

Trotzdem scheinen die Erhebungen der italienischen Handelskammern diesen Trend nach wachsendem Unternehmertum zu bestätigen. Die Bilanz zwischen Neugründungen und Absterben von Unternehmen (ohne die Landwirtschaft) ist seit Jahren ständig positiv. Bemerkenswert ist auch, dass die Firmenneugründungen im Mezzogiorno zahlenmäßig denen im Norden überlegen sind, auch wenn die Kluft zwischen Norden und Süden nach wie vor groß bleibt. Es muß auch betont werden, dass die meisten Firmen des Mezzogiornos in bezug auf die Beschäftigten in der großen Mehrzahl sehr klein sind. Mehr als zwei Drittel der in den letzten Jahren gegründeten Unternehmen sind Ein-Mann-Betriebe. In der Landwirtschaft geht dagegen der Trend in Richtung Assoziierung. Wegen der hohen Kosten von modernen Maschinen und der begrenzten Gründstücksflächen, bündeln immer mehr Landwirte ihre Aktivitäten, um zu überleben.

5.4 Das Handwerk

Eine große Rolle spielt in Italien nach wie vor der Sektor des Handwerks. Das Problem, mit dem dieser wichtige Wirtschaftszweig zu kämpfen hat, ist der Mangel an Durchsicht in den gesetzlichen Verordnungen, der sich wie ein Klotz am Bein für die Entwicklung dieser Sparte auswirkt und Italien den wenig beneidenswerten höchsten Anteil an „Schwarzarbeit" in Europa beschert hat.

Am meisten leiden darunter die Kleinbetriebe, die einen großen finanziellen Aufwand für oft unsinnige und unnötige bürokratische Verordnungen in Kauf nehmen müssen. Ein weiteres großes Hindernis für die Gründung neuer Unternehmen im Mezzogiorno ist die allgegenwärtige Präsenz der organisierten Kriminalität, die unbarmherzig „Schutzgelder" erpresst.

Anders ist die Situation im Norden, speziell in den Regionen Emilia-Romagna, Venetien und Lombardei, wo ein Modell des Familienbetriebs entstanden ist, das tiefe Wurzeln geschlagen hat und sich sehr erfolgreich unter dem Label „Made in Italy" einen Namen in Europa und in der Welt gemacht hat. Innovation, Dynamik, familiäres Zusammenspiel in der Betriebsführung, aber auch eine ausgeprägte Unterstützung der Behörden auf lokaler Ebene haben diesen Sektor beflügelt und zum wichtigsten Beschäftigungsmotor gemacht.

Um dem Handwerk noch mehr Schwung zu verleihen müssten dringend noch wichtige Reformen verabschiedet werden, die eine engere Zusammenarbeit zwischen Schulen und Betrieben ermöglichen, die noch bestehenden, hohen bürokratischen Hürden senken, die Bedingungen für eine Kreditaufnahme erleichtern und, last but not least, die organisierte Kriminalität mit ihren mafiösen Strukturen entschieden und wirkungsvoll bekämpfen. Um sich in diesem zermürbenden Kampf zu behaupten, hat das Handwerk weniger Mittel zur Verfügung als die Großindustrie, obwohl sein wirtschaftliches Gewicht beeindruckend ist. Von den im Produktionssektor tätigen Betrieben sind 40 Prozent, d. h. 460.000 von 1,2 Mio. Beschäftigten, im Handwerk tätig.

5.5 Die Schattenwirtschaft

Die Arbeitswelt in Italien ist zweigeteilt. Etwas mehr als die Hälfte der Beschäftigten (14,5 von 26,5 Millionen) hat ein Angestellten- oder Arbeiterverhältnis in der Tasche, während 5,5 Millionen Italiener einfach „schwarz", ohne jeglichen sozialen Schutz, arbeiten.

Noch schlimmer steht es mit der Jugend- und Kinderarbeit, da 300.000 Jugendliche regelmäßig schwarz arbeiten. Katastrophal sind die Sicherheitsmaßnahmen zur Verhinderung von Arbeitsunfällen, bei denen Italien einen unrühmlichen Rekord in Europa hat. Das ist auch nicht verwunderlich, weil 9 von 10 Betrieben die Sicherheitsmaßnahmen erwiesenermaßen missachten. Darüber hinaus hat eine Untersuchung des Eurispes-Instituts festgestellt, dass die Arbeitskosten im Mezzogiorno etwa 30 % niedriger sind als im Norden, was damit zu tun hat, dass dort keine regulären Arbeitsverträge bestehen, aber vor allem mit der Tatsache, dass es in Süditalien eine fast flächendeckende Steuerhinterziehung gibt. Die sogenannte „Schattenwirtschaft" hat nach Eurispes im Jahr 1999 mit 11 Mrd. Arbeitsstunden etwa 530 Mio. DM erwirtschaftet, was etwas weniger als 30 Prozent des italienischen Bruttosozialproduktes entspricht.

Besorgniserregend ist, wie erwähnt, die Zahl der Jugendlichen (300.000 zwischen 15 und 18 Jahren), die regelmäßig schwarz arbeiten, das sind genau so viele wie die auch schwarz arbeitenden Asylanten. Beunruhigend sind auch die steigenden Zahlen von Jugendlichen und Kindern, die die Schule vorzeitig verlassen, um schwarz zu arbeiten und somit ihren Familien finanziell zu helfen. Für eine häufig in unwürdigen Hinterhöfen und -zimmern geleistete Tagesarbeit bekommen diese Kinder einen Lohn zwischen 10 und 15 DM. Aber auch wenn es um eine gesetzliche Arbeit geht, liegen zwischen Nord- und Süditalien immer noch Welten. Während die Arbeitslosigkeit in Bozen nur 2,5 Prozent beträgt, sind im sizilianischen Enna 32,4 Prozent auf vergebliche Arbeitssuche.

6 Traum oder Alptraum?
Zusammenarbeit zwischen Deutschen und Italienern

Luca Bologna

6.1 Gedanken

Es gibt nicht nur verschiedene Kulturen, sondern auch nachhaltige Unterschiede in der Bildung und Ausbildung der Menschen, die in diesen Kulturen aufgewachsen sind. Mit der Konsequenz, dass ein gemeinsames Arbeiten weit komplexer vonstatten geht, als es gemein hin angenommen wird. Es wird heute „locker" und häufig sehr unreflektiert über die Europäische Union und über die Globalisierung der Wirtschaft gesprochen und national-kulturelle Eigenheiten und Hintergründe scheinen dabei lediglich eine untergeordnete Rolle spielen. Das Englische – die Lingua Franca heutiger Zeit – wird zumeist als vollkommen ausreichendes Instrument angesehen, die vielschichtige Kommunikation zwischen Menschen unterschiedlicher Kulturen überbrücken zu können. Scheinbar so, als ob die Semantik keine Rolle spielen würde und sich Inhalte – mathematisch-technisch gesprochen – „1:1" übertragen ließen. Aber, eine Sprache allein, kann gar nicht die katalytische Leistung und Wirkung hervorbringen, die für eine harmonisch funktionierende Kommunikation über Kulturgrenzen hinweg erforderlich ist. Am Beispiel der erlebten Kommunikation zwischen Italienern und Deutschen, die in einem Unternehmen arbeiten, wird deutlich, dass sich zwar alle derselben Begriffe bedienen, sie aber häufig anders interpretieren. Wenn sie im gleichen Team arbeiten, sind Probleme deshalb oft unvermeidlich. Normalerweise bemüht sich der ausländische Gast – erfahrungsgemäß der Deutsche insbesondere – in der Sprache des Gastlandes zu kommunizieren, auch wenn es sich um ein Unternehmen seiner Muttersprache handelt. Deutsche Manager gewinnen dadurch häufig direkt einen Bonus, der viele Türen öffnet. Als ob jemand „Sesam, öffne Dich" gesagt hätte, reagieren Mitarbeiter mit einer erhöhten Einsatzbereitschaft. Wie wichtig für die Italiener ist, zu sehen, dass sich ein Ausländer eine große Mühe gibt, seine Sprache zu sprechen, kann man am Beispiel eines Michael Schumacher feststellen. Obwohl er für seine Leistungen sehr geschätzt und bewundert wird, insbesondere nachdem er Ferrari nach 21 ewig langen Jahren den heiß ersehnten Weltmeistertitel geschenkt hat, ist seine Beliebtheit beileibe nicht so groß wie sie sein könnte. Das ist auch mit seinen mangelnden Italienisch-Sprachkenntnissen zu erklären, die ihm nicht erlauben, die Saiten der italienischen Seele so meisterhaft zu zupfen, wie es ihm beim Fahren gelingt.

6.2 Richtiger Einstieg

Wolfgang Schrempp, der jetzige Chef von DaimlerChrysler Italia hatte sofort begriffen, dass man einen wichtigen Pfeil in seinem Köcher hat, wenn man Italienisch spricht. Wohl wissend, dass er in dieser Beziehung keinen allzu guten Stand haben würde, weil sein Vorgänger, Jochen Prange, fließend italienisch sprach, hatte Schrempp zwei Monate lang vor seiner Amtsübernahme Italienisch regelrecht „gebüffelt" und bei seiner Vorstellung vor der Presse die italienischen Journalisten mit einer Rede in ihrer Sprache überrascht.

Natürlich ist die Sprache nicht alles. Wie eingangs erwähnt, kollidieren bei Deutschen und Italienern zwei grundverschiedene Einstellungen. Denn „die Deutschen" sind bekanntermaßen methodisch ausgerichtet und eher weniger der Improvisation zugeneigt. Sie mögen mehr die klar umrissene Darstellung und halten sich erfahrungsgemäß relativ strikt an die Regeln – immer mit Blick auf die Hierarchien.

„Die Italiener" sind deutlich extrovertierter. Manchmal vielleicht auch zuviel. Denn sie sind geneigt, bei jedem Problem stets einen Strich von Originalität hinzufügen zu wollen. Organigramme und Hierarchien betrachten sie wie ihr Treppenhaus, wo man selbstverständlich die Stufen paarweise überspringen kann. Hinzukommt die wohl angeborene Neigung, alles und jedes zunächst in Frage zu stellen, was einem im beruflichen Alltag gelegentlich auch auf die Nerven gehen kann.

6.3 Nicht alles muss aber positiv sein ...

Leider kann dieser spürbare Mentalitätsunterschied auch negative Folgen haben, die man tunlichtst vermeiden sollte, um schwerwiegende Missverständnisse zu vermeiden. Eine Gefahr, die häufig auftritt, besteht in der Versuchung sich abzuschotten, indem viele deutsche Manager im Unternehmen einen engeren Kontakt mit ihren Landsleuten suchen als mit den einheimischen Kollegen und Mitarbeitern, die dann leicht den Eindruck haben könnten, ausgegrenzt und draußen vor der Tür gelassen zu werden. Aber auch im täglichen Miteinander, wenn es darauf ankommt, ganz einfache Probleme zu lösen, scheinen Deutsche und Italiener grundverschieden zu sein.

Ein banales, aber erlebtes Beispiel mag die Situation am besten vergegenwärtigen. Einmal ging ein Faxgerät kaputt, was einen deutschen Manager dazu veranlasste, seiner Sekretärin die Anweisung zu geben, einen Techniker anzurufen, um es reparieren zu lassen. Wenig später wollte ein italienischer Angestellter eine Unterlage faxen und fing an zu recherchieren, warum das Gerät nicht funktionierte. Nach kurzer Zeit und mit der Verwendung von ein paar Tesastreifen war das Faxgerät provisorisch wieder funktionstüchtig zur Freude des Italieners und zum Verdruss des Deutschen. Ersterer strahlte voller Stolz über seinen Einfallsreichtum, der Zweite machte ein langes Gesicht und fühlte sich, völlig ungerechtfertigterweise, blamiert und dachte vermutlich, dass sein italienischer Kollege seine Arbeitszeit mit einer Beschäftigung vergeudet hatte, die überhaupt nichts mit seinen Aufgaben zu tun hatte. Was kann man dazu sagen: „Vive la Différence?"

Tatsache ist, dass zur Freude aller Italiener und mit einigem Schulterklopfen für die handwerklichen Fertigkeiten des Kollegen einen ganzen Tag bis zum Eintreffen des Reparaturfachmanns das ominöse Faxgerät weiter in Betrieb geblieben ist. Wie man sieht, das Sprichwort „Schuster bleib bei deinem Leisten", wird in Italien nicht besonders ernst genommen.

In einer deutschen Firma zu arbeiten, bringt einem Italiener große Vorteile, die ganz besonders in einer sehr rationellen und logisch strukturierten Organisation zu finden sind – aber auch nicht von manchem Stress befreit, was auch natürlich ist und auch für die Gegenseite gilt.

Wenn deutsche leitende Angestellten erkennen können, dass der Jockey wie bei einem Pferderennen das Temperament seines Pferdes voll ausnutzen soll, auf dem er sitzt, wird der Erfolg nicht lange auf sich warten lassen. Nach der halben Imagekatastrophe des sogenannten „Elchtests", der einen Wagen der Mercedes „A-Klasse" zum Umkippen brachte, ist in weniger als einem Jahr das schlechte Ergebnis auf dem italienischen Markt positiv „umgekippt" worden. 1999 wurden 20.000 Autos dieser Modellreihe in Italien verkauft, 65 % mehr als im Jahr zuvor. Und auch der „smart", der eine sehr schwere Geburt in Deutschland hatte, wurde in Italien ein Renner, eine Art „Kultwagen", der sich heute genauso leicht wie warme Semmeln verkauft. Mit Sicherheit haben zu diesen Erfolgen die in der deutschen Zentrale entwickelten Konzepte, aber auch manche genialen Marketing- und Werbestrategien, die in Italien entwickelt wurden, nicht unwesentlich dazu beigetragen.

Das vielleicht auch, weil die deutschen Führungskräfte der italienischen Unternehmenstochter und ihren italienischen Mitarbeitern vertraut haben und ihre Philosophie adoptiert haben…

7 Wie man Mentalitätsunterschiede zielgerichtet zur Gewinnmaximierung einsetzen kann – ein Beitrag aus Osteuropa

Johann Grabenweger

Noch vor ein paar Jahren war die Welt einfach geordnet und praktischerweise durch zwei Weltanschauungen geteilt: die kapitalistische und die kommunistische. Die Zuordnung von Unternehmen erfolgte ehemals zuallererst auf Basis dieses Prinzips. Das Wissen, dass diese stark reduzierte Betrachtungsweise die Realität jedoch nicht hinreichend widerspiegeln kann, hat sich nach dem Mauerfall gezeigt. Die unterschiedliche Entwicklung der sich öffnenden ehemaligen Ostblock-Staaten zeigt, dass man anderen Ländern nicht einfach ein System „überstülpen" kann, sondern dass jedes Land seine eigenen Regeln zur Neuorientierung benötigt. Denn es existieren in jeder nationalen Gesellschafts- und Wirtschaftsordnung individuelle Gegebenheiten wie die Geschichte, Religion und Kultur, der Stolz und die Mentalität eines Volkes, die Regionen und deren Klimata, der Lebensstandard, die Bildung oder Altersstruktur und vieles mehr. Sie prägen nachhaltig die Struktur und das Funktionieren eines Staates, der jeweiligen Volkswirtschaft und ihrer Unternehmen.

Für Unternehmen, die in einem kapitalistischen Umfeld agieren, ist die Gewinnmaximierung das Kernziel. Unterschiedliche Ausprägungsformen wie Liberalismus, Sozialismus, oder gar Diktaturen beeinflussten und beeinflussen jedoch das Agieren der Unternehmen und deren Strukturen in unterschiedlicher Weise. In diese Systeme waren die Hardliner die Diktatoren und der Absolutismus und die Liberale standen für Sozialismus im eigentlichen Sinne wie auch für Idealismus. Trotz dieser zahlreichen Varianten war der Umgang zwischen den beiden Seiten gut definiert: beide agierten innerhalb ihres standardisierten Regelsystems. Der freie Wettbewerb hielt sich in Grenzen.

Unter dem einen kommunistischen System wurde das menschliche Kreativitätspotential per Gesetz blockiert. In dessen Schatten staatlicher Inkompetenz blühten aber sehr bald die Barter Geschäfte, um Grundbedürfnisse zu befriedigen. Im anderen System wirkte sich vor allem die oftmals „regulierte Freiheit" kreativitätshemmend aus, nämlich die Menge der Vorschriften der die einzelne Person und die Unternehmen einhalten müssen. Beide Systeme boten vor diesem Hintergrund genügend Anreiz, Staatsbetrug als „Nationalsport" zu betrachten. Der daraus zwangsläufig resultierenden Korruptionsbereitschaft konnte nur in funktionierenden Rechtsstaaten entgegengetreten werden.

Nach dem Fall der Mauer und der Stärkung der Rolle der Welthandelsorganisation (WTO), wurden und werden viele Hürden, die durch die beiden Systeme aufgebaut wurden, wieder Schritt für Schritt abgebaut beziehungsweise es fand eine starke Konvergenz zum und innerhalb des kapitalistischen System und seiner „Teilsysteme" statt, wobei diese die Zukunft jedes der Länder unterschiedlich beeinflussen werden.

Innerhalb dieser konvergierenden „Weltgesellschaft" steht jedes Land und Volk streng genommen alleine da. Die Folge: Länder müssen um Investoren kämpfen; Bevölkerungsgröße, Geburtsraten, Bildung und Arbeitslosenquoten sind plötzlich Referenzgrößen für Marktpotential und Zukunft geworden. Die allgemeine technologische Entwicklung bringt Länder einander näher. Jeder Vorteil und Nachteil eines Landes wird genauestens analysiert und bewertet, jeder Standortvorteil, der zur Profitmaximierung beiträgt, wird zum Anziehungspunkt. Wird das traditionelle Gefälle zwischen kapitalistischen und kommunistischen Länderblöcken in Europa verschwinden und sich lediglich auf ein Nord-Süd Gefälle beschränken? Einige Länder werden sicherlich auf der Strecke bleiben – oder doch nicht?

Bei diesen Überlegungen gewinnt die logistische Komponente eine immer gravierendere Bedeutung.

- Wie schnell kann oder muss ich meinen Kunden beliefern?
- Wo liegt die akzeptable Kostengrenze und damit mein ideales Logistikzentrum?
- In der Nähe des Produktionsstandortes oder in der Nähe der Abnehmer?
- Wie wirken sich die Lohnkosten aus, verlieren sie in einer technologisch und näher zusammenwachsenden Welt vielleicht an Relevanz?
- Wie kann ein Land sich möglichst attraktiv verkaufen?

Aufbauend auf der These einer starken Geschmacks- oder Vorliebenkonvergenz, wird ein Unternehmen versuchen, aus Kostengründen möglichst von nur einem Standort aus zu liefern. Im konträren Fall würde ein Produktionsaufbau vor Ort verfolgt werden müssen. Es stellt sich dann die Frage, welcher Teil der Wertschöpfungskette soll sinnvollerweise verlagert werden? Produktion, Entwicklung, Finanzen oder Vertrieb? Ist Zentralisierung oder doch Dezentralisierung Trumpf? Das sind die Fragen, mit denen sich seit jeher Ökonomen, Unternehmer und Politiker beschäftigen. Die rasante technologische Entwicklung lässt jedoch den Eindruck entstehen, dass die meisten von der Entwicklung überfordert sind oder von ihr bereits überrollt wurden. Die Möglichkeiten der Beeinflussung werden immer geringer, weil die Kapitalmärkte schon seit geraumer Zeit den Ton angeben.

Ergänzend kommen aus Unternehmersicht noch folgende Überlegungen hinzu: wo und wie kann das Unternehmen unterschiedliche Investitionsanreize und „fette Geschenke", relevante Gesetzesänderungen flexibel und am besten nutzen? Das nachhaltige Gewinnpotential und die Stabilität der Rahmenbedingungen sind das stärkste Instrument, die ein Unternehmen an ein Land binden.

Oft wird jedoch missachtet, dass jedes Land ein Eigenleben hat und in jedem Land andere menschliche Ressourcen und Gesetzesbestimmungen zu finden sind, die den Erfolg maßgeblich beeinflussen können. Die Relevanz dieser Faktoren zu erkennen, muss eine Kernaufgabe des Managements sein.

- Wie kann man jedoch sicherstellen, dass die richtigen Leuten mit der entsprechenden Sensibilität ins Ausland entsandt werden?
- Welche Aufgaben sollten von lokalen Mitarbeitern erledigt werden und welche nicht?
- Werden gewisse Fähigkeiten wirklich gesucht, oder werden Manager aus politischen Gründen ins Ausland abgeschoben, um sie los zu werden?
- Ist die Entsendung Teil einer Karriereplannung oder ist diese ein Zufall?
- Werden die Mitarbeiter in der Ferne langsam zu „Karrierestiefkindern" und Fremden im eigenen Haus?

Es liegt nahe, dass man vor Ort immer gegen das Gefühl ankämpfen muss, jemand zu sein, der „nur Spaß haben möchte, die lokalen Eigenheiten und Probleme nicht kennt, sie nicht versteht oder sich nicht dafür interessiert und schließlich nach drei Jahren wieder von dannen zieht". Wieviele Unternehmen, beziehungsweise deren Manager, versuchen immer wieder zu erklären, warum ein Vorhaben erfolgreich war oder nicht. Die „Erklärungen" sind oft die gleichen: meist werden die schwierige Marktsituation und die Mentalitätsunterschiede angeführt.

Besonders heute ist das Verständnis der kulturellen Differenzen der Schlüssel zum Erfolg. Die Manager werden rund um den Globus geschickt, um zu sanieren, Geschäfte auf- und auszubauen oder den Status quo zu erhalten. Vor allem steht aber immer eine Aufgabe im Vordergrund: es muss ein nachhaltiges Ergebnis erreicht werden, das das Überleben des Unternehmens absichert und seine Aktionäre zufrieden stellt.

Die nächsten Beispiele werden vielleicht erklären, was damit gemeint ist.

7.1 Die Entfernungsfalle

Die Entfernung eines Landes zum Hauptsitz kann mitentscheidend sein, ob ein Einsatz erfolgreich verläuft oder nicht. Unmittelbar damit verbunden ist die Reiseintensität. Es ist verwunderlich, dass die meisten Unternehmen ihren im Ausland stationierten Mitarbeitern nicht erlauben, selbständiger zu arbeiten, obwohl sie behaupten, dass sie ihre Mitarbeiter für einen Auslandseinsatz sorgfältig ausgesucht haben. Zu oft sieht man sehr gestresste Manager, die aufgrund immer wiederkehrender „Heimrufe" ins Mutterhaus, bei Meetings aufgrund von totaler Übermüdung nicht mehr aufnahmefähig sind. Oftmals ist auch die Tendenz zu beobachten, dass zu wenig delegiert wird, um ja nichts zu versäumen oder potentiellen Gegnern keine Chance geben zu wollen.

Das Resultat ist: die Arbeit am Einsatzort wird immer mehr, nichts geht entscheidend voran, die Familie ist vaterlos und physisch sind diese Manager irgendwann ein Wrack. Die typischen Übersee- und Ferneinsätze werden für viele Betroffenen zum Trauma. Die Alternative könnte durchaus ein standardisiertes Arbeitssystem sein, in dem zum Beispiel auch Videokonferenzen und andere technische Entwicklungen helfen könnten, viel Zeit zu sparen.

Viele Menschen haben die Illusion, dass Auslandseinsätze eher Urlaub als Arbeit sind. Sehr schnell jedoch merken die Betroffenen, dass die Arbeit meist anders strukturiert ist als zu Hause. Häufig muss man auch ein größeres Aufgabengebiet verstehen und beherrschen, aber auch viele Dinge selbst erledigen …

Ein zu nahe gelegener Einsatzort zum Mutterhaus birgt manchmal auch Probleme, weil man nicht weiß, wo diese Leute arbeiten, da sie ständig pendeln. Dieses „Zwischen den Orten Leben" regt natürlich auch zum Missbrauch an, privates und berufliches nicht immer streng zu trennen. Die Familien ziehen nicht mit um, viele haben dann zwei Familien, eine für das Wochenende und eine für die Woche. Daher bleibt sehr wenig Zeit, um sich in die Kultur des Einsatzortes einzuleben, weil man permanent unterwegs ist. Beide Varianten sind negativ für das Unternehmen, denn die Entsendeten sind bezahlt um die Probleme vor Ort zu lösen und nicht Politik durch die Welt zu betreiben.

Möglicherweise sind die heute gebräuchlichen Beurteilungskriterien noch nicht optimal gestaltet. Vielleicht sollte im voraus intensiver darüber verhandelt oder es vorgeschrieben werden, wie oft man zum Mutterhaus reisen muss. Eines ist klar, wenn Differenzen auf anderen Schauplätze ausgetragen werden ist es sehr schwer die betroffenen Mitarbeitern einer Gesellschaft im Ausland nachhaltig für sich und die Strategie des Mutterhauses gewinnen zu können.

7.2 Die Sprachfalle

Der kleinste gemeinsamer Nenner in der neuen globalen Welt ist die englische Sprache. In vielen Ländern sind bereits Studiengänge so ausgelegt, dass die meisten jungen Leute – auch in Osteuropa – bereits diese Sprache beherrschen. Es wird jedoch trotzdem stets erwartet das der „Fremde" die Landessprache versteht. Ein Dolmetscher, so gut er auch sein mag, kann nie die Emotionen und einen Inhalt identisch und unverzerrt übersetzen.

Wer die Sprache nicht beherrscht, merkt mit der Zeit, dass sich zwei Kommunikationskanäle aufbauen. Nämlich der offizielle und der informelle in denen die „Lokalen" unter sich auszumachen haben, wie sie sich positionieren werden. Das heißt, wenn man die Sprache eines Landes nicht wirklich beherrscht, können sich sehr schnell zwei parallele „Machtkanäle" entwickeln. Manch einer hat sich schon gewundert – vor allem im Ostblock – wo der Stolz groß ist und viele Wunden noch offen sind, wie subtil das Ganze vor sich geht. Das ist ein methodisches Erbe der Vergangenheit. Früher wurden die meisten Spitzenpositionen nach Parteitreue, Manipulationsfähigkeit des einzelnen über Mitarbeiter oder Wähler ausgesucht. Selten benötigten sie große Fachkenntnisse – „Quatscher statt Macher". Viele ließen sich so von der Rhetorik und dem Auftreten dieser Mitarbeiter beeindrucken, die Ergebnisse stimmten dann plötzlich nicht mehr, weswegen manche trotz niedriger Lohnkosten und guten Rahmenbedingungen gescheitert sind.

Ein Dolmetscher kann ohnehin immer als elegante Entschuldigung von allen Parteien herangezogen werden, sei es nur als Schuldiger für falsche Zahlen und „Missverständnisse", sie sind meist sehr angenehm. Für alle Parteien vor allem wenn es um sehr wichtige Sachen geht! Deshalb sollte man, selbst wenn alle Untergeordneten die Mutterhaussprache sprechen, sich bemühen diese zu erlernen, ansonsten ist man sehr schnell abhängig von dem, was diese Mitarbeiter einem erzählen. Häufig bekommt man meist nur die halbe Wahrheit gesagt. Ein junger, ambitionierter und neutraler, frisch eingestellter Assistent kann manchesmal sehr helfen diese Kanäle offen zu halten. Je besser der Neuankömmling die Landessprache beherrscht, desto größer ist die Akzeptanz.

7.3 Vertragsdauer

Die Dauer eines Vertrages wird meistens mit Kontinuität gleichgesetzt. Kurze Aufenthalte werden oft sehr stark kritisiert, weil die Mitarbeiter vor Ort das Gefühl haben, dass wieder jemand kommt, der nur schnell entschieden hat. Ohne tiefgreifende Kenntnisse der lokalen Problematik zu besitzen, müssen die Lokalen nicht selten derartige Fehler dann ausbaden.

Aufenthalte, die die Karriere unterstützen, werden als gut angesehen, weil diese Leute, wenn sie erfolgreich sind, auch die Mitarbeiter der Tochtergesellschaft repräsentieren. Jedoch sind dann wiederum viele frustriert, weil eben meistens nur Leute aus dem Mutterhaus internationale Karriere machen können.

Wenn allerdings die Familie dabei ist und mit denselben Alltagsproblemen konfrontiert ist, dann wird das meist sehr geschätzt. Die meisten Unternehmen kritisieren die Politik, weil die Politiker ständig gewechselt werden, und diese nicht genug Zeit haben, um eine dauerhafte Politik zu betreiben. Genau diese delegieren jedoch Manager ebenfalls nur für kurze Zeit ...

7.4 Ziel des Aufenthaltes

Die Mitarbeiter einer Tochtergesellschaft wissen nicht selten oft gar nicht, warum wieder ein Neuer kommt. Sie hätten so viele Leute mit Potential vor Ort, und doch kommt immer einer aus der Zentrale. Um Barrieren zu vermeiden, muss der Zweck des Aufenthaltes immer klar definiert und kommuniziert werden, denn um so leichter lässt sich naturgemäß die Argumentation führen. Der Gedanke, warum schicken Sie uns „wieder einen", der uns so viel kostet, vor allem wenn der Werdegang und Lohnunterschied groß sind, geistert durch die Köpfe der Mitarbeiter.

7.4.1 Die richtige Person: lokal oder aus der Zentrale?

Diese Auswahl ist leider manchmal ein Politikum, weil jeder den Anspruch erhebt, die besten Leute für eine bestimmte Tätigkeit bestellen zu können. Zunächst sollte jedes Jahr neu definiert werden, ob es Schlüsselpositionen gibt oder nicht, die neu zu besetzen sind. Die allgemeine Situation der Gesellschaft, sowie die Verfügbarkeit des Fachpersonals ändert sich ständig. Deshalb müssen diese Stellen immer wieder neu bewertet werden. In der Regel sind im Ostblock die Technik-, Planungs- und Mathematikkenntnisse vorhanden, jedoch fehlt es häufig an Erfahrung im allgemeinen Management, der Vermarktung, dem Marketing und Vertrieb sowie den Finanzen. Die rhetorischen Kenntnisse sind aufgrund der früher praktizierten Auswahlverfahren für Schlüsselstellen wiederum sehr gut vorhanden. Sie waren jedoch die größte Problematik bei der Suche nach Leuten, die etwas umsetzen sollten. Von denjenigen, die alles versprachen und nichts machten, gab es – wie bekannt – sehr viele in diesen Ländern. Dieses Phänomen ist vorhanden, und nachdem sich die meisten Manager nicht *immer* mit dieser Problematik auseinandersetzen, kommt es nicht selten zu Fehlbesetzungen, die sich aufgrund der hervorragenden rhetorischen Täuschung nicht so leicht und schnell erkennen lassen.

7.4.2 Kultur

Viele Ostblockstaaten haben lange geschichtliche Traditionen. Diese prägen die lokale Mentalität immer noch sehr stark. Oft stellt sich heraus, dass diese den Stolz eines Volkes bestimmen. Die Zeiten der Pressionen, des Maulkorbes, sind vorbei, wie auch die, als der Staat für alles verantwortlich war. Es fällt auf, dass das alte System den Alltag der Leute auch heute noch prägt. So ist Eigeninitiative noch nicht ein automatisches Verhalten, wie auch die Offenlegung der eigenen Meinung in Sitzungen. Die Angst vor den Zeiten, als die Menschen vom Staat bestraft wurden, weil sie offen ihre Meinung sagten, ist noch nicht so fern. Für viele stellt diese Zeit eine unüberbrückbare Hürde dar. Sitzungen laufen nicht immer nach einer geordeneten Vorgehensweise ab. Man ist häufig unvorbereitet, die Aufgaben und Termine werden vergessen, weil man eben nicht immer mitschreibt oder protokolliert, was besprochen wurde. Daher ist Geduld angesagt, bis eben diese westliche Selbstverständlichkeit übernommen wird. Nicht unterschätzen sollte man auch wie wichtig es ist, sich kulturell zu engagieren, zum Beispiel Opern oder Festivals zu besuchen, oder auch mal „einen Schluck" mit den Einheimischen zu trinken.

Als eine gute Geste für einen erbrachten Gefallen ist es normal, dass man sich mit einem Geschenk bedankt. Namenstage werden fast so feierlich gefeiert wie Geburtstage. Wegen der noch zum Teil prekären Wohnbedingungen laden die Menschen selten zu sich ein.

Nachdem in der Planwirtschaft die Arbeit ohne jegliche Verantwortung für die Zielerreichung verteilt wurde, merkt man, dass sich die Mitarbeiter häufig reaktiv verhalten, obwohl sie fähig sind, ihre Aufgaben zu erfüllen. Das heisst, wenn der Chef was dringend braucht, arbeitet man brav an der Aufgabe jedoch vergisst man sie abzugeben, weil es einem nicht so wichtig erschien. Die Prioritäten richten sich häufig immer noch nach anderen Kriterien. Das aktive Coachen ist extrem wichtig, man befindet sich inmitten eines Schulprozesses, der viel Geduld erfordern kann, um die Ziele Schritt für Schritt durchzusetzen. Den Inhalt oder Plausibilität der Zahlen gilt es sich sorgfältig anschauen weil man versucht einem mit „irgend etwas" zu befriedigen. Am Anfang mag es vielleicht kindisch anmuten, dass man alles kontrollieren muss, Kaffee, den Papierkonsum, Berichte und so weiter. Aber mit der Zeit tritt der Lerneffekt der neuen Spielregeln ein und plötzlich läuft alles viel besser!

Die Service-Gesellschaft ist noch nicht so weit verbreitet. Gelegentlich sitzt man einfach herum und sieht, wie sich der Kunde ärgert, weil ihn niemand bedient. Dieses Problem lässt sich meistens jedoch sehr schnell durch eine leistungsorientierte Entlohnung beheben. Das gleiche gilt auch für die Produktivität. Wird das Geld nicht leistungsorientiert ausbezahlt, wird kein zusätzliches Stück hergestellt. Die „neue" Gesellschaft ist eben sehr stark an Materiellen und Neuigkeiten interessiert weil Sie alles sofort aufholen möchten was Sie in den vergangenen 50 Jahren verspasst haben. Daher ist der leistungsorientierte Bezahlung eher von den Menschen gewünscht. Die Krankheitsquoten sind eher hoch, weil man von früher gewohnt ist, dass die Arbeit einen nicht davonläuft. Außerdem sind diese Kosten noch immer für die Firmen neutral, weil diese der Staat im Krankheitsfall übernimmt. Das Unternehmen während der Arbeitszeit zu verlassen war eine ganz normale Sache. Erstaunen ruft es hervor, wenn jemand nachfragt, warum einer abwesend ist. Vielleicht, weil es während der kommunistischen Zeiten alle gewohnt waren, in der Früh arbeiten zu gehen und dann irgendwann Schlange stehen zu müssen, um die täglichen Einkäufe zu erledigen. Pausen musste man auch einlegen, sonst ist man müde vom nichts tun! Paragraphen schöpft man auch aus, weil man der Firma nichts schenken möchte, so die frühere Sitte. Nach wie vor wird man relativ leicht Krank geschrieben, demzufolge ist die Abwesenheit entsprechend höher als im Westen. Ein gezieltes Gespräch, ein Anruf zu Hause oder eine Mahnung muss unbedigt Bestandteil eines Anwesenheitsprozesses sein um diese Lage nachhaltig verbessern zu können. Das „Leihen von fremden Eigentum" war fast ein Nationalsport, weil man von früher gewohnt war, sich die Waren in der Fabrik, die man hergestellt hat als ein Teil der Entlohnung zu behalten.

Manchmal ist es daher einfacher, ein Werk auf die grüne Wiese zu stellen und dem Personal bei der Einarbeitung oder Schulung von Anfang an die Regeln des Spieles mitzuteilen. Sonst kann es extrem schwierig und zeitintensiv sein, die vorhandenen Strukturen aufzuweichen.

Diese Darlegung von Zusammenhängen, die im ersten Moment sicherlich negativ empfunden werden, aber ihre Wurzeln in der politischen Geschichte haben, sollen dem Verständnis dienen mit welchen Problemen viele der entsendeten Manager aus alle Branchen zu kämpfen haben.

7.5 Gutes berichten

Obwohl der Service gelegentlich noch zu wünschen übrig lässt, sind die Geschäfte in vielen osteuropäischen Ländern 24 Stunden am Tag und an Wochenenden geöffnet. Das Umtauschen von Waren läuft reibungsloser und einfacher ab, als im Westen. Die Gesetze oder interne Vorschriften werden sehr sorgfältig analysiert – und wenn kontrolliert – zum Teil auch penibel eingehalten. Es gibt bereits eine Reihe von Unternehmen die wegen Ihrer Umstellung auf westliche Methoden sehr erfolgreich operieren im internationalen Wettbewerb. Die Qualität der gefertigten Produkte hat in vielen Bereichen bereits internationales Niveau erreicht und die Kaufkraft beginnt sich spürbar zu verbessern.

Aufgrund des technischen Wissens und der schwierigen Zeiten, als es den Menschen fast an allem fehlte hat, haben sich auch die Anpassungskunst und die einfachen Lösungsansätze für die Bewältigung von Problemen sehr stark verbreitet. Man darf diese jedoch nicht immer mit purer Kreativität verwechseln, sondern eher mit Überlebenskunst. Nachdem jedoch die Altersstruktur besser ist als im Westen, und vorausgesetzt, dass keine Emigrationswelle stattfindet, sind Voraussetzungen für die Bewältigung der Globalisierungsprobleme im Vergleich zu Afrika, Südamerika und dem Fernen Osten stärker vorhanden.

Europa war plötzlich in eine Klemme geraten, was seine Produktpreise und die Kostenstruktur anbelangt. Jedoch hat sich der Mix mit der Einbindung der ehemaligen kommunistischen Länder zu ihren Gunsten entwickelt. Europa kann jetzt nämlich mit denselben Bedingungen auf dem Weltmarkt konkurrieren, wie es die USA mit den billigen Machiladoras aus Mexiko und die Japaner mit dem Fernen Osten es praktizieren.

7.6 Fazit

Die Mauer ist zwar gefallen, aber die Blockaden sind noch immer da und vielleicht wird es noch ein bis zwei Generationen dauern, bis die Ostblockstaaten diesen Transformationsprozess abgeschlossen haben.

Die Entsendung und Auswahl von Mitarbeitern ins Ausland sollte in Zeiten der Globalisierung sorgfältiger vorbereitet und geplant werden, um diesen Anlass dafür zu nutzen, zwischen den Gesellschaften und deren Ländern Brücken zu bauen – anstatt weiter die Barrieren zu erhöhen. Jedes Land verfügt über unterschiedliche materielle und menschliche Ressourcen. Diese bestimmen sehr stark die Attraktivität eines Landes, jedoch werden diese durch ihr Umfeld und Gesetze beeinflusst.

Es bleibt als Aufgabe, die Stellgrößen dieses komplexen Systems zu identifizieren und sie zum eigenen Vorteil auszunutzen!

8 Große Fische leben nicht in kleinen Teichen – die aktuelle Krise des japanischen Humankapitals und die Schwierigkeiten interkulturellen Managements

Enno Berndt

8.1 Prolog: „Je höher der Baum, desto neidischer der Wind"

Wer als Mitteleuropäer durch japanische Großstädte wandelt, wird es inmitten des lauten Gedränges von Menschen, Gebäuden und Autos rasch bemerken: Es gibt nur wenige Orte, an denen Natur dem Wildwuchs überlassen oder als Parkanlage eingerichtet worden ist, um Schatten, Ruhe, frische(re) Luft zu spenden und Abstand vom hektischen Alltagsstrom zu ermöglichen. Noch seltener findet man große Bäume und wenn, dann meist nur in alten Tempelanlagen. Gründe mag es dafür viele und verschiedenster Art geben. Gleichwohl: Wie die Menschen auch in ihrer japanischen Ausprägung sind, indem sie Natur gestalten, aneignen, verbrauchen und sich insofern auch zueinander verhalten, so wandelt sich die derart reproduzierte Natur zum Abbild menschlicher Verhältnisse.

Man mag sich indes fragen, was dieser flüchtige Ausflug in die japanische Großstadt-Botanik und die folgende philosophische Betrachtung zunächst miteinander und mit dem Gegenstand des vorliegenden Bandes zu tun haben. Mit der folgenden Hypothese soll eine Antwort darauf gegeben und das Thema dieses Beitrages benannt werden: So selten wie es große Bäume in japanischen Großstädten gibt, so rar scheint auch eine Spezies von Menschen in den bevorzugten Orten wirtschaftlichen Handelns geworden zu sein, die – um im Bild der großen Bäume zu bleiben – dem Wind zu trotzen, Richtung zu weisen und große Schatten zu werfen imstande sind.

Kurzum: Es geht um die Krise des japanischen Humankapitals und die Schwierigkeiten interkulturellen Managements in diesem Kontext.

8.2 Zur Brisanz des Themas:
„Hat es die Kehle passiert, ist das Heiße vergessen"

Für eine Gesellschaft, deren Strukturen und Verhaltensnormen – wie in der japanischen – nahezu ungebrochen vom Paradigma wirtschaftlichen Wachstums dominiert gewesen sind, die nach dem Spekulationsboom der zweiten Hälfte der 1980er Jahre bis zur Jahrtausendwende ohne grundlegende konjunkturelle Erholung geblieben ist und das Ausbleiben eines offenen Systemzusammenbruchs nur mit einem in der OECD bisher ungekannten Niveau der öffentlichen Verschuldung – 140 % des Bruttosozialproduktes – erkauft hat, kann der Befund einer Krise inklusive des Humankapitals nicht verwundern. Mangelnde Initiative, reaktives Sicherheitsdenken und – (Ver-)Handeln, fehlende Selbstorganisation, exzessiver Detail-Formalismus, unterentwickelte Kommunikation und mikropolitische Konspiration ... gelten als die Erkennungsmerkmale einer sich unter den jüngeren Mitarbeitern in Japan schnell vermehrenden Spezies, den sogenannten „Unternehmensparasiten". Diese Verhaltensmuster hat es sicherlich auch schon früher, also zu vermeintlich besseren Zeiten, gegeben. Dass sie sich hingegen gerade derzeit und schlagartig ausbreiten, darf als rationale Reaktion der jungen Generation auf die einseitige Kündigung des stillen Kontraktes der japanischen Unternehmen gegenüber ihren Mitarbeitern, also den Vätern dieser Generation gesehen werden. Uneingeschränkte Loyalität und Subordination gegen langfristige Beschäftigung und Senioritätslohn.

Indes entzieht sich diese Krise des Humankapitals in Japan auf merkwürdige Weise einer ernsthaften Wahrnehmung. Ernsthaft, insoweit sie über die schlichte Kenntnisnahme der aktuell-pragmatischen Diskussion um die Reform des japanischen Bildungswesens und des Personalwesens als folgerichtige Angleichung an okzidentale, anglo-sächsische Muster hinausgeht. Das ist deshalb merkwürdig, weil das direkte Engagement ausländischer Unternehmen in Japan in den letzten drei Jahren um ein Vielfaches zugenommen hat. Somit kann ein nachhaltiger Erfolg immer weniger allein durch Rationalisierung und Restrukturierung erreicht werden. Vielmehr bedarf es neben innovativen Produkten und Dienstleistungen vor allem eines innovativen, kooperativen und zuverlässigen Verhaltens gegenüber den internen und externen Kunden, aber auch dem lokalen Mitarbeiter. Und zwar in dem Maße, wie nicht allein Technologie als solche, sondern die selbige lediglich als Element eines umfassenden und überlegenen Werte- und Problemlösungsangebotes auch vom japanischen Kunden erwartet wird und dieses Angebot meist lediglich in Kooperation mit anderen Unternehmen erstellt werden kann. Nur durch konzeptionelle Kompetenz und verlässliche Realisierung lässt sich eine nachhaltige Differenzierung ausländischer Unternehmen gegenüber der japanischen Konkurrenz in deren Heimmarkt begründen und befestigen.

Warum finden dann die Krise des Humankapitals und die damit verbundenen Schwierigkeiten interkulturellen Managements kaum eine ausreichende Aufmerksamkeit des Top-Managements ausländischer Unternehmen in Japan? Dafür lassen sich zunächst mindestens vier Gründe ausmachen:

Erstens wird die allgemeine Qualität des japanischen Humankapitals selbst heute – wo japanische Unternehmen zwar noch in ausgewählten Bereichen des verarbeitenden Gewerbes wie der IT-Hardware, des Automobil- und Maschinenbaus als weltweit konkurrenzfähig, ansonsten jedoch andere Industrien, v. a. der Dienstleistungsbereich nur als zweitklassig gelten – in zahlreichen internationalen Vergleichen und Studien noch nicht als entscheidender Risiko- bzw. Bremsfaktor direkten Engagements im japanischen Markt gesehen. Meist quantitative Kriterien der formalen Allgemeinbildung anführend, sind derartige Quellen bzw. deren Interpretation entweder von den jeweiligen Heimland-Regierungen, namentlich deren statistischen Verwaltungen oder sogenannten Landesexperten, also von Akteuren geprägt, die aus eigenen Interessen dazu neigen, eher die Attraktivität als das Risiko des Gegenstandes zu betonen.

Zweitens entzieht sich dieser krisenhafte Zustand auch dem Blick ausländischer Manager in Japan: Mit Ausnahme jener Industrien, in denen – wie beispielsweise bei den Finanz-, IT- und Beratungsdienstleistungen – ausländische Unternehmen die unumstrittenen Welt- und Binnenmarktführer in Japan sind, gilt nach wie vor, dass die besten Universitätsabsolventen nur selten rekrutiert, langfristig ausgebildet und gehalten werden können. Der Ausweg aus diesem Dilemma findet sich meist im Headhunting von erfahrenen Einzelkämpfern und erfolgreichen Mitarbeitern der ausländischen Konkurrenz. Enttäuschte Erwartungen und mangelnde Leistungen der Mitarbeiter sind dann lediglich allokative Fehlleistungen.

Drittens sind viele japanische Mitarbeiter unfähig, bzw. unwillig, sich gegenüber nicht-japanischen Vorgesetzten – selbst in ihrer Muttersprache, aber erst recht in Englisch – verständlich auszudrücken. Dies ist wiederum nicht nur ein rein lingual-pädagogisches Problem – weil es eben auch bei japanischen Absolventen US-amerikanischer Business Schools zu beobachten ist. Sondern es verweist vielmehr auf die prinzipielle Schwierigkeit in einer anderen Sprache als jener kommunizieren zu sollen, die der eigenen Sozialisierung, also dem eigenen Verhalten und dem der meisten Mitmenschen unterliegt. Andererseits ist nach wie vor lediglich eine Minderheit ausländischer Manager der Landessprache wirklich mächtig. Und so verhindert eine solche doppelte Sprachbarriere dialogische Kommunikation. Sie belässt Macht-, Interessen-, Verhaltens- und Wahrnehmungsunterschiede im unreflektierten und meist mikropolitisch instrumentalisierten Nebelfeld kultureller Gegensätze. Zum Kommunikationsproblem deklariert, ist jedes Problem auch schon in seiner produktiven Brisanz entschärft und jeder Diskutant seiner Verantwortung entledigt, Position zu beziehen, seine Argumente zu validieren und für die Folgen eigenen Verhaltens einzustehen.

Viertens unterliegen gerade ausländische Unternehmen in Japan einer Schwerkraft des eigenen Erfolges. Weltweit akzeptierte Produkte, eine stabile Nachfrage in Japan, ein etablierter Vertrieb und in anderen Märkten unvorstellbar hohe Preismargen sind die Grundpfeiler derartiger Erfolge. Dieses scheinbar feste Fundament verleitet indes dazu, die Reproduktion von Erfolg als Selbstläufer und umgekehrt jede grundlegende Veränderung als Gefährdung dieses komfortablen Erfolges zu sehen.

Das gilt zumeist sowohl für die Organisationsstrukturen, als auch für Personalpolitik im allgemeinen Ganzen wie im besonderen Einzelnen. Geschäftswachstum, das über die lineare Extrapolation des Status Quo hinausgeht, könne man – wegen der gesunkenen Marktkapitalisierung der japanischen Konkurrenten – jederzeit akquirieren. So bleiben oftmals die interne Problemlage nicht benannt und heilige Kühe ungeschlachtet. Ironische Folge dessen ist wiederum, dass – angesichts der Reformaktivitäten in vielen japanischen Unternehmen – das vorgeblich hinfällig gewordene japanische Managementsystem gerade in diesen ausländischen Unternehmen konserviert fortlebt.

Im weiteren sollen diesen vier eher bekannten Gründen zwei grundverschiedene Erklärungsversuche auf zwei unterschiedlichen Denk-Ebenen hinzugefügt werden: Zum einen soll der soziale Kontext der Krise des japanischen Humankapitals mittels eines gewagten historischen Vergleiches ausgeleuchtet werden, um dann im zweiten Teil auf der Ebene „Organisationskultur" die Kluft zwischen den neuen Anforderungen und Erwartungen des ausländischen Managements einerseits und den bisherigen Verhaltensmustern in japanischen Organisationen andererseits offenzulegen. Verbunden ist dies mit der leisen Hoffnung, auf diesem Weg zu einem Verständnis und Verhalten von ausländischen Managern in Japan beizutragen, das sich nicht mit der kulturellen Blockierung interner Kommunikation und innovativen Verhaltens abfindet. Und dies, ohne dabei weder a) in eine kultur-imperialistische Machtausübung, der Diktatur der Symbole, b) rigide Retaylorisierung, der Macht der hierarchischen Arbeitsteilung, noch c) in die hastige Implantierung reiner Marktmechanismen, der Macht des Geldes oder d) die resignative Autonomisierung des lokalen Mangements, dem Transfer der Problem-Ebene nach oben zurückzufallen.

8.3 Von historischen Analogien: „Wenn Du es eilig hast, mache einen Umweg"

Der US-amerikanische Journalist Douglas Moore Kenrick veröffentlichte Ende der 1980er Jahre ein Buch mit dem Titel: „Japan – Where Commmunism Works". Für mich war dieser Titel damals so provokant und anregend, dass ich ihn zum Ausgangspunkt meines Dissertationsvortrages machte und mich mit der Frage auseinandersetzte, ob und inwieweit sozial-historisch etablierte Institutionen als Element einer Reform-Strategie in einen anderen sozialen Kontext transferiert und implantiert werden können. Zehn Jahre danach erinnert mich vieles im Nachdenken über die jetzige Situation Japans und seiner Unternehmen an den Prozess der deutschen Vereinigung.

Denn: Der Staatssozialismus auf deutschen Boden ist wohl eher nicht am unbändigen Drang seines Volkes nach Freiheit und nationaler Einheit, sondern vor allem an den Folgen der stufenweisen Aufkündigung eines autokratischen Gesellschaftsvertrages gescheitert, der den gehorsamen Verzicht seiner Bürger auf Selbstbestimmung mit staatlicher Fürsorge und materieller Besserstellung zu vergelten versprach.

Wir erinnern uns: Als Ausgangspunkt der Krise des japanischen Humankapitals hatte ich die einseitige Aufkündigung des stillen Kontraktes der Unternehmen mit ihren Mitarbeitern ausgemacht. Kenrick sah wiederum als entscheidende Ursache für Erfolg und Misserfolg nicht-marktkapitalistischer Wirtschafts- und Gesellschaftsformen den Unterschied der zentralen Regulationsebenen und Akteurskonstellationen: Unter der Begleitung und Unterstützung der Staatsbürokratie hart unter- und miteinander konkurriende Unternehmen in Japan contra eine autokratische Staatsbürokratie in Mittel- und Osteuropa, für die die Staatsbetriebe nur Außenstellen und Erfüllungsgehilfen waren. Dass die vermeintlich erfolgreiche Variante eine Dekade später nun auch in die Sackgasse geraten ist, konnte Kenrick nicht ahnen, verweist uns aber auf eine andere Interpretationsebene fernab ideologischer Kurzschlüssigkeiten: Die strategische Fähigkeit von kollektiven Akteuren, eingebunden in ihr jeweiliges Gesellschafts- und Wirtschaftssystem, seinen Strukturen, inneren Widersprüchen und neuen Umweltlagen innovativ zu begegnen.

Doch kehren wir noch einmal zum Gesellschaftsvertrag der damaligen DDR und seiner Aufkündigung zurück: Seit Anfang der 1980er Jahre blieb die staatliche Vormundschaft in Kraft, ohne dass man die daraus erwachsene Unzufriedenheit in Ermangelung wirtschaftlicher Ressourcen und Produktivitätszuwächse materiell zu kompensieren imstande war. Die Unzufriedenheit wuchs, jedoch nicht bis zum offen Widerstand vieler. Erst die Flucht vieler junger Menschen und der völlige Bankrott der Staatswirtschaft ließ die Mauer bröckeln. Nicht Revolution, sondern System-Implosion, nicht eigener

Aufbruch zu neuen Ufern, sondern rasche Umschreibung der Vertragspart-
nerschaft von der gerontokratischen Staatsbürokratie Deutschland Ost auf
die Politikmaschinerie Deutschland West, sind die wesentlichen Merkmale
jener Wende.

Davor hatte sich nach dem schnellen Scheitern zaghaft-feiger Reformver-
suche unter brav-rechtfertigendem Verweis auf Gorbatschow und sein Motto
von „Transparenz und Umbau" ein Lebensgefühl in breiten Schichten eingestellt, wie es in geschichtlichen Niedergangsphasen auch andernorts und zu
anderen Zeit zu beobachten ist: Die Dreieinigkeit von Agonie, Apathie und
Aphasie.

Auch Japans Gesellschaft leidet seit dem Ende der Bubble Economy an
Siechtum, Desinteresse und Sprachlosigkeit. Von offenem Widerstand ist
keine Rede, es gibt ihn lediglich sporadisch in den Tagelöhnervierteln Osakas
und Tokyos. Das Wort „Lähmung" hat Hochkonjunktur, wenn es darum
geht, die Lage im Land, in den Köpfen und Herzen seiner Menschen zu
beschreiben. Nur hat dieses Inselland keinen großen und reichen Bruder mit
gemeinsamer Sprache und Geschichte, dem man sich und sein Schicksal
überantworten kann. Anstelle dessen werden die privatwirtschaftlichen Spe-
kulationsverluste mit öffentlichen Geldern sozialisiert – solange der Staats-
anleihenmarkt und Rating-Agenturen das zulassen.

Für große Teile der japanischen Jugend gilt: Einerseits erlaubt der von der
Elterngeneration geschaffene Reichtum (noch) das bequeme Verharren im
Status Quo. Wiewohl man um die Endlichkeit von Reichtum und der Zah-
lungsfähigkeit des jetzigen Systems weiß.

Andererseits sieht sich die japanische Jugend weder einem wirksamen
Anreiz noch einem deutlichen Zwang ausgesetzt, aktiv, also der Akteur zu
werden, eigene Experimente zu wagen und neue Wege zu erkunden. Und
anstelle eines offenen Dialoges über Handlungsoptionen und Gestaltungs-
strategien beherrscht ein öffentlicher Diskurs die Massenmedien, der zwischen nationalistischem Konservatismus und ökonomistischem Globalis-
mus hin und her pendelt und die japanische Sprache mit leeren Worthülsen
erstickt. Frei nach dem alten DDR-Propaganda-Slogan: „Von der Sowjetunion (heute Amerika) lernen, heißt Siegen lernen!" Jugend sieht sich so in
ihrer inneren Immigration nur bestätigt. Psychischen Druck und wachsende
Unzufriedenheit kompensiert sie mit provokanter Ignoranz, schrillem
Hedonismus und individueller Gewalt. Und die Besten suchen immer öfter
ihren Weg außerhalb Japans ...

Was hat alldies mit interkulturellem Management von Humankapital zu
tun, wird sich der Leser fragen. Eine Antwort könnte sein: Nicht-Japaner neigen zum Zwecke der Komplexitätsreduzierung und eigenen psychischen
Balancierung in einem fremden Kommunikationskontext oftmals dazu, ano-
nyme Uniformität, Kollektivität und Kontinuität im Sinne von Seniorität als

zentrale Verhaltensmuster ihrer japanischen Mitmenschen anzunehmen. Indes ist dies nicht ausschließlich mit einer negativen Konnotation belegt. Im Gegenteil: Gerade sensiblere Zeitgenossen unter den ausländischen Managern wollen diese Verhaltensmuster auch positiv begreifen und als Voraussetzung ihrer Zielorientierung, Kooperationskoordination und Dialogangebote aufgreifen. Um so größer ist dann gerade bei diesen Managern die emotionale Enttäuschung, wenn sie – meist bei jüngeren Mitarbeitern – mit dem genauen Gegenteil der von ihnen wohlwollend unterstellten „guten alten japanischen Tugenden" konfrontiert sind.

Die Realität ist auch in Japan – insbesondere mit Blick auf die jüngeren Generationen – differenzierter geworden. In der Spanne extremster Verhaltensmuster von psychischem Absentismus und innerer Immigration, über mikropolitisch taktierenden Parasitismus bis hin zu agressivem Karrierismus ist inzwischen fast alles denkbare zu haben. Und die ältere Generation – vermeintlich im „guten" Alter allgemeiner Akzeptanz und „guter" Bezahlung angekommen – reagiert auf den steigenden Wandlungsdruck viel vehementer als früher mit Taktiken der Bestandssicherung. Der wirklich neuralgische Punkt dieser Konstellation ist indes ein anderer: Japans Bildungssystem und seine Unternehmensorganisationen beruhen sehr stark auf dem informal-interpersonellen Moral- und Wissenstransfer zwischen den Generationen, dem lernenden Tun der Jüngeren unter der Anleitung der erfahrenen Älteren. Und genau dieses Transferband ist zerschnitten!

8.4 Clash of Cultures oder:„Wer Großes will, muss zuerst das Kleine tun"

Eine Konsequenz der Analyse des sozialen Kontextes könnte sein, seine Perzeptionen im Bereich des Personalwesens und Personalmanagements in der Linie zu korrigieren. Und zwar dort, wo man bisher von der allgemeinen guten Qualität japanischen Humankapitals – einem guten Durchschnitt und geringer Standardabweichung – und der intergenerationalen Selbststeuerung ausgegangen ist. Anders gesagt: Das Personalwesen, die Qualität des Humankapitals und des interkulturellen Managements werden zur gefährlichen Achillesferse. Stellt sich die alte Frage: Was tun?

Die Implikationen für die Um-Gestaltung des Personalwesens und -managements in der Linie oder im operativen Bereich können hier nicht über die Feststellung hinaus verhandelt werden, dass das Siechtum und Kellerblüten-Dasein dieser Funktionen ein Ende haben muss und meist teure Outsourcing-Lösungen zwar kurzfristige Linderung bringen, aber nachhaltig nur wenig am Grunddefekt ändern. Für das hier und weiter interessierende Feld des interkulturellen Managements als einer besonderen Konstellation des

Personalmanagements kann zunächst behauptet werden: Sensibilität ist die Mutter des Erfolgs im interkulturellen Management. Doch: Sensibilität gegenüber wem oder was? Und: Sensibilität ist nicht zu verwechseln mit Richtungs- und Entscheidungslosigkeit! Denn: Nicht bewusstloser Opportunismus und verbale Kosmetik der gegenwärtigen Problemlage sind gefragt, sondern strategische Orientierung für einen sinnvollen, also begründeten Wandel. Wenn Strategie einerseits selbst nur das vorläufige Ergebnis eines Dialoges über Unsicherheiten und Handlungsoptionen, andererseits in ihrer Umsetzung ein reflexiver Suchprozess ist – oder besser: sein sollte – dann heißt interkulturelles Management, zuerst genau jenen strategischen Dialog über den Sinn bzw. Unsinn von Wandel zu organisieren und zu moderieren.

Wenn ein solcher Dialog wiederum revolvierender Austausch über unterschiedliche Sichten, Erfahrungen und Interessen mit dem Ziel sein soll, Neues zu synthetisieren und einen produktiven Konsens über gemeinsame Handlungsziele zu erarbeiten, müssen strukturelle wie mentale Voraussetzungen in ihrer jeweiligen Unterschiedlichkeit reflektiert sein, sprich: vorab in das Design und die Organisation des Dialoges eingehen. Andernfalls endet der Dialog, wo er begonnen hat: Entweder in der geheuchelten Harmonie eines faulen Kompromisses oder der kulturistisch begründeten Bekundung einer letztlich unvereinbaren Kluft zwischen den Fremden „da oben" – zwar hier und doch weit entfernt von der lokalen Realität – und den Lokalen „da unten" mitten im ach so komplizierten Tagesgeschäft des hier und heute.

Um ein Beispiel für die Gefahren falsch verstandener beziehungsweise falsch praktizierter Sensibilität zu geben: Sprache ist – wie bereits oben erwähnt – zentral, wenn es um Management, also die Interpretation, Legitimierung, Orientierung, Stimulierung und auch Sanktionierung von Verhalten im Spannungsfeld betrieblicher, sozialer und mikropolitischer Anforderungen geht. Sprache ist deshalb einerseits Waffe, je nach Gebrauch messerscharf oder stumpf. Sie ist indes selbst Schlachtfeld, auf dem Interessen artikuliert und durchgesetzt, Bedingungen für Verhalten ausgehandelt werden. Sprache, lediglich als kommunikativer Transmissionsriemen verstanden, verkehrt sich gerade für jene ausländischen Manager zu einem traumatischen Waterloo, die sich ob ihrer Kenntnisse der Landessprache eigentlich gewappnet, ja geradezu im Vorteil gegenüber „sprachlosen" Kollegen wähnten.

Als Vorgesetzter nicht verstanden worden zu sein oder: aus der Sicht der Unterstellten nicht verstanden zu haben, ist jedoch meist kein sprachliches Problem, sondern eine Frage des Willens und Wollens. Das gilt unter Japanern ebenso wie zwischen ausländischen Vorgesetzten und japanischen Unterstellten. Es geht letztlich um Interessen, Kompetenzen und Loyalitäten. Anders gesagt: Kommunikation in der Landessprache schafft aus sich heraus und allein keine mikropolitisch minenfreie Kooperationsbereitschaft unter den Beteiligten. Im Gegenteil: Sie wird zum (in völlig anderer Absicht) selbst angelegten Minenfeld für den ausländischen Manager, in dem sich letztlich die Muttersprachler als Interessenkonkurrenten besser, das heißt sicherer, schneller und geschützter zu bewegen wissen. Denn: Die Anwendung der Landessprache ersetzt nicht das dauerhafte Dekodieren von verschlüsselten Interessen, informellen Bündnissen und das tastende Evaluieren von Kompetenzen, mithin die entsprechende Selektion und Adaption eines adäquaten Führungsstils.

Was also tun? Sollen Kenntnisse der Landessprache nun deswegen nicht angewandt werden? Keineswegs! Denn der naheliegende Rückgriff auf eine dritte Sprache, also das Englische, macht aus Sprache keine waffen- und konfliktfreie Zone. Im Falle einer selten genug vorhandenen Option zwischen dritter Sprache oder Landessprache verspricht der Rückgriff auf das Englische eine taktisch kluge Lösung. Das ist aber nur eine vermeintliche Waffengleichheit und insofern eine andere, ebenso gefährliche Illusion, als die internen und externen Kommunikationsprozesse letztlich in der Landessprache erfolgen und lediglich an den interkulturellen Schnittstellen die dritte Sprache – mehr oder weniger absichtsvoll schlecht – praktiziert wird.

Die kritischen Zonen bleiben sprachlich abgeschirmt, das heißt ausländische Manager aus dem kritischen Prozess des Ver- und Aushandelns vor, während und nach informellen Entscheidungen ausgeschlossen. Und so ist es kein Zufall, dass oft dort, wo die Drittsprache derart unreflektiert, strategie- und alternativlos zur Anwendung kommt, rigider Autokratismus/Formalismus und/oder ein vom Kompetenzniveau der lokalen Mitarbeiter losgelöster und resultatsbezogener Delegationsstil durch das ausländische Management gepflegt wird.

Diesem bleiben aber die eigentlichen Entscheidungs- und Handlungsprozesse, mithin das größte Problem-, Lösungs- und Veränderungspotential verschlossen. Dass man als ausländischer Manager in einer solchen Lage und solange die Resultate stimmen konflikt- und stressfreier lebt, liegt auf der Hand. Und sollte sich einmal das schlechte Gewissen regen, hilft der selbstmitleidige Hinweis darauf, dass man als Nicht-Japaner die umschlungenen Wege traditionell-japanischer Entscheidungs- und Kompromissfindung in Gestalt des „Nemawashi" sowieso zu verstehen nicht imstande und deshalb besser beraten ist, sich jeder mikropolitischen Intervention zu enthalten. „Nemawashi" bedeutet „das vorsichtige Ausgraben von Wurzeln" und bezeichnet die informelle Kommunikation und Vorabfixierung von Entscheidungsalternativen durch persönliche Verhandlung der Involvierten im Vorfeld formaler Entscheidungszeremonien, die dann lediglich die Verantwortung und Veranwortlichkeiten kollektivieren.

Dieses System weckt übrigens nicht zufällig Erinnerungen an den staatssozialistischen Entscheidungsmodus des „demokratischen Zentralismus", weil es historisch im kollektiv legitimierten und sanktionierten Despotismus des auf dem Reisanbau basierenden Feudalismus wurzelt und seine Fortsetzung im Nachkriegskompromiss zwischen Kapital und Arbeit als Korporatismus fand.

Es stellt sich jedoch die übrigens vom lokalen Management oft informell und sarkastisch artikulierte Frage, wozu man dann überhaupt noch ein entsandtes Top- und Mittel-Management vor Ort braucht und es nicht besser, weil vor allem billiger, anstelle dessen lokale Manager in die volle Verantwortung für das lokale Geschäft zu nehmen. Entsandte Manager sind indes dort unabkömmlich und wichtig, wo sie als Promotoren eines strategischen Dialoges agieren, der auf ein produktives In-Frage-Stellen des Status Quo, auf nachhaltiges Lernen im Kollektiv und die Mobilisierung von innovativem Verhalten abzielt.

Indes: Auch ein solcher strategischer Dialog ist keineswegs interessen- und konfliktfrei, sondern ausgehandelte Intervention und umkämpfte Suche nach Innovation. Dass dabei der strategische Einsatz der Landessprache ebenso wie die eigene Kenntnis bzw. Sicht des lokalen Marktes und der lokalen Kunden ein wirksames Mittel sein kann, wird niemand in Abrede stellen (wollen).

Was bedeutet es nun im gegenwärtigen japanischen Kontext, die unterschiedlichen strukturellen und mentalen Voraussetzungen eines strategischen Dialoges sensibel zu reflektieren und sich entsprechend kultur-strategisch zu verhalten? Diese Voraussetzungen sind zunächst und natürlich nicht nur individuell, sondern beispielsweise nach Geschichte, Wirtschaftszweig, Marktposition und Größe der jeweiligen Organisation unterschiedlich. Andererseits lassen sich wiederum kontext-übergreifende Muster ausmachen und Polarisierungen von Grundkriterien für das Handeln in japanischen Organisation bestimmen. Die abgebildetr Übersicht ist ein Versuch, wichtige Kriterien und ihre extremen Ausprägungen abzubilden. Sie soll nicht mehr als eine Anregung zur sensiblen Reflexion von Denk- und Handlungsvoraussetzungen und zur methodisch konsistenten Gestaltung von interkulturellem Dialog sein.

Auch wenn es – leider – naheliegt: Das Modell beabsichtigt nicht, in den allzuoft mikropolitisch missbrauchten Jammer-Kanon kultureller Dichotomien einzustimmen.

Die Achsenbeschreibungen sind nicht als ewig unüberbrückbare Konfrontation von Orient und Okzident zu lesen. Der Sinn des Modells erschöpft sich folglich nicht darin, einzig das Ausmaß der Unterschiedlichkeiten, d. h. den Abstand zwischen Positionen auf den jeweiligen Achsen deutlich zu machen. Vielmehr ist die Wahrnehmung von Unterschiedlichkeit lediglich die Voraussetzung für das Verständnis der eigenen und nicht-eigenen, anderen Muster. Auf dieses Verständnis setzend, kann und soll versucht werden, in der

Organisation und Moderation des interkulturellen Dialoges Pfade für kleinere Zwischenschritte aufeinander anzulegen, im besten Falle synthetische Lösungen als schöpferische Hybridisierung unterschiedlicher Positionen zu ermöglichen.

Und letztlich gilt wohl auch für dieses Thema die schlichte japanische Weisheit: „Einmal sehen, erleben oder erleiden, ist besser als hundert Mal hören, gesagt oder erklärt bekommen" …

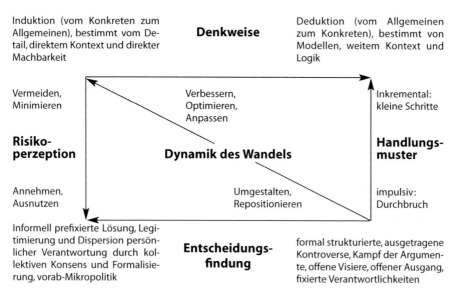

Abb. 1 Clash of Cultures oder die Reflexion eigener Muster

9 Relocation-Dienstleistungen steigern den Erfolg von Auslandsentsendungen

Corinne Walker

Durch die zunehmende Globalisierung der Wirtschaft ziehen immer mehr Mitarbeiter für ihre Firmen von einem Land in das andere. Häufig mit ihren Familien und bereits immer öfter in jüngeren Jahren mit ihren Kleinkindern oder schulpflichtigen Kindern. Der Arbeitnehmer ab dann „Expatriate" genannt und seine Familie werden nicht selten kurzfristig vor eine Art von „Abenteuer" gestellt, das es zu bewältigen gilt. Unweigerlich machen sich, mit der Situation konfrontiert, ganz natürlich eine gewisse Unsicherheit und Aufregung breit, mit denen richtig umgegangen werden muss, damit die Entsendung für alle Beteiligten nicht zu einem unerfreulichen und teuren Fehlschlag oder gar Fiasko wird.

Fragen, die man sich zu Hause nie gestellt hat, weil sie dort trivial sind, zeigen mit Blick auf das Gastland, neue Herausforderungen auf:
- Wie sieht es dort aus?
- Was für Unterkünfte gibt es dort?
- Hauskauf oder Mieten?
- Wie ist das Klima?
- Wie ist die politisch-gesellschaftliche Lage?
- Gibt es adäquate Schulen?
- Werden Schulleistungen in Deutschland bei Wiederkehr anerkannt?
- Ist eine ärztliche Versorgung sichergestellt?
- Wie funktioniert das Gesundheitssystem?
- Welche Formalitäten gilt es zu erfüllen?
- Wie kommt man mit der Sprache zurecht?
- Was muss man mitnehmen?
- Welche Dokumente werden benötigt?
- Was kann man von Deutschland aus erledigen?

Der Arbeitnehmer, der sich auf eine neue Aufgabe vorbereitet, wird zum überwiegenden Teil von der Heimatfirma aus in das Ausland geschickt. In eine Niederlassung oder Tochtergesellschaft mit Menschen, mit denen er meist zuvor beruflichen Kontakt hatte. Oftmals kennt er die neuen Örtlichkeiten durch Geschäftsreisen, teilweise auch die Namen der neuen Mitarbeiter und Kollegen. Er kann sich also bereits etwas unter der neuen Umgebung vorstellen.

Aber auch wenn diese Vertrautheit schon für eine gewisse „Beruhigung" sorgt, so reicht das für einen gelungenen Start in der Regel nicht aus.

Sieht man von einigen, wenigen Großunternehmen oder spezialisierten Firmen des Mittelstandes mit entsprechenden Organisationseinheiten und Know-How ab, so stehen dann eine Reihe Chefs ohne Rat vor ihren Mitarbeitern. In den Personalabteilungen sieht es häufig auch nicht viel besser aus, da die Kenntnis oder die Beschaffung von Informationen über Gegebenheiten und Besonderheiten in anderen Ländern nicht zu den Kernaufgaben gehört. Hinzu kommt, dass sie häufig auch nicht die persönlichen Bedürfnisse der umzusiedelnden Familien in ausreichendem Maße kennen oder berücksichtigen können, weil das Tagesgeschäft einfach keine Zeit dazu lässt.

9.1 Was ist Relocation-Service überhaupt?

In Deutschland noch wenig bekannt, sind die Dienste von Relocation-Firmen, die mit ihrem Service die Anfangsphase der zeitlich begrenzten Umsiedlung intensiv begleiten und dadurch im Stande sind, die Erfolgsaussichten für alle Beteiligte deutlich verbessern zu helfen.

Die Entlastung von diesen Aufgaben führt – was leicht nachzuvollziehen ist – zu einer schnelleren und besseren Einarbeitung am Zielort und zu einer Verringerung möglicher Probleme. Schwerpunkte des Angebotes sind deswegen typischerweise im Vorfeld eines Umzuges die Familienberatung und bei Ankunft die Orientierungshilfe am neuen Wohnort. Gerade in der Phase des Umzuges, ist der persönliche Kontakt vonnöten und der Betreuer vor Ort wird dann auch schon mal Organisator oder Vermittler.

Die Erfahrung zeigt, dass ca. 5 % aller Auslandtätigkeiten vorzeitig wegen Schwierigkeiten abgebrochen werden, von der Scheidungsrate ganz zu schweigen. Die Kosten, die den Firmen daraus entstehenden, stehen in keinem Verhältnis zu dem Aufwand für eine sorgfältige Betreuung / Vorbereitung.

Die Betreuung sieht in der Regel so aus, dass zunächst eine erste Kontaktaufnahme am Heimatort erfolgt, bei der es gilt:
- Mitarbeiter und Familie persönlich kennenzulernen.
- Den Lebensstandard einschätzen, um im Ausland gleich zielgerichtet Wohnmöglichkeiten in der richtigen Umgebung suchen zu können.
- Wichtig dabei ist aber auch ein Gespräch mit Kindern, um die schulischen Anforderungen kennenzulernen.

Dieses Informationsgespräch dauert mehrere Stunden und wird idealerweise beim Mitarbeiter zu Hause geführt.

9.2 Einblick durch Seminare

Im Heimatland bietet sich ein Seminar zur Umzugsvorbereitung an, dessen Ziel es ist, auf die speziellen Bedürfnisse und Fragen der Familie einzugehen und sie auf die neue Umgebung und die Unterschiede vorzubereiten.

Denn: Obwohl fast jeder persönlich zufrieden und glücklich ist mit dem Land und der ethnischen Gruppe, in die er hineingeboren wurde, und obwohl fast jeder der Meinung ist, die eigenen Wertvorstellungen sind für einen persönlich die besten Ziele und Wege, muss trotz all dieser Erkenntnis realisiert werden, dass andere Menschen über ihre eigene Kultur genauso denken und auf ihre Wertvorstellungen genau so stolz sind. Für sie ist ihre Kultur die Beste!

Dies bedeutet:
Keine Kultur ist besser als die andere: nur anders!
Informationen über soziale Integration, kulturelle Unterschiede und örtliche Schulsysteme können eine Umzugsentscheidung wesentlich erleichtern und den Umzug selbst sowie die Integration am neuen Wohnort vereinfachen.

Daher dient ein Seminar – neben der Beantwortung unzähliger praktischer Fragen – maßgeblich auch der kulturellen Sensibilisierung, um kulturelle Unterschiede besser wahrnehmen und damit umgehen zu können.

Typische Themen von Seminaren sind:
- Umzug; Überbrückung der Zeit, bis der Container kommt
- Soziale Integration
- Daily Living
  - Häuser / Apartements
  - Schulsystem
  - Banken und Geld
- Gesundheitswesen
- Verkehr
- Einkaufen
- Freizeitangebot
- Cross Cultural Analyse
- Management/ Kommunikation

Derartige Vorbereitungsseminare dauern durchschnittlich zwei Tage. Dabei muss jedes Seminar auf die speziellen Wünsche und Bedürfnisse hin ausgerichtet werden, sei es für eine einzelne Familie oder eine Gruppe von Mitarbeitern.

Normalerweise ermöglicht der Arbeitgeber seinem Mitarbeiter, mit Ehepartner und eventuell Kindern, eine „Schnuppertour" in das Land der Entsendung zu unternehmen. Diese Schnuppertage sind wichtig, um eine möglichst positive Entscheidung zu treffen und die größten Probleme und Zweifel vor Ort zu klären.

Das dauert normalerweise ca. drei bis fünf Wochentage.

Ziel des Aufenthaltes ist es, alle wichtigen Entscheidungen vorab zu treffen:

● Bejaht man tatsächlich den Auslandsaufenthalt oder befolgt man nur den Wunsch den Vorgesetzten?
● Klärung der Schulfrage
● Auswahl eines geeigneten Hauses
● Eröffnung eines Bankkontos
● Orientierung im neuen Umfeld
● ggf. Vorauswahl eines KFZ

Es können auch nach Absprache auf Grund des Anforderungsprofils Termine bei den entsprechenden Schulen vereinbart und eine Vorauswahl an geeigneten Miet- oder Kaufobjekten in der in Frage kommenden Gegend getroffen werden.

Bei der Betreuung der Familie bei Ankunft in Gastland und während der ersten Wochen in der neuen Umgebung sollten in jedem Falle dann folgende Starthilfen geleistet werden:

● Behördengänge
● Einführung ins Gesundheitswesen
● Starthilfe mit dem Schulprogramm
● Einkaufsmöglichkeiten
● Soziales Leben
● Verkehrsregeln
● Geldverkehr

Die Familienberatung und der Relocation-Service beinhalten

● Generelle Informationen über den neuen Wohnort und die Umgebung
● Wissenswertes über Schulen
● Begleitung bei der Hausbesichtigung
● Hilfe bei der Erledigung der Bankangelegenheiten
● Erklärung gesetzlicher Bestimmungen
● Informationen über Freizeitaktivitäten
● Möglichkeiten der medizinischen Versorgung und vieles mehr …

Wie lange es dauert, eine Familie im Gastland zu integrieren, hängt von den Gegebenheiten ab, der persönlichen Einstellung und der Bereitschaft, sich auf neue Situationen einzustellen.

Eine kleine Relocation Firma hat unbestritten den Vorteil, dass der Kunde nicht selber um Hilfe fragen muss, es wird bei ihm angerufen!

Junge Personalchefs stehen dem Service erfahrungsgemäß offener gegenüber, weil sie weniger Bedenken haben, vermeintlicherweise, Kompetenz zu verlieren. Sie sehen eher die Notwendigkeit und die Chance, gewisse Tätigkeiten fachlich optimal betreut delegiert zu sehen.

Ein guter Relocation-Berater kann durchaus als eine Art von „Puffer" dienen und bisweilen auch als Vermittler zwischen Firma und Klienten dienen, der alle Informationen absolut vertraulich behandelt. Dies erfordert auch Fingerspitzengefühl, denn wenn Missverständnisse abzusehen sind, heißt es, zusätzliche Hilfe anzuregen, sei es auch nur durch die Organisation zusätzlicher Sprachstunden.

9.3 Seminare in allen Schattierungen!

Es ist heute in Deutschland selbstverständlich, dass bei einem Aufenthalt in Japan oder China umfangreiche und aufwendige Seminare angeboten werden. Aber, beispielsweise für europäische Länder oder Nordamerika, wird einfach davon ausgegangen, dass es unnötig ist, Mitarbeiter und deren Familien auf einen Auslandsaufenthalt vorzubereiten, weil alles „irgendwie doch ähnlich" zu sein scheint.

Nicht selten wird auch erst dann Hilfe in Anspruch genommen, wenn der genervte deutsche Personalchef feststellen muss, dass der entsandte Arbeitnehmer kurz davor ist, das Handtuch zu werfen oder nicht die Leistung erbringt, die man von ihm gewohnt war und die erwartet wurde. Und, wenn eine massive Krise vor der Tür steht.

Woran liegt es, dass Einiges nicht so funktioniert, wie erwartet? Wurde vielleicht doch der falsche Mann entsandt? Warum werden vorgesehene Auftragsabschlüsse nicht erbracht? Warum wird das geplante Soll nicht erfüllt?

Wie wir alle wissen, bilden große Firmen eigene Abteilungen, die das Zusammenarbeiten vorbereiten, die Arbeitnehmer schulen sollen und irgendwann die Integration für abgeschlossen erklären. Nur, wie sieht es hinter der Fassade aus? Wie klappt die Zusammenarbeit der verschiedenen Abteilungen, in Deutschland und in Amerika?

Und nicht jede mittelständische Firma kann sich diesen Aufwand leisten.

Auf Grund von detaillierten Vorgesprächen und Fragebögen lässt sich der Bedarf, die Problematik ermitteln. Jedes Seminar ist somit auf den Klienten und die Bedürfnisse maßgeschneidert.

Sei es ein Vorbereitungsseminar für die ganze Familie, für einzelne Mitarbeiter, die mit speziellen Aufgaben entsandt werden oder Mitarbeitern, die täglich mit Amerikanern arbeiten und durch die Sensibilisierung eine effektivere Kommunikation erreicht wird.

Große Erfolge verzeichnen wir auch mit Seminaren in Amerika, bei denen Amerikaner und Deutsche an einem Tisch sitzen und durch Interkulturelles Training neue Wege der Kommunikation lernen.

Durch ganz spezielles Wissen beider Seiten, Kenntnisse der Gegebenheiten, der Örtlichkeiten und eigene Erfahrungen lassen sich erlebte Erfahrungen weiter vermitteln.

Dabei wird darauf geachtet, dass die Beraterinnen vor Ort Frauen mit Niveau sind, Frauen mit Auslandserfahrung, Frauen, die nicht mitleidig lächeln, weil eine Amerikanerin in Deutschland unbedingt Peanut Butter benötigt oder eine Deutsche in Michigan vor Heimweh weint und Hunger nach Leberwurst hat ...

10 Auslandsaufenthalt: auch Familiensache!

Sibylle Schillinger

„Die mitfolgende Familie ist der Schlüssel zu einem erfolgreichen Auslands-einsatz."

Diese Aussage von Anders Hovemyr (SAS Intercultural Training) sollte eigentlich als große Überschrift stehen, wenn sich für Mitarbeiter von international arbeitenden Firmen und Konzernen die Frage nach einer Auslandsentsendung stellt. Ein sorgfältiges Sammeln, ehrliches Abwägen und Auflisten von Punkten für und wider ein vorraussichtlich mehrjähriges Leben im Ausland, ist ein unabdingbares Muss für eine Beschlussfindung, die die ganze Familie mittragen kann. Denn gerade die „mitausreisende Familie" – in den meisten Fällen die Frau und die Kinder – ist es, die mit den neuen, ungewohnten Alltagsverhältnissen und -bedingungen am unmittelbarsten konfrontiert wird.

Der entsandte Mitarbeiter selbst beginnt sein „Leben in der neuen Welt" in relativ vorgegebenen Bahnen: er geht täglich in sein Büro, kennt seine neuen Mitarbeiter oft schon von früheren Besuchen vor Ort, hat eine definierte Arbeitsaufgabe und findet meist ein Umfeld vor, das ihn bei der Bewältigung seiner Aufgaben unterstützt. Er arbeitet in einem Bereich, der ihm auf Grund seiner vorhergehenden Tätigkeit zumeist nicht ganz unbekannt ist. Ganz anders stellt sich die Situation für die Familie dar. Um sich für das Abenteuer, die Herausforderung eines Alltags im Ausland zu entscheiden, muss sich vor allem die mitreisende Partnerin über viele Punkte klar werden, die unter Umständen auch auf ihr „Leben danach", das heißt nach der Rückkehr in heimische Gefilde, Auswirkungen haben werden.

So stellt sich meist die Frage: „Bin ich bereit, meinen Beruf aufzugeben?" In den seltensten Fällen hat nämlich die Partnerin die Möglichkeit, eigene berufliche Pläne weiter zu verfolgen – sei es wegen fehlender Arbeitserlaubnis, Mangel an entsprechenden Stellenangeboten, Sprachproblemen und Vieles mehr. Sie wird – zumindest in den ersten Monaten nach dem Umzug – auch gar keine Zeit, Kraft und Energie für die Realisierung einer eigenen Berufstätigkeit übrighaben. Ihre Aufgabe wird es in erster Linie sein, die Familie im neuen Land zu verankern, den Alltag in Gang zu bringen. Ein neues soziales Netzwerk muss geknüpft und die Kinder bei der Integration in Schule und Kindergarten unterstützt werden.

Durch diese Konzentrierung auf die „familiären Alltäglichkeiten" gewinnt sie erfahrungsgemäß jedoch einen riesigen Vorsprung gegenüber dem berufsstätigen Partner. Sie lernt ihre neue Umgebung, die Menschen und ihre Lebensgewohnheiten, auch die Eigenheit und Andersartigkeit des Gastlandes viel schneller kennen. Sie schafft die Grundlage für die Familie, sich schneller in die neue Lebenssituation einzufinden und sich wohlzufühlen. Auch der am Abend von der Arbeit heimkommende Partner braucht meist noch einen verständnisvollen Zuhörer.

Wie also gleichzeitig in einer Familie eine zweite Karriere aufbauen, sich im neuen Land zurechtfinden und für die Familie dasein können? Es müssen (zwangsläufig) eigene Interessen für eine geraume Zeit eben zurückgestellt und Prioritäten gesetzt werden.

Bedacht werden muss jedoch auch die Möglichkeit für einen eventuell beabsichtigten beruflichen Wiedereinstieg nach längerer „Auslandspause", sowohl unter wirtschaftlichen als auch psychischen Aspekten. Wie sieht es zum Beispiel mit der eigenen finanziellen Absicherung, den bereits erworbenen Renten- und Versicherungsansprüchen aus? Wie kann man später mit der Tatsache umgehen, für die Karriere des Partners die eigene berufliche Entwicklung unterbrochen oder sogar aufgegeben zu haben? Ist man überhaupt fähig und auch bereit, sich auf neue Situationen einzustellen und die mannigfaltigen Herausforderungen anzunehmen? Die Beantwortung dieser Frage hängt natürlich sehr stark vom geplanten Zielland ab: führt die Auslandsversetzung zum Beispiel in ein benachbartes europäisches Land, scheinen die Unterschiede zum Gewohnten in den meisten Lebensbereichen nicht zu groß zu sein – aber Achtung: sie sind dennoch da und nicht zu unterschätzen!

Liegt der zukünftige Lebensort aber in einem „Exotenland", bedeutet dies automatisch eine größere Herausforderung: Kultur und Mentalität im Gastland sind völlig neu, andersartig. Ganz wichtig: bin ich offen dafür? Kann ich mich zum Beispiel mit der sozialen Situation vor Ort, etwa in Dritte-Welt-Ländern, dem Gesundheitswesen arrangieren? Wie sieht es mit der Sicherheit und der Bewegungsfreiheit für die ganze Familie aus? Wie können wir mit Sprachschwierigkeiten umgehen, welche Lebensqualität können wir uns im Ganzen gesehen schaffen? Viele dieser und mit Sicherheit noch weiterer auftauchenden Fragen können im Vorfeld nicht erschöpfend und klar beantwortet werden. Jetzt heißt es, Informationen sammeln, lesen und lernen!

Sehr sorgfältig sollten die Bedingungen für die mitreisenden Kinder betrachtet werden. Jüngere Kinder haben erfahrungsgemäß weniger Probleme mit Veränderungen. Sie fühlen sich entsprechend der Grundeinstellung, die ihre direkten Bezugspersonen ausstrahlen. Den „großen Umzug" empfinden sie wie jeden anderen Wohnortswechsel. Für Schulkinder ist die Belastung deutlich größer. Neben aller Freude und Neugierde auf das „Abenteuer" erleben sie auch Unsicherheit vor dem Unbekannten, den Trennungsschmerz. Sie müssen Freunde, ihr gewohntes Schulumfeld zurücklassen und reagieren darauf auf die unterschiedlichste Weise. Es ist daher äußerst wichtig, dass die Eltern in der Startphase besonders hellhörig und sensibel die Signale ihrer Kinder auffangen. Eltern müssen sich sehr viel Zeit für sie nehmen, um bei der Verarbeitung der neuen Eindrücke sowie bei auftretenden Problemen hilfreich zur Seite stehen. Neben der psychischen Belastung der Kinder spielt auch die Schulsituation vor Ort eine bedeutende Rolle: können die Kinder angemessen „beschult" werden? Ist danach eine Wiedereingliederung ins heimische Schulsystem überhaupt noch möglich? Können international gültige Schulabschlüsse abgelegt werden und gibt es eventuell Möglichkeiten für eine ergänzende schulische Ausbildung? Diese Fragen können erschöpfend vor der endgültigen Entscheidung beantwortet werden.

Bei all diesen kritischen Überlegungen darf man nicht vergessen, in die „dafür Spalte" der Liste einen gewichtigen Punkt einzutragen: jeder, der sich mit Offenheit, einer guten Portion Neugierde und der Bereitschaft, Neues zu lernen sowie mit einem Quäntchen Flexibilität der Herausforderung des Auslandslebens stellt, erfährt durch das Meistern der Situation einen Gewinn. Eine persönliche Bereicherung! Im Endeffekt profitiert meist die ganze Familie trotz aller sich immer wieder in den Weg stellenden Schwierigkeiten.

Ist die „heiße Phase" der Beschlussfindung beendet und hat sich die Familie für eine Auslandsentsendung entschieden, dann beginnt die Planung. Für eine optimale Vorbereitung auf den Auslandaufenthalt ermöglichen heute viele Firmen ihren Mitarbeitern, mit dem Partner (und am besten auch mit den Kindern) eine kurze Erkundungsreise in das künftige Gastland. Dieser sogenannte Schnupperaufenthalt ist sehr wichtig. Man startet leichter ins Ungewisse, wenn man den Bestimmungsort vorher zumindest gesehen hat; man kann sich eine grobe Vorstellung machen, wo man landen wird. Viele noch offene Punkte können ebenfalls vor Ort besser geklärt werden.

So ist es zum Beispiel sinnvoll, möglichst bald die in Frage kommenden Schulen zu besuchen, sich über ihr Unterrichtsangebot informieren zu lassen und zu vergleichen. Ist eine deutsche Auslandsschule, eine Begegnungsschule oder eine Schule mit verstärktem Deutschangebot vorhanden, empfiehlt es sich auf jeden Fall, diese zuerst zu kontaktieren. Eine Rückgliederung ins deutsche Schulsystem wird dadurch viel einfacher. Bei den deutschen Botschaften/Konsulaten, dem Auswärtigen Amt in Berlin oder der Zentralstelle für das deutsche Auslandsschulwesen in Köln, ist ein weltweites Verzeichnis dieser Schulen zu erhalten.

Der nächste Schritt wird die Suche nach geeignetem Wohnraum sein. Gibt es am neuen Wohnort Relocation-Firmen, sollte der Arbeitgeber ein entsprechendes Unternehmen beauftragen. Diese Dienstleister arbeiten in der Regel mit gut informierten Maklern zusammen. Sie übernehmen gleichzeitig die Betreuung der Neuankömmlinge und geben Hilfestellung in vielen Bereichen des neuen Alltags.

Die meisten Unternehmen haben erkannt, dass der Arbeitserfolg des Mitarbeiters maßgeblich von der Lebenssituation der Familie abhängt: fühlt sie sich wohl, wird der Mitarbeiter nicht zu sehr durch familiäre Probleme beansprucht und kann sich seinen Aufgaben mit vollem Engagement widmen. Deshalb werden heute im Rahmen der Umsiedelung nach der ersten Schnuppertour „Intercultural Trainings" für die ganze Familie angeboten. Diese Gelegenheit sollte man in jedem Falle nutzen! Das Informations- und Lernprogramm reicht dabei von der Geographie des Landes bis hin zu gesellschaftlichen Verhaltensregeln und den Tischsitten!

Noch ein kleiner Tipp zur Vorbereitung auf eine fremde Sprache: meist bleibt vor der Ausreise nicht genügend Zeit für intensiven Sprachunterricht. Das ist aber kein Drama. Oft genügen ein paar Stunden, um sich einige grundlegende Begriffe anzueignen. Hilfreich dabei sind Reisesprachführer. Weitere Kenntnisse eignen sie sich vor Ort an; es ist sehr viel einfacher als vermutet, eine Sprache organisch zu lernen. Das heißt, dort, wo sie gesprochen wird und man mit und in ihr lebt.

Nachdem nun auch der Umzug überstanden ist, von Profis organisiert und durchgeführt, Kisten und Kasten noch im Wege stehen, wird es Zeit, den „neuen Boden unter die Füße zu kriegen". Aber bitte: ganz in Ruhe! Die ersten Wochen, manchmal auch Monate, laufen so gut wie nie problemlos ab. Die vielen neuen Eindrücke, Anforderungen, die auf alle einstürmen, gilt es zu sortieren und einzuordnen. Dabei wird es ganz unwichtig, ob alle Tassen schon nach zwei Tagen am richtigen Platz im richtigen Schrank stehen, oder erst nach vier Wochen.

Unternehmen sie so viel wie möglich mit der ganzen Familie. Widmen sie besonders den Kindern sehr viel Zeit und Aufmerksamkeit. Es hilft ihnen, ganz besonders in der Startphase, sich sicher und im neuen Zuhause rascher wohlzufühlen und es stärkt den wichtigen Familienzusammenhalt in der Fremde. Erste Bekanntschaften werden häufig über die Arbeitsbeziehungen des Mannes geschlossen. Für Familien mit größeren Kindern erweist sich jedoch die Schule als eine wahre Kontaktbörse. Laden Sie Klassenkameraden zu sich nach Hause ein, machen sie sich mit anderen Eltern bekannt. Besuche bei „Expats", die schon länger hier leben, bringen wertvolle Tipps für den Alltag: wo kann ich was am besten einkaufen? Wo finde ich eine zuverlässige Autowerkstatt, die gute Reinigung, den qualifizierten Handwerker und so weiter? Gibt es kompetente Ärzte, mit denen man sich verständigen kann? Häufig sind bei den Botschaften oder Konsulaten entsprechende Listen erhältlich. Es ist ratsam, sich bald nach der Ankunft dort zu melden; in gewissen Situationen wie einem Unfall, einer politischen Krise oder Ähnlichem ist es sehr wichtig, dass Ihre Anwesenheit im Land dort bekannt ist. Weitere „Türöffner" für soziale Kontakte sind auch lokale Vereine für Sport, Musik und andere Interessen oder Hobbies. Auskünfte darüber erhält man in der Regel bei den Kommunalverwaltungen oder über Relocater. In internationalen Clubs trifft man viele interessante Menschen, mit denen man von Anfang an eines gemeinsam hat: die meisten sind „auch Ausländer", Ausländer verschiedenster Herkunft. Hier kennt man ihre Probleme als Neuankömmling, versteht aus eigener Erfahrung Ihre Sorgen und Nöte. Nicht selten gibt es auch deutschsprachige Kirchengemeinden, wo man für vielseitige Belange meist ein offenes Ohr finden wird.

Wenn man die sich bietenden Möglichkeiten zur Integration ergreift, dem Neuen positiv, offen und tolerant entgegentritt, sind die Weichen für einen erfolgreichen Auslandsaufenthalt gestellt!

11 Risikomanagement bei der interkulturellen Zusammenarbeit

Ursula Brinkmann und Oscar von Weerdenburg

Es ist einer der Alpträume des international operierenden Personalmanagers. Eine kompetente Mitarbeiterin wird für zwei Jahre ins Ausland geschickt und die Sache geht schief. Projekte werden nicht ins Rollen gebracht, Termine nicht mehr eingehalten, erste Anzeichen von Unzufriedenheit seitens der dortigen Abteilung mehren sich und wachsen sich aus zu massiven Beschwerden. Noch vor Ende des 1. Jahres wird die Mitarbeiterin zurückgeholt. Die ist einigermaßen frustriert und im Selbstbild angeknackst und erzählt allen, die es hören wollen, dass man mit „den Leuten dort" unmöglich zusammenarbeiten kann, dass mit „denen" einfach nichts anzufangen ist. Nicht nur muss man jetzt die Wogen mit der dortigen Abteilung wieder glätten – es findet sich auch niemand mehr, der noch überhaupt Lust hat, es selbst in dem Land zu versuchen.

11.1 Was ist passiert, und wie kann man das vermeiden?

Wieder einmal ist jemand vorwiegend aufgrund fachlicher Kompetenz für den Auslandseinsatz ausgewählt worden (dass dies meist der Fall ist bestätigen Erhebungen von u. a. Baliga und Baxter, 1985; Brewster, 1991; Harvey, 1985; Mendenhall, Dunbar und Oddou, 1987; Tung, 1981). Viele Kandidaten und Kandidatinnen, die sich der Sache hätten annehmen können, gab es ohnehin nicht, also musste man der Mitarbeiterin mit entsprechenden Zuschüssen, Boni und Karrieremöglichkeiten die Sache schmackhaft machen. Als Vorbereitung gab es einen Informationsnachmittag über das Land und seine Leute, bei dem der Lebenspartner mit dabei sein durfte, und das war's dann.

Für die Mitarbeiterin stellte sich schon bald der Stress ein, den ein Umzug in ein Land mit fremder Sprache, Infrastruktur, Regeln und Gewohnheiten mit sich bringt – ein Stress, der die ganze Familie traf und dadurch noch extra verstärkt wurde. Die Zusammenarbeit vor Ort erwies sich als unerwartet schwierig, und obwohl die Kollegen und Kolleginnen anfangs sehr freundlich und kooperativ schienen, reagierten sie auf einige Entscheidungen nicht gerade positiv und verhielten sich oft auf eine Weise, die unverständlich blieb. Irgendwann hat die Mitarbeiterin dann wohl dicht gemacht und entschieden, dass, wenn es nicht ihre Schuld sein kann, es die der anderen sein muss. Ab hier entstand ein Teufelskreis aus negativen Reaktionen aufeinander, bei dem bestehende Meinungen nur weiter verfestigt wurden und konstruktives Problemlösen immer schwieriger, bis man schließlich einen Punkt erreichte, an dem es nicht mehr weiter ging.

Dies ist ein fiktiver Fall, aber die Fakten sprechen dafür, dass er nicht aus der Luft gegriffen ist. Laut Deller (2000, S. 18ff.) schwanken die Zahlen über vorzeitige Rückkehr zwischen 15 % und 85 %, je nach Herkunfts- und Gastland. Hält man sich allein die materiellen Kosten vor Augen, die mit einem Auslandseinsatz verbunden sind (die das 2- bis 3-fache des Jahresgehalts der Entsandten erreichen können, vgl. Black & Gregersen, 1999), und nimmt noch hinzu, welche Kosten eine vorzeitige Rückkehr mit sich bringt (die auf das drei- bis vierfache des Jahresgehalts geschätzt werden; vgl. u. a. Miller, 1989; Zeira und Banam, 1985), dann kann man jeder Firma nur wünschen, dass sie alles tut und tun kann, um die Risiken des Auslandsaufenthaltes durch entsprechende Auswahl und Begleitung zu reduzieren.

Wie komplex diese Aufgabe ist, zeigt schon Tung (1981), die die Auswahlkriterien von 80 US-amerikanischen Firmen analysierte. Sie teilte diese Kriterien in vier Kategorien ein, die sie allesamt für wichtig hält:
1. Fachkenntnisse,
2. persönliche Merkmale und Beziehungsfähigkeit,
3. Umfeld: Regierung, Gewerkschaften, Wettbewerber, Kunden,
4. Familiensituation und Stabilität der Beziehung.

In diesem Kapitel konzentrieren wir uns auf den 2. Faktor, also auf Maßnahmen, die bei der einzelnen Person ansetzen. Wir werden neuere Befunde und Instrumente vorstellen, die Ihnen bei der Auswahl und Begleitung helfen können. Uns geht es dabei nicht nur um die eigentlichen „Expats", sondern allgemeiner um Personen, die längerfristig mit Menschen aus anderen Kulturen zusammenarbeiten. Lassen Sie uns jedoch erst umreissen, was bei der Zusammenarbeit erreicht werden soll.

11.2 Zielsetzungen interkultureller Zusammenarbeit

Kealey und Ruben (1983) unterscheiden drei Aspekte multikultureller Effektivität: Leistungsfähigkeit, Anpassungsfähigkeit und interkulturelle Interaktionen. Anpassungsfähigkeit bezieht sich auf die Möglichkeit der betroffenen Personen, ein gewisses Maß an Wohlbefinden, an Zufriedenheit mit sich selbst und der Umgebung in der fremden Kultur zu erreichen, sowie auf die

Möglichkeit, eine Balance zurück zu gewinnen, die im allgemeinen zunächst durch Kulturschock und vergleichbare Reaktionen verstört wird. Diesen Anforderungen gerecht zu werden, ist für Expats sicher schwieriger als für Personen, die nur für kurze Zeit im Ausland sind bzw. von ihrem Heimatstandort aus mit Leuten aus anderen Kulturen zusammen arbeiten. Interkulturelle Interaktionen wird definiert als Interesse an und Fähigkeit zum Umgang mit Menschen aus anderen Kulturen. Im Folgenden werden wir unter Auslandserfolg bzw. Multikultureller Effektivität diese drei Aspekte verstehen.

11.3 Welche Faktoren tragen zum Erfolg interkultureller Zusammenarbeit bei?

Seit mehr als 40 Jahren versucht man, diese Frage zu beantworten (siehe u. a. Lundstedt, 1963, und Oberg, 1960; ausführliche Überblicke über bisherige Arbeiten geben Hannigan, 1990, und Deller, 2000). Angesichts dieses Zeitraums ist die Erkenntnislage betrüblich. Zwar gibt es viele Studien zum Thema, doch ihre methodische Grundlage geht meist über Spekulationen, Anekdoten und Interviews mit Expats nicht hinaus. Zu diesem Schluss kommen auch Deller (2000) und van Oudenhoven und van der Zee (2000), auf deren Arbeiten wir noch eingehen werden.

Es gibt folglich kein theoretisch hergeleitetes und empirisch überprüftes Modell, das die Einstellungen, Eigenschaften und Kompetenzen erfasst, die zu multikultureller Effektivität führen. Irgendwo muss man aber anfangen, um diese Faktoren zu bestimmen. Mit den Arbeiten, die wir vorstellen, wollen wir zum einen auf verschiedene Aspekte individueller Voraussetzungen eingehen und zum andern Ergebnisse diskutieren, die wir wichtig und teils auch überraschend finden.

11.3.1 Das Intercultural Development Inventory: Entwicklungsstufen interkultureller Sensibilität

Das Intercultural Development Inventory (IDI; Hammer & M.J. Bennett, 1998) ist ein Fragebogen, der Anhaltspunkte darüber gibt, welche Einstellung jemand kulturellen Unterschieden gegenüber hat. Die Autoren gingen von der Theorie M.J. Bennetts (1993) aus, dass Menschen, die mit kulturellen Unterschieden konfrontiert werden, in ihren Einstellungen eine charakteristische Entwicklung durchlaufen, bei der man zwei Stufen mit jeweils drei Phasen unterscheiden kann:

Ethnozentrische Einstellung

1 Leugnung: Völlige Unkenntnis bzw. Ignorieren kultureller Unterschiede

2 Abwehr: Wahrnehmung und ablehnende Haltung gegenüber Unterschieden, „Wir/Die"-Denken, Aufrechterhaltung von Vorurteilen

3 Minimierung: Wahrnehmung von und Toleranz gegenüber Unterschieden, solange diese das eigene Weltbild nicht in Gefahr bringen.

Ethnorelative Einstellung

4 Akzeptanz: Anerkennung der Möglichkeit anderer Weltbilder, Neugier auf kulturelle Unterschiede

5 Kognitive Adaptation: Eine Haltung, die dazu führt, dass Situationen und Handlungen aus einem alternativen Bezugsrahmen heraus beurteilt werden.

6 Verhaltensadaptation: Situationsgerechte Anpassung des Verhaltens je nach gewähltem kulturellen Bezugsrahmen.

Das IDI besteht aus jeweils zehn Aussagen pro Phase. Auf einer Sieben-Punkte-Skala gibt man an, ob man einer Aussage zustimmt, sie ablehnt oder ihr gegenüber neutral ist; der Gesamtwert zeigt, wie relevant die Phase für die jeweilige Person ist. Im Idealfall sollte die höchste Punktzahl die Phase angeben, in der die Person sich gerade befindet, aber man kann besser das gesamte Profil berücksichtigen. So erhält z. B. kaum jemand die meisten Punkte in der Abwehr-Phase. Dazu müsste man zehn Aussagen vom Kaliber „In general, other cultures are inferior to my culture" aus vollem Herzen zustimmen, und das ist den meisten denn doch peinlich. Neigt man aber zu Abwehr, so wird man die Aussagen nur mild ablehnen oder „neutral" ankreuzen, und somit einen relativ hohen Punktwert erreichen (circa 25).

Über zwei Jahre hinweg hat die Erstautorin das IDI an 424 Teilnehmer (139 Frauen und 285 Männer) unserer Seminare und Veranstaltungen ausgeteilt. Die zusätzlich gemachten biografischen Angaben gaben uns Aufschluss darüber, welche Faktoren mit der Entwicklung interkultureller Sensibilität zusammen hängen (Brinkmann & van der Zee, 1999). Wie schon bei Hammer und Bennett (1998) zeigte sich kein Einfluss des Ausbildungsniveaus. Das Alter beeinflusste lediglich die Werte in der 1. Phase (Leugnung): Ältere Teilnehmer tendierten zu höheren Werten als Jüngere.

Drei Faktoren ergaben jedoch signifikante Korrelationen: Geschlecht, Herkunftsland und die Dauer internationaler Erfahrung. Die Frauen aus unserer Stichprobe neigten weniger zu Leugnung und Ablehnung als die Männer. Der Faktor Herkunftsland korrelierte mit mehreren IDI-Werten. So hatten die deutschen Teilnehmer und Teilnehmerinnen höhere Werte in Minimierung als die niederländischen, französischen, britischen und multikulturellen Gruppen. Man kann dies vorsichtig so interpretieren, dass Deutsche sich – verglichen mit den anderen Gruppen – kultureller Unterschiede zwar bewusst sind und diese auch tolerieren wollen; dass sie sich die Besonderheit ihrer eigenen Kultur aber nicht ausreichend vergegenwärtigen und die für ihre Kultur spezifischen Normen und Werte eher auf andere Kulturen übertragen als die Vergleichsgruppen. Beim interkulturellen Training für deutsche Zielgruppen sollte man demnach besonderen Wert darauf legen, dass Einsicht in die eigene kulturelle Besonderheit vermittelt und Wahrnehmungsgenauigkeit geschult werden (zu Implikationen der Entwicklungsphasen fürs Training vgl. Bennett, 1993, und J. M. Bennett & M. J. Bennett, 1998). Am besten schnitten Personen mit multikulturellem Hintergrund ab: Sie hatten vergleichsweise höhere Werte in der 5. und 6. Phase. Das überrascht nicht, zeigt aber, dass es sich für internationale Unternehmen lohnen kann, schon bei der Einstellung einen multikulturellen Hintergrund zu honorieren.

Als dritter Faktor erwies sich das Ausmaß internationaler Erfahrung: Leute mit mehr Erfahrung neigten weniger dazu, Unterschiede zu leugnen und zu minimieren (Phase 1 – 3); auch waren sie eher bereit, Unterschiede zu akzeptieren und sich ihnen im Denken und Verhalten anzupassen (Phasen 4 – 6). Schön, dass man mit zunehmender Erfahrung interkulturell sensibler wird. Leider blieb die Abwehrhaltung (Phase 2) unbeeinflusst von der im Ausland verbrachten Zeit. Erfahrung allein hilft offenbar nicht, defensive Einstellungen abzubauen. Dieser Befund impliziert, dass man dieser Einstellung bei jeglicher Auswahl und Vorbereitung auf interkulturelle Zusammenarbeit besondere Aufmerksamkeit widmen sollte.

Zur Erklärung bieten sich zwei Möglichkeiten an. Wie erwähnt zeichnen sich Abwehrmechanismen durch ein Wir/Die-Denken und Vorurteile aus. Die Forschung zu Stereotypen und Vorurteilsbildung zeigt, dass es sehr schwer ist, einmal gefasste Einstellungen zu Gruppen aufgrund neuer Erfahrungen zu verändern (vgl. Macrae, Stangor und Hewstone, 1996). Man kann sich die Wirklichkeit eben immer so zurecht legen, dass man die bereits gefassten Meinungen bestätigt findet. Unsere Ergebnisse könnten also die bekannte Trägheit und Schlampigkeit unseres alltäglichen Räsonnierens nur noch einmal bestätigen.

Es ist aber auch möglich, dass Abwehrmechanismen, anders als von Bennett (1993) und Hammer und Bennett (1998) postuliert, keine Entwicklungsphase reflektieren sondern vielmehr relativ stabile Aspekte der Persönlichkeit. In der Persönlichkeitsforschung werden Abwehrmechanismen mit Neurotizismus bzw. Emotionaler Stabilität in Zusammenhang gebracht (Karen van Zee, persönliche Kommunikation, Juli 2001). Man nimmt an, dass Abwehrmechanismen emotional weniger stabilen Personen helfen, potentiell bedrohliche Beobachtungen nicht zuzulassen. Sollte sich diese Vermutung bestätigen, hieße das, dass man in der Auswahl und Begleitung darauf achten sollte, wie emotional stabil ein Kandidat oder eine Kandidatin ist, um eventuell entsprechende Vorsorgemaßnahmen zu treffen. Dieser Frage werden wir in einer für den Herbst 2001 geplanten Untersuchung nachgehen.

In den folgenden zwei Beiträgen wurden die beiden Faktoren mit erhoben und mit Anpassung bzw. Leistung im Ausland korreliert. Sollte die Abwehrhaltung weniger mit Entwicklung als mit diesen Eigenschaften zu tun haben, dann ist es besonders wichtig zu wissen, ob Leistung and Anpassung von diesen Faktoren beeinflusst werden.

11.3.2 Vorhersagekraft allgemeiner Persönlichkeitsskalen: Die Arbeit von Deller (2000)

Selbst- und Fremdeinschätzung der Leistung im Ausland haben u. U. nur wenig miteinander zu tun. Das ist einer von Dellers (2000) Befunden. Deller verwendete eine Reihe allgemeiner, d. h., nicht speziell für den Auslandseinsatz entwickelter Persönlichkeitsskalen, deren Ergebnisse er u. a. mit Selbst- und Fremdeinschätzungen von Anpassung und Leistung im Ausland korrelierte. Tabelle 1 gibt einen Überblick über die erhobenen Persönlichkeitsfaktoren und die zu ihrer Messung verwendeten Skalen (zu nähere Angaben zu den Tests siehe Deller, 2000.)

Diese Faktoren werden in der Literatur am häufigsten mit interkultureller Effektivität in Verbindung gebracht (vgl. z. B. Arthur & Bennett, 1995; Cui & Awa, 1992, und Cui & van den Berg, 1991). Wie erwähnt lässt die empirische Grundlage dieser Literatur noch zu wünschen übrig; aber irgendwo muss man ja anfangen. Kulturelle Empathie wird ebenfalls häufig genannt, wurde von Deller aber nicht erhoben, weil noch keine etablierten Skalen zur Verfügung standen. Im nächsten Abschnitt werden wir einen Test kennenlernen, der auch diesen Faktor erhebt.

Versuchspersonen waren 83 deutschsprachige Vertragsangestellten, die in der Republik Südkorea arbeiteten. Die meisten dieser Angestellten machten auch Angaben zu eigener Leistung und Anpassung. (Die Stichprobengröße variiert je nach erhobenem Faktor; vgl. Deller, 2000). Ein Teil der Stichprobe (22) wurde darüber hinaus von ihren deutschsprachigen Vorgesetzten beurteilt. (Die unterschiedlichen Zahlen zeigen, wie schwierig es ist, im „Feld" repräsentative Gruppen zusammen zu stellen. Für mehr Information hierzu siehe Deller, 2000).

Tabelle 1 Persönlichkeitsfaktoren und Skalen bei Deller (vgl. Deller, 2000, S. 129)

Persönlich-keitsfaktoren (Prädiktoren)	Erläuterungen	Verwendete Skalen
Extraversion	Relevant für das Funktionieren von Gruppen; beinhaltet Aspekte wie umgänglich, gesellig, positiv, gesprächig, aktiv. Evenfalls relevant für Gruppen.	NEO-Fünf-Faktoren-Inventar („Big 5")
Verträglich-keit	Beinhaltet Aspekte wie höflich, vertrauenswürdig, gutmütig, kooperativ.	
Gewissen-haftigkeit	Beinhaltet Aspekte wie fleißig, leistungsorientiert, ausdauernd, vorsichtig, gründlich, planvoll.	
Neurotizis-mus	Belastbarkeit unter Stress. Beinhaltet Aspekte wie ängstlich, niedergeschlagen, verlegen, besorgt, unsicher.	
Offenheit	Gilt man als kompetent offen gegenüber Neuem? Beinhaltet Aspekte wie einfallsreich, gebildet, weitherzig, wissbegierig, schöpferisch.	
Selbst-bejahung	Hat man eine gute Meinung von sich selbst, findet man sich begabt, persönlich anziehend und wertvoll?	Deutscher CPI
Dominanz	Sieht man sich als zuversichtlich, durchsetzungsstark, dominierend und aufgab enorientiert?	
Flexibilität	Sucht man die Abwechslung, ist man schnell gelangweilt durch Routine, evtl. schnell ungeduldig oder sogar unzuverlässig?	
Toleranz	Toleranz gegenüber abweichenden Meinungen und Werten.	
Leistungs-orientierung	Erfasst Aspekte wie Erfolgsstreben, ehrgeizig-konkurrierend, berufliches Engagement, geistige Beweglichkeit, wenig Langeweile, Apathie, Desinteresse.	Freiburger Persönlich-keits-inventar-R
Ambiguitäts-toleranz	Fähigkeit, mehrdeutige Situationen zu ertragen, sie nicht als bedrohlich und verunsichernd zu erleben; wenig Neigung zu schwarz-weiß, entweder-oder Denken.	AT-14
Intelligenz		APM Set 1

Welche Eigenschaften erhöhen die Chancen auf Anpassung und Leistung in einem Land wie der Republik Südkorea?

Zwei Eigenschaften sind gleich aus dem Rennen: Dominanz und – überraschenderweise – Toleranz korrelierten weder mit der selbsteingeschätzten Anpassung und Leistung noch mit der jeweiligen Fremdeinschätzung.

Die Sicht der Vorgesetzten

Die Intelligenz der Angestellten war der einzige Faktor, der mit der Leistung aus Sicht der Vorgesetzten korrelierte. Die intelligenteren Angestellten wurden außerdem auch als besser angepasst beurteilt. Weitere Eigenschaften, die mit besserer Anpassung korrelierten, waren Verträglichkeit und emotionale Stabilität. Interessanterweise wurden Angestellte mit stärkerer Selbstbejahung als schlechter angepasst beurteilt als diejenigen mit schwächerer Selbstbejahung. Dies kann vor allem mit der Kultur Koreas zusammen hängen, deren hohe Machtsdistanz (Hofstede, 1980) und Kollektivismus (Hofstede, 1980; Trompenaars, 1993) einer positiven Beurteilung von Selbstbejahung im Wege stehen können.

Die Sicht der Angestellten

Hier ergab sich ein anderes Bild. Zum einen spielte Intelligenz keine Rolle bei der eigenen Leistungseinschätzung: Intelligentere Angestellte beurteilten ihre eigene Leistung nicht besser als die weniger Intelligenten. Andere Faktoren scheinen hier wichtig zu sein: Die extravertierten, gewissenhaften und emotional stabileren Angestellten schätzten ihre Leistung höher ein als die introvertierten, weniger gewissenhaften und emotional instabileren Schicksalsgenossen. Wiederum ist emotionale Stabilität ein Faktor, der mit multikultureller Effektivität zusammenhängt.

Wie sieht es mit der selbsteingeschätzten Anpassung aus? Hilfreich erscheinen Intelligenz, Leistungsorientierung und wiederum Extraversion, Gewissenhaftigkeit und emotionale Stabilität. Zwei Zusammenhänge sind überraschend und widersprechen dem, was allgemein in der Literatur angenommen wird: Flexibilität und Ambiguitätstoleranz korrelierten beide negativ mit der selbsteingeschätzten Anpassung. Die Ergebnisse bzgl. der Ambiguitätstoleranz sind laut Deller (2000, S. 154) mehrdeutig. Die weniger ambiguitätstoleranten Angestellten könnten stärker versucht haben, mehrdeutige Situationen zu klären und damit auch erfolgreich gewesen sein. Oder sie haben mögliche Doppeldeutigkeiten in Situationen gar nicht erst wahrgenommen und erlebten sich daher subjektiv als gut angepasst.

Zusammenfassung und Ausblick

Ernüchtert stellen wir fest, dass es keine Überlappung zwischen Selbst- und Fremdeinschätzung der Leistung gab. Offenbar verwendeten die Angestellten andere Kriterien als ihre Vorgesetzten. Interessant wäre es zu wissen, wie wohl sich die Vorgesetzten selbst in Korea fühlten und ob dies ihr Urteil beeinflusste. Persönlichkeitsfaktoren scheinen Anpassung besser als Leistung vorherzusagen. Eigenschaften, die der sogenannte gesunde Menschenverstand wie auch die bisherige Literatur als wichtig für multikulturelle Effektivität erachten, spielten in einer Kultur wie der Koreanischen keine oder eine negative Rolle: Offenheit, Toleranz, Selbstbejahung, Dominanz, Flexibilität und Ambiguitätstoleranz. Gern wüssten wir schon heute mehr über deren Rolle in anderen Gastländern und Regionen. Wichtigster Faktor bislang scheint die emotionale Stabilität zu sein.

11.3.3 Das Multicultural Personality Questionnaire (MPQ)

Das MPQ ist ein speziell für den Auslandseinsatz entwickelter Fragebogen, der innerhalb von 15 bis 20 Minuten ausgefüllt werden kann. Die Antworten auf die 78 Items erlauben Aussagen über 5 Persönlichkeitsfaktoren, die wiederholt in der Literatur als wichtig für Leistung, Anpassung und soziale Interaktion beim Auslandsaufenthalt genannt werden:

● kulturelle Empathie,
● Aufgeschlossenheit (Openmindedness),
● Flexibilität,
● Emotionale Stabilität,
● soziale Initiative.

In mehreren Arbeiten haben die Autoren die Reliabilität und Konstruktvalidität des MPQ untersucht und den Fragebogen wo nötig weiterentwickelt (van der Zee & van Oudenhoven, 2000). In einer neueren Untersuchung gingen sie der Frage nach, ob der MPQ nicht nur misst, was er zu messen vorgibt, sondern auch tatsächlich Vorhersagen über Erfolg im Ausland macht.

An der Untersuchung beteiligten sich zunächst 180 Studenten und Studentinnen zweier internationaler Business Schools in den Niederlanden und in Frankreich, von denen 106 bis zum Ende der Untersuchung dabei blieben; 65 dieser 106 Studenten kamen aus dem Ausland. Durch den Vergleich beider Gruppen wollten die Autoren herausfinden, ob die MPQ-Faktoren lediglich allgemeine Anpassungsleistungen beim Studienanfang vorhersagen würden oder aber ob sie spezifischere Vorhersagen über die besonderen Anpassungsleistungen bei einem Auslandsaufenthalt erlaubten.

Drei Kriterien multikultureller Effektivität wurden definiert, in Anlehnung an die bisherige Diskussion in der Literatur: Anpassung, Studienleistung und soziale Interaktion. Die Erhebungen fanden zu drei Zeitpunkten statt: zu Beginn des Studiums sowie sechs und zwölf Monate später. Je nach Zeitpunkt wurden unterschiedliche Erhebungsinstrumente eingesetzt. Tabelle 2 gibt eine Übersicht:

Tabelle 2 Übersicht über die verwendeten Skalen zu den 3 Zeitpunkten der van Oudenhoven & van der Zee (2000) Studie.

Beginn des Studiums	6 Monate später	12 Monate später
Prädiktoren Multicultural Personality Questionnaire Selbstwirksamkeitsskala (Schwarzer, 1993)		
Kriterien für multikulturelle Effektivität		
Allgemeines Wohlbefinden (Anpassung): a) Subjektives Wohlbefinden b) Körperliche Gesundheit c) Mentale Gesundheit Verwendete Skalen: a): Satisfaction With Life Scale (b-c): Teile der RAND Health Survey Scale (RAND Health Sciences Program, 1992)	**Allgemeines Wohlbefinden** Soziale Interaktion: a) Negative soz. Erfahrungen b) Unterstützung von Mitstudenten Skalen aus der SSL-Interaction (van Sonderen, 1993)	**Studienleistung** 4 Kategorien je nach Studienerfolg

Mit dem Fragebogen zur Selbstwirksamkeit (self-efficacy) wurde untersucht, ob der MPQ die drei Erfolgskriterien besser als dieser vorhersagen würde. Mehrere Untersuchungen haben gezeigt, dass ein starker Glauben an die eigene Selbstwirksamkeit hilft, neue und stressvolle Situationen zu bewältigen (siehe etwa Ferris et al., 1996, und Fan & Mak, 1998, sowie insbesondere Harrison, Chadwick & Scales, 1996). Selbstwirksamkeit bezieht sich auf den Glauben, dass man eine Aufgabe erfolgreich bewältigen kann (Bandura, 1997), eine Überzeugung, die sich positiv auf den Umgang mit neuen Aufgaben auswirkt: So werden diese eher als Herausforderung denn als Bedrohung empfunden, man konzentriert sich auf den Erfolg statt sich Sorgen zu machen und reagiert auf Hindernisse und Fehler mit verstärkter Anstrengung statt mit Versagensängsten. In der gegenwärtigen Untersuchung galt es also herauszufinden, ob die Eigenschaften, die der MPQ erhebt, bessere und spezifischere Aussagen ermöglichen als das Konzept der Selbstwirksamkeit allein.

Ergebnisse

Vorhersage der Leistung. Wie schon bei Deller zeigte sich, dass Persönlichkeitseigenschaften die Leistung der Teilnehmer und Teilnehmerinnen nicht wesentlich vorhersagen konnten. Lediglich bei den einheimischen Studenten und Studentinnen zeigte sich ein Zusammenhang: Die emotional weniger Stabilen unter ihnen hatten die besseren Studienergebnisse. Emotional wenig stabile Personen neigen dazu, sich Sorgen zu machen, was in diesem Fall wahrscheinlich zu größeren Anstrengungen führte, die sich letztlich bezahlt machten (van Oudenhoven & van der Zee, 2000, S. 17).

Vorhersage der Anpassung. Mehrere Aspekte der Anpassung konnten erfolgreich von den MPQ-Skalen vorhergesagt werden. Zu Beginn des Studiums zeigte sich ein Zusammenhang zwischen den Aspekten körperliche Gesundheit und subjektives Wohlbefinden und der MPQ-Skala für Aufgeschlossenheit. Beide Korrelationen ließen sich jedoch auch durch das Konzept der Selbstwirksamkeit erklären. Selbstwirksamkeit korrelierte ebenfalls mit psychologischer Gesundheit. Hier jedoch konnte die MPQ-Skala der emotionalen Stabilität die Werte besser vorhersagen als Selbstwirksamkeit allein.

Interessant ist natürlich die Frage, wie gut der MPQ die Anpassung nach einem halben Jahr vorhersagen kann. Wie erwartet konnte der MPQ die Anpassung der ausländischen Studenten besser vorhersagen als die der einheimischen Studenten (lediglich körperliche Gesundheit wurde bei Letzteren besser durch MPQ-Skalen vorhergesagt). Der MPQ erlaubt folglich in der Tat Vorhersagen darüber, wie schwer es einer Person fallen wird, sich an die spezifische Situation eines Auslandsaufenthaltes anzupassen, und bezieht sich nicht auf allgemeine Anpassungsleistungen.

Neben der emotionalen Stabilität stellten sich zu diesem 2. Zeitpunkt auch weitere MPQ-Skalen als relevant heraus. So zeigte sich ein deutlicher Zusammenhang zwischen kultureller Empathie und der körperlichen Gesundheit der ausländischen Studenten; Flexibilität und soziale Initiative korrelierten signifikant mit mentaler Gesundheit, und soziale Initiative beeinflusste das subjektive Gefühl des Wohlbefindens. Auch die Selbstwirksamkeit zeigte sich wieder als wichtiger Faktor, der alle drei Aspekte der Anpassung mitvorhersagte. Wiederum zeigte sich jedoch der Mehrwert der MPQ-Skalen: Emotionale Stabilität ermöglichte bessere Vorhersagen über mentale Gesundheit, und soziale Initiative bessere Vorhersagen zum subjektivem Wohlbefinden als Selbstwirksamkeit allein.

Vorhersage der Sozialen Interaktion. Erneut korrelierte Selbstwirksamkeit mit dem Kriterium: Ein starkes Gefühl der eigenen Wirksamkeit erhöht die Chancen auf (wahrgenommene) Unterstützung von Kommilitonen und vermindert das Risiko (wahrgenommener) negativer Erfahrungen. Genauere und differenziertere Aussagen erlauben wiederum zwei Skalen des MPQ: Soziale Initiative verbessert die Chancen auf Unterstützung, und emotionale Stabilität vermindert das Risiko negativer sozialer Erfahrungen.

Zusammenfassung. Wie schon bei Deller konnten die erhobenen Persönlichkeitsfaktoren kaum die Leistung der Teilnehmer und Teilnehmerinnen vorhersagen. Ein klarer Zusammenhang zeigte sich jedoch bei den anderen beiden Erfolgskriterien, Anpassung und soziale Interaktion. Ein starker Glaube an die eigene Wirksamkeit wirkt sich positiv aus; der MPQ kann jedoch in vielerlei Hinsicht genauere Aussagen über den Zusammenhang zwischen Persönlichskeitsfaktoren und Erfolg machen. Vor allem emotionale Stabilität erwies sich als vorhersagekräftig und erscheint besonders zu Beginn eines Auslandsstudiums wichtig; andere Faktoren, hier vor allem soziale Initiative, zeigen erst nach sechs Monaten ihre Wirkung.

11.4 Fazit

Emotionale Stabilität trägt deutlich zu einem Gefühl des Wohlbefindens und der Anpassung im Ausland bei. Folglich sollte man ihr besondere Aufmerksamkeit widmen. Emotional weniger stabile Personen benötigen mehr Unterstützung vor, während und nach einem Auslandsaufenthalt als emotional stabilere Personen. Dies kann durch logistische Unterstützung seitens des Unternehmens und durch bessere Unterstützung seitens der lokalen Vorgesetzten erfolgen (wenn die Entsandten bereit sind, das Thema zur Sprache zu bringen). Auch kann man neben spezifisch interkulturellem Training Stressmanagement-Programme anbieten, die den Entsandten helfen, den außergewöhnlichen Anforderungen von Umzug und Arbeit in einem anderen Land die Stirn zu bieten.

Aufgrund unserer Befunde zur Entwicklung interkultureller Sensibilität fragten wir uns, ob die postulierte Abwehr-Phase nicht besser durch stabile Persönlichkeitsfaktoren zu erklären sei. Abwehrmechanismen werden häufig mit Neurotizismus und emotionaler Instabilität in Verbindung gebracht. Sollten emotional weniger stabile Personen tatsächlich mehr zu Abwehrmechanismen gegenüber anderen Kulturen neigen als die emotional Stabileren unter uns, dann könnten sie durch bessere Begleitung adäquatere kognitive Strategien im Umgang mit anderen Kulturen entwickeln, wodurch sich ihr subjektives Wohlbefinden verbessern könnte. Andersherum könnte eine bessere Begleitung und effektiver Umgang mit Stress diesen Personen helfen, von vorneherein weniger Abwehrmechanismen einzusetzen und andere kulturelle Gruppen differenzierter und adäquater wahrzunehmen. Wir finden diese postulierten Zusammenhänge äußerst interessant und werden denn auch mit unserem nächsten Forschungsprojekt mit ihrer empirischen Überprüfung einen Anfang machen.

Auch das Konzept der Selbstwirksamkeit hat sich als nützlich erwiesen. Ist dieses Konzept verwandt mit den von Deller erhobenen Aspekten der Dominanz und Selbstbejahung? Sollte dies der Fall sein, dann würden seine Ergebnisse bedeuten, dass ein starker Glaube an die eigene Selbstwirksamkeit nur in manchen Gastländern von Vorteil ist. Selbstwirksamkeit, Selbstbejahung und Dominanz sind Eigenschaften, die in individualistischen Kulturen positiv bewertet werden, in kollektivischen Kulturen aber u.U. negativ (Kim et al., 1994). Langweilig wird das Thema multikulturelle Effektivität vorerst nicht.

Das MPQ ist ein vielversprechendes Instrument, das wichtige Aspekte mit geringem Zeitaufwand abdeckt. Seine Skalen erlauben genauere Aussagen als das bereits bestehende Konzept der Selbstwirksamkeit, und es ist zu hoffen, dass schon bald weitere Forschungen mit anderen Herkunfts- und Gastlandkombinationen erfolgen.

Die Ergebnisse zur sozialen Initiative bzw. Extraversion sind interessant im Zusammenhang mit den unterschiedlichen Anforderungen, die Tätigkeiten im Ausland beinhalten können. Tung (1981) stellt ein Flussdiagramm vor, um Entscheidungen für oder gegen einen Auslandseinsatz und für spezifische Trainingsmaßnahmen transparent zu machen. Einer ihrer Knotenpunkte ist das Ausmaß der sozialen Interaktion vor Ort. Bei einem hohen Grad der Interaktion ist fachliche Kompetenz allein nicht ausreichend. Erforderlich sind zumindest verstärkte Trainingsmaßnahmen. Hier kann das IDI und die mit ihm verbundene Entwicklungsperspektive helfen, den Lernbedarf genauer zu bestimmen. Ein hoher Grad der erwarteten Interaktion kann laut Tung u.U. sogar eine Entscheidung gegen einen Kandidaten bzw. eine Kandidatin begründen. Die Arbeiten von Deller und van Oudenhoven/van der Zee helfen, diese Entscheidung auf eine fundiertere Basis zu stellen.

Literatur

Arthur, W. & W. Bennett. 1995. The international assignee: The relative importance of factors perceived to contribute to success. Personnel Psychology, 48, 99-114.

Baliga, C. & J. Baxter. 1985. Multinational corporate policies for expatriate managers: Selection, training, evaluation. SAM Advanced Management Journal, 50, 31-38.

Bandura, A. 1997. Self-efficacy: The exercise of control. New York: Freeman.

Bennett, M.J. 1993. Towards ethnorelativism: A developmental model of intercultural sensitivity. In R.M. Paige (Hrsg.), Education for the intercultural experience (2nd edition). Yarmouth, ME: Intercultural Press.

Bennett, J.M. & M.J. Bennett. 1998. Manual for the Intercultural Development Inventory Training Seminar. Intercultural Communication Institute, May 18-19, 1998., Portland, Oregon.

Brinkmann, U. & O. van Weerdenburg. 1999. The Intercultural Development Inventory: A new tool for improving intercultural training? Triest, Italien: Sietar Europe Conference Proceedings.

Brinkmann, U. & K. van der Zee. 1999. Benchmarking intercultural training: Is experience its biggest competitor? Language and Intercultural Training, 17, 9-11.

Black, J.S. & H.B. Gregersen. 1999. The right way to manage expats. Harvard Business Review, 2, 52-61.

Brewster, C. 1991. The management of expatriates. London: Kogan Page.

Cui, G. & N.E. Awa. 1992. Measuring intercultural effectiveness: An integrative approach. International Journal of Intercultural Relations, 16, 311-328.

Cui, G. & S. van den Berg. 1991. Testing the construct validity of intercultural effectiveness. International Journal of Intercultural Relations, 15, 227-241.

Deller, J. 2000. Interkulturelle Eignungsdiagnostik. Zur Verwendbarkeit von Persönlichkeitsskalen. Waldsteinberg, Deutschland: Heidrun Popp.

Fan, C. & A.S. Mak. 1998. Measuring self-efficacy in a culturally diverse student population. Social Behavior and Personality, 26, 131-144.

Ferris, G.R., D.D. Frink, M.C. Galang, J. Zhou, K.M. Kacmar & J.L. Howard. 1996. Perceptions of organizational politics: Prediction, stress-related implications, and outcomes. Human Relations, 49, 233-266.

Hammer, M.R. 1998. A measure of intercultural sensitivity: The intercultural development inventory. In S.M. Fowler & M.G. Mumford (Hrsg.), The Intercultural Sourcebook: Crosscultural training methods, Vol. 2. Yarmouth, ME: Intercultural Press.

Hammer, M.R. & M.J. Bennett. 1998. The Intercultural Development Inventory Manual. Intercultural Development Inventory Qualifying Seminar May, 15-17, 1998, Portland, Oregon.

Harrison, J.K., M. Chadwick & M. Scales. 1996. The relationship between cross-cultural adjustment and the personality variables of self-efficacy and self-monitoring. International Journal of Intercultural Relations, 20, pp. 167.

Hannigan, T.P. 1990. Traits, attitudes, and skills that are related to intercultural effectiveness and their implications for cross-cultural training: A review of the literature. International Journal of Intercultural Relations, 14, pp. 89.

Harvey, M.G. 1985. The executive family: An overlooked variable in international assignments. Columbia Journal of World Business, 20, 84-93.

Hofstede, G. 1980. Culture's Consequence. Beverly Hills, CA: Sage. (2. Ausgabe 2001).

Harvey, M.G. 1983. The multinational corporation's expatriate problem: An application of Murphy's Law. Business Horizons, 26, 71-78.

Kealey, D.J, & B.D. Ruben. 1983. Cross-cultural personnel selection: Criteria, issues and methods. In D. Landis & R. Brislin (Hrsg.), Handbook of intercultural training, Vol. 1 (pp. 155-175). New York: Pergamon.

Kim, U., H.C. Triandis, Ç. Kâ<eth>itçiba 1994. Individualism and collectivism. Theory, method, and applications. London: Sage.

Lundstedt, S. 1963. An introduction to some evolving problems in cross-cultural research. Journal of Social Issues, 19, 1-9.

Macrae, C.N., C. Stangor & M. Hewstone. 1996. Stereotypes and stereotyping. New York: Guilford Press.

Anmerkungen

1 Die hier vorgestellten Untersuchungen bieten ebenfalls noch kein vollständiges Anforderungsmodell. Deshalb wollen wir auf die Modelle von Arthur & Bennett (1995) bzw. Cui und Awa (1992) und Cui und van den Berg (1991) verweisen. Beide sind sehr ausführlich und systematisieren mittels Faktoranalyse die erhobenen Informationen zu den Anforderungen beim Auslandseinsatz. Damit helfen sie, den Blickwinkel nicht vorschnell einzuengen und die Komplexität der zu erforschenden Situation im Auge zu behalten.

2 Unsere Übersicht ist nicht vollständig. Unbesprochen bleibt z. B. das Overseas Assignment Inventory (OAI), das ursprünglich für die Auswahl von Peace Corps Mitarbeitern entwickelt wurde, mittlerweile aber vor allem im kommerziellen Bereich eingesetzt wird. Leider gibt es u. W. kaum allgemein zugängliche Publikationen zum OAI, die einen Vergleich

mit anderen Instrumenten erlauben würden, weshalb wir es hier auch nicht näher besprechen (für eine ausführlichere Diskussion verweisen wir auf Deller, 2000).

3 Das schönste Beispiel für Leugnung fanden wir in einem amerikanischen SF Film der 50-er Jahre. Ein Marsmensch ist in Washington gelandet und die ganze Stadt in heller Aufregung. Bei einer Unterhaltung fragt sich eine Frau, wie es wohl ist, um als Marsmensch in Washington herumzulaufen „This must all be so strange for him." Woraufhin eine andere Frau ausruft: „What nonsense. There is nothing strange about Washington!"

4 Unsere Daten zeigen, dass soziale Erwünschtheit (SE) die Antworten beim IDI beeinflusst; siehe hierzu Brinkmann & van der Zee, 1999, und Brinkmann und van Weerdenburg, 1999. M. J. Bennett (persönliche Mitteilung, Sietar Europa Kongress 2000) und Michael Paige (Email vom 28. Juni 2001) sind jedoch aufgrund ihrer Tests zu der Schlussfolgerung gekommen, dass SE keine Rolle spielt. Die unterschiedlichen Befunde hierzu lassen sich durch unterschiedliche Testmethoden erklären. Es ist sehr schwer, Items in Selbsteinschätzungsfragebögen so zu formulieren, dass sie durch SE nicht beeinflusst werden; man kann aber durch eine entsprechende Normierung der Daten diesem Faktor Rechnung tragen.

V. Recht und Gesellschaft

1 Mega-Trends des Deutschen Arbeitsrechts

Klaus Armbrüster

1.1 Arbeitsrechtlich vorgegebene Strukturen

Der *Gesetzgeber* setzt im Arbeitsrecht trotz großer Regelungsdichte nur Rahmenbedingungen. Mit dem am 1. Januar 1900 im damaligen Deutschen Reich in Kraft getretenen Bürgerlichen Gesetzbuch (BGB) regelte der Gesetzgeber innerhalb des Vertragsrechts den Dienstvertrag und den Werkvertrag. Beide haben zum Inhalt den Verkauf menschlicher Arbeitskraft. Im Laufe der Zeit erließ der Gesetzgeber eine Vielzahl von Gesetzen und Verordnungen, die arbeitsrechtliche Bestimmungen enthalten. Im Gegensatz aber zum Recht des Bürgerlichen Gesetzbuches oder des Handelsrechts hat der Gesetzgeber es bisher an einer zusammenfassenden Kodifikation fehlen lassen, so dass man im Bereich des Arbeitsrechts eine gesetzliche Rechtszersplitterung wie auf kaum einem anderen Rechtsgebiet vorfindet. Nahezu jeder arbeitsrechtliche Regelungsinhalt ist in einem eigenen Gesetz untergebracht bzw. jede einzelne schutzwürdige Arbeitnehmergruppe wurde mit Schutzbestimmungen in einem eigenen Gesetz versehen.

Als wichtigste arbeitsrechtliche Gesetze sollen erwähnt werden: Kündigungsschutzgesetz, Entgeltfortzahlungsgesetz, Bundesurlaubsgesetz, Mutterschutzgesetz, Jugendarbeitsschutzgesetz, Schwerbehindertengesetz, Arbeitnehmer-Überlassungsgesetz, Berufsbildungsgesetz usw.

Dennoch bleibt das Schwergewicht der materiellen Arbeitsbedingungen *Tarifverträgen* vorbehalten. Sie sind tarifpolitische Kompromisse, basierend auf den drei Grundelementen der Tarifpolitik: Ordnung, Bewegung und Frieden.

Die verfassungsrechtlich in Art. 9 Abs. 3 Grundgesetz (GG) verankerte Tarifautonomie hat die Aufgabe, durch sachnahe Gewerkschaften und Arbeitgeberverbände zu einer sinnvollen Ordnung und Befriedung des Arbeitslebens beizutragen. Das Tarifrecht stellt hierbei eine feste Konstante der Rahmenbedingungen dar.

Das Betriebsverfassungsgesetz (BetrVG) grenzt die Zuständigkeiten der Tarifpartner und der Betriebspartner gegeneinander ab. Nach dem *Tarifvorrang* des Betriebsverfassungsgesetzes, (§ 77 Abs. 3, § 87 Abs. 1 Einleitungssatz BetrVG), ist eine *Betriebsvereinbarung* unzulässig, soweit ein im Betrieb geltender Tarifvertrag den in einer Betriebsvereinbarung zu regelnden Gegenstand bereits erfasst hat, wobei die Sperrwirkung des Tarifvertrags auf nachwirkende und tariflich übliche Regelungen erweitert wird. Dem Tarifvorrang unterstellt man ein einheitliches, legislatives Ordnungskonzept. Der in § 77 Abs. 3 und § 87 Abs. 1 Einleitungssatz BetrVG enthaltene Gedanke schützt zwar nicht die Institutionen der Sozialpartner, hat aber das Ziel, die Regelung einer Arbeitsbedingung erübrige sich dann, wenn diese durch andere Normen, Gesetz oder Tarifvertrag, bereits vorgenommen wurde. Im Rahmen einer vertikalen Konkurrenz zwischen Tarifvertrag und Betriebsvereinbarung bleibt den Betriebspartnern ein beschränkter Regelungsspielraum. Rechtliche Gestaltungsfaktoren sind hierbei die Mitbestimmungsfelder des Betriebsverfassungsgesetzes und tarifliche Öffnungklauseln (§ 77 Abs. 3 Satz 2 BetrVG).

Individual-Arbeitsrecht

Regelt die Beziehungen zwischen
Arbeitgeber und dem einzelnem
Arbeitnehmer

Kollektives Arbeitsrecht

Regelt die Beziehungen zwischen
Betriebsrat und Arbeitgeber
sowie zwischen Gewerkschaften

§ 611 BGB

Gesetzliche Begrenzungen
der Arbeitsvertragsfreiheit, z. B.

Kündigungsschutzgesetz
Arbeitszeitgesetz
Bundesurlaubsgesetz
Berufsbildungsgesetz
Jugendarbeitsschutzgesetz
Mutterschutzgesetz
Bundeserziehungsgeldgesetz
Schwerbehindertengesetz
Entgeltfortzahlungsgesetz

Tarifvertragsgesetz

Betriebsverfassungsgesetz

Sprecherausschussgesetz

Abb. 1 Struktur des deutschen Arbeitsrechts

Von den Rechtsnormen eines Tarifvertrags abweichende Abmachungen sind außer aufgrund von Tariföffnungsklauseln nur dann zulässig, soweit sie eine Änderung der Regelungen zu Gunsten des Arbeitnehmers enthalten (§ 77 Abs. 3 Tarifvertragsgesetz (TVG). Dieses *Günstigkeits*prinzip sichert den Arbeitsvertragsparteien eine Vorrangkompetenz. Die Festsstellung, ob eine günstigere Regelung vorliegt oder nicht, verlangt eine Bewertung. Die Rechtsprechung hat einige Grundsätze hierzu entwickelt, die sich jedoch nicht auf ein einziges Rechtsprinzip zurückführen lassen, wobei allerdings dem einzelnen betroffenen Arbeitnehmer aus seiner Sichtweise eine subjektiv eigene Beurteilung versagt wird. Der Günstigkeitsvergleich wird zum Teil mit dem Interesse der Tarifvertragsparteien, zum Teil mit dem Schutz des Arbeitnehmers vor unüberlegter Selbstüberschätzung, zum Teil mit dem Allgemeininteresse begründet. Für die Bewertung kommen vielfach auch noch Zweckmäßigkeitsgesichtspunkte hinzu.

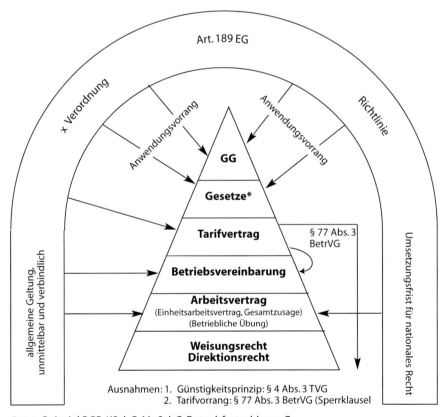

* zum Beispiel BGB, KSchG, MuSchG, EntgeltfortzahlungsG

Abb. 2 Einflüsse auf das Arbeitsrecht

Im *Arbeitsvertrag* wird nur die Arbeitsverpflichtung des Arbeitnehmers festgelegt. Die Einzelheiten der zu erbringenden Arbeitsleistungen bleiben eher ungeregelt. Diese werden durch das dem Arbeitgeber zustehende *Weisungsrecht* (Direktionsrecht) nach Art, Ort und Zeit der Arbeitsleistung bestimmt, sofern nicht eine Bestimmung durch die anderen arbeitsrechtlichen Gestaltungsfaktoren, wie Gesetz, Tarifvertrag oder Betriebsvereinbarung, bereits vorgenommen wurde. Das Weisungsrecht ist zugleich Abgrenzungskriterium für andere Vertragstypen, die auch die Erbringung menschlicher Arbeitsleistung zum Inhalt haben, z. B. Dienstverträge, die keine Arbeitsverträge sind, oder Werkverträge, die an einen bestimmten Leistungserfolg anknüpfen.

1.2 Erfahrungen und Trends

Der Grundsatz der von staatlichen Eingriffen freien Tarifpolitik bedarf nach den in Deutschland gemachten Erfahrungen keiner Änderung. Von Tariföffnungsklauseln haben die Tarifvertragsparteien in der Vergangenheit aus ordnungspolitischen, meist aus verbandspolitischen Gründen nur sehr zögerlich Gebrauch gemacht.

Flächentarifverträge werden zunehmend in Frage gestellt. Bisher als Garant für Flexibilität bei veränderten wirtschaftlichen Rahmenbedingungen, für Verankerung von Mindestarbeitsbedingungen für Arbeitnehmer und für Planungssicherheit für Arbeitgeber angesehen, wird Flächentarifverträgen zunehmend nachgesagt, sie seien zu unflexibel gegenüber unterschiedlichen Problemstellungen in den einzelnen Betrieben, sie hinkten der wirtschaftlichen Entwicklung hinterher, sie verhinderten die adäquate Entfaltung der Betriebspartner und sie vernichteten im gnadenlosen internationalen Wettbewerb letztlich Arbeitsplätze. Die Dominanz der Regelungen wesentlicher materieller Arbeitsbedingungen in den Tarifverträgen, wie Entlohnungssysteme und Entlohnungshöhe, wöchentliches Arbeitszeitvolumen und Urlaubsquantität, wird zunehmend weniger akzeptiert.

Der Forderung nach betriebsnaher Tarifpolitik fehlt aber das legislatorische Rüstzeug oder anders ausgedrückt: Wenn die Tarifvertragsparteien die Betriebspartner nicht am Aushandeln materieller Arbeitsbedingungen beteiligen wollen, verhallt die Forderung, Tarifverträge sollten sich auf Rahmenverträge für die betriebliche Ebene beschränken, ungehört.

In der betrieblichen Praxis wird der Tarifvorrang häufig missachtet. Betriebspartner schließen Betriebsvereinbarungen und Regelungsabreden, ohne auf tarifliche Vorgaben sonderlich zu achten. Dies geschieht nicht allein aus einer Trotzhaltung gegenüber den zum Teil als „Tarifdiktat" empfundenen Tarifvorrang, sondern aus der sachnäheren betrieblichen Erkenntnis heraus, dass zunehmend Arbeitsbedingungen dezentral, d. h. betrieblich und nicht zentral durch Tarifvertag sinnvoll und praxisnah zu regeln sind. Die Beantwortung der Frage des Verhältnisses zwischen Tarifautonomie und Betriebsautonomie ist offen geworden.

Mega-Trend:
Weg von der Tarifautonomie – hin zu mehr Betriebsautonomie

Zunehmend werden Forderungen erhoben, auch das Günstigkeitsprinzip anders als bisher zu definieren. Maßgebliche Sicht für die Frage, was denn schließlich günstiger sei, müsse die subjektive Sicht des konkret betroffenen Arbeitnehmers sein. Wenn sich der einzelne, bisher arbeitslose Arbeitnehmer entscheide, in einem Betrieb mit untertariflichen Arbeitsbedingungen die Arbeit aufzunehmen, weil er dies für sich subjektiv besser finde als Arbeitslosigkeit, dann sei dies von den Tarifvertragsparteien und auch von den Arbeitsrichtern zu respektieren. Er benötige für die inhaltliche Ausgestaltung seines Arbeitvertrages auch keinen Schutz durch das Kollektivorgan Betriebsrat. Ganz allgemein gesehen, wollen Arbeitnehmer in ihren Arbeitsvertragsbedingungen zunehmend die jeweiligen konkreten Lebenssituationen bis hin zu berufsbiographischen Momenten in der Gestaltung ihrer Arbeitsbedingungen wiederspiegeln lassen. Individualisierte Arbeitsbedingungen entziehen sich aber weitgehend der Determinierung durch Kollektivnormen.

1.3 Übergang von Tarifautonomie zu Betriebsautonomie

Die Gründe für die Veränderung in der Akzeptanz und in der Attraktivität arbeitsrechtlicher Normen sind mit dem allgemeinen Hinweis auf Wertewandel in der Gesellschaft nicht hinreichend erklärbar. Die Gründe dürften viel tiefer gehend in einem allgemeinen Wandlungsprozess unserer Gesellschaft liegen, der in vielen Erscheinungsformen zu Tage tritt und bei dem das Arbeitsrecht als angewandte Gesellschaftspolitik untrennbar mit allgemein politischen Umwandlungsprozessen verbunden ist. Kennzeichnend für die Entwicklung in Politik, Wirtschaft und Gesellschaft ist, dass Menschen immer weniger bereit sind, sich von fernen Zentralen lenken und leiten zu lassen, sondern sich zunehmend an kleinen, überschaubareren Einheiten beteiligen wollen, dort zur Übernahme von Verantwortung bereit sind; letztlich vor Ort „mitbestimmen" wollen. Im allgemein politischen Bereich ist es eine pikante Erscheinungsform, dass auch ein föderaler Staatsaufbau mit einem gegliederten Gemeinwesen nur noch bedingt für Bürgernähe und

Respektierung von Bürgerbelangen tauglich erscheint. Ansonsten wären politische Erscheinungsformen, wie Interessengemeinschaften, Bürgerentscheide, Volksbefragungen, nicht hinreichend erklärbar, auch wenn sich in deren Auswüchsen zum Teil nur gebündelte Egoismen verbergen.

Dieser Wandlungsprozess ist dogmatisch am ehesten erklärbar mit einem Übergang der Organisation einer Gesellschaft vom hierarchischen Prinzip zum Subsidiaritätsprinzip. Dieses ist Struktur- und Handelsmaxime zugleich. Mit dem hierarchischen Prinzip hat das Subsidiaritätsprinzip gemeinsam, dass es einen gegliederten Aufbau – politisch: föderale Staatsstruktur, gesellschaftspolitisch: Rangordnung arbeitsrechtlicher Gestaltungsfaktoren – voraussetzt. Der entscheidende Unterschied besteht darin, dass bei dem hierarchischen Prinzip eine Delegation von oben nach unten stattfindet, während das Subsidiaritätsprinzip von einem Gesellschaftsaufbau von unten her ausgeht. Letzteres gestattet der höheren Ebene nur ein Tätigwerden, wenn dies unabweisbar dort notwendig ist; die niedere Ebene hat ein Handlungsprimat vor der höheren Ebene. Die Regelungszuständigkeit verbleibt grundsätzlich auf der niederen Ebene. Der Kerngedanke des Subsidiaritätsprinzips – die dezentrale Lösung hat Vorrang vor der zentralen Lösung – ist schon in vielen Bereichen verankert. Beispielhaft sei erwähnt das Verhältnis der Europäischen Union zu ihren Mitgliedsstaaten (Art. 3 b EG) oder das Verhältnis des örtlichen Betriebsrats zum Gesamtbetriebsrat (§ 50 Abs. 1 BetrVG). Letztlich geht es um die Beantwortung der Fragen: Wo ist der Einzelne, die kleinere Einheit, wo ist das Kollektiv, die größere Einheit, gefordert? Wo gebieten Gerechtigkeit, Zweckmäßigkeit und Rechtssicherheit einheitliche Regelungen und wenn auf welcher Ebene? Die Gesellschaft beantwortet diese Fragen zunehmend mit dem Vorrang der niederen Ebene. Auch der vielfach durch wirtschaftliche Zwänge stattfindende Umstrukturierungsprozess der Unternehmen, immer kleinere, überschaubarere, eigenverantwortlich handelnde Einheiten zu bilden und hierarchische Großorganisationsstrukturen zu verlassen, ist Ausdruck pragmatischer Anwendung des Subsidiaritätsprinzips. Hieran partizipiert das Arbeitsrecht in zunehmendem Maße.

1.4 (Re-)Individualisierung der Arbeitsbedingungen

Tarifbedingungen sind im Verhältnis zu einzelvertraglichen Vereinbarungen nur einseitig zwingend. Sie schließen lediglich eine Verschlechterung zu Lasten des Arbeitnehmers aus, lassen eine zu Gunsten des Arbeitnehmers zu (Günstigkeitsprinzip § 4 Abs. 3 TVG). Damit kann beim Zusammentreffen mehrerer arbeitsrechtlicher Gestaltungsfaktoren verschiedenen Ranges, wie Tarifvertrag, Betriebsvereinbarung oder Einzelarbeitsvertrag, im Zweifel die rangniedere Regelung zu Gunsten des Arbeitnehmers abweichende Bestimmungen von der ranghöheren Norm vorsehen. Dieses Prinzip ist unbestritten. Es führt zu einer Einschränkung der Tarifautonomie, des Tarifvorrangs und garantiert damit neben der Abschluss- auch die Gestaltungsfreiheit der Arbeitsvertragsparteien. Damit wird verhindert, dass die Tarifvertragsparteien die von ihnen ausgehandelten Arbeitsbedingungen gleichzeitig zu Höchstarbeitsbedingungen erklären können. Das Günstigkeitsprinzip hat damit den Rang einer formellen Schranke der tariflichen Regelungsmacht.

Die Beantwortung der Frage, ob eine zulässige Begünstigung des einzelnen Arbeitnehmers vorliegt, bereitet dann keine Probleme, wenn der einzelne Arbeitsvertrag lediglich eine einzelne verbesserte Bedingung enthält. Häufig werden aber im Arbeitsvertrag sowohl übertarifliche wie untertarifliche Leistungen angeboten und vorgesehen, wobei gewisse Tarifleistungen durch übertarifliche Zulagen ausgeglichen und damit abgegolten werden sollen. Im Allgemeinen kommt ein Gesamtvergleich aller Bestimmungen des Tarifvertrags und aller Vereinbarungen des Arbeitsvertrags nicht in Betracht. Ein solcher Geamtvergleich ist nur sehr schwer durchführbar und würde dazu zwingen, unvergleichbare Felder der Arbeitsbedingungen miteinander zu vergleichen. Umgekehrt ist ein isolierter Vergleich nicht angebracht, da vielfach die verschiedenen Felder der Arbeitsbedingungen voneinander abhängen. Die Rechtsprechung des Bundesarbeitsgerichts bejaht einen Vergleich im Rahmen eines Sachgruppenzusammenhangs, d. h. sachlich rechtlich entsprechende Regelungen sind miteinander zu vergleichen. Maßgebend ist, ob die Bestimmungen denselben rechtlichen Gegenstand betreffen.

Erst wenn feststeht, welche Regelungen einander entsprechen, kommt es zum Günstigkeitsvergleich nach § 4 Abs. 3 TVG. Liegt nur ein wirtschaftlicher Zusammenhang zwischen den einzelnen Regelungen vor, so sind die einzelnen Bestimmungen nicht miteinander zu vergleichen. Es wird dann die ungünstigere Bestimmung des Arbeitsvertrages durch die entsprechend günstigere des Tarifvertrages kraft höherer Rangordnung ersetzt. Das Bundesarbeitsgericht bejaht den Sachgruppenzusammenhang u. a. zwischen Dauer des Urlaubs und längerer Arbeitszeit ebenso zwischen tariflichen Grundlohn und Lohnzuschlägen, ebenso Auslösung oder Fahrtkostenerstattung und Stellung eines Firmenwagens. Wie die Grenzen dieses Sachgruppenzusammenhangs künftig gezogen werden, wird die Aufgabe eines sich möglicherweise wandelnden Verständnisses des Günstigkeitsprinzips sein. Ob es bei den vom Bundesarbeitsgericht zitierten Grenzen des Sachgruppenzusammenhangs bleibt oder eine Öffnung dahingehend vorzunehmen ist, dass z. B. übertariflicher Lohn und übertarifliche Arbeitszeit als miteinander vergleichbar angesehen werden, bleibt abzuwarten. Obwohl die Verkürzung der Arbeitszeit seit Jahrzehnten Ziel der gewerkschaftlichen Tarifpolitik ist, muss das Tarifrecht künftig die Frage beantworten, ob es z. B. für den jungen Familien-Existenzgründer doch „günstiger" ist, länger als 35 Stunden zu arbeiten, allerdings bei deutlich übertariflicher Entlohnung. Letztlich geht es darum, ob bislang im Tarifrecht für inkommensurabel gehaltene Gegenstände doch miteinander verglichen werden dürfen. Zukünftiges Tarifrecht wird eine Antwort zu finden haben, ob der enge Vergleich im Rahmen eines Sachgruppenzusammenhangs einer breiten Öffnung verschiedener Regelungsgegenstände für den Günstigkeitsvergleich Platz machen muß.

Diese Entwicklung wird beschleunigt durch die Veränderung beim Übergang von der Industriegesellschaft zur Informationsgesellschaft. Arbeitsmarktforscher erkennen einige Mega-Trends. Routinetätigkeiten in Produktion und Büros werden automatisiert: Ein massiver Stellenabbau findet auch im Bürobereich statt. Neue Techniken machen eine weitaus flexiblere Produktion möglich und nötig. Kleinere Einheiten, damit auch kleinere Betriebe können auf veränderte Marktverhältnisse sich schneller einstellen, sind damit flexibler als Großorganisationen und Konzerne. Das heutige Vollzeit-Normal-Arbeitsverhältnis wird zur Ausnahme. Es findet eine örtliche und zeitliche Entkopplung von Mensch und Maschine statt. Die Dispositionsfähigkeit des Arbeitnehmers über seine Arbeitszeit, seine Arbeitszeitsouveränität, wird zunehmen. Die informative Vernetzung macht auch eine räumliche Trennung vom Betrieb möglich. Arbeit kann zu Hause erledigt werden. Die persönliche Präsenz verliert an Bedeutung. Betriebe werden nur noch zu temporär aufzusuchenden Informationsinseln. Büroflächen werden zunehmend weniger benötigt. Outsourcing wird weiter verstärkt stattfinden. Betriebe motivieren Mitarbeiter, sich selbständig zu machen. Aus bisherigen Abteilungen werden eigene Betriebe.

Mit Recht stellt deshalb der Arbeitsmarktforscher Klauder (Institut für Arbeitsmarkt- und Berufsforschung der Bundesanstalt für Arbeit) fest: „All diese Tendenzen erfordern eine höhere und stets aktualisierte Qualifikation der Beschäftigten. Wer sein Wissen als wichtigste Ressource nicht stets auf dem Laufenden hält, der ist rasch draußen". Ohne es beim Namen zu nennen, deutet Klauder die Gefahr an, dass sich die Informationsgesellschaft zu einer Zwei-Klassen-Arbeitnehmer-Gesellschaft entwickeln könnte, und zwar zu einem Arbeitnehmer, der sehr flexibel die Informationsflut bewältigt und in seinem Arbeitsleben umzusetzen vermag und dem anderen Arbeitnehmer, der schlichtweg nicht mehr mitkommt. Damit deutet sich eine „Entmischung" der Arbeitnehmer-Strukturen an: einerseits zu einer Arbeitnehmer-Gesellschaft, die sich stärker dem eigentlichen Gelernten hinwendet und dies ständig up-to-date hält, und andererseits zu einer geringere Vorkenntnisse voraussetzenden Dienstleistungs-Arbeitnehmer-Gesellschaft. Für letztere sind kollektive Schutzsysteme in Tarifverträgen und Betriebsvereinbarungen geeignete Arbeitsbedingungen, für erstere nur individualisierte Arbeitsbedingungen. Gerade Arbeitnehmer, die eine besonders hohe Attraktivität am Arbeitsplatz haben, gehen zunehmend individuelle Arbeitsbedingungen ein und lösen sich aus kollektiven Vorgaben.

1.5 Vom Arbeitsrecht zum Beschäftigtenrecht

Seit es in Deutschland ein eigenständiges Arbeitsrecht gibt, ist sein zentraler Gegenstand – der Arbeitnehmerbegriff – umstritten. Die Diskussion über Reichweite und Grenzen des Arbeitsverhältnisses ist inzwischen nur noch ein Teil einer umfassenderen Auseinandersetzung. Heute werden die Grundstrukturen des Arbeitsrechts in Deutschland insgesamt in Frage gestellt. Das BGB kennt den Begriff des Arbeitnehmers nicht. Es kennt nicht einmal den Begriff des Arbeitsvertrags. Dieser hat sich aus dem Dienstvertrag des BGB, zeitbestimmte, höchstpersönliche Verpflichtung, entwickelt, indem ein drittes Abgrenzungsparameter mit eingebunden wurde: die Fremdbestimmtheit der Tätigkeit. Diese ist gekennzeichnet von den vom Arbeitgeber auszuübenden Weisungsrecht. Dagegen ist dem Werkvertrag die Erfolgsbestimmtheit der Tätigkeit eigen. Dies ist das Handwerkszeug, das die Väter des BGB mit ihrem soziologischen Vorverständnis des ausgehenden 19. Jahrhunders überliefert haben, um Abgrenzungskriterien dafür zu finden, wer Arbeitnehmer ist und wer nicht. Alle drei Parameter, die den Arbeitnehmer bestimmen sollen, Zeitbestimmtheit der Tätigkeit, höchstpersönliche Verpflichtung und Weisungsrecht des Arbeitgebers, sind zur Abgrenzung heute nur noch bedingt tauglich.

Die zeitbestimmte Festlegung, obwohl im Arbeitsvertrag explizit in der Quantität der Arbeitsleistung vereinbart, hat für die Realität eines Arbeitsverhältnisses zunehmend weniger, teilweise schon gar keine Bedeutung mehr. Die Arbeitsorganisationsstrukturen in den letzten zehn Jahren, sind davon gekennzeichnet, dass der Arbeitnehmer im wesentlichen in Arbeitsprojekte einbezogen wird. Es erfolgen Zielabsprachen. Damit wird der Arbeitnehmer zunehmend – untypisch für den Dienstvertrag – allein vom Erfolg, vom Arbeitsergebnis beurteilt.

Auch das höchstpersönliche Merkmal ist nur noch bedingt taugliches Abgrenzungskriterium. Bei besonderen Formen von Arbeitsverhältnissen, wie Distanzarbeitsverhältnissen, Job-sharing oder Tele-Arbeitsplätzen legt der Arbeitgeber im Wesentlichen nur noch Wert darauf, dass die Stelle besetzt wird, gleich mit welcher Person. Der Arbeitgeber hat einen Vertragspartner – Arbeitnehmer? –, aber der Arbeitgeber hat kaum Kenntnis davon, benötigt sie auch nicht, ob dieser Vertragspartner in persona die Leistung erbracht hat oder eine von ihm zugezogene Hilfsperson, z. B. Familienmitglied.

Das Weisungsrecht wird als Abgrenzungskriterium für den Arbeitnehmer zunehmend weniger tauglich. Mit dem Weisungsrecht kann der Arbeitgeber

Art und Weise, Methode der Arbeitsleistung bestimmen. Der die Arbeit-
geberfunktion ausübende Vorgesetzte hält sich gerade in stark manage-
mentsorientierten und entwicklungsorientierten Bereichen meistens aus
verständlichen Gründen bei der Ausübung des Weisungsrechts weitgehend
zurück, sondern überlässt die Methode der Zielfindung allein dem Arbeitnehmer, von welchem der Arbeitgeber nur noch Arbeitsergebnisse abruft.

Aufgrund teilweise unglaublicher Formen funktionaler Arbeitsteilung
erleben wir eine Erosion des Arbeitnehmerbegriffs. Wir finden freiberufliche
Ausbeiner und Fleischbeschauer in den Schlachthöfen sowie die Propagan-
distin, die auf einem Marktplatz oder in einem Kaffee Zigaretten und Töpfe
anbietet. Wir begegnen dem freiberuflich tätigen Regaleinrichter oder sogar
dem Gastronomen, der das Steak an der Theke in der Gaststätte einkauft und
dem Gast mit Beilagen weiterverkauft. Früher tat dies ein Kellner, heute teilweise ein selbstständig tätiger Freiberufler.

In der Vergangenheit wurden vielfach Versuche unternommen, auch
gesetzgeberisch, den Arbeitnehmerbegriff zu definieren. Erfolgreich war bisher keiner dieser Versuche. Die Krise der Definition des Weisungsrechts ist
damit eine Krise der Definition des Arbeitnehmerbegriffs. Zunehmend verbreitet sich die Erkenntnis, dass der Arbeitnehmerbegriff nicht mehr reform-
fähig ist, weil er letztlich die Arbeitsorganisationsstrukturen der letzten 150
Jahre Kulturgeschichte voraussetzt. Wo diese im Verschwinden begriffen
sind, verschwindet auch der Arbeitnehmerbegriff.

Der Gesetzgeber scheint vorsichtig einen anderen Weg einzuschlagen,
nicht mehr eine Definition des Arbeitnehmerbegriffs zu versuchen, sondern
wie § 7 Abs. 4 SGB III zeigt, vom Oberbegriff des abhängig Beschäftigten aus
abzugehen. Damit setzt der Gesetzgeber an der Schutzbedürftigkeit des
Abhängigen an. Wenn auf die Schutzbedürftigkeit abgestellt wird, kann derjenige schutzbedürftig sein, der in einer fremden Organisation mit Betriebs-
mitteln eines anderen arbeitet. Er kann auch dann schutzbedürftig sein,
wenn er sich der Möglichkeit einer Verteilung seines Risikos durch Bindung
an einen Auftraggeber begibt. Er kann es auch sein, wenn er eine Leistung
verspricht, die, wenn sie nicht abgerufen, wird, zum ersatzlosen Verlust von
Verdienstmöglichkeiten führt. Er kann auch schutzbedürftig sein, wenn er
Leistung gemeinsam mit anderen in einer arbeitsteiligen Form erbringt.

Die Diskussion über den Begriff des Arbeitnehmers und des selbstständigen Beschäftigten ist weder am Ende noch am Anfang. Sie befindet sich in
einer dialektischen Entwicklung. Nach der bürgerlichen Selbstständigen-
Gesellschaft des 19. Jahrhunderts und der Arbeitnehmer-Gesellschaft des 20.
Jahrhunderts stehen wir am Beginn des 21. Jahrhunderts vor einer sich for-
mierenden Beschäftigten-Gesellschaft.

1.6 Entwicklungslinien des Deutschen Arbeitsrechts

Die Aufspaltung in kollektive und individuelle Arbeitsbedingungen wird noch schärfer hervortreten. Zur Aufrechterhaltung des sozialen Friedens werden Arbeitnehmer, die den Anforderungen der Informationsgesellschaft nur bedingt genügen, verstärkt auf den kollektiven Schutz von Tarifverträgen angewiesen sein. Die Tarifautonomie wird zusehends ergänzt durch eine sich gleichberechtigte Betriebsautonomie. Das Verhältnis untereinander wird bestimmt durch das Subsidiaritätsprinzip: Die dezentrale Lösung hat Vorrang vor der zentralen Lösung. Die Sozialpartner werden in Zukunft vermehrt nur Rahmentarifverträge für die betriebliche Ebene vereinbaren.

Mit der Verlagerung der Macht zur Regelung materieller Arbeitsbedingungen weg von der tariflichen Ebene und hin zur betrieblichen Ebene gewinnt die betriebliche Mitbestimmung mehr an Bedeutung. Betriebliche Mitbestimmung wird zunehmend neben den drei klassischen Produktionsfaktoren der Volkswirtschaftslehre, Kapital, Boden, Personal, der vierte Produktionsfaktor. Dieser steuert die Mitwirkung der Arbeitnehmer bei der Gestaltung der betrieblichen Ordnung im Rahmen der unternehmerischen Zielsetzungen. Entwicklung sozialer Kompetenz auf betrieblicher Ebene und wirtschaftlicher Erfolg des Unternehmens hängen damit untrennbar zusammen.

Die Individualisierung des Arbeitsrechts wird für die Arbeitnehmer stärker an Bedeutung gewinnen, die aufgrund ihrer Fähigkeiten, Kenntnisse und hohem Maß an Flexibilität am Arbeitsmarkt attraktiv sind. Das Günstigkeitsprinzip wird sich in einer Neudefination weiter entwickeln müssen, um dem einzelnen volle Entfaltungsfreiheit zu geben und um ihn zu einem emanzipierten Arbeitnehmer zu machen. Einzelvertraglich günstige Regelungen, aus der Sicht des Arbeitnehmers betrachtet, werden zunehmend Vorrang gewinnen vor kollektiven Regelungen.

Das Weisungsrecht als wesentliches Abgrenzungskriterium für das Arbeitsverhältnis und damit den Arbeitnehmerstatus eines Beschäftigten wird neu definiert werden müssen, um der sonst rasanten Zunahme von (Schein-) Selbstständigkeit mit allen volkswirtschaftlich unerwünschten Entscheidungsformen, wie geringe soziale, vor allem sozialversicherungsrechtliche Absicherung, zu begegnen. Als typische Arbeitnehmermerkmale könnten die bereits von der Rechtswissenschaft herausgearbeiteten Kriterien angesehen werden: auf Dauer angelegte Arbeit, in eigener Person, ohne Mitarbeiter, im wessentlichen ohne eigenes Kapital und im wessentlichen ohne eigene Organisation.

Parallel zur Verschiebung und Veränderung der Attraktivität der arbeitsrechtlichen Gestaltungsfaktoren verläuft eine verbandspolitische Entwicklung. Medienwirksam bekannt wurde der Mitgliederschwund bei den

Gewerkschaften. Weniger beachtet wird das dramatische Ausmaß an Austritten aus den Arbeitgeberverbänden. Letzteres ist für beide Sozialpartner existenziell bedrohlich, weil auch den Gewerkschaften einflussreiche Verhandlungspartner für Tarifverträge zunehmend abhanden kommen. Arbeitgeberverbände haben diesen Mitgliederverlust – die Gewerkschaften sprechen von Tarifflucht – vereinzelt dadurch entgegenzusteuern versucht, indem sie die Möglichkeit einer Mitgliedschaft im Arbeitgeberverband ohne Tarifbindung eröffneten. Gewerkschaften und Arbeitgeber-Vereinigungen werden sich zunehmend zu Beratungs- und Dienstleistungsgemeinschaften der Betriebspartner fortentwickeln. Dahinter steht der Gedanke einer notwendigen, psychologisch nicht einfachen Qualifizierung von Verbänden und Gewerkschaften zu umfassenden Dienstleistungsgemeinschaften, deren Qualität für die Weiterentwicklung der betrieblichen Mitbestimmungsfähigkeit letztlich das tarifpolitische Gewicht dieser Organisationen bestimmen wird.

2 Arbeitsrecht-Glossar – Leitfaden für Führungskräfte

Klaus Armbrüster

2.1 Abmahnung

Die Abmahnung ist gesetzlich nicht geregelt; sie wurde von der Rechtsprechung als Voraussetzung einer verhaltensbedingten Kündigung im Leistungsbereich entwickelt.

Eine Abmahnung liegt vor, wenn der Arbeitgeber in einer für den Arbeitnehmer hinreichend deutlich erkennbaren Art und Weise Leistungsmängel beanstandet *und* damit den Hinweis verbindet, dass im Wiederholungsfalle der Inhalt oder der Bestand des Arbeitsverhältnisses gefährdet sei. Dieser Hinweis, d. h. Androhung einer arbeitsrechtlichen Konsequenz, muss hinreichend bestimmt und deutlich erteilt werden; die pauschal erhobene Androhung von „Konsequenzen" ist nicht geeignet, einen solchen, für eine Abmahnung ausreichenden, hinreichend deutlichen Hinweis abzugeben.

Einer vorherigen Abmahnung bedarf es nicht, wenn der Arbeitnehmer ohne weiteres davon ausgehen kann, der Arbeitgeber werde ein derartiges Verhalten unter keinen Umständen hinnehmen. Nach allgemeiner Ansicht bedarf es daher bei Pflichtverstößen des Arbeitnehmers im Vertrauensbereich in der Regel keiner vorherigen Abmahnung.

Abmahnungen, die als einzelvertragliche Sanktionen für eine Verletzung des Arbeitsvertrags und nicht als Betriebsbuße zu qualifizieren sind, bedürfen nicht der Mitbestimmung des Betriebsrats; in solchen Fällen gehört die Abmahnung zum Direktionsrecht des Arbeitgebers. Empfehlenswert ist es aber, den Betriebsrat über die Tatsache einer erfolgten Abmahnung zu informieren.

Die Abmahnung sollte in der Regel schriftlich erfolgen; sie behält ihre rechtliche Wirksamkeit im Hinblick auf eine beabsichtigte Kündigung nur relativ kurze Zeit (ca. ein halbes bis ein Jahr). Nach ca. zwei bis drei Jahren hat der Arbeitnehmer Anspruch auf Beseitigung einer einstmals zu Recht erteilten Abmahnung aus der Personalakte, sofern sein Verhalten in der Zwischenzeit keinen Anlass zur Beanstandung mehr gegeben hat.

Voraussetzungen und Wirkung einer Abmahnung nach der Rechtsprechung:

Notwendiger Inhalt einer Abmahnung muss sein:
- Missbilligung eines erheblichen Arbeitnehmer-(AN)-Vertragsverstoßes durch Arbeitgeber (AG); genau bezeichnete Tatsachen und Daten, keine Werturteile und Schlagworte, z. B.

Werturteil / unsubstantiierte Angaben	Tatsache
„in der letzten Zeit häufig zu spät gekommen"	„am Montag, den ... erst um 10 Uhr zur Arbeit erschienen."
„........ haben Sie Ihre Führungskraft, Herrn. .... beleidigt"	„... haben Sie Ihre Führungskraft, Herrn ..... einen Idioten genannt."

- Aufforderung, dieses Verhalten zu ändern
- Androhung konkreter arbeitsrechtlicher Konsequenzen (z. B. Kündigung) im Wiederholungsfall

Form:
- eine Abmahnung ist auch mündlich wirksam; aus Gründen der Beweissicherung ist aber Schriftform unbedingt empfehlenswert
- vorherige Anhörung des AN ist empfehlenswert
- bei mehreren Pflichtverletzungen: getrennte Abmahnungen

Grund:
Wenn eine der Pflichtverletzungen nicht nachweisbar ist, muss die Gesamtabmahnung aus der Personalakte entfernt werden.

Zugang:
Tatsächliche Kenntnisnahme des AN von der Abmahnung erforderlich.

Anzahl:
Grundsätzlich genügt eine einschlägige Abmahnung; bei leichten Verstößen oder langer Dienstzeit sind mehrere Abmahnungen erforderlich.

Abmahnberechtigung:
Der Abmahnende muss nicht kündigungsberechtigt, aber befugt sein, verbindliche Anweisungen bezüglich Ort, Zeit, Art und Weise der geschuldeten Arbeitsleistung zu erteilen (es kann auch ein Fachvorgesetzer sein).
Eine Abmahnung ist vor Ausspruch mit der Personalorganisation abzustimmen.

Kein Mitwirkungsrecht des Betriebsrats:
Wegen größerer Einwirkungsmöglichkeit auf AN ist die Information des Betriebsrates (BR) empfehlenswert.

Zeitpunkt:
Es besteht keine Regelausschlussfrist; spätestens vier Wochen nach Vorfall sollte die Abmahnung jedoch ausgesprochen werden.

Wirkungsdauer der Abmahnung:
Das Bundesarbeitsgericht lehnt eine Regelverjährungsfrist ab; es beurteilt aufgrund aller Umstände des Einzelfalles; nach einem, spätestens zwei Jahren ist jedoch mit Verjährung zu rechnen, das heißt vor einer Kündigung muss erneut abgemahnt werden.

Entfernung der Abmahnung aus der Personalakte:
In aller Regel nach zwei oder drei Jahren, soweit zwischenzeitlich keine weitere Abmahnung erfolgt ist.

Rechtsbehelfe des AN:
- Gegendarstellung zur Personalakte (§ 83 Abs. 2 BetrVG)
- Beschwerderecht des AN (§ 84 BetrVG)
- Klage beim Arbeitsgericht auf Entfernung der Abmahnung aus der Personalakte (§§ 242, 1004 BGB); Darlegungs- und Beweislast für die Richtigkeit der Abmahnung liegt beim AG.

2.2 Anhörungs- und Erörterungsrecht

§ 82 BetrVG
Zuständig für das Anhörungs- und Erörterungsrecht ist der unmittelbare Vorgesetzte des Arbeitnehmers, sofern nicht aus anderen sachlichen Gründen eine andere Person des Betriebs in Betracht kommt (z. B. Gehaltsabteilung). Das Recht des Arbeitnehmers, sich in betrieblichen Angelegenheiten Gehör zu verschaffen, betrifft den Arbeitnehmer allerdings nur persönlich; er ist nicht berechtigt, sich Angelegenheiten Dritter anzunehmen. Die Beistandleistung für andere Arbeitnehmer obliegt ausschließlich dem Betriebsrat gem. § 80 Abs. 1 Ziff. 3 BetrVG. Der Arbeitgeber ist gemäß § 82 BetrVG verpflichtet, mit dem Arbeitnehmer z. B. dessen berufliche Entwicklung im Betrieb, Berechnung und Zusammensetzung seines Arbeitsentgelts und andere das Arbeitsverhältnis betreffende Vorgänge zu erörtern (sog. Beurteilungsgespräch).

2.3 Arbeits- und Betriebsordnung

§ 87 Abs. 1 Ziff. 1 BetrVG

Dem Mitbestimmungsrecht des Betriebsrats unterliegen alle Maßnahmen, die die allgemeine Ordnung des Betriebs und das Verhalten der Arbeitnehmer oder von Gruppen von Arbeitnehmern im Betrieb regeln.

Die Worte in § 87 Abs. 1 Ziff. 1 BetrVG „und des Verhaltens der Arbeitnehmer im Betrieb" beziehen sich lediglich auf einen kollektiven Tatbestand, und lassen daher die einzelvertraglichen Sanktionen des Arbeitgebers gegenüber einzelvertraglichen Pflichten unberührt. Handelt es sich um eine sogenannte „arbeitsnotwendige Maßnahme" von solcher Wichtigkeit, dass der einzelne Arbeitnehmer seine Arbeitspflicht ohne die Beachtung der Anordnung nicht ordnungsgemäß erbringen kann, dann ist der Arbeitgeber mangels besonderer arbeitsvertraglicher Regelung kraft seines Weisungsrechts befugt, durch die erforderlichen Anordnungen die Arbeitspflicht zu konkretisieren. Kann dagegen die geschuldete Arbeitsleistung auch ohne die bestimmte Regelung erbracht werden, dann unterliegen die Anordnungen über die Ordnung des Betriebs und über das Verhalten der Arbeitnehmer im Betrieb der vollen Mitbestimmug des Betriebsrats. So ist z. B. die Einführung eines nicht durch feuerpolizeiliche Vorschriften notwendigen Rauchverbots mitbestimmungspflichtig, ebenso ein generelles Alkoholverbot, es sei denn bei Beschränkung des Verbots auf bestimmte Personenkreise (z. B. Kraftfahrer).

2.4 Beschwerderecht

§§ 84 bis 86 BetrVG

Sofern das dem Arbeitnehmer zustehende Anhörungs- und Erörterungsrecht (siehe Stichwort) nicht ausreicht, um sich hinreichend Gehör zu verschaffen, steht dem Arbeitnehmer ein ausdrückliches Beschwerderecht zu. Form- oder Fristvorschriften für die Beschwerde bestehen gesetzlich nicht; die Beschwerde kann daher auch mündlich erfolgen.

Zur Entgegennahme der Beschwerde, Weiterleitung und Unterstützung seines Anliegens kann der Arbeitnehmer den Betriebsrat hinzuziehen (vgl. § 85 BetrVG). Im Falle von Meinungsverschiedenheiten kann die Einigungsstelle gemäß § 76 BetrVG angerufen werden.

Gemäß § 86 BetrVG können Einzelheiten des Beschwerdeverfahrens durch Tarifvertrag oder Betriebsvereinbarung auch ohne Tätigwerden der Einigungsstelle vor einer betrieblichen Beschwerdestelle geregelt werden.

2.5 Betriebsänderung

§§ 111, 112, 112 a BetrVG

Dem Begriff Betriebsänderung im Sinne § 111 BetrVG unterfallen nur solche Änderungen, die einen möglichen Nachteil für die gesamte Belegschaft oder erhebliche Teile der Belegschaft haben können, z. B. Einschränkung, Stilllegung, Verlegung und Zusammenschluss des ganzen Betriebs oder von wesentlichen Betriebsteilen. Auch grundlegende Änderungen der Betriebsorganisation, des Betriebszwecks oder der Betriebsanlagen oder Einführung grundlegend neuer Arbeitsmethoden und Fertigungsverfahren können eine Betriebsänderung darstellen (vgl. Beispiele einer Betriebsänderung: § 111 Ziff. 1-5 BetrVG).

Damit eine Betriebsänderung ein erzwingbares Mitbestimmungsrecht des Betriebsrats gem. § 112 BetrVG auslöst, muss die Betriebsänderung wesentliche Nachteile für die gesamte Belegschaft oder erhebliche Teile der Belegschaft ergeben. Hierunter sind zu verstehen: Erschwerung der Arbeit, Minderung des Arbeitsverdienstes, längere Anfahrtszeiten, erhöhte Fahrtkosten, nachteilige Versetzungen oder Entlassungen. Nicht unter den Begriff eines wesentlichen Nachteils fällt der sog. Einstellungsstopp.

Auch ein bloßer Personalabbau ohne Organisations- oder Strukturänderung des Betriebs kann als Betriebsänderung anzusehen sein. In jedem Fall liegt dies vor, sofern ein Personalabbau in dem Umfang erfolgt, wie er in § 17 Abs. 1 KSchG eine anzeigepflichtige sog. Massenentlassung darstellt. Darüber hinaus hat der Betriebsrat einen erzwingbaren Anspruch auf Aufstellung eines Interessenausgleichs, Sozialplans gem. §§ 112, 112a BetrVG.

Besteht eine geplante Betriebsänderung im Sinne von § 111 Satz 2 Ziff. 1 allein in der Entlassung von Arbeitnehmern, so findet ein erzwingbarer Sozialplan bei Personalabbau nur Anwendung, wenn:

1. in Betrieben mit in der Regel mehr als 20 und weniger als 60 Arbeitnehmer 20 v. H. der regelmäßig beschäftigten Arbeitnehmer, aber mindestens 6 Arbeitnehmer,
2. in Betrieben mit in der Regel mindestens 60 und weniger als 250 Arbeitnehmer 20 v. H. der regelmäßig beschäftigten Arbeitnehmer aber mindestens 37 Arbeitnehmer,
3. in Betrieben mit in der Regel mindestens 250 und weniger als 500 Arbeitnehmer 15 v. H. der regelmäßig beschäftigten Arbeitnehmer aber mindestens 60 Arbeitnehmer,
4. in Betrieben mit in der Regel mindestens 500 Arbeitnehmern 10 v. H. der regelmäßig beschäftigten Arbeitnehmer, aber mindestens 60 Arbeitnehmer.

aus betriebsbedingten Gründen entlassen werden sollen. Als Entlassung gilt auch das vom Arbeitgeber aus Gründen der Betriebsänderung veranlasste Ausscheiden von Arbeitnehmern aufgrund von Aufhebungsverträgen.

2.6 Betriebsbedingte Kündigung mit Sozialauswahl

Für das Aussprechen einer betriebsbedingten Kündigung ist im Vorfeld eine Sozialauswahl zu treffen. Diese Auswahl richtet sich nach den folgenden Gesichtspunkten:

I.   Vorliegen eines dringenden betrieblichen Erfordernisses

II. Kündigungshindernisse
    – Widerspruch des Betriebsrats
    – Verstoß gegen Auswahlrichtlinien

III. Prüfung von Alternativen
    – Beschäftigung auf anderem, freien Arbeitsplatz im Unternehmen zu gleichen Bedingungen (evtl. Änderungskündigung)
    – betriebliche Umschulungsmaßnahme

IV. Soziale Auswahl
    1. Prüfungssystematik des § 1 Abs. 3 KschG
        – Ermittlung des Kreises der für eine Sozialauswahl in Betracht kommenden Arbeitnehmer
        – Bestimmung der sozialen Schutzwürdigkeit nach sozialen Gesichtspunkten
        – Prüfung der der Kündigung entgegenstehenden betriebstechnischen, wirtschaftlichen oder sonstigen berechtigten betrieblichen Bedürfnisse
    2. Umstände im Zeitpunkt der Kündigungserklärung entscheidend
    3. Bezugrahmen (Kreis der in die Sozialauswahl einzubeziehenden Arbeitnehmer)
        – betriebsbezogen
        – nicht unternehmensbezogen
        – betriebsübergreifend
    4. Vergleichbarkeit der Arbeitnehmer
        – horizontale Vergleichbarkeit
        – keine vertikale Vergleichbarkeit
        – Sonderproblematik: Teilzeitbeschäftigte

5. Konkretisierung der Auswahlkriterien
   – Berücksichtigung von Kriterien, die von erheblicher Bedeutung sind und konkret, unmittelbar mit dem Arbeitsverhältnis in Zusammenhang stehen
   – keine Berücksichtigung allgemeiner arbeitsmarkt- und sozialpolitischer Wertungen
6. Auswahlkriterien im einzelnen:
   a) Betriebszugehörigkeit:
      Sonderproblematik: Verlängerung durch vertragliche Anerkennung, Teilzeitbeschäftigung
   b) Lebensalter:
      ambivalent, Gewichtung unsicher
   c) Unterhaltspflichten:
      Zeitpunkt aktueller Unterhaltspflichten, Sonderbelastungen
   d) Sonstige soziale Gesichtspunkte:
      Arbeitsunfälle, Berufskrankheiten, Schwerbehinderung des Arbeitnehmers, Arbeitsmarktchancen, alleinerziehender Elternteil, Pflegefall in der Familie, Verdienst des Ehegatten, Grad der Verschuldung, Vermögenssituation
7. Einzelfallabwägung
8. Wertungsspielraum des Arbeitgebers
9. Auskunftsanspruch des Arbeitnehmers
10. Berücksichtigung der Sozialauswahl entgegenstehender betrieblicher Belange
    – Objektive Notwendigkeit der Weiterbeschäftigung bestimmter Arbeitnehmer
    – Einzelne berechtigte betriebliche Bedürfnisse:
       * erhebliche Leistungsunterschiede
       * Kenntnisse und besondere Qualifikationen
       * Übernahme von Führungspositionen (Nachwuchskräfte)
       * besondere Weiterbildungsbereitschaft
       * Kundenkontakte
       * kankheitsbedingte Fehlzeiten
       * altersgruppenbezogene Sozialauswahl
11. Darlegungs- und Beweislast

V. Auswahlrichtlinien (§ 1 Abs. 4 KSchG)
   – Betriebsvereinbarung, Interessenausgleich
   – Erweiterter Beurteilungsspielraum
   – Überprüfung auf grobe Fehlerhaftigkeit

2.7 Betriebsübergang

§ 613 a BGB

Unter Betriebsübergang versteht man den Vorgang, dass ein Betrieb oder Betriebsteil durch Rechtsgeschäft (z. B. Verkauf, Fusion) auf einen anderen Inhaber (auch juristische Person, z. B. KG, AG usw.) übergeht. Gemäß § 613 a BGB tritt der Übernehmer in die Rechte und Pflichten aus den im Zeitpunkt des Übergangs bestehenden Arbeitsverhältnissen ein; darüber hinaus haftet der bisherige Inhaber noch bis zum Ablauf eines Jahres nach dem Zeitpunkt des Übergangs.

Ein solcher Betriebsübergang stellt keine Betriebsänderung (siehe Stichwort Betriebsänderung) im Sinne des § 111 BetrVG dar, weil insoweit die Sonderregelung des § 613 a BGB gilt, wenn sich keine darüber hinausgehenden Nachteile für die Belegschaft ergeben; ansonsten würde ein Mitbestimmungsrecht des Betriebsrats gem. §§ 112, 112 a BetrVG bestehen. Auch die Unternehmensaufspaltung ohne Auswirkung auf die Betriebsorganisation ist keine Betriebsänderung im Sinne von § 111 BetrVG.

Die Kündigung des Arbeitsverhältnisses eines Arbeitnehmers durch den bisherigen Arbeitgeber oder durch den neuen Inhaber wegen des Übergangs eines Betriebes oder eines Betriebsteils ist unwirksam. Das Recht zur Kündigung des Arbeitsverhältnisses aus anderen Gründen bleibt unberührt.

2.8 Betriebsversammlung

§§ 42 bis 46 BetrVG

Die Betriebsversammlung ist Organ der Betriebsverfassung und besteht aus allen Arbeitnehmern des Betriebs; sie wird von dem Vorsitzenden des Betriebsrats geleitet. Die Betriebsversammlung ist nicht öffentlich (§ 42 Abs. 1 BetrVG); sie hat einmal in jedem Kalendervierteljahr stattzufinden (§ 43 Abs. 1 BetrVG). Die Betriebsversammlung kann dem Betriebsrat Anträge unterbreiten und zu seinen Beschlüssen Stellung nehmen (§ 45 BetrVG); sie hat diesem gegenüber jedoch kein Weisungsrecht. An allen Betriebs- und Abteilungsversammlungen können Beauftragte der im Betrieb vertretenen Gewerkschaften teilnehmen (§ 46 i. V. § 2 BetrVG). Ausnahmsweise können Teilversammlungen oder Abteilungsversammlungen durchgeführt werden (§§ 42 Abs. 2, 43 BetrVG).

2.9 Beurteilungsgrundsätze

§ 94 Abs. 2 BetrVG

Dem erzwingbaren Mitbestimmungsrecht des Bertriebsrats unterliegt die Aufstellung allgemeiner Beurteilungsgrundsätze, d.h. Richtlinien, nach denen die Leistung und das Verhalten des Arbeitnehmers bewertet wird (Ausnahme: sog. analytische Arbeitsplatzbewertungen). Auch bei der Aufstellung von Beurteilungsgrundsätzen für Bewerber wird ein Mitbestimmungsrecht des Betriebsrats überwiegend bejaht. Zweck der Vorschrift des § 94 Abs. 2 BetrVG ist es, mitzuwirken bei der Aufstellung von Grundsätzen zur Bewertung der gleisteteten Arbeit, der Fähigkeiten, des Erfolgs und der weiteren Entwicklung (Aufstiegsmöglichkeiten) des Arbeitnehmers. Werden sog. Fähigkeits- und Eignungsprofile aufgrund von Beurteilungsgrundsätzen erstellt, so unterliegen diese dem Mitbestimmungsrecht des Betriebsrats, insbesondere dann, wenn diese Beurteilungen von Arbeitnehmern in ein Personalinformationssystem eingegeben werden.

2.10 Bildschirmarbeitsplätze

§ 87 Abs. 1 Ziff. 6 BetrVG

Datensichtgeräte in Verbindung mit einem Rechner sind dann zur Überwachung von Verhalten und Leistung der Arbeitnehmer bestimmt im Sinne von 87 Abs. 1 Ziff. 6 BetrVG, wenn aufgrund vorhandener Programme Verhaltens- und Leistungsdaten ermittelt und aufgezeichnet werden, die bestimmten Arbeitnehmern zugeordnet werden können, unabhängig davon, zu welchem Zweck diese Daten erfasst werden.

Die Einführung von Bildschirmarbeitsplätzen ist ein mitbestimmungspflichtiger Vorgang, wenn diese technisch dahingehend ausgelegt sind, leistungsbezogene Daten von Arbeitnehmern über einen längeren Zeitraum zu erfassen, zu sammeln, zu speichern und gegebenenfalls auf Abruf auszudrucken.

2.11 Direktionsrecht des Arbeitgebers

Die Art der vom Arbeitnehmer zu leistenden Tätigkeit ergibt sich *erstrangig* aus dem Arbeitsvertrag und dem darin näher bezeichneten Tätigkeits- bzw. Aufgabenbereich des Arbeitnehmers und *zweitrangig* aus dem Direktionsrecht des Arbeitgebers (auch Weisungsrecht des Arbeitgebers bezeichnet). Aufgrund des Direktionsrechts kann der Arbeitgeber einseitig die im Arbeitsvertrag nur rahmenmäßig umschriebene Leistungspflicht des Arbeitnehmers nach Zeit, Ort und Art der Leistung näher bestimmen. Er kann auch einen Wechsel in der Art der Beschäftigung vorschreiben oder den Arbeitsbereich verkleinern. Seine Grenzen findet das Direktionsrecht allerdings in den Vorschriften der Gesetze, des Kollektiv- und des Einzelarbeitsvertragsrechts; es darf nur nach billigem Ermessen ausgeübt werden. Hierbei muss der Arbeitgeber die ihm obliegende Unterrichtungsverpflichtung gegenüber dem Arbeitnehmer gemäß § 81 BetrVG beachten; der Wechsel in der Art der Beschäftigung unterliegt gegebenenfalls dem Mitbestimmungsrecht des Betriebsrats gemäß § 99 BetrVG (siehe Stichwort Versetzung).

Ist der Arbeitgeber aufgrund seines Direktionsrechts befugt, einem Arbeitnehmer bei im übrigen gleichbleibender Tätigkeit einen Teil seiner Aufgaben zu entziehen, ohne dass dadurch ein von dem bisherigen grundlegend neuer Arbeitsbereich entsteht, dann stellt eine solche Änderung in der Art der Beschäftigung eine zulässige Betätigung seines Direktionsrechts dar. Dieses, auf dem Arbeitsvertrag beruhende, Direktionsrecht gehört zum wesentlichen Inhalt eines jeden Arbeitsverhältnisses. Bei der Ausübung dieses Rechts steht dem Arbeitgeber regelmäßig ein weiter Raum zur einseitigen Gestaltung der Arbeitsbedingungen zu.

Die Grenze für die vom Arbeitnehmer zu leistende Arbeit über den Bereich dessen hinaus, was im Arbeitsvertrag ausdrücklich als Tätigkeits- bzw. Aufgabenbereich bezeichnet ist, findet ihren Anwendungsbereich in folgenden Fällen:
1. Rüst- und Randarbeiten (sogenannte Nebenarbeiten),
2. Vertretungsfälle (z. B. Urlaubs- und kurzfristige Vertretung wegen Erkrankung eines anderen Arbeitnehmers),
3. Nofall (unvorhersehbares Ereignis).

2.12 Eingruppierung

§ 99 Abs. 1 BetrVG / §§ 92 ff., 80 Abs. 2 Satz 2 Halbsatz 2 BetrVG

Eingruppierung ist jede Einreihung des Arbeitnehmers in ein bestimmtes Lohn- oder Gehaltsschema. Dieses Schema kann sowohl auf Tarifvertrag, Betriebsvereinbarung, gesetzlicher Bestimmung oder auch nur einer einseitigen generellen Regelung des Arbeitgebers unter Mitwirkung des Betriebsrats nach § 87 Abs. 1 Ziff. 10 BetrVG beruhen.

Der Betriebsrat hat ein erzwingbares Mitbestimmungsrecht bei jeder Eingruppierung gemäß § 99 Abs. 1 BetrVG; dem Mitwirkungsrecht des Betriebsrats kommt eine Richtigkeitskontrolle zu. Um eine solche sinnvoll ausüben zu können, steht dem Betriebsausschuss bzw. einer anderen in § 80 Abs. 2 BetrVG näher genannten Person des Betriebsrats ein Einblicksrecht in Bruttolohn- und Gehaltslisten zu. Das Mitwirkungsrecht des Betriebsrats entfällt, wenn der Arbeitnehmer nach Umgruppierung zu den leitenden Angestellten im Sinne von § 5 Abs. 3 BetrVG gehört (vgl. § 105 BetrVG).

2.13 Einsichtsrecht in die Personalakte

§ 83 BetrVG

Danach hat der Arbeitnehmer das Recht, in die über ihn geführten Personalakten Einsicht zu nehmen. Erklärungen des Arbeitnehmers zum Inhalt der Personalakte sind dieser auf sein Verlangen beizufügen (§ 83 Abs. 3 BetrVG). Es sind nur solche Erklärungen des Arbeitnehmers in die Personalakte aufzunehmen, die sich auf den Inhalt der Personalakte beziehen und im Hinblick auf das Arbeitsverhältnis von Bedeutung sind.

Auch für neben der Hauptpersonalakte geführte Neben- oder Sonderpersonalakten besteht das Einsichtsrecht des Arbeitnehmers. Die Einfügung eines Vermerks in die Hauptpersonalakte über die übrigen als Personalakte anzusehenden Unterlagen ist angemessen. Der Arbeitnehmer hat ein Recht auf Einsicht in die *vollständigen* Personalakten.

Das Einsichtsrecht gemäß § 83 BetrVG steht dem Arbeitnehmer persönlich zu und nicht in erster Linie dem Betriebsrat. Allerdings kann der Arbeitnehmer hinsichtlich der Geltendmachung seines Einblicksrechts gemäß § 83 Abs. 1 Satz 2 BetrVG bei der Einsichtnahme ein Mitglied des Betriebsrats hinzuziehen. Damit steht dem Betriebsrat persönlich nach dessen Gutdünken ein Einblicksrecht nicht zu, allerdings dann, wenn der betroffene Arbeitnehmer dies ausdrücklich verlangt.

2.14 Einstellung

§ 99 BetrVG / §§ 92, 95, 100 BetrVG

Der Begriff der Einstellung bedeutet den Abschluss eines Arbeitsvertrags (schriftlich oder mündlich) zum Zwecke der Beschäftigung oder auch nur Eingliederung in den Betrieb (auch bei rechtlicher Unwirksamkeit des Arbeitsvertrags), wenn sich die Arbeitsvertragsparteien aber faktisch auf die Arbeitsleistung geeinigt haben. Da der Betriebsrat Mitwirkungsrechte gemäß § 99 BetrVG hat, ist er vor der Einstellung zu beteiligen; mitwirkungspflichtig ist der zeitlich erste Vorgang.

Mitwirkungspflichtig sind sämtliche Einstellungen, also unbefristete, befristete Arbeitsverhältnisse, Probe-, Aushilfs- und Ausbildungsverhältnisse usw.; auch die Umwandlung eines befristeten in ein unbefristetes Arbeitsverhältnis, die Verlängerung eines befristeten Arbeitsverhältnisses, die Übernahme in ein Arbeitsverhältnis nach Beendigung des Ausbildungsvertrags und auch die Beschäftigung von Leiharbeitnehmern nach dem Arbeitnehmerüberlassungsgesetz. Keine Einstellung ist die Rücknahme einer Kündigung, Wiederaufleben eines ruhenden Arbeitsverhältnisses (z. B. infolge Wehrdienstes) und der Eintitt in ein Arbeitsverhältnis aufgrund Betriebsübernahme gemäß § 613a BGB.

Ein Mitbestimmungsrecht des Betriebsrats bei Einstellung leitender Angestellter entfällt; allerdings ist eine solche Maßnahme dem Betriebsrat gemäß § 105 BetrVG rechtzeitig mitzuteilen.

2.15 Fristlose Kündigung

§ 626 BGB – § 102 BetrVG (Anhörungsrecht des Betriebsrats)

Gemäß § 626 BGB sind für die Rechtswirksamkeit einer außerordentlichen Kündigung folgende drei Voraussetzungen erforderlich:

1. Wichtiger Grund, d. h. schwerwiegende Arbeitspflichtverletzung.
2. Unzumutbarkeit für den Kündigenden, das Arbeitsverhältnis auch nur noch bis zum Ablauf der ordentlichen Kündigungsfrist fortzusetzen bzw. bis zum Zeitpunkt des Endes des Arbeitsverhältnisses im Falle einer Befristung.
3. Der zur Kündigung führende Vorfall muss innerhalb einer Zwei-Wochenfrist vor Ausspruch der Kündigung liegen; entscheidend ist die Kenntnisnahme durch den Kündigungsberechtigten.

2.16 Gehaltsvereinbarung

§ 611 ff. BetrVG / §§ 87 Abs. 1 Ziff. 10 und 11, 75, 80 Abs. 2 Satz 2 Halbsatz 2 BetrVG

Die Gehaltsvereinbarung unterliegt grundsätzlich der freien Disposition zwischen Arbeitgeber und Arbeitnehmer. Allerdings ist diese grundsätzliche Dispositionsfreiheit stark eingeschränkt durch tarifrechtliche Bestimmungen, Betriebsvereinbarungen und auch einer Konkretisierung der allgemeinen Gleichbehandlungsverpflichtung, wie sie in den §§ 611a und b BGB und 75 BetrVG zum Ausdruck gekommen ist.

Bei Fragen der betrieblichen Lohngestaltung, insbesondere der Aufstellung von Entlohnungsgrundsätzen und die Einführung und Anwendung von neuen Entlohnungsmethoden sowie deren Änderung, Festsetzung der Akkord- und Prämiensätze und vergleichbarer leistungsbezogener Entgelte, einschließlich der Geldfaktoren hat der Betriebsrat ein erzwingbares Mitbestimmungsrecht (§ 87 Abs. 1 Ziff. 10 und 11 BetrVG); bei Meinungsverschiedenheiten entscheidet die Einigungsstelle (§ 87 Abs. 2 BetrVG). Die Mitbestimmung im Rahmen des § 87 Abs. 1 Ziff. 10 und 11 BetrVG bezieht sich allerdings nur auf abstrakte, jedoch nicht auf individuelle Regelungen innerhalb eines konkreten Arbeitsverhältnisses. Ein nach quantitativen oder qualitativen Kriterien bestimmtes Lohn- oder Gehaltssystem stellt eine mitbestimmungspflichtig abstrakte Regelung dar. Dagegen ist die Frage der Einführung z. B. von Zulagen für einen namentlich bestimmten Personenkreis, ihre Begrenzung auf diesen Personenkreis sowie ihre Gesamthöhe mitbestimmungsfrei.

Besonders problematisch ist es, inwieweit Gehaltsgruppen für AT-Angestellte der Mitbestimmung des Betriebsrats unterliegen. Nach der Rechtsprechung des Bundesarbeitsgerichts ist nicht mitbestimmungspflichtig die übertarifliche Bezahlung kraft echten Einzelvertrages. Mitbestimmungspflichtig ist dagegen die Bildung von Gehaltsgruppen für AT-Angestellte, die Wertunterschiede zwischen den Gruppen und die Bestimmung der Bandbreite einer Gehaltsgruppe in Prozentsätzen oder Verhältniszahlen; somit unterliegt die Schaffung eines AT-Gehaltsgitters der vorherigen Zustimmung des Betriebsrats. Nicht mitbestimmungspflichtig ist lediglich der Abstand der niedrigsten Gehaltsgruppe der AT-Angestellten zur höchsten Tarifgruppe.

Der Begriff „Lohn" im Sinne § 87 Abs. 1 Ziff. 10 BetrVG ist im Sinne von Arbeitsentgelt zu verstehen, d.h. Leistungen des Arbeitgebers mit Entgeltcharakter (Geld- oder Sachleistungen) im Hinblick auf eine erbrachte Arbeitsleistung.

Zur effektiven Absicherung einer Überwachung des Arbeitgebers durch den Betriebsrat zur Beachtung der im § 75 niedergelegten Gleichbehandlungsverpflichtung ist in § 80 Abs. 2 Satz 2 Halbsatz 2 BetrVG dem Betriebsrat ein umfassendes Einblicksrecht eingeräumt; dieses besteht auch in dem Bereich übertariflicher Zulagen der AT-Angestellten. Lediglich in die Gehaltslisten der leitenden Angestellten im Sinne von § 5 Abs. 3 BetrVG steht dem Betriebsrat kein Einblicksrecht zu, da dieser Personenkreis vom Betriebsrat auch nicht betriebsverfassungsrechtlich vertreten wird.

2.17 Gleichbehandlungspflicht

Art. 3 Absätze 1 – 3 GG – §§ 611 a und b BGB – § 75 BetrVG

Der allgemeine Gleichheitssatz (Art. 3 Abs. 1 GG) ist näher konkretisiert durch den sog. Gleichberechtigungssatz (Art. 3 Abs. 2 GG) und das Differenzierungsverbot gemäß Art. 3 Abs. 3 GG. Diese allgemeinen Rechtsgedanken haben ihre Ausgestaltung per einfachen Gesetz gefunden in den §§ 611 a und b mit der dort enthaltenen Gleichbehandlungspflicht gegenüber Männer und Frauen und dem in § 75 BetrVG niegergelegten Grundsatz für die Behandlung der Betriebsangehörigen. Entsprechend dem Wortlaut des § 75 Abs. 1 BetrVG sind Arbeitgeber und Betriebsrat dazu aufgerufen, dass alle im Betrieb beschäftigten vergleichbaren Arbeitnehmer „gleich" behandelt werden; eine Differenzierung innerhalb einer vergleichbaren Lage mehrerer Arbeitnehmer ist nur dann möglich, wenn hierfür wegen der Regelung sachliche Gründe stehen. Die Gleichbehandlungsverpflichtung gemäß § 75 BetrVG stellt einen Verhaltenskodex für Arbeitgeber und Betriebsrat dar.

2.18 Personalinformationssysteme

§ 87 Abs. 1 Ziff. 6 BetrVG

Personalinformationssysteme dienen dazu, die rechtlichen und betrieblichen Erfordernisse der Lohn- und Gehaltsabrechnung, der Einstellung und Versetzung sowie Beförderung und Kündigung zu bewältigen. Sie dienen der Personalplanung. Damit lassen sich der Bedarf an Arbeitnehmern, ihre Beschaffung und Einsatzmöglichkeiten, Freistellung, Aus- und Weiterbildung usw. planen. Personalinformationssysteme sind das neuzeitliche Instrument zur Steuerung des Personaleinsatzes.

Sofern mit Personalinformationssystemen aufgrund vorhandener Programme Verhaltens- und Leistungsdaten der Arbeitnehmer ermittelt und aufgezeichnet werden, die bestimmten Arbeitnehmern zugeordnet werden können, unabhängig davon, zu welchem Zweck diese Daten erfasst werden, ist ein Mitbestimmungsrecht des Betriebsrats gem. § 87 Abs. 1 Ziff. 6 BetrVG gegeben. Der Zugang zu Personalinformationssystemen erfolgt üblicherweise durch Datensichtgeräte in Verbindung mit einem Rechner. Die Inbetriebnahme solcher Bildschirmarbeitsplätze und die Anwendung ist mitbestimmungspflichtig, wenn die genannten Bildschirmarbeitsplätze technisch dahingehend ausgelegt sind, leistungsbezogene Daten von Arbeitnehmern über einen längeren Zeitraum zu erfassen, zu sammeln, zu speichern und gegebenenfalls auf Abruf auszudrucken.

2.19 Tarifvorrang

§ 77 Abs. 3 BetrVG / s. a. § 87 Abs. 1 Einleitungssatz BetrVG

Der Gesetzgeber hat das erzwingbare Mitbestimmungsrecht des Betriebsrats als betriebsverfassungsrechtliche Institution durch den Vorbehalt der gesetzlichen oder tariflichen Regelung begrenzt. Das Mitbestimmungsrecht ist dann ausgeschlossen, wenn durch Gesetz oder Tarifvertrag eine Angelegenheit bereits geregelt ist. Sinn und Zweck dieser Sperrwirkung einer gesetzlichen oder tariflichen Regelung ist die Erwägung, daß eine solche Regelung dem Schutzbedürfnis der Belegschaft nach unabdingbaren Regelungen bereits genügend Rechnung trägt, so dass es nicht mehr erforderlich erscheint, nach Gesetz oder Tarifvertrag in derselben Angelegenheit auch noch das Mitbestimmungsrecht des Betriebsrats zum Schutz der Arbeitnehmer wirksam werden zu lassen.

Die Sperrwirkung des Tarifvertrags tritt aber nur ein, wenn der Tarifvertrag eine eigene, in sich geschlossene materielle Regelung enthält oder üblicherweise enthält. Nur dann versperrt eine tarifliche Regelung beiden Parteien – Arbeitgeber und Betriebsrat – die Möglichkeit, die Einigungsstelle anzurufen. Der Tarifvertrag muss für den Betrieb verbindlich sein. In dem Maße, in dem die Mitbestimmung hinter die tarifliche Regelung zurücktreten soll, muss eine abschließende Tarifnorm für den betreffenden Regelungsgegenstand vorhanden sein. Bloße Richtlinien oder Rahmenvorschriften reichen nicht aus, um den Tarifvorrang mit einer Sperrwirkung hinsichtlich des Abschlusses von Betriebsvereinbarungen auszulösen. Der Tarifvorrang tritt nicht ein, wenn die Tarifvertragsparteien eine sog. Öffnungsklausel (vgl. § 77 Abs. 2 Satz 2 BetrVG) in den Tarifvertrag mit dem Ziel aufgenommen haben, den Betriebspartnern – Arbeitgeber und Betriebsrat – den Abschluss ergänzender Betriebsvereinbarungen zu ermöglichen.

2.20 Technische Einrichtungen

§ 87 Abs. 1 Ziff. 6 BetrVG

Die Anwendung technischer Kontollgeräte unterliegt gem. § 87 Abs. 1 Ziff. 6 BetrVG insoweit dem Mitbestimmungsrecht des Betriebsrats, als Verhalten und Leistung der Arbeitnehmer überwacht werden. Diese Vorschrift hängt eng zusammen mit § 87 Abs. 1 Ziff. 1 BetrVG. Die Kontrolleinrichtung braucht nicht ausschließlich oder überwiegend die Überwachung der Arbeitnehmer zu bezwecken; das Mitbestimmungsrecht des Betriebsrats wird bereits dann ausgelöst, wenn die Kontrolleinrichtung dazu geeignet ist, das Verhalten oder die Leistung der Arbeitnehmer zu überwachen.

Kontrolle von Mensch und Maschine wird sich häufig nicht trennen lassen. Unerheblich für das Mitbestimmungsrecht ist auch, ob derartige Kontrollgeräte ganz allgemein im Betrieb eingeführt sind oder nur für bestimmte Arbeitsplätze. Das Mitbestimmungsrecht besteht auch unabhängig davon, ob die Überwachungseinrichtung automatisch abläuft, oder einer Bedienung durch den betroffenen Arbeitnehmer oder Dritte bedarf. Etwas anderes gilt, wenn die technische Kontrolleinrichtung lediglich den Arbeitsablauf von Maschinen überwacht (z. B. Warnlampen, Stückzähler, Zeitmengenschreiber, Druckmesser usw.).

Kein Mitbestimmungsrecht besteht bei gesetzlich vorgeschriebenen Kontrollgeräten, z. B. Fahrtenschreiber (§ 5a StVZO) und bei der Kontrolle durch

Aufsichtspersonen (z. B. Vorarbeiter, Meister), sei es auch unter Anwendung von Messgeräten (z. B. Stoppuhr).

Eine technische Einrichtung im Sinne des § 8 Abs. 1 Ziff. 6 ist dann dazu bestimmt, das Verhalten oder die Leistung der Arbeitnehmer zu überwachen, wenn die Einrichtung zur Überwachung objektiv und unmittelbar geeignet ist, ohne Rücksicht darauf, ob der Arbeitgeber dieses Ziel verfolgt und die durch die Überwachung gewonnenen Daten auch auswertet.

2.21 Umgruppierung

§ 99 Abs. 1 BetrVG / §§ 92 ff., 80 Abs. 2 Satz 2, Halbsatz 2 BetrVG

Umgruppierung ist der Vorgang, durch den ein Arbeitnehmer in eine andere Lohn- oder Gehaltsgruppe eingestuft wird. Die Umgruppierung an sich stellt lediglich einen deklaratorischen Akt dar, da sie abhängig ist von der Erfüllung bestimmter Tarifmerkmale durch den Arbeitnehmer.

Das erzwingbare Mitbestimmungsrecht des Betriebsrats gemäß § 99 Abs. 1 BetrVG und den ihm als flankierenden Schutz dienende Einsichtsrecht des Betriebsrats in die Bruttolohn- und Gehaltslisten gemäß (§ 80 Abs. 2 Satz 2 Halbsatz 2 BetrVG dient einer Richtigkeitskontrolle bei der Umgruppierung, d. h. eine Mitbeurteilung bei der „richtigen" Rechtsanwendung eines Tarifvertrags bzw. Betriebsvereinbarung. Mitbestimmungspflichtig bei Umgruppierungen sind sowohl Maßnahmen zu Gunsten wie zu Lasten des Arbeitnehmers.

Dem Mitbestimmungsrecht des Betriebsrats unterliegt jede Änderung des Entgeltschemas, d. h. nicht nur Umgruppierungen innerhalb des Tarif-Kreises, sondern auch bei Umgruppierungen vom Tarif-Kreis in den AT-Bereich und bei Umgruppierungen innerhalb des AT-Kreises (AL, HAL). Zwar unterliegt die einzelvertragliche Vereinbarung des Gehalts eines außertariflichen Angestellen nicht dem Mitbestimmungsrecht des Betriebsrats, wohl aber die „Umgruppierung" von AT-Angestellten in betriebliche Gehaltsgruppen, sofern solche bestehen (z. B. AT-Gehaltsgitter). Das Beteiligungsrecht des Betriebsrats entfällt dagegen dann, wenn der Arbeitnehmer nach Umgruppierung zu den leitenden Angestellten im Sinne von § 5 Abs. 3 BetrVG gehört.

2.22 Unterrichtungspflicht des Arbeitgebers

§ 81 BetrVG

Zweck der gesetzlich verankerten Unterrichtungsverpflichtung des Arbeitgebers soll es sein, das Interesse des Arbeitnehmers an seinem Arbeitsplatz und an allen ihn betreffenden Fragen zu fördern; der Arbeitnehmer soll auf diese

Weise befähigt werden, die Gesamtzusammenhänge des Arbeitsablaufs zu erkennen. In der Regel wird die Unterrichtung des Arbeitnehmers durch den jeweiligen Vorgesetzten erfolgen, also durch denjenigen, der das Direktionsrecht des Arbeitgebers (siehe Stichwort: Direktionsrecht) ausübt.

2.23 Verhaltensbedingte Kündigung

§ 1 Abs. 1 KSchG – § 102 BetrVG (Anhörungsrecht des Betriebsrats)

Die verhaltensbedingte Kündigung bezeichnet die ordentliche Kündigung, die begründet wird vor allem mit Vertragsverletzungen des Arbeitnehmers, Umstände aus seinem Verhältnis zu Arbeitskollegen, betrieblichen und überbetrieblichen Einrichtungen sowie Umstände aus dem außerdienstlichen Verhalten des Arbeitnehmers, sofern hierdurch das Arbeitsverhältnis beeinträchtigt wird. Das Maß der vom Arbeitnehmer mit seinem Verhalten verursachten Kündigungsgründe braucht nicht so gewichtig zu sein, dass dem Arbeitgeber die Fortsetzung des Arbeitsverhältnisses schlechthin nicht mehr zugemutet werden kann. In diesen Fällen könnte der Arbeitgeber bereits außerordentlich / fristlos (siehe Stichwort: fristlose Kündigung) kündigen. Eine verhaltensbedingte Kündigung ist sozial gerechtfertigt, wenn ein verständig denkender Arbeitgeber bei Abwägung der wechselseitigen Interessen kündigen würde.

In der Regel ist die Kündigung bedingt durch ein Verschulden des Arbeitnehmers im Leistungsbereich oder bzw. und im engeren Vertrauensbereich. Grundsätzlich hat einer verhaltensbedingten Kündigung (insbesondere im Leistungsbereich) eine Abmahnung (siehe Stichwort: Abmahnung) vorauszugehen.

Verhaltensbedingte Kündigungsgründe können sein:

- Störungen im Leistungsbereich, Minder- oder / und Schlechtleistung, unzureichende Leistung, z. B. Arbeitsverweigerung, Unpünktlichkeit
- Verstöße gegen die betriebliche Ordnung, z. B.: Verletzung von Rauchverboten, Alkoholverboten (soweit AN nicht alkoholkrank ist) und Anzeige- und Nachweispflichten bei Krankheit; Beleidigung und Tätlichkeit unter Kollegen
- Störungen im Vertrauensbereich, insbesondere Straftaten gegen den AG, z. B.: Diebstahl, Unterschlagung, Urkundenfälschung, Betrug, hier ist häufig auch eine außerordentliche (fristlose) Kündigung möglich
- Verletzungen arbeitsvertraglicher Nebenpflichten, z. B.: Geheimhaltungspflicht, unerlaubte Nebentätigkeiten

1. Minderleistung (Quantität der Arbeitsleistung)
2. Schlechtleistung (Qualität der Arbeitsleistung)
3. unzureichende Leistung (Sozialkompetenz / Führungsverhalten / Integrationswilligkeit / Weiterbildungsbereitschaft)

Zu 1. Minderleistung

Hier geht es immer um Kritik an der Quantität der Arbeitsleistung. Da die Quantität selten aus dem Arbeitsvertrag ableitbar ist, muss sie durch Ausübung des Weisungsrechtes durch den Arbeitgeber bestimmt werden.

Zu beachten ist, dass weder faktisch Unmögliches verlangt noch gegen das Schikaneverbot verstoßen wird. Dass bei zu hohen Anforderungen bei der Quantität oder Arbeitsleistung u. a. die Qualität leidet, hat der Arbeitgeber selbst zu vertreten.

Die Ausübung des Weisungsrechts kann mündlich und / oder schriftlich (Zielvereinbarung oder Gesprächsnotiz) erfolgen, wobei die schriftliche Form aufgrund einer späteren Beweisführung sinnvoller ist.

Die Ausübung des Weisungsrechts ist nicht mitbestimmungspflichtig.

Die Weisungen pro Mitarbeiter können durchaus individuell gestaltet sein. Dies verstößt nicht gegen den Gleichbehandlungsgrundsatz nach § 75 BetrVG. Es müssen lediglich sachliche Kriterien für die unterschiedliche Handhabung bestehen (Bezirk, Umsatz, etc.). Diese Einflussgrößen können von außen vorliegen oder auch erst vom Arbeitgeber geschaffen werden, so kann z. B. der Umsatz pro Mitarbeiter eine sachliche Begründung für ungleiche Vorgaben sein!

Zu 2. Schlechtleistung

Hier geht es immer um die Qualität der Arbeitsleistung. Oft ist keine Messgröße für die Quantität der Arbeitsleistung vorhanden, daher ist der Ansatz meist die Art der Aufgabenerfüllung (z. B. äußeres Erscheinungsbild). Entweder gibt das entsprechende Berufsbild eine gewisse Verkehrssitte vor oder der Arbeitgeber bestimmt das Auftreten (z. B. Männer immer mit Krawatte, Frauen im Kostüm, so lange keine identische Uniform verordnet wird, die nach § 87 BetrVG mitbestimmungspflichtig ist.

Zu 3. Unzureichende Leistung

Darunter fällt
– mangelnde Sozialkompetenz,
– mangelndes Führungsverhalten,
– mangelnde Integrationswilligkeit / Kooperationsbereitschaft,
– mangelnde Weiterbildungsbereitschaft.

2.24 Versetzung

§ 95 Abs. 3, § 99 Abs. 1 BetrVG

§ 95 Abs. 3 enthält eine Legaldefinition des Versetzungsbegriffs nach dem BetrVG. Dieser ist auch maßgebend für den Anwendungsbereich der Mitbestimmungsrechte gemäß § 99 Abs. 1 BetrVG. Voraussetzung für ein Mitwirkungsrecht des Betriebsrats ist demnach:

1. Zuweisung eines anderen Arbeitsbereichs,
2. entweder: die voraussichtlich die Dauer eines Monats überschreitet
   oder: die – auch kurzfristig – mit einer erheblichen Änderung der Umstände verbunden ist, unter denen die Arbeit zu leisten ist.

Durch diese Formulierung ist eine Erweiterung der Mitbestimmungsrechte des Betriebsrats dahingehend erfolgt, dass auch Versetzungen innerhalb des gleichen Betriebs oder der gleichen Betriebsabteilung erfasst werden können, um somit dem Schutzbedürfnis des Arbeitnehmers Rechnung zu tragen, dass ihm seine gewohnte Arbeitsumgebung nicht ohne Mitwirkung des Betriebsrats entzogen werden kann. Nicht erfasst von dieser betriebsverfassungsrechtlichen Definition der Versetzung ist die sog. Umsetzung. Dem Mitbestimmungsrecht des Betriebsrats unterliegt der *tatsächliche Vorgang* der Veränderung des Arbeitsbereichs, ohne dass es auf den individualrechtlichen Vorgang (arbeitsvertragliche Anweisung, Vertragsänderung, Änderungskündigung) ankommt; auch die Versetzung, die mit Einverständnis des Arbeitnehmers erfolgt, ist mitbestimmungspflichtig, sofern die obengenannten Voraussetzungen vorliegen.

3 Die Sonderstellung des Leitenden Angestellten

Horst Udo Niedenhoff

3.1 Die Abgrenzung des Leitenden Angestellten nach dem BetrVG

Der Begriff „Leitender Angestellter" ist in der Bundesrepublik Deutschland zu einem politischen Begriff geworden. Der Grund dafür ist durch folgenden Sachverhalt entstanden:

1. Leitende Angestellte sind durch ihren Arbeitsvertrag Arbeitnehmer des Unternehmens (Abb. 1).
2. Aufgrund ihrer Dienststellung und ihres Arbeitsvertrages stehen sie dem Arbeitgeber näher als den übrigen Arbeitnehmern (vgl. § 5 BetrVG).
3. Aus diesem Grunde sind sie aus den Regelungen des BetrVG herausgenommen worden.
4. Dadurch entstand das Problem, ob diese Arbeitnehmergruppe eine eigenständige Interessenvertretung haben sollte.
5. Dazu kam noch die Überlegung, ob der Kreis der Leitenden Angestellten als Faktor „Disposition" nicht auch in den Organen des Unternehmens (Aufsichtsrat) vertreten sein sollte.
6. Diese Situation hat die politischen Parteien und die Sozialpartner auf den Plan gerufen: Wie groß darf eigentlich der Kreis dieser Leitenden

nicht dem BetrVG unterliegend		
Arbeitgeber (§ 5 II BetrVG) zum Beispiel	Leitende Angestellte (§ 5 III, IV BetrVG) zum Beispiel	Nicht leitende Angestellte (§ 5 I, IV BetrVG) zum Beispiel
– Eigentümer eines Unternehmens – Gesellschaften einer OHG – Geschäftsführer – Vorstandsmitglieder	– Generalbevollmächtigte – Direktoren – Hauptabteilungsleiter	– Abteilungsleiter – Meister – AT-Angestellte – sonstige Angestellte – Arbeiter
	Arbeitnehmer	

Abb. 1 Arbeitgeber und Arbeitnehmer

Übersicht 1 Die Abgrenzung des Leitenden Angestellten nach § 5 Abs. 3 und 4 BetrVG

Inhalte der Abgrenzung	Anmerkungen
1. Selbständige Einstellung und Entlassung	– sowohl Einstellungen als auch Entlassungen – es genügt die Befugnis auf eine bestimmte Gruppe von Arbeitnehmern – aber es muss eine bedeutende Anzahl sein
2. Generalvollmacht oder Prokura	– Gesamt- und Niederlassungsprokura – entsprechende Stellung im Betrieb und Unternehmen – eine Titularprokura
3. Wahrnehmung von Aufgaben, die für den Bestand und die Entwicklung des Betriebs oder Unternehmens von Bedeutung sind	– Entscheidungen treffen (Linienfunktion) oder maßgeblich beeinflussen (Stabsfunktion)
4. Voraussetzung von besonderen Erfahrungen und Kenntnissen	– Erfahrungen müssen über den üblichen Rahmen hinausgehen – ein bestimmtes Berufsbild wird nicht vorausgesetzt
5. Entscheidungen müssen im wesentlichen frei von Weisungen getroffen werden 6. Maßgebliche Beeinflussung von Entscheidungen	Voraussetzungen schaffen, an denen der Unternehmer, die Unternehmensleitung oder die Geschäftsführung nicht ohne weiteres vorbeigehen kann
7. Regelmäßige Ausübung der leitenden Tätigkeit	keine gelegentliche oder vorübergehende Tätigkeit
8. Schon bei der letzten Mitbestimmungswahl (Betriebsrats-, Sprecherausschuss- und Aufsichtsratswahl) den Leitenden zugeordnet 9. Durch rechtskräftige, gerichtliche Entscheidung den Leitenden zugeordnet	gilt nicht mehr, wenn sich mit der Entscheidung die Aufgabenstellung geändert hat
10. Wer einer Leitungsebene angehört, auf der überwiegend Leitende Angestellte vertreten sind	– überwiegend bedeuten: mehr als die Hälfte – bezogen auf das Unternehmen, nicht auf die Branche
11. Das Beziehen eines regelmäßigen Jahresarbeitsentgelts, das im Unternehmen für Leitende üblich ist	– gerechnet werden alle Vergütungen und Sachleistungen ohne Spesenersatz – gerechnet wird der Durchschnitt – bezogen auf das Unternehmen, nicht auf die Branche
12. Ein regelmäßiges Jahresarbeitsentgelt, das das Dreifache der Bezugsgröße nach § 18 des 4. Buches Sozialgesetzbuch überschreitet	– gilt nur, wenn noch Zuordnungszweifel (siehe 11.) bestehen

Angestellten sein? Welche Sonderstellungen sollen sie erhalten? Wie soll die Mitwirkung und Mitbestimmung dieses Personenkreises aussehen?

7. Der Streit zwischen den Sozialpartnern (Arbeitgeberverbänden und Gewerkschaften) und den politischen Parteien war damit programmiert. Aus all diesen Problemen stellte sich die Frage, wer ist überhaupt Leitender Angestellter? Leitet jeder, der für die Arbeitsdisposition von Mitarbeitern verantwortlich ist? Oder leitet nur der, der arbeitgeberähnliche Funktionen, wie Werksleitung, Einstellungen und Entlassungen, wahrnimmt? Im einen Fall ist die Zahl der Leitenden sehr groß, im anderen bedeutend geringer.

8. Dies hat zum Streit zwischen den Sozialpartnern und den politischen Parteien geführt. Wie groß darf überhaupt der Kreis der Leitenden sein?

Mit der Änderung des BetrVG von 1988 wollte der Gesetzgeber dieser Situation Rechnung tragen. Er hat dem ehemaligen § 5 Abs. 3 BetrVG einen Absatz 4 hinzugefügt, um eine Klärung des Begriffs Leitender Angestellter nun endlich vollständig vornehmen zu können. Danach ergibt sich nun die in Übersicht 1 gezeigte Abgrenzung.

Eine tatsächliche Klärung, wer nun wirklich Leitender Angestellter ist, kann eigentlich nur durch eine Gesamtwürdigung der Sonderstellungsinhalte des Status Leitender Angestellter geklärt werden (Abb. 2). Hierbei geht es darum, ob dieser Personenkreis entweder anstelle des Unternehmers oder der Geschäftsführung, zumindest in Teilbereichen, handelt oder ein besonderes Vertrauensverhältnis zum Arbeitgeber besteht oder aber, dass das Unternehmensergebnis von diesem Personenkreis maßgeblich beeinflusst wird, wobei diese maßgebliche Beeinflussung der wirtschaftlichen, technischen, organisatorischen und wissenschaftlichen Führung eines Unternehmens oder Betriebes gilt. Weiter muss geklärt werden, ob eigenverantwortliche Sach- oder Personalentscheidungen getroffen werden können oder aber der maßgebliche Einfluss auf Entscheidungsvorbereitung, auf die Durchführung und die Kontrolle der Durchführung gewährleistet ist.

Danach ergibt sich folgende Situation (Abb. 3): Nicht unter die Gültigkeit der Regelungen des BetrVG fallen die Eigentümer des Unternehmens, die Gesellschafter einer OHG, einer KG, einer GmbH und deren Geschäftsführer sowie die Vorstandsmitglieder von Aktiengesellschaften (§ 5 Abs. 2 BetrVG) und die Leitenden Angestellten, wie zum Beispiel Generalbevollmächtigte, Direktoren, Hauptabteilungsleiter etc. (§ 5 Abs. 3 und 4 BetrVG). Die im Sinne des § 5 Abs. 1 BetrVG beschriebenen Arbeitnehmer, zum Beispiel Arbeiter, Angestellte, AT-Angestellte, Meister, Abteilungsleiter etc., fallen unter die Regelungen des Betriebsverfassungsgesetzes.

Für die Sonderstellung der Arbeitnehmer als Leitende Angestellte gilt seit 1988 das Sprecherausschussgesetz für Leitende Angestellte.

Handeln anstelle des Unternehmers oder der
Geschäftsführung – zumindest in Teilbereichen

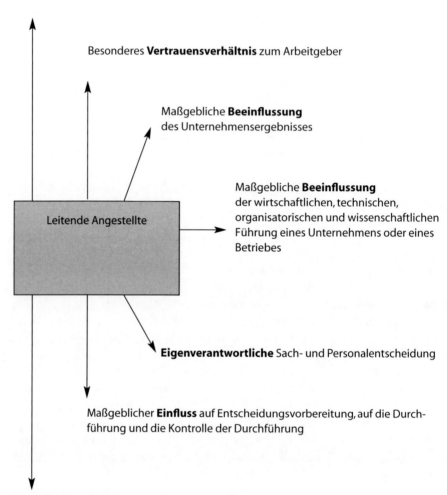

Besonderes **Vertrauensverhältnis** zum Arbeitgeber

Maßgebliche **Beeinflussung**
des Unternehmensergebnisses

Maßgebliche **Beeinflussung**
der wirtschaftlichen, technischen,
organisatorischen und wissenschaftlichen
Führung eines Unternehmens oder eines
Betriebes

Leitende Angestellte

Eigenverantwortliche Sach- und Personalentscheidung

Maßgeblicher **Einfluss** auf Entscheidungsvorbereitung, auf die Durchführung und die Kontrolle der Durchführung

Eine **Gesamtwürdigung** der Sonderstellungsinhalte kann den
Status der Leitenden Angestellten rechtfertigen.

Abb. 2 Die Sonderstellung des Leitenden Angestellten

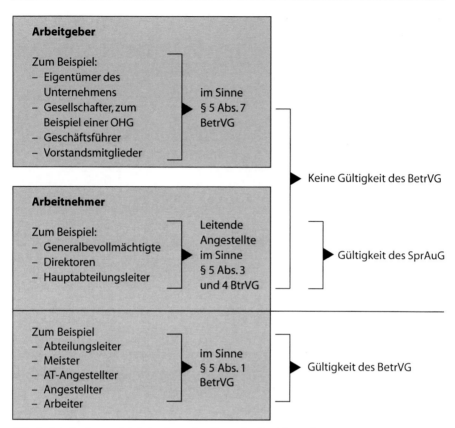

Abb. 3 Arbeitgeber und Arbeitnehmer im Sinne des Betriebsverfassungsgesetzes

4 Der Leitende Angestellte – besondere Rechte, besondere Pflichten

Gregor Thüsing

Der Leitende Angestellte ist ein Arbeitnehmer, aber er ist eine besondere Art von Arbeitnehmer. Aufgrund seiner Vollmachten für eigenverantwortliche Leitung bestimmter Arbeits- und Produktionsbereiche nimmt er an der unternehmerischen Leitung mittelbar teil und steht damit näher am Arbeitgeber als seine nicht leitenden Kollegen. Dieser besonderen Stellung trägt auch das Arbeitsrecht Rechnung. Allerdings gibt es keinen einheitlichen arbeitsrechtlichen Begriff des Leitenden Angestellten, sondern die verschiedenen Gesetze definieren ihn unterschiedlich, so dass bestimmte Leitende Angestellte von dem einen Gesetz zwar erfasst sein können, von dem anderen jedoch nicht.

4.1 Kündigungsschutz

§ 14 Abs. 2 KSchG definiert den Leitenden Angestellten dahingehend, dass sie ähnliche Leitungsaufgaben wie Geschäftsführer und Betriebsleiter erfüllen, insbesondere zur selbständigen Einstellung und Entlassung von Arbeitnehmern berechtigt sind.

Grundsätzlich genießt auch der Leitende Angestellte Kündigungsschutz wie jeder andere Arbeitnehmer auch. In einem Betrieb mit mehr als sechs Arbeitnehmern und nach einer Beschäftigungsdauer von mindestens sechs Monaten unterfällt er also dem allgemeinen Kündigungsschutz nach § 1 KSchG und kann nur aus betriebsbedingten, personenbedingten oder verhaltensbedingten Gründen gekündigt werden. Dennoch gibt es auch hier Besonderheiten. So trifft den Leitenden Angestellten aufgrund seiner hervorgehobenen Position eine erhöhte Treuepflicht zum Arbeitgeber, so dass bereits geringfügigere Verstöße für eine personen- oder verhaltensbedingte Kündigung ausreichen oder einen wichtigen Grund für eine fristlose, außerordentliche Kündigung bilden (BAG v. 22.11.1962 [Der Betrieb 1963, S. 1055]; LAG Nürnberg v. 5.9.1990 [DB 1990, S. 2330]; in beiden Fällen Verletzung von Offenbarungspflichten, die nur den Leitenden Angestellten trafen, nicht aber sonstige Arbeitnehmer). Aufgrund dieses besonderen Vertrauensverhältnisses kann auch in einem Kündigungsschutzprozess nach § 9 Abs. 1 KSchG der Arbeitgeber die gerichtliche Auflösung des Arbeitsverhältnisses beantragen, ohne dass es hierfür einer Begründung bedarf. Allerdings muss er dann nach § 10 KSchG eine Abfindung zahlen, beim nicht leitenden Arbeitnehmer kann der Arbeitgeber einen solchen Antrag nur stellen, wenn er darlegen kann, dass die Fortsetzung des Arbeitsverhältnisses ihm nicht zuzumuten ist.

4.2 Betriebsverfassung

Gemäß § 5 Abs. 3 BetrVG findet das Betriebsverfassungsgesetz auf leitenden Angestellte keine Anwendung, soweit nicht ausdrücklich etwas anderes bestimmt ist. Leitender Angestellter ist hiernach, wer nach Arbeitsvertrag und Stellung im Unternehmen oder im Betrieb entweder zur selbständigen Einstellung oder Entlassung von im Betrieb oder in der Betriebsabteilung beschäftigten Arbeitnehmern berechtigt ist; oder Generalvollmacht oder Prokura hat und die Prokura auch im Verhältnis zum Arbeitgeber nicht unbedeutend ist; oder regelmäßig sonstige Aufgaben wahrnimmt, die für den Bestand und die Entwicklung des Unternehmens oder des Betriebs von Bedeutung sind und deren Erfüllung besondere Erfahrungen und Kenntnisse voraussetzt, wenn er dabei entweder die Entscheidungen im wesentlichen frei von Weisungen trifft oder sie maßgeblich beeinflusst. Ist danach eine Einordnung nicht möglich, greift die Zweifelsregelung des § 5 Abs. 4 BetrVG, die danach unterscheidet, ob der Arbeitnehmer bei der letzten Wahl zum Betriebsrat teilgenommen hat, welcher Leitungsebene er angehört, oder ob er ein regelmäßiges Jahresarbeitsentgelt erhält, das für Leitende Angestellte in dem Unternehmen üblich ist. Verbleiben dann immer noch Zweifel entscheidet gemäß § 5 Abs. 4 Nr. 4 das regelmäßige Jahresarbeitsentgelt: Überschreitet es das dreifache der Bezugsgröße nach § 18 SGB IV, ist der Arbeitnehmer Leitender Angestellter und nicht vom Betriebsverfassungsgesetz erfasst.

Für solche Leitenden Angestellten gibt es seit 1999 das Gesetz über Sprecherausschüsse der Leitenden Angestellten (Sprecherausschussgesetz). Es regelt die Errichtung von Sprecherausschüssen abschließend. Seine Mitwirkungsrechte bleiben deutlich hinter denen eines Betriebsrates zurück: Eine zwingende Mitbestimmung in sozialen Angelegenheiten gibt es nicht, ebenso wie Leitende Angestellte nicht von einem Sozialplan bei Betriebsänderungen erfasst werden. Vereinbart der Arbeitgeber Abfindungen, tut er dies freiwillig.

4.3 Arbeitszeitgesetz

Das Arbeitszeitgesetz, das seit dem 1. Juli 1994 die ehemals geltende Arbeitszeitordnung ersetzt, findet keine Anwendung auf Leitenden Angestellte. Anders als noch § 1 Abs. 2 AZO enthält § 18 Abs. 1 Nr. 1 AZG keine eigene Definition des Leitenden Angestellten, sondern verweist hier auf § 5 Abs. 3 BetrVG; es gilt daher das oben Gesagte.

4.4 Haftung

Auch bei der Haftung des Leitenden Angestellten bestehen Besonderheiten gegenüber seinen nicht leitenden Kollegen. Für betriebsbedingte Tätigkeit hat das Bundesarbeitsgericht eine gestufte Haftung je nach Verschuldensgrad des Arbeitnehmers entwickelt: hat er in leichtester Fahrlässigkeit einen Unfall oder Schaden verursacht, haftet er dafür seinem Arbeitgeber nicht und kann, soweit er Dritte geschädigt hat, für den ihnen zu leistenden Schadensersatz Rückgriff bei seinem Arbeitgeber nehmen. Hat einfache Fahrlässigkeit zu einer Schädigung geführt, so trifft ihn nur eine anteilige Eigenhaftung, je nach Höhe des Verschuldens. Einzig bei Vorsatz und grober Fahrlässigkeit haftet er voll, sowohl gegenüber dem Arbeitgeber als auch ohne Regressmöglichkeit gegenüber einem Dritten. Diese Haftungteilung ist nach mehrfach bestätigter Rechtsprechung nicht auf den Leitenden Angestellten übertragbar. Er haftet stets voll. Zur Begründung führt die Entscheidung an, dass er nicht in ähnlicher Weise sozialschutzbedürftig ist wie sonstige Arbeitnehmer. Wie aber hier der Leitende Angestellte zu bestimmen ist, insbesondere ob hierfür die Definition des § 5 Abs. 3 BetrVG maßgeblich ist, ist bislang noch offen.

4.5 Sonstiges

Leitende Angestellte können als ehrenamtliche Richter der Arbeitsgerichtsbarkeit oder der Sozialgerichtsbarkeit von der Arbeitgeberseite entsandt werden, wenn sie Geschäftsführer, Betriebsleiter oder Personalleiter sind, soweit sie zur Einstellung von Arbeitnehmern in den Betrieb berechtigt sind, oder ihnen Prokura oder Generalvollmacht erteilt ist (§ 22 Abs. 2 Nr. 2 ArbGG; § 16 Abs. 4 Nr. 3, 4 SGG).

5 GmbH-Geschäftsführer – Rechte und Pflichten

Wolf-Rüdiger Janert

5.1 Einleitung

Die Zahl der GmbH-Geschäftsführer ist im vergangenen Jahrzehnt stark gestiegen, und eine Ende dieser Entwicklung ist nicht abzusehen. Der Grund liegt in der modernen Unternehmensführung, die nicht mehr die Größe an sich auf die Fahnen schreibt, sondern mehr und mehr kleinere Unternehmenseinheiten bevorzugt. Diese lassen sich besser dezentral führen und haben den Vorteil, fungibel zu sein, ein Wert, der in der heutigen Zeit der „mergers and acquisitions" nicht zu unterschätzen ist.

Diese kleineren unternehmerischen Einheiten werden bevorzugt in der Rechtsform einer Gesellschaft mit beschränkter Haftung (GmbH) geführt mit einem oder mehreren Geschäftsführern an der Spitze. Sind diese Gesellschaften Resultat von Ausgliederungsprozessen, rekrutieren sich die Geschäftsführer oft aus dem Bestand der Leitenden Angestellten der Mutterfirma, die dann meist ihre bisherigen Funktionen mehr oder weniger unverändert weiter führen, jedoch nicht mehr als Angestellte der Firma, sondern als deren Geschäftsführer.

Aber auch im konzernfreien Raum nimmt die Zahl der Gesellschaften mit beschränkter Haftung zu. Da das nach § 3 GmbH erforderliche Mindestkapital von 50.000,– DM keine große Hürde darstellt und die Gründung durch die Zulassung der Einmann-GmbH wesentlich erleichtert worden ist, ist die Beliebtheit besonders unter den Existenzgründern erheblich gewachsen. Dass darüber hinaus die GmbH als typische Unternehmensform des wirtschaftlichen Mittelstands und speziell auch der Familiengesellschaften stets einen starken Stand hatte, braucht nicht besonders herausgestellt zu werden.

5.2 Angestellte und Gesellschafter-Geschäftsführer

In der klassischen Form der unabhängigen mittelständischen oder Familien-GmbH gehörten die Geschäftsführer regelmäßig dem Kreis der Gesellschafter an. Das hat sich in den letzten Jahrzehnten gewandelt einhergehend mit den gestiegenen Anforderungen an die Professionalität des Managements gerade auch der mittelständischen Wirtschaft im Konkurrenzkampf mit den Großunternehmen oder gar den sog. Global Players. Hier sind, wenn nicht nach dem Abtreten der Gründergeneration fachlich kompetente Familienmitglieder zur Verfügung stehen, die „bezahlten Manager" als angestellte Geschäftsführer besonders gefragt.

Die Mehrzahl der Geschäftsführer sind daher heutzutage *angestellte Fremdgeschäftsführer,* die das ihnen anvertraute Unternehmen auf der Grundlage eines Anstellungsvertrages leiten und auf Grund ihrer oft den Gesellschaftern überlegenen Sach- und Fachkompetenz die Geschäfte recht selbständig führen. Bei Einbindung in einen Konzern beispielsweise im Gefolge einer Ausgliederung mag das anders sein: Dort sind die Zügel oft so straff, dass recht wenig eigener unternehmerischer Spielraum verbleibt. Dies kann unter Umständen so weit gehen, dass die Grenze zum leitenden Angestellten oder Prokuristen nicht mehr deutlich zu sehen ist. Trotzdem sind es Geschäftsführer und Organvertreter.

5.3 Organstellung nach außen

GmbH-Geschäftsführer sind nach außen *Organvertreter* ihrer Gesellschaft. Sie vertreten kraft Amtes die GmbH gegenüber Dritten gerichtlich und außergerichtlich, § 35 Abs. 1 GmbHG. Diese Vertretungsmacht ist grundsätzlich umfassend. Sie gilt Dritten gegenüber für alle Geschäfte der Gesellschaft gleichgültig, ob sie ausdrücklich im Namen der Gesellschaft oder auch nur erkennbar für die Gesellschaft getätigt wurden (§ 36 GmbHG).

Zwar können den Geschäftsführern Beschränkungen der Vertretungsmacht auferlegt werden (§ 37 Abs. 1 GmbHG). Dies geschieht in der Praxis sehr häufig durch entsprechende Regelungen im Gesellschaftsvertrag oder in den Geschäftsführer-Anstellungsverträgen. So sind regelmäßig Grundstücksgeschäfte, die Aufnahme neuer oder Schließung alter Geschäftsfelder, Darlehensaufnahmen, Bürgschaftsübernahmen und Kreditgewährungen sowie Anstellung und Entlassung von Leitenden Mitarbeitern u. ä. dem Zustimmungsvorbehalt der Gesellschafter unterworfen. Diese Beschränkungen sind jedoch nur nach innen, d. h. gegenüber den Gesellschaftern wirksam (§ 37 Abs. 1 GmbHG). Verstoßen die Geschäftsführer dagegen, bleiben die Geschäfte für und gegen die Gesellschaft wirksam (§ 37 Abs. 2 GmbHG), es sei denn, die Geschäftspartner wussten oder mussten aus den Umständen offenbar erkennen, dass die Geschäftsführer unter Missbrauch ihrer Vertretungsmacht gegen den Willen der Gesellschafter handelten.

Aus dem Recht der Gesellschafter, der Vertretungsmacht der Geschäftsführer Beschränkungen aufzuerlegen, folgt die Befugnis, den Geschäftsführern *Weisungen* in Bezug auf die Ausübung ihrer Geschäftsführer-Funktionen zu erteilen. Im Gegensatz zu den Vorständen von Aktiengesellschaften, die in eigener Verantwortung für die AG handeln, unterliegen die GmbH-Geschäftsführer dem Weisungsrecht der Gesellschafter. Dieses Weisungsrecht kann bis in den alltäglichen Geschäftsbetrieb hineinreichen. Die Willensbindung der Gesellschafter findet grundsätzlich in der Gesellschafterversammlung statt (§ 46 GmbHG), die auch die Beschlüsse fasst. Nur diese oder von ihr beauftragte Personen sind daher weisungsbefugt. Weisungen einzelner Gesellschafter, seien sie auch mehrheitsbeteiligt, ist der Geschäftsführer nicht weisungsgebunden.

Ist eine Mehrzahl von Gesellschaftern vorhanden, werden oft Beiräte bestellt, auf die die Gesellschafter bestimmte Aufgaben übertragen, meistens gerade die Aufsichts- und Weisungsrechte gegenüber den Geschäftsführern. In großen GmbH's werden darüber hinaus Aufsichtsräte gebildet, die dann die Gesellschafterrechte gegenüber den Geschäftsführern wahrnehmen, § 52 GmbHG. In *mitbestimmten* Gesellschaften – ab 2.000 Beschäftigten – wird eine Reihe von Gesellschafterbefugnissen einem verbindlich zu bildenden Aufsichtsrat übertragen (§§ 1 und 6 MitbestG).

Maßgeblich für den Erwerb der Organstellung ist die *Bestellung* des Geschäftsführers durch die Gesellschafter (§ 46 Nr. 5 GmbHG), die dann zur Eintragung in das Handelsregister anzumelden ist (§ 39 Abs. 1 GmbHG). Auch der Anstellungsvertrag, der die arbeitsrechtlichen Rechte und Pflichten im Innenverhältnis regelt, muss von den Gesellschaftern oder von ihnen hierzu bevollmächtigten Vertretern unterzeichnet werden. Es genügt somit nicht, wenn der Vertrag von den vorhandenen Geschäftsführern abgeschlossen wird. Denn für Bestellung und Anstellung der Geschäftsführer ist ausschließlich die Gesellschafterversammlung oder der von ihr beauftragte Beirat zuständig. In mitbestimmten Gesellschaften sind diese Befugnisse zwingend dem Aufsichtsrat zu übertragen (§ 31 MitbestG).

Dasselbe gilt für den *Widerruf* der Bestellung sowie für die Änderung oder Kündigung des Anstellungsvertrages. Der Widerruf der Bestellung ist, falls nichts Anderes im Gesellschaftsvertrag ausdrücklich geregelt ist, jederzeit und ohne Angabe von Gründen zulässig (§ 38 Abs. 1 GmbHG). Die Existenz des Anstellungsvertrages ist jedoch unabhängig davon zu betrachten: Solange kein „wichtiger Grund" vorliegt, der für die sofortige, d. h. außerordentliche Kündigung des Anstellungsvertrages hinreicht, bleibt dieser vom Widerruf der Bestellung unbeeindruckt. Zwar kann der Geschäftsführer wegen des Verlustes seines Amtes seine vertraglichen Verpflichtungen nicht mehr erfüllen. Die Gesellschaft bleibt aber zur Gegenleistung, d. h. zur Zahlung der vereinbarten Vergütung bis zum vertraglich vorgesehenen oder ausgehandelten Vertragsablauf verpflichtet (§ 38 Abs. 1 GmbHG). In der Praxis wird das allgemein etwas anders geregelt: Das Anstellungsverhältnis wird vorzeitig aufgehoben und die noch ausstehenden Bezüge werden mit in eine Abfindungszahlung eingeschlossen.

Diese für den Laien etwas schwer verständliche Aufteilung des Rechtsverhältnisses in Organ und Anstellungsvertrag mit jeweils unterschiedlichem Schicksal beruht auf der nur im deutschrechtlichen Raum vertretenen *„Trennungstheorie"*. In anderen vergleichbaren Rechtsordnungen besitzen Geschäftsführer von rechtsfähigen Gesellschaften und AG-Vorstände ebenfalls umfassende Vertretungsrechte. Diese haben jedoch kein eigenes rechtliches Leben, sondern deren Schicksal ist unmittelbar mit dem des Anstellungsvertrags verknüpft.

Eine gleichzeitige Beendigung der Bestellung als Geschäftsführer und des Anstellungsvertrages tritt allerdings ein, wenn der Widerruf der Bestellung aus wichtigem Grund erfolgt und mit einer außerordentlichen Kündigung des Anstellungsvertrages verbunden wird. Da die Laufzeit von Geschäftsführerverträgen oft recht lang ist – drei oder fünf Jahre mit automatischer Verlängerung um eine erneute Periode, wenn nicht rechtzeitig gekündigt – liegt die Versuchung einer außerordentlichen Beendigung gelegentlich recht nahe, um die ansonsten bis zum regulären Vertragsende noch anfallenden Vergütungszahlungen einzusparen.

5.4 Arbeitgeberstellung nach innen

Der Organstellung nach außen entspricht die Arbeitgeberstellung nach innen. Der Geschäftsführer ist nicht der „oberste Arbeitnehmer" der Firma, sondern überhaupt kein Arbeitnehmer mehr. Er verkörpert gegenüber den Beschäftigten die Firma selbst und nimmt in dieser Funktion alle Arbeitgeberaufgaben wahr (§ 35 Abs. 1 GmbHG). Er stellt ein und entlässt die Arbeitnehmer gleich welchen Ranges – ungeachtet etwaiger Zustimmungsvorbehalte der Gesellschafter –, er ist verantwortlich für die Einhaltung der gesetzlichen Vorschriften zum Schutz der Arbeitnehmer aber auch aller öffentlich-rechtlichen Vorschriften über die Abführung von Steuern und Abgaben sowie – last but not least – der Vorschriften zum Schutz der Umwelt und zur Sicherheit und Ordnung, soweit sie die Betriebe betreffen.

Der Geschäftsführer ist somit der oberste Vorgesetzte aller Arbeitnehmer des Betriebs. Die Gesellschafter haben insoweit kein direktes Durchgriffsrecht auf die Arbeitnehmer, ebenso wie die Arbeitnehmer Weisungen der Gesellschafter nicht unterworfen sind, sondern ausschließlich dem Geschäftsführer weisungsgebunden sind. Die Gesellschafter können demnach nur „via" Geschäftsführer direkt auf die Handlungen der Arbeitnehmer Einfluss nehmen. Dass bei Gesellschafter-Geschäftsführern, die beide Funktionen in sich vereinigen, diese Trennung eher theoretisch als praktisch sichtbar wirkt, ändert nichts an diesem Grundsatz.

5.5 Geschäftsführer als „Arbeitnehmer"

Wegen der Organeigenschaft wird der Geschäftsführer in Deutschland weit überwiegend nicht als Arbeitnehmer betrachtet, auch wenn er einen Anstellungsvertrag besitzt, in dem seine Rechte und Pflichten ähnlich wie in einem Arbeitsvertrag aufgezeichnet sind. Trotzdem gilt er nicht als Arbeitnehmer und wird von den arbeitsrechtlichen Gesetzen, die dem Schutz der Arbeitnehmer vor der „Übermacht" der Arbeitgeber dienen, ausgeschlossen.

Dies ist im Ausland ebenfalls anders. Dort werden die gesetzlichen Vertreter von Korporationen, z. B. die Mitglieder des Boards nach angelsächsischem Recht, ungeachtet der herausgehobenen Rechte und Befugnisse selbstverständlich dem Arbeitsrecht unterworfen, wenn es um Rechte und Pflichten aus dem Anstellungsverhältnis geht. Dass auch im Ausland nicht jeweils sämtliche Schutzvorschriften für alle Arbeitnehmer gleichermaßen gelten, sondern von Gesetz zu Gesetz auch nach der jeweiligen Schutzbedürftigkeit differenziert wird, steht dem Grundsatz nicht entgegen.

Es gibt jedoch eine Konstellation, in der jemand *gleichzeitig* als GmbH-Geschäftsführer Organvertreter und Arbeitnehmer sein kann. Wenn nämlich eine Gesellschaft mit einer Führungskraft, die bei ihr als Leiter eines Bereichs oder einer Abteilung beschäftigt ist, einen Vertrag über die Geschäftsführung einer anderen Gesellschaft, meist einer Tochter-GmbH, abschließt, ohne dass der alte Anstellungsvertrag beendet wird, ergibt sich folgende Situation: Auf Grund der Geschäftsführer-Bestellung wird die Organeigenschaft zur GmbH begründet, gleichzeitig bleibt jedoch die Arbeitnehmer-Eigenschaft auf Grund des Anstellungsvertrages zur Obergesellschaft weiter bestehen (*„Doppelstöckiges"* Anstellungsverhältnis).

Dies hat zur Folge, dass beide Vertragsverhältnisse auch jeweils getrennt zu betrachten sind und sich mit oder nach der Beendigung des GmbH-Anstellungsverhältnisses die Frage stellt, was mit dem alten Arbeitsverhältnis zur Obergesellschaft geschieht. Dieses muss dann möglicherweise nach den üblichen arbeitsrechtlichen Regeln getrennt von dem GmbH-Vertragsverhältnis zu Ende gebracht werden. Solche Fälle werden in Zukunft öfters auftreten, nachdem in § 623 BGB zwingend die *Schriftform* für die Beendigung von Anstellungsverträgen eingeführt worden ist. Denn nunmehr kann kaum mehr damit argumentiert werden, dass mit dem Abschluss des GmbH-Geschäftsführer-Vertrages gleichsam automatisch und stillschweigend das Ende des Arbeitsverhältnisses zur Obergesellschaft vereinbart worden sei.

Bei aller Trennung lässt sich aber auch im deutschen Recht nicht übersehen, dass es eine Reihe von Berührungspunkten und Ähnlichkeiten zwischen
den Organvertretern und den Arbeitnehmern gibt: Der Geschäftsführer
arbeitet regelmäßig auf der Grundlage eines Anstellungsvertrages; er ist – im
Innenverhältnis gegenüber den Gesellschaftern – ebenfalls weisungsgebunden; er ist in der Regel wirtschaftlich von der Gesellschaft abhängig und lebt
von seinem Gehalt; er ist verpflichtet, seine ganze Arbeitskraft der Firma zur
Verfügung zu stellen; sein Arbeitsort ist an den Sitz der Firma gebunden etc..

Dies hat schon früh zur Einsicht geführt, dass die – insbesondere angestellten und am Gesellschaftskapital nicht beteiligten – Geschäftsführer nicht
unterschiedslos von allen Arbeitnehmer-Schutzrechten ausgeschlossen werden könnten. So gibt es eine Reihe von Gesetzen, die den Ausschluss der
Geschäftsführer selbst regelt. In anderen Fällen hat sich eine Rechtsprechung
herausgebildet, die von Fall zu Fall je nach Schutzbedürftigkeit festlegt, welche Rechte oder Regelungen auch für die Geschäftsführer gelten. Im Folgenden wird nunmehr für die verschiedenen Rechtsgebiete dargestellt, ob und in
wieweit die Geschäftsführer einbezogen werden.

5.6 Kündigungsschutz

Der gesetzliche Kündigungsschutz ist ein zentraler Punkt des deutschen
Arbeitsrechts zum Schutze der Arbeitnehmer vor ungerechtfertigten oder
willkürlichen Kündigungen. Das Kündigungsschutzgesetz (KSchG) formuliert in § 14 Abs. 1 Nr. 1 ganz eindeutig, dass das Gesetz nicht für die „Mitglieder des Organs einer juristischen Person" gilt. Damit ist in wünschens-
werter Klarheit festgestellt, dass das Gesetz sich ausschließlich an Arbeitnehmer wendet und auf Geschäftsführer keine Anwendung findet. Wollen
Geschäftsführer von diesem Gesetz profitieren, müssen sie, was zulässig ist,
die Anwendung des KSchG ausdrücklich im Anstellungsvertrag vereinbaren,
wozu die Gesellschafter aus nahe liegenden Gründen oft nicht bereit sein
werden.

Konsequenz dieser Regelung ist, dass die ordentliche Kündigung des
Anstellungsvertrages nicht darauf überprüft werden kann, ob die Kündigungsgründe etwa „sozial gerechtfertigt" – wie in § 1 KSchG – oder aus anderen Gründen anzuerkennen sind. Die vertragsgerechte und fristgemäße Kündigung braucht überhaupt nicht begründet zu werden oder zu sein. Es genügt
vollkommen, dass die formellen Voraussetzungen gewahrt sind – etwa die
erforderliche Schriftform, die Kündigungsfrist oder die Vertretungsmacht
des Kündigenden.

Anders liegt es bei den gesetzlichen Kündigungsfristen. Die Verlängerung
der gesetzlichen Kündigungsfristen, wie sie in § 622 BGB mit zunehmender

Dauer der Betriebszugehörigkeit geregelt ist, wird von den Gerichten auch auf Geschäftsführer angewandt.

5.7 Weitere arbeitsrechtliche Schutzgesetze

Weitere Schutzgesetze, die grundsätzlich nicht für GmbH-Geschäftsführer gelten, sind das *Arbeitszeitgesetz*, das *Teilzeit- und Befristungsgesetz* sowie das *Schwerbehindertengesetz*. Geschäftsführer sind somit hinsichtlich der Höchstarbeitszeiten keinen Einschränkungen unterworfen; sie haben kein Recht auf Teilzeitarbeit; mit ihnen können befristete Anstellungsverträge ohne Befristungsgründe und ohne Beschränkungen der zeitlichen Dauer abgeschlossen werden; als Schwerbehinderte unterliegen sie nicht der vom Arbeitgeber einzuhaltenden Beschäftigungsquote und auch nicht den Sonderrechten, die Schwerbehinderte nach dem Gesetz genießen. Auch das *Mutterschutzgesetz* mit den Beschäftigungs- und Kündigungsbeschränkungen für werdende und gewordene Mütter gilt nach herrschender Auffassung nicht für Geschäftsführerinnen.

5.8 Betriebsverfassung

§ 5 Abs. 2 Nr. 1 BetrVG schließt die gesetzlichen Vertretungsorgane von Gesellschaften aus dem Geltungsbereich des Gesetzes aus. Es wendet sich nur an Arbeiter und Angestellte (§ 5 Abs. 1 BetrVG). Diese Regelung ist nur zu verständlich, soll doch das Betriebsverfassungsgesetz gerade dazu dienen, die Vertretung der Arbeitnehmer gegenüber dem Arbeitgeber zu organisieren und sicher zu stellen. „Arbeitgeber" in diesem Sinne ist in einer GmbH aber stets der Geschäftsführer, auch wenn er selbst angestellt ist.

5.9 Arbeitsgerichte

Die Zuständigkeit der Arbeitsgerichte und mit ihr das besonders zum Schutz der Arbeitnehmer ausgeprägte Arbeitsgerichtsverfahren gelten nicht für GmbH-Geschäftsführer (§ 1 i.V.m. § 5 Abs. 1 S. 3 ArbGG). Diese müssen sich mit ihren Klagen an die sog. ordentlichen Gerichte – regelmäßig das *Landgericht (Kammer für Handelssachen)*, bei niedrigen Streitwerten das *Amtsgericht* – wenden und werden ggfs. dort auch verklagt. Dies hat nicht unerhebliche Folgen. Das Verfahren ist erheblich strenger formalisiert und birgt weit höhere Kostenrisiken als ein Rechtsstreit vor dem Arbeitsgericht.

Vorsicht ist geboten, wenn ein Organvertreter sich an das Arbeitsgericht mit einem Klaganspruch wendet, der wiederum eine Arbeitnehmer-Eigenschaft voraussetzt, z. B. wenn ein eingetragener GmbH-Geschäftsführer Kündigungsschutz begehrt mit der Behauptung, er sei in Wirklichkeit mangels Bestellung gar nicht Geschäftsführer, sondern Arbeitnehmer. Gelangt das angerufene Arbeitsgericht zu dem Ergebnis, der Kläger ist doch Organvertreter, wird die Klage als *unbegründet* – und nicht nur als unzulässig – abgewiesen (sog. sic-non-Fall). Dies hat die unangenehme Folge, dass der sachliche Gehalt seines Anspruches gar nicht erst geprüft wird und der Kläger seinen Anspruch vor dem an sich zuständigen Landgericht bestenfalls ganz von vorne noch einmal aufrollen kann.

Als *unzulässig* wird der von einem Geschäftsführer zu Unrecht eingeschlagene Rechtsweg zum Arbeitsgericht jedoch betrachtet, wenn er einen Anspruch geltend macht, der sowohl nach Arbeitsrecht als auch nach „normalen" bürgerlichen Recht begründet werden kann, z. B. ausstehende Vergütungsansprüche nach einer unbegründeten außerordentlichen Kündigung (sog. sic-sic-Fall). Diese Ansprüche können dann ohne weiteres bei den ordentlichen Gerichten weiter verfolgt werden.

5.10 Wettbewerbsverbot

Schwierig ist die Abgrenzung beim nachvertraglichen Wettbewerbsverbot (§§ 74 ff. HGB). Die Vorschriften des Handelsgesetzbuches und die hierzu ergangene Rechtsprechung gelten an sich nur für Arbeitnehmer. Wegen der oft vergleichbaren Situation, in der sich ein Fremd-Geschäftsführer mit einer Wettbewerbsklausel im Anstellungsvertrag befindet, ist inzwischen anerkannt, dass dieser Ausschluss nicht generell gilt. Die Meinungen im Schrifttum und die Rechtsprechung gehen hierbei etwas auseinander: Während in der Literatur einer weitgehenden Anwendung der Wettbewerbsvorschriften auch für Geschäftsführer das Wort geredet wird, verhalten sich die Gerichte weitaus restriktiver.

So beharrt der Bundesgerichtshof bisher auf seiner Meinung, dass mit Geschäftsführern auch nachvertragliche Wettbewerbsverbote ohne die sonst zwingend vorgeschriebene Karenzentschädigung vereinbart werden können. Einigkeit besteht jedoch darüber, dass eine übermäßige, vom Geschäftsinteresse des Unternehmens nicht mehr gedeckte räumliche und/oder sachliche Ausdehnung des Wettbewerbsverbotes unzulässig ist. Darin liege ein Verstoß gegen die vom Grundgesetz garantierte Freiheit der Berufswahl und Berufsausübung (Art. 12 GG). Auch die zeitliche Begrenzung auf max. zwei Jahre nach dem Ende des Anstellungsverhältnisses ist allseits anerkannt. Im Einzelfall gibt es jedoch zahlreiche Zweifelsfragen, die hier aus Raumgründen nicht weiter ausgebreitet werden können.

5.11 Betriebsübergang (§ 613 a BGB)

Wird ein Betrieb oder Betriebsteil auf einen neuen Inhaber (Erwerber) im Wege der *Einzelrechtsnachfolge* übertragen, gehen alle Arbeitsverhältnisse automatisch auf den Erwerber über: Die vorhandenen Arbeitnehmer erhalten ohne ihr Zutun einen neuen Arbeitgeber, der die bisherigen vertraglichen Konditionen der im übernommenen Betrieb Beschäftigten in vollem Umfang übernehmen muss (§ 613 a Abs. 1 BGB). Diese zwingende gesetzliche Regelung gilt nicht für Geschäftsführer, auch nicht für Fremd-Geschäftsführer mit Anstellungsvertrag.

Etwas anders ist es jedoch, wenn nicht nur der Betrieb, sondern mit diesem das ganze Unternehmen im Wege der gesellschaftsrechtlichen *Gesamtrechtsnachfolge* einen neuen Inhaber erhält, z. B. bei einer Übernahme der Geschäftsanteile oder einer Verschmelzung. Dann geht der Geschäftsführer, wenn er den Anstellungsvertrag mit dieser Firma abgeschlossen hat, zusammen mit dem Unternehmen auf den neuen Inhaber über. Dies geschieht jedoch aus Gründen der gesellschaftsrechtlichen Identitätswahrung: Bei einem Gesellschafterwechsel oder als aufnehmende Gesellschaft bei einer Fusion bleibt die Identität der bisherigen Gesellschaft erhalten; als übernommene geht die Identität in der neuen des Übernehmers auf. Obwohl das Umwandlungsgesetz in diesen Fällen die Geltung des § 613 a BGB vorschreibt (§ 324 UmwG), werden die aus dieser Vorschrift folgenden Veränderungsschranken nicht auf das Anstellungsverhältnis des Geschäftsführers bezogen.

5.12 Sozialrechtliche Stellung

Die sozialrechtliche Einordnung ist wichtig für die Frage, ob der Geschäftsführer der Sozialversicherung unterliegt, er also beitragspflichtig ist, und ob er im Bedarfsfall auch Leistungen, z. B. die gesetzliche Rente, Arbeitslosengeld oder auch Insolvenzausfallgeld beziehen kann. Für Gesellschafter-Geschäftsführer ist die Rechtslage recht einfach. Sind sie nicht nur unwesentlich am Kapital beteiligt, gelten sie insoweit grundsätzlich als Unternehmer und sind nicht sozialversicherungspflichtig. In der gesetzlichen Kranken- und Rentenversicherung können sie allenfalls „freiwillig" Mitglied sein. Schwieriger ist es bei den nicht oder nur unwesentlich am Kapital beteiligten Fremd-Geschäftsführern.

In den verschiedenen Zweigen der Sozialversicherung wird danach entschieden, wer als *„abhängig Beschäftigter"* in diesem Sinne zu betrachten ist (§ 7Abs. 1 SGB IV). Diese Definition deckt sich durchaus nicht immer mit den arbeitsrechtlichen Abgrenzungen. Darüber hinaus lassen sich unterschiedliche Interpretationen des Beschäftigtenbegriffs beobachten je nachdem, ob es darum geht, Beiträge einzuziehen oder Leistungen zu gewähren. Dies ist in den letzten Jahren besonders bei der Arbeitsverwaltung relevant geworden. Auch jahrzehntelange Abführung von Pflichtbeiträgen zur Arbeitslosenversicherung schützt nicht dagegen, dass im „Ernstfall" das Arbeitslosengeld verweigert wird unter Hinweis darauf, dass es nach nunmehriger Einschätzung an der Beschäftigten-Eigenschaft fehle, da man in Wirklichkeit Unternehmer sei.

Auszugehen ist nach wie vor von dem Grundsatz, dass Geschäftsführer, die nicht oder nur unmaßgeblich beteiligt sind, nicht versicherungspflichtig sind. Die Rechtsprechung der Sozialgerichte hat jedoch – oft ausgehend von extremen Einzelfällen – Kriterien entwickelt, wonach auch diese Personen auf Grund ihrer besonderen Vertragsgestaltung „Unternehmer" sein und dann insbesondere nicht mehr leistungsberechtigt sein können. Auf folgende Punkte kommt es insbesondere an:

- Eingliederung in den Betrieb
- Bindung an Ort, Zeit und Dauer der Arbeitsleistung
  Hier ist weniger die fachliche Weisungsgebundenheit gemeint, der jeder Geschäftsführer unterliegt. Vielmehr ist hier die persönliche Abhängigkeit von Weisungen betr. den äußeren Rahmen der Tätigkeit angesprochen („Arbeitsorganisation").
- Allein- oder Gesamtvertretung sowie Umfang der Zustimmungs- und Genehmigungsvorbehalte der Gesellschafter.
- Überragende Branchen- und Marktkenntnisse gegenüber Gesellschaftern. Hiermit soll eine „unternehmerische" Überlegenheit des Geschäftsführers begründet werden.
- Abbedingung des Selbstkontrahierungsverbotes gem. § 181 BGB.
  Dieses Merkmal ist unverständlich, weil die Aufhebung des Verbots der Selbstkontrahierung oft ganz besondere praktische Gründe hat – z. B. schlechte Erreichbarkeit der Gesellschafter – und keine Aussage über die unternehmerische Selbständigkeit des Geschäftsführers zulässt.

Die vorstehenden Merkmale sind jedoch nicht mechanisch abzuarbeiten, sondern entscheidend ist das *Gesamtbild,* das sich aus allen Umständen des Einzelfalles zusammensetzt. Insgesamt wird darauf abgestellt, ob der Dienstvertrag große Ähnlichkeit mit einem Arbeitsvertrag hat, wobei die Beurteilung seitens der Behörde sich oft danach unterscheidet, ob es sich um einen Beitrags- oder Leistungsfall handelt. Um die hierin für die Betroffenen liegenden Unsicherheiten – wird der Antrag auf Gewährung des Arbeitslosengeldes abgewiesen, so kann der arbeitslose Geschäftsführer rückwirkend keine andere Absicherung mehr aufbauen – etwas zu mildern, kann der Geschäftsführer eine förmliche Feststellung der Versicherungspflicht durch die Einzugsstelle – regelmäßig die gesetzliche Krankenversicherung, im Falle einer privaten Krankenversicherung die AOK – herbeiführen und deren Ergebnis dem Arbeitsamt (Bundesanstalt für Arbeit) vorlegen lassen (§ 336 SGB III).

Die Bundesanstalt für Arbeit muss sich dann erklären, ob sie mit diesem Ergebnis übereinstimmt. Tut sie das, so ist sie fünf Jahre an diese Entscheidung gebunden. Nach Ablauf dieser fünf Jahre kann der Geschäftsführer eine neue Entscheidung der Bundesanstalt herbeiführen. Wichtig ist jedoch, dass alle Festlegungen der Einzugsstelle und der Bundesanstalt für Arbeit stets unter dem *Vorbehalt* stehen, dass sich die tatsächlichen oder vertraglichen Umstände nicht verändert haben. Daher ist der Geschäftsführer im Interesse der Bindungswirkung gehalten, alle Veränderungen, die zu einer abweichenden Beurteilung führen können, der Einzugsstelle mitzuteilen.

Wegen dieser Vorbehalte bleiben erhebliche Unsicherheiten. Diese machen sich besonders unangenehm bemerkbar, wenn die jeweils zuständigen Behörden unterschiedlich entscheiden. Es kann also geschehen – und in der Praxis leider nicht so selten –, dass die Einzugsstelle jahrzehntelang ganz unangefochten von der Beschäftigten-Eigenschaft des Geschäftsführers ausgegangen ist und die Sozialbeiträge eingezogen hat und sich dann das Arbeitsamt weigert, den Arbeitslosengeld-Anspruch anzuerkennen. Dies kann dann u. U. fatale Folgen haben, wenn z. B. in einem Frühpensionierungsfall die zweijährige Arbeitslosigkeit als Voraussetzung für das vorgezogene gesetzliche Altersruhegeld nicht erbracht werden kann.

Der Kriterienkatalog, den der Gesetzgeber neuerdings zur Abgrenzung der sog. „Scheinselbständigen" in § 7 Abs. 4 SGB IV geschaffen hat, und das erleichterte Feststellungsverfahren über die Bundesversicherungsanstalt für Angestellte gelten nicht für die GmbH-Geschäftsführer. Diese müssen immer noch auf das alte oben geschilderte, insgesamt unzulängliche Verfahren zurückgreifen. Dies ist in einem Rundschreiben der Spitzenverbände der Sozialversicherungsträger vom 20. Dezember 2000 ausdrücklich bestätigt worden.

5.13 Haftung

Kein Thema wird im Kreise von GmbH-Geschäftsführern so heftig diskutiert wie die Haftungsrisiken, denen sich dieser Personenkreis ausgesetzt sieht.

Nähert man sich diesem Thema, so ist die Haftung der Geschäftsführer in drei Richtungen zu unterscheiden:
- die Haftung gegenüber der GmbH,
- die Haftung gegenüber Dritten,
- die strafrechtliche Haftung.

5.14 Haftung gegenüber der GmbH

Gesetzliche Grundlage der Haftung des Geschäftsführers ist *§ 43 GmbHG*. Dort heißt es in Abs. 1, dass der Geschäftsführer in Angelegenheiten der Gesellschaft die Sorgfalt des ordentlichen Geschäftsmannes anzuwenden haben. Abs. 2 bestimmt dann, dass Geschäftsführer, die ihre Obliegenheiten verletzen, solidarisch, d. h. gemeinsam, für den entstandenen Schaden haften (Gesamtschuld). Die Haftung erfasst jede Pflichtwidrigkeit, die der Geschäftsführer in der Ausübung seiner Tätigkeit als Organmitglied begeht.

Den anzuwendenden Sorgfaltsmaßstab beschreibt das Gesetz mit der *„Sorgfalt des ordentlichen Geschäftsmannes"*. Da der Geschäftsführer in seiner Funktion in großem Maße fremde Vermögensinteressen verwaltet und betreut, ist die Sorgfaltspflicht weitergehend als die des „normalen" Kaufmanns. Von ihm kann verlangt werden, dass er die Sorgfalt eines selbständigen, treuhänderischen Verwalters fremden Vermögens beachtet. Allerdings kann der Geschäftsführer sich entlasten, wenn er auf Grund von Weisungen der Gesellschafter tätig geworden ist. Da einzelne Gesellschafter nicht weisungsbefugt sind, sondern Weisungen nur durch die Gesellschafterversammlung oder von ihr beauftragte Personen ergehen können, reicht eine Weisung eines einzelnen Gesellschafters nicht aus.

Problematisch ist für den Geschäftsführer die Beweislast. Obwohl im Gesetz nicht ausdrücklich angesprochen, wird einhellig die Meinung vertreten, dass die Gesellschaft lediglich die objektive Pflichtverletzung zu beweisen braucht, es aber alleinige Sache des Geschäftsführers ist, seine Unschuld zu beweisen. Diese Beweislastverteilung wird aus dem Wortlaut von entsprechenden Vorschriften für die AG-Vorstände und Vorstände von Genossenschaften gefolgert (vgl. § 93 Abs. 2 S. 2 AktG und § 34 Abs. 2 GenG).

Das ist eine Ausnahme vom allgemeinen Recht. Denn üblicher Weise muss der Kläger auch vortragen und unter Beweis stellen, dass der Schaden vom Schädiger schuldhaft herbeigeführt worden ist. Die hier angenommene *Beweislastumkehr* für die Organvertreter resultiert aus der besonderen Verantwortlichkeit für das ihnen anvertraute Vermögen und die bei ihnen vorhandene Sachnähe, der die außenstehenden Gesellschafter sonst nichts entgegen zu setzen hätten. Trotzdem ist es für einen Geschäftsführer, dem eine objektive Verfehlung nachgewiesen ist, erfahrungsgemäß sehr schwer, den

Beweis zu führen, warum er im konkreten Fall schuldlos an der Verfehlung sei.

Typische Haftungsfälle aus diesem Bereich sind Schäden auf Grund von Überschreitung der Kompetenzgrenzen im Gesellschafts- oder Anstellungs- vertrag oder Verletzung der Kontroll- und Aufsichtspflichten, aber auch Schäden wegen verspäteter oder verschleppter Insolvenzanmeldung.

Die Haftung besteht gegenüber der Gesellschaft und nicht gegenüber den oder gar einzelnen Gesellschaftern. Für die Geltendmachung des Schadens wird die Gesellschaft von der Gesellschafterversammlung vertreten. Dies gilt auch für den in § 64 Abs. 2 GmbHG geregelten persönlichen Haftungstat- bestand. Danach haben die Geschäftsführer, wenn sie trotz vorliegender Zah- lungsunfähigkeit oder Überschuldung der Gesellschaft nicht oder nicht rechtzeitig Insolvenz angemeldet haben, der Gesellschaft die Zahlungen zu ersetzen, die nach Eintritt der „Insolvenzreife" der GmbH noch an Dritte geleistet wurden. Dieser Ersatzanspruch entfällt allerdings, wenn die Zahlun- gen mit der „Sorgfalt eines ordentlichen Kaufmanns" vereinbar waren insbe- sondere wenn auf Grund der Zahlung ein Gegenwert in das Gesellschaftsver- mögen gelangt ist.

5.15 Die Haftung gegenüber Dritten

Da der Geschäftsführer lediglich die GmbH repräsentiert und für diese han- delt, wird durch sein Handeln oder Fehlhandeln regelmäßig nur die Gesell- schaft zur Haftung verpflichtet. Eine persönliche Haftung gegenüber Dritten ist daher die Ausnahme. In einigen Fällen wird eine direkte Haftung des Geschäftsführers jedoch relevant.

Gem. § 11 Abs. 2 GmbHG trifft den Geschäftsführer die sog. *Handelnden- Haftung:* Werden in der Zeit zwischen der Gründung der Gesellschaft und der Eintragung im Handelsregister u. a. auch vom Geschäftsführer Handlun- gen vorgenommen, so haften dafür nicht nur die Gesellschafter, sondern auch der Geschäftsführer. Dieser zählt zu den „Handelnden" i. S. dieser Vor- schrift. Solche Fälle traten nach der Wende in den neuen Bundesländern ver- stärkt auf, da sich dort wegen der Überlastung der Ämter und Register- behörden die Eintragung der Gesellschaften oft recht lange hin zog, die Fir- men aber gezwungen waren, den Betrieb schon vor der Eintragung aufzu- nehmen, um nicht zuviel Zeit zu verlieren.

Haftungstatbestände können sich auch ergeben, wenn der Geschäftsfüh- rer beim Abschluss eines Geschäfts sein *persönliches Interesse,* seine besondere persönliche *Vertrauenswürdigkeit* betont oder sonst den Eindruck erweckt hat, dass er mit seiner Person für die Abwicklung des Geschäfts geradestehe.

Wenn dann der Vertragspartner erkennbar darauf vertrauend abschließt, kann er sich auch an den Geschäftsführer persönlich halten.

Häufiger sind persönliche Haftungsfälle gegenüber Dritten, wenn der Geschäftsführer eine sog. *unerlaubte Handlung* gem. § 823 Abs. 1 BGB begangen oder gegen ein *Schutzgesetz* i. S. von § 823 Abs. 2 BGB verstoßen hat. Praktische Anwendungsfälle sind die Haftung gegenüber den Gesellschaftsgläubigern wegen verspätetem Insolvenzantrag gem. § 823 Abs. 2 BGB in Verbindung mit § 64 Abs. 1 GmbHG sowie die Ersatzansprüche der Gläubiger wegen Insolvenzverschleppung (§ 84 GmbHG) und Bankrott (§ 283 StGB). Ferner sind zu nennen Körperschäden auf Grund von gefährlichen Produkten – Produkthaftung – oder die Haftung für nicht abgeführte Sozialversicherungsbeiträge. Gerade letztere hat in den vergangenen Jahren eine erhebliche Aktualität erfahren.

Immer mehr Geschäftsführer tappen in die Falle, wenn das Geld knapp wird und die Löhne und Gehälter nicht mehr oder nicht mehr vollständig gezahlt werden können. Oft werden dann, um den Arbeitnehmern wenigstens etwas zukommen zu lassen, Akontozahlungen geleistet. Die *Sozialversicherungsbeiträge* werden entsprechend den geleisteten Akontobeträgen oder sehr oft überhaupt nicht abgeführt. In beiden Fällen begibt der Geschäftsführer sich in die persönliche Haftung gegenüber der Einzugsstelle, zumindest hinsichtlich der nicht abgeführten Arbeitnehmeranteile.

Die Pflicht zur Abführung der Sozialversicherungsbeiträge entsteht nicht erst mit der Lohnzahlung und ggfs. entsprechend der Höhe der tatsächlich geleisteten Zahlung. Vielmehr entsteht die Abführungspflicht zusammen mit der vertraglichen Fälligkeit der Lohn- und Gehaltszahlung, und zwar in voller vertraglicher Höhe. Das bedeutet, dass der Geschäftsführer, um jeglichem Haftungsrisiko aus dem Weg zu gehen, zunächst für die Abführung der vollen gesetzlichen Sozialbeitrage zu sorgen hat und erst dann den etwa noch verbliebenen Rest des Geldes an die Arbeitnehmer verteilen darf. Wenn fest steht, dass überhaupt keine Löhne und Gehälter gezahlt werden können, entfällt natürlich die Beitragsabführung. Gegebenenfalls ist auch an eine *Stundungsvereinbarung* mit der Einigungsstelle zu denken.

Bei der Abführung der *Lohnsteuern* sieht es etwas anders aus: Da im Steuerrecht das Zuflussprinzip gilt, braucht die Lohnsteuer nur nach Maßgabe der tatsächlich ausgekehrten Beträge einbehalten und abgeführt zu werden. Allerdings bestimmt § 69 AO ausdrücklich, dass bei Gesellschaften mit beschränkter Haftung die Geschäftsführer für die Einhaltung der steuerrechtlichen Pflichten verantwortlich sind. Der Geschäftsführer haftet demnach persönlich gegenüber dem Finanzamt, wenn Lohnsteuern nicht richtig berechnet oder nicht entsprechend abgeführt worden sind. Diese Haftung wird – ähnlich wie bei den Sozialbeiträgen – regelmäßig erst aktuell, wenn wegen Zahlungsschwierigkeiten oder eingetretener Insolvenz von der Gesellschaft nichts mehr zu „holen" ist.

5.16 Die strafrechtliche Haftung

Der Geschäftsführer unterliegt bei den Handlungen, die er für die von ihm vertretene Gesellschaft vornimmt, im vollen Umfang wie jeder Andere den strafrechtlichen Vorschriften. Das Vorbringen, man habe nicht im eigenen, sondern lediglich im Interesse der Firma gehandelt, entlastet gewöhnlich nicht vom strafrechtlichen Vorwurf und kann allenfalls bei der Strafzumessung eine Rolle spielen. Spezielle strafrechtliche Risiken bergen Verstöße gegen das *Umweltstrafrecht, Insolvenzvergehen* und Straftaten im Zusammenhang mit nicht abgeführten *Sozialbeiträgen* und *Lohnsteuern*.

Im Umweltstrafrecht nimmt der Geschäftsführer an sich gegenüber anderen verantwortlichen Personen keine besonders herausgehobene Stellung ein. Mehr aus optischen und Abschreckungsgründen sind die Strafverfolgungsbehörden oft geneigt, der strafrechtlichen Verantwortung des Geschäftsführers unter dem Gesichtspunkt des „Umwelt-Controllings" besonderes Gewicht beizumessen. Es soll nicht der Eindruck entstehen, dass nur die „Kleinen gehängt" werden.

Auf den anderen Feldern ist der Geschäftsführer wegen seiner Leitungsfunktion allerdings der „geborene" Anlaufpunkt bei der Suche nach Verantwortlichen. Als Insolvenzvergehen kommen insbesondere *§ 84 GmbHG* und *§ 283 StGB* in Betracht.

§ 84 GmbHG bestimmt, dass ein Geschäftsführer mit Gefängnis oder Geldstrafe bestraft wird, wenn er es unterlässt, Insolvenzantrag zu stellen, obwohl die gesetzlichen Voraussetzungen – *Zahlungsunfähigkeit* oder *Überschuldung* – vorliegen („Insolvenzverschleppung"). Nach § 283 StGB („Bankrott") wird bestraft, wer bei Überschuldung oder drohender bzw. eingetretener Zahlungsunfähigkeit bestimmte Handlungen vornimmt, die bei eingetretener Insolvenz die zur Befriedigung der Gläubiger zur Verfügung stehende Vermögensmasse verkürzt. Hierzu zählen beispielsweise die Führung falscher oder gefälschter Handelsbücher, Kreditgeschäfte, Vermögensverschiebungen und dgl..

In der Praxis sieht der Geschäftsführer sich angesichts dieser Strafandrohungen nicht selten Pressionen der Gesellschafter ausgesetzt. Naturgemäß liegt es oft nicht im Interesse der Gesellschafter, den Gang zum Amtsgericht anzutreten, obwohl die gesetzlichen Voraussetzungen für den Insolvenzantrag längst vorliegen. Es geschieht immer wieder, dass dem Geschäftsführer von diesem Schritt „abgeraten" wird, wobei eine ausdrückliche Weisung wohlweislich unterlassen wird. Oft werden in diesem Zusammenhang Zusagen gemacht, wonach im Ernstfall die Gesellschafter schon „einstehen" und Kapital nachschießen werden. Wenn dies dann am Ende doch nicht geschieht, befindet sich der Geschäftsführer in der misslichen Situation, darlegen zu müssen, ob und warum er diesen Versprechungen Vertrauen schenken durfte.

Auf derselben Ebene liegt es, wenn der Geschäftsführer gedrängt wird, waghalsige Geschäfte auf Kredit zu tätigen, obwohl die Geschäftspartner Abstand nehmen würden, wenn sie den finanziellen Zustand der GmbH kennen würden. In solchen Fällen, bleibt dem Geschäftsführer keine Wahl, als zu prüfen, ob eine solche Weisung die Grenze zur Rechtswidrigkeit oder gar Strafbarkeit überschreitet und wenn ja, entweder das Amt nieder zu legen oder die Befolgung der Weisung abzulehnen, ungeachtet aller möglichen vertraglichen Konsequenzen. Denn erkennbar rechtswidrige Weisungen der Gesellschafter bilden keinen Entschuldigungs- oder gar Rechtfertigungsgrund.

Bei der Nichtabführung von Beiträgen ist *§ 266 a Abs. 1 StGB* einschlägig. Danach wird bestraft, wer als Arbeitgeber Beiträge der Arbeitnehmer zur Sozialversicherung der „Einzugsstelle vorenthält". Wie schon oben unter „Haftung" ausgeführt, kommt es entscheidend auf den Zeitpunkt der Fälligkeit an. Danach bestimmt sich nicht nur, wann bei Meidung der Strafbarkeit abgeführt werden muss, sondern auch in welcher Höhe: Maßgeblich ist nicht die tatsächlich erfolgte Zahlung, sondern die abzuführenden Beiträge richten sich nach dem vertraglichen oder tariflichen Vergütungsanspruch.

Zu beachten ist, dass § 266 a StGB nur das Vorenthalten der *Arbeitnehmeranteile* der Sozialbeiträge unter Strafe stellt. Die ferner für die Strafbarkeit erforderliche Arbeitgeberstellung besitzt der Geschäftsführer allein schon auf Grund seiner umfassenden Vertretungs- und Geschäftsführungsberechtigung gem. § 35 GmbHG. Oft wird in den Anstellungsverträgen noch einmal ausdrücklich darauf hingewiesen, dass dem Geschäftsführer die Wahrnehmung der Arbeitgeberpflichten und Befugnisse obliegen.

Von einer Bestrafung kann abgesehen werden, wenn der Geschäftsführer spätestens im Zeitpunkt der Fälligkeit oder unverzüglich danach der Einzugsstelle schriftlich Mitteilung macht über die Höhe der vorenthaltenen Beiträge und warum er trotz aller Bemühungen nicht in der Lage ist, die Zahlungen fristgemäß zu leisten (§ 266a Abs. 5 StGB). Jedem Geschäftsführer ist dringend anzuraten, von dieser Möglichkeit Gebrauch zu machen, wenn er sich einmal der Situation gegenüber sieht, wegen akuten Geldmangels die Beiträge nicht abführen zu können. Gerade im Vorfeld von Insolvenzen wegen Zahlungsunfähigkeit häufen sich diese Delikte. Neben der persönlichen Haftung, die bei einer größeren Arbeitnehmerzahl erhebliche Ausmaße annehmen kann, tritt dann noch das Stigma einer Vorbestrafung.

5.17 Resumee und Ausblick

Die Darstellung hat gezeigt, wie *ambivalent* die Stellung der GmbH-Geschäftsführer heute nach deutschem Recht ist. Die Rechtsprechung hebt, soweit es das Arbeitsrecht betrifft, sehr stark die Organstellung hervor und versagt dem Geschäftsführer in vielerlei Hinsicht die Berufung auf die arbeitsrechtlichen Schutzgesetze. In bestimmten Fällen werden aber die arbeitsrechtlichen Normen auch auf die Geschäftsführer angewandt. Im Sozialrecht ist es eher umgekehrt: Die Fremdgeschäftsführer, die ohne Kapitalbeteiligung auf Grund eines Anstellungsvertrages tätig sind, im Ausnahmefall aber auch Gesellschafter-Geschäftsführer, werden grundsätzlich zur Sozialversicherungspflicht herangezogen. Dass dies dann im Leistungsfall wieder anders aussehen kann, ist am Beispiel der Praxis der Arbeitsämter bei der Verweigerung des Arbeitslosengeldes vorgeführt worden.

In der arbeitsrechtlichen Literatur wird zunehmend die Auffassung vertreten, dass zumindest bei angestellten Fremdgeschäftsführern das Arbeitsrecht stärker zum Zuge kommen müsste, da zwischen solchen Geschäftsführern und Leitenden Angestellten, die zweifelsfrei Arbeitnehmer seien, keine signifikanten Unterschiede auszumachen seien. Allein die gesellschaftsrechtliche Organeigenschaft könne keine rechtliche Ungleichbehandlung rechtfertigen, zumal auch im Ausland diese Unterscheidung kaum zu finden sei.

Diese Auffassung verdient Zustimmung. Nimmt man die echten Gesellschafter-Geschäftsführer einmal heraus, dann lässt es sich heute nicht mehr begründen, dass für Geschäftsführer ein anderes Recht gelten soll. In Großunternehmen gibt es Leitende Angestellte im Direktorenrang, aber unterhalb der Vorstandsebene, die oft ein Mehrfaches der Verantwortung – finanziell und personell – tragen als viele Geschäftsführer. In Konzernen findet man wiederum oft Geschäftsführer von ausgegliederten Unternehmenseinheiten, die in ihren Entscheidungs- und Verantwortungsspielräumen wesentlich eingeschränkter sind als viele Leitende Angestellte. Die Tendenz sollte daher in Richtung auf mehr Arbeitnehmer-Qualifikation gehen und die angestellten Fremdgeschäftsführer verstärkt in den Geltungsbereich der Arbeitnehmergesetze einbeziehen, wenn die Unterscheidung hie Arbeitnehmer – dort Organvertreter überhaupt aufrecht erhalten bleiben sollte.

6 GmbH-Geschäftsführer im Konzern – Rechtliche Aspekte der Führung von Geschäftsführern durch die Konzernobergesellschaft

Oliver Lücke

6.1 Einführung

Aufgrund der in Unternehmen seit Jahren anhaltenden Entwicklung zunehmender Konzentration auf Kernkompetenzen, ist es in der Wirtschaft zu einem erheblichen Dekonzentrationsprozess gekommen. Dies führt u. a. dazu, dass Unternehmen Geschäftsbereiche, die nicht zu den eigentlichen Kernkompetenzen des Unternehmens zählen, entweder veräußern oder diese zumindest in rechtlich selbstständige Unternehmenseinheiten ausgliedern. Infolgedessen nimmt die Zahl von einer Konzernobergesellschaft geführter Tochtergesellschaften erheblich zu, so dass vermehrter Bedarf an Führungskräften, die als Organe, sei es als Vorstand oder in der nach wie vor überwiegenden Anzahl der Fälle als GmbH-Geschäftsführer, tätig werden.

Für die Vorstände bzw. GmbH-Geschäftsführer der jeweiligen Konzernobergesellschaft ergeben sich sowohl beim Implementieren der Führung der Tochtergesellschaften sowie bei deren Führung einige Besonderheiten, die im Rahmen dieses Beitrags skizziert werden sollen. Zu berücksichtigen ist dabei auch die (scheinbar) weitere „Verrechtlichung" der Unternehmensführung durch das 1998 in Kraft getretene Gesetz zur Kontrolle und Transparenz im Unternehmensbereich (KonTraG). Hierbei wird davon ausgegangen, dass es sich bei den Tochtergesellschaften jeweils um GmbH's handelt, da sich diese besonders gut zur Konzernbildung eignen[1].

6.2 Arbeitnehmer oder Dienstnehmer bei AG oder GmbH?

In der „Dreieckssituation" kann der der Geschäftsführung zugrunde liegende Vertrag entweder mit der Y-GmbH oder der X-AG bestehen. Ebenso können im Einzelfall auch zwei Vertragsverhältnisse sowohl zur X-AG und zur Y-GmbH bestehen.[2] Im ersteren Fall handelt es sich bei einem solchen Geschäftsführervertrag nach allgemeiner Ansicht um einen selbstständigen Dienstvertrag im Sinne von § 611 BGB und nicht um einen Arbeitsvertrag.

Der GmbH-Geschäftsführer ist in aller Regel kein Arbeitnehmer im Sinne des Arbeitnehmerschutzrechts[3].

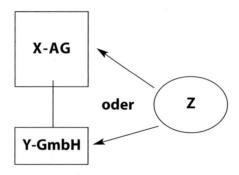

Der Geschäftsführervertrag kann aber auch nicht mit der GmbH, sondern mit einem Dritten (hier: X-AG) abgeschlossen werden (sog. Drittanstellung). Im Konzern soll etwa ein bisheriger Leitender Angestellter künftig den verselbstständigten Geschäftsbereich als Geschäftsführer der neuen Tochter-GmbH führen. Gerade in dieser Fallgestaltung ergeben sich entsprechend der unterschiedlichen Interessenlage einige Fragestellungen vornehmlich arbeitsrechtlicher Art:

Es bieten sich hier nämlich mehrere rechtliche Wege an:
- Verzicht auf den Abschluss eines gesonderten Geschäftsführervertrages und Übertragung der Geschäftsführung der Tochtergesellschaft an den bisherigen Leitenden Angestellten als zusätzliche Arbeitsaufgabe im Rahmen des ggfs. entsprechend abzuändernden Arbeitsvertrages mit der Konzernobergesellschaft;
- Einvernehmliche Beendigung des bisherigen Arbeitsverhältnisses mit der Konzernobergesellschaft bei gleichzeitigem Abschluss eines GmbH-Geschäftsführer-Vertrages mit der Y-GmbH (oder mit der X-AG);
- Abschluss eines Geschäftsführer-Vertrages ohne ausdrückliche Regelung des Schicksals des bisherigen Arbeitsverhältnisses.[5]

Je nach Führungsstil der Konzernobergesellschaft sind die drei aufgezeigten Varianten rechtlich durchaus unterschiedlich zu bewerten: Unter dem Blickwinkel einer möglichst weitreichenden Optimierung der rechtlichen Situation der Konzernobergesellschaft ist es geboten, das bisherige Arbeitsverhältnis ausdrücklich einvernehmlich aufzuheben und einen neuen Geschäftsführervertrag abzuschließen, wobei die Aufhebung des Arbeitsverhältnisses auch im neuen Geschäftsführervertrag erfolgen kann. Denn Geschäftsführerverträge können, wenn sie nicht mit einer bestimmten Laufzeit abgeschlossen werden, jederzeit und ohne Angabe von Gründen ordentlich unter

Einhaltung der jeweils vereinbarten ordentlichen Kündigungsfrist gekündigt werden[6]. Hintergrund hierfür ist die Rechtsprechung des Bundesarbeitsgerichts zum sogenannten „ruhenden Arbeitsverhältnis"[7].

Geht man also mit der jüngsten BAG-Rechtsprechung davon aus, dass das bislang bestehende Arbeitsverhältnis durch den Abschluss eines Geschäftsführervertrages, wenn schon nicht ausdrücklich, so doch im Zweifel zumindest konkludent aufgehoben wird und der Geschäftsführervertrag sodann unter Beachtung der ordentlichen Kündigungsfrist frei kündbar ist, ist das Vertragsverhältnis eines Geschäftsführers also wesentlich „ungeschützter" als dasjenige eines Arbeitnehmers, auch deutlich „instabiler" als dasjenige eines Leitenden Angestellten[8]. Da es im Regelfall bei der Besetzung einer Geschäftsführerposition in einem Tochterunternehmen jedoch nicht darum geht, einen Leitenden Angestellten eine exponiertere Rechtsstellung zu verschaffen und diesen dadurch unter Umständen zu verunsichern, sondern es darum geht, dem neuen Geschäftsführer der Tochtergesellschaft auch unter vertragsrechtlichen Aspekten den Rücken zu stärken, wird in der Praxis oftmals entweder auf den Abschluss eines Geschäftsführer-Dienstvertrages verzichtet und der Angestellte der Konzernobergesellschaft übernimmt die Geschäftsführung der Tochtergesellschaft im Rahmen seines Arbeitsverhältnisses mit der Konzernobergesellschaft oder aber es wird zwar ein Geschäftsführer-Dienstvertrag abgeschlossen, dem Geschäftsführer jedoch für den Fall einer vorzeitigen Abberufung und/oder Kündigung seines Geschäftsführer-Dienstvertrages vertraglich eine sogenannte „Heimathafen- oder Rückkehrgarantie" eingeräumt[9].

Nimmt der Geschäftsführer im Konzern verschiedene Funktionen/Positionen wahr, ist das jedem Geschäftsführer (auch Arbeitnehmern) grds. obliegende Wettbewerbsverbot zu beachten, von dem jeweils wirksam Befreiung erteilt werden muss. Des weiteren könnte der konzernweite Führungskräfteeinsatz den Anwendungsbereich des Arbeitnehmerüberlassungsgesetzes tangieren und unter diesem Aspekt zu rechtlichen Problemen führen. In diesem Zusammenhang fragt sich jedoch und wird im Einzelfall konkret zu prüfen sein, ob es sich hierbei überhaupt um eine Arbeitnehmerüberlassung im Sinne des § 1 AÜG handelt und – sollte dies im Einzelfall der Fall sein – ob nicht der Ausnahmetatbestand von der Erlaubnispflicht nach § 1 Abs. 3 Nr. 2 AÜG eingreift, der die Arbeitnehmerüberlassung zwischen Konzernunternehmen im Sinne des § 18 AktG zulässt, wenn der Arbeitnehmer seine Arbeit vorübergehend nicht bei seinem Arbeitgeber (Konzernobergesellschaft) leistet. In der Regel dürften sich hier keine Probleme mit dem AÜG ergeben, da es sich bei keiner der zuvor geschilderten drei Freigestaltungen um einen Fall der erlaubnispflichtigen Arbeitnehmerüberlassung im Sinne des § 1 AÜG handelt[10].

6.3 Rechtsstellung der Geschäftsführer

Aus den Vorschriften des GmbH-Gesetzes ergibt sich, dass der Geschäftsführer die Tochtergesellschaft – gegebenenfalls zusammen mit weiteren Geschäftsführern – gerichtlich und außergerichtlich vertritt (§ 35 Abs. 1 GmbHG) und die Vertretungsbefugnis der Geschäftsführer außenstehenden Dritten gegenüber unbeschränkt und unbeschränkbar ist (§ 37 GmbHG). Mit dieser gesetzlich vorgesehenen umfassenden Vertretungsmacht korrespondiert eine entsprechend umfassende Geschäftsführungsbefugnis[11].

Angesichts dieser umfangreichen Rechtsmacht, mit der der Geschäftsführer der Tochtergesellschaft vom Gesetz ausgestattet ist, fragt es sich, wie der Geschäftsführer der Tochtergesellschaft von der Konzernobergesellschaft geführt werden kann.

Steht der GmbH-Geschäftsführer noch in einem Arbeitsverhältnis zur Konzernobergesellschaft, so steht Vorstand oder Geschäftsführer der letztgenannten im Rahmen des Arbeitsvertrages ein einseitiges Weisungs- bzw. Direktionsrecht zu. Dieses Weisungsrecht ermöglicht es, dem bei der Konzernobergesellschaft angestellten Geschäftsführer der Tochtergesellschaft Weisungen über die Art und Weise der Erledigung seiner Arbeitsaufgaben (hier: Führung der Geschäfte der Tochter-GmbH) zu erteilen. Diese Weisungsrechte können sich auf generelle Richtlinien beschränken und/oder auch konkrete einzelfallbezogene Arbeitsanweisungen darstellen. Dies setzt allerdings voraus, dass der Anstellungsvertrag bei der Konzernobergesellschaft – wie in der Regel nicht – überhaupt die Verpflichtung des Leitenden Angestellten umfasst, im Rahmen seines Arbeitsverhältnisses auch die Geschäftsführung einer Tochtergesellschaft zu übernehmen. Der Arbeitsvertrag ist daher im Regelfall vorher entsprechend anzupassen.

Besteht ein solches Arbeitsverhältnis zur Konzernobergesellschaft jedoch nicht und basiert die Geschäftsführungstätigkeit auf einem neu abgeschlossenen Geschäftsführer-Dienstvertrag, so stehen die arbeitsrechtlichen Weisungsrechte nicht zur Verfügung. Dennoch ist auch in dieser Fallgestaltung die „Führung" des Geschäftsführers der Tochter-GmbH durch Vorstand oder Geschäftsführer der Konzernobergesellschaft gesichert:

Die „Führung" des Geschäftsführers erfolgt hier einerseits durch im Wege der Vertragsgestaltung bereits in die Satzung der Tochter-GmbH und/oder den Geschäftsführer-Dienstvertrag integrierte und vom Geschäftsführer zu beachtende generelle Vorgaben (zustimmungsbedürftige Rechtsgeschäfte) und/oder durch Weisungen der Gesellschafterversammlung im Einzelfall. Wie sich dem GmbH-Gesetz zum Verhältnis von Geschäftsführer zu Gesellschafterversammlung aus § 37 Abs. 1 GmbHG entnehmen lässt, ist der Geschäftsführer gegenüber der Gesellschaft, also im sog. Innenverhältnis, verpflichtet, die Beschränkungen einzuhalten, welche für den Umfang seiner

Befugnis, die Gesellschaft zu vertreten durch den Gesellschaftsvertrag oder entsprechende Gesellschafterbeschlüsse festgelegt sind.

Außerdem lässt sich eine Kontrollfunktion der Gesellschafterversammlung im Hinblick auf den Geschäftsführer aus § 46 Nr. 5, 6 und 8 GmbHG entnehmen, wonach die Gesellschafter zur Bestellung, Prüfung und Überwachung, Entlastung, Abberufung der Geschäftsführer und letztlich auch zur Geltendmachung von Schadensersatzansprüchen gegenüber den Geschäftsführern zuständig sind. Insofern besteht also maßgeblicher Einfluss auf die Geschäftsführung.

In der Praxis wird dieser Einfluss regelmäßig durch mehr oder weniger umfangreiche Kataloge sogenannter zustimmungsbedürftiger Rechtsgeschäfte festgelegt, wonach sich die Gesellschafter – in der vorliegend behandelten Konzernsituation: Vorstand / Geschäftsführer der Konzernobergesellschaft – die vorherige Genehmigung der von ihm als wesentlich erachteten Rechtsgeschäfte vorbehält. Reicht im Einzelfall der vorhandene Katalog zustimmungspflichtiger Rechtsgeschäfte nicht aus, können die Gesellschafter jederzeit konkrete Weisungen im Einzelfall erteilen, die vom Geschäftsführer dann auch weitgehend zu befolgen sind.

Grenzen dieses gesellschaftsrechtlichen Weisungsrechtes bilden erst die Rechts- oder Sittenwidrigkeit des per Weisung vorgegebenen Geschäftsführerverhaltens. Den Geschäftsführer trifft zwar eine Prüfungspflicht und sich hieraus ableitend auch eine sog. Remonstrationspflicht für den Fall den Interessen der GmbH abträglicher Weisungen. Aber selbst der GmbH offensichtlich wirtschaftlich nachteilige Weisungen sind gesellschaftsvertraglich und gesellschaftsrechtlich unbedenklich und daher vom Geschäftsführer zu beachten. In wirtschaftlicher Hinsicht liegt die Grenze dieses Weisungsrechts in solchen Fällen erst dort, wo greifbar naheliegend die Gefahr einer Insolvenz der GmbH droht[12].

Abschließend kann also festgehalten werden, dass die „Führung" der Geschäftsführer rechtlich voll umfänglich sicher gestellt ist und im Einzelfall je nach individuellem Führungsstil der Konzernobergesellschaft ausgeübt werden kann.

6.4 Haftungsfragen bei der Führung von Tochtergesellschaften

Die früher vorherrschende Auffassung, die zivilrechtliche Haftung der Organmitglieder von Kapitalgesellschaften sei zwar von besonderer Strenge, ihr fehle aber letztlich doch die praktische Relevanz, lässt sich sicher nicht mehr aufrecht erhalten[13]. Die Zunahme von Schadensersatzprozessen gegen ehemalige Organmitglieder hat „Konjunktur", wie sich schon der Berichterstattung in Presse, Rundfunk und Fernsehen ohne Weiteres entnehmen lässt.

Beispielhaft titelte das Manager-Magazin im Jahre 2000: „Das Ende der Schonzeit"[14]

Gleich, ob es sich um ein Vorstandsmitglied oder einen Geschäftsführer handelt, besteht ein sehr strenger Sorgfaltsmaßstab, an dem sich jeder Vorstand / Geschäftsführer bei seiner Amtsführung messen lassen muss. Nach § 93 Abs. 2 S. 1 AktG haften Vorstandsmitglieder, wenn sie bei der Geschäftsführung nicht die Sorgfalt eines ordentlichen und gewissenhaften Geschäftsleiters einhalten. Im gleichen Sinne legt § 43 Abs. 1 GmbHG für GmbH-Geschäftsführer eine Schadensersatzpflicht fest, wenn sie bei der Geschäftsführung nicht die Sorgfalt eines ordentlichen Geschäftsmannes an den Tag legen.

Neben diesen schon seit eh und je bestehenden gesetzlichen Grundlagen hat das 1998 in Kraft getretene Gesetz zu Kontrolle und Transparenz im Unternehmensbereich (KonTraG) zunächst unmittelbar nur für Vorstände einer Aktiengesellschaft die Verpflichtung zur Einführung eines zukunftsorientierten Risiko-Management-Systems gebracht, das insbesondere der Früherkennung das Unternehmen gefährdender Risiken dienen soll. Wie bereits aus der Gesetzesbegründung zu § 91 Abs. 2 AktG erkennen war, geht der Gesetzgeber davon aus, dass es sich bei der Installation eines solchen Risiko-Management-Systems lediglich um eine Konkretisierung der jedem ordentlichen Geschäftsmann ohnehin obliegenden Pflichten ist und daher die Rechtsprechung die Aspekte eines hinreichenden Risiko-Management-Systems auch auf die GmbH-Geschäftsführer erstrecken wird.

Im Rahmen dieses Beitrags kann lediglich auf die besondere Haftungsproblematik bei der Führung von Tochtergesellschaften eingegangen werden[15].

Zum Pflichtenspektrum der Unternehmensleitung der Konzernobergesellschaft gehört – gleich ob es sich bei der Konzernobergesellschaft um eine Aktiengesellschaft oder eine GmbH handelt – die Konzernleitungspflicht. Zwar müssen die Organe der Konzernobergesellschaft ihre Tochtergesellschaften nicht gleichsam wie deren Organe unter Zugrundelegung desselben Sorgfaltsmaßstabs leiten, zu den Geschäftsführungspflichten von Vorstand oder Geschäftsführer der Konzernobergesellschaft gehört aber auch die Betreuung des Beteiligungsbesitzes sowie die Wahrnehmung entsprechender Mitgliedschaftsrechte aus diesen Beteiligungen[16]. Wenn hier auch Einzelheiten rechtlich umstritten sind, gehört es zu den Pflichten von Vorstand bzw. Geschäftsführer der Konzernobergesellschaft, die Geschäftsführung der Tochtergesellschaften zumindest hinreichend zu überwachen[17]. Darüber hinaus sind Vorstand/Geschäftsführer im Falle eines Eingliederungs- oder Vertragskonzerns berechtigt und zur Schadensabwendung von der Konzernobergesellschaft auch verpflichtet, von seiner Konzernleitungsmacht Gebrauch zu machen, wenn sich bei der Überwachung Anhaltspunkte für

Fehlentwicklungen bzw. -verhalten feststellen lassen[18]. Zusammenfassend kann daher gesagt werden, dass die Konzernstruktur für die Organe der Konzernobergesellschaft einen zusätzlichen Pflichtenkreis samt damit denknotwendig zusammen hängendem Haftungsrisiko darstellt[19].

Anmerkungen

[1] Hoffmann/Liebs, Der GmbH-Geschäftsführer, Randziffer 425
[2] Nur der Vollständigkeit halber sei angemerkt, dass im Einzelfall auch gar kein Vertrag bestehen muss, da der Geschäftsführer seine Organstellung – unabhängig von einem Vertrag – durch seine Bestellung zum Geschäftsführer erlangt und nicht etwa mit Abschluss eines Geschäftsführervertrages.
[3] hM, vgl. statt vieler: Schaub, § 14 I 2 mwN. Nach einer jüngeren Entscheidung des Bundesarbeitsgerichts ist es jedoch nicht mehr ausgeschlossen, dass das Vertragsverhältnis eines GmbH-Geschäftsführers im Einzelfall ausnahmsweise auch als Arbeitsverhältnis eingestuft werden kann, BAG NZA 1999, 987, vgl. dazu auch Reiserer, DStR 2000, 31 ff.
[4] Tillmann/Mohr führen zu Recht aus, dass der Geschäftsführer im Interesse seiner sozialen Sicherheit idR. auf eine Anstellung bei der Muttergesellschaft drängt, die Muttergesellschaft aber durch eine direkte Anstellung bei der Tochtergesellschaft u. a. eine höhere Identifikation mit der Tochtergesellschaft erreichen will (Tillmann / Mohr, Rn. 49)
[5] Nach BAG, NZA 1996, 200 ff führt die Bestellung eines Arbeitnehmers zum Geschäftsführer einer konzernabhängigen Gesellschaft allein noch nicht zur stillschweigenden Aufhebung des Arbeitsverhältnisses mit der Konzernobergesellschaft.
[6] Vgl. zur „wechselhaften" Rechtsprechung des BAG, vgl. etwa BAG, NZA 1996, 792 ff; BAG, BB 1994, 287 f; BAG, Az: 2 AZR 207/99, Urt. vom 8.6. 2000.
[7] Die mangelnde ordentliche Kündbarkeit eines für einen bestimmten Zeitraum, z.B. drei Jahre, abgeschlossenen Geschäftsführervertrages kann nur dadurch abgeändert werden, dass der Vertrag eine ausdrückliche Regelung darüber enthält, die die ordentliche Kündigung auch schon vor Ablauf der festgelegten Vertragslaufzeit zulässt.
[8] Zum Begriff des leitenden Angestellten im Sinne des Kündigungsschutzgesetzes vgl. § 14 KSchG. Die Rechtsstellung eines Leitenden Angestellten ist wegen der arbeitgeberseitigen Möglichkeit gemäß §§ 9,10 KSchG einen Auflösungsantrag zu stellen, der zur Beendigung des Arbeitsverhältnisses gegen Zahlung einer bestimmten Abfindung führt, deutlich schwächer als diejenige eines sonstigen Angestellten.
[9] So auch Tillmann / Mohr, Rn 50
[10] Im Übrigen muss an dieser Stelle, um den Rahmen des Beitrags nicht zu sprengen, auf die Fachliteratur zum AÜG verwiesen werden, eine umfassende Literaturübersicht findet sich bei Wank, in: Erfurter Kommentar zum Arbeitsrecht, AÜG.
[11] Vgl. dazu näher Beck'sches Handbuch der GmbH § 5, Rn. 20 – 23 und 70 – 89 mwN.
[12] So OLG Frankfurt, NJW-RR 1997 S. 736 f.
[13] So auch Wiesner, in Münchener Handbuch des Gesellschaftsrecht, Band 4, Aktiengesellschaft, 2. Auflage 1999 § 26, Rn. 2 mit weiteren Nachweisen zur Rechtsprechung.
[14] Manager-Magazin Ausgabe 8/2000.
[15] Allgemein zur Haftung von Vorstandsmitgliedern, vgl. Wiesner in Münchener Handbuch des Gesellschaftsrechts (aaO); zur Haftung des GmbH-Geschäftsführers vgl. etwa Scholz, GmbHG, § 43.
[16] Püffer, Aktiengesetz, § 76, Rn. 17 a; Scholz, GmbHG, § 43, Rn. 43.
[17] So bereits BGH, WM 1987, 13; ebenso Scholz, GmbHG, aaO.
[18] Diese Frage ist aber im Einzelnen rechtlich umstritten, vgl. nur Püffer, Aktiengesetz, § 76, Rn. 17 a mwN.

[19] Im Hinblick auf die durch die Konzernstruktur bedingte Mehrung des Haftungsrisikos empfehlen sich – soweit wie möglich – Maßnahmen zur Haftungsreduzierung und ggf. -überwälzung. Hierbei ist im Wesentlichen an Haftungsbeschränkungsvereinbarungen, deren Zulässigkeit im Einzelnen jedoch umstritten ist, sowie an den Abschluss sogenannter D & O (Directors and Officers) Versicherungen zu denken, bei denen wiederum sehr genau auf den Deckungsumfang und die regelmäßig umfangreichen Haftungsausschlüsse zu achten ist.

7 Executive Employees, Cadres, Dirigenti – Der Leitende Angestellte in ausländischen Rechtsordnungen

Gregor Thüsing

Leitende Angestellte sind kein spezifisch deutsches Phänomen. In jedem Unternehmen gibt es Arbeitnehmer, die in leitender Funktion tätig sind und daher eine hervorgehobene Position gegenüber sonstigen Mitarbeitern einnehmen. Das deutsche Recht trägt dem durch einige Sonderregelungen für Leitende Angestellte Rechnung (vgl. den Beitrag „Der Leitende Angestellte – besondere Rechte, besondere Pflichten"). Auch im Ausland gibt es einige Sonderregelungen, die hier nicht im einzelnen beschrieben werden können, jedoch angedeutet werden sollen. Exemplarisch herausgegriffen werden das Recht der Vereinigten Staaten, Frankreich und Italiens.

7.1 USA

Das Arbeitsrecht in den Vereinigten Staaten ist weit weniger ausgeprägt als in Deutschland, und für die Leitenden Angestellten ist es noch einmal etwas mehr ausgedünnt. Die verschiedenen Vorschriften enthalten oftmals Ausnahmeklauseln oder Sondervorschriften für Arbeitnehmer, denen bestimmte leitende Funktionen übertragen wurden. Ein einheitliches Bild gibt es hier nicht, maßgeblich ist jeweils das einzelne *statute:*

Bei Wettbewerbsverboten sind die Möglichkeiten bei Leitenden Angestellten sehr viel weiter als bei anderen Arbeitnehmern: Gemäß einer repräsentativen Entscheidung des Supreme Court of Maryland kann jede Vereinbarung getroffen werden, die einem legitimen Schutzinteresse des Arbeitgebers entspricht. Diese Interessen aber sind weit zu verstehen, denn – so das Gericht – Leitende Angestellte genießen ein hohes Maß an Vertrauen, und der Missbrauch dieses Vertrauens kann sich bei ihnen besonderes schwer auswirken; die Fairness gebiete, dass der Leitende Angestellte aus diesem Vertrauen keine Vorteile für sich ziehen darf (Maryland Metals v. Metzner, 382 A.2d 564 (1978). Auch gelten für die Leitenden Angestellten beim Diskrimininierungsschutz gegen Benachteiligungen wegen des Alters gemäß dem Age

Discrimination in Employment Act besondere Bestimmungen, so dass sie unter bestimmten Umständen ab einem gewissen Alter anders als sonstige Arbeitnehmer zwangsweise pensioniert werden können. Am wichtigsten sind wohl die Ausnahme von Leitenden Angestellten aus dem Fair Labor Standards Act: Für sie gelten keine gesetzlichen Vorschriften bezüglich Überstunden und Minimumlohn. Der Leitende Angestellte ist hier sehr weit definiert: Ein Bundesberufungsgericht hatte vor einiger Zeit einen Fall zu entscheiden, in dem ein Supermarktleiter mehr als 60 Stunden die Woche arbeitete, aber nur 250 $ pro Woche verdiente; das war zulässig (Murray v. Stuckey,s inc. 939 F.2d 615 (8th Cir. 1991).

7.2 Frankreich

Anders als das deutsche und das US-amerikanische Recht definiert das französische Arbeitsrecht den Leitenden Angestellten nicht allein über seine leitende Funktion, sondern unter *cadres* fallen auch solche Arbeitnehmer, die aufgrund ihrer Ausbildung und Fähigkeiten (gewöhnlich Hochschulabschluss) eine Position erreicht haben, in der sie zwar keine Leitungsmacht gegenüber untergeordneten Arbeitnehmern ausüben, jedoch einen großen Bereich der Eigenverantwortung und der Möglichkeit zur Eigeninitiative (Forschungsingenieure, Rechtsberater, Mediziner oder angestellte Hochschullehrer). Gesetzliche Sonderregelungen gibt es für diesen Personenkreis kaum, jedoch zeigt die Anwendung des allgemeinen Arbeitsrechts hier gewisse Besonderheiten. Zumeist halten die Tarifverträge Sonderregelungen für cadres oder erfassen sie gar nicht. Eine Überstundenvergütung enthalten sie vergleichbar der deutschen Vertragspraxis nicht, weil sie sich allgemein üblich zur entgeltlosen Leistung von Überstunden verpflichtet haben. Aufgrund ihrer gesteigerten Pflicht zur Loyalität sind die rechtlichen Grenzen, innerhalb derer ein Wettbewerbsverbot vereinbart werden kann, weiter gefasst. Daher hat das oberste französische Bundesgericht eine Klausel für wirksam gehalten, dass einem Hoteldirektor in ganz Frankreich verbot, für einen Zeitraum von $1^1/_2$ Jahren nach Beendigung seines Dienstverhältnisses als Hoteldirektor tätig zu werden (*Cour de Cassation* v. 20. April 1987). Auch ist es allgemein üblich vertraglich zu vereinbaren, dass Leitende Angestellte nicht von ihren arbeitsbedingten Erfindungen profitieren. Bei den Arbeitsgerichten existiert seit 1979 eine eigene Spruchkammer für die *cardres* (Art. L. 512-2 Code de travail). Seit 1970 besteht ein gesondertes Amt zur Arbeitsvermittlung Leitender Angestellter (*Association pour l,emploi des cardres –* A.P.E.C).

7.3 Italien

Der *dirigente* (der Leitende Angestellte im italienischen Recht) wird nicht durch das Gesetzesrecht definiert, jedoch haben die Rechtsprechung und die Praxis der Tarifvertragsparteien hier einen für die Praxis maßgeblichen Begriff geprägt. Danach ist erforderlich, dass der Arbeitnehmer weitreichende Weisungs- bzw. Vertretungsbefugnis hat, und dadurch auf die Entwicklung des gesamten Unternehmens oder aber zumindest eines erheblichen Unternehmenszweigs erheblichen Einfluss nehmen kann. Damit werden auch Arbeitnehmer erfasst, die sich insbesondere bei größeren Unternehmen deutlich unterhalb der Ebene des Topmanagements ansiedeln.

Auch im italienischen Recht gilt für den Leitenden Angestellten eine Ausdünnung des Arbeitsrechts wie es sonst für Arbeitnehmer gilt: Probearbeitsverhältnisse können statt der für sonstige Angestellte erlaubten Höchstlänge von drei Monaten für Leitende Angestellte bis zu sechs Monaten vereinbart werden (Art. 4 des Gesetzes Nr. 8025 zur Regelung des Arbeitsverhältnisses von Angestellten aus dem Jahre 1924). *Dirigenti* sind aus dem Anwendungsbereich des Kündigungsschutzgesetzes ausgeschlossen. Anders als mit sonstigen Arbeitnehmern kann mit ihnen ohne Vorliegen eines besonderen Sachgrundes wiederholt bis zum Zeitraum von fünf Jahren ein zeitlich befristetes Arbeitsverhältnis vereinbart werden. Außer wenn dies ausdrücklich vertraglich vereinbart wird, gelten auch in Italien die im Betrieb allgemein üblichen Arbeitszeiten für Leitende Angestellte nicht. Vielmehr wird Arbeitslänge und Arbeitszeitpunkt durch die betrieblichen Erfordernisse bestimmt. Daher sind die Leitenden Angestellten von den Vorschriften zur Begrenzung der Arbeitszeit für Arbeiter oder Angestellte von Industrie- und Handelsunternehmen ausdrücklich ausgenommen (Art. 1 Abs. 2 des Gesetzes Nr. 692 v. 15.3.1923). Anders als in Deutschland werden in Italien verbreitet Tarifverträge auch für Leitende Angestellte abgeschlossen. Hier liegen dann die Bestimmungen zur Lohnfortzahlung bei Nichtleistung der Arbeit oder die bei Beendigung des Arbeitsverhältnisses zu leistenden Abfindungszahlungen erheblich über dem, was für sonstige Arbeitnehmer vereinbart wird. Ein wesentlicher Unterschied zu sonstigen Arbeitnehmern besteht auch im Kündigungsschutz: Die Leitenden Angestellten sind hiervon ausgenommen bis auf gewisse Sonderfälle; anstelle des Kündigungsschutzes treten dann die tarifvertraglich vereinbarten Abfindungszahlungen. Nachträgliche Wettbewerbsverbote können auch im italienischen Recht für Leitende Angestellte in einem weit größeren Umfang vereinbart werden als mit sonstigen Arbeitnehmern. Art. 2125 *Codice civile* bestimmt, dass seine Dauer, wenn es sich um *dirigenti* handelt, höchstens fünf Jahre, in allen anderen Fällen höchstens drei Jahre betragen kann. Einen Sprecherausschuss vergleichbar dem deutschen Recht kennt das italienische Recht nicht, möglich sind allein freiwillige

Zusammenschlüsse innerhalb einer Gewerkschaft für Leitende Angestellte, die jedoch nicht die gleichen Rechte hat wie sonstige betriebliche Gewerkschaftsvertretungen.

Literatur

Zum U.S.-amerikanischen Recht gute Hinweise in Thau, Das Arbeitsrecht in den USA, 1998; zum französischen Recht vgl. das Standardlehrbuch zum Arbeitsrecht Lyon-Caen/Pélissier/Supiot, Droit du travail, Rn 183 ff. sowie die Monographie Bayon, Notion et statut juridique des cadres, Verlag L.G.D.J., 1971; zum italienischen Recht ausführlich Hermichel, Die Leitenden Angestellten (dirigenti) im italienischen Recht, Nomos-Verlag 1999.

8 Das Gesetz über Sprecherausschüsse der Leitenden Angestellten (SprAuG)

Horst Udo Niedenhoff

Am 1. Dezember 1988 verabschiedete der Deutsche Bundestag das Gesetz über Sprecherausschüsse der Leitenden Angestellten als weitere Variante der Mitwirkung und Mitbestimmung.

Dieses Gesetz soll den Leitenden Angestellten in den Betrieben und Unternehmen die Möglichkeit geben, eigene Sprecherausschüsse zu wählen, zugunsten von Mitwirkungsrechten bei Arbeitsbedingungen und Beurtei-

Vereinbarungen	Arbeitgeber und Sprecherausschuss können Vereinbarungen schließen über Richtlinien und Inhalt, Beginn und Beendigung des Beschäftigungsverhältnisses (§ 28 I SprAuG), Größe des Gesamtsprecherausschusses (§ 16 II) und des Konzernsprecherausschusses (§ 21 II).
Beratung	Arbeitgeber und Sprecherausschuss erörtern folgende Angelegenheiten in einem gemeinsamen Gespräch: Änderung der Gehaltsgestaltung (§ 30), Änderung der sonstigen allgemeinen Arbeitsbedingungen (§ 30), Einführung und Änderung allgemeiner Beurteilungsgrundsätze (§ 30), Maßnahmen zum Ausgleich oder zur Milderung bei Entstehung wesentlicher Nachteile für Leitende Angestellte bei geplanten Betriebsänderungen (§ 32 II).
Anhörung	Der Arbeitgeber teilt dem Sprecherausschuss seine Absichten mit und fordert ihn zur fristgerechten Stellungnahme auf über Abschluss einer Betriebsvereinbarung mit dem Betriebsrat (die die rechtlichen Interessen der Leitenden Angestellten berührt) (§ 21), Abschluss sonstiger Vereinbarungen mit dem Betriebsrat (die die rechtlichen Interessen der Leitenden Angestellten berühren) (§ 2 I), jeder Kündigung eines Leitenden Angestellten (§ 31 II).
Unterrichtung	Der Arbeitgeber teilt dem Sprecherausschuss seine Pläne mit zur Änderung der Gehaltsgestaltung (§ 30), Änderung sonstiger allgemeiner Arbeitsbedingungen (§ 30), Einführung oder Änderung allgemeiner Beurteilungsgrundsätze (§ 30), beabsichtigten Einstellung eines Leitenden Angestellten (§ 31 I), personellen Veränderung eines Leitenden Angestellten (§ 31 I), geplanten Betriebsänderung (§ 32 II) und unterrichtet den Sprecherausschuss über wirtschaftliche Angelegenheiten des Betriebes oder des Unternehmens (§ 32 I).

Abb. 1 Die abgestuften Rechte des Sprecherausschusses

lungsgrundsätzen sowie bei personellen Maßnahmen und wirtschaftlichen Angelegenheiten (Abb. 1).

Danach haben die Sprecherausschüsse im Gegensatz zu den Betriebsräten nur Mitwirkungsrechte: Es sind die Rechte auf Unterrichtung, Anhörung, Beratung und die Möglichkeiten, Vereinbarungen zu schließen.

Nach dem Sprecherausschussgesetz haben die Leitenden Angestellten in den Betrieben und Unternehmungen folgende Mitwirkungsmöglichkeiten:

1. Die Belange der Leitenden Angestellten des Betriebes werden durch den Sprecherausschuss vertreten, wobei eigene Belange durch den einzelnen Leitenden Angestellten unberührt bleiben (§ 25 SprAuG).
2. Zur Wahrnehmung seiner Belange gegenüber dem Arbeitgeber kann der Leitende Angestellte ein Mitglied des Sprecherausschusses zur Unterstützung und Vermittlung hinzuziehen (§ 26 SprAuG).
3. Recht auf Einsicht in die Personalakte und Hinzuziehung eines Mitglieds des Sprecherausschusses.
4. Arbeitgeber und Sprecherausschuss können Richtlinien über den Inhalt, den Abschluss oder die Beendigung von *Arbeitsverhältnissen* der Leitenden Angestellten schriftlich vereinbaren (§ 28 SprAuG).
5. Der Inhalt der Richtlinien gilt für die *Arbeitsverhältnisse* unmittelbar und zwingend, soweit dies zwischen Arbeitgeber und Sprecherausschuss vereinbar ist. Abweichende Regelungen zugunsten der Leitenden Angestellten sind zulässig.
6. Der Sprecherausschuss muss vom Arbeitgeber rechtzeitig über Änderungen der *Gehaltsgestaltung* und sonstiger allgemeiner Arbeitsbedingungen unterrichtet werden.
7. Änderungen der Gehaltsgestaltung und der allgemeinen Beurteilungsgrundsätze müssen mit dem Sprecherausschuss beraten werden.
8. Rechtzeitig ist dem Sprecherausschuss eine beabsichtigte *Einstellung* oder *personelle Veränderung* eines Leitenden Angestellten mitzuteilen.
9. Der Sprecherausschuss muss vor jeder *Kündigung* eines Leitenden Angestellten gehört werden. Der Arbeitgeber hat dem Sprecherausschuss die Gründe für die Kündigung mitzuteilen.
10. Eine ohne Anhörung des Sprecherausschusses ausgesprochene Kündigung ist unwirksam (§ 31 SprAuG).
11. Der Unternehmer hat dem Sprecherausschuss mindestens einmal im Kalenderhalbjahr über die *wirtschaftlichen Angelegenheiten* des Betriebes und des Unternehmens zu unterrichten (§ 32 SprAuG).
12. Der Unternehmer hat den Sprecherausschuss über *geplante Betriebsänderungen,* die wesentliche Nachteile für die Leitenden Angestellten zur Folge haben könnten, rechtzeitig und umfassend zu unterrichten (§ 32 SprAuG).

13. Entstehen Leitenden Angestellten infolge der *geplanten Änderung* wesentliche Nachteile hat der Unternehmer mit dem Sprecherausschuss über Maßnahmen zum Ausgleich oder zur Milderung dieser Nachteile zu beraten.

Nach dem SprAuG sollen mindestens einmal im Jahr eine gemeinsame Sitzung mit dem Betriebsrat (§ 2 SprAuG) und eine Versammlung der Leitenden Angestellten (§ 15 SprAuG) stattfinden.

Die Errichtung von Sprecherausschüssen

Das SprAuG sieht drei Typen von Sprecherausschüssen für Leitende Angestellte vor (Übersicht 1): Den Sprecherausschuss, den Gesamtsprecherausschuss, den Konzernsprecherausschuss sowie den Unternehmenssprecherausschuss.

Übersicht 1 Funktionen der Sprecherausschüsse

Der **Sprecherausschuss** arbeitet mit dem Arbeitgeber vertrauensvoll unter Beachtung der geltenden Tarifverträge zum Wohle der Leitenden Angestellten und des Betriebes zusammen (§ 2 SprAuG).

Der **Gesamtsprecherausschuss** ist zuständig für die Behandlung von Angelegenheiten, die das Unternehmen oder mehrere Betriebe des Unternehmens betreffen und nicht durch die einzelnen Sprecherausschüsse innerhalb ihrer Betriebe behandelt werden können. Er ist den Sprecherausschüssen nicht übergeordnet (§ 18 SprAuG).

Der **Konzernsprecherausschuss** ist zuständig für die Behandlung von Angelegenheiten, die den Konzern oder mehrere Konzerne eines Unternehmens betreffen und nicht durch die einzelnen Gesamtsprecherausschüsse innerhalb ihrer Unternehmen geregelt werden können. Er ist dem Gesamtsprecherausschuss nicht übergeordnet (§ 23 SprAuG).

Bestehen in einem Unternehmen mehrere Sprecherausschüsse (Abb. 2), ist ein Gesamtsprecherausschuss zu errichten, in den jeder Sprecherausschuss ein Mitglied entsendet (§ 16 SprAuG). Für den Konzern kann durch Beschluss der einzelnen Gesamtsprecherausschüsse ein Konzernsprecherausschuss gewählt werden (§ 21 SprAuG).

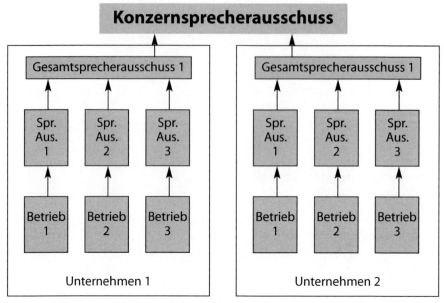

Abb. 2 Errichtung von Sprecherausschüssen für Leitende Angestellte
Gemäß §§ 1, 16, 21 SprAuG

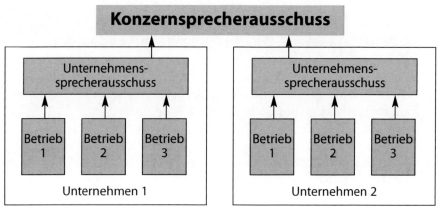

Abb. 3 Errichtung von Sprecherausschüssen für Leitende Angestellte
Gemäß §§ 20 und 21 SprAuG

§§ 16 ff. SprAuG:
Gesamtsprecherausschuss (GspA = „LA-Forum"):

GspA-Vorsitzender
+ stellvertretender GspA-Vorsitzender
+ 81 weitere GspA-Mitglieder

(Erweiterter) **Geschäftsführender Ausschuss (GfA):**
GspA-Vorsitzender
+ stellvertretender GspA-Vorsitzender
+ 5 weitere GSpA-Mitglieder
+ 2 Ersatzmitglieder
+ 4 Assoziierte Mitglieder (Aufsichtsrat; Versicherungs-, Rechts-, VAF-Spezialist)
(+ 1 x jährlich: Gäste von SpA großer Siemens-Gesellschaften)

Gesprächspartner: ZU, ZU F

ZU-GspA-Vereinbarung
vom 30. 5. 1990:
18 Bereichsausschüsse (BerA):

Verhandlungskommission:
Vorsitzender, stellvertr. Vorsitzender, ggf. weitere Mitglieder

Gespächspartner:
Bereichsvorstand / ZA-Leitung unterstützt durch Leiter Ref Pers

§§ 1 ff. SprAuG:
52 Betriebssprecherausschüsse (BspA):

3 BspA	7 BspA	30 BspA	12 BspA
mit 7 LA-Sprechern	mit 5 LA-Sprechern	mit 3 LA-Sprechern	mit 1 LA-Sprecher
> 300 LA	101 – 300 LA	21 – 100 LA	10 – 20 LA

Gesprächspartner: Betriebsleitung

Betriebe < 10 LA
Zuordnung zum räumlich nächstgelegenen Betrieb ≥ 10 LA

Abb. 4 Leitende Angestellte-Sprecherorganisation der Siemens AG (Stand: Januar 1998)
Quelle: Basel, H.-P.; Sieg, R.: Mitbestimmungslandschaft Siemens. o.O., Januar 1998, Seite 13

Für die leitenden Angestellten gibt es nach dem SprAuG noch eine andere Wahlmöglichkeit: Statt der Wahl von einzelnen Sprecherausschüssen kann die Wahl eines Unternehmenssprecherausschusses (Abbildung 2) vorgenommen werden. Sind in einem Unternehmen mit mehreren Betrieben in der Regel insgesamt mindesten zehn leitende Angestellte beschäftigt, kann statt einzelner Sprecherausschüsse ein Unternehmenssprecherausschuss der leitenden Angestellten gewählt werden, wenn dies die Mehrheit der leitenden Angestellten des Unternehmens wünscht (§ 20 SprAuG). Bestehen schon einzelne Sprecherausschüsse, so können diese aufgelöst werden: In diesem Fall hat auf Antrag der Mehrheit der leitenden Angestellten des Unternehmens der Sprecherausschuss der Hauptverwaltung oder, sofern ein solcher nicht besteht, der Sprecherausschuss des nach der Zahl der leitenden Angestellten größten Betriebes einen Unternehmenswahlvorstand für die Wahl eines Sprecherausschusses zu bestellen. Die Amtszeit des Sprecherausschusses endet dann mit der Bekanntgabe des Wahlergebnisses. Umgekehrt kann auch der Unternehmenssprecherausschuss zugunsten von Einzelsprecherausschüssen seine Tätigkeit beenden (§ 20 SprAuG).

Wie Sprecherausschusskonstruktionen in der Praxis aussehen können, zeigt (Abbildung 3) das Beispiel der Siemens AG.

Da der gesetzliche LA-Sprecherorganisationsaufbau nicht der Gliederung der Siemens AG in Bereiche entspricht, hat der Gesamtsprecherausschuss aufgrund einer Vereinbarung mit der Firmenleitung neben dem Geschäftsführenden Ausschuss (GfA), noch 18 Bereichsausschüsse (BerA) gebildet.

9 Sprecherausschusswahlen

Horst Udo Niedenhoff

9.1 Errichtung von Sprecherausschüssen

Das *Gesetz über Sprecherausschüsse* der Leitenden Angestellten sieht vor, dass in Betrieben mit in der Regel mindestens zehn Leitenden Angestellten Sprecherausschüsse errichtet werden können (§ 1 SprAuG). Hat ein Betrieb weniger als zehn Leitende Angestellten, werden diese den Leitenden Angestellten des räumlich nächstgelegenen Betriebes desselben Unternehmens zugezählt. Es wird dann ein Sprecherausschuss für diese Leitenden Angestellten gebildet.

Die regelmäßigen Wahlen des Sprecherausschusses finden alle vier Jahre in der Zeit vom 1. März bis 31. Mai statt. Sie sind somit zeitgleich mit den regelmäßigen Betriebsratswahlen nach dem Betriebsverfassungsgesetz.

Außerhalb dieses Zeitraums können Sprecherausschüsse gewählt werden, wenn
- im Betrieb ein Sprecherausschuss noch nicht besteht,
- der Sprecherausschuss durch eine gerichtliche Entscheidung aufgelöst worden ist,
- die Wahl des Sprecherausschusses mit Erfolg angefochten worden ist oder
- der Sprecherausschuss mit der Mehrheit seiner Mitglieder seinen Rücktritt beschlossen hat (§ 5 Abs. 2 SprAuG).

Gemäß § 4 des SprAuG besteht ein Sprecherausschuss mit in der Regel zehn bis 20 Leitenden Angestellten aus einer Person, bei 21 bis 100 Leitenden Angestellten werden drei Mitglieder gewählt. Hat der Betrieb oder die Sprecherausschusseinheit 101 bis 300 Leitende Angestellte, werden fünf Mitglieder gewählt und bei über 300 sind es sieben Sprecherausschussmitglieder.

Wahlberechtigt sind alle Leitenden Angestellten des Betriebs gemäß § 5 Abs. 3 und 4 BetrVG (Übersicht 1). Wählbar sind demgegenüber alle Leitenden Angestellten, die sechs Monate dem Betrieb angehören (§ 3 Abs. 2 SprAuG). Auf die sechsmonatige Betriebszugehörigkeit werden Zeiten angerechnet, in denen der Leitende Angestellte unmittelbar vorher einem anderen Betrieb desselben Unternehmens oder Konzerns als Beschäftigter angehört hat.

Übersicht 1 Die Abgrenzung der Leitenden Angestellten nach § 5 Abs. 3 und 4 BetrVG

Inhalte der Abgrenzung	Anmerkungen
1. Selbständige Einstellung und Entlassung	– sowohl Einstellungen als auch Entlassungen – es genügt die Befugnis auf eine bestimmte Gruppe von Arbeitnehmern – aber es muß eine bedeutende Anzahl sein
2. Generalvollmacht oder Prokura	– Gesamt- und Niederlassungsprokura – entsprechende Stellung um Betrieb und Unternehmen – eine Titularprokura
3. Wahrnehmung von Aufgaben, die für den Bestand und die Entwicklung des Betriebs oder Unternehmens von Bedeutung sind	– Entscheidungen treffen (Linienfunktion) oder maßgeblich beeinflussen (Stabsfunktion)
4. Voraussetzung von besonderen Erfahrungen und Kenntnissen	– Erfahrungen müssen über den üblichen Rahmen hinausgehen – ein bestimmtes Berufsbild wird nicht vorausgesetzt
5. Entscheidungen müssen im wesentlichen frei von Weisungen getroffen werden 6. Maßgebliche Beeinflussung von Entscheidungen	Voraussetzungen schaffen, an denen der Unternehmer, die Unternehmensleitung oder die Geschäftsführung nicht ohne weiteres vorbeigehen kann
7. Regelmäßige Ausübung der leitenden Tätigkeit	keine gelegentliche oder vorübergehende Tätigkeit
8. Schon bei der letzten Mitbestimmungswahl (Betriebsrats-, Sprecherausschuß- und Aufsichtsratswahl) den Leitenden zugeordnet 9. Durch rechtskräftige gerichtliche Entscheidung den Leitenden zugeordnet	Gilt nicht mehr, wenn sich mit der Entscheidung die Aufgabenstellung geändert hat
10. Wer einer Leitungsebene angehört, auf der überwiegend leitende Angestellte vertreten sind	– überwiegend bedeuten: mehr als die Hälfte – bezogen auf das Unternehmen, nicht auf die Branche
11. Das Beziehen eines regelmäßigen Jahresarbeitsentgelts, das im Unternehmen für Leitende üblich ist	– gerechnet werden alle Vergütungen und Sachleistungen ohne Spesenersatz – gerechnet wird der Durchschnitt – bezogen auf das Unternehmen, nicht auf die Branche
12. Ein regelmäßiges Jahresarbeitsentgelt, das das dreifache der Bezugsgröße nach § 18 des 4. Buches Sozialgesetzbuch überschreitet	– gilt nur, wenn noch Zuordnungszweifel (siehe 11.) bestehen

Nicht wählbar ist jedoch, wer:
- aufgrund allgemeinen Auftrags des Arbeitgebers Verhandlungspartner des Sprecherausschusses ist,
- nicht Aufsichtsratsmitglied der Arbeitnehmer nach dem Mitbestimmungsgesetz in Verbindung mit dem Aktiengesetz sein kann oder
- in Folge strafrechtlicher Verurteilung die Fähigkeit Rechte aus öffentlichen Wahlen zu erlangen nicht besitzt.

Sprecherausschüsse werden in geheimer und unmittelbarer Wahl gewählt (Abb. 1). Die Wahl erfolgt nach den Grundsätzen der Verhältniswahl. Wird jedoch nur ein Wahlvorschlag eingereicht, so erfolgt die Wahl des Sprecherausschusses nach den Grundsätzen der Mehrheitswahl (§ 6 SprAuG).

Zuvor erfolgt allerdings die Bestellung oder Wahl eines *Wahlvorstands* (Abb. 2). Wenn bereits ein Sprecherausschuss besteht, bestellt dieser spätestens zehn Wochen vor Ablauf seiner Amtszeit den Wahlvorstand. Wenn noch kein Sprecherausschuss besteht, dann können drei Leitende Angestellte zu einer Versammlung der Leitenden einladen, auf der dann, wenn mehr als die Hälfte der Leitenden anwesend ist, ein Wahlvorstand mit Mehrheit gewählt werden kann. Dieser muss aus drei oder einer höheren, ungraden Zahl von Mitgliedern bestehen.

Zwischen dem 1. März und dem 31. Mai 1998 fanden die regulären dritten Sprecherausschusswahlen nach Inkrafttreten des Sprecherausschussgesetzes statt. In den weitaus meisten sprecherausschussfähigen Betrieben und Unternehmungen wurden diese Vertretungsorgane der Leitenden Angestellten neu gewählt.

Wie wird die Rolle der Leitenden Angestellten im Unternehmen und der Sprecherausschuss gesehen? Hierzu ein markantes Beispiel aus einem großen deutschen Unternehmen (Basel, 1998, 2): „Das Sprecherausschussgesetz von 1989 gibt der Sprecherorganisation in definierten Fällen einen Informationsanspruch und ein Beratungsrecht. Wenn dies zunächst auch nur die Einräumung einer begrenzten betrieblichen Mitwirkung bedeutet, geht die laufende Praxis der Zusammenarbeit zwischen der Unternehmensleitung und der Sprecherorganisation in Breite und Tiefe über die formalen Vorgaben des Gesetzes hinaus. Das hat im Unternehmen bereits Tradition. Bereits seit 1975 gab es auf freiwilliger Basis durch eine Vereinbarung mit der Unternehmensleitung eine Sprecherorganisation. Dahinter steht eine bewusste Vorwärtsstrategie der Unternehmensleitung für eine verantwortungsvolle Zusammenarbeit."

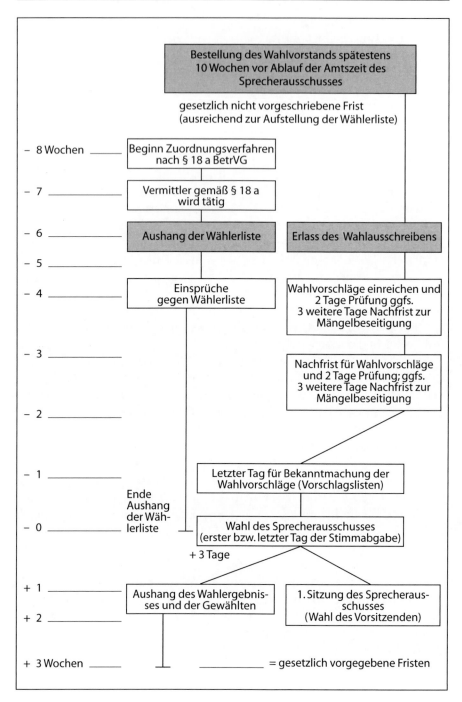

Abb. 1 Ablaufplan für erneute Sprecherausschusswahlen
Quelle: ULA Nachrichten Nr. 1/2 vom Februar 1998

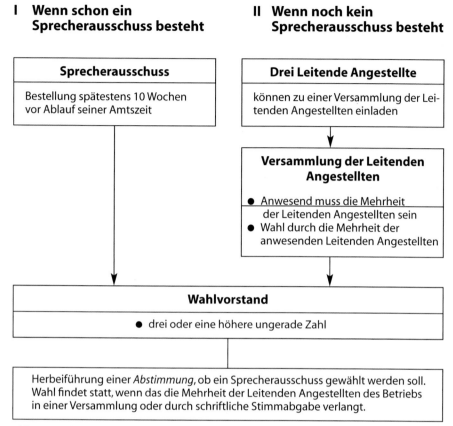

I Wenn schon ein Sprecherausschuss besteht

II Wenn noch kein Sprecherausschuss besteht

Sprecherausschuss
Bestellung spätestens 10 Wochen vor Ablauf seiner Amtszeit

Drei Leitende Angestellte
können zu einer Versammlung der Leitenden Angestellten einladen

Versammlung der Leitenden Angestellten
• Anwesend muss die Mehrheit der Leitenden Angestellten sein • Wahl durch die Mehrheit der anwesenden Leitenden Angestellten

Wahlvorstand
• drei oder eine höhere ungerade Zahl

Herbeiführung einer *Abstimmung,* ob ein Sprecherausschuss gewählt werden soll. Wahl findet statt, wenn das die Mehrheit der Leitenden Angestellten des Betriebs in einer Versammlung oder durch schriftliche Stimmabgabe verlangt.

Abb. 2 Bestellung eines Wahlvorstandes für die Sprecherausschusswahl

9.2 Thesen zu den Sprecherausschusswahlergebnissen

1. Auch die dritten Wahlen nach dem Sprecherausschussgesetz zeigen, dass dieses Organ eine hohe Akzeptanz hat: Die Wahlbeteiligung liegt weit über 80 Prozent.
2. Leitende Angestellte haben ein persönliches Verhältnis zu ihren Kandidaten: Mit weit über 80 Prozent herrscht bei den Wahlen die Persönlichkeitswahl und nicht die Listenwahl vor.
3. Sprecherausschüsse sind eine männliche Domäne. Über 90 Prozent der Sprecherausschussmitglieder sind Männer.
4. Mit über 60 Prozent sind Mitglieder von Verbänden der Union der Leitenden Angestellten gewählt worden. Die zweitgrößte Gruppe innerhalb der Sprecherausschüsse sind die unabhängigen Bewerber oder die Bewerber, die auf keiner Verbandsliste kandidiert haben. Gewerkschaften spielen nahezu keine Rolle.

5. Im Gegensatz zu den Betriebsräten ist das Mandat des Sprechers der leitenden Angestellten nicht so konstant: Neuwahl und Wiederwahl halten sich ungefähr die Waage.

9.3 Wahlbeteiligung

Leitende Angestellte scheinen dem Sprecherausschuss als ihrem Vertretungsorgan einen hohen Stellenwert beizumessen. Dies ist aus der überaus hohen Wahlbeteiligung zu erkennen (Tabelle 1). 85,4 Prozent der Leitenden sind 1998 zur Wahlurne gegangen. 1994 waren es sogar 86,8 Prozent und 1990 lag die Rekordmarke bei 88,2 Prozent (Niedenhoff, 1995, 160).

Damit übertreffen die Leitenden Angestellten die hohe Wahlbeteiligung bei den Betriebsratswahlen.

Ein kleiner Wermutstropfen wäre lediglich in der Erkenntnis zu sehen, dass auch bei den Sprecherausschusswahlen die Wahlbeteiligung leicht gefallen ist: von 1990 mit 88,2 Prozent über 1994 mit 86,8 Prozent auf 85,4 Prozent im Jahre 1998. Dennoch ist die Wahlbeteiligung im Vergleich zu allen anderen Wahlen unvergleichlich hoch. Die höchste Wahlbeteiligung finden wir im Bereich Bergbau und Energie mit 89,5 Prozent.

9.4 Wahlarten

Nach Paragraph 5 der Wahlordnung erfolgt die Wahl durch Einreichen von Vorschlagslisten. Sind mehrere Mitglieder des Sprecherausschusses zu wählen, erfolgt die Wahl aufgrund solcher Vorschlagslisten. Die Vorschlagslisten sind von den Leitenden Angestellten vor Ablauf von zwei Wochen seit Erlass des Wahlausschreibens beim Wahlvorstand einzureichen. Jede Vorschlagsliste soll mindestens doppelt so viele Bewerber aufweisen wie Mitglieder des Sprecherausschusses zu wählen sind. In jeder Vorschlagsliste sind dann die einzelnen Bewerber in erkennbarer Reihenfolge unter fortlaufender Nummer und unter Angaben von Familienname, Vorname und Geburtsdatum aufzuführen. Die schriftliche Zustimmung der Bewerber zur Aufnahme in die Listen ist beizufügen. Wenn kein anderer Unterzeichner der Vorschlagsliste ausdrücklich als Listenvertreter bezeichnet ist, wird der an erster Stelle genannte Unterzeichner als Listenvertreter angesehen. Bei der Wahl kreuzen dann die Leitenden Angestellten die Liste an, die sie bevorzugen (Listenwahl).

Wird allerdings für die Wahl nur eine gültige Vorschlagsliste eingereicht, kann der Wähler seine Stimme nur für solche Bewerber abgeben, die in der Vorschlagsliste aufgeführt sind (Paragraph 18 WOSprAuG). Der Wähler kennzeichnet nun die von ihm gewählten Bewerber durch Ankreuzen an der im Stimmzettel hierfür vorgesehenen Stelle. Dabei darf er nicht mehr Bewerber ankreuzen als Mitglieder des Sprecherausschusses zu wählen sind. Bei dieser Persönlichkeitswahl werden dann so viele Kandidaten bestimmt wie der Sprecherausschuss an Mitgliedern zählt. Gewählt sind dann jeweils diejenigen, welche die Mehrheit der Stimmen erhalten haben.

Seit Inkrafttreten des Sprecherausschussgesetzes haben sich die Leitenden Angestellten mehrheitlich stets für die Persönlichkeitswahl entschieden. 1998 waren es 87,1 Prozent und 1994 sogar 92,1 Prozent (Tabelle 1). So spielt also die Persönlichkeit der Kandidaten eine sehr große Rolle für die Leitenden Angestellten. Einer doch mehr anonymeren Liste stehen sie nicht so positiv gegenüber.

9.5 Neu- und Wiederwahl

Neu- und Wiederwahl halten sich ungefähr die Waage: 1998 wurden 52,4 Prozent der Kandidaten wiedergewählt und 47,6 Prozent neu gewählt. 1994 war es so ähnlich. Damit ist das Amt des Sprecherausschussmitgliedes nicht so konstant wie bei den Betriebsratswahlen. Dies kann an dem relativ höheren Alter der Leitenden Angestellten liegen. Es ist in der Regel also keine Abwahl, sondern eine Neuwahl, weil in den letzten Jahren doch so mancher Leitende Angestellte vor dem 65. Lebensjahr in den Ruhestand getreten ist.

Die höchste Neuwahlquote ist im Bereich Bergbau und Energie zu finden. Hier wurden 1998 62,6 Prozent der Sprecherausschussmitglieder neu gewählt und nur 37,4 Prozent wiedergewählt.

9.6 Das Verhältnis von weiblichen zu männlichen Sprecherausschussmitgliedern

Führungskräfte sind in der deutschen Wirtschaft zum überwiegenden Teil Männer. Dies spiegelt sich auch bei den Sprecherausschüssen wider: Zwar ist der Anteil weiblicher Sprecherausschussmitglieder von 1994 (2,5 Prozent) auf 1998 mit 5,3 Prozent leicht gestiegen. Dennoch sind weibliche Sprecherausschussmitglieder eine Seltenheit. Selbst im Dienstleistungsbereich sind es nur 5,6 Prozent und somit nur 0,3 Prozentpunkte mehr. Nur der Chemiebereich ragt mit 7,6 Prozent etwas heraus.

9.7 Die Verbandszugehörigkeit der Sprecherausschussmitglieder

Weit über die Hälfte aller Sprecherausschussmitglieder sind in einem Verband der Union der Leitenden Angestellten organisiert (Tabelle 1). 1998 waren es 61,6 Prozent. Die höchste Verbandszugehörigkeit mit 84,0 Prozent finden wir im Bereich der Chemischen Industrie. Hier sind die Sprecherausschussmitglieder in der Regel im Verband Angestellter Akademiker und Leitender Angestellter der Chemischen Industrie (VAA). Im Bereich der Metall- und Elektroindustrie sind 58,2 Prozent der Sprecherausschussmitglieder im Verband Angestellter Führungskräfte (VAF). Tendenziell sind im Verarbeitenden Gewerbe (Tabelle 2) mehr Leitende Angestellte im Verband organisiert als im Bereich der Dienstleistungen mit 44,1 Prozent. Im Bereich Bergbau und Energie sind 66,2 Prozent der Sprecherausschussmitglieder Mitglied eines Verbandes der Union der Leitenden Angestellten, wie beispielsweise im Verband der Führungskräfte im Bergbau, Energiewirtschaft und zugehörigem Umweltschutz (VDF).

Traditionelle Gewerkschaften, wie etwa die DGB-Gewerkschaften, die Deutsche Angestellten-Gewerkschaft oder die Gewerkschaften im Christlichen Gewerkschaftsbund, spielen bei den Sprecherausschusswahlen nahezu keine Rolle: Lediglich 1,9 Prozent der Sprecherausschussmitglieder gehören einer Gewerkschaft des Deutschen Gewerkschaftsbundes an (Tabelle 1). 0,4 Prozent sind Mitglied der Deutschen Angestelltengewerkschaft. Andere Gewerkschaften spielen überhaupt keine Rolle mehr.

Die zweitgrößte Gruppe der Leitenden Angestellten im Sprecherausschuss ist in keinem Verband organisiert oder hat über keine Verbandsliste kandidiert. Es kann natürlich sein, dass in diesen Bereichen, die zu ihrer Verbandszugehörigkeit keine Angaben gemacht haben, auch noch Verbandsmitglieder sind. In relativ vielen Fragebögen wurden hierzu keine Angaben gemacht.

9.8 Sprecherausschussvorsitzende

Sprecherausschussvorsitzende sind in der Regel männlich (98,4 Prozent), 51,4 Jahre alt und blicken auf eine 22,1-jährige Betriebszugehörigkeit zurück. Weit über die Hälfte der Sprecherausschussvorsitzenden (64,0 Prozent) sind Mitglied eines Verbandes der Union der Leitenden Angestellten. Zu knapp 60 Prozent (59,5 Prozent) sind sie wiedergewählt worden. Die Tendenz, gleichzeitig als Leitender Angestellter auch einen Sitz im Aufsichtsrat zu haben, hat leicht zugenommen: 21,1 Prozent der Sprecherausschussmitglieder sind auch in diesem Organ vertreten (Tabelle 1). Die jüngsten Sprecherausschussvorsitzenden sind mit 49,7 Jahren im Bereich der Dienstleistungen zu finden, die „ältesten" mit 52,8 Jahren im Bereich der Metall- und Elektroindustrie. Mit 19,3 Jahren weisen die Sprecherausschussvorsitzenden im Bereich Bergbau und Energie die niedrigste Unternehmenszugehörigkeit auf.

90 Prozent der Sprecherausschussvorsitzenden sind im Bereich der Chemischen Industrie Mitglied des Verbands Angestellter Akademiker und Leitender Angestellter der Chemischen Industrie (VAA). Im Bereich der Metall- und Elektroindustrie sind es „nur" 47,3 Prozent. Dieser „relativ geringe" Prozentsatz ist auch daraus zu erklären, dass gerade in diesem Bereich sehr viele keine Angaben zu ihrer Verbandszugehörigkeit gemacht haben. Es kann daher in der Realität der Verbandszugehörigkeitsprozentsatz höher sein als angegeben.

Literatur

Basel, Hans-Peter; Sieg, Rainer, (1998): Mitbestimmungslandschaft Siemens. Erlangen
Niedenhoff, Horst-Udo, (1995): Betriebsrats- und Sprecherausschusswahlen 1994. Köln
Niedenhoff, Horst-Udo, (1999): Die Praxis der betrieblichen Mitbestimmung, Köln

Tabelle 1 Gesamtergebnisse der Sprecherausschusswahl 1994 und 1998 (in Prozent)

		1994	1998*
1	**Wahlbeteiligung**	86,8	85,4
2	**Art der Wahl**		
	Persönlichkeitswahl	92,1	87,1
	Listenwahl	7,9	11,0
3	**Zusammensetzung des Sprecherausschusses**		
	weibliche Mitglieder	2,5	5,3
	männliche Mitglieder	97,5	94,7
	ausländische Mitglieder	0,4	0,4
	Neuwahl	46,6	47,6
	Wiederwahl	53,4	52,4
4	**Verbandszugehörigkeit**		
	ULA-Verband	46,9	61,6
	DGB	2,3	1,9
	DAG	0,3	0,4
	CGB	0,0	0,0
	Sonstige Verbände	2,9	0,1
	Unabhängige oder Bewerber, die auf keiner Verbandsliste kandidiert haben	47,6	36,0
5	**Sprecherausschussvorsitzende/r**		
	weiblich	0,3	1,6
	männlich	99,7	98,4
	Ausländer	0,3	0,9
	Alter (in Jahren)	52,2	51,4
		1994	**1998***
	Unternehmenszugehörigkeit (in Jahren)	18,2	22,1
	Zugleich als Leitender Angestellter im Aufsichtsrat: ja	12,3	20,1
	nein	87,7	79,9
	*Als **Sprecherausschussvorsitzende/r** wurde gewählt:*		
	– ein Mitglied eines ULA-Verbandes	40,0	64,0
	– ein Mitglied einer DGB-Gewerkschaft	1,2	1,6
	– ein DAG-Mitglied	0,0	0,2
	– ein CGB-Mitglied	0,0	0,0
	– ein Mitglied eines sonstigen Verbandes	0,0	0,5
	– ein unabhängiger Bewerber oder – ein Bewerber, dessen Verbandszugehörigkeit unbekannt ist	58,0	33,7
	– Neuwahl	43,3	40,5
	– Wiederwahl	56,7	59,5

* Differenzen zu 100 = keine Antwort

Tabelle 2 Ergebnisse der Sprecherausschusswahl 1998 im Bereich Verarbeitendes Gewerbe *
(in Prozent)

1	**Wahlbeteiligung**	85,0
2	**Art der Wahl**	
	Persönlichkeitswahl	90,5
	Listenwahl	7,2
3	**Zusammensetzung des Sprecherausschusses**	
	weibliche Mitglieder	5,2
	männliche Mitglieder	94,8
	ausländische Mitglieder	0,6
	Neuwahl	47,9
	Wiederwahl	52,1
4	**Verbandszugehörigkeit**	
	ULA-Verband	70,6
	DGB	1,5
	DAG	0,3
	CGB	0,0
	Sonstige Verbände	0,4
	Unabhängige oder Bewerber, die auf keiner Verbandsliste kandidiert haben	27,2
5	**Sprecherausschussvorsitzende/r**	
	weiblich	1,3
	männlich	98,7
	Ausländer	1,3
	Alter (in Jahren)	52,2
	Unternehmenszugehörigkeit (in Jahren)	22,4
	Zugleich als Leitender Angestellter im Aufsichtsrat: ja	21,6
	nein	75,8
	*Als **Sprecherausschussvorsitzende/r** wurde gewählt:*	
	– ein Mitglied eines ULA-Verbandes	72,9
	– ein Mitglied einer DGB-Gewerkschaft	1,0
	– ein DAG-Mitglied	0,3
	– ein CGB-Mitglied	0,0
	– ein Mitglied eines sonstigen Verbandes	0,3
	– ein unabhängiger Bewerber oder – ein Bewerber, dessen Verbandszugehörigkeit unbekannt ist	25,5
	– Neuwahl	38,2
	– Wiederwahl	61,8

* Differenzen zu 100 = keine Antwort

Tabelle 3 Ergebnisse der Sprecherausschusswahl 1998 im Bereich Dienstleistungen*
(in Prozent)

1	**Wahlbeteiligung**	86,1
2	**Art der Wahl**	
	Persönlichkeitswahl	79,5
	Listenwahl	19,7
3	**Zusammensetzung des Sprecherausschusses**	
	weibliche Mitglieder	5,6
	männliche Mitglieder	94,4
	ausländische Mitglieder	0,0
	Neuwahl	47,5
	Wiederwahl	52,5
4	**Verbandszugehörigkeit**	
	ULA-Verband	44,1
	DGB	2,6
	DAG	0,4
	CGB	0,0
	Sonstige Verbände	0,9
	Unabhängige oder Bewerber, die auf keiner Verbandsliste kandidiert haben	52,0
5	**Sprecherausschussvorsitzende/r**	
	weiblich	2,4
	männlich	97,6
	Ausländer	0,0
	Alter (in Jahren)	49,7
	Unternehmenszugehörigkeit (in Jahren)	21,2
	Zugleich als Leitender Angestellter im Aufsichtsrat: ja	15,7
	nein	82,7
	*Als **Sprecherausschussvorsitzende/r** wurde gewählt:*	
	– ein Mitglied eines ULA-Verbandes	54,4
	– ein Mitglied einer DGB-Gewerkschaft	3,1
	– ein DAG-Mitglied	0,8
	– ein CGB-Mitglied	0,0
	– ein Mitglied eines sonstigen Verbandes	0,2
	– ein unabhängiger Bewerber oder – ein Bewerber, dessen Verbandszugehörigkeit unbekannt ist	41,5
	– Neuwahl	46,5
	– Wiederwahl	53,6

* Differenzen zu 100 = keine Antwort

10 Betriebsräte als Partner der Unternehmer

Horst Udo Niedenhoff

10.1 Mitwirkung und Mitbestimmung

Die Bundesrepublik Deutschland ist im internationalen Vergleich das Land mit den meisten Mitbestimmungsgesetzen und Mitbestimmungsverordnungen. In keinem anderen Land sind die Mitwirkungs- und Mitbestimmungsrechte der Arbeitnehmer und der Einfluss der Gewerkschaften so weitgehend geregelt wie hier.

Dabei sind die betrieblichen Mitwirkungs- und Mitbestimmungsregeln der Arbeitnehmer für die Mitarbeiterinnen und Mitarbeiter in den Betrieben „gegenwärtiger" als die Mitbestimmung auf Unternehmensebene wie zum Beispiel in den Aufsichtsräten. Das Betriebsverfassungsgesetz als Grundlage der Mitbestimmung regelt die individuellen Rechte der Arbeitnehmer am Arbeitsplatz durch Unterrichtung, Anhörungs- und Erörterungsrechte in solchen Angelegenheiten, die den Arbeitnehmer an seinem Arbeitsplatz und im Betrieb unmittelbar betreffen. Die betriebliche Mitbestimmung durch den Betriebsrat sowie durch die Jugend- und Auszubildendenvertretung regelt die Mitwirkungs- und Mitbestimmungsrechte als Kollektivrechte der Arbeitnehmer im Betrieb. Beginn und Ende der täglichen Arbeitszeit, Mehrarbeit und Arbeitszeitverkürzung, Zeit, Ort und Art der Auszahlung der Arbeitsentgelte, Aufstellung allgemeiner Urlaubsgrundsätze, Regelungen über die Verhütung von Arbeitsunfällen und Berufskrankheiten, Form, Ausgestaltung und Verwaltung von Sozialeinrichtungen, Fragen der betrieblichen Lohngestaltung, Festsetzung der Akkordprämiensätze und vergleichbar leistungsbezogener Entgelte, Grundsätze über das betriebliche Vorschlagswesen etc.

Den zweiten großen Bereich der betrieblichen Mitwirkung und Mitbestimmung bilden die Rechte des Betriebsrats in personellen Angelegenheiten wie etwa bei der Personalplanung, dem Ausschreiben von Arbeitsplätzen, bei Beurteilungsgrundsätzen, Auswahlrichtlinien sowie Einstellungen, Eingruppierungen, Umgruppierungen und Versetzungen.

Diese kollektiven Rechte werden durch die von sämtlichen Arbeitnehmern alle vier Jahre gewählten Betriebsräte wahrgenommen. Der Betriebsrat ist daher zentrales Mitbestimmungsorgan der Arbeitnehmer. Er hat zudem darüber zu wachen, dass die zugunsten der Arbeitnehmer geltenden Gesetze,

Verordnungen, Unfallverhütungsvorschriften, Tarifverträge und Betriebsvereinbarungen eingehalten werden.

Für die Arbeitgeber und die Betriebsleitungen sind diese Mitwirkungs- und Mitbestimmungsrechte der Betriebsräte in sozialen, personellen, beruflichen und wirtschaftlichen Angelegenheiten ein Produktionsfaktor. Ohne qualifizierte, sachkompetente und von allen Beteiligten anerkannte Betriebsräte ist heute ein Unternehmen nicht mehr effizient zu führen. Von einer qualifizierten und partnerschaftlichen Zusammenarbeit der Betriebspartner – gemeint sind damit die Betriebsräte und die Arbeitgeber sowie die Betriebsleitungen – hängt der wirtschaftliche Erfolg eines Unternehmens in hohem Maße ab. Für den Wirtschaftsstandort Bundesrepublik Deutschland ist diese funktionierende Betriebspartnerschaft eines der Kernelemente der Wettbewerbsfähigkeit.

10.2 Die Zusammenarbeit zwischen Betriebsrat und Arbeitgeber

10.2.1 Grundsätze der Zusammenarbeit

Schon die ganz frühen Untersuchungen über die Praxis des Betriebsverfassungsgesetzes (BetrVG) und die Arbeitsweise des Betriebsrats haben gezeigt, dass in den Augen der Arbeitnehmer dieses Mitbestimmungsorgan ihr zentrales Vertretungsorgan war (Niedenhoff, 1979). Grund für diese überaus hohe Einschätzung sind die allgemeinen Aufgaben und die Mitwirkungs- und Mitbestimmungsrechte des Betriebsrats (Übersicht 1). Neben den Bewachungsrechten haben die Betriebsräte Mitwirkungs- und Mitbestimmungsrechte in sozialen, personellen und wirtschaftlichen Angelegenheiten sowie in der Aus- und Weiterbildung.

Übersicht 1 Rechte des Betriebsrats

Allgemeine Aufgaben des Betriebsrats
1. **Überwachung** der für die Arbeitnehmer geltenden Gesetze, Verordnungen, Unfallverhütungsvorschriften, Tarifverträge und Betriebsvereinbarungen
2. **Entgegennahme von Anträgen**   zum Beispiel der Jugend- und Auszubildendenvertretung
3. **Förderung** von schutzbedürftigen Personen im Betrieb, zum Beispiel ältere Arbeitnehmer, Schwerbehinderte und ausländische Mitarbeiter
4. Vorbereitung und Durchführung der **Wahl der Jugend- und Auszubildendenvertretung**

Übersicht 1 (Fortsetzung)

Mitwirkung und Mitbestimmung des Betriebsrats
1. **Soziale Angelegenheiten** zum Beispiel Verhaltens- und Ordnungsregeln, Arbeitszeitmodelle, Sozialeinrichtungen etc.
2. **Personelle Angelegenheiten** zum Beispiel Auswahlrichtlinien, Einstellungen, Eingruppierungen, Versetzungen etc.
3. **Wirtschaftliche Angelegenheiten** zum Beispiel Wirtschaftsausschuss
4. **Aus- und Weiterbildung** zum Beispiel Ausbildungspersonal, Durchführung von Maßnahmen der betrieblichen Berufsbildung etc.
Ergebnisse der Zusammenarbeit: Betriebsvereinbarung

Ziel des BetrVG und der Betriebsratstätigkeit ist die Idee der Partnerschaft durch Mitwirkungs- und Mitbestimmungsrechte der Vertretungen aller Arbeitnehmer im Betrieb und Unternehmen zu verwirklichen. Als oberster Grundsatz gilt, dass Betriebsrat und Arbeitgeber vertrauensvoll zum Wohle der Arbeitnehmer und des Betriebes zusammenarbeiten sollen (Übersicht 2).

Übersicht 2 Betriebsverfassungsrechtliche Grundsätze

1. Gebot zur vertrauensvollen Zusammenarbeit (§ 2 Abs. 1, § 74, Abs. 1) – zum Wohle der Arbeitnehmer und des Betriebes – mit dem ernsten Willen zur Einigung
2. Verbot von Arbeitskampfmaßnahmen (§ 74 Abs. 2 Satz 1): keine Organisation von Streiks durch den Betriebsrat
3. Verbot der Störung des Arbeitsablaufs und des Betriebsfriedens (§ 74 Abs. 2 Satz 2)
4. Verbot der parteipolitischen Betätigung (§ 74 Abs. 2 Satz 3)
5. Behandlung der Arbeitnehmer in gerechter und gleichberechtigter Weise (§ 75) nach den Grundsätzen von Recht und Billigkeit
6. Schweigepflicht des Betriebsrats über Betriebs- und Geschäftsgeheimnisse (§ 79 Abs. 1)
7. Konfliktregelungen bei Regelungsstreitigkeiten durch die Einberufung von Einigungsstellen (§ 76) oder bei Rechtsfragen durch Arbeitsgerichte

Diese betriebsverfassungsrechtlichen Grundsätze sind neben den Mitwirkungs- und Mitbestimmungsrechten die Grundregeln der Zusammenarbeit zwischen Betriebsrat und Arbeitgeber. Sie gelten sozusagen grundsätzlich als Kernelemente und Spielregeln einer fairen und partnerschaftlichen Zusammenarbeit.

10.2.2 Die partnerschaftliche Zusammenarbeit zwischen Betriebsrat und Arbeitgeber als Betriebsverfassungskultur

Der Betriebsrat ist durch seine Mitwirkungs- und Mitbestimmungsrechte ein Produktionsfaktor. Das ist so und sollte von keiner Seite beklagt werden. In der überwiegenden Mehrzahl der Betriebe in der Bundesrepublik Deutschland trägt die partnerschaftliche Zusammenarbeit von Betriebsrat und Betriebsleitung dazu bei, das Betriebsklima zu verbessern und den Betriebsfrieden zu erhalten. Gäbe es kein Betriebsverfassungsgesetz, müssten dennoch die Mitarbeiterinnen und Mitarbeiter in irgendeiner Weise am Entscheidungsprozess im Betrieb beteiligt sein, um diesen Betriebsfrieden zu erhalten. Konsens ist somit die Grundlage für die Identifikation der Mitarbeiter mit dem Unternehmen.

Zu diesem Ergebnis kommt auch eine Studie des Instituts der deutschen Wirtschaft Köln über die Erfahrungen mit dem partnerschaftlichen Umgang zwischen Betriebsrat und Betriebsleitung (Niedenhoff, 1990): Hier wurden Unternehmer, Personalvorstände, Personalleiter und Werksleiter über ihre generelle unternehmerische Einstellung zum Betriebsrat und zur Betriebsratsarbeit befragt. Die Aussagen lauteten:

– Zur vertrauensvollen Zusammenarbeit gibt es aus Unternehmenssicht keine vernünftige Alternative.
– Integrität, Glaubwürdigkeit und Vertrauen sind unverzichtbare Grundlagen der Zusammenarbeit.
– Ein qualifizierter, wissender Betriebsrat ist trotz gelegentlicher Konflikte mit der Betriebsleitung der bessere Partner für den gemeinsam erstrebten Unternehmenserfolg.
– Qualifikation lässt den Betriebsrat auch ohne den Einfluss Dritter auskommen.
– Je partnerschaftlicher Betriebsleitung und Betriebsrat zusammenarbeiten, um so weniger bedarf es der Mitwirkung Externer bei der Lösung innerbetrieblicher Probleme.

Eine weitere Untersuchung aus dem Jahre 1994 (Niedenhoff, 1994) macht die hervorgehobene Stellung des Betriebsrats in den Augen des Managements deutlich (Übersicht 3). 79,7 Prozent der Befragten waren überzeugt, dass nicht über das „Ob", sondern über das „Wie" bei der Zusammenarbeit mit dem Betriebsrat nachzudenken sei. Unternehmerisches Handeln bedeute, das Organ Betriebsrat zu akzeptieren und die konkrete Gestaltung der vertrauensvollen Zusammenarbeit voranzutreiben.

Übersicht 3 Stellung des Betriebsrats im Bewusstsein des Managements (in Prozent)

	Stimme voll zu	teils-teils	lehne ich ab	keine Angaben
Nicht über das „Ob", sondern über das „Wie" sollten wir bei der Zusammenarbeit mit unserem Betriebsrat nachdenken. Unternehmerisches Handeln bedeutet, das Organ des Betriebsrates zu akzeptieren und die konkrete Gestaltung der vertrauensvollen Zusammenarbeit voranzutreiben!	79,7	7,1	1,3	11,9
Der Betriebsrat ist Mitentscheidungsorgan. Er hat auf die Willensbildung unserer Mitarbeiter einen entscheidenden Einfluss!	47,8	37,5	2.5	12,2
Der Betriebsrat nimmt als Gestalter von betrieblichen Vereinbarungen Einfluss auf die Arbeitsbedingungen. Sein Einfluss als Mitgestalter der von den Sozialpartnern festgelegten Rahmenbedingungen wird in Zukunft noch in stärkerem Maße steigen!	40,3	40,8	5,1	13,9
Der Betriebsrat ist eine betriebliche Führungskraft. Mangelnde Qualifikation kann bei ihm, genauso wie bei jedem leitenden Angestellten, zu einer negativen Beeinflussung des Unternehmenserfolges führen!	67,0	18,5	3,8	10,7
Der Betriebsrat ist ein wichtiger Produktionsfaktor. Er ist in der Lage, unternehmerische Entscheidungen zunichte zu machen oder sie hinauszuzögern, so dass sie letztlich nicht mehr von wirtschaftlicher Relevanz sind.	44,6	33,4	9,4	12,7
Je qualifizierter ein Betriebsrat ist und je partnerschaftlicher die Betriebsleitung und der Betriebsrat zusammenarbeiten, umso weniger bedarf es der Mitwirkung der Gewerkschaften bei der Lösung innerbetrieblicher Probleme!	79,5	7,3	0,8	12,4
Die Gestaltung der Zusammenarbeit mit dem Betriebsrat ist eine Führungsaufgabe. Jede Führungskraft muss im Rahmen ihrer unternehmerischen Funktionen das „Betriebsmanagement" aktiv mitentwickeln!	70,8	15,9	0,8	12,7

Quelle: Niedenhoff, H.-U.: Die Kosten der Anwendung des Betriebsverfassungsgesetzes. Köln 1994, Seite 19

Eine nahezu gleiche Gruppe (79,5 Prozent) ist ebenso der Überzeugung, dass, je qualifizierter ein Betriebsrat ist und je partnerschaftlicher die Zusammenarbeit zwischen Betriebsleitung und Betriebsrat gestaltet wird, um so weniger die Mitwirkung der Gewerkschaften bei der Lösung innerbetrieblicher Probleme nötig ist. So meinen 70,6 Prozent: „Die Gestaltung der Zusammenarbeit mit dem Betriebsrat ist eine Führungsaufgabe". Immerhin sind über zwei Drittel der Befragten (67,0 Prozent) der Überzeugung, dass der Betriebsrat eine betriebliche „Führungskraft" sei. „Mangelnde Qualifikation kann bei ihm genauso wie bei jedem Leitenden Angestellten zu einer negativen Beeinflussung des Unternehmenserfolges führen."

Gerade die zuletzt gemachte Äußerung „der Betriebsrat als Führungskraft" macht seinen Stellenwert deutlich. Der Betriebsrat kann nach den Buchstaben des BetrVG kein Leitender Angestellter sein. Sein Einfluss auf das betriebliche Geschehen und somit auch auf das Betriebsergebnis ist jedoch ganz entscheidend. Er könnte, wenn er wollte, einen Betrieb lahm legen, umgekehrt jedoch auch in entscheidendem Maße zur Prosperität des Unternehmens beitragen. So arbeiten Betriebsrat und Leitende Angestellte an den gleichen Lösungen mit, wie zum Beispiel Fragen der Ordnung des Betriebes, Beginn und Ende der Arbeitszeit, Aufstellung allgemeiner Urlaubsgrundsätze, Einführung und Anwendung von technischen Einrichtungen, Regelungen über die Verhütung von Arbeitsunfällen, Fragen der betrieblichen Lohngestaltung, Festsetzung der Akkord- und Prämiensätze, Grundsätze für das betriebliche Vorschlagswesen. Er ist beteiligt an der Personalplanung, der Ausschreibung von Arbeitsplätzen, an den Beurteilungsgrundsätzen sowie an der Ausgestaltung und Formulierung von Personalfragebögen, an Auswahlrichtlinien, der Bildung und Weiterbildung, der Anwendung der Tarifverträge und des Personaleinsatzes etc..

Wie die klassischen Produktionsfaktoren Arbeit, Boden und Kapital, so ist auch der Betriebsrat und seine Tätigkeit für die Betriebsleitung ein Produktionsfaktor. Ihn zu vernachlässigen oder außer Acht zu lassen, wäre eine grobe Fahrlässigkeit der Betriebsleitung.

Alle diese Überlegungen lassen sich unter dem Begriff „Betriebsverfassungskultur" vereinigen. Die Betriebsverfassungskultur ist eine Waagschale (Abb. 1): Wohin tendiert die Auffassung des Arbeitgebers und der Leitenden Angestellten über die betriebliche Mitwirkung und Mitbestimmung? Wie man aus der Abbildung leicht erkennen kann, überwiegen die Vorteile.

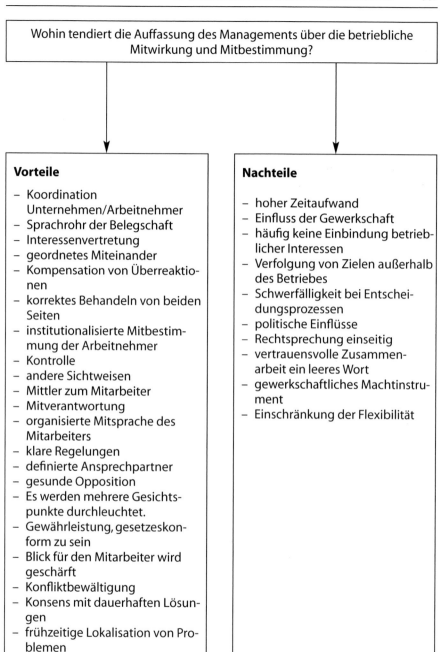

Wohin tendiert die Auffassung des Managements über die betriebliche Mitwirkung und Mitbestimmung?

Vorteile

- Koordination Unternehmen/Arbeitnehmer
- Sprachrohr der Belegschaft
- Interessenvertretung
- geordnetes Miteinander
- Kompensation von Überreaktionen
- korrektes Behandeln von beiden Seiten
- institutionalisierte Mitbestimmung der Arbeitnehmer
- Kontrolle
- andere Sichtweisen
- Mittler zum Mitarbeiter
- Mitverantwortung
- organisierte Mitsprache des Mitarbeiters
- klare Regelungen
- definierte Ansprechpartner
- gesunde Opposition
- Es werden mehrere Gesichtspunkte durchleuchtet.
- Gewährleistung, gesetzeskonform zu sein
- Blick für den Mitarbeiter wird geschärft
- Konfliktbewältigung
- Konsens mit dauerhaften Lösungen
- frühzeitige Lokalisation von Problemen
- Stimmungsbarometer

Nachteile

- hoher Zeitaufwand
- Einfluss der Gewerkschaft
- häufig keine Einbindung betrieblicher Interessen
- Verfolgung von Zielen außerhalb des Betriebes
- Schwerfälligkeit bei Entscheidungsprozessen
- politische Einflüsse
- Rechtsprechung einseitig
- vertrauensvolle Zusammenarbeit ein leeres Wort
- gewerkschaftliches Machtinstrument
- Einschränkung der Flexibilität

Abb. 1 Waagschale der Betriebsverfassungskultur

Quelle: Niedenhoff, H.-U.: Mitbestimmung in der Bundesrepublik Deutschland. 12. Aufl., Köln 2000, Seite 260

Literatur

Niedenhoff, H.-U. (1979): Praxis der betrieblichen Mitbestimmung – Die Zusammenarbeit zwischen Betriebsrat und Unternehmensleitung. Köln

Niedenhoff, H.,-U. (Hrsg.), (1990): Die Zusammenarbeit mit dem Betriebsrat – Erfahrungen und Anregungen für den partnerschaftlichen Umgang. Köln

Niedenhoff, H.-U. (1994): Die Kosten der Anwendung des Betriebsverfassungsgesetzes. Köln

11 Betriebs- und Sozialpartnerschaft

Horst Udo Niedenhoff

Die Mitwirkungs- und Mitbestimmungsrechte sind in der Bundesrepublik Deutschland gesetzlich geregelt. Somit kann jeder Arbeitnehmer feststellen, welche individuellen Rechte er hat und welche Mitwirkungs- und Mitbestimmungsrechte der Betriebsrat und die anderen Mitbestimmungsorgane in seinem Unternehmen haben. Seine individuellen Rechte sind sowohl im Gesetz (zum Beispiel Betriebsverfassungsgesetz) als auch in seinem Arbeitsvertrag (Abb. 1) fixiert. Alles, was Betriebsrat oder Gesamtbetriebsrat kollektiv für ihn im Unternehmen regelt, kann in der Betriebsvereinbarung oder in der Gesamtbetriebsvereinbarung nachgelesen werden.

Artikel 9 des Grundgesetzes räumt jedem Deutschen das Recht ein, Vereine und Gesellschaften zu bilden. Diese Vereine, Vereinigungen, Interessengruppen, Gesellschaften, Verbände und so weiter sind freie Zusammenschlüsse von Interessenten innerhalb demokratischer Staaten, die Einfluss auf das politische Geschehen nehmen, ohne jedoch selbst Regierungsverantwortung zu tragen.

Im Kreise dieser Interessengruppen bezeichnet man die Vereinigungen der Arbeitnehmer (Gewerkschaften) und die Vereinigungen der Arbeitgeber (Arbeitgeberverbände) als Sozialpartner (Abb. 1).

Eine wichtige Voraussetzung für die Arbeitsweise dieser Sozialpartner ist dabei, dass der Ausgleich der Interessengegensätze zwischen Kapital und Arbeit nicht vom Staat wahrgenommen wird, sondern ihnen selbst überlassen bleibt.

Circa 150 Arbeitnehmervereinigungen (Niedenhoff; Pege, 1997) gibt es in der Bundesrepublik Deutschland. Sie heißen beispielsweise:
- Angestelltenkammer Bremen,
- Arbeitsgemeinschaft Unabhängiger Betriebsangehöriger e.V.,
- Deutscher Bankangestellten-Verband,
- Gewerkschaft Öffentliche Dienste, Transport und Verkehr,
- Industriegewerkschaft Bergbau, Chemie und Energie,
- Verband Angestellter Akademiker und der Leitenden Angestellten der chemischen Industrie e.V.,
- Verband Deutscher Industriemeistervereinigungen e.V.,

€ Grundgesetz
€ Tarifvertragsgesetze etc.

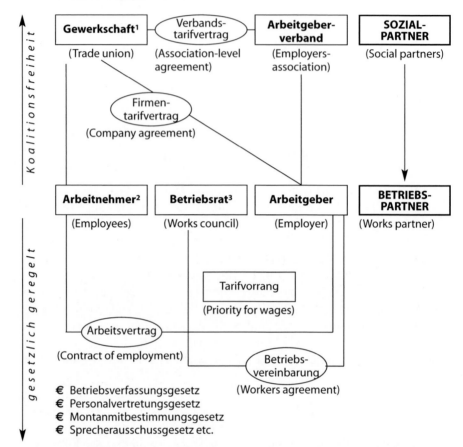

Koalitionsfreiheit

| **Gewerkschaft**[1] | Verbands-tarifvertrag | **Arbeitgeber-verband** | **SOZIAL-PARTNER** |
| (Trade union) | (Association-level agreement) | (Employers-association) | (Social partners) |

Firmen-tarifvertrag
(Company agreement)

| **Arbeitnehmer**[2] | **Betriebsrat**[3] | **Arbeitgeber** | **BETRIEBS-PARTNER** |
| (Employees) | (Works council) | (Employer) | (Works partner) |

Tarifvorrang
(Priority for wages)

Arbeitsvertrag
(Contract of employment)

Betriebs-vereinbarung
(Workers agreement)

gesetzlich geregelt

€ Betriebsverfassungsgesetz
€ Personalvertretungsgesetz
€ Montanmitbestimmungsgesetz
€ Sprecherausschussgesetz etc.

1 Nicht alle tariffähigen Arbeitnehmerverbände nennen sich „Gewerkschaft" (zum Beispiel Deutscher Beamtenbund, Vereinigung Cockpit, Verband Angestellter Akademiker und Leitende Angestellte der chemischen Industrie etc.)
Not all employees' associations which have the right to negotiate collective aggreements call themselves a trade union (e.g. Deutscher Beamtenbund /German Federation of Civil Servants), Vereinigung Cockpit (Cockpit Association), Verband Angestellter Akademiker und Leitende Angestellte der chemischen Industrie (Association of White-Collar Workers, Academics and Executive Staff in the Chemical Industry), etc.).

2 Zu den Arbeitnehmern zählen auch die gemäß § 5 Abs. 3 und 4 BetrVG beschriebenen Leitenden Angestellten, die nach dem Sprecherausschussgesetz eine eigene Vertretung, den Sprecherausschuss haben.
In accordance with Paragraph 5 (3 and 4) of the Works Constitution Act, executive staff are also considered employees and have their own representative body, in accordance with the Formation of Representative Bodies for Executive Staff Act (Sprecherausschussgesetz).

3 Ebenso Gesamtbetriebsrat, Konzernbetriebsrat, Jugend- und Auszubildendenvertretung, Konzernjugend- und Auszubildendenvertretung etc.
Also company works council, group works coouncil, representative body (and group representative body) for young workers and trainees, etc.

Abb. 1 Betriebs- und Sozialpartnerschaft (Works partners and social partnership)

- Vereinigung Cockpit,
- Zentralverband der Ingenieure des Öffentlichen Dienstes Deutschland e.V.

Das Grundgesetz schützt nicht nur das Recht des einzelnen, sich mit anderen zu einer Vereinigung zusammenzuschließen oder einer bestimmten Vereinigung beizutreten, sondern garantiert auch den Schutz solcher Koalitionen, die sich zur Wahrung und Förderung gemeinsamer Interessen zusammengeschlossen haben. So sind beispielsweise Arbeitnehmervereinigungen in ihrer Existenz, ihrer organisatorischen Autonomie und in ihrer vereinsgemäßen Betätigung geschützt. Dieser *Schutz* besteht gegenüber

- dem *Staat* (der Staat kann nur solche Schranken setzen, die zum Schutz anderer Rechtsgüter oder Rechtsbeteiligter geboten sind),
- *Dritten* (Dritte dürfen Vereinsmitglieder – Gewerkschaftsmitglieder nicht aufgrund ihrer Mitgliedschaft in diesem Verein benachteiligen),
- den *Mitgliedern* (der Ausschluss eines Gewerkschaftsmitglieds kann durch die ordentlichen Gerichte überprüft werden).

Solche vom Staat geschützten Arbeitnehmerkoalitionen werden als *Gewerkschaften* (tariffähige Arbeitnehmervereinigungen) bezeichnet, wenn sie folgende *Voraussetzungen* (diese Voraussetzungen gelten umgekehrt auch für die Arbeitgebervereinigungen – Arbeitgeberverbände) erfüllen:

- Es müssen *Vereinigungen von Arbeitnehmern* sein.
- Es muss ein *freiwilliger Zusammenschluss* von Arbeitnehmern sein.
- Es muss eine dauernde Verbindung einer größeren Anzahl von Mitgliedern sein, wobei der Verein vom *Wechsel der Mitglieder unabhängig* sein muss.
- Gewerkschaften müssen vom *Gegner unabhängig* sein. Gewerkschaften müssen als Gegenspieler des Sozialpartners Arbeitgeberverband auftreten können. Eine gleichzeitige Mitgliedschaft von Arbeitgebern in Arbeitnehmervereinigungen würde diese Koalition vom Arbeitgeber abhängig machen.
- Eine Gewerkschaft muss *überbetrieblich* tätig sein. Das bedeutet: Der Wirkungskreis darf sich nicht auf ein Unternehmen beschränken. Ausnahmen bilden die „Hausgewerkschaften" der Post (Deutsche Postgewerkschaft) und der Deutschen Bahn AG (Gewerkschaft der Eisenbahner Deutschlands). Sie sind als Gewerkschaften allgemein anerkannt.
- *Gewerkschaften müssen Gegenmacht sein.* Sie müssen also eine Koalitionsstärke haben, die es ihnen ermöglicht, mit Macht ihre Vorstellungen durchdrücken zu können. Diese Machtposition ist abhängig von der Mitgliederzahl der Gewerkschaften. Mit steigender Mitgliederzahl sind sie

fähig zum Ausüben von Druck auf den Arbeitgeber. Die Arbeitnehmerko-alition muss also von ihrem Gegenspieler Arbeitgeber oder Arbeitgeber-verband ernst genommen werden können.

– Die Arbeitnehmervereinigungen und die in ihnen zu erfolgende *Willens-bildung hat demokratischen Erfordernissen zu entsprechen* und dem Ziel der *Arbeits- und Wirtschaftsbedingungen* durch Mitglieder zu fördern.

Im Gegensatz zu Italien, Frankreich und England konzentriert sich das Gros der Gewerkschaftsmitglieder auf wenige große Gewerkschaften in der Bun-desrepublik Deutschland. Es sind die Gewerkschaften des Deutschen Gewerkschaftsbundes (DGB), der Deutsche Beamtenbund, die Deutsche Angestellten-Gewerkschaft, der Christliche Gewerkschaftsbund Deutsch-lands, der Marburger Bund, die Union der Leitenden Angestellten, der Deut-sche Bankangestelltenverband und der Deutsche Journalistenverband (Abb. 2). Trotz dieser Konzentration gibt es aber kein einheitliches Gewerk-schaftssystem, sondern zwei verschiedene Gewerkschaftstypen: die Einheits-gewerkschaften des Deutschen Gewerkschaftsbundes und die Berufsver-bände.

Der Anspruch, für alle Arbeitnehmer zu sprechen, wie ihn das DGB-Grundsatzprogramm zum Ausdruck bringt, ist das Ergebnis eines Konzen-trationsprozesses der Gewerkschaften in Deutschland, namentlich nach 1945. Dieser hatte dazu geführt, dass die Einzelgewerkschaften des DGB unter den 150 verschiedenen Arbeitnehmerkoalitionen in Deutschland eine beherrschende Stellung einnehmen.

Dabei bedeutet Einheitsgewerkschaft:

– die Vereinigung von weltanschaulich und politisch differenzierten Rich-tungen innerhalb einer gemeinsamen Organisation, das heißt, Mitglieder der verschiedenen politischen Parteien sowie unterschiedlicher Weltan-schauung oder konfessioneller Einstellung innerhalb einer Gewerkschaft;
– Zusammenschluss von Arbeitnehmern mit unterschiedlichen Status-merkmalen, Ausbildungsqualifikationen und arbeitsvertraglichen Beson-derheiten innerhalb einer Gewerkschaft; Einheitsgewerkschaften werden also nicht unterschieden in Arbeiter- und Angestelltengewerkschaften, sondern beide Berufsgruppen sind in derselben Gewerkschaft vertreten;
– das Grundprinzip: ein Betrieb – eine Gewerkschaft.

Nach dem Prinzip in Abb. 2 sind die Mitgliedsgewerkschaften des Deutschen Gewerkschaftsbundes organisiert.

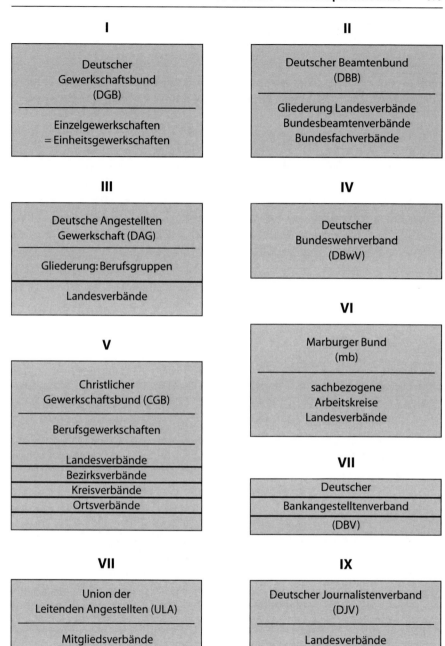

I

Deutscher
Gewerkschaftsbund
(DGB)

Einzelgewerkschaften
= Einheitsgewerkschaften

II

Deutscher Beamtenbund
(DBB)

Gliederung Landesverbände
Bundesbeamtenverbände
Bundesfachverbände

III

Deutsche Angestellten
Gewerkschaft (DAG)

Gliederung: Berufsgruppen

Landesverbände

IV

Deutscher
Bundeswehrverband
(DBwV)

V

Christlicher
Gewerkschaftsbund (CGB)

Berufsgewerkschaften

Landesverbände
Bezirksverbände
Kreisverbände
Ortsverbände

VI

Marburger Bund
(mb)

sachbezogene
Arbeitskreise
Landesverbände

VII

Deutscher
Bankangestelltenverband
(DBV)

VII

Union der
Leitenden Angestellten (ULA)

Mitgliedsverbände

IX

Deutscher Journalistenverband
(DJV)

Landesverbände

Circa 100 weitere Arbeitnehmerorganisationen

Abb. 2 Arbeitnehmerorganisationen in der Bundesrepublik Deutschland

Der *zweite Gewerkschaftstyp* sind die Berufsverbände. An der Spitze stehen hier der Deutsche Beamtenbund (DBB) mit seinen 14 Bundesbeamtenverbänden und 20 Bundesfachverbänden als Interessensvertretung der Beamten, die Deutsche Angestellten-Gewerkschaft (DAG) mit ihren 11 Berufsgruppen als Einheitsorganisation der Angestellten und der Christliche Gewerkschaftsbund Deutschlands (CGB) mit seinen 16 Berufsgewerkschaften. Sie organisieren bestimmte Arbeitnehmertypen wie zum Beispiel Beamte (Deutscher Beamtenbund) oder Berufsgruppen wie zum Beispiel kaufmännische Angestellte oder Angestellte der Industrie oder Angestellte des Öffentlichen Dienstes (Deutsche Angestellten-Gewerkschaft) oder aber Arbeiter und Angestellte getrennt wie der Christliche Metallarbeiterverband Deutschlands (CMV) oder der Handels- und Industrieangestellten-Verband (DHV) im Christlichen Gewerkschaftsbund.

Daneben gibt es noch eigenständige Arbeitnehmerverbände, die ganz bestimmte Berufe organisieren wie zum Beispiel der Marburger Bund: Er ist ein Verband der angestellten und beamteten Ärzte in Deutschland. Zu nennen wäre auch der Deutsche Bankangestelltenverband (DBV) als ein Arbeitnehmerverband, der Angestellte im privaten Bankgewerbe organisiert.

Darüber hinaus gibt es Arbeitnehmerverbände, die bestimmte Hierarchien in den Betrieben und Unternehmungen organisieren: so zum Beispiel die sieben Führungskräfte-Verbände der Union der Leitenden Angestellten (ULA). Hier sind die Führungskräfte der chemischen Industrie im Verband Angestellter Akademiker und Leitender Angestellter der Chemischen Industrie (VAA) organisiert. Ebenfalls zur ULA gehört der Verband Angestellter Führungskräfte (Metall, Elektro, Bau, Dienstleistungen und andere) – VAF.

Daneben gibt es noch die Arbeitsgemeinschaft Unabhängiger Betriebsangehöriger (AUB):

Unternehmer und Arbeitgeber sind anders organisiert als die Arbeitnehmer (Abb. 3). Zum einen sind sie Pflichtmitglied der Industrie- und Handelskammern mit der Dachorganisation Deutscher Industrie- und Handelstag. Demgegenüber können Arbeitgeber und Unternehmer freiwillig in Fach- und Wirtschaftsverbänden sowie in die Sozialverbände eintreten. Gesprächs- und Verhandlungspartner der Gewerkschaften gegenüber sind die Arbeitgeberverbände. Die Dachorganisation aller sozialpolitischen Arbeitgeberverbände Deutschlands ist die Bundesvereinigung der Deutschen Arbeitgeberverbände (Abb. 4). Sie ist eine Arbeitsgemeinschaft der sozialpolitischen Organisationen der Arbeitgeber in der Bundesrepublik Deutschland zur Wahrung der „gemeinschaftlichen sozialpolitischen Belange".

Gewerkschaften und Arbeitgeberverbände sind die Tarifvertragsparteien (Abb. 5). Das Ergebnis ihrer Verhandlungen ist der Tarifvertrag (Übersicht 1). Daneben kann allerdings auch jeder verbandlich nicht organisierte

Arbeitgeber Vertragspartner einer Gewerkschaft sein. Das Ergebnis dieser Verhandlungen ist dann der Firmen- oder Haustarif.

Übersicht 1 Tarifvertragstypen

I   Nach Inhalt

1. Lohn- und Gehaltstarifvertrag
    Inhalt: Regelungen der Vergütung
    Laufzeit: in der Regel **1 Jahr**

2. Lohn- und Gehaltsrahmentarifvertrag
    Inhalt: Fragen im Zusammenhang mit der Vergütung, zum Beispiel Lohnarten, Lohngruppen etc.
    Laufzeit: in der Regel **2 bis 3 Jahre**

3. Manteltarifvertrag / Rahmentarifvertrag
    Inhalt: alle übrigen Arbeitsbedingungen, zum Beispiel Urlaub, Arbeitszeit etc.
    Laufzeit: **viele Jahre**

4. Spezialtarifvertrag
    zum Beispiel vermögenswirksame Leistungen
    Laufzeit: **viele Jahre**

II   Nach Vertragsarten

1. Firmentarifvertrag zwischen dem Arbeitgeber und einer Gewerkschaft

2. Verbandstarifvertrag zwischen Arbeitgeberverbänden und Gewerkschaften

III   Nach Geltungsbereich

1. Fachlicher Geltungsbereich wie zum Beispiel die 44 Produktionsgebiete der chemischen Industrie

2. Persönlicher Geltungsbereich wie zum Beispiel Angestellte oder Arbeiter

3. Räumlicher Geltungsbereich wie zum Beispiel Bundestarifvertrag, Landes- oder Regionaltarifvertrag

4. Zeitlicher Geltungsbereich wie zum Beispiel einjährige, zweijährige oder mehrjährige Tarifverträge

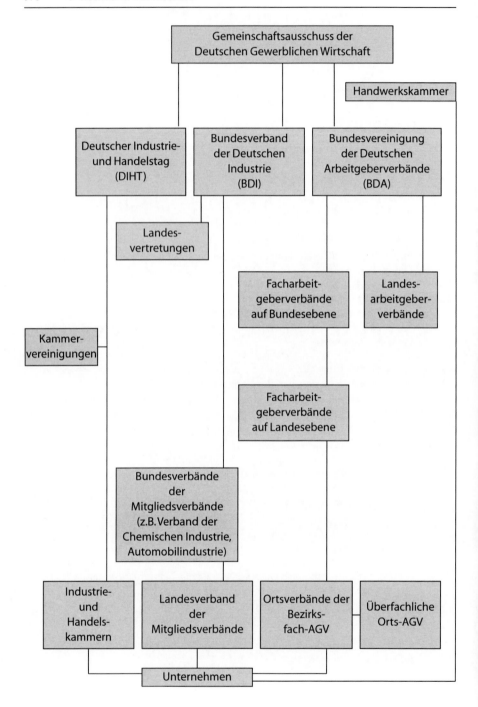

Abb. 3 Verbände der Wirtschaft

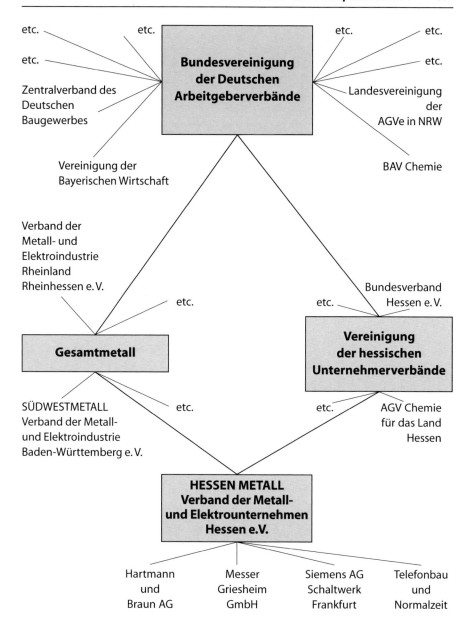

Abb. 4 Gliederung der Arbeitgeberverbände

Quelle: Hromadka, W.: Tariffibel, Tarifvertrag, Tarifverhandlungen, Schlichtung, Arbeitskampf. 4. Aufl., Köln 1995, Seite 37

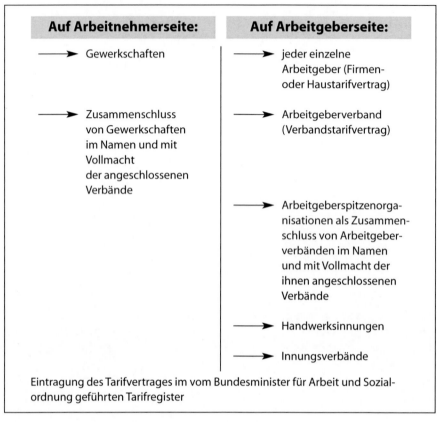

Auf Arbeitnehmerseite:	**Auf Arbeitgeberseite:**
⟶ Gewerkschaften	⟶ jeder einzelne Arbeitgeber (Firmen- oder Haustarifvertrag)
⟶ Zusammenschluss von Gewerkschaften im Namen und mit Vollmacht der angeschlossenen Verbände	⟶ Arbeitgeberverband (Verbandstarifvertrag)
	⟶ Arbeitgeberspitzenorganisationen als Zusammenschluss von Arbeitgeberverbänden im Namen und mit Vollmacht der ihnen angeschlossenen Verbände
	⟶ Handwerksinnungen
	⟶ Innungsverbände

Eintragung des Tarifvertrages im vom Bundesminister für Arbeit und Sozialordnung geführten Tarifregister

Abb. 5 Tarifvertragsparteien

Ergebnis der Verhandlungen der Sozialpartner ist der Tarifvertrag. Der „regelt die Rechte und Pflichten der Tarifvertragsparteien und enthält Rechtsnormen, die den Inhalt, den Abschluss, die Beendigung von Arbeitsverhältnissen sowie betriebliche und betriebsverfassungsrechtliche Fragen regeln können" (§ 1 TTVG). Er gilt für die Arbeitnehmer, die der tarifschließenden Gewerkschaften angehören und bei einem Arbeitgeber beschäftigt sind, der selbst Mitglied des tarifschließenden Arbeitgeberverbandes ist. Den Tarifvertragsparteien sind Pflichten auferlegt. Unter der Durchführungs- und Einwirkungspflicht versteht man das Gebot der Erfüllung des Tarifvertrages und die Einwirkung der Tarifvertragsparteien auf ihre Mitglieder, den Tarifvertrag zu erfüllen. Unter der absoluten Friedenspflicht versteht man das Verbot von Arbeitskampfmaßnahmen während der Laufzeit des Tarifvertrags. Demgegenüber ist die relative Friedenspflicht eine freiwillige vertragliche Erweiterung zum Beispiel bis zum Abschluss eines Schlichtungsverfahrens.

Welche Aufgaben hat der Gesetzgeber den Sozial- und Betriebspartnern zugewiesen?

Zunächst einmal muss die Rangfolge der Gesetze und Normen beachtet werden. Die Pyramide in Abb. 6 stellt die verschiedenen arbeitsrechtlichen Gestaltungsfaktoren in einer Rangfolge dar. Danach gilt die aus dem Demokratieverständnis kommende Wertigkeitsregelung, dass die höherrangige Norm einen Vorrang gegenüber der niederrangigen Norm hat. Je mehr Men-

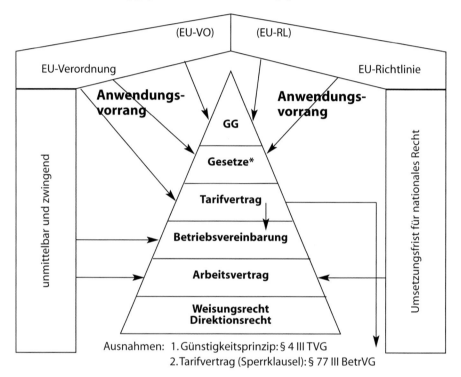

Abb. 6 Normenpyramide: Arbeitsrechtliche Gestaltungsfaktoren
Quelle: Armbrüster, K.: Tarifautonomie und Betriebsautonomie.
In: Halterner Gespräche 20./21. September 1996. Hrsg. IG Bergbau und Energie,
Bochum 1996, Seite 25

schen von einem Problem oder einer Norm tangiert werden, desto höherrangiger ist diese Norm. So stellt aus diesen Überlegungen heraus das Grundgesetz der Bundesrepublik Deutschland die höchste Norm in diesem Lande dar. Das Grundgesetz gilt für alle Deutschen auf deutschem Nationalgebiet. Darunter kommen dann die Gesetze. Gesetze gelten für viele Menschen, jedoch nicht für alle, wie zum Beispiel das Kündigungsschutzgesetz, das nur für Arbeitnehmer eine Regelung darstellt.

Diese arbeitsrechtliche Normpyramide hat allerdings zwei Ausnahmen: Die erste Ausnahme heißt Günstigkeitsprinzip. Wenn die untere Norm für Arbeitnehmer günstiger ist, dann gilt auch die untere Norm. So hat zum Beispiel der Gesetzgeber festgesetzt, dass nach dem Bundesurlaubsgesetz Arbeitnehmern 24 Tage pro Jahr Urlaub zustehen. Regelt ein Tarifvertrag (untere Norm) 30 Tage, so sind 30 Tage für Arbeitnehmer sechs Tage günstiger als das Bundesurlaubsgesetz vorsieht. Daher ist der Tarifvertrag gültig.

Die zweite Ausnahme ist der Tarifvorrang: Der Gesetzgeber hat im § 77 Abs. 3 BetrVG vorgesehen, dass Arbeitsentgelte und sonstige Arbeitsbedingungen, die durch Tarifvertrag geregelt sind oder üblicherweise geregelt werden, nicht Gegenstand einer Betriebsvereinbarung sein können. Dieser Tarifvorrang oder diese Sperrklausel gibt den Sozialpartnern somit einen Vorrang gegenüber den Betriebspartnern. Die Betriebspartner Betriebsrat und Arbeitgeber können also nichts durch eine Betriebsvereinbarung regeln, was in einem Tarifvertrag schon beschrieben worden ist oder was üblicherweise in Tarifverträgen festgelegt wird. Der Gesetzgeber wollte mit dieser Regel, dass es durch sachnahe Gewerkschaften und Arbeitgeberverbände zu einer sinnvollen Ordnung und Befriedigung des Arbeitslebens kommt. Damit sollte auch jeglicher Arbeitskampf aus den Betrieben herausgehalten werden.

Aus diesen Gründen (Normenpyramide, Tarifvorrang) sind den Sozial- und Betriebspartnern auch unterschiedliche Konfliktregelungen (Übersicht 2) zugewiesen worden: Die Sozialpartner (Gewerkschaften und Arbeitgeberverbände) regeln ihre Konflikte durch Verhandlungen, Schlichtung oder auch durch Arbeitskampf wie Streik und Aussperrung. Den Betriebspartnern (Betriebsrat und Arbeitgeber) sind solche Konfliktregelungen untersagt. Sie regeln ihre Konflikte entweder durch die Einigungsstelle (Regelungsstreitigkeiten) oder durch das Arbeitsgericht (Rechtsfragen).

Übersicht 2 Konfliktregelungen

Sozialpartner	Betriebspartner
Schlichtung Arbeitskampf – Streik – Aussperrung	Einigungsstelle (Regelungsstreitigkeiten) Arbeitsgericht (Rechtsfragen)

Literatur

Niedenhoff, H.-U.; Pege, W. (1997): Gewerkschaftshandbuch – Daten, Fakten, Strukturen. Ausgabe 1997, Köln

12 Das neue Betriebsverfassungsgesetz

Claudia Uhr

Am 28. Juli 2001 ist das neue Betriebsverfassungsgesetz in Kraft getreten. Nach heftigen Diskussionen im Vorfeld der Entscheidung im Bundestag blicken die Gewerkschaften zufrieden, die Arbeitgeberverbände eher entsetzt auf das Ergebnis. Die Änderungen führen auf der betrieblichen Ebene zu teils nachhaltigen Konsequenzen.

Die wichtigsten Änderungen in Stichpunkten:

12.1 Erhöhung der Zahl der Betriebsräte sowie der Zahl der Freistellungen

Die Arbeitnehmergrenzzahlen zur Bestimmung der Größe des Betriebsrats werden abgesenkt.

Dies wirkt sich bei einer Belegschaft von mehr als 100 Arbeitnehmern aus und lässt eine verhältnismäßig hohe Belastung des Mittelstands erwarten. Die Verpflichtung zur Freistellung von Betriebsräten wird erweitert. Bereits ab 200 Arbeitnehmern muss danach ein Betriebsrat freigestellt werden. Zwei Freistellungen werden ab 501 Arbeitnehmern Pflicht, bei 901 bis 1500 Mitarbeitern ergeben sich drei Freistellungen; ab 1501 Mitarbeitern erhöhen sich die Freistellungen im Vergleich zur aktuellen Rechtslage um jeweils eine Person. Daneben werden auch Teilfreistellungen möglich, um die Freistellung von Teilzeitbeschäftigten zu fördern.

12.2 Delegation von Aufgaben des Betriebsrates

In Betrieben mit mehr als 100 Arbeitnehmern kann der Betriebsrat Ausschüsse bilden und ihnen Aufgaben übertragen, (§ 28). Der Betriebsrat von Betrieben mit mehr als 100 Arbeitnehmern erhält im Entwurf außerdem die Möglichkeit, „bestimmte Aufgaben mit Stimmenmehrheit auf Arbeitsgruppen zu übertragen", § 28 a. Grundlage hierfür ist eine Rahmenvereinbarung mit dem Arbeitgeber. Diese Arbeitsgruppen können Vereinbarungen mit kollektivem Charakter mit dem Arbeitgeber abschließen, obwohl sie nicht demokratisch legitimiert sind.

Daneben kann der Betriebsrat sachkundige Personen als Auskunftspersonen hinzuziehen, soweit dies zur Erfüllung seiner Aufgaben erforderlich ist (in § 80 BetrVG „Allgemeine Aufgaben" aufgenommen). Der Arbeitgeber muss diese Arbeitnehmer freistellen, wobei er den Vorschlägen des Betriebsrates betriebliche Gründe entgegenhalten kann. Diese neue Möglichkeit kann für Betriebe und betroffene Kollegen der Auskunftspersonen eine erhebliche Belastung darstellen und birgt die Gefahr von Missbrauch in sich.

Bei Betriebsänderungen soll der Betriebsrat in Betrieben mit mehr als 300 Arbeitnehmern in Zukunft ohne bisher erforderliche Vereinbarung mit dem Arbeitgeber Berater (zum Beispiel Sachverständige) hinzuziehen können.

12.3 Mitbestimmungsrechte

Durch Einfügung eines neuen § 92 a kann der Betriebsrat Vorschläge zur Sicherung und Förderung der Beschäftigung machen. Beispiele hierfür sind: flexible Gestaltung der Arbeitszeit, Förderung von Teilzeit und Altersteilzeit etc.. Der eigentliche Unterschied zur heutigen Praxis ist, dass der Arbeitgeber diese Vorschläge mit dem Betriebsrat beraten und eine Ablehnung begründen muss. In Betrieben mit mehr als 100 Arbeitnehmern muss eine Ablehnung durch den Arbeitgeber schriftlich erfolgen. Dieser neue Formalismus kann sich in Konfliktsituationen negativ für Mitarbeiter und Betrieb auswirken, indem Entscheidungen verzögert werden.

Das Gesetz sieht zudem vor, dass das Beteiligungsrecht bei Betriebsänderungen nach § 111 BetrVG nicht mehr davon abhängt, dass im Betrieb mehr als 20 wahlberechtigte Arbeitnehmer beschäftigt sind, sondern es sich um ein Unternehmen mit mehr als 20 Arbeitnehmern handelt. Damit werden auch kleine Betriebseinheiten erfasst.

Anstatt wie bisher in Betrieben mit mehr als zwanzig Arbeitnehmern hat der Betriebsrat ein Mitbestimmungsrecht in personellen Einzelmaßnahmen (§ 99 BetrVG) in einem Unternehmen mit mehr als 20 Arbeitnehmern. Auch Kleinstbetriebe von größeren Unternehmen werden damit umfasst.

Zusätzlich erhält der Betriebsrat ein Mitbestimmungsrecht im Hinblick auf die Einführung von betrieblichen Berufsbildungsmaßnahmen. Der Betriebsrat soll daneben bei den Grundsätzen über die Durchführung von Gruppenarbeit mitbestimmen.

Der betriebliche Umweltschutz ist in § 80 BetrVG als neue allgemeine Aufgabe des Betriebsrats aufgenommen worden. Der Betriebsrat hat sich nun für die Einhaltung der Vorschriften über den Arbeitsschutz sowie den betrieblichen Umweltschutz einzusetzen und auch hinsichtlich des betrieblichen Umweltschutzes die Behörden zu unterstützen, § 89 BetrVG.

12.4 Betriebsratsstruktur

Durch Tarifvertrag oder Betriebsvereinbarung – falls keine Tarifbindung des Unternehmens besteht – sollen ein *unternehmenseinheitlicher Betriebsrat* oder die Zusammenfassung mehrerer Betriebe ermöglicht werden. Daneben wird die Möglichkeit eröffnet, sog. *Sparten-Betriebsräte* nach produkt- oder projektbezogenen Geschäftsbereichen zu bilden (§ 3).

Konsequenz von übergreifenden Betriebseinheiten ist, dass strategische Entscheidungen für den Betriebsrat in den Vordergrund rücken. Nicht mehr die Vertretung der Arbeitnehmer vor Ort ist vorrangiges Ziel, sondern die Mitsprache bei allen Angelegenheiten des gesamten Geschäftsbereiches.

Diese Änderungen können sich auf stark zergliederte Unternehmen auswirken und den Gewerkschaften mit der Möglichkeit der Bildung von Spartenbetriebsräten ein mittelbares Druckmittel zur Erreichung anderer Ziele in die Hand geben. Eine Tendenz zum Zentralismus und eine stärkere Bedeutung von Haustarifverträgen ist zu erwarten. Damit verbunden ist die Möglichkeit einer stärkeren externen Einflussnahme durch Gewerkschaften und Verbände.

12.5 Aufgabe des Gruppenprinzips

Die überholte Unterscheidung zwischen Arbeiter und Angestellte entfällt erfreulicherweise.

Die Betriebsräte werden in Zukunft von allen Arbeitnehmern gemeinsam gewählt.

12.6 Vereinfachte Wahl

Bei Betrieben mit in der Regel fünf bis zu fünfzig wahlberechtigten Arbeitnehmern erfolgt die Wahl nach den Grundsätzen der Mehrheitswahl und mit verkürzten Fristen. Betriebsräte werden in Unternehmen ohne Betriebsrat in einer Wahlversammlung eine Woche nach der Betriebsversammlung gewählt, in der der Wahlvorstand bestimmt wurde (zweistufiges Wahlverfahren).

In Betrieben mit in der Regel 51 bis 100 wahlberechtigten Arbeitnehmern können der Wahlvorstand und der Arbeitgeber in Zukunft vereinbaren, dass dieses vereinfachte Wahlverfahren angewandt wird.

Arbeitnehmer, die zur Wahlversammlung einladen oder die Einsetzung eines Wahlvorstands beim Arbeitsgerichts beantragt haben, erhalten bis zur Bekanntgabe des Wahlergebnisses einen *besonderen Kündigungsschutz.*

12.7 Leiharbeitnehmer

Leiharbeitnehmer erhalten das aktive Wahlrecht zum Betriebsrat des Entleiherbetriebs, wenn sie dort *länger als drei Monate eingesetzt* werden sollen. Dieses aktive Wahlrecht gilt ab dem ersten Tag des Einsatzes des Leiharbeitnehmers.

Der Arbeitgeber wird verpflichtet, den Betriebsrat über die nicht in einem Arbeitsverhältnis mit dem Arbeitgeber stehenden im Betrieb beschäftigten Personen (Leiharbeitnehmer, Mitarbeiter von Werkvertragsunternehmen) zu unterrichten.

12.8 Informations- und Kommunikationsmittel

Moderne Informations- und Kommunikationsmittel (z. B. PC, Fax) müssen dem Betriebsrat in erforderlichem Umfang zur Verfügung gestellt werden.

Dadurch werden Streitigkeiten nicht entfallen, ob solche Arbeitsmittel tatsächlich erforderlich sind.

12.9 Versetzung von Betriebsräten

Versetzungen von Betriebsräten werden von der Zustimmung des Betriebsrates abhängig gemacht, wenn die Versetzung zu einem Verlust des Amtes oder der Wählbarkeit führen würde und das betroffene Betriebsratsmitglied nicht mit der Versetzung einverstanden ist.
Ob diese Vorschrift mit § 78 BetrVG vereinbar ist, ist zumindest fragwürdig. Betriebsratsmitglieder dürfen nach diesem weiterhin gültigen Grundsatz weder benachteiligt noch begünstigt werden.

12.10 Berücksichtigung des „Minderheitsgeschlechts" (Frauen/Männer)

Der Gesetzgeber hat in einem Atemzug mit der Abschaffung des Gruppenprinzips ein neues Gruppenprinzip, nämlich das des Geschlechts, geschaffen. Die Minderheitsgruppe (Frauen oder Männer) muss im Betriebsrat und in der Jugend- und Auszubildendenvertretung mindestens so vertreten sein, wie sie in der Belegschaft vertreten ist. Dies bedeutet aber auch, dass ein Betriebsrat nur aus Frauen bestehen darf, auch wenn die Frauen im Betrieb in der Minderheit sind.

Die Unklarheiten bei der Handhabung dieser neuen Bestimmungen wird in der Praxis erheblich sein. Noch sind keine Sanktionen festgeschrieben, falls das Geschlecht in der Minderheit bei der Neubildung des Gremiums ab 28. Juli 2001 nicht ausreichend berücksichtigt wurde. Ob eine fehlende Berücksichtigung überhaupt Konsequenzen für die Wirksamkeit einer Wahl haben wird, bleibt ungewiss.

Es zeigt sich, wie deutlich der Anspruch des Gesetzgebers, ein modernes Betriebsverfassungsgesetz vorzulegen, das den veränderten Arbeitsbedingungen Rechnung trägt, verfehlt wurde. Die Regelungen sind kompliziert und führen zu erhöhtem bürokratischen Aufwand. Die Betriebsverfassung wird verteuert und alleine die gewerkschaftliche Macht in den Betrieben gestärkt.

Ein solch umständliches und kostenintensives Instrument wie das nun vorliegende Betriebsverfassungsgesetz stellt einen Angriff auf bestehende Arbeitsplätze dar und bringt ein gehöriges Maß an Rechtsunsicherheiten mit sich.

13 Betriebsratswahlen

Horst Udo Niedenhoff

13.1 Thesen zu den Betriebsratswahlergebnissen

Ziel des Betriebsverfassungsgesetzes ist es, die Idee der Partnerschaft durch Mitwirkungs- und Mitbestimmungsrechte der Vertretungen aller Arbeitnehmer im Betrieb und Unternehmen zu verwirklichen. Der Betriebsrat – als einer dieser Vertretungen – ist dabei das zentrale Mitbestimmungsorgan der Arbeitnehmer. Somit sind Wahlbeteiligung und die Zusammensetzung der Betriebsräte ein Zeichen der Einstellung der Arbeitnehmer zu diesem Mitbestimmungsorgan.

Welche Ergebnisse haben die Betriebsratswahlen 1998 im Vergleich zu den früheren Ergebnissen gebracht?

1. Trotz anhaltend hoher Arbeitslosigkeit hat sich der schon vor der Wiedervereinigung erkennbare Trend fortgesetzt, dass in der Regel die Betriebsräte entweder Mitglied einer DGB-Gewerkschaft sind oder aber keiner Gewerkschaft angehören.
2. Gut zwei Drittel der Betriebsratsmitglieder sind Mitglied einer DGB-Gewerkschaft. Ein Drittel ist gewerkschaftlich nicht organisiert. Dieser schon seit 1975 festzustellende Trend (Tabelle 1) geht zu Lasten aller anderen Gewerkschaften.
3. Splittergruppen oder parteipolitisch motivierte Kandidaten haben in den Betriebsräten auch heute nahezu keine Chance.
4. Diese Aussage gilt vermehrt noch für das Amt des Betriebsratsvorsitzenden.
5. Das Betriebsratsmandat ist ein relativ konstantes Mandat: Seit den Betriebsratswahlen 1975 werden rund 65 Prozent der Betriebsratsmitglieder regelmäßig wiedergewählt. Diese Aussage trifft noch mehr für den Betriebsratsvorsitzenden zu: Hier sind es regelmäßig über 70 Prozent.
6. Allerdings sind nach wie vor Frauen in den Betriebsräten unterrepräsentiert.
7. Nicht konstant geblieben ist allerdings die hohe Wahlbeteiligung: Im Gegensatz zu den früheren hohen Wahlbeteiligungen gehen heute die Arbeiter und Angestellten weniger zur Wahlurne (10 Prozentpunkte).

Tabelle 1 Gesamtübersicht 1998 (in Prozent)

1	**Wahlbeteiligung bei gemeinsamer Wahl**	80,9
	Wahlbeteiligung der Arbeiter	64,6
	Wahlbeteiligung der Angestellten	68,4
2	**Art der Wahl**[1]	
	getrennte Wahl	31,2
	gemeinsame Wahl	62,6
3	**Zusammensetzung des Betriebsrates**	
	weibliche Betriebsratsmitglieder	24,0
	männliche Betriebsratsmitglieder	76,0
	ausländische Betriebsratsmitglieder	4,2
	Neuwahl	32,1
	Wiederwahl	67,9
4	**Organisationsgrad**	
	Arbeitervertreter:	
	– DGB	75,8
	– CGB	0,8
	– sonstige Gewerkschaften	1,2
	– unabhängige Bewerber	0,6
	– Bewerber, die auf keiner Gewerkschaftsliste kandidiert haben	16,2
	Angestelltenvertreter:	
	– DGB	46,1
	– DAG	6,3
	– CGB	0,3
	– ULA-Verband	0,1
	– sonstige Gewerkschaften	0,9
	– unabhängige Bewerber	23,4
	– Bewerber, die auf keiner Gewerkschaftsliste kandidiert haben	22,9
	Gesamt	
	– DGB	61,9
	– DAG	3,2
	– CGB	0,5
	– ULA-Verband	0,1
	– sonstige Gewerkschaften	1,0
	– Unabhängige	15,2
	– Bewerber, die auf keiner Gewerkschaftsliste kandidiert haben	18,1
5	**Betriebsratsvorsitzende/r**	
	weibliche	12,9
	männlich	87,1
	Ausländer	2,3
	Alter (in Jahren)	43,9
	Betriebszugehörigkeit (in Jahren)	21,5
	Als ***Betriebsratsvorsitzende/r*** wurde gewählt:	
	– ein Mitglied einer DGB-Gewerkschaft	73,2
	– ein DAG-Mitglied	3,0
	– ein CGB-Mitglied	0,4
	– ein Mitglied eines ULA-Verbandes	0,0
	– ein Mitglied einer sonstigen Gewerkschaft	1,5
	– ein unabhängiger Bewerber	11,8
	– ein Bewerber, dessen Gewerkschaftszugehörigkeit unbekannt ist	10,1
	– Neuwahl	28,8
	– Wiederwahl	71,2

[1] keine Angaben 6,2 Prozent

13.2 Wahlarten: Die Dominanz der gemeinsamen Wahl

Nach § 14 Betriebsverfassungsgesetz wird der Betriebsrat in geheimer und unmittelbarer Wahl gewählt. Besteht der Betriebsrat aus mehr als einer Person, was ab 21 wahlberechtigten Arbeitnehmern der Fall ist, so wählen nach dem Gesetz die Arbeiter und Angestellten ihre Vertreter in getrennten Wahlgängen. Das heißt, die Arbeiter wählen die Arbeitervertreter und die Angestellten die Angestelltenvertreter. Jeder Arbeitnehmer kann seine Stimme nur für den Kandidaten seiner Gruppe abgeben. Beteiligt sich eine Gruppe nicht an der Wahl, weil zum Beispiel kein Wahlvorschlag aufgestellt wurde, so dürfen auch die Angehörigen dieser Gruppe nicht zur Wahlurne schreiten.

Wollen beide Gruppen allerdings ihre Vertreter gemeinsam wählen, so müssen die wahlberechtigten Angehörigen beider Gruppen vor der Betriebsratswahl in getrennten, geheimen Abstimmungen über die gemeinsame Wahl beschließen (§ 14 Abs. 2 Betriebsverfassungsgesetz). Dabei muss jeweils die Mehrheit beider Gruppen an dieser Vorabstimmung teilnehmen und sich dann jeweils die Mehrheit für die gemeinsame Wahl aussprechen. Spätestens zwei Wochen nach Erlass des Wahlausschreibens muss diese Abstimmung zur Gemeinschaftswahl durchgeführt worden sein (§ 6 Abs. 2 Wahlordnung).

1998 haben sich mit 62,6 Prozent die überwiegende Mehrheit der Arbeitnehmer für eine gemeinsame Wahl ausgesprochen (Tabelle 2). Damit verstärkt sich auch 1998 der Trend zur gemeinsamen Wahl. 1994 haben 60,2 Prozent der wahlberechtigten Arbeitnehmer sich schon für diese Wahlart ausgesprochen. Diese Tendenz ist schon seit den letzten sechs Betriebsratswahlen festzustellen.

Allerdings ist diese Einstellung zur gemeinsamen Wahl nicht überall gleich stark vertreten: Im Dienstleistungsbereich herrscht nach wie vor die getrennte Wahl vor. Allerdings sind es auch hier „nur" 53,9 Prozent der Wahlberechtigten, die lieber in getrennten Wahlgängen ihre Kandidaten wählen möchten (Tabelle 2).

Tabelle 2 Wahlarten im Dienstleistungsbereich und im Verarbeitenden Gewerbe (in Prozent)

	Getrennte Wahl	Gemeinsame Wahl
Dienstleistungsbereich	53,9	46,1
Verarbeitendes Gewerbe	32,9	67,1

Demgegenüber sprechen sich im Verarbeitenden Gewerbe dann nur noch 32,9 Prozent für eine gemeinsame Wahl aus. So fanden 1998 am meisten gemeinsame Wahlen in den folgenden Bereichen statt: Holz-, Papier- und Druckindustrie: 82,9 Prozent; Textil-, Leder- und Bekleidungsindustrie 82,4

Prozent; Metall- und Elektroindustrie: 81,3 Prozent und in der Chemischen Industrie: 80,2 Prozent.

Die Vorstellung, ob eine gemeinsame oder getrennte Wahl durchgeführt werden soll, ist auch abhängig von der Betriebsgröße: So sinkt der Wunsch nach einer gemeinsamen Wahl in großen Betriebseinheiten (Tabelle 3). In Betrieben der Größe von 5 bis 300 wahlberechtigten Arbeitnehmern sprachen sich 1998 72,9 Prozent für eine gemeinsame Wahl aus. In betriebsratsfähigen Einheiten von über 10 000 wahlberechtigten Arbeitnehmern wählten allerdings nur noch 51,8 Prozent gemeinsam. Die getrennte Wahl nimmt also tendenziell mit der Betriebsgröße zu.

Tabelle 3 Gemeinsame oder getrennte Wahl nach Betriebsgröße (in Prozent)

Betriebsgröße	Gemeinsame Wahl	Getrennte Wahl
5 – 300	72,9	27,1
301 – 600	69,7	30,3
601 – 1 000	52,7	47,3
1 001 – 5 000	45,5	54,5
5 001 – 10 000	56,1	43,9
über 10 000	51,8	48,2
Durchschnitt	62,6	31,6

13.3 Wahlbeteiligung

Die Wahlbeteiligung ist ein Indiz für die Attraktivität eines Mandats oder eines Mitbestimmungsorgans. Sie war bei allen Betriebsratswahlen nach dem Zweiten Weltkrieg stets sehr hoch. Bei der Betriebsratswahl 1998 gab es allerdings einen Einbruch. Im Gegensatz zu 1994 ist die Wahlbeteiligung der Arbeiter um 14,2 Prozentpunkte und die der Angestellten um 8,2 Prozentpunkte gefallen (Tabelle 4).

Tabelle 4 Wahlbeteiligung von 1975 bis 1998 (in Prozent)

	1975	1978	1981	1984	1987	1990	1994	1998
Arbeiter	82,6	81,9	79,9	82,59	82,50	79,14	78,8	64,6
Angestellte	72,7	80,8	79,3	82,53	83,60	75,85	76,6	68,4

Am mangelhaftesten ist die Wahlbeteiligung der Arbeiter und Angestellten im Dienstleistungsbereich: Hier sind nur 28,3 Prozent der Arbeiter und 53,3 Prozent der Angestellten 1998 zur Wahlurne gegangen (Tabelle 5). Demgegenüber gingen 77,7 Prozent der Arbeiter und 74,4 Prozent der Angestellten im Verarbeitenden Gewerbe zur Wahlurne.

Tabelle 5 Wahlbeteiligung im Dienstleistungsbereich und im Verarbeitenden Gewerbe (in Prozent)

	bei gemeinsamer Wahl	Wahl der Arbeiter	Wahl der Angestellten
Dienstleistungsbereich	77,	28,3	53,3
Verarbeitendes Gewerbe	81,6	77,7	74,4
Durchschnitt	80,9	64,6	68,4

Die Wahlbeteiligung nimmt allerdings auch mit der Größe des Betriebes, also mit der immer größer werdenden Anonymität des einzelnen, tendenziell ab (Tabelle 6): So wählten in Betriebsgrößen von 5 bis 300 wahlberechtigten Arbeitnehmern immerhin noch 68,5 Prozent der Arbeiter und 73,3 Prozent der Angestellten ihre Vertreter in den Betriebsrat, während dies in betriebsratsfähigen Einheiten von über 10 000 nur noch 49,8 Prozent der Arbeiter und 60,8 Prozent der Angestellten taten.

Tabelle 6 Wahlbeteiligung nach Betriebsgröße (in Prozent)

Betriebsgröße	gemeinsame Wahl	Wahlbeteiligung der Arbeiter	Wahlbeteiligung der Angestellten
5 – 300	83,6	68,5	73,3
301 – 600	76,1	62,5	65,6
601 – 1 000	75,1	63,0	66,5
1 001 – 5 000	72,5	56,4	57,8
5 001 – 10 000	66,7	55,3	50,2
über – 10 000	70,2	49,8	60,8

Diese eben gemachten Aussagen gelten allerdings nur für die getrennte Wahl. Bei gemeinsamer Wahl steigt die Wahlbeteiligung wieder an. Hier scheint durch die Vorwahl, also die Vorwahl zu einer gemeinsamen Wahl, das Interesse am Betriebsrat und das Engagement wählen zu gehen, zuzunehmen. Bei gemeinsamer Wahl gingen in Betriebsgrößen von 5 bis 300 Wahlberechtigten immerhin 83,6 Prozent zur Wahl. Im Verarbeitenden Gewerbe waren es 81,6 Prozent (Tabellen 5 und 6). Allerdings nimmt auch hier die Wahlbeteiligung mit der Betriebsgröße relativ ab: Die Anonymität des einzelnen führt dazu, dass in Betriebsgrößen von 5000 und mehr die Wahlbeteiligung sich dann bei einer gemeinsamen Wahl nur noch um die 70 Prozent herum bewegt. Mit 82,9 Prozent bei gemeinsamer Wahl lag die höchste Wahlbeteiligung im Bereich der Holz- und Papierindustrie.

Mit über 80 Prozent ist bei gemeinsamer Wahl die Wahlbeteiligung in den alten und neuen Bundesländern relativ gleich hoch. Allerdings ist die generelle Wahlbeteiligung in den neuen Bundesländern um einige Prozentpunkte höher (Tabelle 7).

Tabelle 7 Wahlbeteiligung in den alten und neuen Bundesländern (in Prozent)

	gemeinsame Wahl	Arbeiter	Angestellte
alte Bundesländer	80,9	77,0	74,2
neue Bundesländer	83,5	77,7	82,6
Durchschnitt	80,9	64,6	68,4

13.4 Neu- und Wiederwahl: Die Konstanz des Mandats

Der Trend zum konstanten Mandat bis hin zum „Berufsbetriebsrat" hat sich über die letzten acht Amtsperioden hinweg verfestigt. Ein Grund dafür ist auch unter anderem die immer länger werdende Amtsdauer der Betriebsräte von ehemals zwei Jahren bis zu vier Jahren heute. Anlässlich der Novellierungsvorstellungen des Betriebsverfassungsgesetzes wird heute schon darüber diskutiert, die Amtszeit der Betriebsräte auf fünf Jahre zu verlängern.

Über zwei Drittel aller Betriebsräte und über 70 Prozent der Betriebsratsvorsitzenden werden über die letzten Wahlen hinweg stets wiedergewählt.

Die Wiederwahl der Betriebsräte nimmt zu mit der steigenden Mitarbeiterzahl der betriebsratsfähigen Einheiten (Tabelle 8). Diese Aussagen gelten noch stärker für die Wiederwahl des Betriebsratsvorsitzenden. Die Tendenz zur Wiederwahl ist in den alten und neuen Bundesländern gleich (Tabelle 9). Sie ist in den neuen Bundesländern sogar noch gestiegen. Auch der Vergleich zwischen dem Dienstleistungs- und Verarbeitenden Gewerbe zeigt, dass auch hier kein großer Unterschied hinsichtlich der Konstanz des Betriebsratsmandats besteht (Tabelle 10).

Tabelle 8 Neu- und Wiederwahl nach Betriebsgröße (in Prozent)

Betriebsgröße	Betriebsratsmitglieder		Betriebsratsvorsitzende	
	Wiederwahl	Neuwahl	Wiederwahl	Neuwahl
5 – 300	62,9	37,1	65,7	34,3
301 – 600	67,9	32,1	78,5	21,5
601 – 1 000	71,1	28,9	78,9	21,1
1 001 – 5 000	72,4	27,6	80,8	19,2
5 001 – 10 000	72,1	27,9	76,0	24,0
über 10 000	70,1	29,9	88,9	11,1
Durchschnitt	67,9	32,1	71,2	28,8

Tabelle 9 Neu- und Wiederwahl in den alten und neuen Bundesländern (in Prozent)

	Betriebsratsmitglieder		Betriebsratsvorsitzende	
	Wiederwahl	Neuwahl	Wiederwahl	Neuwahl
alte Bundesländer	68,7	31,3	69,4	30,6
neue Bundesländer	70,9	29,1	68,1	31,9
Durchschnitt	67,9	32,1	71,2	28,8

Am konstantesten ist das Betriebsratsmandat in den Bereichen Spedition, Lagerei, Schifffahrt und Verkehr mit 70,4 Prozent Wiederwahl sowie in betriebsratsfähigen Einheiten von über 5000 wahlberechtigten Arbeitnehmern mit ebenfalls über 70 Prozent Wiederwahl. Tendenziell viele neue Betriebsratsmitglieder werden mit 37,5 Prozent im Bereich des Groß- und Außenhandels gewählt.

Viel Einfluss auf die Neuwahl haben die Arbeitnehmer der Betriebe allerdings nicht: In den meisten Fällen – besonders in großen Betrieben – finden Listenwahlen statt. Und hier entscheidet die jeweilige Arbeitnehmergruppe, wen sie auf die Liste setzt und welchen Listenplatz dieser Kandidat erhält. So entscheiden die Gruppenmitglieder im Grunde genommen über die Konstanz des Betriebsratsmandats.

Der Trend des konstanten Betriebsratsmandats wird noch durch eine andere Situation gefestigt: Ein hoher Prozentsatz der Betriebsräte scheidet nicht durch Abwahl, sondern durch Pensionierung aus dem Betrieb und damit aus dem Betriebsrat aus. Durch Kampfentscheidungen ändert sich ein Betriebsrat also nur sehr selten.

Diese verschiedenen Momente stützen die Aussage: Wer einmal in den Betriebsrat hineingewählt worden ist, wird mit hoher Wahrscheinlichkeit dieses Amt sehr lange innehaben. Die seit 1990 verlängerte Amtsperiode von drei auf vier Jahre wird diesen Trend noch weiter stützen, und die Diskussion um die Amtsverlängerung auf fünf Jahre wird den Trend zum Berufsbetriebsrat noch weiter forcieren.

Tabelle 10 Neu- und Wiederwahl im Dienstleistungsbereich und im Verarbeitenden Gewerbe (in Prozent)

	Betriebsratsmitglieder		Betriebsratsvorsitzende	
	Wiederwahl	Neuwahl	Wiederwahl	Neuwahl
Dienstleistungsbereich	65,2	34,8	70,2	29,8
Verarbeitendes Gewerbe	69,0	31,0	71,9	28,12
Durchschnitt	67,9	32,1	71,2	28,8

13.5 Das Verhältnis von weiblichen zu männlichen Betriebsratsmitgliedern und Betriebsratsvorsitzenden: Frauen unterrepräsentiert

Nach wie vor sind Frauen in den Betriebsräten unterrepräsentiert. Nahezu 40 Prozent der Frauen in der Bundesrepublik Deutschland sind erwerbstätig, aber nur 24 Prozent der Betriebsratsmitglieder sind weiblichen Geschlechts. Wegen dieser mangelnden Repräsentanz sind daher auch nur 12,9 Prozent Betriebsratsvorsitzende.

Allerdings hat sich das Verhältnis der weiblichen zu männlichen Betriebsratsmitgliedern und -vorsitzenden von Wahl zu Wahl etwas verbessert. 1981
wurden nur 15,1 Prozent Frauen in die Betriebsräte hineingewählt. Bei den
Betriebsratswahlen 1984, 1987, 1990 blieb dieser Prozentsatz bei circa 18 Prozent. Ab den Betriebsratswahlen 1994 steigt nun dieser Prozentsatz auf 20 bis
24 Prozent an (Tabelle 11).

Tabelle 11 Das Verhältnis von weiblichen zu männlichen Betriebsratsmitgliedern und
Betriebsratsvorsitzenden von 1975 bis 1998 (in Prozent)

	1975		1978	
	Betriebsrats- mitglieder	vorsitzende	Betriebsrats- mitglieder	vorsitzende
männlich	83,7	97,3	79,8	87,2
weiblich	16,3	2,7	20,2	12,8
gesamt	100,0	100,0	100,0	100,0
	1981		**1984**	
	Betriebsrats- mitglieder	vorsitzende	Betriebsrats- mitglieder	vorsitzende
männlich	84,9	94,1	81,3	89,2
weiblich	15,1	5,9	18,7	10,8
gesamt	100,0	100,0	100,0	100,0
	1987		**1990**	
	Betriebsrats- mitglieder	vorsitzende	Betriebsrats- mitglieder	vorsitzende
männlich	81,4	90,9	81,1	89,5
weiblich	18,6	9,1	18,9	10,5
gesamt	100,0	100,0	100,0	100,0
	1994		**1998**	
	Betriebsrats- mitglieder	vorsitzende	Betriebsrats- mitglieder	vorsitzende
männlich	79,7	87,2	76,0	87,1
weiblich	20,3	12,8	24,0	12,9
gesamt	100,0	100,0	100,0	100,0

Mit der Größe des Betriebes nimmt auch der Anteil der weiblichen
Betriebsratsmitglieder zu (Tabelle 12): Er steigt in Betriebsgrößen von 5 bis
300 Wahlberechtigten von 20 Prozent auf 37,5 Prozent in Einheiten von über
10 000 wahlberechtigten Arbeitnehmern.

Tabelle 12 Das Verhältnis von weiblichen zu männlichen Betriebsratsmitgliedern nach Betriebsgröße (in Prozent)

Betriebsgröße	weibliche Betriebsratsmitglieder	männliche Betriebsratsmitglieder
5 – 300	20,0	80,0
301 – 600	21,4	78,6
601 – 1 000	21,5	78,5
1 001 – 5 000	24,2	75,8
5 001 – 10 000	28,4	71,1
über 10 000	37,5	62,5

Da im Dienstleistungsbereich weitaus mehr Frauen beschäftigt sind, ist ihr Anteil am Betriebsrat mit 37,0 Prozent auch relativ höher (Tabelle 13). Gleiches gilt auch für den Betriebsratsvorsitz (26,9 Prozent). Demgegenüber sind im Verarbeitenden Gewerbe nur 9,5 Prozent der Betriebsratsvorsitzenden weiblichen Geschlechts. Hinsichtlich des zahlenmäßigen Verhältnisses der Geschlechter im Betriebsrat besteht zwischen den alten und den neuen Bundesländern kein großer Unterschied (Tabelle 14).

Tabelle 13 Das zahlenmäßige Verhältnis der Geschlechter in den Betriebsräten im Dienstleistungsbereich und im Verarbeitenden Gewerbe (in Prozent)

	Betriebsratsmitglieder		Betriebsratsvorsitzende	
	männlich	weiblich	männlich	weiblich
Dienstleistungsbereich	63,0	37,0	73,1	26,9
Verarbeitendes Gewerbe	82,1	17,9	90,5	9,5
Durchschnitt	76,0	24,0	87,1	12,9

Tabelle 14 Das zahlenmäßige Verhältnis der Geschlechter in den Betriebsräten der alten und neuen Bundesländer (in Prozent)

	Betriebsratsmitglieder		Betriebsratsvorsitzende	
	männlich	weiblich	männlich	weiblich
alte Bundesländer	81,0	19,0	88,4	11,6
neue Bundesländer	79,1	20,9	88,1	11,9
Durchschnitt	76,0	24,0	87,1	12,9

In den Bereichen, wo relativ mehr Frauen beschäftigt sind, steigt auch ihr Anteil im Betriebsrat: 1998 wurden im Dienstleistungsbereich 37 Prozent weibliche Betriebsratsmitglieder gezählt. Im Bereich der Banken waren es sogar 47,5 Prozent.

13.6 Ausländische Arbeitnehmer im Betriebsrat

4,2 Prozent der Betriebsratsmitglieder sind ausländische Arbeitnehmer. Damit ist der Prozentsatz der ausländischen Arbeitnehmer im Betriebsrat im Vergleich zu den Betriebsratswahlen 1994 um genau zwei Prozentpunkte gesunken (1994: 6,2 Prozent).

Der Anteil ausländischer Mitbürger in den Betriebsräten hat sich damit wieder auf die Ergebnisse der früheren Wahlen eingependelt (1990: 5,01 Prozent; 1987: 4,71 Prozent).

Im Verarbeitenden Gewerbe ist der Anteil ausländischer Betriebsräte mit 5,6 Prozent höher als im Dienstleistungsbereich mit 1,2 Prozent.

Am höchsten ist der Anteil im Wirtschaftsbereich Textil und Bekleidung mit 9,4 Prozent und in der Metall- und Elektroindustrie mit 5,8 Prozent. Den niedrigsten Anteil finden wir im Bankgewerbe mit 0,1 Prozent, im Bereich der Versicherungswirtschaft mit 0,3 Prozent.

In den neuen Bundesländern ist der Anteil ausländischer Betriebsratsmitglieder mit 0,1 Prozent genauso niedrig wie im Bankenbereich. In den alten Bundesländern liegt er bei 5,7 Prozent.

Auch die Betriebsgröße wirkt sich auf den Ausländeranteil im Betriebsrat aus: Je größer der Betrieb, desto kleiner ist der Anteil (Tabelle 15).

Tabelle 15 Ausländische Betriebsratsmitglieder nach Betriebsgröße (in Prozent)

Bertriebsgröße	Anteil in Prozent
5 – 300	5,0
301 – 600	4,2
601 – 1 000	4,6
1 001 – 5 000	4,5
5 001 – 10 000	3,1
über 10 000	1,3

13.7 Gewerkschaftlicher Organisationsgrad im Betriebsrat

Betriebsräte sind, was den Organisationsgrad angeht, kein Spiegelbild der Belegschaften: Während nur circa 30 Prozent der Arbeitnehmer in der Bundesrepublik Deutschland gewerkschaftlich organisiert sind, besitzen nach den 1998er Betriebsratswahlen 66,7 Prozent der Betriebsratsmitglieder einen Gewerkschaftsausweis (Tabelle 16). Im Gewerkschaftslager sind die DGB-Gewerkschaften die alles überragende Gruppe mit 61,9 Prozent. Lediglich die Deutsche Angestellten-Gewerkschaft (DAG) erreicht noch 3,2 Prozent der Betriebsratssitze. Sie hat allerdings im Laufe der letzten Betriebsratswahlen ständig abgenommen. Andere Gewerkschaften spielen keine Rolle mehr.

Splittergruppen oder parteipolitisch motivierte Gruppen sind nahezu nicht mehr in den Betriebsräten vertreten.

Die zweitstärkste Gruppe sind die Betriebsratsmitglieder, die auf keiner Gewerkschaftsliste (Übersicht 1) kandidiert haben. Es sind entweder die freien und unabhängigen Listen, von denen die Arbeitsgemeinschaft Unabhängiger Betriebsangehöriger (AUB) die stärkste Gruppe darstellt, oder diejenigen, die auf Nichtgewerkschaftslisten kandidiert haben. Dies sind in der Regel Namenslisten. Diese Gruppe, die heute 33,3 Prozent aller Betriebsratsmandate hält, ist von Betriebsratswahl zu Betriebsratswahl kontinuierlich gewachsen (Tabelle 17).

Übersicht 1 Kandidatenlisten

1. **Gewerkschaftslisten**

   zum Beispiel IG Metall, DAG etc.

2. **Listen der Unabhängigen**

   zum Beispiel Arbeitsgemeinschaft Unabhängiger Betriebsangehöriger (AUB)

3. **Gemeinschaftslisten**

   zum Beispiel Listen, die entweder von zwei Gewerkschaften oder von Gewerkschaften und Unabhängigen aufgestellt werden

4. **Namenslisten**

   zum Beispiel Listen, die unter dem Namen des Listenführers laufen

5. **Strategische Listen**

   zum Beispiel Gewerkschaftsmitglieder, die auf einer Namensliste oder auch Unabhängigenliste kandidieren, um nach der Wahl mit der Gewerkschaftsliste zu koalieren

Tabelle 16 Gesamtergebnisse der Betriebsratswahlen von 1975 bis 1998 (in Prozent)

		1975[1]	1978	1981	1984[2]	1987[3]	1990	1994	1998
Wahlbeteiligung	Arbeiter	82,6	81,9	79,9	82,59	82,50	79,14	78,8	64,6
	Angestellte	72,7	80,8	79,3	82,53	83,60	75,85	76,6	68,4
	BR-Mitglied	72,3	72,8	65,6	70,28	68,38	68,43	67,1	67,9
Wiederwahl:	BR-Vorsitzender	69,9	75,9	75,4	73,11	71,51	72,19	71,1	71,2
	BR-Mitglied	27,8	27,2	34,3	29,72	31,62	31,57	32,9	32,1
Neuwahl:	BR-Vorsitzender	30,1	24,1	24,6	26,89	29,44	27,81	28,9	28,8
Organisationsgrad									
	BR-Mitglied	67,9	58,6	63,2	63,90	65,39	69,25	66,7	61,9
DGB:	BR-Vorsitzender	78,8	71,4	79,9	75,10	74,81	78,37	74,7	73,2
	BR-Mitglied	10,4	14,6	8,5	8,90	5,56	3,98	4,3	3,2
DAG:	BR-Vorsitzender	2,6	14,4	5,2	6,81	3,56	3,79	1,6	3,0
	BR-Mitglied	2,6	0,7	3,7	0,8	1,04	1,04	1,6	0,5
CGB:	BR-Vorsitzender	0,0	0,1	0,5	0,14	0,26	0,45	0,0	0,4
	BR-Mitglied	[6]	[6]	0,4	0,30	0,14	0,06	0,0	0,1
UZLA:	BR-Vorsitzender	[6]	[6]	0,5	0,04	0,01	0,09	0,1	0,0
	BR-Mitglied	1,6	2,8	0,9	0,70	0,36	0,52	0,9	1,0
Sonstige	BR-Vorsitzender	0,6	0,7	3,4	0,87	1,22	0,67	0,7	1,5
gewerkschaftlich	BR-Mitglied	17,5	23,3	23,3	25,40	27,51	25,15	26,5	33,3
nicht organisiert:	BR-Vorsitzender	1,5	13,1	10,5	17,04	20,09	16,45	19,8	21,9
	BR-Mitglied	[7]	[7]	[7]	[7]	[7]	[7]	12,8	15,2
Unabhängige:	BR-Vorsitzender	[7]	[7]	[7]	[7]	[7]	[7]	12,2	11,8
BR-Mitglieder, die auf keiner Gewerk-schaftsliste kan-didiert haben	BR-Mitglied	[7]	[7]	[7]	[7]	[7]	[7]	13,7	18,1
	BR-Vorsitzender	[7]	[7]	[7]	[7]	[7]	[7]	7,6	10,1

[1] Quelle: Niedenhoff, H.-U.: Betriebsratswahlen 1975, Beiträge zur Gesellschafts- und Bildungspolitik. Nr. 3/1976, Köln 1976
[2] Quelle: Niedenhoff, H.-U.: Betriebsratswahlen. Köln 1985
[3] Quelle: Niedenhoff, H.-U.: Betriebsratswahlen – Die Zusammensetzung der Betriebsräte bis 1987. Köln 1987
[4] IW-gewerkschaftsreport 6/1990
[5] Quelle: Niedenhoff, H.-U.:Betriebsrats- und Sprecherausschusswahlen 1994. Köln 1995, Seite 15
[6] In der IW-Untersuchung noch nicht erfasst
[7] Ab 1994 Aufteilung in ausgewiesenen „Unabhängigen Listen" und in Bewerber, die auf keiner Gewerkschaftsliste kandidiert haben.

Tabelle 17   Gewerkschaftlich nicht organisierte Betriebsratsmitglieder (1975 – 1998) (in Prozent)

1975	1978	1981	1984	1987	1990	1994	1998
17,5	23,3	23,3	25,4	27,5	25,2	26,5	33,3

Was für den Organisationsgrad der Betriebsratsmitglieder gilt, gilt für den Organisationsgrad der Betriebsratsvorsitzenden noch mehr: 78,1 Prozent dieser Persönlichkeiten sind Mitglied einer Gewerkschaft. Auch hier sind die DGB-Gewerkschaften mit 73,2 Prozent die alles dominierenden Kräfte.

Es folgen die gewerkschaftlich nicht Organisierten oder die, die auf keiner Gewerkschaftsliste kandidiert haben, mit 21,9 Prozent an zweiter Stelle. DAG-Mitglieder stellen zu 3 Prozent den Betriebsratsvorsitzenden. Alle anderen Gewerkschaften oder Gruppierungen sind bedeutungslos.

Somit kann folgende Aussage gemacht werden: Wie schon aus der hohen Wiederwahl erkenntlich ist, sind Betriebsräte konstant. Zwei große Gruppen bestimmen das Betriebsratsleben: die DGB-Gewerkschaftsmitglieder sowie die freien und unabhängigen Betriebsräte. Der Betriebsrat ist in der Bundesrepublik Deutschland kein Tummelfeld von Splittergruppen.

Diese Aussage gilt sowohl für den Dienstleistungsbereich als auch für das Verarbeitende Gewerbe (Tabellen 18 und 19).

Tabelle 18 Organisationsgrade im Dienstleistungsbereich und im Verarbeitenden Gewerbe (in Prozent)

	Dienstleistungsbereich		Verarbeitendes Gewerbe	
	Betriebsrats-mitglieder	Betriebsrats-vorsitzende	Betriebsrats-mitglieder	Betriebsrats-vorsitzende
DGB	41,1	33,4	68,3	76,1
DAG	7,2	10,1	2,2	1,4
CGB	0,1	0,3	0,3	0,4
Sonstige	2,7	2,8	0,4	1,2
gewerkschaftlich nicht Organisierte	48,9	53,4	28,8	20,9

Tabelle 19 Gewerkschaftlicher Organisationsgrad (DGB, DAG, CGB) in den Betriebsräten im Dienstleistungsbereich und im Verarbeitenden Gewerbe (in Prozent)

	Betriebsratsmitglieder	Betriebsratsvorsitzende
5 – 300	56,0	63,2
301 – 600	64,4	76,5
601 – 1 000	64,7	77,2
1 001 – 5 000	66,0	79,8
5 001 – 10 000	62,5	76,5
über 10 000	65,7	79,4
Gesamtorganisationsgrad	66,7	78,1

Unterschiedlich sind allerdings die Organisationsgrade bei Arbeitern und Angestellten, in den einzelnen Betriebsgrößen sowie ganz besonders in den einzelnen Branchen. Den höchsten Organisationsgrad weisen die Arbeiter mit durchschnittlich 75,8 Prozent auf. Im Speditionsgewerbe liegt der Arbeiter-Organisationsgrad sogar bei 84,3 Prozent.

Bedeutend niedriger ist der Organisationsgrad bei den Angestellten: Er erreicht nicht einmal die 50-Prozentmarke (46,1 Prozent). Im Dienstleistungsgewerbe ist der Organisationsgrad mit 51,1 Prozent bedeutend niedriger als in der Verarbeitenden Industrie mit 71,2 Prozent (Tabelle 19). Der Organisationsgrad steigt auch mit der Betriebsgröße (Tabelle 20): Je größer der Betrieb, je anonymer die Mitarbeiter, desto höher ist tendenziell der Organisationsgrad. In Betriebsgrößen mit 5 bis 300 Mitarbeitern haben wir seit 1998 einen durchschnittlichen Organisationsgrad von 56 Prozent. In Betrieben mit über 10 000 Arbeitnehmern liegt der Organisationsgrad circa 10 Prozentpunkte höher. Die gleiche Aussage gilt auch für die Betriebsratsvorsitzenden. Die Spanne liegt zwischen 63,2 Prozent (Betriebsgrößen 5 bis 300) und 79,4 Prozent bei Betrieben mit über 10 000 wahlberechtigten Arbeitnehmern.

Tabelle 20 Die Auswirkung der Betriebsgröße auf den gewerkschaftlichen Organisationsgrad in den Betriebsräten in Prozent

Betriebsgröße	Betriebsratsmitglieder	Betriebsratsvorsitzende
5 – 300	56,0	63,2
301 – 600	64,4	76,5
601 – 1 000	64,7	77,2
1 001 – 5 000	66,0	79,8
5 001 – 10 000	62,5	76,5
über 10 000	65,7	79,4
Gesamtorganisationsgrad	66,7	78,1

Im Bereich der Banken ist die Deutsche Angestellten-Gewerkschaft (DAG) mit 14,8 Prozent der stärkste Gewerkschaftsblock. Im Bereich Groß- und Außenhandel hält die DAG 8,3 Prozent der Betriebsratssitze. Im Versicherungsbereich sind es 5,2 Prozent. Hier ist die Gewerkschaft Handel, Banken und Versicherungen (HBV) mit 16,9 Prozent stärkste Gewerkschaftsgruppe. DGB-Gewerkschaftsmitglieder sind als Arbeitervertreter am stärksten vertreten im Bereich Spedition, Lagerei, Schifffahrt und Verkehr mit 84,3 Prozent, gefolgt vom Metall- und Elektrobereich mit 80,2 Prozent und der Chemischen Industrie mit 79,4 Prozent.

Am meisten sind die gewerkschaftlich nicht Organisierten oder die, die auf keiner Gewerkschaftsliste kandidiert haben, als Angestelltenvertreter in folgenden Bereichen zu finden: im Dienstleistungsbereich mit 65,4 Prozent, und hier ganz besonders im Bereich der Banken mit 83,8 Prozent und in der Versicherungswirtschaft mit 77,6 Prozent. In den Betriebsräten der Betriebe des Groß- und Außenhandels sind 59,3 Prozent der Angestelltenvertreter nicht Mitglied einer Gewerkschaft.

13.8 Der Betriebsratsvorsitz

Betriebsratsvorsitzende sind männlich (87,1 Prozent). Der Anteil der weiblichen Betriebsratsvorsitzenden ist mit fast 13 Prozent in den letzten Jahren relativ konstant geblieben (Tabelle 11). Im Dienstleistungsgewerbe gibt es allerdings 26,9 Prozent Frauen, die dieses Amt bekleiden. Während in der Verarbeitenden Industrie dies nur noch 9,5 Prozent sind. Die Domäne der weiblichen Betriebsratsvorsitzenden ist der Groß- und Außenhandel mit 32,2 Prozent. Obwohl im Bankenbereich und auch in der Versicherungswirtschaft sehr viele Frauen beschäftigt sind, ist der Anteil am Betriebsratsvorsitz hier eher gering (Bankenbereich: 25,0 Prozent; Versicherungsbereich: 20,9 Prozent). Den höchsten Anteil von Frauen, die den Betriebsratsvorsitz stellen, finden wir im Bereich Textil-, Leder- und Bekleidungsgewerbe mit 37,5 Prozent. Für den sehr hohen Anteil weiblicher Arbeitnehmer in diesem Bereich ist allerdings dieser Prozentsatz dennoch eher gering.

Betriebsratsvorsitzende sind durchschnittlich 43,9 Jahre alt und seit 21,5 Jahren in diesem Unternehmen beschäftigt. Mit der Größe des Betriebs nimmt das Alter der Betriebsratsvorsitzenden zu und auch die Dauer ihrer Betriebszugehörigkeit (Tabelle 21). Die jüngsten Betriebsratsvorsitzenden finden wir in Betriebsgrößen von 5 bis 300 Beschäftigten. Auch hier ist mit 19 Jahren die Betriebszugehörigkeit am kürzesten. Die ältesten Betriebsratsvorsitzenden finden wir in Betriebsgrößen von über 10 000 wahlberechtigten Arbeitnehmern mit 51,2 Jahren. In diesem Bereich weist die gleiche Personengruppe eine durchschnittliche Betriebszugehörigkeit von 29,4 Jahren auf.

Die jüngsten Betriebsratsvorsitzenden finden wir im Bankenbereich mit durchschnittlich 39 Jahren und einer Betriebszugehörigkeit von 18,8 Jahren. Es folgt der Bereich Groß- und Außenhandel mit einem Durchschnittsalter von 43 Jahren und einer Betriebszugehörigkeit von 17,9 Jahren. Überhaupt sind im Dienstleistungsbereich die Betriebsratsvorsitzenden jünger (42,8 Jahre) und „relativ" kürzer im Unternehmen (18,9 Jahre) als im Verarbeitenden Gewerbe mit durchschnittlich 44,1 Jahren und einer Betriebszugehörigkeit von 22 Jahren. Mit 45,1 Jahren und einer Betriebszugehörigkeit von 22,4 Jahren finden wir in der Metall- und Elektroindustrie die „ältesten" Betriebsratsvorsitzenden. 2,3 Prozent der Betriebsratsvorsitzenden sind ausländische Mitbürger. Im Bereich der Textil-, Leder- und Bekleidungsindustrie sind es sogar 11,4 Prozent, während im Bankenbereich und im Versicherungsgewerbe scheinbar kein Betriebsratsvorsitzender eine ausländische Nationalität besitzt. In den alten Bundesländern bekleiden mit 2,6 Prozent mehr Ausländer die Position des Betriebsratsvorsitzenden als in den neuen Bundesländern mit 0,7 Prozent.

Tabelle 21 Alter und Betriebszugehörigkeit der Betriebsratsvorsitzenden nach Betriebsgröße (in Prozent)

Betriebsgröße	Durchschnittsalter	Betriebszugehörigkeit
5 – 300	42,5	19,0
301 – 600	46,5	24,4
601 – 1 000	46,4	25,9
1 001 – 5 000	46,5	28,0
5 001 – 10 000	48,6	27,5
über 10 000	51,2	29,4
Durchschnitt	43,9	21,5

14 Administrative Kosten der Anwendung des Betriebsverfassungsgesetzes (BetrVG)

Horst Udo Niedenhoff

14.1 Kostenübernahmepflicht des Arbeitgebers

Ziel einer guten Betriebsverfassungskultur ist die partnerschaftliche, qualifizierte Zusammenarbeit zwischen Betriebsrat und Arbeitgeber. Aber auch eine vertrauensvolle Zusammenarbeit kostet Geld. Die durch die Tätigkeit des Betriebsrats entstehenden Kosten trägt gemäß § 40 BetrVG der Arbeitgeber. Für die Sitzungen, die Sprechstunden und die laufende Geschäftsführung hat der Arbeitgeber in erforderlichem Umfang Räume und sachliche Mittel sowie Büropersonal zur Verfügung zu stellen. Zudem sind die Mitglieder des Betriebsrats von ihrer beruflichen Tätigkeit ohne Minderung des Arbeitsentgelts zu befreien, wenn und soweit es nach Umfang und Art des Betriebs zur ordnungsgemäßen Durchführung ihrer Aufgaben erforderlich ist (§ 37 Abs. 2 BetrVG). Ab 300 Arbeitnehmern sind Betriebsratsmitglieder von ihrer beruflichen Tätigkeit völlig freizustellen (§ 38 Abs. 1 BetrVG).

Kosten werden auch durch die Organe des BetrVG verursacht (Abb. 1): Es sind in der Regel Sach-, Material- und Personalkosten. Die Kosten, die diese Institutionen und Organe verursachen, werden ebenfalls vom Arbeitgeber getragen.

Betriebsrat sowie Jugend- und Auszubildendenvertretung sind Delegationsorgane. Das heißt, die Arbeitnehmer und die Jugendlichen der Betriebe haben das Recht, Kandidaten in diese Organe zu wählen, die ihre Rechte überwachen und ihre Interessen dem Arbeitgeber gegenüber vertreten. Hier entstehen weitere Aufwendungen, die der Arbeitgeber zu tragen hat:
1. Kosten für die alle vier Jahre stattfindenden Betriebsratswahlen,
2. Kosten für die alle zwei Jahre stattfindenden Jugend- und Auszubildendenvertreterwahlen.

In der Zusammenarbeit zwischen Betriebsrat und Arbeitgeber entstehen hin und wieder Streitigkeiten, auch das verursacht Kosten:
1. Kosten der Einigungsstellenverfahren und
2. vom Betriebsrat veranlasste Anwalts- und Prozesskosten sowie
3. Beraterkosten und
4. Kosten für Gutachten und Sachverständige.

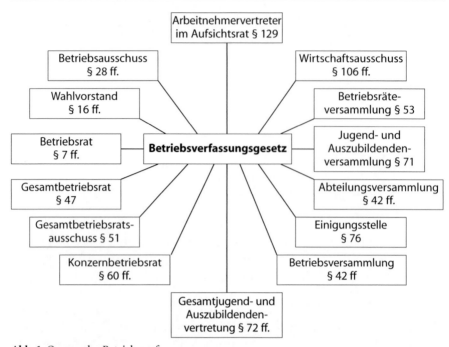

Abb. 1 Organe der Betriebsverfassung
Quelle: Niedenhoff, H.-U.; Mitbestimmung in der Bundesrepublik Deutschland. 11. Auflage,
Köln 1997, Seite 32

Dies alles sind messbare Kosten, sofern Betriebe und Unternehmen eine solche Kostenaufteilung vornehmen. Oft werden die Kosten nur gesamt erfasst, ohne sie bestimmten Institutionen zuzurechnen.

Durch die Anwendung des BetrVG entstehen jedoch auch andere Kosten, die einen erheblichen Umfang annehmen. Sie sind allerdings kaum erfassbar oder sehr schwer zu messen. Gemeint sind zum Beispiel die *Produktionsausfallkosten,* die bei einer Betriebsversammlung entstehen. Wird die Produktion nachgeholt, verursacht das natürlich Überstunden und damit höhere Kosten. Ebenso sind die Kosten nicht zu ermitteln, wenn zum Beispiel eine Betriebsversammlung während der Ladenöffnungszeiten eines Kaufhauses abgehalten wird. Welcher Umsatz wäre während dieser Betriebsversammlung getätigt worden? Wie viele Kunden sind zu den Mitbewerbern gegangen? Dieser Umsatzausfall ist oft nicht auszugleichen.

Auch schwer messbar sind die Kosten, die dem Arbeitgeber durch *mitbestimmungsbedingte Verzögerungen* seiner unternehmerischen Entscheidungen entstanden sind. Wie viel Zeit brauchen die Betriebsratsgremien, um nach Abstimmungen dem Arbeitgeber ihre Entscheidung vorzulegen? Würden Betriebsräte die vom Gesetzgeber ihnen zugestandenen Fristen voll ausschöpfen, dauerte der Entscheidungsprozess naturgemäß bedeutend länger. Notwendige unternehmerische Entscheidungen können dann erst zu einem späteren Zeitpunkt getroffen werden. Diese Verzögerungen können erhebliche Kosten verursachen.

Auch die *Qualität der Kompromisse* zwischen Arbeitgeber und Betriebsrat ist eine Kostenfrage. Ist der Betriebsrat in der Lage und willens, unternehmerische Sachzwänge zu erkennen und korrekt zu bewerten? Zu welchen Kompromissen ist der Betriebsrat bereit? Welche Bedingungen knüpft er daran? Alles dies geht in die Kostenrechnung einer Firma ein, ohne dass die Kosten ausgewiesen werden.

Zeit benötigen der Arbeitgeber und die von ihm mit Mitbestimmungsangelegenheiten beauftragten *Leitenden Angestellten:* Sie müssen sich auf die Gespräche mit dem Betriebsrat vorbereiten. Sie müssen Unterlagen und Statistiken aufbereiten. Sie müssen gegebenenfalls selbst Sachverständige und Gutachter konsultieren. Sie müssen einen Argumentationskatalog erarbeiten.

Schließlich finden auch gemeinsame Sitzungen mit dem Betriebsrat statt. All das sind Arbeitsstunden, die in die unternehmerische Kostenrechnung mit eingehen müssen. Hierüber gibt es allerdings in den meisten Unternehmen keine Statistiken. Diese Kosten werden fast nie verbucht und irgendwelchen Kostenträgern zugewiesen. Verbindliche Aussagen sind daher hierzu fast unmöglich.

Aus all diesen Gründen konnten diese Kosten in der hier vorliegenden Studie nicht errechnet werden. Dennoch sollen diese Gedanken als Anregung dienen, den Kostenarten eine größere Aufmerksamkeit zu schenken, um die betriebliche Wirklichkeit korrekter interpretieren zu können.

Bei der Ermittlung der tatsächlichen Kosten des BetrVG muss allerdings noch eine weitere Überlegung angestellt werden: Wie die klassischen Produktionsfaktoren Arbeit, Boden und Kapital, stellt auch der Betriebsrat mit seinen Mitwirkungs- und Mitbestimmungsrechten in sozialen, personellen und wirtschaftlichen Angelegenheiten einen Produktionsfaktor für den Betrieb und das Unternehmen dar. Er ist in der Lage, unternehmerische Entscheidungen hinauszuzögern oder gar zunichte zu machen, er kann aber auch zur wirtschaftlichen Prosperität eines Betriebes beitragen.

Von der *Qualität der Zusammenarbeit* zwischen Arbeitgeber und Betriebsrat hängt es daher in entscheidendem Maße ab, wie sich dieser Produktionsfaktor Mitbestimmung auf das Unternehmensergebnis auswirkt. Eine kooperative Betriebspartnerschaft wirkt sich möglicherweise wegen ihrer Qualität kostengünstig aus, weil sie auch Kosten einspart. Das kann sogar so weit gehen, dass echte Kostenvorteile gegenüber den Betrieben und Unternehmen entstehen, in denen eine qualitative, partnerschaftliche Zusammenarbeit nicht oder nicht ausreichend besteht.

Die tatsächlichen Kosten (Abb. 2) resultieren also nicht nur aus der bloßen Addition der Fixkosten und der Kosten der Betriebsratspolitik sowie der Aufwendungen der Arbeitgeberseite, sondern ergeben sich erst, wenn man die kostenmäßigen Vorteile einer qualifizierten Zusammenarbeit zwischen den Betriebspartnern davon abzieht.

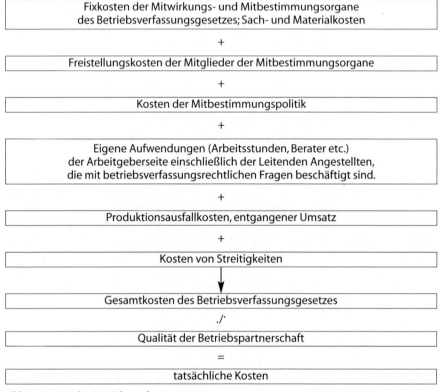

> Fixkosten der Mitwirkungs- und Mitbestimmungsorgane
> des Betriebsverfassungsgesetzes; Sach- und Materialkosten
>
> +
>
> Freistellungskosten der Mitglieder der Mitbestimmungsorgane
>
> +
>
> Kosten der Mitbestimmungspolitik
>
> +
>
> Eigene Aufwendungen (Arbeitsstunden, Berater etc.)
> der Arbeitgeberseite einschließlich der Leitenden Angestellten,
> die mit betriebsverfassungsrechtlichen Fragen beschäftigt sind.
>
> +
>
> Produktionsausfallkosten, entgangener Umsatz
>
> +
>
> Kosten von Streitigkeiten
>
> ↓
>
> Gesamtkosten des Betriebsverfassungsgesetzes
>
> ./·
>
> Qualität der Betriebspartnerschaft
>
> =
>
> tatsächliche Kosten

Abb. 2 Kosten des Betriebsverfassungsgesetzes

Leider ist eine solche Kostenrechnung empirisch nicht zu erheben. Dennoch sollte man bei all den hier ermittelten Kosten die eben gemachten Betrachtungen nicht außer Acht lassen.

14.2 Administrative Kosten der Betriebsratstätigkeit

Zu den Kosten der Betriebsratstätigkeit zählen die Kosten für die teilweise freigestellten Betriebsratsmitglieder gemäß § 37 Abs. 2 BetrVG und die Kosten für die generelle Freistellung gemäß § 38 BetrVG. Dazu kommen die Reisekosten, die Schulungs- und Weiterbildungskosten gemäß § 37 Abs. 7 und § 37 Abs. 6 BetrVG. Hinzu kommen die unternehmensinternen, vom Arbeitgeber ausgerichteten Veranstaltungen sowie sonstige Führungskräfte- und Schulungskosten.

Zu den Sach- und Materialkosten zählen die Büroräume (Miete, Heizkosten, Reinigung etc.), die Kosten der Sitzungsräume sowie Kosten für Büroeinrichtung (Aktenschränke, Schreibmaschinen, PC, Telefon, Diktiergeräte, Kopiergeräte etc.). Auch Büromaterial wie zum Beispiel Schreibmaterialien, Porti, Briefpapier, Formulare etc. verursachen Kosten, genauso wie das Büropersonal (Sekretärin, Aushilfskräfte, Dolmetscher für ausländische Mitarbeiter, Boten etc.). Nicht unerheblich sind auch die Literaturkosten (Handkommentare, Fachbücher, Zeitschriften etc.) sowie Bewirtungskosten für Gäste des Betriebsrats.

Die höchsten Kosten verursachen die Freistellungen (Tabelle 1). Und hierbei sind die Kosten für die gemäß § 38 BetrVG völlig freigestellten Betriebsratsmitglieder mit 248,64 DM am höchsten. Es folgen dann die Kosten für die nicht völlig freigestellten Betriebsratsmitglieder mit 171,99 DM pro Mitarbeiter und Jahr (Niedenhoff, 1999).

Tabelle 1 Kosten der Betriebsratstägigkeit

	Ø	Industrie	Dienstleistungs-gewerbe
Freistellungen gemäß § 38 Betr. VG	248,64	266,70	205,10
Freistellungen gemäß § 37 Abs. 2 BetrVG	171,99	162,05	211,77
Reisekosten	15,97	15,30	17,43
Schulungen	11,04	11,68	9,02
Büroraum, Sitzungsraum	20,43	11,38	42,15
Büroeinrichtungen	2,38	3,87	1,94
Büromaterial	2,73	3,91	2,17
Büropersonal	21,72	24,51	12,42
Info, Schwarzes Brett etc.	4,89	4,62	5,20
Literatur	0,57	0,52	0,72
Druckkosten	4,34	4,73	2,00
Rechtsstreitigkeiten	7,69	7,87	7,00
Bewirtungen	5,15	5,59	0,75
Gesamt	517,54	522,79	517,71

Diese hohen Kosten (Übersicht 1) sind erklärbar, wenn man bedenkt, welcher Zeitaufwand erforderlich ist, den Betriebsräte heute für ihre Betriebsratsarbeit aufwenden müssen.

Übersicht 1 Einflussgrößen auf die Höhe der Freistellungskosten

Freistellungskosten sind abhängig von folgenden Parametern:

1. **Personalentwicklung:** Je nach der wirtschaftlichen Entwicklung des Unternehmens steigen oder fallen die Personalzahlen und damit auch die Zahl der Betriebsratsmitglieder, was sich wiederum auf die gesetzlichen Freistellungen auswirkt.

2. **Betriebsgröße:** Hier macht sich das Mischungsverhältnis von völlig freigestellten und nur teilweise freigestellten Betriebsratsmitgliedern bemerkbar. Je kleiner die betriebsratsfähige Einheit, desto geringer die Kosten pro Einheit. Andererseits kann jedoch auch die Zusammenlegung von mehreren Betrieben zu einer betriebsratsfähigen Einheit die Zahl der Betriebsratsmitglieder verringern, allerdings die Zahl der völlig freigestellten dadurch erhöhen.

3. **Mischungsverhältnis** von **Angestellten-** und **Arbeiterbetriebsräten:** je mehr Angestellte, desto teurer.

4. **Mischungsverhältnis** von **ungelernten Arbeitnehmern** und **Facharbeitern:** je mehr qualifizierte Arbeitnehmer, desto teurer.

5. **Wirtschaftsbereich:** Naturgemäß sind die Gehälter in Banken und zum Beispiel auch Forschungsinstituten höher als im Produzierenden Gewerbe. Dies schlägt sich auf die Kosten für Freistellungen nieder.

6. Ein weiteres Kriterium ist die **Definition des Betriebes:** Wird hierunter die räumliche Einheit der Zusammenarbeit zwischen Menschen verstanden, oder aber werden verschiedene Betriebe als Standort zusammengefasst? Hiervon hängt die Zahl der Betriebsratseinheiten oder die Größe eines Betriebsrates ab. Viele Betriebsratseinheiten verursachen in der Regel höhere Kosten. Bei großen Betriebsratseinheiten steigt die Zahl der völlig freigestellten Betriebsratsmitglieder, unter Umständen auch die Betreuungs- und Reisekosten.

7. Auch **Betriebsvereinbarungen,** die über die Staffelung des § 37 Abs. 1 BetrVG hinausgehen, haben Einfluss auf die Kosten: So werden in manchen Betrieben zusätzliche Freistellungen vorgenommen, die dann höhere Freistellungskosten verursachen. Das schlägt sich zwar auf die Freistellungskosten nieder, allerdings muss hier auch bedacht werden, dass unter Umständen durch eine höhere Zahl von völlig freigestellten die übrigen Betriebsratsmitglieder von ihren Aufgaben mehr „entlastet" sind. Das könnte unter dem Schnitt wiederum zu einer Senkung der Gesamtkosten beitragen.

Wie groß der Zeitaufwand dabei sein kann, spiegelt sich in folgender Auflistung von Betriebsratsaktivitäten wider:

1. *Betriebsratssitzungen* (§ 29 und 30 BetrVG): In der Regel finden diese Sitzungen wöchentlich statt. Meistens werden sie morgens durchgeführt und dauern in der Regel 2,7 Stunden.
2. *Sprechstunden* (§ 39 BetrVG): Sie werden meistens von den völlig freigestellten Betriebsratsmitgliedern zu festen Zeiten im Betriebsratsbüro abgehalten.
3. Tätigkeit des *Betriebsausschusses* (§ 27 BetrVG): Er wird gebildet, wenn der Betriebsrat neun und mehr Mitglieder hat.
4. Tätigkeit weiterer *Betriebsratsausschüsse* (§ 28 Abs. 1 und 2 BetrVG): Ist ein Betriebsausschuss gebildet, kann der Betriebsrat auch noch weitere Ausschüsse bilden und ihnen bestimmte Aufgaben übertragen.
5. Tätigkeit der *gemeinsamen Ausschüsse zwischen Arbeitgeber und Betriebsräten* (§ 28 Abs. 3 BetrVG): In der Praxis existieren nach § 28 BetrVG folgende Ausschüsse (in der Rangfolge ihrer Bedeutung):

– Arbeitssicherheitsausschuss (Unfall, Umwelt, Gesundheit),
– Küchen- und Kantinenausschuss,
– Personal- und Sozialausschuss,
– Lohn- und Gehaltsausschuss,
– Tarifausschuss,
– Akkord- und Prämienausschuss,
– Ausschuss: Neue Technologien (Rationalisierung, neue betriebliche Aufgabenstellungen),
– Ausschuss: Aus- und Weiterbildung,
– Ausschuss: Betriebliches Vorschlagswesen,
– Angestelltenausschuss,
– Ausschuss: Gewerbliche Arbeitnehmer,
– Ausschuss: Frauenfragen, Mutterschutz,
– Ausschuss: Jugend- und Auszubildendenfragen,
– Ausländerausschuss,
– Informationsausschuss,
– Ausschuss Öffentlichkeitsarbeit,
– Bildschirm- und EDV-Ausschuss,
– Montageausschuss,
– Gleichstellungsausschuss,
– Festausschuss,
– Schwerbehindertenausschuss,
– Umweltausschuss (meistens aber mit im Arbeitssicherheitsausschuss enthalten),

- Umschulungs- und Qualifizierungsausschuss (meistens aber mit im Ausschuss Aus- und Weiterbildung enthalten),
- Notausschuss,
- Produktbereichsausschuss,
- Kapazitätsauslastungsausschuss (meistens im Ausschuss Neue Technologien enthalten),
- Ausschuss für die Betreuung ehemaliger Mitarbeiter (meist im Personal- und Sozialausschuss enthalten),
- Ausschuss für Chancengleichheit, Familie und Beruf
- Ausschuss für Kundenorientierung.

6. Tätigkeit im *Wirtschaftsausschuss* (§§ 106 bis 109 BetrVG),
7. Besprechungen mit dem Arbeitgeber sowie mit Betriebsarzt und Sicherheitsingenieuren (§ 9 ArbSchG),
8. Teilnahme an Sitzungen des Arbeitsschutzausschusses (§ 11 ArbSchG),
9. Besuch inländischer Betriebsstätten,
10. Teilnahme an Unfalluntersuchungen der Berufsgenossenschaft (§ 89 BetrVG),
11. Besprechungen mit Gewerkschaftsvertretern im Rahmen des BetrVG,
12. Teilnahme an der Betriebsräteversammlung (§ 53 BetrVG),
13. Besprechungen mit dem Arbeitgeber (§ 74 Abs. 1 BetrVG),
14. Beratung einzelner Mitarbeiter des Betriebes,
15. Teilnahme an Schulungen und Weiterbildungsveranstaltungen zur Aneignung des erforderlichen Fachwissens (§ 37 Abs. 6 und 7 BetrVG),
16. Tätigkeit einzelner Betriebsratsmitglieder im Gesamtbetriebsrat (§ 47 ff BetrVG),
17. Tätigkeit einzelner Betriebsratsmitglieder im Konzernbetriebsrat (§ 54 ff BetrVG),
18. Vorbereitung, Durchführung und Nachbereitung von Betriebsversammlungen (§§ 42 bis 44 BetrVG),
19. Vorbereitung, Durchführung und Nachbereitung von Betriebs- und Abteilungsversammlungen (§ 45 BetrVG).

So müssen die Arbeitgeber durchschnittlich 420,63 DM für Freistellungen aufwenden. Im Dienstleistungsbereich scheinen die Kosten für die Freistellungen etwas höher zu sein als im Verarbeitenden Gewerbe (Tabelle 1).

Der nächst höhere Posten im Kostenaufwand der Betriebsratstätigkeit ist das *Büropersonal* mit 21,72 DM pro Mitarbeiter und Jahr, gefolgt von den Kosten für Büro- und Sitzungsräume etc. mit 20,43 DM pro Mitarbeiter und Jahr. Es folgen dann die Reisetätigkeiten des Betriebsrates mit 15,97 DM und die Schulungskosten mit 11,04 DM. Immerhin müssen Arbeitgeber durchschnittlich 7,69 DM pro Mitarbeiter und Jahr für Rechtsstreitigkeiten (Rechtsanwaltskosten, Honorare für Sachverständige etc.) aufwenden.

Somit liegen die *durchschnittlichen Gesamtkosten der Betriebsratstätigkeit bei 517,54 DM pro Mitarbeiter und Jahr*. Große Unterschiede zwischen den Betrieben im Verarbeitenden Gewerbe und im Dienstleistungsbereich gibt es nicht (Tabelle 1).

14.3 Kosten von Einigungsstellenverfahren und außerbetrieblichen Rechtsstreitigkeiten

Dort, wo Menschen zusammenarbeiten, wo Hierarchien bestehen, wo es zu Interessenskonflikten und Kollisionen kommt, können auch Rechtsstreitigkeiten entstehen. Kommt in den mitbestimmungspflichtigen Angelegenheiten eine Einigung zwischen Betriebsrat und Arbeitgeber nicht zustande, so entscheidet eine Einigungsstelle nach § 76 BetrVG. In diesen und auch in anderen Fällen müssen Betriebsrat und Arbeitgeber sich zunächst einmal über die Person des unparteiischen Vorsitzenden verständigen. Kommt keine Einigung zustande, so bestellt ihn das Arbeitsgericht. Die Einigungsstelle fasst ihre Beschlüsse nach mündlicher Beratung mit Stimmenmehrheit. Bei der ersten Beschlussfassung hat sich der Vorsitzende zunächst der Stimme zu enthalten. Kommt keine Stimmenmehrheit zustande, so nimmt er nach weiterer Beratung an einer erneuten Beschlussfassung teil. Die Beschlüsse sind schriftlich niederzulegen, vom Vorsitzenden zu unterschreiben und dem Arbeitgeber und dem Betriebsrat zuzuleiten.

Durch das Tätigwerden von Einigungsstellen entstehen Kosten: Es sind dies Honorare für den Vorsitzenden, Honorare für die Beisitzer sowie Kosten für die Sachverständigen. Hinzu kommen auch Mieten für Sitzungsräume oder für angemietete Räumlichkeiten in Hotels. Bewirtungsaufwendungen und Reisekosten kommen noch hinzu.

Durchschnittlich wenden die Unternehmen für diese Kosten 43,59 DM pro Mitarbeiter und Jahr auf (Tabelle 2). Dabei sind die Kosten für die Honorare der unparteiischen Vorsitzenden mit 29,02 DM pro Mitarbeiter und Jahr am höchsten. Es folgen dann die Honorare für die Beisitzer.

Tabelle 2 Kosten von Einigungsstellenverfahren

	Ø	Verarbeitendes Gewerbe	Dienstleistungsgewerbe
Honorar für den unparteiischen Vorsitzenden	29,02	40,47	6,13
Honorare für die Beisitzer	13,99	19,49	3,02
Kosten für Sachverständige, Miete für Sitzungsräume, Bewirtungs- und Reisekosten	0,58	0,65	0,67
Gesamt	43,59	60,61	9,82

Erheblich unterschiedlich sind diese Kosten beim Vergleich zwischen dem Verarbeitenden Gewerbe und dem Dienstleistungsbereich: Hier scheint im industriellen Bereich der Kostenanteil mit 60,61 DM pro Mitarbeiter und Jahr weitaus höher zu liegen als im Dienstleistungsbereich mit 9,82 DM.

Für außerbetriebliche Rechtsstreitigkeiten (Kosten für Sachverständige, Prozesskosten, Anwaltskosten, Reisekosten sowie auch der zeitliche Aufwand der Betriebsleitung) wenden die Firmen der Bundesrepublik Deutschland 6,40 DM pro Mitarbeiter und Jahr auf. Hier sind zwischen den beiden Bereichen Dienstleistung und Verarbeitendes Gewerbe keine großen Unterschiede zu erkennen: Im Verarbeitenden Gewerbe sind es 6,12 DM und im Dienstleistungsbereich 7,51 DM pro Mitarbeiter und Jahr.

14.4 Kosten der Betriebsratswahl

Betriebsratswahlen finden alle vier Jahre im Zeitraum zwischen 1. März und 31. Mai statt. Aus diesem Grunde fallen Kosten für Betriebsratswahlen nur alle vier Jahre an.

Die aus diesen Wahlen entstehenden Kosten beschränken sich allerdings nicht alleine auf den Wahlakt. So hat der Gesetzgeber einen bestimmten Ablauf und bestimmte Fristen mit unterschiedlichen Rechtsgrundlagen festgelegt, um eine ordnungsgemäße Wahl durchführen zu können. Hierzu gehören:

1. falls noch kein Betriebsrat besteht, das Bestellungsverfahren des Wahlvorstands,
2. Sitzungen und Arbeitsaufwand des Betriebsratswahlvorstands,
3. Sachkosten wie zum Beispiel Druck der Stimmzettel, Briefwahlunterlagen, Adressenaufkleber, Versand der Briefwahlunterlagen, Vorschlagslisten etc.,
4. Freistellungskosten der Wahlhelfer,
5. Kosten für die Einrichtung des Wahllokals (Wahlurnen, Hinweisschilder etc.),
6. Freistellungskosten der Mitarbeiter für den Wahlakt,
7. Freistellungskosten für die Betriebsratswahlkandidaten wie zum Beispiel anlässlich des Sammelns von Stützunterschriften etc.,
8. gegebenenfalls auch Schulungskosten für die Beteiligten.
9. Je nach der Größe der betriebsratsfähigen Einheit fallen auch Reisekosten des Wahlvorstandes sowie der Wahlhelfer an.
10. Je nach der Größe der betriebsratsfähigen Einheit fallen auch Reisekosten der Mitarbeiterinnen und Mitarbeiter an, die zum Wahllokal hinfahren müssen.

Diese Kosten belaufen sich auf 27,64 DM pro Betriebsratswahl und pro Mitarbeiter des Betriebs. Um eine exakte Kostenrechnung aufstellen zu können, müsste diese Zahl nun mal der betriebsratsfähigen Betriebe eines Unternehmens multipliziert und dann durch vier geteilt werden, um die durchschnittlichen Kosten pro Jahr zu ermitteln. Diese Rechnung wird allerdings in den seltensten Fällen so aufgestellt.

Nach unserer Rechnung kostet eine Betriebsratswahl im Verarbeitenden Gewerbe 37,65 DM pro Wahl und Mitarbeiter und im Dienstleistungsbereich 12,90 DM. Für unsere Rechnung haben wir diese Zahlen durch vier geteilt und den errechneten Wert pro Jahr zur Gesamtkostenrechnung addiert.

14.5 Kosten der Betriebsversammlung

Die Betriebsversammlung ist ein Organ der Information und der Aussprache (§§ 42 ff BetrVG).

Teilnahmeberechtigt an einer Betriebsversammlung sind:

1. alle Arbeitnehmer der betriebsratsfähigen Einheit, darunter
2. der Arbeitgeber oder sein Vertreter,
3. gegebenenfalls ein Vertreter des Arbeitgeberverbandes (möglich),
4. die Vertreter der im Betrieb vertretenen Gewerkschaften,
5. auf Einladung auch Gäste und Sachverständige und
6. der Betriebsrat als Hausherr der Betriebsversammlung.

Aufgrund dieser Teilnahmeberechtigung fallen unter anderem folgende Hauptkosten an: Freistellungskosten der teilnahmeberechtigten Arbeitnehmer, Produktionsausfallkosten, Kosten von Umsatzverlust bei zum Beispiel Einzelhandelsunternehmen, Sachaufwendungen wie etwa Kosten des Unternehmens für einen Versammlungsraum oder Kosten für einen angemieteten Versammlungsraum in einem Hotel oder einer Stadthalle, Druckkosten für Mitteilungen und Infoblätter, gegebenenfalls auch freiwillige Bewirtungskosten, Kosten für die Technik wie beispielsweise Mikrophone, Tageslichtprojektor, Bildschirme etc., Reisekosten für Mitarbeiterinnen und Mitarbeiter, die von anderen Arbeitsplätzen (zum Beispiel Monteure) zum Stammbetrieb reisen, Reisekosten für Sachverständige und Gäste, Dolmetscher, Sicherheitspersonal etc. Hinzu kommen Kosten der Betriebsleitung für zum Beispiel inhaltliche Vorbereitung, Zeitaufwand, Vorbesprechung etc.

Tabelle 3 Betriebsversammlungskosten

	Ø	Verarbeitendes Gewerbe	Dienstleistungs- gewerbe
Freistellungskosten	26+3,99	216,18	598,71
Produktionsausfallkosten	201,28	174,30	−[1]
Sachaufwendungen	18,29	15,66	30,63
Reisekosten	1,84	0,46	2,20
Kosten der Betriebsleitung	3,86	4,32	2,34
Gesamt	489,26	410,92	633,88

[1] nicht errechenbar

Rechnet man all diese Kosten zusammen, so müssen Unternehmen für die Betriebsversammlungen eines Jahres 489,26 DM pro Mitarbeiter und Jahr aufwenden (Tabelle 3). Wie schon erwähnt, können im Dienstleistungsbereich Umsatzausfälle nicht errechnet werden. Dennoch scheinen in diesem Bereich mit 633,88 DM pro Mitarbeiter und Jahr die Kosten höher zu liegen als im Verarbeitenden Gewerbe mit 410,92 DM.

Tabelle 4 Zahl der Jugend- und Auszubildendenvertreter

Jugendliche Arbeitnehmer			Jugend- und Auszubildendenvertreter
5	bis	20	1
21	bis	50	3
51	bis	200	5
201	bis	300	7
mehr	als	300	9

14.6 Kosten der Jugend- und Auszubildendenvertretung

Die Jugend- und Auszubildendenvertretung wird in Betrieben gewählt, die einen Betriebsrat haben, wenn dort in der Regel mindestens fünf Jugendliche beschäftigt sind, die

1. das 18. Lebensjahr noch nicht vollendet haben oder
2. die zu ihrer Berufsausbildung beschäftigt sind und das 25. Lebensjahr noch nicht vollendet haben (Tabelle 4).

Die Jugend- und Auszubildendenvertretung hat folgende allgemeine Aufgaben: Maßnahmen, die den jugendlichen Arbeitnehmern dienen, vor allem in Fragen der Berufsbildung, beim Betriebsrat zu beantragen. Sie hat darüber zu wachen, dass die zugunsten der jugendlichen Arbeitnehmer geltenden Gesetze, Verordnungen, Unfallverhütungsvorschriften, Tarifverträge und Betriebsvereinbarungen eingehalten werden. Sie hat das Recht, Anregungen von Jugendlichen vor allem bezüglich der Berufsbildung entgegenzunehmen und, falls sie berechtigt sind, beim Betriebsrat auf eine Erledigung hinzuwirken (§ 70 BetrVG).

Die Jugend- und Auszubildendenvertretung arbeitet somit über den Betriebsrat. Sie ist zwar ein eigenständiges Organ, hat aber nicht die Rechtsstellung eines selbständigen Organs der Betriebsverfassung. Sie ist weder ein vom Betriebsrat unabhängiges Mitbestimmungsorgan, noch hat sie eigene durchsetzbare Mitbestimmungsrechte.

Somit ist es auch hier schwierig festzustellen, welche separaten Kosten durch die Jugend- und Auszubildendenvertretung dem Arbeitgeber entstehen. Feststellbar sind daher in der Regel Freistellungskosten sowie in gewissem Maße auch Verwaltungskosten. In gewissem Umfang können auch noch die Wahlkosten analysiert werden. Danach wenden Arbeitgeber durchschnittlich 4,72 DM pro Mitarbeiter und Jahr für die Tätigkeit der Jugend- und Auszubildendenvertretung auf. 0,12 DM sind es für ihre Wahl. Im Verarbeitenden Gewerbe sind es 1,86 DM für die Tätigkeit dieses Organs und 0,27 DM für die Wahl. Im Dienstleistungsbereich sind es 2,29 DM und 0,09 DM.

14.7 Kosten des Gesamt- und des Konzernbetriebsrats

Bestehen in einem Unternehmen mehrere Betriebsräte, so muss gemäß § 47 BetrVG ein Gesamtbetriebsrat errichtet werden. In diesen Gesamtbetriebsrat entsendet jeder Betriebsrat, wenn ihm Vertreter der Arbeiter und Angestellten angehören, zwei seiner Mitglieder. Wenn dem Betriebsrat nur Vertreter einer Gruppe angehören, so entsendet er ein Mitglied. Werden zwei Mitglieder entsandt, so dürfen sie nicht derselben Gruppe angehören.

Dieser Gesamtbetriebsrat ist zuständig für Angelegenheiten, die das Gesamtunternehmen oder mehrere Betriebe betreffen und nicht durch die einzelnen Betriebsräte innerhalb ihrer Betriebe geregelt werden können (§ 50 BetrVG).

Da in die Gesamtbetriebsräte Mitglieder der Einzelbetriebsräte entsendet werden, sind in der Regel viele Kosten des Gesamtbetriebsrates schon in den Kosten der Einzelbetriebsräte enthalten. Hinzu kommen allerdings Reisekosten, Kosten für Sachverständige und gegebenenfalls auch eigene Verwaltungskosten. Diese Kosten belaufen sich auf 14,39 DM pro Mitarbeiter und Jahr. Im Verarbeitenden Gewerbe sind es 14,06 und im Dienstleistungsbereich 13,04 DM pro Mitarbeiter und Jahr.

Für einen Konzern gemäß § 18 Abs. 1 Aktiengesetz kann durch Beschlüsse der einzelnen Gesamtbetriebsräte ein Konzernbetriebsrat errichtet werden. Er ist zuständig für die Behandlung von Angelegenheiten, die den Konzern oder mehrere Konzernunternehmen betreffen und nicht durch die einzelnen Gesamtbetriebsräte innerhalb ihrer Unternehmen geregelt werden können

(§§ 54, 55 BetrVG). Auch hier sind wie beim Gesamtbetriebsrat viele Kosten schon in den Kosten der Gesamtbetriebsräte beziehungsweise der Einzelbetriebsräte enthalten, da Konzernbetriebsräte auch Gesamtbetriebsräte beziehungsweise auch Betriebsräte der einzelnen Betriebe sind.

Zusätzliche Kosten entstehen hier in der Regel auch nur durch Reisekosten und erhöhten Sachaufwand. Gegebenenfalls kommen auch noch Schulungskosten hinzu, wenn ganz besondere Ausschüsse gebildet worden sind. Durchschnittlich wenden Unternehmen 13,09 DM pro Mitarbeiter für die Tätigkeit ihres Konzernbetriebsrats auf. Im Bereich des Verarbeitenden Gewerbes sind es 17,09 DM und in den Konzernen des Dienstleistungsbereichs 1,12 DM.

14.8 Die administrativen Gesamtkosten der Anwendung des Betriebsverfassungsgesetzes

Rechnet man alle dargestellten Kosten zusammen, so belaufen sich die administrativen Gesamtkosten der Anwendung des BetrVG auf 1096,02 DM (Tabelle 5).

Tabelle 5 Administrative Kosten des BetrVG

Kostenarten	Ø	Verarbeitendes Gewerbe	Dienstleistungs- gewerbe
Kosten der Betriebsratstätigkeit	517,54	522,79	518,67
Einigungsstelle	43,59	60,61	9,82
Betriebsratswahl	6,91	9,41	13,22
Betriebsversammlung	489,26	410,92	633,88
Jugend- und Auszubildendenvertretung	4,72	1,86	2,29
Jugend- und Auszubildendenvertreterwahl	0,12	0,27	0,09
Gesamtbetriebsrat	14,39	15,06	13,04
Konzernbetriebsrat	13,09	17,09	1,12
Rechtsstreitigkeiten	6,40	6,12	7,51
Gesamtkosten	1096,02	1044,13	1199,32

Literatur

Niedenhoff, H.-U.: Die Praxis der betrieblichen Mitbestimmung. Köln: Verlag 1999Administrative Kosten der Anwendung des Betriebsverfassungsgesetzes

VI. Verbände und Organisationen

1 Confédération Européenne des Cadres (CEC) – Europäischer Dachverband der Führungskräfte

Alexe von Wurmb

Die CEC Confédération Européenne des Cadres ist ein Netzwerk von nationalen Führungskräfteverbänden in Europa, die etwa 1,5 Millionen Führungskräfte vertreten. Zweck ist die Vertretung der gruppenspezifischen Belange in Bezug auf die soziale und wirtschaftliche Entwicklung Europas.

Die CEC hat das Ziel, die Mobilität von Führungskräften in Europa zu fördern. Gute Rechtsberatung ist hier eine Schlüsselfrage, denn im Ausland zu arbeiten heißt, sich in andere Rechts- und Gesellschaftordnungen einzufügen, was nicht immer komplikationsfrei ist. Auf die berufliche Tätigkeit bezogen, sind Arbeitsrecht, Arbeitsverträge, Sozialversicherungen sind von Staat zu Staat sehr unterschiedlich. Wenn ein Mitglied eines Führungskräfteverbandes der CEC im Ausland arbeitet oder beabsichtigt, beruflich ins Ausland zu gehen, beraten es die Rechtsexperten der jeweiligen Mitgliedsverbände beispielsweise über die nationalen Feinheiten beim Abschluss eines Arbeitsvertrags, bei Problemen mit dem Arbeitgeber im Ausland, bei Fragen der Sozialversicherung und dergleichen.

Die CEC versteht sich zudem als Forum, berufliche und fachspezifische Fragen zu diskutieren. Sie will neue Kontakte und Netzwerke schaffen. Unternehmen fusionieren, Branchen restrukturieren sich. In den Europäischen Branchenverbänden tauschen Führungskräfte branchenspezifische Informationen und Erfahrungen aus. Die CEC bietet hierfür sehr gute europäische und internationale Kooperations- und Kontakmöglichkeiten.

Die CEC ist eine Informationsbörse für ihre Mitglieder. Die CEC informiert über neue EU Gesetzesvorhaben, die insbesondere Führungskräfte betreffen. Arbeitsgruppen zu Themen wie zusätzliche Rentensysteme, Europäische Aktiengesellschaft, Lebensbegleitendes Lernen bereiten die Stellungnahmen vor. Die CEC sammelt Informationen über berufliche Entwicklungen in Europa, berichtet über neue Ausbildungen und Qualifizierungen, die insbesondere die Arbeit von Führungskräften berühren und organisiert zu diesen Themen Konferenzen.

Themen der CEC

Zusätzliche Rentensysteme
Die CEC fordert, die Systeme der betrieblichen und ergänzenden Altersversorgung an Europa anzupassen. Trotz einheitlicher Währung, trotz der Annahme einer gesonderten Renten-Richtlinie, bleiben ergänzende Rentensysteme den nationalen Gesetzen unterworfen. Dies stellt ein grundsätzliches Hindernis bei der grenzüberschreitenden Freizügigkeit von Arbeitnehmern dar, weil Unverfallbarkeitsregeln und unterschiedliche steuerliche Handhabung der Rentenbeiträge, bzw. der Rentenauszahlungen zu Doppelbesteuerung führen kann.

Bildung/Ausbildung in der Wissensgesellschaft
Berufliche Weiterbildung während der gesamten Karriere ist ein wichtiges Element, das die Leistungsfähigkeit insbesondere von Managern erhöht. Heutzutage veraltet Wissen schnell und das anfängliche Know-how einer Führungskraft reicht nicht mehr für eine gesamte Karriere aus. Der Bedarf an Fortbildung für Führungskräfte ist groß. Fort- und Weiterbildung muss stärker gefördert werden.

Flexibilität, Arbeitsorganisation, Telearbeit
In den letzten Jahren ist das Interesse an neuen Formen der Arbeitsorganisation gewachsen, um Europas Unternehmen auf dem Weltmarkt konkurrenzfähiger zu machen. Zusammen mit der rasanten Entwicklung der Informations- und Kommunikationstechnologien ist dies ein Synonym für einen tiefen Wandel im beruflichen und sozialen Bereich geworden. Die Aufgabe der CEC ist es, über die Rolle und die Aufgaben von Führungskräften in einer modernen Arbeitsorganisation nachzudenken.

Frauen als Führungskräfte
Die CEC ist für Chancengleichheit zwischen Männern und Frauen. Es besteht ein Mangel an Frauen in Führungspositionen. Die CEC unterstützt und fördert den Zugang von Frauen zu Positionen, die Verantwortung, Aufsicht und Unabhängigkeit beinhalten.

Mitbestimmung
Die CEC tritt für eine spezifische Vertretung von Führungskräften in den Informations-, Anhörungs- und Mitbestimmungsinstanzen der Unternehmen ein. Viele Länder in der EU haben eine lange und erfolgreiche Tradition der Mitbestimmung der Arbeitnehmer auch auf Ebene der Führungskräfte. Die CEC setzt sich dafür ein, dass diese Tradition auch auf europäischer Ebene fortgesetzt wird.

Sozialer Dialog in Europa

Seit 1989 trägt die CEC als Sozialpartner konstruktiv zum Funktionieren des europäischen sozialen Dialogs und des Binnenmarktes bei. Die CEC ist von der Europäischen Kommission als eine Organisation anerkannt, die die Interessen von Führungskräften auf europäischer Ebene vertritt. Die CEC wird von der Europäischen Kommission angehört und aufgefordert ihre Meinung zu neuen Gesetzesinitiativen abzugeben. Seit Juli 1999 ist die CEC bei Verhandlungen nach dem Sozialprotokoll Teil der Arbeitnehmerdelegation und vertritt in diesen Verhandlungen die Interessen ihrer Mitglieder.

2 Union Leitender Angestellter (ULA) – Spitzenverband der deutschen Führungskräfte

Kay Uwe Berg

Die Union der Leitenden Angestellten (ULA), gegründet 1951, ist der Zusammenschluss von fünf Führungskräfteverbänden mit rund 50.000 Mitgliedern. Diese Verbände sind zugleich kritische und konstruktive Dialogpartner der Arbeitgeber.

Die wichtigste Dienstleistung der Mitgliedsverbände besteht in einem umfassenden Service für die berufliche Karriere und für den Ruhestand. Durch Beratung und Hilfestellung schon vor dem Start in den Beruf und noch nach dem Ausscheiden halten die juristischen Profis, die Branchen und Unternehmen wie kaum ein anderer kennen, den Führungskräften den Rücken frei.

Mit der betrieblichen Interessenvertretung durch Sprecherausschüsse, Betriebsräte, Werksgruppen oder Verbandssprecher geben die ULA-Verbände den Führungskräften in den Unternehmen kollektiven Rückhalt. Durch die branchenbezogene Interessenvertretung und Einflussnahme sichern die ULA-Verbände die Zukunftsfähigkeit ihrer Branchen. Unmittelbare Ansprechpartner der Führungskräfte sind die Verbände VAA (Chemie), VAF (Elektro, Metall, Stahl, Banken, Dienstleistungen etc.), VDF (Energie, Umweltschutz und Telekommunikation), VDL (grüner Bereich) und VGA (Versicherungen). Dort erhalten sie individuellen Rat und Auskünfte. Eine besondere Betreuung zur Durchsetzung ihrer Ziele erhalten die gewählten Sprecherausschüsse der Leitenden Angestellten.

Die ULA als der Spitzenverband soll die allgemeinen, branchenübergreifenden politischen Interessen vertreten und die Vertretung der Führungskräfte im politischen Raum sicherstellen.

Von Führungskräften werden, heute noch viel mehr als früher, überdurchschnittliche Leistung, ständige persönliche Lernbereitschaft und hohe Flexibilität verlangt. Die kann aber nur der zeigen, der den Rückhalt eines einflussreichen Partners hat.

Die ULA bündelt, verstärkt und fokussiert den Einfluss, den ihre Mitgliedsverbände in ihren jeweiligen Branchen besitzen. Sie setzt sich in Berlin und Brüssel dafür ein, dass Änderungen im Arbeitsrecht, in der Sozial-,

Steuer- und Europapolitik nicht einseitig zu Lasten der Führungskräfte vorgenommen werden.

Zugleich ist die ULA aber auch Dienstleister, der seinen Mitgliedsverbänden und damit den dort organisierten Führungskräften zeitnah und umfassend die wichtigsten Informationen aus der Bundes- und Europapolitik liefert.

Leitlinie der ULA ist, die Veränderungen in Wirtschaft, Gesellschaft und Politik als Herausforderung, nicht aber als Selbstzweck zu begreifen: Vieles von dem, was in schönen, oft englischen Worten als der letzte Schluss der Weisheit gepriesen wird, ist nichts anderes als alter Wein in neuen Schläuchen. Die im Netzwerk der ULA zusammengeschlossenen Verbände haben die nötige Unabhängigkeit, dies offen auszusprechen.

Wandel muss auch berechenbar gestaltet werden, denn Vertrauen spielt eine zentrale Rolle in Veränderungsprozessen. Nicht jeder hat die Zeit außerhalb des Tagesgeschäfts, sich den notwendigen eigenen Freiraum zu schaffen. Hier unterstützen die Berufsverbände, die dort gestaltend eingreifen, wo die einzelne Führungskraft die Überzeugungskraft einer Gemeinschaft braucht.

Die ULA ist seit Jahrzehnten auf der bundes- und europapolitischen Ebene präsent und kann auf ein dicht geknüpftes Netz von offiziellen und inoffiziellen Kontakten zurückgreifen. Ihr Sachverstand kommt in zahlreichen Anhörungen zu Gesetzgebungsverfahren zur Geltung. Mit den „ULA-Nachrichten" erreicht sie alle zwei Monate 55.000 Führungskräfte und Entscheider in Politik, Wirtschaft und Gesellschaft.

Das Leistungsspektrum des Spitzenverbandes umfasst die Bereiche Arbeitsrecht, Sozialpolitik, Steuerpolitik, Europa, New Economy und Managementthemen.

Im Arbeitsrecht nimmt die ULA Einfluss auf das individuelle und kollektive Arbeitsrecht der Führungskräfte und alle damit verbundenen Gebiete. Sie setzt sich für die Weiterentwicklung des Sprecherausschussgesetzes ein.

Sie streitet in der Sozialpolitik für die Erneuerung der Systeme der sozialen Sicherung. Ungerechtfertigte Sonderbelastungen für Führungskräfte lehnt sie ab. Sie wirkt am Erhalt und der Verbesserung der Modelle betrieblicher Altersversorgung mit.

Die ULA erarbeitet eigene Vorschläge zur Gestaltung und Reform des Steuersystems, nimmt Stellung zu Steuerreformplänen und deren Auswirkungen auf die Führungskräfte. Ziel ist die Sicherung einer gleichmäßigen und leistungsgerechten Besteuerung.

Die ULA vertritt die Führungskräfte bei den Institutionen der Europäischen Union und beeinflusst neue Richtlinienvorschläge, insbesondere auf den Feldern Arbeits- und Sozialrecht. Sie ist Gründungsmitglied der Confédération Européenne des Cadres (CEC), der europäischen Dachorganisation der Führungskräfteverbände.

New Economy: Im „Forum Mediacom", einer Plattform unter organisatorischer Federführung der ULA-Mitgliedsverbände VDF und VAF, werden die Bereiche Medien, Informationstechnologien und Telekommunikation aus der Perspektive der dort beschäftigten Führungskräfte beleuchtet.

Die ULA wertet und gewichtet aktuelle Management- und Führungsthemen wie Globalisierung, Selbstverständnis und Ethos der Führungskräfte, Gestaltung von Veränderungsprozessen. Sie veranstaltet Gesprächsforen und Expertenrunden.

Über die GVS mbH bietet die ULA ein breit gefächertes Angebot von Seminaren für Führungskräfte an. Im ersten Halbjahr 2001 standen zum Beispiel die folgenden Themen auf dem Kalender: Arbeitsrecht, Fitness für Führungskräfte, Internet zum Anfassen, Erfolg durch Charisma, Workshops als Führungsinstrument, in Krisensituationen professionell beraten, Präsentationstechnik für Sprecherausschüsse, Feedback: Geben und empfangen.

Die Dienstleistungspalette wird abgerundet durch Informationsbroschüren, beispielsweise zu den Themen Aktienoptionen oder Krankenversicherung, Thesenpapiere, mit denen die ULA in die aktuelle Diskussion um Themen wie Steuern oder Rente eingreift und Bücher wie „Analysten Investoren", die den Mitgliedern einen Blick hinter das Fachchinesisch der Shareholder-Value-Apologeten erlauben.

Am wichtigsten ist aber die Bereitschaft, unkonventionelle Ideen offen zu diskutieren, eigene Positionen ständig zu überprüfen und über den Tellerrand hinaus zu blicken. Die ULA hat diese Bereitschaft in den fünfzig Jahren ihres Bestehens oft unter Beweis gestellt.

3 Verband Angestellter Akademiker e. V. (VAA) – Der Führungskräfte-Verband der chemischen Industrie

Rainer Siekerkötter

Der „Verband angestellter Akademiker und leitender Angestellter der chemischen Industrie e. V." (VAA) ist der größte Zusammenschluss von Führungskräften in Deutschland. Dem Verband gehören derzeit über 27.000 Naturwissenschaftler, Ingenieure und Kaufleute an, die in verantwortlichen Positionen der chemischen Industrie tätig sind.

Berufsgruppe	in %
Diplom-Chemiker	41,8
Diplom-Ingenieure	16,3
Naturwissenschaftler anderer Fachrichtungen	15,3
Wirtschaftswissenschaftler	2,1
Hochschulabsolventen anderer Fachrichtungen	2,3
Graduierte Ingenieure und Diplom-Ingenieure (FH)	11,9
Kaufmännische und technische Angestellte	9,5
Sonstige Berufe	0,8

1919 schlossen sich in Halle/Saale 1.600 Chemiker und Ingenieure im „Bund angestellter Chemiker und Ingenieure" (BUDACI), der ersten Akademikerorganisation im Deutschen Reich, zusammen. 1933 wurde der BUDACI zwangsweise aufgelöst und ging im „Deutschen Technikerverband" auf. 1948 trat der VAA zunächst mit 700 Mitgliedern in Nordrhein-Westfalen die Rechtsnachfolge des BUDACI an.

Fast 90 Prozent der VAA-Mitglieder haben sich – vor allem in größeren Chemieunternehmen – in einer der 190 Werksgruppen organisiert. Aus den Werksgruppen kommen die Mandatsträger des Verbandes in den gesetzlichen Mitwirkungs- und Mitbestimmungsorganen der Unternehmen, sei es im Sprecherausschuss, im Betriebs- oder Aufsichtsrat. Die Werksgruppe bietet den verbandlichen Rückhalt und die organisatorische Infrastruktur für eine sachkundige Arbeit in diesen Gremien.

Werksgruppe	Mitglieder
BASF Ludwigshafen	3.477
Leverkusen (Bayer u. a.)	3.011
Degussa-Hüls/Chemiepark Marl	1.515
Hoechst AG Holding	1.018
Merck	570
Henkel	528
Dormagen (Bayer u. a.)	522
Aventis Pharma	505
Uerdingen (Bayer u. a.)	441
Chemiepark Bitterfeld Wolfen	429

Mitarbeiter aus kleineren Unternehmen gehören dem Verband vorrangig als Einzelmitglieder an. Werksgruppen und Einzelmitglieder sind regional in einer der neun VAA-Landesgruppen zusammengeschlossen.

Entscheidungsorgane des VAA sind der mit acht Personen besetzte Vorstand – der über die laufenden Verbandsgeschäfte entscheidet – und die Delegiertentagung. Bis zu 300 Vertreter aus den Landes- und Werksgruppen legen jährlich auf dieser Sitzung die Politik des VAA fest.

Die Arbeit des Vorstandes wird durch den Beirat, der sich aus jeweils einem Vertreter der neun Landesgruppen zusammensetzt, sowie durch 14 Kommissionen und Arbeitskreise unterstützt. Deren Mitglieder sind ausschließlich ehrenamtlich für den VAA tätig und ansonsten als außertarifliche-/Leitende Angestellte in ihren Unternehmen eingebunden.

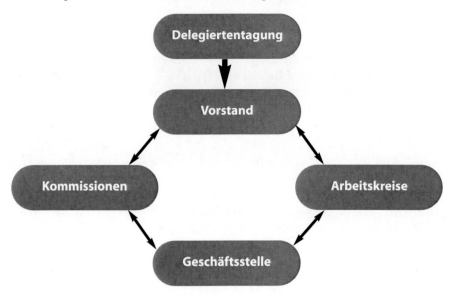

Die Verbandsgeschäfte werden durch hauptamtliche Mitarbeiter in der Geschäftsstelle in Köln und im Berliner Büro geführt. Zur Verbandsarbeit gehören die Gewährung von Rechtsschutz für Mitglieder in arbeits- und sozialrechtlichen Fragen. Die Verbandsjuristen beraten und vertreten die VAA-Mitglieder zum Beispiel bei Kündigungen, Frühpensionierungen, in Renten- und Erfinder-Rechtsfragen, bei Zeugnissen, Abmahnungen, Betriebsübergängen oder bei Sozialplänen. Ergänzt werden die Tätigkeitsfelder des VAA durch:

- Die Vertretung der Mitgliederinteressen bei Gesetzgebungsverfahren in den Bereichen Arbeits- und Sozialwesen, Steuer-, Wirtschafts- Umwelt-, Forschungs- und Bildungspolitik.
- Stellungnahmen zu aktuellen Fragen, die die Führungskräfte und die chemische Industrie betreffen.
- Beratung, Unterstützung und Schulung der in Sprecherausschüssen, Betriebs- und Aufsichtsräten tätigen VAA-Mitglieder.
- Informationen der Mitgliedschaft und der Öffentlichkeit durch Pressedienste, Broschüren und die Verbandszeitschrift „VAA-Nachrichten" sowie die Internetpräsens (www.vaa.de).
- Umfragen unter den VAA-Mitgliedern zu bestimmten Themen und Veröffentlichung der Ergebnisse in Pressediensten und den VAA-Nachrichten.
- Einkommensanalysen durch jährliche Gehaltsumfragen in den alten und neuen Bundesländern sowie regelmäßige Untersuchung zur Entwicklung der betrieblichen Altersversorgung.
- Informationsveranstaltungen an Hochschulen zu Einstellungschancen, Karriereaussichten, Tätigkeitsfeldern und Arbeitsbedingungen von Hochschulabsolventen in der chemischen Industrie (Doktoranden und Studenten können kostenfrei Mitglied im VAA werden).

Auf Bundesebene schließt der VAA Tarifverträge (Gehalts- und Manteltarif) für akademisch gebildete Angestellte der chemischen Industrie mit dem Bundesarbeitgeberverband Chemie ab.

Der Manteltarifvertrag regelt unter anderem Urlaub, Arbeitszeit, Nebentätigkeit, Geheimhaltungspflicht, aber auch Kündigungsfristen (sie sind wesentlich länger als die gesetzlichen) und Entschädigungen beim Abschluss eines nachvertraglichen Wettbewerbsverbotes (sie sind höher als die gesetzlichen Ansprüche).

Im Gehaltstarifvertrag werden die Mindestjahresbezüge für diplomierte und promovierte Angestellte für das zweite Beschäftigungsjahr festgelegt. Sie betragen in 2001 für diplomierte Angestellte 86.330 DM und für Angestellte mit Promotion 100.500 DM.

VAA-Mitglieder sind in den Gremien der Betriebs- und Unternehmensverfassung vertreten. Der VAA stellt derzeit 80 Prozent aller Sprecherausschussmitglieder in den 151 Sprecherausschüssen im Organisationsbereich des VAA, 122 Betriebsratsmitglieder und 62 Aufsichtsräte in Unternehmen der chemischen Industrie.

In Zusammenarbeit mit anderen Chemieorganisationen bearbeitet der VAA Themen, die für die Branche und die dort Beschäftigten von besonderem Interesse sind. Der VAA ist der stärkste Mitgliedsverband innerhalb der „Union der Leitenden Angestellten" (ULA), dem Spitzenverband der Führungskräfte in der deutschen Wirtschaft. Über die ULA wird der VAA auch im Verband europäischer Führungskräfte „Conféderation Euopéene de Cadres" (CEC) vertreten. Eine direkte Mitgliedschaft besteht zudem im Dachverband der europäischen Chemie-Führungskräfte, der „Féderation Européen des Cadres de la Chimie et des Industries Annexes" (FECCIA), in dem 40.000 Chemie-Führungskräfte aus Deutschland, Frankreich, Großbritannien, Italien und Spanien sich über wirtschaftliche, rechtliche und soziale Fragen in den beteiligten Ländern austauschen.

4 Verband Angestellter Führungskräfte e. V. (VAF)

Ilhan Akkus

Der Verband Angestellter Führungskräfte e. V. ist ein Zusammenschluss von ca. 10.000 Führungskräften. Bereits 1919 wurde mit der Gründung der „Vereinigung Leitender Angestellter" der Grundstein zur Bildung einer Gruppierung von Führungskräften gelegt.

Heute ist der VAF bundesweit organisiert und deckt weite Bereiche der deutschen Wirtschaft ab. Eine wirksame politische Interessenvertretung und eine Plattform für alle Fragen aus Beruf, Karriere, Anstellungsvertrag und sozialer Sicherung stellen die Kernleistungen des VAF dar.

Um diversifizierten Interessen gerecht zu werden, wurden Regional- und Fachgruppen eingerichtet. Diese dienen den Mitgliedern als Anlaufstelle und stellen für den VAF gleichzeitig eine Informationsquelle dar. Durch diese Organisation besitzt der Verband beste Möglichkeiten, sich über regional- und branchenspezifische Entwicklungen zu informieren, um diese in seinen Beratungsleistungen zu berücksichtigen.

Die Fachgruppe IT bietet den Mitgliedern aus den Bereichen Informationstechnologie, Telekommunikation und Medien ein Netzwerk für einen effektiven und kontinuierlichen Erfahrungsaustausch. Weitere Fachgruppen bestehen zur Zeit für die Bereiche Metall/Elektro, Bau, Stahl, Banken, Handel und Luft- und Raumfahrt.

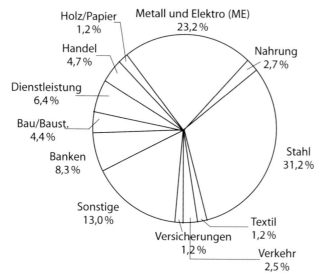

Der Führungsnachwuchs, Berufsanfänger und examensnahe Studenten, bildet eine weitere Zielgruppe des VAF. Informationen wie Aufbau und Inhalt des ersten Anstellungsvertrages, Einkommensverhältnisse in den verschiedenen Branchen und Führungsebenen, Taktik beim Stellenwechsel und Aufbau einer Karrierestrategie interessieren besonders die jüngeren Mitglieder des VAF und sind daher Bestandteil des Leistungsspektrums

Über die ULA ist der VAF in der Confédération Européen de Cadres (CEC) vertreten. Darüber hinaus ist er Mitglied mehrer europäischer Fachverbände: FEDEM (Stahl- und Metallindustrie), FECEC (Banken und sonstige Kreditinstitute), FECC (Bau und Konstruktion), MEDIA MANAGERS (Telekommunikation, IT und Medien).

Die individuellen Leistungen des VAF für seine Mitglieder:

- Umfassende Beratung bei Abschluss und Veränderung von Anstellungsverträgen
- Einkommensberatung auf der Grundlage jährlich durchgeführter Gehalts-Struktur-Untersuchungen
- Sofortige telefonische Beratung in dringenden arbeits- und sozialrechtlichen Fällen
- Beratung und Unterstützung in Karrierefragen und beim Firmen- bzw. Berufswechsel
- Außergerichtliche und Prozessvertretung in arbeits- und sozialrechtlichen Streitigkeiten, notfalls durch alle Instanzen
- Spezielle und zielgerichtete Information über alle für Führungskräfte interessante Fragen in den „VAF-Perspektiven", der Mitgliederzeitschrift des Verbandes, der Beilage „ULA-Nachrichten" und der Internetpräsenz (www.vaf.de)
- Fachvorträge, Seminare, Foren, Besichtigungen und Studienreisen vornehmlich aus dem Veranstaltungsprogramm der Regionalgruppen
- Berufliche und persönliche Weiterbildung durch die Mitgliedschaft in namhaften Instituten
- Vorteile durch Rahmenvereinbarungen mit bekannten und leistungsfähigen Mehrwert-Anbietern

5 Verband der Führungskräfte e.V. (VDF)

Heike Kroll

Der Verband der Führungskräfte (VDF) ist ein bundesweiter Zusammenschluss von mehr als 8.000 Führungskräften mit Geschäftsstellen in Essen als Hauptsitz, München und Berlin. Verbandszweck ist die berufliche Interessenvertretung der Verbandsmitglieder. Der Verband ist regional in Bezirksgruppen und darüber hinaus in Betriebs- und Unternehmensgruppen organisiert. Die Vorsitzenden dieser Gruppen stehen den Mitgliedern als Ansprechpartner und Mittler zur Geschäftsführung zur Verfügung. Die Geschäftsstellen werden durch hauptamtliche Mitarbeiter geführt.

Mitgliederanteile in den verschiedenen Fachbereichen

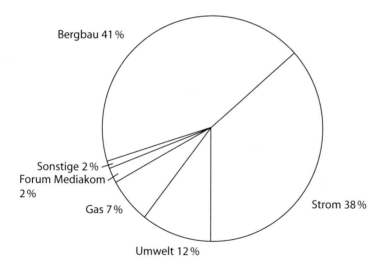

Der Verband kann auf eine langjährige Tradition zurückschauen. Er wurde 1919 von Führungskräften aus dem Bereich des Bergbaus gegründet und erstreckt sich nunmehr auf die gesamte Energie- und Wasserwirtschaft. Weitere Fachschwerpunkte liegen im Umweltschutz sowie in der Telekommunikation und der IT-Branche.

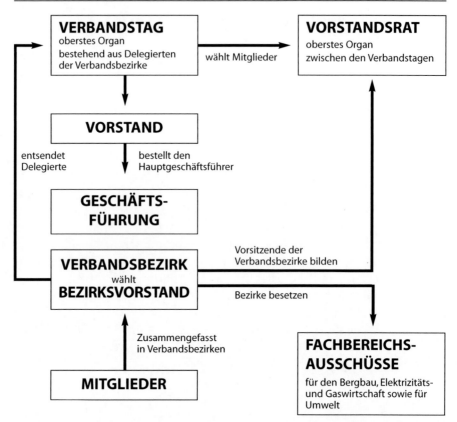

Zum Kreis der Führungskräfte zählen beispielsweise Prokuristen, Handlungsbevollmächtigte und Angestellte, die vergleichbar einem Abteilungs-, Bereichs- oder Gruppenleiter, Referenten, Umweltschutzbeauftragten, Sachverständigen oder in anderer Position tätig sind. Daneben sind Vorstandsmitglieder und Geschäftsführer in der Mitgliedschaft vertreten. Bereits als Student oder „Nachwuchsführungskraft" kann man eine Mitgliedschaft erwerben.

Das Dienstleistungsangebot des VDF für seine Mitglieder ist reichhaltig. Seine Mitglieder genießen Rechtsschutz durch kompetente Fachanwälte in allen arbeits- und sozialrechtlichen Fragen. Der juristische Service beinhaltet neben der Beratung auch die gerichtliche und außergerichtliche Vertretung. Dabei wird der gesamte Arbeitsbereich abgedeckt: Anstellungsverträge, Zeugnisse, Abmahnungen, Kündigungen, Altersteilzeitverträge, Vorruhestandsverträge, Arbeitnehmererfindungen, usw. Auch Straf- und Ordnungswidrigkeitenrecht ist einbezogen. Die Rechtsfragen werden nicht isoliert betrachtet, sondern Arbeitsförderungs-, Renten- und Steuerfragen werden mit einbezogen. Das spezielle Branchenwissen des VDF gewährleistet, dass die Beratung sich an den tatsächlichen Umständen des Marktes orientiert.

Neben dem Rechtsschutz bietet der VDF unter anderem Bewerbungs- und Berufseinstiegsberatung, Vortrags- und Seminarveranstaltungen, Betreuung von Sprecherausschüssen, Betriebsräten und Aufsichtsräten, eine jährliche repräsentative Gehaltsumfrage und eine internetgesteuerte Jobbörse.

Der Verband bietet seinen Mitgliedern eine branchenbezogene aber auch -übergreifende Diskussionsplattform. Das Netzwerk informiert über Änderungen des Arbeitsmarktes und der Arbeitsbedingungen. Grundlage für den Informationsaustausch ist unter anderem die alle zwei Monate erscheinende Verbandszeitschrift, die aktuelle Tipps und Informationen aus der Berufswelt und zu Rechts- und Steuerfragen enthält.

Innerhalb des VDF hat sich aufgrund der technischen Entwicklung mit dem Forum Mediacom ein neuer Fachbereich herausgebildet, der auf eine Initiative der Union Leitender Angestellter (ULA) zurückgeht und der von den einzelnen Mitgliedsverbänden betreut wird. Forum Mediacom ist ein Netzwerk für Fach- und Führungskräfte aus den Bereichen Telekommunikation, Informationstechnologie und Medien. Der Verband gibt die Möglichkeit, sich gezielt über die neuesten Entwicklungen in der Branche austauschen zu können.

Zu den Partnern des VDF gehört der Verband der Betriebsbeauftragten für Umweltschutz (VBU), der in der Geschäftsführung in Personalunion vom VDF betreut wird.

Der VDF ist Mitglied in der ULA. Er wird über die ULA im Verband europäischer Führungskräfte „Conféderation Européen de Cadres" (CEC) vertreten. Der VDF ist darüber hinaus Mitglied in der Fédération Européen des Cadres de l'Énergie et de la Recherche (FECER), dem europäischen Fachverband, in dem sich elf Führungskräfteverbände aus zehn Ländern aus dem Bereich Bergbau und Energiewirtschaft zusammengeschlossen haben. Als Mitglied in einem Sachverständigengremium (Energy Consulting Commitee), das der Präsident der europäischen Kommission zu seiner Beratung in energiewirtschaftlichen Fragen gebildet hat, ist neben der Möglichkeit der Einflussnahme auch Informationsfluss aus erster Hand gewährleistet. Die FECER steht zudem für den grenzüberschreitenden Informationsaustausch in dieser Branche. Der VDF ist außerdem Mitglied bei MEDIA MANAGERS, dem europäischen Verband für Führungskräfte aus Telekommunikation, IT und Medien.

6 Die Vereinigung der Geschäftsführer VGF

Wolf-Rüdiger Janert

Die VGF ist die Vertretung und das Netzwerk angestellter Organvertreter, also von angestellten GmbH-Geschäftsführern und Vorständen von Aktiengesellschaften oder Genossenschaften. Ihre Gründung im Jahre 1999 beruht darauf, Mitgliedern speziell dieses Personenkreises eine entsprechende Betreuung zu bieten. Immer mehr Unternehmen werden in kleinere juristisch selbständige Einheiten, meist in Form einer GmbH, aufgeteilt oder ausgegliedert. Die Folge für die Organvertreter selbst ist, dass sie unter anderem ganz anderen arbeits- und sozialrechtlichen Regelungen unterworfen sind als Leitende Angestellte. So stehen Fragen zur Diskussion wie Kündigung, Privathaftung, Sozialversicherung aber auch strafrechtliche Aspekte, die für Organvertreter eine noch weit höhere Relevanz besitzen als für Leitende Angestellte.

Deshalb ist die individuelle Beratung und die Vertretung der spezifischen Interessen der Mitglieder der VGF – auch in der Öffentlichkeit – die zentrale Aufgabe. Sie stellt die fachgerechte Unterstützung in den verschiedensten Angelegenheit des Dienstvertrages, der Sozialversicherung oder auch der Haftung sicher. Alle Mitglieder der VGF sind zugleich Mitglieder des Verbandes Angestellter Führungskräfte (VAF) und können die Leistungen des Verbandes, wie Muster und Merkblätter für Anstellungsverträge, Dienstzeugnisse sowie Auflösungs- und Frühpensionierungsverträge, Bezug der VAF-Perspektiven mit aktuellen und originären Informationen für Führungskräfte, Fachvorträge, Seminare und Foren und vieles mehr für sich in Anspruch nehmen.

VII. Service

1 Führungskräfte-Verbände – national

Union der Leitenden Angestellten (ULA)
(Mitglied der CEC)
Geschäftsführer: RA Ludger Ramme
Kaiserdamm 31 · 14057 Berlin · Postfach 19 14 46 · 14004 Berlin
Telefon: 0 30 / 30 69 63-0 · Fax: 0 30 / 30 69 63-13
E-Mail: info@ula.de · www.ula.de

**Verband angestellter Akademiker und leitender Angestellter
der chemischen Industrie e. V. (VAA)**
Hauptgeschäftsführer: RA Ansgar Fischer
Kattenbug 2 · 50667 Köln
Telefon 02 21 / 16 00 10 · Fax: 02 21 / 16 00 16
E-Mail: info@vaa.de · www.vaa.de

**Verband der Führungskräfte in Bergbau, Energiewirtschaft und zugehörigem
Umweltschutz e. V. (VDF)**
Geschäftsführendes Vorstandsmitglied: RA Dr. Eberhard Behnke
Alfredstraße 77-79 · 45130 Essen
Telefon 02 01 / 77 20 11 · Fax: 02 01 / 77 20 14
E-Mail: vdf@vdf.de · www.vdf.de

Verband Angestellter Führungskräfte e. V. (VAF)
Hauptgeschäftsführer: RA Dr. Wolf-Rüdiger Janert
Hohenstaufenring 43 · 50674 Köln
Telefon 02 21 / 92 18 29-0 · Fax: 02 21 / 92 18 29-6
E-Mail: vaf-koeln@t-online.de · www.vaf.de

**Berufsverband Agrar, Ernährung, Umwelt e. V. · VDL-Bundesverband
Sparte Privatangestellte**
Geschäftsführerin: Dipl.-Ing. agr. Ursula Debour
Kasernenstraße 14 · 53111 Bonn
Telefon 02 28 / 9 63 05-0 · Fax: 02 28 / 9 63 05-11
E-Mail: vdlbv.bonn@t-online.de · www.vdl.de

Vereinigung angestellter GmbH-Geschäftsführer e. V. (VGF)
Hauptgeschäftsführer: RA Dr. Wolf-Rüdiger Janert
Hohenstaufenring 43 · 50674 Köln
Telefon 02 21 / 92 18 29-0 · Fax: 02 21 / 92 18 29-6
E-Mail: vaf-koeln@t-online.de · www.vaf.de

Vereinigung der höheren Führungskräfte der deutschen Bahnen e. V. (VHB)
Geschäftsführer: Dipl.-Vw. Gerd Schmanke
Mittlerer Hasenpfad 66 · 60598 Frankfurt a. M.
Telefon 0 69 / 61 99 24 64 · Fax: 0 69 / 61 99 24 65

Bundesverband der Assekuranzführungskräfte e. V. (VGA)
Verbandsdirektor Dipl.-VW. Oliver Mathais
Kaiser-Wilhelm-Ring 15 · 50672 Köln
Telefon 02 21 / 9 52 12-80, -81 · Fax: 02 21 / 9 52 12-82
E-Mail: info@vga-koeln.de

Verband der Betriebsbeauftragten für Umweltschutz e. V. (VBU)
Geschäftsführer: RA Dr. Eberhard Behnke
Alfredstraße 77-79 · 45130 Essen
Telefon 02 01 / 77 20 11 · Fax: 02 01 / 77 20 14
Geschäftsführer: Jörg ten Eicken

2 Führungskräfte-Verbände und Management-Organisationen – international

Afrika:

AMSCO B. V.
Friedmaan-Building, Hogehilweg 4 · 1101 CC Amsterdam-Zuidoost, Niederlande
Telefon: (0031) 20/6 64 19 16 · Fax: (0031) 20/6 64 29 59
E-Mail: info@amscobv.com · www.ifc.org/abn/amsco/amsco.htm

Australien:

Australian Institute of Company Directors
FI 3, 71 York Street · Sydney NSW 2000
Telefon: (0061) 2/82 34 33 33 · Fax: (0061) 2/82 34 33 66
E-Mail: ccoopers@companydirectors.com.au

Belgien:

Cercle de Lorraine
Avenue du Prince d'Orange 51 · 1180 Brüssel
Telefon: (0032) 2/3 74 65 25 · Fax: (0032) 2/3 74 06 15
E-Mail: cercle-lorraine@tiscalinet.be

Confédération Nationale des Cadres
Nationale Confederatie v/h Kaderpersoneel (CNC/NCK)
(Mitglied der CEC)
Av. Carton de Wiartlaan, 148 · 1090 Brüssel
Telefon: (0032) 2/4 20 43 34 · Fax: (0032) 2/4 20 46 04
E-Mail: cnc.nck@optinet.be · Internet: http://www.cnc-nck.org

De Warande
Zinnerstraat 1 · 1000 Brüssel
Telefon: (0032) 2/5 14 30 00 · Fax: (0032) 2/5 14 25 73
E-Mail: info@dewarande.be

Dänemark:

Dansk Management Forum
Folke Bernadottes Alle 45 · 2100 Kopenhagen-Ö
Telefon: (0045) 33/48 88 88 · Fax: (0045) 33/48 88 99
www.dmforum.dk

Lederne, Ledernes Hovedorganisation (LH)
(Mitglied der CEC)
Vermlandsgade 65 · 2300 Kobenhavn-7
Telefon: (0045) 3 15/7 56 22 · Fax: (0045) 3 15/7 90 22
E-Mail: Ih@lederne.dk · www.lederne.dk

Europa-Ebene:

Association Europénne des Cadres de l'Assurance
European Association of Insurance Company Managers
(Mitglied der CEC)
43, rue de Provence · 75009 Paris
Telefon: (0033) 1/55 31 96 86 · Fax: (0033) 1/55 31 96 82
E-Mail: sucapa.cfe.cgc@wanadoo.fr

Confédération Européenne des Cadres
Avenue Carton de Wiart 14B · 1090 Brüssel, Belgien
Telefon: (0032) 2/4 20 10 51 · Fax: (0032) 2/4 20 12 92
E-Mail: cdc@optinet.be

Confédération Internationale de la Représentation Commerciale des Cadres Européens
(CIRCCE)
European Confederation of Managers in the Commercial Sector
(Mitglied der CEC)
2, rue Hauteville · 75010 Paris
Telefon: (0033) 1/48 24 97 59 · Fax: (0033) 1/45 23 19 48

Fédération Européenne des Cadres de la Construction (FECC)
European Federation of Managers in the Construction Industry
(Mitglied der CEC)
4, rue de Rome · 75008 Paris
Telefon: (0033) 1/4 47 60 61 30 · Fax: (0033) 1/40 08 08 29

Fédération Européenne des Cadres de la Chimie et des Industries Annexes (FECCIA)
European Federation of Managers in the Chemical Industry
(Mitglied der CEC)
56, rue des Batignolles · 75017 Paris
Telefon: (0033) 1/42 28 28 05 · Fax: (0033) 1/42 28 12 99
FrancoisVincent@compuserve.com · www.chimie.net/feccia

Fédération Européenne des Cadres de l'Energie et de la Recherche (FECER)
European Federation of Managers in the Energy Production Industry
(Mitglied der CEC)
5, rue de la Rochefoucauld · 75009 Paris
Telefon: (0033) 1/55 07 57 00 · Fax: (0033) 1/55 07 57 57

Fédération Européenne des Cadres des Etablissements Bancaires (FECEL)
European Federation of Managers in the Banking Sector
(Mitglied der CEC)
2, rue Scandicci · 93500 Pantin
Telefon: (0033) 1 / 40 58 10 10 63 · Fax: (0033) 1 / 40 58 10 10 51

Fédération Européenne du Personnel d'Encadrement des Industries, des Commerces et
Agro-Alimentaires (FEPEDICA)
European Federation of Managers in the Food Manufacturing Industry
(Mitglied der CEC)
59-63 Rue du Rocher · 75008 Paris
Telefon: (0033) 1 / 55 30 13 30 · Fax: (0033) 1 / 55 30 13 31

Fédération Internationale des Cadres des Transports (FICT)
European Managers in the Transport Industry
(Mitglied der CEC)
59-63, Rue du Rocher · 75008 Paris
Telefon: (0033) 1 / 55 30 13 49 · Fax: (0033) 1 / 55 30 13 50
E-Mail: fict@compuserve.com

Griechenland:

EASE (Association of Chief Executive Officers)
(Mitglied der CEC)
Nea Filothei · 15123 Marousi
Telefon: (0030) 1 / 6 89 43 24 · Fax: (0030) 1 / 6 83 17 48
E-Mail: aceo@ease.gr · www.ease.gr

Großbritannien:

Institute of Management (IM)
Management House Cottingham Road
Corby Northants NN171TT, England
Telefon: (0044) 15 36 / 20 42 22 · Fax: (0044) 15 36 / 20 16 51
E-Mail: mic.enquiries@imgt.org.uk

Institute of Management Consultancy
32 Hatton Garden (5th Floor) · London EC1N 8DL, England
Telefon: (0044) 2 07 / 2 42 21 40 · Fax: (0044) 2 07 / 8 31 45 97
E-Mail: consult@imc.co.uk · www.imc.co.uk

Managerial and Professional Staff Association (MPA)
(Mitglied der CEC)
Hayes Court, West Common Road · Bromley, Kent BR2 7AU, England
Telefon: (0044) 1 61 / 7 73 86 21 · Fax: (0044) 1 61 / 7 98 61 82
E-Mail: btog@cynant.org

Finnland:

Finnische Vereinigung für Human Ressources – Management – HENRY
Henkilöstöjohdon Ryhmä – Henry ry
Mikonkatu 6 (4ᵗʰ floor) · P.O. Box 1067 · 00101 Helsinki
Telefon: (00358) 9/6 84 14 30 · Fax: (00358) 9/68 42 63 20

Frankreich:

Association des Cadres Bretons
Vereinigung der Bretonischen Führungskräfte
Maison de la Bretagne
203 boulevard Saint-Germain · 75007 Paris
Telefon: (0033) 1/69 01 50 83
E-Mail: a-cb@voila.fr

Confédération Française de l'Encadrement (CFE/CGC)
(Mitglied der CEC)
59-63, Rue du Rocher · 75008 Paris
Telefon: (0033) 1/55 30 12 12 · Fax: (0033) 1/55 30 13 13
E-Mail: cambus@cfecgc.fr · www.cfecgc.fr

Irland:

The Boardroom Centre
c/o Institute of Directors
44 Northumberland Rd. · Dublin 4
Telefon: (00353) 1/6 64 34 85, ext 196 · Fax: (00353) 1/6 68 67 69
E-Mail: bdroom@indigo.ie

Iran:

Industrial Managers Association
Ansprechpartner: Herr Dr. Haghi
Ostad Motahari Ave. opp. Miremad, No 248 3. Fl · Teheran 15888
Telefon (0098) 21/8 82 53 85 · Fax: (0098) 21/8 83 96 41

Iran Management Association
Ansprechpartner: Herr Ing. Bayat
Karimkhan Zand Ave. opp. Iranshar Mobl-e-Tamasha 6 Fl. · Teheran
Telefon: (0098) 218824886 · Fax: (0098) 21/8835278

Italien:

Confederazione Italiana dei Dirigenti di Aziienda (CIDA)
(Mitglied der CEC)
Via Nazionale 75 · 00184 Rom
Telefon: (0039) 06/4 88 82 41 · Fax: (0039) 06/48 88 24 52
E-Mail: dirigenti@tin.it · www.cida.it

Confederazione Unitaria Quadri
(Mitglied der CEC)
Via XX Settembre 58 · 10121 Turin
Telefon: (0039) 011/5612042 · Fax: (0039) 011/5620362
E-Mail: confquadri@tin.it

Consiglio Nazionale Economia e Lavoro (CNEL)
Nationaler Verband für Wirtschaft und Arbeit
Viale David Lubin, 2 · 00196 Roma
Telefon: (0039) 6/636921 · Fax: (0039) 6/63202867
E-Mail: Presidenza: pres@cnel.it Segretaria Generale: segrgen@cnel.it · www.cnel.it

Unionquadri
Sede Centrale
(Mitglied der CEC)
Via Gramsci, 34 · 00197 Rom
Telefon: (0039) 06/3611683 · Fax: (0039) 06/3225558
E-Mail: unionquadri@unionquadri.it · www.unionquadri.it

Japan:

Business Policy Forum Japan
Bansui Bldg. 5F, 1-5-16 Toranomon, Minato-ku · Tokyo 105-0001
Telefon: (0081) 3/3503-7671 · Fax: (0081) 3/3502-3740
www.phk.co.jp

Japan Association of Corporate Executives
1-4-6, Marunouchi, Chiyoda-ku · Tokyo 100-0005
Fax: (0081) 3/3213-2946

Japan Management Association
3-1-22, Shibakoen, Minato-ku · Tokyo 105-8522
Telefon: (0081) 3/3434-6211 · Fax: (0081) 3/3434-1087
www.jma.or.jp

Japan Productivity Center for Socio-Economic Development
3-1-1 Shuibuya, Shibuya-ku · Tokyo 150-8307
Telefon (0081) 3/3409-1112 · Fax: (0081) 3/3409-1986
www.jpc-sed.or.jp

Kanagawa Management & Culture Association
42-21 Chigsaki, Chuo, Tuzuki-ku · Yokohama City 224-0032
Telefon: (0081) 45/9453701 Fax: (0081) 45/9453703

Kansai Association of Corporate Executives
Nakanoshima Center Bldg., 6-2-27 · Nakanoshima, Kita-ku, Osaka 530-6691
Fax: (0081) 6/6441-1030

Nippon Omni-Management Association
3-11-8 Sendagaya, Shibuya-ku · Tokyo 151-8538
Telefon: (0081) 3 / 34 03-13 30 · Fax: (0081) 3 / 34 03-13 41
www.noma.or.jp

Zen-Noh-Ren
Japanischer Verband der Management-Organisationen
Kindai Bldg. 6F, Kojimachi 3 Chome Chiyoda-ku · Tokio, 102
Telefon: (0081) 3/32215051 · Fax: (0081) 3/32215054
E-Mail: imcj@zen-noh-ren.or.jp · www.zen-noh-ren.or.jp

Kroatien:

CROMA – Hrvatsko udruzenje managera
Kroatische Managementvereinigung
Ilica 390/A · 10000 Zagreb
Telefon: (00385) 1/3 75 04 24, 3 75 00 56 · Fax: (00385)1/3 75 00 56
Generalmanager Herr Esad Colakovic

Kuweit:

Deutscher Wirtschaftskreis Kuwait
Herr Paul Schmidt
DaimlerChrysler AG, c/o A.R. Albisher & Z. Alkazemi.co
POB 47 · 13001 Safat
Telefon: (00965) 4 83 15 10 · Fax: (00965) 4 84 30 39
E-Mail: pwschmidt@mercedes-kw.com

Luxemburg:

FEP/FIT et Cadres
(Mitglied der CEC)
Avenue de la Faiencerie, 16 · 1013 Luxemburg
Telefon: (00352) 22 62 62 · Fax: (00352) 22 62 66

Neuseeland:

New Zealand Institute of Management NZIM)
17 Sultan Street, Penrose · Auckland
Telefon: (0064) 9 / 5 25 33 00 · Fax: (0064) 9 / 5 25 33 22
www.nzim.co.nz

Niederlande:

Nederlandse Vereniging voor Management (NIVE)
Postbus 266 · 2270 AG Voorburg
Telefon: (0031) 70 / 3 00 15 00 · Fax: (0031) 7 0 / 3 00 15 99
E-Mail: info@nive.org · www.management.nl

Norwegen:

Association of Supervisors, Technicians and Managers
Norwegische Vereinigung der Supervisoren, Techniker und Manager
(Mitglied der CEC)
Drammensveien 40 · Box 2523 · 0203 Oslo 2
Telefon: (0047) 22 / 54 51 50 · Fax: (0047) 22 / 55 65 48

Lederne
(Mitglied der CEC)
Drammensveien 40 · Box 2523 Solli · 0203 Oslo 2
Telefon: (0047) 22 / 54 51 50 · Fax: (0047) 22 / 55 65 48
E-Mail: jobbrekke@online-no · www.lederne.no

Österreich:

Föhrenbergkreis
Lothringerstraße 14 · 1030 Wien
Telefon: (0043) 1 / 7 18 31 77 · Fax: (0043) 1/718317760
E-Mail: trendconsult@iwip.iv-net.at · www.foehrenbergkreis.at

Managementclub
Kärntner Straße 8 · 1010 Wien
Telefon: (0043) 1 / 5 12 79 35-0 · Fax: (0043) 1 / 5 13 98 14
E-Mail: info@managementclub.at · www.managementclub.co.at

Wirtschaftsforum der Führungskräfte (WdF)
(Mitglied der CEC)
Lothringerstraße 12 · 1031 Wien
Telefon: (0043) 1 / 7 12 65 10 · Fax: (0043) 1 / 7 11 35 29 12
E-Mail: Wdf@voei.at · www.voei.at/wdf/

Polen:

Business Centre Club
Pl. Zelaznej Bramy 2 · 00-138 Warszawa
Telefon: (0048) 22 / 6 25 30 37 · Fax: (0048) 22 / 6 21 84 20
E-Mail: bccbiuro@bccnet.com.pl oder bkb@bccnet.com.pl · www.bccnet.com.pl

Stowarzyszenie Menedzerow w Polska
Managers Association in Poland
(CEC – assoziiert)
Hotel „Orbis" Europejski ul. Krakowskie Przedmiescie.13 · 00-071 Warschau
Telefon: (0048) 2 / 28 26 50 51 · Fax: (0048) 2 / 8 26 81 80

Zwiazen Polskiego Przemyslu, Handlu i Finansòw
Generalsekretär: Andrzej Arendarski
ul. Trebacka 4 · 00-074 Warszawa
Telefon: (0048) 22 / 6 30 96 32, 6 30 97 44, 6 30 96 42 · Fax: (0048) 22 / 8 26 00 10, 8 27 46 73
E-Mail: lewiatan@elehtron.pl

Zwiazen Pracodawcòw
Herrn Andrzej Stepniewski
ul. Pulawska 115A · 02-707 Warszawa
Telefon: (0048) 22/8 43 91 33 · Fax: (0048) 22/00 00 00
E-Mail: zpwim@wa.onet.pl · www.zpwim.pl

Portugal:

Federação Nacional de Sindicatos de Quadros (FENSIQ)
Avenida João XXI, 5 - 10 dto · 1000 Lissabon
Telefon: (00351) 1/8 48 53 12 · Fax: (00351) 1/8 48 68 16

Schweden:

Ledarna
(Mitglied der CEC)
St. Eriksgatan 26 ⁻· Box 12069 · 10222 Stockholm
Telefon: (0046) 8/59 89 90 00 · Fax: (0046) 8/59 89 90 60
E-Mail: anders.palm@ledarna.se · www.ledarna.se

Schweiz:

Schweizerische Management Gesellschaft SMG
Association Suisse de Management
Geschäftsführerin: Petra Kaiser, Zürich
Bleicherweg 64a · 8039 Zürich
Telefon: (0041) 1/2 02 23 25 · Fax: (0041) 1/2 02 23 20
E-Mail: office@smg.ch · www.smg.ch

Slowenien:

Manager's Association of Slovenia
(CEC-assoziiert)
Dunjaska, 22 · 61116 Ljubljana
Telefon: (0038) 6/6 11 33 11 33 · Fax: (0038) 6/61 30 22 30
E-Mail: manger.assotiaton@zdruzenje-managers.si

Spanien:

Confederación de Cuadros (CC)
(Mitglied der CEC)
Calle Vallehermoso 78 · 2a planta · 28015 Madrid
Telefon: (0034) 91/5 34 83 62 - 5 34 66 72 · Fax: (0034) 91/5 34 05 14
E-Mail: Confcuadros@airtel.net · www.confcuadros.es

Südafrika:

Foundation of SA Management Training
PO Box 8258 · Johannesburg 2000
Telefon: (0027) 11/838-1773 · Fax: (0027) 11/492-1271

Institute of Chartered Business Management
PO Box 331 · Wits 2050
Telefon: (0027) 11/4032900 · Fax: (0027) 11/4031522
E-Mail: icsa@icsa.co.za · www.icsa.co.za

Institute of Directors
P.O. Box 908, Parklands
Telefon: (0027) 11/6438086 · Fax: (0027) 11/4841416
E-Mail: iod@icon.co.za

Institute of Management Consultants
PO Box · Hurlingham Manor 2070
Telefon: (0027) 8/26412987 · Fax: (0027) 11/8860072

International Council of Management Consulting Institutes
PO Box 3971 · Pretoria 0001
Telefon: (0027) 12/3411470 · Fax: (0027) 12/440866

National Productivity Institute (NPI)
PO Box 3971 · Pretoria 0001
Telefon: (0027) 12/3411470 · Fax: (0027) 12/4401866
www.npi.co.za

Südliches Afrika Initiative der deutschen Wirtschaft (SAFRI)
c/o DaimlerCrysler AG
Josef C. Gorgels, Beauftragter des SAFRI-Vorsitzenden
HPC 1124 · 70546 Stuttgart
Telefon: (0711) 17-93250 · Fax: (0711) 17-93816
www.safri.org

Türkei:

Türkiye Sanayici ve İşadamlari Derneği (Tüsiad)
Türkischer Industrie- und Geschäftsleute-Verband
Meṣrutiyet Cad. No: 74 80050 Tepebaşi-İstanbul
Telefon: (0090) 212/2491350 · Fax: (0090) 212/2517005
www.tusiad.org.tr

Tschechien:

Czech Management Association
Tschechische Management Vereinigung
Direktor: Mr. Jiři Stÿblo
Podolská 50 · 14700 Prag 4
Telefon: (0042) 02/61214111 · Fax: (0042) 02/61214111/258
E-Mail: cma@cma.cz · www.cma.cz

Klub personalistů České republiky
Club der Tschechischen Personal-Manager
Vorsitzende: Ms. Alena Kozáková
Osadni 12 · 17000 Prag 7
Telefon: (0042) 02/6675 3571 · Fax: (0042) 02/6675 3574
E-Mail: personn@mbox.vol.cz· www.personnclub.cz

Ungarn:

Menedzserek Országos Szövetsége
Landesverband der Manager
(CEC-assoziiert)
Nádor utca 32 · 1012 Budapest
Telefon: (0036) 1/3 32 75 30 · Fax: (0036) 1/3 32 03 69
E-Mail: titkarsag@manager.org.hu · www.manager.org.hu

USA:

American Management Association (AMA)
President: George B. Weathersby
1601 Broadway · New York, N.Y. 10019-7420
Telefon (001) 2 12/5 86 81 00 · Fax: (001) 2 12/9 03 81 68
www.amanet.org;

American Productivity and Quality Center (APQC)
President: Dr. Carla O'Dell
123 N. Post Oak Ln., Ste. 300 · Houston 7797
Telefon: (001) 7 13/6 81 40 20 · Fax: (001) 713/6 81 85 78 · Tx. 77024

Association of internal Management Consultants (AIMC)
Managing Director: Sonja Mendez
521 5th Ave., 35. Fl. · New York, N.Y. 10175 3598
Telefon: (001) 2 12/6 97 82 62 · Fax: (001) 2 12/9 49 65 71
www.aimc.org

Association of Management Consulting Firms (ACME)
President: Dudley C. Smith
521 5th Ave., 35. Fl. · New York, N.Y. 10175 3598
Telefon: (001) 2 12/6 97 96 93 · Fax: (001) 2 12/9 49 65 71
www.amcf.org

Center for Creative Leadership (CCL)
President: John Alexander
POB 26300 · Greensboro, NC 27438 6300
Telefon: (001) 3 36/5 45 28 10 · Fax: (001) 3 36/2 82 32 84
E-Mail: info@leaders.ccl.org · www.ccl.org

Center for Management Effectiveness (CME)
Director: PhD Herbert S. Kindler
427 Beirut Ave. Pacific Palisades, CA 90272 · Beverly Hills
Telefon: (001) 3 10 / 4 59 60 52 · Fax: (001) 3 10 / 4 59 93 07
E-Mail: kinlercme@aol.com

Center for Management Technology (CMT)
Managing Director: William D. Greenspan
39 W. 38th., 11th. Fl. · New York, NY 10018
Telefon: (001) 2 12 / 7 30 54 30 · Fax: (001) 2 12 / 7 30 54 34

Council of Consulting Organizations (CIM)
521 5th Ave., 35th Fl. New York, NY 10175
Telefon: (001) 2 12 / 6 97 96 93 · Telefon 2: (001) 2 12 / 6 97 82 62 · Fax: (001) 2 12 / 9 49 65 71
Employers Group
President & CEO: William A. Dahlmann
1150 S. Olive St., Ste. 2300 Los Angeles, CA 90015
Telefon: (001) 2 13 / 7 48 04 21 · Fax: (001) 2 13 / 7 42 03 01
www.hronline.org

Human Ressource Planning Society (HRPS)
Executive Director: Walter J. Cleaver
317 Madison Ave., Ste. 1509 · New York, N.Y. 10017
Telefon: (001) 2 12 / 4 90 63 87 · Fax: (001) 2 12 / 6 82 68 51

Institute of Certified Professional Managers (ICIPM)
Marketing Director: Colin Steele
James Madison University · Harrisonburg, VA 22807
Telefon: (001) 800/5 68 41 20
E-Mail: steelecg@jmu.edu; · www.cob.jmu.edu/ipcom

Insitute of Management Consultant (IMC)
Executive Director: Joanne Dunne
1200 19th St. NW, Ste.300 · Washington, DC 20036 2422
Telefon: (001) 2 12 / 6 97 82 62 · Fax: (001) 2 02 / 8 97 53 37
E-Mail: imced@aol.com · www.imcusa.org

Institute for Operations Research and the Management Sciences
Geschäftsführer: Mark Doherty
901 Elkridge Landing Rd., Ste. 400 · Linthicum Heights, MD 21090 2909
Telefon: (001) 4 10 / 8 50 03 00 · Fax: (001) 4 10 / 6 84 29 63

Product Development and Management Association (PDMA)
President: Paul Belliveau
401 N. Michigan Ave. · Chicago, IL 60611
Telefon (001) 3 12 / 5 27 66 44 · Fax: (001) 3 12 / 5 27 67 29
E-Mail: pdma@sba.com · www.pdma.org;

Predution and Operations Management Society (POMS)
Executive Director: Dr. Sushil Gupta
c/o College of Engineering Florida International University
10555 W. Flagler Street · Miami FL 33174
Telefon: (001) 3 05 / 3 48 14 13 · Fax: (001) 3 05 / 3 48 14 13
E-Mail: poms@fiu.edu · www.poms.org;

Professional Services Management Association (PSM)
Executive Director: Susan Van der Weer
4101 Lake Boone Trail, Ste. 201 · Raleigh, NC 27607
Telefon: (001) 9 19/5 11 25 62 · Fax: (001) 9 19/7 87 49 16;
E-Mail: info@psma.org · www.psma.org;

Project Management Institute (PMI)
4 Campus Blvd. Newton Square, PA 19073 3200
Telefon: (001) 6 10/3 56 46 00 · Fax: (001) 6 10/3 56 46 47
E-Mail: pmieo@ix.netcom.com · www.pmi.org;

Society for Advancement of Management (SAM)
President: Moustafa H. Abbelsamad
c/o Texas A&M University 6300 Ocean Drive · Corpus Christi TX 78412, USA
Telefon: (001) 5 12/9 94 60 45 · Telefon 2: (001) 5 12/9 80 55 74 · Fax: (001) 5 12/9 94 27 25
E-Mail: moustafa@falcon.tamucc.ed · www.enterprise.tamucc.edu/sam/sam.hatm

Society for Information Management (SIM)
Executive Director: Jim Luisi
401 N. Michigan Ave. · Chicago, IL 60611-4267
Telefon: (001) 3 12/6 44 66 10 · Fax (001) 3 12/2 45 10 81

Strategic Leadership Forum
President: Gerard Soldner
435 N. Michigan Ave. Ste. 1717 · Chicago, IL 60611-4067, USA
Telefon: (001) 3 12/6 44 08 29 · Fax: (001) 3 12/6 44 85 57
www.slfnet.org

Turnaround Mangement Association (TMA)
Executive Director: Nancy Davis
541 N. Fairbanks Ct., Ste. 1880 · Chicago, IL 60611
Telefon: (001) 3 12/8 22 97 00 · Fax: (001) 3 12/8 22 97 01
E-Mail: info@turnaround.org

3 Wirtschafts- und Industrieverbände sowie Kammern in Deutschland

Bundesverband der Freien Berufe (BFB)
Hauptgeschäftsführer: RA Arno Metzler
Reinhardstraße 34 · 10117 Berlin
Telefon: 0 30 / 28 44 44-0 · Fax: 0 30 / 28 44 44-40
E-Mail: info-bfb@freie-berufe.de · www.freie-berufe.de

Deutscher Industrie- und Handelstag (DIHT)
Hauptgeschäftsführer: Dr. Franz Schloser
Breite Straße 29 · 10178 Berlin
Telefon: 0 30 / 2 03 08-0 · Fax 0 30 / 2 03 08-10 00
E-Mail: dihk@berlin.dihk.ihk.de · www.ihk.de/dihk

Gemeinschaftsausschuss der Deutschen Gewerblichen Wirtschaft
Hauptgeschäftsführer: Dr. Ludolf v. Wartenberg
c/o DH Breite Straße 29 · 10178 Berlin
Telefon: 0 30 / 2 03 08-0 · Fax: 0 30 / 2 03 08-26 50
E-Mail: unice@bdi-online.de · www.bdi-online.de

Bundesverband der Deutschen Industrie (BDI)
Hauptgeschäftsführer: Dr. Ludolf v. Wartenberg
Breite Straße 29 · 10178 Berlin
Telefon: 0 30 / 20 28-0 · Fax: 0 30 / 20 28-25 66
E-Mail: presse@bdi-online.de · www.bdi-online.de

Verband der Automobilindustrie e. V. (VDA)
Dr. Kunibert Schmidt, Dr. Peter Thomsen, Prof. Dr. rer. nat. Gunter Zimmermeyer
Westendstraße 61 · 60325 Frankfurt a. M.
Telefon: 0 69 / 9 75 07-0 · Fax 0 69 / 9 75 07-2 61
www.vda.de

Hauptverband der Deutschen Bauindustrie e. V. (HDB)
Hauptgeschäftsführer: RA Michael Knipper
Kurfürstenstraße 129 · 10785 Berlin
Telefon: 0 30 / 2 12 86-0 · Fax: 0 30 / 2 12 86-2 40
www.bauindustrie.de

Verband der Chemischen Industrie e. V. (VCI)
Hauptgeschäftsführer: Dr. Wilfried Sahm
Karlstraße 21 · 60329 Frankfurt a. M.
Telefon: 0 69 / 25 56-0· Fax: 0 69 / 25 56-14 71
E-Mail: vci@vci.de · www.chemische-industrie.de

Wirtschaftsverband Eisen, Blech und Metall verarbeitende Industrie e. V.
RA Ulrich Böshagen
An der Pönt 48 · 40885 Ratingen
Telefon: 0 21 02 / 1 86-0· Fax: 0 21 02 / 1 86-1 69
E-Mail: info@ebm.de · www.ebm.de

Zentralverband Elektrotechnik- und Elektronikindustrie (ZVEI)
Hauptgeschäftsführer: Dr. Franz-Josef Wissing
Stresemannallee 19 · 60596 Frankfurt a. M.
Telefon: 0 69 / 63 02-0· Fax: 0 69 / 63 02-3 17
E-Mail: zvei@zvei.org · www.zvei.de

Bundesverband der Deutschen Luft- und Raumfahrtindustrie e. V. (BDLI)
Geschäftsführer: Dr. Hans Eberhard Birke
Friedrichstraße 150-152 · 10117 Berlin
Telefon: 0 30 / 20 61 40-0 · Fax 0 30 / 20 61 40-90
E-Mail: info@bdli.de · www.bdli.de

Verband Deutscher Maschinen- und Anlagenbau e. V. (VDMA)
Hauptgeschäftsführer: Dr. Martin Wansleben
Lyoner Straße 18 · 60528 Frankfurt a. M.
Telefon: 0 69 / 66 03-0· Fax: 0 69 / 66 03-15 11 · Telex: 411 321
E-Mail: puoe@vdma.org · www.vdma.de

Wirtschaftsvereinigung Metalle e. V.
Hauptgeschäftsführer: RA Martin Kneer
Haus der Metalle · Am Bonneshof 5 · 40474 Düsseldorf
Postfach 10 54 63 · 40045 Düsseldorf
Telefon: 02 11 / 47 96-1 15 · Fax: 02 11 / 47 96-4 01
E-Mail: Kneer@ne-metalNET.de · www.ne-metalNET.de

Wirtschaftsvereinigung Stahl (WVS)
Hauptgeschäftsführer: Albrecht Kormann
Sohnstraße 65 · 40237 Düsseldorf
Telefon: 02 11 / 67 07-110 · Fax: 02 11 / 67 07-455

Bundesverband des Deutschen Groß- und Außenhandels e. V.
Hauptgeschäftsführer: Dr. Peter Spary
Am Weidendamm 1A · 10117 Berlin
Telefon: 0 30 / 5 90 09 95-0 · Fax: 0 30 / 5 90 09 95-29
E-Mail: Spary@bga.de · www.bga.de

Bundesvereinigung der Deutschen Arbeitgeberverbände e. V.
Hauptgeschäftsführer: RA Dr. Reinhard Göhner, MdB
Breite Straße 29 · 10178 Berlin
Telefon: 0 30 / 20 33-0 · Fax: 0 30 / 20 33-10 55
E-Mail: info@bda-online.de · www.bda-online.de

Zentralverband des Deutschen Handwerks e. V.
Generalsekretär: Hanns-Eberhard Schleyer
Mohrenstraße 20-21 · 10117 Berlin
Telefon: 0 30 / 20 61 90 · Fax: 0 30 / 2 06 19-4 60
E-Mail: info@zdh.de · www.zdh.de

4 Nationale Wirtschafts- und Industrieverbände sowie Kammern im Ausland

Bahrain:

Bahrain Management Society
Vorsitzender: A. Hussain Ali Mirza
P.O. Box 3268 · Manama
Telefon: (00973) 827676 · Fax: (00973) 827678
E-Mail: adm@pms.org.bh

Belgien:

Fédération des Entreprises de Belgique (FEB)
Rue Ravenstein 4 · 1000 Bruxelles
Telefon: (0032) 2/5 15 08 11 · Fax: (0032) 2/5 05 09 15
www.feb.be

Brasilien:

Confederação Nacional da Indústria (CNI)
Geschäftsführer: Roberto Simonsen
SBN Qd. 01 Bloco C · 70040-903 Brasilia/DF
Teleon (0055) 61/3 17 95 01 · Fax: (0055) 61/3 17 95 00
www.cni.org.br

Federação das Associações Comerciais e Industriais do Diostrito Federal (FACIDF)
SCS Ed. Palácio do Comércio 1.º andar
70318-900 Brasilia/DF
Telefon: (0055) 61/2 23 12 43 · Fax: (0055) 61/2 25 40 02
www.speedlink.com.br/acdf

Finnland:

Liikkeejohdon Konsultit LJK ry
Die Finnischen Management-Berater (LJK)
Eteläranta 10 · 00130 Helsinki
Telefon: (00358) 9/6 22 44 42 · Fax: (00358) 9/62 20 10 09

Suunittelu-ja konsulttitoimistojen litto ry (SKOL)
Finnische Vereinigung von Beratungsunternehmen
Pohjantie 12 A · 02100 Espoo
Telefon: (00358) 9/46 01 22 · Fax: (00358) 9/46 76 42

Työnantajaliitto Allianssi TLA ry
Arbeitgebervereinigung Allianssi
Mikonkatu 8 A, 6th floor · P.O. Box 529 · 00101 Helsinki
Telefon: (00358) 9/61 31 50 76 · Fax: (00358) 9/61 31 50 82

Työnantajain Yleinen Ryhmä
Gesamtverband Finnischer Arbeitgeber
Etelärantqa 10, 7th floor · P.O. Box 11 · 00131 Helsinki
Telefon: (00358) 9/17 28 41 · Fax: (00358) 9/17 95 88

Frankreich:

Mouvement des Enterprises de France (MEDEF)
31, Avenue Pierre 1er de Serbie · 75784 Paris
Telefon: (0033) 1/40 69 43 79 · Fax: (0033) 1/47 23 47 32

Italien:

Confederazione dell'Industria Italiana – CONFINDUSTRIA
Italienischer Industrie-Verband
Viale dell'Astronomia, 30 · 00144 Roma
Telefon: (0039) 06/65 90 31 · Fax: (0039) 06/5 91 96 15
E-Mail: da ricercare sul sito a seconda dell'ufficio desiderato · www.confindustria.it

Sviluppo Italia
Divisione Servizi
Via Campo dell'Elb a, 30 · 00138 Roma
Telefon: (0039) 06/8 83 11 · Fax: (0039) 06/4 21 60 03 04
E-Mail: servizisviloppe@igol.it · www.sviluppoitalia.it

Korea:

Korea Employers Federation Add: 276-1
Dacheung-doug, Mapo-gu · Seoul
Telefon: (0082) 2/32 70-73 00 · Fax: (0082) 2/7 06-10 59
www.kef.or.kr

Luxemburg:

Fédération des industriels luxembourgeois (FEDIL)
Berufsverband der Luxemburgischen Industrie
7, rue Alcide de Gasperi · 1615 Luxembourg
Telefon: (00352) 4 35 36 61 · Fax: (00352) 43 23 28
E-Mail: fedil@fedil.lu · www.fedil.lu

Association des banques et banquiers Luxembourg (ABBL)
Luxemburger Bankenverein
20, rue de la Poste · 2346 Luxembourg
Telefon: (00352) 4 63 66 01 · Fax: (00352) 46 09 21
E-Mail: mail@abbl.lu · www.abbl.lu

Neuseeland:

New Zealand Employers' Federation
PO Box 1786 · Wellington
The Clear Centre, 15-17 Murphy Street · Wellington
Telefon: (0064) 4 / 4 99 41 11 · Fax: (0064) 4 / 4 99 41 12

Niederlande:

Algemene Werkgeversvereniging VNO-NCW (AWVN)
Allgemeiner Arbeitgeberverband
Postbus 568 · 2003 RN Haarlem
Telefon: (0031) 23 / 5 10 11 01 · Fax: (0031) 23 / 5 10 11 00

Phillipinen:

Asian Institute of Management
Joseph R. McMicking Campus
Campus 123 · Paseo de Roxas St. Makati City MCPO Box 2095
Telefon: (0063) 8 92-40 11 bis 25 · Fax: (0063) 8 17-92 40

Singapur:

Institute of Management Consultants (Singapore)
9 Penang Road 13-20, Park Mali · Singapore 238459
Telefon: (0065) 3 30 12 13 · Fax: (0065) 3 34 36 68

The Singapore National Employers' Federation
19 Tanglin Road 10-01/07, Tanglin Shopping Centre · Singapore 247909
Telefon: (0065) 2 35-89 11 · Fax: (0065) 2 35-39 04
E-Mail: enquiries@snef.org.sg · www.snef.org.sg

Polen:

Fundacja Rozwoju Przedsiębiorcsości w Lodzi (FRP)
Dr. Ewa Sadowska-Kowalska
ul. Piotrkowska 86 · 90-103 Lódź
Telefon: (0048) 42 / 6 32 90 69 · Fax: (0048) 42 / 6 32 90 89
E-Mail: fundacja@frp.lodz.pl · www.frp.lodz.pl

Slowakei

Slovenská ochodná a priemyselná komora
Slowakische Industrie- und Handelskammer
Gorkého 9 · 81603 Bratislava
Telefon: (0042) 07/54433291 · Fax: (0042) 07/54431159
E-Mail: sopkurad@sopk.sk · wwwscci.sk

Asociácia Zamestnávatelských Zvázov a Združení Slovenskej Republiky
Assoziation der Verbände und Vereinigungen der Arbeitgeber der Slowakischen Republik
Nobelova 18 · 83102 Bratislava
Telefon: (0042) 17/44 25 85 28 · Fax: (0042) 17/44 25 85 30
E-Mail: imb@azzz.sk · www.azzz.sk

5 Deutsch-Englisches Arbeitsrecht-Glossar

Klaus Armbrüster

Deutsch	Englisch
Abwehraussperrung	defensive lock-out
Angriffsaussperrung	offensive lock-out
Arbeitsamt	Employment Office
Arbeitskampf	industrial action
Arbeitskampf-bereitschaft	willingness to take industrial action
Arbeitskampf-richtlinien	union strike guidelines
Arbeitsvertrag	contract of employment
arbeitsvertragliche Richtlinien	obligations under the contract of employment
Aussperrung	lock-out
betriebliche Übung	custom
Betriebsabsprache	semi-formal works agreement
betriebsbedingte Kündigung	redundancy
Betriebsbesetzung	occupation (of the workplace)
betriebsnahe Tarifpolitik	establishment-specific bargaining
Betriebsrat	works council
Betriebsvereinbarung	works agreement
Betriebsverfassung	works constitution
Betriebs-versammlung	works meeting
Bundesanstalt für Arbeit	Federal Employment Service
Bundesministerium für Arbeit und Sozialordnung	Federal Ministry of Labour and Sozial Affairs
Bundesverband der Deutschen Industrie	Confederation of German Industry
Bundesvereinigung der Deutschen Ar-beitgeberverbände	Confederation of German Employers' Associations
Demonstrationsstreik	demonstration strike

Deutsch	Englisch
Deutscher Beamtenbund	German Federation of Career Public Servants
Deutscher Gewerkschaftsbund	German Federation of Trade Unions
Dienst nach Vorschrift	work-to-rule
Direktionsrecht	employer's right to issue instructions
Einheitsgewerkschaft	unified trade union
Einigungsstelle	establishment-level arbitration committee
einstweilige Verfügung	interlocutory injunction
Firmentarifvertrag	company agreement
Friedenspflicht	peace obligation
Fürsorgepflicht	duty of care
Fusion	merger
Geltungsbereich von Tarifnormen	scope of normative provisions
Generalstreik	general strike
Gesamtzusage	general undertaking by employer
Gewerkschaft	trade union
gewerkschaftliche Unabhängigkeit	union independence
gewerkschaftlicher Streik	official strike
Gewerkschafts-mitgliedschaft	union membership
Grenzen der Tarifmacht	limits of bargaining powers
Haustarifvertrag	company agreement
Individual-arbeitsrecht	individual labour law
Industrieverbands-prinzip	principle of industrial organization
Interessenausgleich	reconcilement of interests

Deutsch	Englisch	Deutsch	Englisch
kalte Aussperung	„cold" lock-out	Streik	strike
Kampfbeteiligung von besonderen Arbeitnehmer- gruppen	participation in industrial action by particular employee groups	Streikarbeit	performance of work during a strike
		Streikbrecher	strikebreaker
		Streikleitung	strike leadership
Kampfparität	balance of bargaining power	Streikposten	picket
		Streikunterstützung	strike pay
Koalition	collective industrial organization	Tarifautonomie	collective bargaining autonomy
Koalitionsfreiheit	freedom of association (right to organize)	Tarifbindung	binding effect of collective agreements
Koalitionszweck	purpose of a collective industrial	Tarifeinheit	exclusivity of collective agreements
kollektives Arbeitsrecht	collective labour law	Tariffähigkeit	capacity to conclude collective agreements
krankheitsbedingte Kündigung	dismissal on grounds of ill health	Tariffonds	employee investment fund
Kündigung	termination	Tarifnormen	normative provisions (of collective agreements)
Kündigungsfrist	period of notice		
Kündigungsschutz	protection against dismissal		
		Tarifpartner	parties to a collective agreement
Kündigungsschutz- klage	application for protection against dismissal	Tarifregister	register of collective agreements
Leitende Angestellte	executive staff	Tarifverhandlungen	collective bargaining
Massenentlassungen	collective dismissal	Tarifvertrag	collective agreement
Mitbestimmung	co-determination	Tarifvertragsparteien	parties to a collective agreement
Mitbestimmungs- recht des Betriebsrates	co-determination rights of the works council	Tarifzuständigkeit	collective bargaining jurisdiction
Mitwirkungsrechte des Betriebsrats	consultation rights of the works council	Teil- oder Schwerpunktstreik	partial or selective strike
Nachteilsausgleich	reconcilement of disadvantage	Treuepflicht	duty of loyalty
		Ultima-ratio-Prinzip	ultima ratio principle
negative Koalitionsfreiheit	„negative" freedom of association	Urabstimmung	strike ballot
ordentliche Kündigung	termination with notice	Verbandstarif- vertrag	association-level agreement
personenbedingte Kündigung	dismissal on grounds of personal capability	verhaltensbedingte Kündigung	dismissal on grounds of conduct
Rahmentarifvertrag	general agreement on pay grades	Verhältnismäßig- keitsgrundsatz	proportionality principle
Regelungskompe- tenz der Tarif- vertragsparteien	regulatory powers of the collective bargaining parties	vertrauensvolle Zusammenarbeit	co-operation in good faith
		Vollstreik	all-out strike
Regelungsstreitigkeit	dispute of interest	Warnstreik	„Warnstreik"
Schutzfunktion des Tarifvertrages	protective function of collective agreements	Werksbesetzung	occupation (of the workplace)
Sprecherausschuss der Leitenden Angestellten	representative body for executive staff	Werkstarifvertrag	company agreement
		wilder Streik	unofficial strike

6 Fachbegriffe der Online-Werbewelt

Barbara Link

Ad Click Rate	Verhältnis von AdClicks zu den PageImpressions. Die AdClick Rate soll angeben, wie viele Nutzer auf ein werbetragendes Objekt geklickt haben.
AdImpressions ➜ PageViews	Anzahl der realen Werbemittelkontakte, wichtige Abrechnungsgröße zwischen Werbeträgern und Werbetreibenden.
Ad Reporting	Standardisierter Leistungsbericht soll das Handling einer Online-Werbekampagne verbessern.
AdViews	bezeichnet die Anzahl der PageViews.
Ad View-Time	Zeitraum, in dem ein bestimmter Werbeinhalt für eine bestimmte Zeit für die Nutzer sichtbar war.
AdClicks	Zahl der Klicks auf ein werbetragendes Objekt, das zu einer dahinter liegenden Information, beispielsweise einer Homepage führt.
Banner	Werbeeinblendung auf einer Website. Bisher sind Bild-Dateien im GIF- oder JPEG-Format am gebräuchlichsten, innovative Bannertypen (Rich Media) gewinnen an Bedeutung. Durch Hyperlinks sind die Banner mit der Web Site des Werbungtreibenden verknüpft.
Browser	Software, die die Navigation im World Wide Web ermöglicht.
Chat	„Live"-Online-Kommunikation zwischen mindestens zwei Teilnehmern.
Click-Through -Rate (CTR)	Verhältnis zwischen AdImpressions und Nutzeraktion durch Klick auf den Banner, durchschnittlich liegt die Click-Through-Rate zwischen 1 und 2 %.
Content-Seiten	Summe aller redaktionell genutzten Seiten.
Cross Media	Medienübergreifende Marketingkampagne, bei der Werbung in den klassischen Medien und den neuen Medien vernetzt eingesetzt wird.
DHTML	Dynamic HyperText Markup Language, ermöglicht bewegte Banner.
Fake Banner	Statischer Banner mit vorgetäuschter Interaktionsmöglichkeit.
Flash-Banner	Animierter Banner, der mit der Software Flash programmiert wurde.
Freemail- Dienste	Kostenlose eMail Dienste für private Nutzer, wie Hotmail.de, GMX.de, Web.de etc.
GIF-animierte Banner	(Graphic Interchange Format) Bannerwerbung, die aus einer Sequenz von hintereinanderliegenden Einzelbildern besteht.
HTML-Banner	(HyperText Markup Language) Bannerkomposition aus mehreren Bildern, Formularelementen, Text und einem Gerüst aus HTML-Befehlen.
Hyperlink	Hyperlinks sind in HTML programmierte Multimedia-Dokumente, sie bilden die Basis des WWW. Entsprechend unterlegte und markierte Dateielemente wie Texte, Grafiken, Bilder und Töne können durch Anklicken aktiviert werden, um die dahinter liegenden Informationen abzurufen. Aus isolierter Information auf einzelnen Computern wird so vernetztes Wissen auf vielen Rechnern, der so genannte Hypertext.

Interstitials	Werbung, die zwischen Content-Seiten in das gesamte Browserfenster eingeblendet wird und nicht umgangen werden kann.
JPEG	Joint Photographers Expert Group, komprimiert nicht verlustfrei Bilder
Keyword-Advertising	Internetwerbung, die an die Eingabe von bestimmten Schlüsselwörtern gebunden ist.
Kooperation	Zusammenarbeit zweier oder mehrerer Unternehmen die z. B. ihre Produkte auf den Partner-Websites anbieten, sich gegenseitig bewerben und „links" setzen.
Link	Kurzform der eigentlichen Bezeichnung Hyperlink. Verknüpfung von einer Internetseite auf eine andere Seite oder Datei.
Meinungs-portale	Websites, auf denen ein reger Meinungs- und Informationsaustausch zu verschiedenen Themen stattfindet.
Microsites	Miniwebsites, die in eine Content-Seite integriert wird.
Nanosites	Bilden die wichtigsten Funktionalitäten einer Website auf dem begrenzten Raum eines Banners ab.
Newsletter	Email-Anwendung zur Information eines größeren feststehenden Personenkreises.
PageImpressions (PI)	der in einem Monat abgerufenen „werbeführenden" Web-seiten eines Online-Angebots
PageViews (heute)	Zahl der Kontakte auf einer Webpage. Die Zahl der Page Views liegt immer über der der PageClicks.
Plug-In AdImpressions	Erweiterung für einen WWW-Browser, um Seiten laden zu können, die nicht im HTML-Format vorliegen.
Pop-Up-Advertisement	Werbeeinschaltung, die sich in einem extra Browserfenster öffnet.
Rich-Media-Banner	Multimediale Banner-Werbung, die komplexe Animationen, Interaktionsmöglichkeiten, die Einbindung von Video- und Audiostreams, 3D-Welten usw. ermöglicht.
Sponsoring	Alternative „Werbemöglichkeit". Webseiten werden exklusiv mit Botschaften eines Werbungtreibenden verknüpft und tragen etwa deren Logo. Im Gegensatz zu anderen Werbeformen sind sie als langfirstige Partnerschaft angelegt und Leistung und Gegenleistung sind klar definiert.
Superstitials	In das Browserfenster eingeblendete animierte Spots, Grafiken oder Töne mit nahezu Werbefilmqualität.
Tausend-Kontakt-Preis (TKP)	Preis, der pro 1000 Kontakte berechnet wird Qualitativer TKP: Kontakte bezogen auf die AdClicks Quantitativer TKP: Kontakte bezogen auf die AdImpressions.
Traffic	Bezeichnet die Auslastung eines Netzes , Netzbereiches oder einer Website durch gleichzeitig aktive Anwender.
URL	Uniform Resource Locator ist die Adresse für eine beliebige Information im Internet. Die URL eines jeden Dokuments existiert nur einmal. Sie setzt sich aus dem Server und der Stelle, wo sie auf dem Server liegt, zusammen.
User	Benutzer eines Computers, einer Software, einer Mailbox oder eines Online-Dienstes bzw. des Internets.

Vektorgrafik	Eine Art der grafischen Darstellung, die im Gegensatz zur Bitmap-Grafik die Bildinformationen nicht Punkt für Punkt ablegt, sondern die Kontur eines Objekts in einzelne Vektoren zerlegt und speichert.
Virtual Community	Besuchergemeinde, die sich auf einer bestimmten Homepage trifft.
Virtual Marketing	„Freundschaftswerbung" über das Internet, z. B. mit Hilfe von ePostkarten, die vom Anbieter (inklusive dessen Werbung) physisch versandt werden. Oder kleine „Werbe"-Filme, die per eMail an Freunde und Bekannte weitergeleitet werden.
Visit	Ein Visit bezeichnet einen kompletten Nutzungsvorgang, einen Besuch eines WWW-Angebotes. Er definiert den Werbeträgerkontakt.
Website	Kompletter Online-Auftritt eines Anbieters im World Wide Web.
WWW	Das World Wide Web ist der populärste Dienst innerhalb des Internets. Bilder, hervorgehobene Stichworte und audiovisuelle Dateien können angeklickt werden, wodurch der Nutzer automatisch mit einer verwandten WWW-Seite irgendwo im Netz verbunden wird.

7 Auswahl von Universitäten und Hochschulen mit MBA- und EMBA-Programmen*)

*) Die Financial Times ermittelt jährlich eine Rankingliste der besten MBA-Programme weltweit. Sie diente als Basis für die hier aufgeführte Liste entsprechender Einrichtungen. (www.ft.com)

The Wharton School
Executive MBA Program
University of Pennsylvania
224 Steinberg Conference Ctr. · Philadelphia, PA 19104-6355, U. S. A.
Telefon: (001) 2 15 / 8 98 58 87 · Fax: (001) 2 15 / 8 98 25 98
www.wharton.upenn.edu/wemba/admissions

Harvard Business School
Massachusetts Hall · Cambridge, MA 02138, U. S. A.
Telefon: (001) 6 17 / 4 95 61 27 · Fax: (001) 6 17 / 4 96 92 72
www.exed.hbs.edu/index.html

Stanford University GSB
518 Memorial Way · Stanford, CA 94305 5015, U. S. A.
Telefon: (001) 6 50 / 7 23 21 46 · Fax: (001) 6 50 / 7 25 55 28
www-gsb.standford.edu

University of Chicago GSB
5801 South Ellis Ave. · Chicago, Ill 60637, U. S. A.
Telefon: (001) 3 12 / 4 64 87 32 · Fax: (001) 3 12 / 4 64 87 31
E-Mail: exec.ed@gsb.uchicago.edu
gsb.uchicago.edu

Columbia Business School
Executive MBA Program,
Business/Law Bldg., Ste. 404 · New York, N.Y. 10025, U. S. A.
Telefon: (001) 2 12 / 8 54 22 11 · Fax: (001) 2 12 / 8 54 89 98
www.gsb.columbia.edu/emba/

Sloan School of Management
Massachussetts Institute of Technology (MIT)
50 Memorial Drive · Cambridge, MA 02142, U. S. A.
Telefon: (001) 6 17 / 2 53 26 59
mitsloan.mit.edu

INSEAD
Boulevard de Constance · 77305 Fortainebleau Cedex, Frankreich
Telefon: (00033) 1 / 60 72 40 00 · Fax: (0033) 1 / 60 74 55 00
www.insead.fr
London Business School
Regent´s Park · London NW1 4SA, England, Großbritannien
Telefon: (0044) 20 / 72 62 50 50 · Fax: (0044) 20 / 77 24 78 75
www.london.edu

Kellogg Graduate School of Management
Northwestern University
2001 Sheridan Road, Donald P. Jacobs Center · Evanston, Ill 60208-2001, U. S. A.
Telefon: (001) 8 47 / 4 91 33 00
www.kellogg.nwu.edu/exec_edu/index.htm

Leonard N. Stern School of Business,
New York University
Henry Kaufman Management Center, 44 West Fourth Street · New York, N.Y. 10012, U. S. A.
Telefon: (001) 2 12 / 9 98 01 00
www.stern.nyu.edu

International Insitute for Management Development (IMD)
Ch. De Bellerive 23, POB 915 · 1001 Lausanne, Schweiz
Telefon: (0041) 21 / 6 18 01 11 · Fax: (0041) 21 / 6 18 07 07
www.imd.ch/emba/

The Anderson School at UCLA
Collins Center for Executive Education
110 Westwood Plaza, Ste. A 101D · Los Angeles, CA 90095 1464, U. S. A.
Telefon: (001) 3 10 / 8 25 20 01 · Fax: (001) 3 10 / 2 06 75 39
www.anderson.ucla.edu

Tuck School of Business at Dartmouth
Dartmouth College
100 Tuck Hall · Hanover, NH 03755, U. S. A.
Telefon: (001) 6 03 / 6 46 23 69 · Fax: (001) 6 03 / 6 46 13 08
E-Mail: tuck.executive.education@dartmouth.edu
www.dartmouth.edu/tuck/exec_ed/

Haas School of Business
University of California, Berkley
Berkley, CA 94720 1900 U. S. A.
Telefon: (001) 5 10 / 6 42 19 00 · Fax: (001) 5 10 / 6 42 23 88
E-Mail: execdev@haas.berkley.edu
www.haas.berkley.edu/groups/ced/

S.C. Johnson Graduate School of Management
Cornell University
346 Sage Hall · Ithaca, NY 14853-2801, U.S.A.
Telefon: (001) 6 07 / 25 35 20 00 · Fax: (001) 6 07 / 25 35 51 17
www.cornell.edu

University of Michigan Business School
710 E. University Ave. · Ann Arbor, MI 48109-1234, U.S.A.
Telefon: (001) 7 34 / 6 15 97 00 · Fax: (001) 7 34 / 6 15 97 01
E-Mail: umbsemba@umich.edu
www.emba.bus.umich.edu/

Carnegie Mellon University
5000 Forbes Ave. · Pittsburgh, PA 15212, U.S.A.
Telefon: (001) 4 12 / 2 68 20 00
www.cmu.edu:80/home/index/contact.html

The Fuqua School of Business
Duke University
Box 90120 · Durham, N.C. 27708 0120, U.S.A.
Telefon: (001) 9 19 / 6 60 77 00 · Fax: (001) 9 19 / 6 84 28 18
www.fuqua.duke.edu/admin/site/contacts/index.html

Richard Ivey School of Business
University of Western Ontario
1151 Richmond St., Ste. 2 · London, Ontario N6A 5B8, Kanada
Telefon: (001) 5 19 / 6 61 21 11
www.uwo.ca

Yale School of Management
55 Hillhouse Avenue · New Haven, CT 06520 8200, U.S.A.
Telefon: (001) 2 03 / 4 32 59 32 · Fax: (001) 2 03 / 4 32 70 04
E-Mail: mba.admissions@yale.edu
http://mba.yale.edu

Evaluierungsorganisation für MBA-, EMBA- und GMAT-Angelegenheiten:

Graduate Management Admission Council (GMAT)
www.gmac.com

VIII Autoren und Mitwirkende

Ilhan Akkus

ist seit Juli 2000 beim Verband Angestellter
Führungskräfte (VAF) für das Marketing zuständig.
Primäres Aufgabenfeld ist die Optimierung der
Kommunikations- und Informationsprozesse im
verbandsspezifischen Umfeld. Nach seinem Studium
der Betriebswirtschaftslehre in Göttingen war er in den
Bereichen Customer Relationship Management,
Projektplanung im Konsumgüterbereich und als
Projektleiter im Weiterbildungssektor tätig.

Umberto Angeloni

ist seit 1991 global chairman und CEO der Brioni
Group, der weltweit herausragende Herren-
Maßschneider mit über 1.700 Mitarbeitern.
Neben dieser Aufgabe fungierte er als Präsident von
„CLASSICO ITALIA", einem Konsortium Italienischer
Luxushersteller für den Herren und ENTE
MODA ITALIA, der nationalen Organisation, die das
Made in Italy-Warenzeichen vertritt.
Er verfügt sowohl über einen Master-degree in
Wirtschaft als auch einen MBA der University
of Western Ontario.

Dr. jur. Klaus Armbrüster

ist seit 1991 Richter am Bundesarbeitsgericht (BAG), nun mit Sitz in Erfurt.
Von 1988 bis zu seiner Berufung an das BAG war er Beauftragter des Bundesrates in der Ratsgruppe Sozialfragen beim EG-Ministerrat und in weiteren EG-Gremien für arbeits- und sozialrechtliche Rechtsetzung in der EG in Brüssel und Luxemburg tätig. Seit 1987 vertrat er als Ministerialrat als Europa-Referent die Bayerische Staatsregierung bei den Europäischen Gemeinschaften. Das erste Richter-Amt bekleidete er 1976 an dem Arbeitsgericht Nürnberg, gefolgt vom Landesarbeitsgericht in Nürnberg.

Dr. Ing. Hans Willi Bailly

ist Leiter des Geschäftsfeldes Managementsysteme bei der TÜV Anlagentechnik in Aachen, einer Tochter des TÜV Rheinland/Berlin-Brandenburg.
Nach seinem Maschinenbaustudium an der RWTH Aachen, war er zunächst Sachverständiger im Bereich Kerntechnik beim TÜV Rheinland in Köln. Nach seiner Promotion an der RWTH wechselte er in den Umweltschutz und war lange Jahre Abteilungsleiter im Institut für Umweltschutz des TÜV Rheinland. In dieser Funktion war er maßgeblich beteiligt beim Aufbau der Dienstleistung Zertifizierung und Validierung von Umweltmanagementsystemen. Darüberhinaus ist er leitender Auditor für Qualitäts- und Umweltmanagementsysteme.

Hans-Peter Basel

ist seit 1971 bei der Siemens AG in unterschiedlichsten Bereichen in leitenden kaufmännischen Funktionen tätig gewesen, seit 1993 im Bereich Transportation Systems, seit 1995 Gesamtsprecherausschussvorsitzender der Leitenden Angestellten der Siemens AG.
Im Verband Angestellter Führungskräfte (VAF) begleitet er das Amt des stellvertretenden Vorstandsvorsitzenden.

Kay Uwe Berg

ist seit Ende 1998 verantwortlich für die Presse- und Öffentlichkeitsarbeit der Union der Leitenden Angestellten (ULA) in Berlin. Neben dem Jura-Studium in Tübingen und dem Referendariat in Karlsruhe arbeitete er über mehrere Jahre hinweg als freier Mitarbeiter für Tageszeitungen und einen Rundfunksender sowie für Werbeagenturen. Nach Auslandsaufenthalten in Kalifornien und Mexiko-City war er von 1995 bis 1998 mit den Schwerpunkten Wettbewerbs-, Marken- und Multimediarecht als Anwalt in Karlsruhe tätig.

Dr. Enno Berndt

lehrt seit 1994 Interkulturelles Management, Unternehmensstrategie und Arbeitsbeziehungen an der Ritsumeikan Universität in Kyoto, wurde dort 2001 zum ordentlichen Professor berufen. Er ist seit dem Jahr 2000 Gastprofessor an der Wasseda-Universität, Tokyo.

An der Humboldt-Universität Berlin promovierte er 1990 zum Thema „The Path of Industrial Relations in Large Japanese Corporations". Er war von April bis Oktober 1990 der Japan-Berater des letzten Premier-Ministers der DDR und von 1991 bis 1994 Investment-Banking-Berater am Nomura Research Institute, Tokyo. Seit 1995 ist er für die jetzige Daimler-Chrysler AG Netzwerkpartner der Society and Technology Research Group (STRG).

Anita Berres

war über 10 Jahre in verschiedenen Vertriebs- und Marketing-Positionen erfolgreich tätig. Seit 1996 ist sie selbständige Unternehmensberaterin sowie Business-Coach. Berres-Strategieberatung bietet Beratung, Training und Coaching. Kernkompetenzen sind E-Business, Strategische Unternehmensführung und Wirtschaftsmediation. Die Unternehmens-schwerpunkte sind vielfältig und gleichzeitig häufig eng miteinander verknüpft, z. B. Marketing/Vertrieb und Internet, Kommunikation on-/offline, Strategie und Umsetzung.

Luca Bologna

ist Pressereferent für Produkte und die Motorsport-Aktivitäten der Renault Italia.
Bereits während seines Studiums der Soziologie an der Universität La Sapienza in Rom, begann er beruflich als Journalist tätig zu werden. Zunächst absolvierte er bei der Landesgesellschaft der DaimlerChrysler AG ein Praktikum, im Rahmen dessen er als Öffentlichkeitsmitarbeiter tätig war. Es folgte vor seiner jetzigen Tätigkeit die Mitarbeit bei der italienischen Nachrichtenagentur ANSA und die Redationsanstellung bei dem TV-Motorsportsender „Nuvolari", für den er die Magazine „Auto-Tuning" und „Auto-Test" betreute.

Paolo Bologna

ist Vize-Chefredakteur beim Italienischen Rundfunk RAI, bei dem er für die Bereiche „Verkehr- und Automagazine" verantwortlich ist.
Etwa 20 Jahre lang hat er in verschiedenen Verantwortungspositionen bei der italienischen Tageszeitung „IL TEMPO" gearbeitet, deren Wirtschaftsressort er zuletzt leitete. Vor seinem Wechsel zum RAI war er Vize-Chefredakteur der Tageszeitung „La Gazzetta".

Ernst Brexel

gehört seit 1991 zum Leitungsteam der Managementvermittlung innerhalb der Zentralstelle für Arbeitsvermittlung (ZAV) der Bundesanstalt für Arbeit.
Er begann 1972 als Berater in der Akademikervermittlung der ZAV. Seit 1980 stand die Beratung und Vermittlung von Führungskräften der obersten und oberen Leitungsebene im Mittelpunkt. Die Schwerpunkte als Fachautor sind die externe Rekrutierung von Führungskräften, der Mediensektor und Public Relations.

Dr. Ursula Brinkmann

Nach einem Stipendium am Max-Planck-Institut für Psycholinguistik und anschließender Promotion gründete Ursula Brinkmann zusammen mit O. van Weerdenburg 1996 Intercultural Business Improvement. Sie war u. a. tätig für Casema, Fortis, KLM, Stream International Europe, der swb AG Bremen, der TU Delft und der École Supérieure de Commerce de Paris.
Ursula Brinkmann leitet zwei Projekte in Zusammenarbeit mit der Universität Groningen, um Erhebungsinstrumente zum Thema interkulturelle Kompetenz zu testen und weiter zu entwickeln. Sie ist u. a. Mitglied der DgfP, des Arbeitskreises Interkulturelle Kompetenz und von SIETAR Europe.

Michael Bürger

ist Rechtsanwalt und Fachanwalt für Arbeitsrecht beim Verband Angestellter Führungskräfte e. V. (VAF) in Köln. Nach Abschluss seines Jura-Studiums an der Universität Köln, trat er in den Dienst des Verbandes ein. Neben der allgemeinen Tätigkeit ist er Verbands-Referent für Nachwuchsangelenheiten und er betreut die Hochschulen zum Zwecke der Information über Karriereentwicklung von Studenten.

Dr. Bernd Carow

ist Coach für Führungskräfte und Führungsteams vorwiegend im Mittelstand. Nach naturwissenschaft-lich-biologischer Ausbildung durchlief er fast alle Funktionen in der Wirtschaft und war 20 Jahre Führungskraft und globaler Teamleiter in der chemisch-pharmazeutischen Industrie, u. a. auch im Ausland. Ökonomie, Management, Organisation und Psychologie nutzt er als komplementäre Disziplinen.
Seine Überzeugung:
Lebensqualität braucht Zielqualität.

Klaus Doppler

Management- und Organisationsberater, Trainer für Gruppendynamik; Mitherausgeber der Zeitschrift „Organisationsentwicklung". Co-Autor von Klaus Doppler / Christoph Lauterburg, Change Management. „Den Unternehmenswandel gestalten", Campus Verlag Frankfurt, 10. Auflage 2001 und Autor von „Dialektik der Führung, Opfer und Täter", Gerling Akademie Verlag, 2. Auflage München 2001.
Ausbildung:
Theologie (Rom), Psychoanalyse (Innsbruck), Gruppendynamik (DAGG) und Psychologie (Salzburg).

Harald Drescher

ist Finanzcoach für Führungskräfte und Unternehmer. Er veranstaltet Seminare zum Thema Geld und Börse. Als Bankkundenberater leitete der Diplom-Bankbetriebswirt Organisationsuntersuchungen bei Genossenschaftsbanken.
Danach wurde er Abteilungsleiter für Bankrevision, zuständig für die Aus- und Weiterbildung.
Vor dem Wechsel in die Selbständigkeit war er Bereichsleiter für Finanzen.

Sandra Ehegartner

ist Inhaberin und Geschäftsführerin eines international tätigen Marktforschungsinstitutes mit Schwerpunkt Zufriedenheitsanalysen (Kunden-Lieferanten-Beziehungen, Mitarbeiter, Betriebsklima, Gesundheit). Erste Kundenerfahrungen sammelte sie als Geschäftsleitungstrainee beim Kaufhof-Konzern und bei einer internationalen Werbeagentur.
Seit einigen Jahren ist sie mit ihrem Marktforschungsinstitut erfolgreich in multinationalen Konzernen tätig.
Schwerpunkt ihres Leistungsspektrums ist die Konzeption von benchmarkfähigen Befragungs- und Interviewkonzepten.

Dr. Christian Forstner

ist Managementberater bei Siemens und anderen
Unternehmen.
Nach dem Studium der Physik promovierte er 1986 an
der ETH in Zürich. Bei der Siemens AG erwarb er eine
vielseitige praktische Geschäfts- und Management-
erfahrung, die er seit 1997 als Inhouse-Berater auf
Vorstandsebene umsetzt. Seit Mai 2000 ist er auch als
selbständiger Berater bei anderen Unternehmen,
z. B. der Deutschen Post, erfolgreich.

Dr. Johann Grabenweger

promovierter Maschinenbau-Ingenieur an der TU-
WIEN mit MBA-Abschluss in Finanzen und Marketing in
den USA, Jahrgang 1963. Bereits früh bekleidete er Top
Management-Positionen in Technik und Finanzen.
Derzeit ist er bei Skoda Auto in Tschechien tätig. Als
Auslandsösterreicher ist er in Brasilien aufgewachsen.
Durch seine Aufenthalte in Argentinien, Brasilien,
Belgien, Deutschland, Österreich, der Tschechei und
den USA, ist er kosmopolitisch und multikultrell
geprägt. Er spricht neben Deutsch und Portugiesisch
auch fließend Englisch, Französisch und Spanisch.

Dr. Claudio Guidi

ist Deutschland-Korrespondent
der in Rom erscheinenden Tageszeitung IL TEMPO.

Nach seinem Studium der Philosophie,
Theaterwissenschaften und Physik an der Universität
von l´Aquila und journalistischer Stationen
in Italien, folgte die siebenjährige Tätigkeit
als Auslandskorrespondent für IL TEMPO in Paris.
Vor seiner jetzigen Tätigkeit
war er über zehn Jahre Pressesprecher
des Reifenherstellers Continental/Uniroyal.

Matthias Guidi

ist Student der Betriebswirtschaftslehre an der RWTH
Aachen. Bereits jetzt ist er journalistisch-publizistisch
tätig. Er ist Co-Autor des von Prof. Dr. Max Otte veröffentlichten Buches „Investieren statt Spekulieren",
das 2001 im ECON-Verlag erschienen ist.
Weitere Praxis erwarb er bereits als freier Journalist
bei den „Aachener Nachrichten", Praktika in der
Pressestelle der „DaimlerChrysler AG"
und in der amerikanischen E-Business-Consulting
Company „CScout, Inc." in New York.
Er spricht Deutsch, Italienisch, Französisch
und Englisch fließend.

Armin Halle

ist Medientrainer für Führungskräfte aus Politik und
Wirtschaft.
Er begann als Kommentator der „Süddeutschen
Zeitung". Danach wurde er Sprecher des
Verteidigungsministeriums. Es folgte die Leitung der
Gruppe Kommunikation im Bundeskanzleramt im
Rahmen derer er auch Redeentwürfe für den
Bundeskanzler Helmut Schmidt verfasste. In Brüssel
war der Informationsdirektor der NATO. Vor dem
Wechsel in die Selbständigkeit war er Chefredakteur
und Moderator bei SAT.1.

Dr. Heiko Hilse

geb 1970; Dr. rer. pol. Dipl.-Psych., Studium der
Psychologie und Soziologie an den Universitäten
Konstanz, Bielefeld und an der Rutgets University (New
Jersey, USA); mehrjährige Tätigkeit bei DaimlerBenz
(heute DaimlerChrysler) in den Zentralbereichen
Betriebliche Bildung, Transformationsberatung und
Corporate University; heute wissenschaftlicher Mit-
arbeiter am Lehrstuhl für Führung und Organisation
des Deutsche Bank Instituts für Familienunternehmen
(Private Universität Witten/Herdecke).

Rolf Höschele

leitet seit 1998 den Marketing and Sales Bereich von
Global Service and Parts bei der DaimlerChrysler AG.
Er ist maßgeblich an der Zusammenlegung des
Service- und Teilebereiches von Mercedes-Benz in eine
integrierte After-Sales-Vermarktungseinheit beteiligt
gewesen. Von 1990 bis 1994 war er Leiter des
Vertriebsorganisationscontrolling bei Mercedes-Benz
und bis Ende 1997 für die weltweite Ersatzteillogistik-
planung verantwortlich.

Wolf-Rüdiger Janert

ist Rechtsanwalt – Fachanwalt für Arbeitsrecht – und
Hauptgeschäftsführer des Verbandes Angestellter
Führungskräfte (VAF) in Köln. Er studierte Rechts-
wissenschaften in Freiburg/Br. und Göttingen, wo er
1968 am Institut für Arbeits- und Sozialrecht zum
Dr. jur. promovierte. Seit 1972 ist er in den
Führungskräfteverbänden tätig, seit 1979 als
Hauptgeschäftsführer des VAF. 1999 initiierte Janert die
Gründung der VGF, der Vereinigung der Geschäfts-
führer, eines Zusammenschlusses von GmbH-
Geschäftsführern, AG-Vorständen und anderen
Organvertretern. Janert hat als Autor/Mitautor zahlrei-
che Bücher veröffentlicht, darunter das Arbeits-
rechtliche Taschenbuch für Vorgesetzte, dessen 16.
Auflage gerade im Sauer-Verlag erschienen ist.

Herbert J. Joka

ist der Herausgeber des Führungskräftehandbuches.
Nach dem Abschluss des Maschinenbaustudiums an
der FH Aachen war er Assistent der Geschäftsleitung
bei dem Werkzeughersteller Stahlwille. Es folgten die
Pressesprechertätigkeiten an der TU Chemnitz-
Zwickau und dem Stahl-Informationszentrum der
Wirtschaftsvereinigung Stahl. Bei Dr. Klaus Doppler
absolvierte er das Training „Zukunft des Managements
– Management der Zukunft". Seit 1995 ist er als
Wirtschaftspublizist freiberuflich tätig. Er hat sich auf
nationale und internationale Managementthemen
spezialisiert. Zudem begleitet er forschungsbezogene
Entwicklungen in den Ingenieurwissenschaften
und der Logistik.

Kate Kohn-Parrott

ist Direktorin für „Product Line Profit and Component Cost Analysis" bei der DaimlerChrysler Corp. (DCC) in den USA. Vor ihrer derzeitigen Tätigkeit war sie Direktorin für „Risk Management and Manufacturing Audit" und verantwortete die Entwicklung sowie Implementierung des globalen Risk-Mangement-Prozesses gemäß dem deutschen KonTraG. Ebenso leitete sie zu dieser Zeit das „Ethics Office" der DCC. Sie ist „Certified Management Accountant" und „Certified Internal Auditor". Im Sommer 2000 absolvierte sie das Stanford Executive Program an der Stanford University. Sie hat einen MBA-Abschluss neben verschiedenen weiteren Abschlüssen in „Accounting" und Informationssystemen.

Heike Kroll

ist seit Juni 1999 Rechtsanwältin beim Verband der Führungskräfte e. V. (VDF) in Essen. Mitte 2001 wurde sie zum Mitglied der Geschäftsführung bestellt. Neben der Betreuung der Verbandsmitglieder im Bereich des Arbeitsrechts liegt ihr Tätigkeitsschwerpunkt bei der Beratung und Vertretung von Geschäftsführern.

Dr. Hansjörg Künzel

ist seit 1999 im Marketing von Global Service and Parts der DaimlerChrysler AG zuständig für Qualitätsmanagement und Organisationsentwicklung. Im Rahmen eines Promotionsstipendiums bei der Mercedes-Benz AG entwickelte er im Ressort des Vorstandsvorsitzenden ein Konzept für die Messung und Verbesserung der internen Kundenzufriedenheit. Er ist zudem als Berater bei der Gestaltung von Geschäftsprozessen zur optimalen Ausrichtung an den Kundenbedürfnissen tätig.

Barbara Link

ist bei der INCOVIS AG für die Business Unit Kommuni-
kation zuständig. Neben der Konzeption von
Marketingstrategien liegt der Schwerpunkt auf der
Entwicklung crossmedialer Kommunikationsstrategien.
Nach dem Studium der Wirtschaftswissenschaften in
Bremen und New York war sie Mitarbeiterin in einem
DFG-Forschungsprojekt und als freiberufliche Dozentin
und Beraterin tätig.

Dr. Oliver Lücke

ist Rechtsanwalt und Fachanwalt für Arbeitsrecht bei
der SPITZWEG Partnerschaft, Rechtsanwälte,
Wirtschaftsprüfer, Steuerberater, in München.
In seiner anwaltlichen Praxis ist er regelmäßig auch mit
der Beratung von Führungskräften
konzernangehöriger Unternehmen befasst, sei es bei
Mutter- oder Tochtergesellschaften.
Zudem ist er durch zahlreiche Veröffentlichungen zum
Arbeitsrecht in Erscheinung getreten und auch als
Referent namhafter Seminarveranstalter
tätig, neben arbeitsrechtlichen Themen u. a. zu Fragen
der Rechtsstellung von Vorständen
und Geschäftsführern.

Gilles Moutel

ist Vorstandsvorsitzender der Chronopost International
Group S. A. – das führende Französische Express-
Dienstleistungsunternehmen – ebenso der TAT Express
S. A. – ein Tochterunternehmen der Französischen Post
– das sich auf Expressdienstleistungen für die Industrie
spezialisiert hat.
Im Januar 1998 wurde er zum Direktor des „Réseau
Grand Public" berufen und verantwortete damit die
Arbeit sämtlicher Poststellen Frankreichs sowie die
Kommunikation des Unternehmens.
An der ESSEC business school erwarb er 1976 seinen
ersten akademischen Abschluss, gefolgt von
Abschlüssen der ENSPTT, der nationalen Hochschule für
Post und Telekommunikation sowie seinen Post-gra-
duate-Abschluss an der Université de Paris Dauphine.

Volkmar Mühleis

ist freier Korrespondent in Brüssel für den Deutsch-
landfunk, den WDR, die Süddeutsche Zeitung und den
niederländischen Sender VPRO, Schwerpunkt Kultur.
Berichte u. a. über Kunstkriminalität, Literatur in den
Niederlanden, über die Kulturpolitik des britischen
Blindenwerks, Kunst im Islam, Salman Rushdie zu Gast
in Amsterdam. Leiter von Rundfunkdiskussionen,
u. a. zum Verhältnis der Niederlande und Deutschland.
Als Übersetzer war er für das Stedelijk Museum in
Amsterdam tätig. Er promoviert derzeit als
Kunsthistoriker. Zu einem Teil half er bei
Korrekturarbeiten.

Stefan Müller

ist Spezialist der beruflichen Orientierung
und Inhaber der Stefan Müller Personalentwicklung
und Laufbahnberatung mit Sitz in Stuttgart.
Als Dipl.-Betriebswirt (FH), Schwerpunkt Personalwesen, übernahm er Funktionen in Vertrieb, Marketing
und Stab der IBM, u. a. als Leiter Geschäftsführungs-
programme. Als Niederlassungsleiter einer internationalen Unternehmensberatung beschäftigte er sich vor
allem mit dem Thema Outplacement. Mit seinem Team
berät er heute Unternehmen und Führungskräfte in
allen Fragen der personenbezogenen Entwicklung und
Veränderung. Als Laufbahnberater arbeitet er mit allen
wesentlichen Führungskräfteverbänden zusammen.

Joachim Nagel

in München ansässiger Literaturwissenschaftler, hat
sich als Buchautor und Journalist intensiv mit dem
Lebensstil bedeutender Künstler sowie der kulinarischen Kultur der beiden vergangenen Jahrhunderte
auseinandergesetzt und wirkt als Referent und Berater
bei literarischen Diners.

Dr. rer. pol., Dipl.-Vw. Horst-Udo Niedenhoff

studierte Volkswirtschaftslehre, politische
Wissenschaft, Soziologie und Rechtswissenschaft in
Köln. Er ist Leiter des Referats für Gewerkschaftspolitik,
Mitbestimmung und Industriesoziologie im Institut der
deutschen Wirtschaft Köln, Dozent an den Bildungs-
werken der deutschen Wirtschaft, Mitglied des
Vorstandes des Vereins Unternehmen und Gesellschaft
e. V. in Bonn.

Prof. Dr. Jacques Pateau

ist Professor für Interkulturelles Management an der
Technischen Universität Compiègne und
Unternehmensberater
Im Rahmen mehrerer Forschungsprojekte hat er
Anfang der neunziger Jahre die interkulturelle
Dimension in der deutsch-französischen Kooperation
untersucht und dieses Modell auf viele andere Länder
erweitert. Parallel dazu berät sein internationales
Trainerteam Pateau Consultants zahlreiche Firmen bei
M & A Integrationsprozessen: Vorträge und
Moderationen bei Führungstagungen, Vorbereitung
auf den Auslandseinsatz, Coaching von
Führungskräften, bi- oder multikulturelle
Teambuildingsseminare.

Gerd Ramakers

ist der Setzer dieses Werkes.
Als Schriftsetzer und Typograph arbeitete er in
Salzburg, Dinslaken, Gelsenkirchen, Castrop-Rauxel,
Iserlohn und Aachen. Mitarbeit in Fach- und
Prüfungsausschüssen der Druckindustrie.
Die Typographie ist für ihn die Dienerin der Literatur
und deshalb ist er der Lesbarkeit des gedruckten
Wortes verpflichtet.

Sibylle Schillinger

war nach ihrem Pädagogikstudium insgesamt sieb-
zehn Jahre lang als Lehrerin tätig.
Auf Grund der Auslandsentsendungen des Ehemannes
lebte die Familie zwölf Jahre in Griechenland, der
Türkei und in Dänemark.
Seit ihrer Rückkehr aus Kopenhagen im Jahr 1996
arbeitet Sibylle Schinger in der Erwachsenenbildung in
den Bereichen Fremdsprachen und Interkulturelles
Training.

Wolfgang Schneider

studierte Wirtschaftswissenschaften in Gießen und ist
seit 25 Jahren bei der Volkswagen AG in verschiedenen
Controllingfunktionen beschäftigt – davon sechs Jahre
in Mexico und zwei jahre in den USA.
Derzeit ist er Leiter Finanzielle Gesamtplanung und
Leistungsrechnung der Marke VW PKW und u. a. ver-
antwortlich für die Ergebnisrechnung, das zentrale
Finanzreporting an den Vorstand sowie für SAP-
Projekte der Finanz.

Dr. Reiner Siekerkötter

studierte Verfahrenstechnik und Wirtschaftswissenschaften. Nach der Promotion war er zunächst für
mehrere Jahre als Hochschulassistent im Fachbereich
Wirtschaft der Universität Dortmund tätig. Danach
folgte der Wechsel als leitender Redakteur in eine
Bonner Wirtschaftsredaktion. Derzeit ist er Leiter der
Presse- und Öffentlichkeitsarbeit des Führungskräfteverbandes Chemie (VAA). Bislang veröffentlicht wurden zudem 15 Bücher, zahlreiche Artikel in überregionalen Tageszeitungen und Fachmagazinen sowie
Fernsehbeiträge für die Wirtschaftsredaktion des NDR.

Bernhard von Skerst

ist Geschäftsführender Gesellschafter des Marktfor-
schungsinstituts Dr. Parge & Partner in Kiel und Gesell-
schafter der Unternehmensberatung Parge & Partner
Consult. Er begann als wissenschaftlicher Mitarbeiter
bei der Gesellschaft für Konsumforschung GfK in
Nürnberg. Danach wechselte er zum Sample Institut in
Mölln, heute Inra Deutschland, wo er am Ausbau der
Kommunikationsforschung maßgeblichen Anteil hatte.
Anschließend zog es ihn in die klassische Unterneh-
mensberatung zu McKinsey nach München, wo er
Klienten in Marketingfragen beriet. Es folgte die
Geschäftsführung der Sample QM Gesellschaft für
Qualitätsmanagement, aus der er dann den Schritt in
die Selbständigkeit vollzog.

Lisa Stepprath

ist examinierte Sportlehrerin und Sporttherapeutin. Sie
studierte Sport, Biologie und Sozialwissenschaften an
der TH Aachen. Seit 1987 arbeitet sie in zwei
Sportzentren und hat zahlreiche Zusatzqualifikationen
im Bereich der Präventiven Sporttherapie. Seit 1997
beschäftigt sie sich als ausgebildete Inform-Beraterin
mit dem Thema Sport und gesunde Ernährung.

Josef Stepprath

ist examinierter Sportlehrer und Sporttherapeut. Er
studierte Sport und Sozialwissenschaften an der TH
Aachen, wo er von 1978 bis 1982 als
Unterrichtsbeauftragter lehrte. Seit 1984 leitet er mit
einem Partner zwei Sportzentren in Aachen und
Wegberg mit Schwerpunkten im Bereich der
Sekundärprävention, der Rehabilitation sowie der
Gesundheitsprophylaxe.

Prof. Dr. Gregor Thüsing LL.M.

Jahrgang 1971, ist Inhaber des Lehrstuhls für Bürgerliches Recht, Arbeitsrecht, Sozialrecht und Rechtsvergleichung an der Bucerius Law School, Hamburg.

Er studierte in Köln, wo er sich im Sommersemester 2000 mit einer schadensrechtlichen Arbeit habilitierte. Zuvor verbrachte er ein Jahr an der Harvard Law School.

Er ist als Rechtsanwalt (Attorney at Law) zugelassen im Staat New York.

Seine Forschungsschwerpunkte liegen im Arbeitsrecht, im Bürgerlichen Recht und der Rechtsvergleichung.

Claudia Uhr

ist Rechtsanwältin und als Juristin bei der AUB – Die Unabhängigen, einer bundesweiten Arbeitnehmervertretung mit ca. 15.000 Mitgliedern, davon 3000 Betriebsräten in 1000 Betrieben, beschäftigt.

Nach dem Studium der Rechtswissenschaften in Trier arbeitete sie in Ludwigshafen bei der Kreishandwerkerschaft Vorderpfalz überwiegend auf dem Gebiet des Arbeitsrechts. Danach wechselte sie zur Siemens AG, Zentralabteilung Personal Deutschland in den Bereich Arbeits- und Sozialrecht.

Bei der AUB – Die Unabhängigen befasst sie sich mit arbeitsrechtlichen und betriebsverfassungsrechtlichen Fragen, wobei derzeit die Novellierung des BetrVG

Corinne Walker

ist Inhaberin der Relocation-Firma COWA mit Sitz in Detroit und Stuttgart.

Die Betriebswirtin und Mutter dreier Kinder hat ihr Unternehmen aus eigener Erfahrung heraus gegründet. Der Fokus liegt in der intensiven persönlichen Betreuung und dem begleitenden Service ihrer Klienten.

Sie organisiert interkulturelle Unternehmensseminare, zu denen die Fragen der Rückkehr von Expats gehören.

Oscar van Weerdenburg

begann seine Karriere als Dozent an der Universität von Amsterdam. Während dieser Zeit publizierte er über europäische Literatur und Geschichte. Von 1992 bis 1996 arbeitete er als Berater für das Centre for International Business Studies (jetzt KPMG) und begann damit eine enge Zusammenarbeit mit Fons Trompenaars. 1996 gründete er die Firma Intercultural Business Improvement, deren Ziel es ist, internationalen Organisationen zu helfen, eine strategisch integrierte interkulturelle Perspektive für sich nutzbar zu machen. Oscar van Weerdenburg war u. a. tätig für AT&T, C&A, DaimlerChrysler, Dresdner Bank, KLM, Metro AG, Motorola, PricewaterhouseCoopers und Royal Dutch Shell.

Dr. Ekkehardt Wesner

ist Leiter Vorstand Personal-Stab bei der Volkswagen AG in Wolfsburg und Vorsitzender der Volkswagen Management Association. Er bekleidete verschiedene Leitungsfunktionen wie Leiter des Personalwesens Top-Management, Bereichsleiter Zentrales Personalwesen Führungskräfte sowie Leiter Presse, Wirtschaft und Soziales. Seit Juni 1996 ist er Mitglied des Aufsichtsrates der Volkswagen AG. Er hat sich auch dem Sport verschrieben und ist Leiter der „Sportförderung" der VW AG und Aufsichtsrat des „VfL Wolfsburg für Lizenzfußball".

Prof. Dr. Rudolf Wimmer

ist Sozialwissenschafter, spezialisiert auf Fragen der Organisations- und Managementtheorie. Seit 1973 arbeitet er als Trainer und Berater für Strategieentwicklung, Veränderungsmanagement und begleitet Top-Managementteams bei der Bewältigung unterschiedlichster Problemstellungen. Er ist Gründer und geschäftsführender Gesellschafter der Firma OSB, Gesellschaft für systemische Organisationsberatung in Wien und seit Anfang 1999 Inhaber des Lehrstuhls für Führung und Organisation am Deutsche Bank Institut für Familienunternehmen der Universität Witten /Herdecke.

Alexe von Wurmb

ist Leiterin des Büros der CEC (Confédération
Européenne des Cadres [Dachverband der
Europäischen Führungskräfte]) in Brüssel.
Sie studierte in Hamburg Wirtschafts- und
Politikwissenschaft mit Schwerpunkt europäische
Integration in Hamburg und Paris.
Ihren beruflichen Einstieg machte sie in der Presse und
Öffentlichkeitsarbeit für die Europäische Kommission
und im Banksektor.
Alexe von Wurmb ist verheiratet und hat ein Kind.

IX Allgemeine Literaturempfehlungen

Bäcker, R. M.: GmbH-Risiken: Die 100 größten Haftungsrisiken für Geschäftsführer, ISBN 3-923763-42-5, VSRW-Verlag, Bonn

Baghai M., Coley S., White, D.: Die Alchimie des Wachstums, ISBN 3-430-11128-5, ECON, Düsseldorf, 1999

Bickmann, R.: Chance: Identität, Impulse für das Management von Komplexität, ISBN 3-540-63488-6, Springer-Verlag Berlin, Heidelberg, New York, 1999

Ederer, G., Lothar J. Seiwert, L. J.: Das Märchen vom König Kunde – Service in Deutschland – Wüste oder Oase? ISBN 3-930799-47-2, Gabal Verlag, Offenbach, 2. Auflage 1998

Eglau, H. O., Kluge, J., Meffert, J., Stein, L.: Durchstarten zur Spitze, ISBN 3-593-36411-5, CAMPUS Verlag, Frankfurt/M, 2. Aufl., 2000

Hagel J. III, SingerM.: net value, ISBN-409-11539-0, Gabler Verlag, Wiesbaden

Heucher M., Ilar, D., Kubr, T., Marchesi, H.: Planen, gründen, wachsen – mit dem professionellen Businessplan zum Erfolg, McKinsey&Company, Inc., Schweiz, 2. Auflage 2000

HochD. J., Roeding, C.R., Purkert, G., S. K., Lindner, K.: Erfolgreiche Software-Unternehmen – Die Spielregeln der New Economy, ISBN 3-446-21347-3, Carl Hanser Verlag, München/Wien

Industrie- und Handelskammer zu Köln: Betriebsbeauftragte, Aufgaben, Rechte und Pflichten, Eigenveröffentlichung

Katzenbach, J. R.: Pioniere des Wandels – Wie Sie zum Träger der Veränderung in Ihrem Unternehmen werden, ISBN 3-7064-0185-1, Ueberreuther, Wien, 1996

Katzenbach J. R.: Teams an der Spitze – der Chef als Chef und Teammitglied, ISBN 3-7064-0474-5, McKinsey&Company, Inc./Ueberreuer, Wien, 1998

Kohlmann, G.: Bewältigung strafrechtlicher Störfälle, Stichworte für den Ernstfall, 304 Seiten, gebunden, 49,00 DM/ 358,00 ÖS/ 49,00 sFr., ISB N 3-932425-01-4, September 1997

Kohlmann, G.: Bewältigung strafrechtlicher Störfälle: Stichworte für den Ernstfall, ISBN 3-932425-23-5, Gerling Akademie Verlag

Landsberg, M.: The Tao of Coaching, ISBN 0-00-638811-6, HarperCollingsPublishers, London 1996

Landsberg, M.: The Tao of Motivation, ISBN 0 00 257031 9, HarperCollingPublisher, London

Lowell B. et. Al: Die neue Weltliga – Wie Unternehmen von grenzenlosen Märkten profitieren, ISBN 3-593-36537-5, Campus Verlag, Frankfurt, 2000

Malick, F.: Führen, Leisten, Leben, ISBN 3-421-05370-7, Deutsche Verlags-Anstalt GmbH, München

Maywald, F.: Der Narr und das Management, ISBN-3-932425-23-5, Gerling Akademie Verlag

Merz, E.: Lernen – das gegenwärtige Ereignis für die Zukunft, Wie man wettbewerbsfähig wird und bleibt, ISBN 3-540-65425-9, Springer, 1999

Morrison, T.: Kiss, Bow, or Shake Hands, ISBN 1-55850-444-3, Adams Media Corp., Holbrook, MA 02343

Riedel, H.: Unternehmensnachfolge regeln, ISBN 3-409-33880-2, Gabler Verlag, Wiesbaden, 3. Aufl., 2000

Robertson, A.: Language of Effektive Listening, Scott Tovesman, Professional Doohrs, ISBN 0-673-463333-8, 1991

Romain, A.: Wörterbuch der Rechts- und Wirtschaftssprache, ISBN 3-406-35836-5, Beck´sche Rechts- und Wirtschaftsbücher, München

Rommel, G.: Qualität gewinnt – Mit Hochleistungskultur und Kundennutzen an die Weltspitze, ISBN 3-7910-0855-2, McKinsey & Company, Inc., Schaefer-Peoschel, Stuttgart, 2. Auflage

Stahel, W. R.: Geneviève Reday-Mulvey, Jobs for Tomorrow, ISBN 0-533-04799-4, Vantage Press, Inc., New York, N.Y., USA, 1981

Wolf, J. (Hrsg.): Kursbuch Vereinsmanagement, ISBN 3-7064-0511-3, Wirtschaftsverlag Carl Ueberreuter Wien/Frankfurt

XI Index

A.-W. Scheer, A. Köppen (Hrsg.)

Consulting

Wissen für die Strategie-, Prozess- und IT-Beratung

Electronic Business, Knowledge Management, IT-Einführung: Für die Realisierung neuer Geschäftsstrategien wird Beratungswissen immer wichtiger. Damit steigen zugleich die Anforderungen an Consultants. Dies betrifft alle Bereiche von der Strategieberatung bis hin zur Prozess- und IT-Beratung. Hierzu werden dem Leser Vorgehensweisen für die Unternehmensanalyse und Problemlösung vermittelt. Einen weiteren Schwerpunkt des Buches bilden die Soft-Skills, wie durch effektive Kommunikation bessere Projektergebnisse erzielt werden können.

2., verb. u. erw. Aufl. 2001. XIII, 281 S. 88 Abb., 10 Tab. Geb.
€ 39,95; sFr 62,- ISBN 3-540-42118-1

U. Hannig (Hrsg.)

Knowledge Management und Business Intelligence

Seit Jahren beschäftigt man sich in den Unternehmen damit, aus Daten entscheidungsrelevante Informationen zu gewinnen. Hierbei müssen Informationen in Wissen verwandelt werden. Praktiker, die mit der Implementierung von Business-Intelligence- bzw. Knowledge-Management-Systemen beauftragt sind, benötigen Transparenz über den Markt und konkrete Fallbeispiele, denn die Kenntnis der Erfahrungen der anderen spart ihnen Geld und Zeit. Der Leser findet der Leser ein Glossar mit den wichtigsten KM- und BI-Begriffen sowie eine Anbieterliste, die hilft, hohe Suchkosten zu vermeiden.

2002. Etwa 300 S. Geb. **€ 44,95**; sFr 69,50 ISBN 3-540-42804-6

H. Keßler, G. Winkelhofer

Projektmanagement

Leitfaden zur Steuerung und Führung von Projekten

Das Buch ist eine Anleitung zum praktischen Projektmanagement. Der Schwerpunkt liegt auf der Beschreibung der Erfolgsfaktoren für die professionelle Steuerung und Durchführung von Projekten. Die vielen Dimensionen des Projektmanagements und ihre Wechselbeziehungen werden ausführlich erläutert. In der 3. Auflage aktualisieren die Autoren insbesondere die Methodik des Projektmanagements.

3., erw. u. überarb. Aufl. 2002. XV, 288 S. 93 Abb., 42 Tab. Geb.
€ 39,95; sFr 62,- ISBN 3-540-41392-8

H. Keßler, C. Hönle

Karriere im Projektmanagement

Prozesse, Methoden und Werkzeuge für die Planung und Beurteilung eines Karriereweges im Projektmanagement werden in diesem Buch ausführlich dargestellt und beschrieben. Anhand des Projektindexes kann man rasch für jedes Projekt das Anforderungsprofil feststellen und dadurch Projekte untereinander vergleichbar machen.

2002. XX, 322 S. 92 Abb., 15 Tab. Geb. **€ 44,95**; sFr 69,50
ISBN 3-540-41843-1

Springer · Kundenservice
Haberstr. 7 · 69126 Heidelberg
Tel.: (0 62 21) 345 - 217/-218
Fax: (0 62 21) 345 - 229
e-mail: orders@springer.de

Die €-Preise für Bücher sind gültig in Deutschland und enthalten 7% MwSt.
Preisänderungen und Irrtümer vorbehalten. d&p · 008284_001X_1C

 Springer

Printed by Books on Demand, Germany